Lehrbuch Interkulturelle Theologie /
Missionswissenschaft

Band 2

Henning Wrogemann

Missionstheologien der Gegenwart

Globale Entwicklungen, kontextuelle Profile und ökumenische Herausforderungen

Gütersloher Verlagshaus

Bibliografische Information der Deutschen Nationalbibliothek

Die Deutsche Nationalbibliothek verzeichnet diese Publikation in der Deutschen Nationalbibliografie; detaillierte bibliografische Daten sind im Internet über https://portal.dnb.de abrufbar.

Verlagsgruppe Random House FSC-DEU-0100
Das für dieses Buch verwendete FSC-zertifizierte Papier *Munken Premium* liefert Arctic Paper Munkedals AB, Schweden.

Entdecken Sie mehr auf
www.gtvh.de

1. Auflage
Copyright © 2013 by Gütersloher Verlagshaus, Gütersloh,
in der Verlagsgruppe Random House GmbH, München

Dieses Werk einschließlich aller seiner Teile ist urheberrechtlich geschützt. Jede Verwertung außerhalb der engen Grenzen des Urheberrechtsgesetzes ist ohne Zustimmung des Verlages unzulässig und strafbar. Das gilt insbesondere für Vervielfältigungen, Übersetzungen, Mikroverfilmungen und die Einspeicherung und Verarbeitung in elektronischen Systemen.

Satz: SatzWeise, Föhren
Druck und Bindung: Těšínská Tiskárna AG, Český Těšín
Printed in Czech Republic
ISBN 978-3-579-08142-7

www.gtvh.de

Inhalt

Vorwort 13

Einleitung 17

1. Zur Einstimmung – Mission: überraschend anders 17
1.1 Die Zeichensprache der Körperlichkeit – Einfach nur *da sein*? . . . 17
1.2 Mit Jesus am Brunnen – Eine missionstheologische Bildbetrachtung 18
1.3 Entwicklungen, Profile und Fragen –
    Zum Aufbau des vorliegenden Buches 21
1.4 Missionstheologie – einige Literaturhinweise 23
1.5 Mission in religionswissenschaftlicher Sicht 26

2. Was bisher geschah – ein einleitender Überblick 29
2.1 Zur Aktualität des Themas *Theologie der Mission* 29
2.2 Ein Blick zurück – Missionsgeschichte in Zeitraffer 31
2.3 Das *Große Jahrhundert der Mission* – das 19. Jahrhundert 34
2.4 Der Westen und die übrige Welt – ein Perspektivwechsel 42
2.5 Ein markantes Datum – Erste Weltmissionskonferenz in Edinburgh
    (1910) 44

I. Missionstheologische Entwicklungen des 20./21. Jahrhunderts . 47

1. Zu den Anfängen der Missionswissenschaft – Gustav Warneck . . 48
1.1 Gustav Warneck – Zur Person 48
1.2 Der Missionsbegriff Warnecks 49
1.3 Die mehrfache Begründung der christlichen Sendung 52
1.4 Von den möglichen Zielen der christlichen Mission 54
1.5 Würdigung und Kritik 57

2. Heilsgeschichtliche Missionstheologie –
   Karl Hartenstein und Walter Freytag 59
2.1 Einleitung: Der Erste Weltkrieg als kulturgeschichtliche Zäsur . . 59
2.2 Mission und Eschatologie – Typen ihrer Verhältnisbestimmung . 61
2.3 Karl Hartensteins heilsgeschichtlicher Missionsbegriff 62
2.4 Walter Freytag zum Verhältnis von Mission, Eschatologie und
    Reich Gottes 66

2.5 Der missionstheologische Einfluss von Karl Hartenstein und Walter Freytag 69

3. Von Edinburgh bis Achimota –
   Die Weltmissionskonferenzen von 1910-1958 71
3.1 Erste Weltmissionskonferenz in Edinburgh (1910) –
    Stichwort Eschatologie 71
3.2 Zweite Weltmissionskonferenz in Jerusalem (1928) –
    Stichwort Säkularismus 72
3.3 Dritte Weltmissionskonferenz in Tambaram (1938) –
    Stichwort Religionen 74
3.4 Vierte Weltmissionskonferenz in Whitby (1947) –
    Stichwort Partnerschaft 75
3.5 Fünfte Weltmissionskonferenz in Willingen (1952) –
    Stichwort Missio Dei 78
3.6 Sechste Weltmissionskonferenz in Accra (1958) –
    Stichwort Unabhängigkeit 82

4. Verheißungsgeschichtliche Missionstheologie –
   Johann Christian Hoekendijk 84
4.1 Grundlinien der Missionstheologie Hoekendijks 85
4.2 Aufrichtung des schalom als diakonia, koinonia und kerygma .. 90
4.3 Kritik an älteren Ansätzen und Verbesserungsvorschläge 91
4.4 ÖRK-Studienprozess *Die missionarische Struktur der Gemeinde* .. 94
4.5 Würdigung und kritische Rückfragen – sechs Beobachtungen ... 98
4.6 Mission kontrovers: *Missio Dei* und Jüngerschaft – Georg Vicedom 101

5. Neu Delhi bis Uppsala – Kirchen, Missionen und Dekolonisierung
   (1961-1968) 104
5.1 Integration des Internationalen Missionsrates in den ÖRK
    (Neu Delhi 1961) 105
5.2 Beispiel Deutschland: Aus Missionsgesellschaften werden
    Missionswerke 107
5.3 Zwischenkirchliche Ökumene und Partnerschaftsbegriff 108
5.4 Siebte Weltmissionskonferenz in Mexico City (1963) –
    Stichwort *Sechs Kontinente* 112
5.5 Vollversammlung des ÖRK in Uppsala (1968) –
    Stichwort Mission und Säkularisierung 116

6. Ökumeniker und Evangelikale – Kontroversen der 1970er Jahren (1968-1979) ... 119
6.1 Die weltpolitische Lage der 1970er Jahre ... 119
6.2 Achte Weltmissionskonferenz in Bangkok (1973) – Stichwort *Heil der Welt heute* ... 121
6.3 Wirkungen von Bangkok – Was bedeutet *Heil* kontextuell? ... 125
6.4 Protest der Evangelikalen – Lausanner Kongress für Weltevangelisation (1974) ... 128
6.5 Die *Lausanner Verpflichtung*, das Minderheitsvotum und Folgekonferenzen ... 130
6.6 Evangelisation und sozialer Dienst in evangelikaler Perspektive – eine Übersicht ... 138

7. Melbourne bis Salvador de Bahia – Armut, Mauerfall, Globalisierung (1980-1996) ... 142
7.1 Entwicklungen der 1980er Jahre – ein Überblick ... 142
7.2 Neunte Weltmissionskonferenz in Melbourne (1980) – Stichwort: Die Armen ... 144
7.3 Zehnte Weltmissionskonferenz in San Antonio (1989) – und: Lausanne II in Manila (1989) ... 149
7.4 Die 1990er Jahre: Mission im Zeitalter der (neuen) Globalisierung – Kontexte ... 153
7.5 Elfte Weltmissionskonferenz in Salvador de Bahia (1996) – Stichwort: Kultur(en) ... 155

8. Athen bis Busan – Herausforderungen des frühen 21. Jahrunderts (2005-2013) ... 160
8.1 Zwölfte Weltmissionskonferenz in Athen (2005) – Stichwort: Vom Wirken des Geistes ... 160
8.2 Lutherischer Weltbund – ein missionstheologischer Seitenblick ... 164
8.3 (Gedenk-)Konferenzen 2010: Edinburgh und Lausanne III in Kapstadt ... 165
8.4 Vollversammlung des ÖRK in Busan (2013) – ein neues Missionspapier? ... 166
8.5 Globale missionstheologische Diskursformationen – Rückblick und Ausblick ... 170

II. **Missionstheologien im Plural –
konfessionelle und kontextuelle Profile** 173

1. **Römisch-katholische Missionstheologie vor und nach dem
   II. Vaticanum** 174
   1.1 Römisch-katholische Missionen im 16.-20. Jahrhundert –
       eine Übersicht 175
   1.2 Das II. Vatikanische Konzil: Kirche als *Sakrament* des Heil und
       ihre Mission 178
   1.3 Missionarische Inkulturation, fremde Religionen und andere
       Konfessionen 182
   1.4 Wirkungen des II. Vaticanums: Beispiel Lateinamerikanische
       Bischofskonferenzen 186
   1.5 Zentralkirchliche Entwicklungen seit den 1990er Jahren 189
   1.6 Grundlinien römisch-katholischer Missionstheologie? 191

2. **Orthodoxe Missionstheologie im 20. und 21. Jahrhundert –
   eine Skizze** 193
   2.1 Allgemeine Entwicklungen – eine Übersicht 193
   2.2 Mission als liturgisches und eucharistisches Geschehen – *Ion Bria* . 196
   2.3 Mission zwischen Kirche und Kosmos 199
   2.4 Das Sakrament der Eucharistie und die Liturgie im Alltag 202
   2.5 Die missionarische Arbeit einiger orthodoxer Kirchen 203
   2.6 Grundlinien orthodoxer Missionstheologie – ein Ausblick 208

3. **Nordamerikanischer Protestantismus – God's chosen nation?** ... 211
   3.1 *Church Growth Movement – Donald McGavran* 214
   3.2 Internationale Wirkungsgeschichte, Würdigung und Kritik 218
   3.3 *Gospel and Our Culture Network* und *Missional Church* 222
   3.4 *Mega-Churches* – Beispiele 225
   3.5 Nordamerikanische Missionen weltweit 226
   3.6 Charakteristika nordamerikanisch-protestantischer Missionen? .. 228

4. **Anglikanische Kirche – Mission shaped Church** 230
   4.1 Übersicht zur *Church-planting Bewegung* 230
   4.2 Theologische Grundgedanken von *Mission-shaped Church* (2004) . 232
   4.3 Formen des Church-planting Modells und Wachsen als theo-
       logisches Problem 233
   4.4 Permanente Inkulturation und Kreuzestheologie 236
   4.5 Wachsen in Vielfalt und die Notwendigkeit von Versöhnung ... 237
   4.6 Würdigung und Kritik 238

5. Missionstheologische Profile in Pfingstkirchen und -bewegungen . 239
5.1 Einleitung – Die Anfänge der Pfingstbewegung(en) 242
5.2 Entscheidungen – Pfingstlerisch-missionarische Praxis als
    verleiblichte Theologie 245
5.3 *Deliverance* und *prosperity* in lokaler, transnationaler und
    politischer Perspektive 248
5.4 Zur Rolle von Frauen in den Pfingst-Missionen und
    Pfingst-Kirchen 256
5.5 Pfingstlerische Missionstheologien? 257
5.6 Würdigung und Kritik 259

6. Missionarische Aufbrüche und Herausforderungen 265
6.1 Einleitung – Kontinente, Kontexte und Kulturen 266
6.2 Missionarische Aufbrüche in Lateinamerika 266
6.3 Missionarische Aufbrüche in Schwarzafrika 268
6.4 Missionarische Aufbrüche in Asien 271
6.5 Missionstheologien im Plural 272

III. Kontinente – Kontexte – Kontroversen 275

1. Mission und Reich Gottes – Von Befreiung bis Martyrium? 277
1.1 Die Mission von Jesus, dem Befreier – *Jon Sobrino* 278
1.2 Reich Gottes-Mission, das *Anti-Reich* und Mission als Martyrium . 279
1.3 Reich Gottes Mission als Umkehrruf an verfasste Kirche 281
1.4 Missionstheologische Maximen nach Sobrino 283
1.5 Basisgemeinden – zur Umsetzung befreiungstheologischer
    Missionstheologie 286
1.6 Würdigung und kritische Rückfragen 287

2. Mission und Geld – Gott als Freund der Armen oder der Reichen? . 291
2.1 Armut als *Schule* der Theologie – *Aloysius Pieris* aus Sri Lanka . . 291
2.2 Menschliche Basisgemeinschaften als Ort der Theologie 293
2.3 Gott liebt die Reichen – *Enoch Adeboye* aus Nigeria und die RCCG 295
2.4 Theologie des *Prosperity Gospel* – spirituelle Gesetze und
    ökonomisches Handeln 296
2.5 Gott der Armen – Gott der Reichen: ein Vergleich 299
2.6 Christliche Mission und Armut – biblische Streiflichter 300

3. Mission und ›Power‹ – Heilung und Deliverance? 304
3.1 Heilung in missionsgeschichtlicher Perspektive 304

3.2 Kontexte: Medizinische Versorgung in Afrika und Asien –
    einige Beispiele 305
3.3 Konzepte: Wie verschiedene Kirchen die Herausforderungen
    aufgreifen 308
3.4 Kontroversen: Umfassender Begriff von *Heilung* und das Thema
    Deliverance 311
3.5 Kirche als therapeutische und prophetische Gemeinschaft –
    Denise Ackermann 313
3.6 Heilende Gemeinschaften zwischen ›Power‹ und ›Empowerment‹ . 319

4. **Mission und Dialog – Liebesverhältnis oder Rosenkrieg?** 322
4.1 Christliche Initiativen zum Interreligiösen Dialog seit den
    1960er Jahren 322
4.2 Gesellschaftliche Rahmenbedingungen und lebensweltliche
    Dialogformen 325
4.3 Verhältnisbestimmungen zwischen missionarischer Verkündigung
    und Dialog 327
4.4 Verschiedene Dialogbegriffe und ihre weltanschauliche
    Imprägnierung 330
4.5 Konvivenz als hermeneutischer Ort von Dialog und Mission –
    Theo Sundermeier 332
4.6 Dialog – Mission – Pluralismus: Geltungsansprüche zivilgesell-
    schaftlicher Akteure 333

5. **Mission und Versöhnung – Konflikte überwinden?** 336
5.1 Beispiel – Zu Gast bei den Radikalen 338
5.2 Im Konflikt – Versöhnende Mission als *Grenzüberschreitung* . . . 339
5.3 Nach dem Konflikt – Versöhnende Mission als *missionarische
    Präsenz* 341
5.4 Mission der Versöhnung – *befreiender und liturgischer Dienst* . . 345
5.5 Versöhnung als Dimension missionarischen Wirkens –
    ein Ausblick 347

6. **Mission und Gender – Geschlecht und Interkulturalität?** 348
6.1 Geschichte der Frauenmissionen und *postcolonial studies* 349
6.2 Entwürfe feministischer Missionstheologien 352
6.3 Missionstheologische Implikationen kontextueller Frauen-
    theologien 353
6.4 Frauen und Mission als *empowerment, advocacy* und *reconciliation* 354
6.5 Ebenen der Thematik Missionstheologie und Frauen/Genderfragen 355

Inhalt

7. Mission und Konversion – Religionswechsel oder Transformation? . 357
7.1 Bekehrung in religionswissenschaftlicher Perspektive 358
7.2 Religionswechsel ohne Konversion – Konversion ohne
  Religionswechsel? 361
7.3 Religionswechsel und Reaktionen aus dem sozialen Umfeld von
  Konvertiten/innen 364
7.4 Konversion als *Bruch* und die Suche nach *Lebensgewinn* 366
7.5 Ökumenische Kontroversen um den Konversionsbegriff 367

IV. Missionstheologische Wahrnehmung deutscher Kontexte . . . 371

1. Missionarisches im Raum der deutschen Landeskirchen 372
1.1 Debatten um das Thema *Gemeindeaufbau* seit den 1980er Jahren . 373
1.2 Akzente der 1960er und 1970er Jahre 375
1.3 Missionarische Gemeindeaufbau als Alternative? –
  Die 1980er Jahre 378
1.4 Von Gemeindeentwicklung bis Unternehmensberatung –
  die 1990er Jahre 381
1.5 Das Thema Mission wird *en vogue* – Die Jahre 1999-2013 383

2. Regionalisierung und Ortsgemeinde – Strukturen 385
2.1 Die Zukunft der Landeskirchen – von Strukturen und Visionen . 385
2.2 Von Notwendigkeiten und Möglichkeiten –
  Zauberwort *Regionalisierung* 387
2.3 Zwischen Parochie und Funktionsdiensten –
  die Theorie *kirchlicher Orte* 389
2.4 Hässliches Entlein oder schöner Schwan? – die Ortsgemeinden . . 392
2.5 Gemeinden neu gründen – eine Alternative? 393

3. Glaubenskurse und Milieustudien – Arbeitsformen 395
3.1 Was ist unter *Grundkursen des Glaubens* zu verstehen? 395
3.2 Von der Vielgestaltigkeit der Arbeit mit *Kursen zum Glauben* . . . 397
3.3 Grundkurse des Glaubens als *sektorale Mission*? 399
3.4 Milieutheoretische Ansätze 400
3.5 Kirchliche Wirklichkeiten zwischen Faktizität und Innovation . . 402

**V. Mission als *oikoumenische Doxologie* –
ein theologischer Neuansatz** 405

1. Von den Kraftquellen und Ausdrucksgestalten christlicher Mission . 406
1.1 Missionsbegründungen im Überblick 406

1.2 Verherrlichung Gottes als Grund der christlichen Sendung 407
1.3 Gotteslobes aus dem Munde seiner erlösten Geschöpfe als Ziel der Sendung 409
1.4 Verbreitete Missverständnisse zum Thema Doxologie 409
1.5 Für eine *anschlussfähige* Missionstheologie 410

2. Die Dimension des Doxologischen –
   Mission als Verherrlichung Gottes 413
2.1 Gotteslob als prophetische Kritik – politische Bedeutung 413
2.2 Gotteslob als Quelle der Kraft – theologisch-anthropologische Bedeutung 415
2.3 Gotteslob als gemeinschaftlich-leibliche Erfahrung – ästhetische Bedeutung 417
2.4 Gotteslob als Namenszeugnis – identitätsbildende Bedeutung . . . 419
2.5 Zusammenfassung 422

3. Die Dimension des Oikoumenischen –
   Mission in ökumenische Weite 424
3.1 Oikoumene als Solidarität – ethische Bedeutung 424
3.2 Oikoumene als Vielfalt – kulturelle Bedeutung 426
3.3 Oikoumene als Kooperation – partnerschaftliche Bedeutung . . . 428
3.4 Oikoumene als Geschöpflichkeit – ökologische Bedeutung 429
3.5 Zusammenfassung 431

4. Mission interkulturell? – Europa und die Welt und vice versa 433
4.1 Mit den Augen der Anderen 433
4.2 Die vielen Dienste und der Pfarrberuf 435
4.3 Gemeindebegriff und Netzwerkorientierung 437
4.4 Globalisierung und Migration 439
4.5 Missionstheologie in interkultureller Perspektive 440

Literatur 441

Bibelstellenregister 469

Namenregister 472

Sachregister 479

Vorwort

Der christlichen Religionsformation eignet seit ihren Anfängen ein missionarischer Charakter, da sich ihre Botschaft gleichermaßen an alle Menschen richtet. Dieses grenzüberschreitende und transformierende Wirken ist Gegenstand des Faches Interkulturelle Theologie / Missionswissenschaft. Wie aber geschieht ›Mission‹? Wie wird sie begründet, welche Ausdrucksgestalten findet sie und nach welchen Zielvisionen richtet sie sich aus? Blickt man in die deutsche Medienöffentlichkeit, so zeigt die Verwendung des Begriffes Mission einen ambivalenten Befund. Einerseits wird ganz natürlich von UN-Missionen gesprochen, wobei vorausgesetzt wird, hier handele es sich zumeist um humanitäre und damit nicht nur gerechtfertigte, sondern – um der Not der Menschen willen – auch wünschenswerte, ja geradezu notwendige Einsätze. Umgekehrt wird religiösen Missionen nicht selten mit einer gewissen Zurückhaltung begegnet, da hier die Sorge mitschwingt, es könne sich bei solchen Unternehmungen leicht um Manipulation handeln. Dass gerade die deutsche Öffentlichkeit nach den Erfahrungen der Nazi-Diktatur und ihres ausgefeilten Propagandaapparates eine besondere Sensibilität im Umgang mit weltanschaulichen Geltungsansprüchen aufweist, ist verständlich. Diese Sensibilität ist ein hohes Gut, denn es geht zivilgesellschaftlich darum, Formen von Manipulation zu erkennen und zu ächten und damit gerade auch den Minderheitsmeinungen ihr Recht zuzugestehen.

Vor diesem Hintergrund ist es die Aufgabe des Faches Interkulturelle Theologie / Missionswissenschaft, auf die *tatsächliche Gestalt* religiöser Missionen aufmerksam zu machen, sie zu analysieren und innerhalb von Gesellschaft, Kirchen und nicht zuletzt theologischer Ausbildung bekannt zu machen. Diesem Anliegen weiß sich der vorliegende Band verpflichtet. Es geht kurz gesagt darum, zu zeigen, dass ›Mission‹ in globaler und interkultureller Perspektive innerchristlich oft ganz andere Geltungsansprüche und Ausdrucksformen aufweist, als gemeinhin gedacht. Das Phänomen christlicher Missionen ist global gesehen weitaus umfangreicher und vielgestaltiger, als dies aus der Perspektive weitgehend säkularisierter Gesellschaften Westeuropas erwartet werden mag. Gleichzeitig wäre darauf aufmerksam zu machen, dass nicht nur die christliche Religionsformation ein aktives und grenzüberschreitendes Ausbreitungsverhalten zeigt. Seit ihren Anfängen haben ebenso die buddhistische wie die islamische Religionsformation – in ihren vielfältigen Gestaltwerdungen – stammes- und kulturübergreifend gewirkt. Nachdem während des späten 19. und beginnenden 20. Jahrhunderts vielfältige interreligiöse Kontakte stattgefunden hatten, wurden Organisationsformen christlicher Missionen darüber hinaus von etlichen religiösen Akteuren adaptiert, so dass seither etwa neohinduistische Missionen (wie die *Ramakrishna-Mission*), neobuddhistische Formationen (wie etwa *Sokka Gakkai*) und islamische Revitalisierungsbewegungen (wie etwa *Tablighi Jama'at*) grenzüberschreitend tätig sind. Religiöse Missionen sind nicht nur auf lokaler und nationaler Ebene aktiv, sondern auch als Global Player.

Der Missionswissenschaft kommt damit sowohl innerchristlich als auch interreligiös die Aufgabe zu, die religiös-weltanschaulichen Begründungsmuster der jeweiligen Akteure zu untersuchen, deren Organisation, Methodik, Ziele oder allgemein Ausdrucksgestalt ihres Ausbreitungsgeschehens. Dadurch können wichtige Erkenntnisse zu diesen Religionsformationen gewonnen werden, und zwar in ihrer spezifischen Verhältnisbestimmung zur jeweiligen Gesellschaft und Zivilgesellschaft, im Blick auf ihre interreligiösen Handlungsmuster sowie ihre intrareligiösen Profilierungen.

Der vorliegende Band wird exemplarisch verschiedene christliche Ausdrucksgestalten von Mission in globaler, kontinentaler, konfessioneller und kontextueller Perspektive beschreiben. Dabei wird sich zeigen, dass christliche Missionstheologien und missionarische Handlungsmuster nicht nur durch die *Struktur der jeweiligen christlichen Sozialkonfiguration* geprägt sind (etwa Kirchenstrukturen, Netzwerkmuster oder Sozialstrukturen von Organisationen), sondern sehr stark auch durch den jeweiligen *Kontext*, aus dem heraus sie entstanden sind oder auf den sie sich beziehen. Mission kann dann etwa schwerpunktmäßig unter dem Aspekt der Versöhnung beschrieben werden, der Heilung, des Dialogs oder des Kampfes für Gerechtigkeit und Befreiung. Zur kontextuellen Bedingtheit gehört auch, dass *der Begriff einer Theologie der Mission erweitert werden muss*. Missionstheologien manifestieren sich, wie wir sehen werden, in *verschiedenen Medien*, das heißt etwa Büchern wie Flugblättern, Liedern wie Tänzen, rituellen Handlungen wie Vergemeinschaftungsformen, medizinischen wie künstlerischen Ausdrucksformen oder der Befolgung ethischer wie wirtschaftlicher Handlungsmuster.

Aufgabe von Interkultureller Theologie / Missionswissenschaft im Sinne *religions- und kulturwissenschaftlicher Methodik* ist es, die Wahrnehmung kulturell-kontextuell verschiedener Missionstheologien zu befördern. Die Frage lautet: Warum und wozu manifestieren sich diese impliziten wie expliziten Missionstheologien gerade in dieser spezifischen Gestalt? Interkulturelle Theologie / Missionswissenschaft im Sinne *missionstheologischer Methodik* geht der Frage nach, welche theologischen Begründungsmuster und Zielvisionen von Mission zu erkennen sind und wie diese praktisch umgesetzt werden. Diese sind mit neutestamentlichen Begründungen für die christliche Sendung als auch mit konkurrierenden Missionsverständnissen anderer christlicher Akteure ins Gespräch zu bringen.

Damit leistet das Fach nicht nur einen Beitrag zur Wahrnehmung von religiösen Akteuren im Kontext von *Gesellschaft und Zivilgesellschaft*, sondern es trägt mit religions- und kulturwissenschaftlicher Methodik zur Beschreibung des *Phänomens Mission* bei, es verhilft in intrachristlicher aber interkultureller Perspektive dazu, die *Missionen der fremden Geschwister besser zu verstehen* und leistet im Blick auf interkulturell-ökumenische Beziehungen einen Beitrag, die Frage nach *christlicher Gemeinsamkeit inmitten kultureller Pluriformität* offen zu halten. Es geht dabei auch um Prozesse christlicher Selbstverständigung im Horizont interkontinentaler Konstellationen. Wie bedeutend solche Prozesse der Selbstverständigung globaler Religionsformationen sind, kann man leicht an Beispielen ablesen, dass Medienberichte über religiöse Vorfälle in einem Land zu Massenprotesten und nicht selten Gewalttaten in anderen Ländern führen. So gesehen eignet Analysen im Bereich des Faches Interkulturelle Theologie / Missionswissenschaft mittelbar auch politische Relevanz.

Mit dem vorliegenden Werk liegt nun der zweite Band von diesem *Lehrbuch Interkulturelle Theologie / Missionswissenschaft* vor. Schon an dieser Stelle sei darauf verwiesen, dass die Vertiefung wichtiger Themen, die in diesem Band nur gestreift werden, dem dritten Band vorbehalten ist. In das Buch sind eigene missionarische Erfahrungen ebenso wie Erfahrungen mit Menschen in verschiedenen Ländern Afrikas und Asiens eingeflossen. Stellvertretend für viele Gesprächspartner, die mir wichtige Hinweise gegeben haben, danke ich *Prof. Dr. Han Kook-il* (Seoul, Süd-Korea), *Prof. Dr. Daniel Jeyaraj* (Liverpool, UK), dem *Chairman* der *Church of Pentecost, Dr. Opoku Onyinah* (Accra, Ghana), *Prof. Dr. Scott Moreau* (Wheaton, USA), *Prof. Dr. Kirsteen Kim* (Leeds, UK), *Prof. Dr. Tharwat Kades* (Kairo), *Prof. Dr. Andreas Heuser* (Basel, Schweiz) und *Dr. Apeliften Sihombing* (Siantar, Indonesien). Danken möchte ich darüber hinaus meinen Hilfskräften *Alexa Schreitner* und *Steffen Pogorzelski* sowie ganz besonders meinen Doktoranden *Detlef Hiller* und *Sören Asmus* sowie meinem Mitarbeiter und Kollegen *Dr. John Flett*.

Wuppertal, im November 2012   Henning Wrogemann

Einleitung

1. Zur Einstimmung – Mission: Überraschend anders

In den letzten zehn Jahren hat innerhalb Deutschlands das Interesse am Thema Mission allgemein zugenommen, sei es in den Medien, sei es in der Wissenschaft. Gesellschaftlich wird gefragt, welche Anforderungen an religiöse und gesellschaftliche Missionen zu stellen sind, in welcher Art und Weise hier also Geltungsansprüche erhoben werden können und dürfen. Politisch wird immer deutlicher, dass auch etwa militärisch abgestützte Friedensmissionen immer wieder auf ihr Mandat hin zu überprüfen sind. Religiös wird nach der Mission christlicher Großkirchen angesichts eines permanenten Mitgliederschwundes gefragt, wohingegen im globalen Szenario das Wachstum von Pfingstkirchen vermehrt sozial- und kulturwissenschaftliches Interesse auf sich gezogen hat. In diesen verschiedenen Zusammenhängen wird deutlich, dass es einer sorgsamen Wahrnehmung dessen bedarf, was missionarisches Wirken betrifft, denn dies manifestiert sich in ganz unterschiedlichen Dimensionen. Eben diese Vielfalt sichtbar werden zu lassen, ist Anliegen des vorliegenden Bandes. Mission, so wird zu zeigen sein, wird immer wieder überraschend anders gelebt und erlebt. Zur Einstimmung sei den weiteren Ausführungen daher ein anschauliches Beispiel vorangestellt.

1.1 Die Zeichensprache der Körperlichkeit, oder: Einfach nur ›da sein‹?

Wir sind unterwegs im Südosten Pakistans, in der Provinz Sindh. Die Straße zieht sich durch das flache Land, dessen Bewuchs hier noch einigermaßen üppig ist. Dies wird sich in ein paar Monaten ändern, wenn die Sonne über dem Gebiet der Thar-Wüste brennen wird. In einem kleinen Dorf machen wir Halt und betreten ein einfaches Haus. Hier treffen wir Asif, einen pakistanischen Christen, der die meiste Zeit in einem der vielen Dörfer der Umgebung lebt, Dörfer, die von Angehörigen der Kaste der Khachi Koli bewohnt werden. Wir kommen ins Gespräch. Asif erzählt, dass er sich als eine Art Missionar versteht. Auf die Frage, worin genau seine Arbeit besteht, gibt er jedoch eine für westliche Ohren verblüffende Antwort. Das Wichtigste ist, so meint er, einfach mit den Menschen zusammen zu leben. Natürlich versuche er, Hilfe für die Menschen zu organisieren, Hilfe besonders im medizinischen Bereich, denn selbst die einfachste Basisversorgung funktioniert in diesen

Gebieten nicht, Hilfe aber auch im Bereich von Schulunterricht. Die meisten Dorfbewohner seien Hindus, gibt er zu bedenken, eine Bevölkerungsgruppe, der in diesem Land keine besondere Aufmerksamkeit zuteilwerde. Eher im Gegenteil, denn die Khachi Koli werden diskriminiert.

Als landlose Stammesangehörige hinduistischer Religionszugehörigkeit sind sie für viele in der muslimischen Mehrheitsbevölkerung ungebildete *kuffar* (arab. für Ungläubige), die als billige Arbeitskräfte eingesetzt werden können, aber eigentlich nach Indien gehören. Die Mehrheit der muslimischen Bevölkerung will mit diesen Menschen daher nach Möglichkeit nichts zu tun haben.»Es ist wichtig, dass ich für sie Essen koche und sie einlade, oder umgekehrt, dass sie für mich Essen kochen dürfen, ich zu ihnen nach Hause komme und dort mit ihnen zusammen esse«, meint Asif und fährt fort:»Ich werde als jemand wahrgenommen, der einen höheren Status hat, und allein dadurch, dass ich mit den Menschen auf diese Weise zusammenlebe, kommen ihnen Fragen.« Asif lebt seit langen Zeiten in seiner Hütte, er liest die Bibel, er betet, aber er verkündigt nicht von sich aus. Wenn Menschen ihn fragen, dann gibt er Auskunft, sonst nicht. Was hier spricht, ist sein körperliches Dasein mit den Menschen. Denn entgegen den Reinheitsvorschriften der Hindu-Traditionen, nach deren Verständnis eine kultische Verunreinigung besonders durch gemeinsames Essen und durch Heirat droht, zeigt Asif, dass dies für ihn und seinen Glauben keine Rolle spielt. Entgegen der Tradition, niederkastige Menschen von heiligen Schriften und heiligen Orten (Tempeln) fern zu halten, lebt Asif seinen Glauben inmitten der Menschen und veranschaulicht auf diese Weise eine Grunddimension des christlichen Glaubens: Dass allen Menschen ohne Unterschied die Botschaft des Evangeliums gilt und Regeln kultischer Reinheit außer Kraft gesetzt werden.

1.2 Mit Jesus am Brunnen – Eine missionstheologische Bildbetrachtung

Szenenwechsel. Betrachten wir ein Bild der indischen Künstlerin Angela Trindade, welches die ›Missionstheologie‹ veranschaulicht, der auch Asif folgt. (Abb. 1) Angela Trindade gilt als eine bedeutende Dalit-Künstlerin, sie verstarb 1980.[1] In dem Bild drückt sie aus, was Jesus ihr bedeutet und worin für sie das Evangelium besteht. Da ist Jesus, es ist »unser« Jesus, so können auch europäische Augen erkennen, aber dann ist er es auch wieder nicht. Lange Haare, Bart und Heiligenschein, das kennen wir. Doch dieser Jesus trägt keine

---

1. Zu indischer christlicher Kunst vgl. *G. Löwner* (2009): Christliche Kunst in Indien. Von der Mogulzeit bis heute, Frankfurt/M.

Jesus-Latschen, sondern er ist barfuß, und sein Gewand ist nicht weiß oder grau, sondern leuchtend orange. Seine Augen sind nicht auf die Frau vor ihm gerichtet, sondern sie wirken halb verschlossen, der Fuß scheint merkwürdig angewinkelt zu sein – ob das eine bequeme Sitzhaltung ist? Jesus wird uns hier indisch dargestellt, als ein Asket, ein Mensch, der um der meditativen Einsicht willen ein Leben in der Hauslosigkeit führt, auf Wanderschaft, ähnlich dem Buddha Gautama, denn bei den Buddhisten ist orange oder rot die Farbe der Mönche. Die Augen sind wie bei einem Meditierenden halb geschlossen, Jesus sitzt in einer in Indien bekannten Meditationshaltung. Ruhig, in sich gekehrt. Eigentlich sieht er so aus, als würde ihn die ganze Situation nicht betreffen.

Wieso aber, so könnte man fragen, sieht Angela Trindade dann in ihm den Retter, den Christus, den Sohn Gottes? Jesus »macht« doch gar nichts! – Nein? Macht er nichts? – Doch, er *bleibt* sitzen, und er *lässt auf sich zukommen*, nämlich die Frau. Jesus sitzt an einem Brunnen, weit draußen vor dem Dorf, das im Hintergrund angedeutet ist, er sitzt im Schatten eines Baumes, wie einst der Buddha. Und genau dieser Ort ist es, an den die Frau mit ihrem Wasserkrug kommt, denn es ist eine Dalit-Frau, so sieht es Trindade und überträgt die Geschichte aus dem biblischen Samaria nach Indien. Das biblische Samaria, auch ein Land mit strenggläubigen Menschen einerseits und Verachteten andererseits. Der *Ort* ist entscheidend, denn Dalits dürfen nicht aus dem nahen Dorfbrunnen das Wasser schöpfen. Nein, zum Wasserschöpfen müssen Dalit-Frauen in vielen Fällen lange Kilometer gehen. Das in der Ferne liegende Dorf ist denn auch im Bild oben auf der rechten Seite angedeutet. Der Dorfbrunnen ist den Dalits verboten, denn daraus zu schöpfen würde bedeuten, so die Vorstellung, dass die anderen und das heißt höherkastigen Menschen durch die Dalits rituell verunreinigt werden würden. Und da rituelle Reinheit in den Hindu-Traditionen einen überaus großen Wert darstellt, wird sie überall geschützt: Kein Dorfwasser *an* Dalits, keine Gemeinschaft *mit* Dalits, keine Rechte *für* die Dalits.

Was also ist hier das Evangelium? Dass die Dalit-Frau auf Jesus zukommt und er, der Sohn des lebendigen Gottes, *sitzen bleibt*, und: mit ihr spricht! Die Dalit-Frau ist hier nur erkennbar an ihrer besonders dunklen Haut, und Trindade hat um der Würde dieser Frau willen diese ein Stück weit verfremdet, da den Dalitfrauen traditionell verboten war, mit ihrem Gewand die Brust zu bedecken. So, mit freier Brust, waren sie als Dalits erkennbar: Ein weitere Form der Demütigung. Trindade gibt der Frau die Würde wieder, sie stellt sie vielleicht so dar, wie sie in den Augen Jesu erscheint. Die Geschichte von Jesus am Brunnen, mit dieser samaritanischen Frau, dieser Dalit-Frau, in deren Nähe er ist, an die er das Wort richtet, und, ganz entscheidend, *von der er Wasser annimmt*, diese Geschichte ist für Dalit-Frauen eine der wichtigsten Geschichten des Neuen Testaments überhaupt. Gott wurde Mensch und wohnte unter uns, diese Aussage[2] gilt hier eben den Menschen, die nach Auffassung der Hindu-Traditionen genau dies nicht dürfen, sie dürfen sich dem Göttlichen nicht nähern, sie dürfen keine Tempel betreten, sie dürfen keine heiligen Schriften lesen, sie haben keinen Ort. Denn als *untouchables* sind sie denkbar weit von dem Göttlichen entfernt. Wie anders dagegen das biblische Verständnis. Hier wird von dem ewigen Gott Zeugnis gegeben, der in Jesus Christus in diese Welt kam, um auch den verachtetsten Menschen nahe zu sein und ihnen eine neue Würde zu geben.[3]

Soweit die Bildbetrachtung. Wichtig ist, dass hier offensichtlich sowohl von der Inderin Trinidade als auch vom Pakistani Asif ein Grundzug der christlichen Sendung weniger in der verbalen Verkündigung als in der *leiblichen Zeichensprache* gesehen wird, weniger in dem Unterwegssein, als vielmehr im *Mitleben mit den Menschen*. Es geht weniger um das Nachvollziehen eines rationalen Glaubensinhaltes, sondern um das *Erfahren einer leiblichen Präsenz*, die wohltuend wirkt, aufrichtet, Würde gibt, Fragen auslöst. Im missionstheologischen Diskurs wurden Formen dieser Sendung als ›missionarische Präsenz‹ bezeichnet. Es geht nicht um ausgebildete Missionare, sondern um *einfache Christen/innen*, die sich in die Nachfolge Jesu Christi gerufen sehen. (Abb. 2) Es geht nicht um ausländisches Personal, dass »nach Übersee« gesandt werden müsste, sondern *um Menschen aus dem eigenen Land*, die ethnische, soziale und gesellschaftliche Grenzen überschreiten, wie hier in den Dörfern der Kachi Kholi. (Abb. 3-4). Es geht nicht zuerst um das Lesen der Bibel, sondern schlicht um *das Erzählen von biblischen Geschichten*, die für den Zeugen / die Zeugin wichtig sind, es geht nicht um ein individuelles Geschehen zwischen zwei Menschen, sondern es geht um *Menschsein in Gemeinschaftlichkeit*, denn Menschen werden hier allererst als Mitglieder von Menschengruppen wahrgenommen. Missionarische Präsenz als körperliche Zeichensprache des Glaubens, das ist: Mission – überraschend anders.

---

2. »Und das [göttliche, HW] Wort ward Fleisch und wohnte unter uns, und wir sahen seine Herrlichkeit, eine Herrlichkeit als des eingeborenen Sohnes vom Vater, voller Gnade und Wahrheit.« (Joh 1,14) Im Folgenden werden biblische Texte – wenn nicht anders vermerkt – nach der Lutherübersetzung in der Revision von 1984 zitiert. Die Verwendung Abkürzungen richtet sich nach dem Schlüssel der Theologischen Realenzyklopädie (TRE).
3. Zu Dalit-Theologien vgl. *H. Wrogemann* (2012): Interkulturelle Theologie und Hermeneutik. Grundfragen, aktuelle Beispiele, theoretische Perspektiven. Lehrbuch Interkulturelle Theologie / Missionswissenschaft, Band 1, Gütersloh, 98-119, bes. 113ff. – Im Folgenden wird das Kürzel *LIThM, Bd. 1* verwendet. – Es sei hier ausdrücklich angemerkt, dass in der Praxis natürlich auch christliche Gemeinden und Gemeinschaften mitunter weit hinter den Idealen des neutestamentlichen Zeugnisses zurück bleiben.

1.3 Entwicklungen, Profile und Fragen – Zum Aufbau des vorliegenden Buches

Damit sind wir bei der Frage angelangt, wie das Thema *Missionstheologien der Gegenwart* in diesem Buch angegangen wird. Dazu zunächst drei Einschränkungen. Erstens muss sofort betont werden, dass ein so umfassendes Thema nur *exemplarisch* behandelt werden kann. Der/die informierte Leser/in wird gewiss bei manchem Thema feststellen, dass hier noch viel mehr und anderes zu sagen wäre. Dies sei ausdrücklich eingestanden. Mir ging es darum, möglichst viele Facetten eines ebenso spannenden wie herausfordernden Themas vor Augen zu führen. Zweitens ist hervorzuheben, dass das Material *perspektivisch* dargeboten wird: Trotz vielfältiger Erfahrungen in Ländern Afrikas und Asiens ist es die Perspektive eines Deutschen und eines Mannes, von der her das Thema entfaltet wird. Zudem wird im ersten Teil ein Schwerpunkt auf deutsche missionstheologische Entwürfe gelegt. Dies ist meines Erachtens vertretbar, solange diese Fokussierung bewusst bleibt. Es wurde versucht, der Gefahr zu entgehen, in einer enzyklopädischen Orientierung den Roten Faden zu verlieren. Bei der Fülle des Stoffes war es unumgänglich, eine Auswahl vorzunehmen, was sich zum Beispiel in der Darstellung der Weltmissionskonferenzen darin zeigt, dass hier lediglich von »Stichworten« die Rede ist. Allerdings ist in den Fußnoten jeweils so viel Material genannt, dass der/die Leser/in leicht die Lücken wird schließen können.

Die dritte Einschränkung betrifft *Themen, die in den beiden anderen Bänden dieses Lehrbuches behandelt werden*. Von der Inkulturationsthematik und hermeneutischen Fragestellungen war im ersten Band die Rede. An etlichen Stellen wird daher im vorliegenden Band mit Querverweisen Bezug auf das genommen, was in Band 1 ausführlicher behandelt wurde. Da es in Band 3 um die Thematik einer Theologie der Religionen gehen wird, wobei Reflexionen zu interreligiösen Beziehungen und unterschiedlichen Dimensionen des Dialogs breiten Raum einnehmen werden, habe ich mich im vorliegenden Band auf wenige Bemerkungen zur Thematik Mission und Dialog beschränkt.

Das Buch ist in vier Teilen aufgebaut. Im ersten Teil geht es darum, missionstheologische Entwicklungen der letzten einhundert Jahre in Erinnerung zu rufen. (I.) Hier werden die zeitgeschichtlich-politischen Großwetterlagen zu skizzieren sein, die missionstheologischen Antwortversuche im Bereich des Ökumenischen Rates der Kirchen, der Lausanner Konferenz und anderer internationaler Organisationen und Bewegungen. Damit wird ein unverzichtbarer Referenzrahmen gegeben, um darin die Inhalte der folgenden Teile einzeichnen zu können. Im zweiten Teil wird von den Profilen verschiedener christlicher »Akteure« zu handeln sein. (II.) Der weite Begriff *Akteure* ist notwendig, da es sich um strukturell sehr unterschiedliche Größen handelt, so ist die Römisch-katholische Kirche eine Weltkirche mit einem recht einheitlichen kirchenrechtlichen Gepräge, die Orthodoxen Kirchen sind anders verfasst, teilen jedoch bestimmte liturgische und theologische Traditionen, nordamerikanische protestantische Kirchen sind demgegenüber nur summarisch zu fassen, stellen aber im Blick auf das missionarische Personal nach wie vor die größten Kontingente weltweit. Die anglikanische Kirchenfamilie lenkt den Blick auf europäische Kontexte, hier wären natürlich auch andere Akzente denkbar gewesen. Wiederum nur summarisch kann die Pfingstbewegung behandelt werden, die als globales Phänomen mit derzeit ca. 500 Millionen Anhängern/innen nur sehr vorsichtig charakterisiert werden kann. Es geht hier allgemein um die Profile innerhalb des Christentums als einer globalen Religionsformation.

Im dritten Teil werden Themen zu behandeln sein, die missionswissenschaftlich wie missionstheologisch von großem Interesse sind, da sie die verschiedensten Dimensionen menschlichen Zusammenleben berühren. (III.) Hier wird auf kontinentale Kontexte und ihre Spezifika exemplarisch eingegangen. Es geht um eine ganze Palette von Fragen und Herausforderungen, der weitere Themen mühelos hätten hinzugefügt werden können. Doch auch hier gilt: Anschaulichkeit und Relevanz anstelle eines – meines Erachtens unmöglich einlösbaren – Anspruchs auf Vollständigkeit. Die These, dass man heute nur noch von Mission im Plural sprechen kann, wird hier zu veranschaulichen sein. Es wurde versucht, auch vergleichende Perspektiven einfließen zu lassen, so etwa zum Thema Befreiung und Martyrium der Vergleich zwischen lateinamerikanischen Kontexten und etwa Ägypten, beim Thema Geld / Wohlstand der Vergleich zwischen Westafrika und Sri Lanka, beim Thema Power und Heilung der Vergleich zwischen dem Heilungsverständnis von historischen Mainline-Churches einerseits und Pfingstkirchen andererseits.

Das Buch mündet ein in den Versuch, missionstheologische und praktische Herausforderungen im Bereich Deutschlands wahrzunehmen, zu reflektieren und mit Impulsen aus der interkulturellen Ökumene in Beziehung zu setzen. (IV.) Die Brücke zwischen Missionswissenschaft und Missionstheologie einerseits und Praktischer Theologie andererseits ist nicht eben breit. Das Kapitel ist Ausdruck meiner Überzeugung, dass ein Dialog durchaus fruchtbar sein kann. Im abschließenden Teil wird ein eigener missionstheologischer Ansatz zu skizzieren sein. (V.) Unter dem Begriff von Mission als oikoumenischer Doxologie sollen Akzente gesetzt werden, die meines Erachtens wichtige Beobachtungen aus dem Bereich der weltweiten Christenheit aufnehmen, gleichzeitig aber für deutsche Kontexte und deren spezifische Herausforderungen von besonderer Relevanz sind. Es geht dabei um eine missionstheologische Verortung, die einerseits interkulturell anschlussfähig ist, andererseits jedoch kontextuell anwendbar bleibt.

1.4 Missionstheologie – einige Literaturhinweise

Das vorliegende Buch ist in einem breiten missionstheologischen Diskurs verortet, der im Folgenden anhand einige missionstheologischer Neuansätze seit den 1960er Jahren anzudeuten sein wird.[4] Im Jahr 1961 erschien vom Heidelberger Missionswissenschaftler *Hans-Werner Gensichen*[5] das Buch *Glaube für die Welt*, in dem Gensichen gegenüber dem entwicklungspolitischen Slogan »Brot für die Welt« pointiert den Glauben in die Mitte stellt. Das Buch bietet indes weniger einen eigenen Ansatz, als dass es verschiedene Diskussionsstränge zusammenfasst. Das Werk *Missionstheologie* der deutschen katholischen Missionswissenschaftler *Karl Müller* und *Horst Rezepkowski* sowie des bereits erwähnten *Hans-Werner Gensichen* enthält Aufsätze zu verschiedenen Themen.[6] Eine eigenständige Missiontheologie wird damit nicht geboten. Sehr verdienstvoll ist das von *Theo Sundermeier* und *Karl Müller* herausgegebene *Lexikon missionstheologischer Grundbegriffe*[7], das mittlerweile auch in einer englischsprachigen Ausgabe erschienen ist.[8] Als Übersicht zu empfehlen ist auf dem deutschen Buchmarkt weiter das *Lexikon der Mission*[9] des leider viel zu früh verstorbenen *Horst Rzepkowski* sowie von protestantischer Seite der *Leitfaden Ökumenische Missionstheologie*.[10]

In englischer Sprache ist seit Jahren das Buch des südafrikanischen Missionswissenschaftlers *David Bosch* mit dem Titel *Transforming Mission* als

---

4. Vgl.: K. *Blaser* (1991): Neuere Missionstheologien, 1975-1990, in: VuF (37), 1-21; Th. *Ahrens* (2000): Forschungsüberblick »Missionswissenschaft«, in: ThR (65), Teil I Missionswissenschaft, 38-77; Teil II Regionalstudien, 180-205; H. *Balz* (2004): Beiträge zur Missionstheologie, in: VuF (49), 23-37; F. *Huber* (2006): Neue Ansätze einer Missionstheologie, in: ThLZ (131), 347-358; U. *Dehn* (2012): Neue Wege der Missionstheologie?, in: VuF (57), 94-106.
5. *H.-W. Gensichen* (1961): Glaube für die Welt. Theologische Aspekte der Mission, Gütersloh.
6. *K. Müller; H. Rzepkowski; H.-W. Gensichen* (1985): Missionstheologie. Eine Einführung, Berlin.
7. *Th. Sundermeier; K. Müller* (Hg.) (1987): Lexikon missionstheologischer Grundbegriffe, Berlin.
8. *Th. Sundermeier; K. Müller; S. B. Bevans* (Hg.) (2006): Dictionary of Mission, Maryknoll / New York.
9. *H. Rzepkowski* (1992): Lexikon der Mission, Geschichte – Theologie – Ethnologie, Wien u. a.
10. *C. Dahling-Sander; A. Schultze; D. Werner; H. Wrogemann* (Hg.) (2003): Leitfaden Ökumenische Missionstheologie, Gütersloh.

Standardwerk anerkannt.¹¹ Als Überblickswerk konzipiert ist das Werk *Constants in Context* der us-amerikanischen katholischen Missiologen *Stephan Bevans* und *Roger Schroeder*.¹² Weiterhin wäre auf *Andrew Kirk* zu verweisen.¹³ An späterer Stelle wird indes zu zeigen sein, dass neben diesen international bekannten Namen von Missionstheologen in den verschiedenen missionstheologischen Diskursen eine Fülle von Namen und Ansätzen zu nennen wären.¹⁴ Es sei an dieser Stelle lediglich exemplarisch verwiesen auf ein Werk der koreanischen Pfingsttheologin *Julie Ma* und ihres Mannes *Wonsuk Ma* und auf das Buch der britischen reformierten Missiologin *Kirsteen Kim*.¹⁵ Hier werden aktuell Missionsbegründungen gegeben, die von der Lehre des Heiligen Geistes aus entwickelt werden. Damit folgen sie, wie später zu zeigen sein wird, einem globalen Trend.

Missionstheologische Arbeiten aus dem deutschen Bereich wurden in den letzten Jahren einerseits in Form von Aufsatzsammlungen vorgelegt, so etwa von dem Hamburger Missionswissenschaftler *Theo Ahrens* und seinem Erlanger Kollegen *Hermann Brand*.¹⁶ Einig sind sich beide in der Zeitansage, dass die Zeit größerer missionstheologischer Entwürfe vorbei sei.¹⁷ Man kann paraphrasieren, dass Missionstheologie nurmehr kontextuell, fragmentarisch und damit skizzenhaft betrieben werden kann.¹⁸ Angesichts der Vielfalt von Herausforderungen, Kontexten und der Vielgestaltigkeit von Formationen christlicher Akteure stellt sich die Frage, wer dem widersprechen wollte. Ich halte es jedoch für übertrieben, missionstheologischen Entwürfen insgesamt eine Absage zu erteilen, denn für verschiedene Kontexte kann es durchaus sinnvoll sein, ein umfassenderes und damit facettenreicheres Bild einer kontextuell relevanten ›Mission‹ zu zeichnen.

11. *D. Bosch* (1991): Transforming Mission. Paradigm Shifts in Theology of Mission, Maryknoll / New York. Vgl. *N. Thomas* (Hg.) (1995): Classic texts in mission and world Christianity, Maryknoll.
12. *S. Bevans; R. Schroeder* (2004): Constants in Context. A Theology of Mission for Today, Maryknoll (NY).
13. *A. Kirk* (2000): What Is Mission? Theological Explorations, Minneapolis (MN).
14. Etwa in den Diskursen der *Befreiungstheologien*, in den Kreisen des *The Gospel in Our Culture Network* in den USA, der weltweiten *Church-Growth-Bewegung* oder den verschiedenen Strömen der *Pfingstbewegung*. Vgl. Teil II in diesem Band.
15. *J. C. Ma; W. Ma* (2010): Mission in the Spirit. Towards a Pentecostal / Charismatic Missiology, Eugene (OR); *K. Kim* (2012): Joining in with the Spirit: Connecting World Church and Local Mission, London.
16. *Th. Ahrens* (2002): Mission nachdenken. Studien, Frankfurt/M.; *ders.* (2005): Gegebenheiten, Missionswissenschaftliche Studien, Frankfurt/M.; *H. Brandt* (2003): Vom Reiz der Mission. Thesen und Aufsätze, Neuendettelsau.
17. Mission hat »ihre Zeit und ihren Ort dort, wo die Wahrnehmung der Tatsachen und christliches Auftragsbewusstsein zusammenkommen.« Ahrens (2005): Gegebenheiten, 10.
18. Vgl. auch *K. Schäfer* (2003): Anstoß Mission. Impulse aus der Missionstheologie, Frankfurt/M.

… 1. Zur Einstimmung – Mission: Überraschend anders

Das Ziel der Monographie von *Peter Beyerhaus*[19] indes, bedeutender Vertreter evangelikaler Theologie in Deutschland, scheint präszise das zu sein, was Ahrens und andere ablehnen, nämlich beschreiben zu wollen, wie Mission »richtig« verstanden werden muss.[20] Dies zu versuchen, ist meines Erachtens eine Überforderung. Vorsichtiger äußert sich dagegen der Heidelberger Missions- und Religionswissenschaftler *Theo Sundermeier*[21], der für das Thema Mission besonders den Gedanken der Freiheit herausstellt und in sein Konzept einer Konvivenztheologie einzeichnet. Meinen eigenen missionstheologischen Ansatz habe ich in dem Buch *Den Glanz widerspiegeln* vorgelegt.[22] Grundlinien dieses Ansatzes werden im letzten Kapitel des vorliegenden Bandes mit den im Gesamtwerk vor Augen geführten Richtungen, Ansätzen und Thematiken in Beziehung zu setzen sein.[23] Grundlegend ist hier der Gedanke, dass sehr wohl für einen gegebenen Kontext eine – tastende – Gesamtschau versucht werden kann, es dabei jedoch um die *missionstheologische Anschlussfähigkeit* zu anderen Kontexten geht. Kurz gesagt: Aus der Perspektive Interkultureller Theologie geht es auch um die Untersuchung der Kontextualität von Missionstheologien weltweit, aus der Perspektive der Missionstheologie geht es um den Versuch eines kontextuellen Entwurfes unter Einbeziehung interkultureller Lernerfahrungen.

Sein missionstheologisches *opus magnum* hat kürzlich der ehemalige Berliner Missions- und Religionswissenschaftler *Heinrich Balz* vorgelegt.[24] In Auseinandersetzung mit Sundermeiers Verständnis einer Hermeneutik des Fremden insistiert Balz auf der Vorordnung der Kommunikation im missionarischen Prozess. – Ich breche an dieser Stelle ab. Deutlich sollte geworden sein, dass es lebhafte Diskussionen um das Thema Mission gibt, in denen verschiedene Aspekte von Mission auf vielfältige Weise kontextuell reflektiert werden.

---

19. *P. Beyerhaus* (1996): Er sandte sein Wort. Theologie der christlichen Mission. Band 1: Die Bibel in der Mission, Wuppertal / Bad Liebenzell.
20. Die Ära einer akzeptablen Missionstheologie geht für Beyerhaus mit Hartenstein und Freytag zuende. Zu Würdigung und Kritik vgl. *H. Wrogemann* (1997): Rez. P. Beyerhaus, Er sandte sein Wort, in: ThLZ (122), 1189-1192.
21. *Th. Sundermeier* (2005): Mission – Geschenk der Freiheit. Bausteine für eine Theologie der Mission, Frankfurt/M. Vgl. Kapitel III.4.5.
22. *H. Wrogemann* (2009): Den Glanz widerspiegeln. Vom Sinn der christlichen Missionen, ihren Kraftquellen und Ausdrucksgestalten. Interkulturelle Impulse für deutsche Kontexte, Frankfurt/M.
23. Vgl. Kapitel V. in diesem Band.
24. *H. Balz* (2010): Der Anfang des Glaubens: Theologie der Mission und der jungen Kirchen, Erlangen.

1.5 Mission in religionswissenschaftlicher Sicht

Bevor wir in den inhaltlichen Teil einsteigen, muss eine wichtige methodologische Frage wenigstens angerissen werden. Sie lautet: Was eigentlich ist der *Gegenstand* von Theologien der Mission? Anders gefragt: Worin manifestieren sich Missionstheologien? Meine These lautet: *Missionstheologien finden ihren Ausdruck in ganz unterschiedlichen Medien*, etwa in (1) missionstheologischen *Abhandlungen*, die über Begründung, Ziel und Methoden des missionarischen Wirkens Rechenschaft geben, aber auch in (2) *ungeschriebenen* ›*Texten*‹, etwa im römisch-katholischen Bereich der *spezifischen Spiritualiät von geistlichen Orden*, die sich am Beispiel der jeweiligen Ordensgründerin oder des Ordensgründers orientiert. Nach dem Armutsideal des heiligen *Franz von Assisi* etwa ist die ungeschriebene Missionstheologie der Franziskanerorden (weiblich wie männlich) die Sendung zu den Armen, wohingegen das Beispiel des Gründers des Jesuitenordens, *Ignatius von Loyola*, die Missionstheologien des Jesuitenordens über lange Jahrhunderte schwerpunktmäßig (aber nicht ausschließlich) auf die jeweiligen Eliten der Völker ausgerichtet hat. Die *Kleinen Schwestern Jesu*, begründet durch die Französin *Magdeleine Hutin* wiederum leben eine *missionarische Präsenz*.[25] Missionstheologien manifestieren jedoch auch in (3) *Aktionsformen*, etwa dem Protest lateinamerikanischer Basisgemeinden, deren missionarische Spiritualiät des Widerstandes *in Liedern, Gedichten und besonderen Formen des Engagements* für Bewusstseinsbildung ihren Ausdruck findet. Doch auch in (4) *Sozialstrukturen und Standardisierungen missionarischen Verhaltens* verschiedener Gruppierungen sind missionstheologische Gehalte eingelagert, die intuitiv ›gewusst‹ werden und damit das Kriterium erfüllen, eine Reflexion der eigenen Praxis zu leisten.

Es greifen demnach Versuche zu kurz, unter *Missionstheologie* nur geschriebenes Material zu verstehen. In religionswissenschaftlicher Perspektive haben insbesondere *Christoph Bochinger* und *Andreas Feldtkeller* auf diesen Sachverhalt hingewiesen.[26] In der Perspektive einer interkulturellen wie interreligiösen Missionswissenschaft ist demnach mit dem Anderen und Fremden zu

---

25. S. E. *Smith* (2007): Women in Mission. From the New Testament to Today, Maryknoll (NY), 149-154. Inspiriert wurde die Ordensgründerin durch das Wirken von *Charles de Foucault* (1858-1916), der ebenfalls ein Modell missionarischer Präsenz gelebt hatte. Nach Foucaults Tod im Jahr 1916 begründete der Franzose René Voillaume im Jahr 1936 dem Modell Foucaults folgend den Orden der *Kleinen Brüder Jesu*. Vgl. auch A. *Peter* (1998): Christliche Präsenz als missionarisches Konzept, in: NZM (54), 241-258.
26. C. *Bochinger* (1997): Mission als Thema vergleichender religionswissenschaftlicher Forschung, in: H.-J. Klimkeit (Hg.), Vergleichen und Verstehen in der Religionswissenschaft, Wiesbaden, 171-184; A. *Feldtkeller* (2001): Mission in der Perspektive der Religionswissenschaft, in: ZMR (85), 99-115.

rechnen, dass sich nämlich das Ausbreitungsgeschehen in verschiedenen kulturellen, kontextuellen und religiösen Formationen in anderen Formen manifestiert und ebenso in anderer Gestalt reflektiert wird. So hat *Bochinger* vorgeschlagen, den Gegenstandsbereich der religionswissenschaftlichen Beschäftigung mit dem Thema Mission wie folgt einzugrenzen: Mission sei zu definieren als die »*aktive und vorsätzliche Ausbreitung der jeweils eigenen Religion*«. Welche Aktivitäten sind aber darunter zu subsumieren und welcher Art muss der Vorsatz sein? Die Definition wird von *Bochinger* in dieser Richtung weiter spezifiziert. Mission ist demnach zunächst gekennzeichnet dadurch, dass das Subjekt der Mission zuvor einen erkennbaren Entschluss gefasst haben müsse, Mission zu betreiben. Weiterhin ist von Bedeutung, dass das Subjekt der Mission in irgendeiner Weise in »die Fremde« gehe. Darüber hinaus müsse es einen »klaren und einfach zu handhabenden Begriff (der) Grundlagen und Essenz« der eigenen Religion geben.[27] Im Blick auf die Grundlagen der eigenen Religion heißt es weiter: »Mission setzt eine entsprechende Selbstklärung entweder schon voraus oder erzwingt sie. Daher sollte eine religionswissenschaftliche Betrachtungsweise nach Neubestimmungen der soziologischen und theologischen Identitätsmerkmale innerhalb der missionierenden Religion suchen, sei es in Form der Abgrenzung einzelner Gruppen und Lehren oder als ökumenische Einigungsbewegungen.«[28]

So weit so gut. Wie aber ist zu verfahren, wenn in einer Religionsformation unter der missionarischen Sendung nach den Selbstaussagen der christlichen Akteure die reine *zeugnishafte Präsenz vor Ort* gefasst wird? Muss dann die christliche Selbstaussage ausgeschieden werden, weil sie der artifiziellen religionswissenschaftlichen Definition nicht mehr entspricht?[29] Wie steht es mit befreiungstheologischen Missionsvorstellungen, dass Mission für Gerechtigkeit den prophetischen Protest bedeutet, und zwar in einem weitestgehend

---

27. *Bochinger* (1997): Mission, 179 f.
28. Bochinger schlägt weiter vor, die Missionsforschung solle als »Untersuchung der Begegnung von Religionen« laufen, wobei die *Synkretismusforschung* die Ergebnisse, die *Missionsforschung* jedoch die »Motivationsstrukturen« untersuche. *Bochinger* (1997): Mission, 180. Letztlich ist Bochingers Anliegen ein wissenschaftstheoretisches: »Die Beschäftigung mit Mission macht deutlich, dass Religionswissenschaft sich aus einem statischen Betrachtungsmodell einzelner Religionen lösen muss, das seinerseits im 18. und 19. Jhdt. durch missionstheologische Abgrenzungsstrategien mitgeprägt wurde. Tabuisiert Religionswissenschaft das Thema der Mission, idealisiert sie daher gerade solche Zugriffe zum Thema interreligiöser Auseinandersetzung, die kontraproduktiv zu ihrem eigenen, historisch-kritischen Zugang zu ›Religion‹ und ›Religionen‹ sind.« (184)
29. Hier ist natürlich das religionswissenschaftliche Problem des Verhältnisses von *emischer* und *etischer Perspektive* gegeben, also die Frage einer Beschreibung religiös-kultureller Sachverhalte entweder in der Terminologie der untersuchten kulturell-religiös-ethnischen Formation *(emisch)*, oder aber über eine fachsprachliche Metasprache *(etisch*, nicht zu verwechseln mit dem Begriff et*h*isch!).

christlichen Umfeld. Hier werden als das »Fremde« die Ausdrucksformen struktureller Sünde gefasst: Soziale Machtkonstellationen, die Unrecht, Ausbeutung, Unterdrückung und Ausgrenzung von Menschen rechtfertigen. Die »Fremde« ist dann kein kultureller oder geographischer Begriff mehr, sondern ein sozialpolitisch-spiritueller Begriff.

Diese wenigen Andeutungen zeigen, dass Bochingers Überlegungen weiter zu präzisieren wären. Das kann hier nicht geleistet werden. Wichtig bleibt indes der Hinweis, dass Mission als religionswissenschaftliche Kategorie weit über das hinaus geht, was von vielen Menschen darunter assoziiert wird, nämlich eine institutionell verfasste Aktionsform.

Das Thema Mission ist weitaus komplexer. Das Verständnis von Missionstheologie muss dem entsprechen. So ist etwa in den pfingstlerischen Vorstellungen von *spiritual warfare* eine eigene ›Missionstheologie‹ eingelagert, aus der sich ganz praktische Handlungsformen herleiten, nicht als ›Theorie‹, sondern als gelebt Praxis, der jedoch Vorstellungen zugrunde liegen, die sich als kohärente geistige Gehalte herausarbeiten lassen. Hier berührt sich das Thema Theologie der Mission nicht nur mit empirischer missions*wissenschaftlicher* und religionswissenschaftlicher Forschung, sondern im Besonderen mit dem Thema Konversionsforschung.

Die vorliegende Arbeit kann, wie gesagt, viele dieser Aspekte lediglich exemplarisch behandeln. *Es ist indes das erklärte Ziel dieses Werkes, die Vielfalt von Missionstheologien und missionarischen Wirkungsweisen vor Augen zu führen, die Komplexität kontextueller Verweisungszusammenhänge anklingen zu lassen und damit Vorverständnisse von dem, was angeblich ›Mission‹ ist, zu hinterfragen ebenso wie Vorverständnisse von dem, was angeblich ›Konversion‹ ist, ›Dialog‹, ›Macht‹ oder ›Pluralismus‹. Wenn ›Mission‹ ganz allgemein als ein transformatives Geschehen charakterisiert werden kann, dann eignet dem Begriff der Charakter der Offenheit, insofern transformatives Geschehen sich immer wieder selbst transzendiert. Dass Begriff und Sache dadurch nicht konturlos werden, wird ebenso zu zeigen sein wie die Notwendigkeit, einem behutsamen interkulturellen und interreligiösen Diskurs über Konturen, Berechtigungen, aber auch Grenzen kontextueller Manifestationen von Mission zu führen. Diesem Anliegen fühlen sich die folgenden Ausführungen verpflichtet.*

2. Was bisher geschah – ein einleitender Überblick

Das Thema der christlichen Mission ist von bleibender Aktualität. In Europa wird angesichts schwindender Mitgliederzahlen gegenwärtig der Ruf nach einer missionarischen Kirche immer lauter. Gleichzeitig bleibt die brennende Frage, worin genau diese Mission eigentlich besteht. Ist das Christentum tatsächlich eine alt gewordene, ja verbrauchte Religion, wie manche Schlagzeilen in den Medien den Eindruck erwecken? Ein Blick auf die Weltchristenheit jedenfalls ergibt ein durchaus anderes Bild.

2.1 Zur Aktualität des Themas »Theologie der Mission«

Zunächst einmal kann man feststellen, dass sich im Verlaufe des 20. Jahrhunderts die Ausbreitung christlicher Kirchen und Gemeinden in einigen Teilen der Erde mit einer erstaunlichen Geschwindigkeit vollzogen hat. Zu diesen Gebieten gehört etwa der afrikanische Kontinent südlich der Sahara. Lag der Anteil von Christen/innen an der Gesamtbevölkerung um das Jahr 1900 bei weniger als 10%, so stieg der Anteil um das Jahr 2000 in den Mehrzahl der Länder auf 50-70%, in einigen Ländern sogar auf etwa 95% (Ruanda, Burundi). Für Asien fällt die numerische Zunahme zwar geringer aus, von 2,3% der Bevölkerung im Jahre 1900 auf 8,3% im Jahr 2000, in absoluten Zahlen jedoch ist dies eine Zunahme von damals ca. 22 Mio. Menschen auf heute etwa 300 Mio. Menschen, wobei insbesondere in Süd-Korea, China und Indonesien ein enormes Wachstum zu verzeichnen war. Das Christentum ist demnach keineswegs eine absterbende, sondern im Gegenteil eine in weiten Teilen der Erde weiterhin ausgesprochen vitale Religionsformation.[30]

Diese Zahlen geben indes keinerlei Anlass für missionarischen Triumphalismus, da etwa im gleichen Zeitraum die Zahl der Christen/innen an der Gesamtbevölkerung Westeuropas von im Jahre 1900 etwa 98% auf im Jahre 2000 durchschnittlich etwa 75% der Gesamtbevölkerung fiel. In manchen Gesellschaften ist sogar ein noch drastischerer Rückgang zu verzeichnen, so etwa in den Niederlanden mit heute etwas unter 50% von Menschen, die noch zu einer der christlichen Kirchen gehören. Auch eine andere Beobachtung ist im Blick auf das Thema Mission von größter Bedeutung. So sind die großen Religionsformationen im 20. Jahrhundert mehr noch als zuvor zu

---

30. Zu statistischen Daten vgl. *D. Barrett* (²2001): World Christian Encyclopedia, 2 Vol., Oxford; *P. Johnstone* (2003): Gebet für die Welt, Holzgerlingen.

Global Players geworden. Im 21. Jahrhundert setzt sich dieser Trend unvermindert fort. Beim Christentum hat sich der Verbreitungsschwerpunkt spätestens seit den 1970er Jahren deutlich von der nördlichen in die südliche Hemisphäre verlagert, so dass sich Christen/innen in Europa und Nordamerika nun nicht mehr als »die« maßgeblichen christlichen Gesellschaften verstehen können. Die ökumenischen und missionstheologischen Herausforderungen liegen auf der Hand, wenn man bedenkt, in wie verschiedenen Kontexten Christen/innen weltweit leben. Die Frage nach dem Verbindenden im ökumenischen Gespräch wird laut, aber auch die Frage nach dem gemeinsamen Dienst und nach dem gemeinsamen Zeugnis. Missionstheologische Besinnung ist unbedingt erforderlich, um sich den Fragen der missionarischen Sendung auch im eigenen Kontext der Bundesrepublik Deutschland zu stellen, um den Fragen des geschwisterlichen Miteinanders und der Verantwortung von Christen/innen weltweit nicht auszuweichen, um mit den verschiedenen Prägungen von Christen/innen weltweit, und in Form von Migrantengemeinden zunehmend auch in nächster Nachbarschaft umzugehen.

Trotz der Herausforderungen und trotz dieser Entwicklungen ist jedoch der Missionsbegriff mancherorts nach wie vor belastet, wenigstens in Westeuropa. Dabei wird jedoch zumeist ein sehr enges Verständnis eines ebenso kurzfristigen wie wortzentrierten Überzeugungsgeschehens zugrunde gelegt. Es wird zu zeigen sein, welche Fülle von verschiedenen Missionstheologien weltweit wirksam sind, wie vielfältig, ganzheitlich und kontextuell der christliche Zeugendienst von den unterschiedlichsten Akteuren verstanden und gelebt wird. Verschiedene Thematiken werden dabei in den Blick kommen, etwa die Frage nach dem Verhältnis von missionarischem Zeugnis und interreligiösem Dialog, die Frage, wie Kulturen anderer Menschen zu würdigen sind, wie weit der christliche Glaube durch sie neu geprägt wird, und wie weit umgekehrt der christliche Glaube die Kulturen verändert. Weiter ist die Frage bedeutsam, wie sich Mission und sozialer Dienst zueinander verhalten, welche Bedeutung dem partnerschaftliche Miteinander »alter« und »junger« Christentümer in der Mission zukommt oder welchen Einfluss das Verständnis etwa von Entwicklung und Gerechtigkeit, Versöhnung, pluraler Demokratie, Ökologie, Bildung oder Genderthematiken auf das Missionsverständnis hat. Doch zuvor soll in einem kurzen Überblick wenigstens angerissen werden, welche Epochen der christlichen Missionsgeschichte dem 20. Jahrhundert vorausgegangen sind und welche Formen des Ausbreitungsgeschehens (wenn auch sehr schematisch) zu unterscheiden sind, damit die aktuellen Diskussionen in den weiteren Rahmen der globalen Christentumsgeschichte eingezeichnet werden können.

2.2 Ein Blick zurück – Missionsgeschichte in Zeitraffer

Das Christentum ist seit seinen Anfängen eine missionarische Religion. Die Begegnungen mit dem auferstandenen Christus werden im Neuen Testament als Berufungserscheinungen geschildert, die den Jüngerinnen und Jüngern nicht nur den Sinn des Todes Jesu Christi verständlich machten, sondern ihnen auch eine neue Ausrichtung gaben: Sie sollten die frohe Botschaft von dem Gekreuzigten und Auferstandenen weitertragen und allen Menschen weitersagen.[31] So wurde aus einer Schar eingeschüchterter und verzweifelter Menschen eine Gemeinschaft von Zeugen/innen, die in kurzer Zeit Gemeinden an vielen Orten des damaligen Römischen Reiches begründeten. Die Missionsgeschichte kann man in groben Zügen wie folgt periodisieren: In den *ersten drei Jahrhunderten* verbreitete sich der christliche Glaube nicht durch geplante Mission. Eine solche gab es nicht. Es waren vielmehr einzelne Glaubenszeugen, Männer und Frauen, oft Händler, Soldaten und Menschen, die über weite Strecken reisten, die den Glauben in verschiedene Städte des Römischen Reiches brachten. Es war die Ausstrahlung von christlichen Hausgemeinden und solchen Gemeinden, die durch Gastfreundschaft[32], christliches Lebenszeugnis und ethische Aufrichtigkeit für Menschen attraktiv waren.[33] Dass Frauen in dieser Phase der Christentumsgeschichte eine besondere Rolle für das Ausbreitungsgeschehen gespielt haben, sei ausdrücklich angemerkt.[34]

Die zweite Epoche kann man schematisch auf die *Jahre 500-1000* datieren. In dieser Periode breitet sich das Christentum in Zentral- und Westeuropa und dann nach Osteuropa und Nordeuropa aus.[35] In Nordafrika hatte es be-

---

31. Zu Missionstheologien des Neuen Testaments vgl. als Einführung: *D. Bosch* (1991): Transforming Mission. Paradigm Shifts in Theology of Mission, Maryknoll (NY); *J. Nissen* (²1999): New Testament and Mission, Frankfurt/M. u.a.; *R. Achenbach* (2003): Mission in biblischer Perspektive, in: C. Dahling-Sander u.a. (Hg.), Leitfaden, o.a., 32-50. Zur jüngeren Forschungsdebatte: *C. Stenschke* (2003): Mission in the New Testament: New Trends in Research. A Review Article, in: Missionalia (31), 355-383.
32. *M. Puzicha* (1988): ›Ich war fremd, und ihr habt mich aufgenommen.‹ Zur Aufnahme der Fremden in der Alten Kirche, in: O. Fuchs (Hg.), Die Fremden, Düsseldorf, 167-182.
33. *A. von Harnack* (⁴1924): Die Mission und Ausbreitung des Christentums in den ersten drei Jahrhunderten, Leipzig; *W. Reinbold* (2000): Propaganda und Mission im Ältesten Christentum, Göttingen.
34. Vgl. *S. E. Smith* (2007): Women in Mission, o.a., 72ff.; *E. Schüssler Fiorenza* (²1993): Zu ihrem Gedächtnis ... Eine feministisch-theologische Rekonstruktion der christlichen Ursprünge, Gütersloh, darin: »MissionarInnen«, 215-224.
35. *K. Aland* (1961): Über den Glaubenswechsel in der Geschichte des Christentums, Berlin 1961, hier bes. 57-73. Vgl. *H. Frohnes; U. W. Knorr* (Hg.) (1974): Kirchengeschichte als Missionsgeschichte, Bd. 1, Die Alte Kirche, München. *W. C. Frend* (1974): Der Verlauf der Mission in der Alten Kirche bis zum 7. Jahrhundert, in: Frohnes / Knorr (Hg.), Kirchengeschichte, 32-50; *G. Kretschmar* (1974): Das christliche Leben und die Mission in

reits Fuß gefasst. Bedeutend sind weiterhin die nestorianischen Missionen entlang der Seidenstraße, die bis nach China reichten, zu nennen wären zudem verschiedene christliche Reiche wie Aksum oder Armenien. Religionsgeschichtlich einschneidend sind die Eroberungswellen muslimischer Herrschaftsformationen, die um 750 n. Chr. abgeschlossen waren. Hierdurch wurde die missionarische Ausstrahlung des Christentums in Nordafrika und den Gebieten bis Persien gehemmt.

Indes war eine große Ausdehnung der *Ostsysrischen Kirche* entlang der Seidenstraße noch für Jahrhunderte gegeben. Für die sowohl im Blick auf ihre Lehre wie auch hinsichtlich ihrer Organisation eigenständige Ostsyrische Kirche stellt *Wolfgang Hage* heraus:

> Die »›ostsyrische‹, ›nestorianische‹ (offiziell: ›apostolische‹) ›Kirche des Ostens‹ bot seit alters im Reiche der persischen Großkönige und fortan [seit dem 7. Jahrhundert, HW] nun in demjenigen der Kalifen und [wiederum später, HW] der mongolischen Ilchane das Gegenmodell zur staatskirchlich geprägten Christenheit der Mittelmeerwelt und zu deren von staatlich-politischen Interessen begleiteten Mission: als eine Kirche stets unter nichtchristlichen Herrschern und ohne die für einen Machtzuwachs angenehmen Folgen einer ›konstantinischen Wende‹, die dessen ungeachtet aber in ihren Bemühungen um die Ausbreitung des christlichen Glaubens in fernen Ländern derart erfolgreich war, dass sie im Rahmen der Gesamtchristenheit im Mittelalter als die ›Missionskirche‹ schlechthin gilt.«[36]

---

der frühen Kirche, in: Frohnes / Knorr (Hg.), Kirchengeschichte, 94-128; *K. Holl* (1974): Die Missionsmethode der alten und die der mittelalterlichen Kirche, in: Frohnes / Knorr (Hg.), Kirchengeschichte, 3-17; *L. E. von Padberg* (1998): Die Christianisierung Europas im Mittelalter, Stuttgart.

36. *W. Hage* (1978): Der Weg nach Asien: Die ostsyrische Missionskirche, in: K. Schäferdiek (Hg.), Kirchengeschichte als Missionsgeschichte, Band II, München, 360-393, 362; *ders.* (1976): Christentum und Schamanismus. Zur Krise des Nestorianismus in Zentralasien, in: Traditio – Krisis – Renovatio aus theologischer Sicht, Marburg, 114-124; *ders.* (2007): ›Die Apostolische Kirche des Ostens‹, in: ders., Das orientalische Christentum, Stuttgart, 269-314. Syrische Kaufleute hatten bis zur Mitte des 3. Jh. den christlichen Glauben bereits über Mesopotamien und den Persischen Golf bis an die südindische Malabar-Küste gebracht, Christen sind im 6. Jh. auf Ceylon nachweisbar, entlang den Seidenstraßen gab es seit dem 7. Jh. auf einer Entfernung von etwa 6000 Kilometern christlich-nestorianische Gemeinden bis hin nach China, größere Gemeinden etwa in Buchara und Samarkand, größere christliche ethnische Verbände etwa unter den *Sogdern* und den Turko-Tartaren (später besonders unter den Völker der *Keräit*, der *Naiman*, der *Uiguren* und *Öngüt*). In einer jahrhundertelangen und wechselvollen Geschichte mit vielen Rückschlägen (etwa Mitte des 9. Jh.s und im dritten Jahrzehnt des 13. Jh.s) erlebte diese Missionskirche im 13. und 14. Jh. innerhalb der Weiten des Mongolenreiches eine Blütezeit, wobei das Syrische in den Gottesdiensten die Liturgiesprache blieb, wohingegen in Gebeten und Hymnen lokale Sprache verwendet wurden, was zugleich den Aspekten der Universalität und der regionalen Verankerung Ausdruck zu geben vermochte. Es finden sich Gemeinden unter Ackerbauern, in Dörfern und Städten, aber auch unter Nomadenstämmen. Im Jahr 1315 gab es 72 Diözesen dieser Kirche innerhalb des mongolischen Reiches, welches sich über weite Teile Zentralasiens und Chinas erstreckte. Das Blatt wendete sich als in China

2. Was bisher geschah – ein einleitender Überblick

Diese Zusammenhänge können hier nur angedeutet werden, zeigen aber, dass die christliche Ausbreitungsgeschichte auch ganz anders hätte verlaufen können. Doch zurück zur Westkirche, der eine Ausbreitung in den europäischen Norden und Osten gelang. Missionarische Grenzüberschreitung wird nun besonders durch Mönchsorden wahrgenommen, und zwar im Kontext eines kulturellen Gefälles. Es sind vor allem die *großen Landklöster*, die in vielen Gebieten Europas zu entscheidenden Faktoren der Christianisierung, der Bildung und der wirtschaftlichen Entwicklung werden. Mission wird damit immer mehr – bewusst oder unbewusst – eine Aufgabe dieser Ordensleute.[37]

Um das *Jahr 1200 entstehen Bettelorden*, die sich in den nun aufblühenden Städten Europas um die bedürftigen Menschen bemühen. Hier sind insbesondere die Orden der Franziskaner und der Dominikaner zu nennen. Sie schicken auch Gesandtschaften an ferne Höfe, etwa an die Höfe muslimischer Herrscher. Seit der Entdeckung Amerikas (1492) wurden diese Bettelorden (besonders die Franziskaner, Dominikaner und Augustiner) zusammen mit dem im 16. Jahrhundert begründeten Jesuitenorden zu den wichtigsten missionarischen Akteuren weltweit: in Lateinamerika[38], in Nordamerika, in Asien und an einigen afrikanischen Küstenregionen. Grenzüberschreitende Mission bleibt vom 16. Jahrhundert bis zum 18. Jahrhundert im Wesentlichen eine Sache der katholischen Orden[39], also mehrheitlich männlicher Ordensleute, wohingegen die im 16. Jahrhundert entstandenen protestantischen Kirchen in diesen Jahrhunderten kaum Mission betrieben haben. Die katholischen Missionen waren dabei unmittelbar Sache der Kirche. Sie bewilligte die Missionen und behielt sie unter ihrer Leitung, und zwar durch die in Rom eingerichtete Institution der *propaganda fidei*, der in der Kurie in Rom verorteten *Kongregation für die Ausbreitung des christlichen Glaubens*. Missionsunterneh-

---

1368 die mongolische Fremdherrschaft abgeschüttelt wurde und die Ming-Dynastie an die Macht kam, die gegen alles Fremde und damit auch gegen nestorianische Gemeinden vorging. In der Folgezeit zerfiel das Reich der Mongolen mehr und mehr, die Handelswege wurden unsicher, neu entstandene muslimische Herrschaftsgebiete trennten die Kernregionen der Ostsyrischen Kirche in Mesopotamien von den »Metropolien des Äußeren« in Zentralasien ab, so dass im Laufe des 15. Jh.s das nestorianische Christentum in Zentralasien dahinverschwand und christliche Reste nur noch in Südindien erhalten blieben. Es ist dies eine der großen Zäsuren in der Geschichte der Weltchristenheit, die – dies sei gegen ein allzu selbstverständliches Bild einer stark ›westlich‹ geprägten Christentumsgeschichte gesagt – ansonsten auch ganz anders hätte verlaufen können.

37. *L. E. v. Padberg* (1995): Mission und Christianisierung. Formen und Folgen bei Angelsachsen und Franken im 7. und 8. Jahrhundert, Stuttgart; ders. (1998): Die Christianisierung Europas im Mittelalter, Stuttgart.
38. Vgl. dazu LIThM, Bd. 1, 227-246.
39. *H. Gründer* (2004): Conquista und Mission, in: ders., Christliche Heilsbotschaft und weltliche Macht, hg. von F.-J. Post u. a., Münster, 23-46; *M. Sievernich u. a.* (Hg.) (1992): Conquista und Evangelisation, Mainz.

mungen wurden demnach erstens von den Orden beantragt, zweitens von der Kirche und den katholischen Königen bewilligt und dann erst drittens durch Ordensleute durchgeführt. Die Missionen blieben viertens durchgehend unter der Leitung von Kirche (und Krone).

Als wichtige missionarische Kräfte erscheinen die protestantischen Kirchen erst im 19. Jahrhundert. Dafür waren im Wesentlichen drei Gründe verantwortlich: Erstens kämpften die protestantischen Mächte bis zum Ende des Dreißigjährigen Krieges (1618-1648) um ihr Überleben, wenigstens im Gebiet Frankreichs und des *Heiligen Römischen Reiches Deutscher Nation*. Für grenzüberschreitende Mission war keine Energie vorhanden. Zweitens hatten die großen protestantischen Gebiete Mitteleuropas kaum Zugang zur See, denn die Seeherrschaft über die Ozeane lag noch einige Zeit bei den katholischen Mächten Spanien und Portugal, später besonders bei Frankreich und England. Drittens war das landesherrliche Kirchenregiment in vielen Gebieten nicht dazu angetan, ein Bewusstsein für die weltweite christliche Verantwortung zu entwickeln. Es galt, Kirche vor Ort in konfessionell homogenen Gebieten nach der Regel *cuius regio, eius religio* zu leben: Wessen Gebiet, dessen Religion. Die Untertanen sollten den gleichen Glauben haben, wie die sie regierenden Fürsten. Die jeweiligen Kirchen fühlten sich denn auch nur für dieses Gebiet zuständig, nicht jedoch für die weltweite christliche Sendung. Mit dem 18. Jahrhundert änderten sich die Dinge jedoch spürbar. *Große Erweckungsbewegungen* unter den Protestanten in Nordamerika und in England führten zu einem missionarischen Bewusstsein, das auch auf Kontinentaleuropa übergriff. Die Ausbreitung der europäischen Mächte tat ein Übriges. So sollte das 19. Jahrhundert zum »Großen Jahrhundert der Mission« (Kenneth Latourette) werden.

2.3 Das *Große Jahrhundert der Mission* – das 19. Jahrhundert

Das 19. Jahrhundert ist das Jahrhundert der Industriellen Revolution, das Jahrhundert der wissenschaftlichen Entdeckungen, rasanter wirtschaftlicher Entwicklung und die Ära der zunehmenden technischen Überlegenheit europäischer Nationen über andere Regionen der Erde. Begonnen hatten diese Entwicklungen zwar schon früher, im 19. Jahrhundert jedoch gelangten sie zu einer Breitenwirkung, die den wissenschaftlichen, technischen, wirtschaftlichen und militärischen Vorsprung Europas begründete. Die Folge war der seit Mitte des 19. Jahrhunderts verstärkte Versuch, durch die Eroberung von Kolonialgebieten die eigenen wirtschaftlichen Interessen auch in anderen Regionen der Erde zu vertreten. Die ersten achtzig Jahre des 19. Jahrhunderts sind eine Ära des zunehmenden *Kolonialismus*. Seit 1883/1884 führte dies zur Intensivierung und Radikalisierung in der Phase des so genannten *Imperialismus:* Scheitelpunkt war die Berlin-Kongo-Konferenz, auf der die Gebiete Afrikas am Reisbrett unter den Kolonialmächten, insbesondere England, Frankreich, Deutschland und Belgien aufgeteilt wurden.[40] Was nun folgte, war die planmäßige Eroberung und Besetzung der entsprechenden Gebiete. Hatten christliche Missionen schon vorher in vielen Gebieten Afrikas gearbeitet, und zwar in Absprache mit und Duldung oder gar Förderung der lokalen Stammesherrscher, so gerieten die Missionen durch die Besetzungsaktivitäten der Kolonialmächte in das jeweils neu errichtete Hoheitsgebiet eben dieser Kolonialmächte und sie mussten sich, wohl oder übel, deren politischen Entscheidungen beugen. Das Spektrum des Verhältnisses von Missionen zu Kolonialverwaltungen reichte dabei von Missionen, die immer wieder auch Sand im Getriebe der Kolonialregierungen waren über moderate bis heftige Kritik an Erscheinungen des Kolonialwesens bis hin zu einer gewissen Unterstützung kolonialer Interessen.

Doch wie war die Missionsbewegung entstanden, aus der die besagten Missionen hervorgegangen waren? Im 19. Jahrhundert entstand ein neuer Typ christlicher Mission, und zwar in Gestalt der so genannten *Missionsgesellschaften,* die im Bereich des Protestantismus begründet wurden. Was an diesen Gesellschaften war neu? Sie entstanden nicht aus der Mitte der Kirchen heraus, also auf Planung der Kirchen hin, sondern sie entwickelten sich eher am Rande der Kirchen, denn die Initiatoren waren zumeist erweckte Laien, die aus eigener Initiative Hilfsvereine für die christliche Mission gründeten. Das Bewusstsein, *allen* Menschen das Evangelium bringen zu sollen, war unter vielen Christen durch die großen Erweckungsbewegungen in Nordamerika und England wachgerufen worden, die bald auch auf den europäischen Kontinent ausstrahlten. Die *erste große Erweckung* ereignete sich in Nordamerika in den Jahren 1726-1760, beginnend in den holländischen reformierten Gemeinden, angeführt durch den Calvinisten *Jonathan Edwards* (1703-1758). Drei Aspekte kamen hier zusammen: Erstens die Hochschätzung der Heiligen Schrift, zweitens die Hochschätzung der persönlichen Glaubenserfahrung und drittens daraus folgend ein starkes missionarisches Bewusstsein, diese Heilserfahrung weitergeben zu wollen. Dies wirkte sich zunächst vor Ort in der Mission unter Indianern und Siedlern aus, den nordamerikanischen *home missions.*

Als missionarische Kraft wirkte, dies ist eine zweite Quelle der missionarischen Bewegung, auch der durch die Brüder *John Wesley* (1703-1791) und *Charles Wesley* (1707-1788) begründete *Methodismus.* Die Brüder Wesley

---

40. Vgl. *S. Neill* (²1990): Geschichte der christlichen Missionen, Erlangen, 215 ff.; *K. J. Bade* (Hg.) (1982): Imperialismus und Kolonialmission, Wiesbaden.

arbeiteten 1735 als Missionare in Nordamerika. Nach ihrer Rückkehr nach England arbeiteten beide Brüder als Wanderprediger. Kennzeichnend wurde hier erstens die geistliche Wiedergeburt und zweitens ein methodischer christlich-ethischer Lebenswandel (daher der Name Methodisten). Diese führten zu einem missionarischen Bewusstsein, das sich, und dies ist ein Spezifikum des Methodismus bis heute, gleichermaßen auf die Verbesserung sozialer Zustände (Stichwort negative Aspekte der Industriellen Revolution, Massenarmut usw.) wie auch auf die persönliche Bekehrung des Einzelnen bezog.

Als dritter Quellgrund der missionarischen Bewegung im 19. Jahrhundert ist die so genannte *zweite große Erweckungsbewegung* von 1787-1825 zu nennen. Diese schließlich führte in Nordamerika und in England zu Auswirkungen, die wiederum bis hin nach Kontinentaleuropa reichten. Es kam zur Gründung von vielen Missionsgesellschaften. Die durch die Wirkung des großen Missionars *William Carey* (1761-1834) im Jahre 1792 begründete *Baptist Missionary Society* ist der Prototyp dieser neuen Missionsgesellschaften.[41] Einige der Kennzeichen sind folgende: (1) Von Laien begründet, hatten diese Gesellschaften (2) eine Massenbasis von Unterstützern, die die Gesellschaft finanzierten, sie suchten sich (3) ihre Ziele missionarischer Arbeit selber, waren also nicht auf Initiative der Kirchen tätig, und sie entsandten (4) sowohl Laienmissionare als auch – sehr bald – speziell zugerüstete Missionare, Laien wie Ordinierte. Nach dem Vorbild der *Baptist Missionary Society* wurden zu Beginn des 19. Jahrhunderts eine ganze Reihe weiterer Missionsgesellschaften gegründet. William Carey selbst ist zudem missionstheologisch von Bedeutung.[42] Nach einem Bekehrungserlebnis im Jahre 1779 wandte sich Carey den Baptisten zu. Im Jahre 1792 verfasste er die Schrift *An Enquiry Into the Obligation of Christians to Use Means for the Conversion of the Heathens*. Darin widerlegte er die durch ein Vorsehungsdenken geprägte extrem-calvinistische Meinung, Mission sei nicht erforderlich, da Gott die Bekehrung der Heiden zu einem bestimmten Zeitpunkt der Geschichte ohne Mitwirkung von Menschen bewirken werde. Carey rückte demgegenüber den Sendungsauftrag von Matthäus 28 ins Zentrum seiner Missionsbegründung. Für ihn sind nicht nur einzelne, besonders erweckte oder begabte Christen zur Mission aufgerufen, sondern er versteht Mission als Pflicht eines jeden Christen und einer jeden Christin. Der Einfluss des Buches und der Predigten Careys führten bei der Jahresversammlung der Baptisten im Jahre 1792 zur Gründung der *Baptist Missionary Society* (BMS). Noch im selben Jahr brach Carey als erster

---

41. Vgl. *W. Bieder* (1961): William Carey, in: EMM (105), 153-173; Quellentexte von *W. Carey* in: *W. Raupp* (Hg.) (1990): Mission in Quellentexten, Erlangen u. a., 231-235.
42. *H. Rezepkowski* (1992): Lexikon der Mission, 93-94.

2. Was bisher geschah – ein einleitender Überblick

Missionar dieser Gesellschaft nach Bengalen auf, wo er 1793 eintraf, Hindi lernte und später mit Hilfe weiterer Mitarbeiter die Bibel ins Hindi und in andere indischen Sprachen übersetzte. Im Jahre 1800 machte er die indische Stadt *Serampore* zum Zentrum dieser Mission, zusammen mit den nachgerückten Missionaren der BMS, *Joshua Marshman* (1768-1837) und *William Ward* (1764-1823).

Im frühen 19. Jahrhundert entstehen eine Reihe von protestantischen Missionsgesellschaften in Nordamerika und Europa.[43] Zunächst wenden wir uns Nordamerika zu, wo es bis dahin nur sporadische protestantische Missionsaktivitäten unter Indianern gegeben hatte.

Im Jahre 1787 wird die *Society for Propagating the Gospel Among the Indians and Others in North America* begründet, im selben Jahr auch die *Moravian Society for Propagating the Gospel Among the Heathen*. Die ständig nach Westen sich verschiebende Grenze der Siedlergebiete brachte immer neue Kontakte mit Indianerstämmen und immer neue missionarische Aufgaben unter den Siedlern selbst. Unterstützt wurde diese Arbeit durch viele Kirchen an der Ostküste.

Während die Missionen in Nordamerika zunächst im Zentrum der Aktivitäten nordamerikanischer Christen/innen standen *(home missions)*, wurde im 19. Jahrhundert auch der Arbeit der *Überseemission* mehr und mehr Aufmerksamkeit zuteil. Im Jahre 1812 wurde als erste Übersemission der *American Board of Commissioners for Foreign Mission* (ABCFM) gegründet, dem in rascher Folge Missionen der verschiedenen Kirchen folgten.[44] Die Fülle der Organisationen kann in diesem Zusammenhang nicht einmal angedeutet werden. Charakteristisch für Nordamerika jedoch ist, wie *Pierce Beaver* betont, dass die Initiative zumeist von Laien ausging, die Gesellschaften aber Ausdruck kirchlicher Arbeit waren: »Wenn sie sich auch Gesellschaften nannten, so waren sie doch von Kirchen gegründet worden, und die Wahrnehmung der missionarischen Funktion der Kirche durch einen offiziellen Ausschuss (Board) wurde die typisch amerikanische Form der Missionsarbeit.«[45] Die Missionsleitungen waren sich der Bedeutung der überkonfessionellen Zusammenarbeit durchaus bewusst. So kann man in dieser Bewegung einen

---

43. A. Bogner u. a. (Hg.) (2004): Weltmission und religiöse Organisationen. Protestantische Missionsgesellschaften im 19. und 20. Jahrhundert, Würzburg.
44. Im Jahre 1814 entstand seitens der Baptisten die *General Missionary Convention of the Baptist Denomination in the U.S.A.*, im Jahre 1816 wurde seitens der Calvinisten die *United Foreign Mission Society* ins Leben gerufen, die methodistische Episcopal-Church gründete 1819 die *Missionary and Bible Society*, gefolgt von weiteren Gründungen anderer Kirchen, etwa der 1837 ins Leben gerufene *Foreign Mission Board* der Evangelisch-lutherischen Kirche in den USA.
45. R. P. Beaver (1961): Der Anteil Nordamerikas, in: G. Brennecke (Hg.), Weltmission in ökumenischer Zeit, Stuttgart, 200-213, 204.

ökumenischen Zug erkennen, der später zur Gründung der ökumenischen Bewegung im 20. Jahrhundert beitrug.[46] Neben Organisationen, die *allen* Denominationen zur Seite standen, etwa der *American Bible Society* (gegr. 1816) oder der *American Tract Society* (gegr. 1825), drückte sich dieser Wille zur Zusammenarbeit auch in der *Vereinigten Missionskonferenz* von New York des Jahres 1854 aus, der weitere Konferenzen folgten.

Für den Bereich Nordamerikas finden sich im Jahr 1900 insgesamt 52 Missionsgesellschaften und 49 Hilfsorganisationen. Bemerkenswert ist dabei die bedeutende Rolle der *Frauenmissionen*.[47] So gab es um 1890 eine Anzahl von 33 Frauenmissionsausschüsse in den USA und 9 Frauenmissionsausschüssen in Kanada, eine Entwicklung, die mit der Gründung der *Women's Union Missionary Society* im Jahre 1861 ihren Anfang genommen hatte. Bedeutende Missionarinnen waren unter anderen *Mary Lyon* (1797-1849), die 1837 das Frauenseminar von Mount Holyoke in South Hadley, Massachusetts begründete, *Sarah Doremus* (1802-1877), die 1861 die besagte *Women's Union Missionary Society* begründete oder die Chinamissionarin *Charlotte (Lotti) Moon* (1840-1912). Um das Jahr 1890 waren 60 Prozent aller Missionskräfte aus Nordamerika Frauen, insbesondere ledige Frauen, die als Lehrerinnen, in sozialen Diensten und als Pioniermissionarinnen arbeiteten und eine entsprechende Frauenarbeit in etlichen Gebieten, etwa in Indien und China begründeten.[48] Frauen stellten seit Mitte des 19. Jahrhunderts, besonders aber seit den 1880er Jahren auch in kontinentalen Missionen – etwa der anglikanischen *Church Missionary Society* – ein bedeutendes Kontingent des Personals.[49]

Ein anderes wichtiges Phänomen stellen die so genannten *Glaubensmissionen* dar. Auch diese entwickelten sich gegen Ende des 19. Jahrhunderts. Es sind Missionen, die nicht mehr von Kirchen oder Gesellschaften getragen wurden, sondern in denen einzelne Missionare sich wirtschaftlich unterhielten (Zeltmachermission, Erwerbstätigkeit und Mission) oder durch Freun-

---

46. Institutionell führte dies im Jahre 1948 zur Gründung des *Ökumenischen Rates der Kirchen*.
47. D. *Robert* (1996): American Women in Mission. (…) The Modern Era 1792-1992, Maryknoll / New York; Vgl. R. A. *Tucker*; W. L. *Liefeld* (1987): Female Mission Strategies: A Historical and Contemporary Perspective, in: Missiology (15), 73-89. R. A. *Tucker* (1993): Women in Mission, in: Philips/Coote (Hg.), Toward the Twenty-first Century Mission, 284-294.
48. *Bevans/Schroeder* (2004): Constants in Context, 218-220. Vgl. Kap. III.6. in diesem Band.
49. J. *Murray* (2000): The Role of Women in the Church Missionary Society, 1799-1917, in: K. Ward; B. Stanley (Hg.), The Church Mission Society and World Christianity, 1799-1999, Grand Rapids (MI) u. a., 66-90, bes. 78 ff. Frauen wurden einesteils als Ehefrauen von Missionaren, andernteils als alleinstehende Missionarinnen gezählt. »CMS figures at the end of 1895 were 1377 men and 743 women.« (ebd., 88 f.)

2. Was bisher geschah – ein einleitender Überblick

deskreise unterstützt wurden, sich also für ihren Lebensunterhalt und ihre Sendung nur auf ihren Glauben verließen (und nicht auf Kirchen oder Gemeinden), daher der Name. Prototyp diese Glaubensmissionen ist die *China Inland Mission*, begründet durch den berühmten Missionar *Hudson Taylor* (1832-1905). Diese Missionen waren nicht konfessionell ausgerichtet, sondern überkonfessionell.

Ein übergreifender und darum überkonfessioneller Zusammenschluss dieser vielen Missionen wurde im Jahre 1893 mit der *Foreign Missions Conference of North America* organisiert. Wichtige Impulse gingen auch von der großen ökumenischen Missionskonferenz in New York im Jahre 1900 aus, die die Zusammenarbeit auf nationaler wie auf internationaler Ebene deutlich stärkte. Dies war die größte Missionskonferenz, die jemals abgehalten wurde, mit etwa 170.000-200.000 Teilnehmern aus Kontinentaleuropa, England und Nordamerika.[50] Die protestantischen Kirchen Nordamerikas, also der USA und Kanadas, sind für die moderne christliche Missionsbewegung demnach kaum zu überschätzen. Um nur ein Schlaglicht zu werfen: Im Jahre 1961 gab es in Nordamerika 421 Missionsgesellschaften bzw. – weil es sich in Nordamerika um *kirchliche* Missionen handelte – *Missionsausschüsse* mit einem Personal von 27.219 Missionaren/innen weltweit. Die Kirchen Nordamerikas stellten damit im Jahre 1961 insgesamt 65 % des protestantischen Missionspersonals weltweit. Auch heute noch stellen diese Missionen die weltweit größte Zahl von kulturübergreifend arbeitenden Missionaren/innen.

Gegenüber der nordamerikanischen Missionsbewegung fiel die *britische Missionsbewegung* zwar numerisch kleiner aus, im Vergleich zur Missionsbewegung des übrigen Mittel- und Nordeuropa jedoch ist die britische Missionsbewegung überaus bedeutend.[51] Zu den ältesten Gesellschaften in Großbritannien zählen als eine sehr frühe Gründung die *United Society for the Propagation of the Gospel* (1701), dann die *Baptist Missionary Society* (1792), sowie die bedeutenden beiden anderen Missionsgesellschaften, nämlich die *London Missionary Society* (1795) und die anglikanische *Church Missionary Society* (1799). Die britische Missionsbewegung sollte bedeutenden Einfluss

---

50. Die Konferenz fand vom 21. April bis 1. Mai 1900 und hatte jeden Tag viele Tausend Teilnehmende, den »harten Kern« von »Mitgliedern« stellten indes nur etwa 2500 Personen dar. *W. R. Hogg* (1954): Mission und Ökumene. Geschichte des Internationalen Missionsrats und seiner Vorläufer im 19. Jahrhundert, Stuttgart, 59 ff.
51. So kann man für das Jahr 1900 feststellen, dass von 13.607 protestantischen Missionaren 5901 aus Großbritannien und 4110 aus den Vereinigten Staaten stammten. Doch diese Proportionen sollten sich bald verschieben. Für das Jahr 1925 etwa stellt Arno Lehmann heraus, dass 50 % des missionarischen Personals der Protestanten aus Nordamerika kam, etwa 37,5 % aus Großbritannien und nur 12,5 % aus Kontinentaleuropa. Dieser Befund gilt wenigstens bis in die Zeit der 1960er Jahre. Die heutige Situation stellt sich, wie später zu zeigen sein wird, anders dar.

auf die Gründung von Missionsgesellschaften auf dem europäischen Kontinent haben. Mit ihrem Prinzip von *trial and error* haben die britischen Missionen eine große Flexibilität bewiesen. Größere missionstheologische Beiträge sind jedoch aus diesem Bereich nicht gekommen.[52]

Im Blick auf Kontinentaleuropa sei zunächst ein kurzer Blick auf die deutsche Missionsbewegung geworfen.[53] Zu den wichtigen Missionsgesellschaften gehörten folgende Gründungen, die in mehreren Wellen vonstatten gingen[54]: Es kam zu Anfang des 19. Jahrhunderts zur Gründung von *Missionsgesellschaften mit überkonfessionellem Profil*, die wichtigsten dieser Gesellschaften waren die *Baseler Mission* (gegründet 1815), die *Berliner Missionsgesellschaft* (1824), die *Rheinische Missionsgesellschaft* (1828), die *Norddeutsche Mission* (1836) und die *Goßner Mission* (1836). Eine zweite Gründungswelle ereignete sich in den 1840er Jahren, wobei als *konfessionell lutherische Missionen* die *Hermannsburger Missionsanstalt* (1849) und die *Neuendettelsauer Mission* (1853) zu nennen sind. Zu einer dritten Gründungswelle kam es gegen Ende des 19. Jahrhunderts, so zur Gründung einer *kulturprotestantischen Mission*, nämlich der *Deutschen Ostasienmission* (1884), zur Gründung der *Bethel-Mission* (1886) sowie zur Gründung von *Missionen nach dem Muster amerikanischer Glaubensmissionen*, etwa der *Liebenzeller Mission* (1899). Die Zunahme von Missionspersonal in Deutschland kann anhand zweier Zahlen veranschaulicht werden: Waren es im Jahre 1800 aus dem Gebiet des späteren deutschen Reiches insgesamt 88 Missionare in Übersee, so im Jahre 1915 insgesamt 1602 Missionare.[55]

In den skandinavischen Ländern waren ebenfalls eine Reihe von Missionsgesellschaften entstanden. Für den Kontinent sind weiter zu nennen die Vertretung im Schweizer Missionsrat von 12 Missionen, im Niederländischen Missionsrat von 11 Missionen und die Pariser Missionsgesellschaft (diese war 1822 gegründet worden), über die die französischen protestantischen Missionare der verschiedenen Kirchen zusammengefasst wurden.

Die Missionen schlossen sich bald zu *Missionskonferenzen* zusammen, um ihre Arbeit zu koordinieren und sich über Herausforderungen zu informieren und abzustimmen. Im Jahre 1866 kam es in Bremen zu einer ersten *Kontinen-*

---

52. R. K. Orchard (1961): Großbritannien, in: Brennecke (Hg.), Weltmission, 188-199, bes. 191, 198.
53. A. *Lehmann* (1961): »Der deutsche Beitrag«, in: G. Brennecke (Hg.), Weltmission, 153-165. Für 1958 wird die Zahl aller deutschen protestantischen Missionskräfte auf 942 beziffert, denen beispielsweise 6950 katholische deutsche Missionskräfte (insbesondere Ordensleute) gegenüberstehen. (155)
54. Vgl. H. Rzepkowski (1992): Art. Missionsgesellschaften, in: ders., Lexikon der Mission, 303-305.
55. *Hoekendijk* (1967): Kirche und Volk, 112.

2. Was bisher geschah – ein einleitender Überblick

talen Missionskonferenz, an der neben acht deutschen Missionsgesellschaften auch Missionsgesellschaften aus den Niederlanden, aus Norwegen, Schweden und Dänemark, sowie die Pariser Mission teilnahmen.[56] Die Konferenz behandelte im Wesentlichen *praktische Fragen*, etwa der Missionsausbildung, wirtschaftlicher Belange, Fragen im Zusammenhang des Aufbaus und der Unterhaltung von Missionsschulen und der Erstellung eines Missionsatlasses. In den knapp sieben Jahrzehnten bis zur Gründung des *Internationalen Missionsrates* (IMR) im Jahre 1921 sollten – das ist beachtenswert – insgesamt 12 Kontinentale Missionskonferenzen stattfinden, was bedeutet, dass sich Vertreter der Missionen nationenübergreifend etwa alle sechs Jahre zusammenfanden.[57] Doch auch in anderen Zusammenhängen der Weltchristenheit kam es zu einem missionarischen Erwachen, so etwa unter den Studenten verschiedener Nationen. Hier ist besonders das *Student Volunteer Movement* zu nennen, dessen Initiator der Amerikaner *John Mott* (1865-1955) war.

Die studentische Missionsbewegung wurde nach dem Jahr 1889 durch die Gründung des *Student Volunteer Movement for Foreign Mission* (SVM) zu einer breiten Bewegung. Die Anfänge dieser Bewegung reichen jedoch weiter zurück. Diese Bewegung wurde unterstützt durch den YMCA *(Young Man's Christian Association)*, der an verschiedenen Colleges in den USA und Großbritannien vertreten war. Unter der Losung »Evangelisation der Welt in dieser Generation« wurde in England dann die *Student's Foreign Mission Union* begründet. Durch das Engagement von *John Mott*, der ein Mitglied des *Student Volunteer Movement for Foreign Mission* war, kam es einige Jahre später, im August des Jahres 1895 in Vadstena, Schweden, zu einer weiteren Gründung, die die Aufgabe haben sollte, alle christlichen Studentenbewegungen aus den verschiedenen Ländern zu vereinigen, nämlich die *World Student Christian Federation*.[58] Ziel dieser Vereinigung war es, Informationen zu Studierenden weltweit zu sammeln, die christlichen Studentenbewegungen zusammenzuführen und der missionarischen Arbeit unter Studierenden zu dienen.[59] Es ging *John Mott* um die Studierenden der Universitäten, Universitäten, die im Zuge der modernen Missionsbewegung überall weltweit – also in den ver-

---

56. In den skandinavischen Ländern hatten sich jeweils Missionsgesellschaften zu Missionsräten zusammengeschlossen, so in Norwegen 20, in Schweden 18, Dänemark 18, Finnland 9.
57. H. Rzepkowski (1992): Art. Kontinentale Missionskonferenz, in: ders., Lexikon der Mission, 252-253.
58. B.-H. Zoh (2004): Art. Studentische Missionsbewegung, in: RGG⁴, Bd. 7, 1793-1794.
59. D. Guder (1999): Art. Christlicher Studentenweltbund, in: RGG⁴, Bd. 2, 262-263, 262; Ph. Potter; Th. Wieser (1997): Seeking and Serving the Truth. The first hundred years oft he World Student Christian Federation, Genf.

schiedenen Kolonialgebieten – begründet worden waren.[60] Diese Bewegung war, zusammen mit den beschriebenen Missionskonferenzen, eine der wesentliche Kräfte, die später zur Einberufung einer ersten Weltmissionskonferenz führten, die im Jahre 1910 in Edinburgh stattfinden sollte.

2.4 Der Westen und die übrige Welt – ein Perspektivwechsel

Überblickt man die Hochphase der protestantischen Missionen des 19. und frühen 20. Jahrhunderts, dann entsteht leicht der Eindruck, dass die begründeten Kirchen in Asien, Afrika, Ozeanien und anderswo zum größten Teil auf das Wirken weißer Missionare und Missionarinnen zurückzuführen seien. Ein solcher Eindruck jedoch würde den realen Verläufen schwerlich gerecht werden, da die *Bedeutung der einheimischen christlichen Zeugen/innen* unterschätzt würde. Summarisch soll dagegen schon an dieser Stelle betont werden, dass die westlichen Missionen zwar die *Initialzündung* für viele christliche Gemeinden und später Kirchen darstellten, dass aber die *Breitenwirkung* dieser Impulse nicht denkbar gewesen wäre ohne das missionarische Zeugnis von Tausenden, im Laufe der Zeit gar Millionen einheimischer christlicher Zeugen und Zeuginnen. Vielfach war es so, dass die in den Häusern der westlichen Missionare arbeitenden und mitlebenden jungen Einheimischen zu den ersten Menschen vor Ort gehörten, die sich taufen ließen und die, nachdem sie Lesen und Schreiben gelernt hatten und umgekehrt den Missionaren und Missionarinnen bei dem Erlernen der jeweiligen Lokalsprache geholfen hatten, dem missionarischen Anfangsimpuls unter ihren Landsleuten zum Durchbruch verhalfen.[61] Lag also die Zahl westlicher Missionare/innen um das Jahr 1910 bei etwa 20.000 Personen und 1960 dann bei etwa 40.000 Personen weltweit, so ist die Zahl einheimischer Missionare/innen kaum zu erfassen, handelt es sich doch oft um Hunderte oder gar Tausende von Katecheten/innen, Evangelisten/innen oder Bibelfrauen auf dem Gebiet von nur einer einzigen Kirche. Für den Bereich des afrikanischen Kontinents wird diesem Umstand seit einigen Jahren durch das Projekt eines *Dictionary of African Christian Biography* Rechnung getragen, welches im Internet unter www.dacb.org zu finden ist. Für den indischen Subkontinent ist unter www.dicb.org auf das *Dictionary of Indian Christian Biography* zu verweisen, ein *Dictio-*

---

60. W. *Andersen* (1961): »Die Konferenzen der Weltmission«, in: G. Brennecke (Hg.), Weltmission, 214-232.
61. Vgl. hierzu exemplarisch den Beitrag von M. *Roser* (2005): Die Leistung afrikanischer Missionare zur Ekklesiogenese im Spannungsfeld primärer und sekundärer Religionserfahrung – Biographische Beispiele aus der Zentralafrikanischen Republik, in: B. Simon; H. Wrogemann (Hg.), Konviviale Theologie, Frankfurt/M., 108-128.

2. Was bisher geschah – ein einleitender Überblick

nary of South Asian Christianity ist in Arbeit. Hier können die biographischen Daten bedeutender afrikanischer und asiatischer Zeugen/innen eingetragen und gesammelt werden, es finden sich Einträge zu vielen Persönlichkeiten mit für die regionalen Kirchen zum Teil herausragenden Lebensleistungen. Das *Dictionary of African Christian Biography* beinhaltet gegenwärtig mehrere Tausend Einträge.

Es gilt in diesem Zusammenhang, die Bedeutung statistischer Daten zu relativieren und den Zusammenhang von Initialereignis, Aneignungsprozessen und Breitenwirkung zu beachten, den Zusammenhang also von missionarischen Initiativen wie das Begründen und Unterhalten von Missionsstationen, die Vermittlungs- und Verstehensprozesse im Zusammenhang des kommunikativen Miteinanders von Missionaren/innen und Einheimischen, das Aneignen und die partielle Neuinterpretation der christlichen Botschaft durch die Einheimischen und dann die dadurch ermöglichte Breitenwirkung von deren Verkündigung unter ihren eigenen Landesleuten oder Stammesangehörigen. *Das Phänomen »Mission« ist daher durchaus schwer abgrenzbar, geht es doch über das, was an Aktivitäten ausdrücklich unter »Mission« firmiert, weit hinaus.*

Für das Jahr 2010 kann man im Blick auf Missionsgesellschaften und Missionare/innen im kulturüberschreitenden Dienst jedoch feststellen, dass die Zahl des Missionspersonals aus Kontinentaleuropa rapide abgenommen hat und heute nur noch einen geringen Anteil darstellt, wohingegen das Missionspersonal aus den USA weiterhin quantitativ sehr stark vertreten ist. Indes ist in den letzten Jahrzehnten eine große Vielzahl von Missionsorganisationen in Ländern der südlichen Hemisphäre begründet worden, so stellen die protestantischen Kirchen Süd-Koreas derzeit allein etwa 15.000 Missionare/innen weltweit, die protestantischen Kirchen Indiens etwa 12.000 Personen, protestantische Kirchen Lateinamerikas schließlich weit mehr als 5000 Missionare/innen im Auslandsdienst.[62] In vielen Ländern sind Missionsorganisationen in großer Zahl begründet worden. Dies zeigt den weiterhin großen Reflexionsbedarf auf Begründungen, Methoden und Ziele der christlichen Sendung in ihren jeweiligen Kontexten. Davon wird an späterer Stelle zu handeln sein. Missionstheologisch sei im Folgenden dagegen der Faden zunächst wieder aufgegriffen beim Jahre 1910 und der Weltmissionskonferenz von Edinburgh.

---

62. Vgl. Kapitel II.6 in diesem Band.

2.5 Ein markantes Datum –
Erste Weltmissionskonferenz in Edinburgh (1910)

Für das Zustandekommen der Konferenz von Edinburgh[63] kann das Wirken des bereits erwähnten *John Mott* kaum überschätzt werden, der auch am Vorlauf beteiligt gewesen ist.

Bereits 1908 war als Vorbereitung einer künftigen Weltmissionskonferenz ein Exekutivkomitee eingerichtet worden, das in acht Kommissionen organisiert, Fragebögen in aller Welt verschickt hatte, um sich dadurch einen *Überblick zur Lage der evangelischen Weltmission* zu verschaffen. Dieses *Vorbereitungsmaterial* wurde in Berichtsbänden zusammengefasst und war Grundlage der Arbeit auf der Weltmissionskonferenz. *Eingeladen* waren in Edinburgh ausschließlich Vertreter der Missionen, also der Missionsgesellschaften. Damit eine überkonfessionelle Teilnahme ermöglicht werden könnte, kam man schon im Vorfeld dazu überein, dass Fragen der Lehre und der Verfassung von Kirche ausgeklammert werden würden.[64] Insgesamt trafen sich *1200 Vertreter* von Missionsgesellschaften und Kirchen (wenn es sich um eine Kirchenmission handelte), darunter allerdings nur 17 Delegierte aus Ländern der südlichen Hemisphäre. Es handelte sich dabei um Christen aus Afrika und Asien, die jedoch ebenfalls als Vertreter westlicher Missionen (in deren Dienst sie standen) in Edinburgh zugegen waren. Edinburgh trägt damit ein durchgehend westliches Gepräge. Da Frauen nur einen Anteil von etwa 15 % der Teilnehmenden stellten, war die Konferenz weitestgehend männlich bestimmt.[65] Dass dies gerade angesichts des angelsächsischen Missionspersonals (etwa 60 % des us-amerikanischen und kanadischen Missionspersonals waren Frauen) ein krasses Missverhältnis darstellt, sei ausdrücklich angemerkt.

Auf dem Höhepunkt der kolonialen Machentfaltung der westlichen Welt handelt es sich um eine *Bestandsaufnahme* der geleisteten und noch ausstehenden Missionsarbeit aus der Perspektive der sendenden Organisationen. Das westliche Überlegenheitsbewusstsein war zu diesem Zeitpunkt noch nicht grundsätzlich in Frage gestellt worden. Wenn auch in den Worten von John Mott ein großer Optimismus mitschwingt, als er auf der Konferenz verkündet: *»Unsere Hoffnung ist, dass, bevor wir unsere Augen im Tod schließen, alle Völker der Erde Gelegenheit gefunden haben, den lebendigen Herrn Christus zu kennen und zu erwarten«*, so wurden doch die Gefahren, etwa durch revolu-

---

63. Zu Edinburgh vgl. einführend: *W. Günther* (2010): Begeisterung, Charisma und Kairos! War Edinburgh einmalig?, in: ZMiss (36), 32-43; *ders.* (1970): Von Edinburgh nach Mexico City. Die ekklesiologischen Bemühungen der Weltmissionskonferenzen, Stuttgart. Quellentexte: *H. J. Margull* (Hg.) (1963): Zur Sendung der Kirche. Material der ökumenischen Bewegung, München, 13-16.
64. *Andersen* (1961): Die Konferenzen der Weltmission, 217.
65. *C. Keim* (2010): Aufbruch der Frauen bei der Weltmissionskonferenz in Edinburgh 1910, in: ZMiss (36), 53-71.

2. Was bisher geschah – ein einleitender Überblick

tionäre Umstürze und ihre Auswirkungen, nicht übersehen. In Edinburgh ist man jedenfalls davon überzeugt, in einer bedeutsamen geschichtlichen Stunde zu leben. Dies wird in den Formulierungen der Konferenz deutlich, wenn es heißt:

»Unser Überblick hat uns von der außerordentlichen Bedeutung der gegenwärtigen Stunde überzeugt [...] Die nächsten 10 Jahre werden aller Wahrscheinlichkeit nach einen Wendepunkt in der Menschheitsgeschichte bedeuten und vielleicht von entscheidenderem Einfluss auf die geistliche Entwicklung der Menschheit sein als viele Jahrhunderte von gewöhnlicher Erfahrung. Werden diese Jahre vergeudet, so kann ein Unheil angerichtet werden, welches Jahrhunderte nicht wieder gut machen können. Anderseits richtig ausgenützt, können sie zu den glorreichsten der christlichen Geschichte gehören.«[66]

Der Missionstheologe Walter Freytag hat den Geist dieser Zeit treffend zusammengefasst, wenn er feststellt:

»Aufs Ganze gesehen stand die Konferenz doch deutlich eher am Ende des 19. als am Beginn des 20. Jahrhunderts. Sie tagte in einer Zeit, in der die wirtschaftliche und koloniale Ausbreitung Europas auf einem Höhepunkt angelangt war. Die Welt war im Begriff, eine Einheit zu werden unter abendländischer Herrschaft [...] So ist es kein Wunder, dass die Gemeinschaft der westlichen Missionen, die in Edinburgh versammelt waren, in einem unreflektierten und unangefochtenen Überlegenheitsbewusstsein in der Kategorie einer christlichen Zivilisation dachte, die man in ungebrochener Einheit mit dem Evangelium [zu sehen, HW] meinte«.[67]

Inhaltlich war diese Konferenz gekennzeichnet erstens durch einen pragmatischen Charakter, wenn über das Wie der Mission anhand von Fragen der Zusammenarbeit, der Ausbildung und anderen Themen reflektiert wurde. Über die theologische Frage, worin die christliche Mission gründet und was ihr genaues Ziel ist, wurde kaum diskutiert. Zweitens wurde das Verhältnis von Mission und Kirche noch nicht als ein Problem betrachtet. Immerhin waren junge Kirchen in den Ländern Afrikas und Asiens erst im Entstehen begriffen, die bereits existierenden Kirchen in Übersee indes waren im Blick auf ihre Größe noch sehr überschaubar. So erschien es folgerichtig, dass durch die westlichen Missionen begründete Gemeinden auch durch die weißen Missionare zu leiten seien. Die Frage selbständiger Kirchen war zwar bekannt, stellte für die Delegierten jedoch kein akutes Problem dar. Es verwundert kaum, dass die Wirkungen der Konferenz in praktischen Dingen bestehen. Es wurde

---

66. Vgl. AMZ (37), 1910, 392. Aus der Analyse der innerweltlichen Situation wird hier auf die Erfolgsaussichten der christlichen Mission geschlossen, ein mit Ludwig Wiedenmann durchaus »uneschatologisches« Verständnis der christlichen Mission.
67. *W. Freytag* (1961): Weltmissionskonferenzen, in: ders., Reden und Aufsätze, Band II, München, 101 f.

der Beschluss gefasst, einen Fortsetzungsausschuss einzusetzen. Die Arbeit des Fortsetzungsausschusses führte dann später zur Gründung einer Nachfolgeorganisation, nämlich des *Internationalen Missionsrates* (IMR), begründet im Jahre 1921 in Lake Mohonk (New York) durch Vertreter nordamerikanischer, britischer und kontinentaler Missionsgesellschaften, der die Aufgaben des Fortsetzungsausschusses und damit auch die weitere Koordination von Aktivitäten und der Einberufung von Konferenzen übernahm. Der IMR war damit eine Dachorganisation der internationalen missionarischen Zusammenarbeit, der eine eigene Zeitschrift unterhielt (die *International Review auf Missions*) und praktische und theologische Anregungen vermitteln sollte. Weitere Konferenzen auf Einladung des IMR waren geplant, wenn auch die nächste Konferenz, bedingt durch die Ereignisse des Ersten Weltkrieges (1914-1918), erst für das Jahr 1928 nach Jerusalem einberufen werden konnte. Der schon mehrfach erwähnte John Mott wurde erster Präsident des Fortsetzungsausschusses und dann der langjährige Vorsitzende des Internationalen Missionsrates. Durch seine internationale Reisetätigkeit regte Mott in verschiedenen Ländern die Bildung *Nationaler Christenräte* an. Diese sollten der missionarischen Zusammenarbeit in den Gebieten vor Ort dienen. In Afrika und Asien und auch in Europa wurden in den folgenden Jahren über zwanzig solcher Regionalkonferenzen und Nationalkonferenzen gebildet.

I. Missionstheologische Entwicklungen des 20./21. Jahrhunderts

Wenn man die Konferenz von Edinburgh noch dem 19. Jahrhundert zurechnet, so hat dies mit der Zäsur des Ersten Weltkrieges zu tun. An den Gräueltaten dieses Krieges mit seinem maschinellen Massenmorden, den Giftgaseinsätzen und Millionen von Toten zerbrach der Traum westlicher Überlegenheit. Hatte man sich um die Jahrhundertwende noch als die fortschrittlichste Zivilisation betrachtet, gemessen an rationaler Weltdeutung, wissenschaftlichen Erfindungen, wirtschaftlichem Fortschritt, militärischer Vormachtstellung und religiös-weltanschaulich-ethischer Überlegenheit, so wurde diese Sichtweise Lügen gestraft: Das sich selbst als aufgeklärt und rational verstehende Europa hatte sich durch die Grausamkeiten des Weltkrieges gründlich diskreditiert. Die Ära des Imperialismus ging allmählich ihrem Ende entgegen, ein Neuerwachen des Selbstbewusstseins außereuropäischer Kulturen und Religionen setzte ein.

1. Zu den Anfängen der Missionswissenschaft – Gustav Warneck

Mit Kolonialismus und Imperialismus, mit dem westlichen Sendungsbewusstsein insgesamt geriet auch das christlich-missionarische Bewusstsein in eine Krise. Diese aufzuarbeiten, bedurfte einer gründlichen theologischen Besinnung, die dann auch seit den 1920er Jahren verstärkt geleistet wurde. Missionstheologisch jedoch sei zunächst der Faden bei *Gustav Warneck* (1834-1910) aufgenommen, dem Begründer der deutschen Missionswissenschaft im protestantischen Bereich. In Deutschland kam es für den Bereich der protestantischen Theologie im Jahre 1896 an der Universität Halle zur Einrichtung des ersten Lehrstuhls für Missionswissenschaft, der mit Warneck besetzt wurde. Ein Jahr später folgte für die katholische Theologie die Einrichtung einer entsprechenden Professur an der Universität Münster. Ordinarius wurde *Joseph Schmidlin* (1876-1944). Warneck und Schmidlin können mit Recht als die Gründerväter der deutschen Missionswissenschaft gelten. Missionswissenschaft ist damit die jüngste der universitären Disziplinen im Fächerkanon der theologischen Wissenschaft. Im 19. Jahrhundert wurden zwar mehrere Versuche zur Etablierung einer Wissenschaft der Mission im universitären Bereich angefangen, konnten jedoch nicht vollendet werden.[1] Dies änderte sich nun.

1.1 Gustav Warneck – zur Person

Gustav Warneck wurde im Jahre 1834 in Naumburg an der Saale geboren. In den Jahren 1871-1874 wirkte er als theologischer Lehrer und Reiseprediger im Dienste der *Rheinischen Mission*.[2] Schon in dieser Zeit galt sein Interesse auch den praktischen Fragen der Missionsarbeit. Im Jahre 1874 wurde Warneck Pfarrer in der Gemeinde Rothenschirmbach. Seine missionswissen-

---

1. In den USA z.B. durch *Charles Breckenridge* am *Princeton Theological Seminary* (1836-39), in Deutschland durch *Karl Graul* (1814-1864) in Erlangen. Vgl. *O. G. Myklebust* (1955/57): The Study of Missions in theological Education, Vol. I & II, Oslo. – Als erste Professur für Missiologie in Europa kann der Lehrstuhl für »Evangelistische Theologie« am *New College* in Edinburgh angesehen werden, dessen erster Inhaber *Alexander Duff* (1806-1878) war.
2. Vgl. *D. Becker; A. Feldtkeller* (1997): Es begann in Halle ... Missionswissenschaft von Gustav Warneck bis heute, Erlangen; Zur Biographie Warnecks: *H. Kasdorf* (1990): Gustav Warnecks missiologisches Erbe, Gießen / Basel, 1-15.

schaftlichen Interessen jedoch verfolgte er weiter und begründete noch im selben Jahre die *Allgemeine Missions-Zeitschrift*, die zum wichtigsten Organ der sich entwickelnden evangelischen deutschen Missionswissenschaft werden sollte. Da Warneck in den Pfarrern »Erzieher zur Mission« sah, versuchte er ihnen die Anliegen der weltweiten Mission nahe zu bringen. Im Jahre 1879 begründete Warneck die »Sächsische Missionskonferenz«. Es handelte sich dabei um einen Zusammenschluss von Pfarrern, die sich in regelmäßigen Abständen zu Konferenzen trafen, um Berichte aus der Mission zu hören, Anliegen aus der Mission zu diskutieren und Unterstützung für verschiedene Missionen zu organisieren. Nach dem Vorbild der sächsischen Missionskonferenz wurden in den folgenden Jahren weitere Provinzialkonferenzen gegründet. In den Jahren 1892-1903 verfasste Gustav Warneck seine dreibändige *Evangelische Missionslehre*, die für die nächsten 50 Jahre zum wohl einflussreichsten Lehrbuch der Mission und Missionstheologie für den deutschsprachigen Bereich werden sollte.[3] Warneck verstarb im Jahre 1910 im Alter von 74 Jahren in Halle.

1.2 Der Missionsbegriff Warnecks

In seiner *Evangelischen Missionslehre* legte Warneck einen gehaltvollen Missionsbegriff vor, der im Folgenden zu bedenken sein wird. Die Missionslehre stellt das erste wissenschaftliche Gesamtwerk systematisch-missionstheologischer Art dar und kann in ihrer Bedeutung kaum überschätzt werden. Wie also definiert Warneck die christliche Mission und welches Profil lässt sich daran ablesen? Nach Warneck gilt:

> »Unter christlicher Mission verstehen wir die gesamte auf die Pflanzung und Organisation der christlichen Kirche unter Nichtchristen gerichtete Thätigkeit der Christenheit. Diese Thätigkeit trägt den Namen Mission, weil sie auf einem Sendungsauftrage des Hauptes der christlichen Kirche beruht, durch Sendboten (Apostel, Missionare) ausgeführt wird und ihr Ziel erreicht hat, sobald Sendung nicht mehr nötig ist.«[4]

Damit ist nach Warneck Mission wie folgt zu charakterisieren:
(1) Mission wird *geographisch* definiert. Mission ist eine auf »Nichtchristen gerichtete Thätigkeit der Christenheit«. Es wird demnach vorausgesetzt, dass

---

3. G. *Warneck* (1892-1903): Evangelische Missionslehre, 3 Bände, Gotha.
4. G. *Warneck* (1892): Evangelische Missionslehre, Bd. I, Teilband 1, Gotha, 1-8, 1; *ders.* (1897): Das Bürgerrecht der Mission im Organismus der theologischen Wissenschaft. Antrittsvorlesung an der Universität Halle – Wittenberg, Berlin; vgl. H. *Rzepkowski* (1996): Gustav Warneck und die Anfänge der protestantischen Missionswissenschaft, in: Verbum SVD (4/37), 391-399.

diese Tätigkeit in Gebieten stattfindet, in denen es keine oder fast keine Christen oder christliche Gemeinden und Kirchen gibt. Die Sendungsveranstaltung zielt also auf Gebiete *außerhalb* des christlichen Abendlandes, außerhalb des so genannten *corpus christianum*, also der mehrheitlich christlichen Gebiete Europas (und Nordamerikas). Missionarische Anstrengungen innerhalb Europas und Nordamerikas jedoch, die sich auf die *Wiedergewinnung ehemaliger Christen/Christinnen* beziehen, will Warneck der begrifflichen Klarheit willen nicht als »Mission« bezeichnen, sondern er verwendet entweder den Begriff der »Inneren Mission« oder aber der »Evangelisation«, womit nochmals deutlich wird, dass Mission als geographischer Begriff eingeführt wird. Die Tatsache, dass Ende des 19. Jahrhundert und um die Jahrhundertwende der Anteil von Christen/innen in Afrika deutlich unter zehn Prozent lag und in Asien noch weiter darunter, macht diese Definition verständlich.

(2) Mission wird *überkonfessionell* definiert. Warneck schreibt ganz bewusst: »Unter christlicher Mission verstehen wir die [...] auf Nichtchristen gerichtete Thätigkeit der *Christenheit*«.[5] Dies ist ein wesentlicher Punkt, denn Warneck versteht Mission damit als ein überkonfessionelles und damit in gewissem Sinne ökumenisches Geschehen, auch, wenn er den Begriff »ökumenisch« hier nicht verwendet.[6]

(3) Mission wird *ekklesiozentrisch* definiert. Nach Warneck dient Mission dem einen Ziel der Begründung von Kirche, wo es bisher noch keine Kirche gab. In der Definition heißt es daher: »Unter christlicher Mission verstehen wir die gesamte auf die *Pflanzung und Organisation der christlichen Kirche und Nichtchristen* gerichtete Thätigkeit der Christenheit.« Kirche zu pflanzen

---

5. Kursivierungen hinzugefügt.
6. Worum es geht, kann man aus dem Umkehrschluss erkennen. So wurde nicht selten von manchen protestantischen Missionen die Konvertierung von orthodoxen oder katholischen Christen ebenso als *Mission* bezeichnet, und zwar in der Annahme, dass Orthodoxe und Katholiken ohnehin keine »richtigen« Christen seien. Umgekehrt gab es unter Orthodoxen und Katholiken Bestrebungen, Protestanten zur »wahren« Kirche, nämlich der eigenen, zurück zu rufen. Protestantischerseits warf man den Katholiken und Orthodoxen dabei vor, mit der Marien- und Heiligenverehrung den wahren Christusglauben und die Rechtfertigungslehre verdunkelt zu haben, katholischer- und orthodoxerseits warf man den Protestanten vor, außerhalb der *apostolischen Sukzession* und damit außerhalb der Kirche zu stehen. Warneck nun lehnt beide Haltungen aufs schärfste ab und spricht bei diesem Handeln, nämlich Christen anderen Kirchen abspenstig zu machen, um diese in die jeweils eigene Kirche zu integrieren (womöglich noch mit einer erneuten Taufe), von »Proselytismus«. Dem illegitimen Proselytismus stellt Warneck die legitime Mission entgegen: Eine uneigennützige christliche Sendung, die in ökumenischem Geist auch die Missionen der anderen Kirchen anerkennt und gemeinsam Nichtchristen für das Evangelium zu gewinnen trachtet.

1. Zu den Anfängen der Missionswissenschaft – Gustav Warneck

und Kirche zu organisieren ist das Ziel der Sendungsveranstaltung der Christenheit.⁷

(4) Mission wird *temporär* definiert. Im zweiten Teil der Missionsdefinition heißt es: »Diese Thätigkeit trägt den Namen Mission, weil sie auf einem Sendungsauftrage des Hauptes der christlichen Kirche beruht, durch Sendboten (Apostel, Missionare) ausgeführt wird und ihr *Ziel erreicht hat, sobald Sendung nicht mehr nötig ist.*« Wann aber ist dieses Ziel erreicht? Nach Warneck, sobald eine Kirche dort, wo es sie bisher nicht gab, entstanden ist, und zwar eine Kirche, die selbständig geworden ist und daher der Unterstützung einer fremden Mission, also Missionaren/innen aus dem Ausland, nicht mehr bedarf.

Warneck schließt hier an die berühmt gewordene so genannte »Drei-Selbst-Formel« an, die von den Missionaren *Henry Venn* (1796-1873) und *Rufus Anderson* (1796-1880) bereits einige Jahrzehnte zuvor geprägt worden war. Demnach ist eine Kirche selbständig geworden, wenn sie die »Drei Selbst« erfüllt, nämlich Selbstfinanzierung, Selbstverwaltung und Selbstausbreitung. Mit anderen Worten: Sobald die junge Kirche selbst für ihren Unterhalt sorgen kann, für Kirchengebäude, Pastoren und Evangelisten, Katechisten und andere Dienste, wenn sie eine Leitungsstruktur aus eigenen Leuten aufgebaut hat und die weitere Mission, das ist das Dritte, selbständig weiterführt, dann kommt die Sendungsveranstaltung der Mission (hier: der westlichen Mission) zu ihrem Ende. Sie hat ihr Ziel erreicht. *Es muss zu einem »Absterben« der Mission kommen, damit die junge Kirche ihre Selbständigkeit gewinnen kann und nicht dauernd mehr unter der Vormundschaft der Missionare steht.* Mit einem Wort: Mission als Sendungsveranstaltung ist ein temporäres Geschehen mit dem Ziel, *selbständige Kirche* zu begründen, die dann ihrerseits neue Sendungsveranstaltungen durchführen wird.

(5) Mission wird *sendungszentriert* definiert. Die Gesandten werden als Subjekte der Mission verstanden, wobei jedoch hervorgehoben wird, dass das eigentliche Subjekt hinter dem Ganzen der auferstandene Christus selbst ist. Demgegenüber werden die Adressaten der Mission, also die Einheimischen vor Ort, die den christlichen Glauben nicht kennen, als Missions-»Objekte« bezeichnet.⁸

---

7. Ob es sich dabei beispielsweise um lutherische, römisch-katholische, anglikanische, baptistische, presbyterianische, methodistische, mennonitische, orthodoxe oder reformierte Kirche handelt, ist dabei unerheblich. Das Ziel ist, dass *Kirche* entstehen soll, und zwar möglichst nicht als Kopie einer europäischen Kirche, sondern als örtliche Kirche – ungeachtet der konfessionellen Identität – in einem kulturell eigenen Gewande, *in einer kulturell eigenständigen Ausdrucksform.*
8. Hier wird ein deutliches Gefälle markiert: Die Mission geht aus dem Norden in Richtung Süden, aus der Richtung der alten Kirchen und ihrer Missionen zu den Gebieten, in denen junge Kirchen entstehen sollen. Der Begriff »Missions-Objekte«, der nach heutigem Empfinden sicherlich als ungeeignet erscheint, zeigt an, dass den Adressaten im Geschehen der Mission keine besondere Rolle zugedacht wird. Hier wird bei Warneck noch ganz selbst-

(6) Mission ist *pragmatisch* definiert. Mission soll, so heißt es an anderer Stelle, als eine »geordneten Veranstaltung« stattfinden. Dass heißt: Mission wird zuerst geplant und dann, möglichst dem Plan entsprechend, ausgeführt. Darin kommt sicherlich der »deutsche« Charakter der Missionstheologie Warnecks zum Tragen, die Vorstellung nämlich, dass Aktionen zuerst geplant und dann umgesetzt werden müssen. Vom wirklichen Geschehen, dass von Spontaneität, unvorhergesehenen Hindernissen, überraschenden Wendungen, trügerischen Triumphen und fruchtbaren Niederlagen nur allzu oft gekennzeichnet war und ist, ist dieses Verständnis weit entfernt.

Dieses Sendungsgeschehen benötigt eine wissenschaftliche Begleitung. Warneck fordert daher die Einrichtung einer »wissenschaftlichen Missionskunde«, denn im »Grunde ist doch die Wissenschaft nichts anderes als die über sich selbst reflektierende, sich selbst begründende, sich selbst normierende, sich selbst beschreibende Praxis. Die Wissenschaft systematisiert die Praxis und klärt, vertieft, fördert sie dadurch; aber die Praxis, das Leben, ist die große Materiallieferantin der Wissenschaft.«[9]

1.3 Die mehrfache Begründung der christlichen Sendung

Gustav Warneck hat die christliche Sendung gleich in mehrfacher Hinsicht zu begründen versucht. Im ersten Band seiner *Evangelischen Missionslehre* gibt er fünf Grundlegungen der christlichen Mission an, es sind dies die dogmatische Grundlegung, die ethische Grundlegung, die kirchliche Begründung, die geschichtliche Begründung und schließlich die ethnologische Begründung. Er widmet der Begründung der Mission damit einen ganzen Teilband seines Werkes. Ziel ist es immer wieder, deutlich zu machen, dass die christliche Mission nicht irgendeine Sonderaufgabe der Kirche darstellt, sondern den Kern der christlichen Botschaft ausmacht.

---

verständlich davon ausgegangen, dass die (westlichen) christlichen Boten eine Botschaft bringen, die von den Adressaten schlicht anzunehmen ist. Eine Mitwirkung der Adressaten/innen in diesem Geschehen kommt dabei nur ansatzweise in den Blick.

9. I, 9. Warneck unterscheidet als Teilbereiche der Missionswissenschaft die Missionsgeschichte und die Missionstheorie. Während die *Missionsgeschichte* beschreibt, wie sich das Werden der Kirchen vor Ort in ihrer kulturellen, religiösen und sozialen Verflochtenheit entwickelt, ist es Aufgabe der *Missionstheorie*, auf der Grundlage dieses Materials und der gegenwärtigen Erfahrungen die Praxis der Mission zu begründen und zu normieren. Für Warneck ist die Eingliederung der Missionswissenschaft in die einzelnen theologischen Fächer ebenso denkbar, wie deren Eigenständigkeit als theologische Teildisziplin. Er rechnete jedoch fest damit, dass die Entwicklung auf eine eigenständig im universitären Bereich angesiedelte Missionswissenschaft hinauslaufen werde.

(1) Dogmatische Grundlegung: Warneck verweist darauf, dass sich die christliche Mission dem Gehorsam gegenüber dem Missionsbefehl (Mt 28,18-20) verdanke. Der tiefere Grund liege jedoch in der Beobachtung, dass die gesamte christliche Lehre durch einen »universalen Heilsgedanken« gekennzeichnet sei. (I, 91) Dieser Universalismus mache die Substanz der christlichen Lehre aus. Zudem sei das

> »Christentum […] nicht eine Religion neben anderen Religionen, sondern es beansprucht [nach Warneck, HW] die *absolute* Religion zu sein. Es erhebt diesen Anspruch auf Grund der Thatsache, dass es ebenso wohl die *vollkommene* wie die *vollendete Offenbarung* Gottes ist; die vollkommene, weil sie durch und durch dem Wesen der unsichtbaren Dinge entspricht, und die vollendete, weil sie die Heilsthatsachen Gottes zum Abschluss gebracht hat.« (I, 92)

Diese wenigen Andeutungen mögen genügen, um den Stil der dogmatischen Argumentation anzudeuten.

(2) Ethische Begründung: Auch für die christliche Ethik wird mit der Universalität derselben argumentiert. Warneck hält fest:

> »Die christliche Ethik ist zunächst in dem Sinne eine universale, dass sie den Menschen aller Nationalitäten, Kulturstufen, Stände und Zeiten ihr sittliches Verhalten normiert. Ihre Prinzipien und Gebote haben allgemeine menschliche Geltung für das Leben der Individuen wie für das der Gemeinschaften; sie sind so geartet, dass sie sowohl der allgemeinen menschlichen Naturanlage entsprechen, wie das allgemeine sittliche Menschenideal aufstellen.« (I, 121-122)

Diese Sätze sind noch ganz durchdrungen von dem ungebrochenen Optimismus der Vorstellung einer abendländisch-westlichen Zivilisation, die den anderen Kulturen gegenüber überlegen ist.

(3) Kirchliche Begründung: Auch in diesem Zusammenhang wird der Universalcharakter der christlichen Lehre hervorgehoben. »Die als Haus Gottes und Leib Christi charakterisierte christliche Ekklesia ist eine über allen menschlichen Naturverbänden stehende soziale Neubildung von universalem Charakter.« (I, 240) Sie ist die *verwandtschaftsübergreifende* »neue Menschheit«, so dass die Besinnung auf ihr Wesen selbst zum Missionstrieb führen muss. Kirche und Mission gehören demnach zusammen.[10]

(4) Geschichtliche Begründung: Die ersten drei Begründungen waren theologischer Art, die vierte sucht die Sendung mit Verweis auf die Weltgeschichte zu begründen. Die Mission erscheint »nicht als isoliertes Phänomen […] in der Weltgeschichte, sondern *die Weltgeschichte ist auf sie veranlagt.*« (I, 260)

---

10. Hier spricht Warneck jedoch nur vom Wesen der Kirche, nicht aber von ihren konfessionellen Ausprägungen. Zu ihrem Wesen gehört es, dass sie einerseits »Gemeinschaft«, andererseits »Anstalt« ist. Beides gehöre untrennbar zusammen. (I, 240)

Doch wie ist diese steile Aussage zu begründen? Hier verweist Warneck zunächst auf die weltweite Verbreitung des Christentums als Folge der Missionsbewegung, um dann fortzufahren: »Es ist doch gewiss keine zufällige Erscheinung, dass die christliche gewordenen Nationen die Träger der Kultur und die Führer der Weltgeschichte geworden sind.« (I, 261) Warneck meint, im Verlauf der Geschichte Zeichen einer göttlichen Vorsehung erkennen zu können. In einem Durchgang durch die Missionsgeschichte versucht der Verfasser daraufhin, diese Epochen und Signale der göttlichen Weltregierung aufzuweisen.

(5) Ethnologische Begründung: Die letzte Form des Universalismus ist nach Warneck die »Anschmiegsamkeit« des Evangeliums. Es eignet dem Christentum, wie er an anderer Stelle schreibt, eine »universale *Anpassungsfähigkeit*«. In einer gewissen Spannung zu Aussagen der geschichtlichen Begründung, die die europäisch-christliche Zivilisation als höchste Kulturstufe erscheinen lassen, heißt es hier, das Christentum falle nicht mit bestimmten Kulturstufen, Staatsformen oder Gesellschaftsformen zusammen.

»Mit aller Energie protestiert die christliche Mission gegen die bewusste oder unbewusste Vereinerleiung von Christianisierung und Europäisierung (Anglisierung, Germanisierung u. dgl.) oder selbst Christianisierung und Zivilisierung. Die Aufnahme in das Himmelreich setzt innere Qualitäten, aber nicht die äußeren Formen des Europäertums in Sprache, Sitte u. dgl. voraus.« (I, 279 f.)

Es geht um Vergebung, Versöhnung, Erlösung, Sündenvergebung und Gottesgerechtigkeit, wohingegen äußere Formen zweitrangig sind. Deshalb gilt: »*in dieser Konzentration der Religion auf ihr wirkliches Wesensgebiet liegt die Akklimatisationsfähigkeit des Christentums an alle Gestaltungen des individuellen und volklichen Lebens und seine Begabung, sie alle verklärend zu durchdringen.*« (I, 281) Das Christentum ist demnach für die Völker »qualifiziert«, aber umgekehrt gilt – nach Warneck – ebenso, dass auch die Völker für das Christentum qualifiziert sind, denn sie besitzen Sprache, Religion und, was besonders wichtig ist, neben dem Wissen um das Göttliche das Wissen um die eigene Schuld sowie ein allgemeines Bedürfnis nach Erlösung. (I, 295)

1.4 Von den möglichen Zielen der christlichen Mission

Im dritten Band der Evangelischen Missionslehre umreißt Warneck als Ziel der Mission die »Volkschristianisierung«.[11] Was ist damit gemeint? Warneck skizziert zunächst, dass es immer wieder den Streit zwischen denen gegeben habe, die die Einzelbekehrung als einzig legitimes Missionsziel ausgegeben hätten und anderen, die das Ziel in einer Völkerchristianisierung sahen. Zwi-

---

11. *G. Warneck* (1892-1903): Evangelische Missionslehre, 3 Bände, Gotha.

schen beiden Methoden nun versucht Warneck einen Mittelweg einzuschlagen. Vorbild des Modells der Einzelbekehrung war die Missionstheologie von Graf *Nikolaus von Zinzendorf* (1700-1760), dem Begründer der Herrnhuter Brüdergemeine.[12]

Dieses Modell blieb bis in die Mitte des 19. Jahrhunderts in der protestantischen Missionsbewegung vorherrschend. Zinzendorf ging erstens davon aus, Christus werde bald wiederkehren, weshalb zweitens die Arbeit der eigenen Mission nur als Vorbereitung zu verstehen sei. Die Arbeit solle drittens dem Charakter der Mission Jesu entsprechen, also provisorisch sein, und viertens nur »Erstlinge« der »Ernte« sammeln wollen. Damit entfiel fünftens die Idee der Völkerbekehrung, denn Massen von Menschen zu taufen, wurde abgelehnt. Es entfiel auch die Idee einer langwierigen Organisation des Missionsbetriebes.

Gegenüber den Gedanken Zinzendorfs ist es im 19. Jahrhundert zu einer breiten Diskussion um die Volkschristianisierung gekommen. Mission wendet sich demnach an ganze Völker. Der eschatologische Horizont schwindet und wird durch ein kirchliches Denken mehr und mehr verdrängt. Dies ist nicht verwunderlich, wenn man bedenkt, dass es nach Jahrzehnten missionarischer Arbeit mit nur wenigen Bekehrten an manchen Orten zu Massenbekehrungen kam, so dass ganze ethnische Verbände das Christentum annahmen. *Karl Graul* (1814-1864), in den Jahren 1849-1853 Missionsdirektor der Leipziger Mission, definierte als Missionsziel die Schaffung einer »bodenständigen Volkskirche«, womit das Ziel der Volksbekehrung mit der Forderung nach einer jeweils kulturspezifischen Form christlicher Praxis verbunden wurde. Diese Zielvorstellung wurde mit der Zeit von immer mehr der deutschen Missionen übernommen.

Im Kontext Indiens jedoch zeigte sich sehr deutlich, dass das Ziel einer bodenständigen Kirche nicht alleiniges Kriterium einer *christlichen* Kirche sein konnte. Innerhalb lutherischer Missionen in Indien ging es im so genannten Kastenstreit (1853-1860) um die Frage, ob es sich beim indischen Kastensystem um eine primär religiöse oder um eine nur kulturelle Größe handele. Würden sich ganze Kastengruppen bekehren, so wäre dem Ziel, in möglichst kurzer Zeit möglichst viele Menschen für den christlichen Glauben zu gewinnen, am besten gedient. Aus der theologischen Perspektive, damit Seelen aus der ewigen Verdammnis zu retten, war diese Zielvorgabe einleuchtend. Gleichzeitig jedoch bedeutete dies, die durch das Kastensystem sanktionierte Abwertung niederer Kasten *nolens volens* in die Praxis der christlichen Kirchen zu übernehmen, mit allen Konsequenzen wie den Heirats- und Berufsbeschränkungen, der oft demütigenden Behandlung von Mitgliedern niedrigerer Kasten und vor allem der Verweigerung von Tisch-

---

12. Zu Graf von Zinzendorf's Missionsverständnis und der Missionspraxis der Herrnhuter Brüdergemeine vgl. LIThM, Band 1, 247-256. (Lit.)

gemeinschaft mit Angehörigen niederer Kasten. Die Akzeptierung der Kasten als kulturelle Größe bedeutete erstens die Gefahr, Kirchen nur als Kastenkirchen begründen zu können, nicht aber kastenübergreifend und zweitens die Gefahr, die Kastendiskriminierung innerhalb einer Kirche aus verschiedenen Kastenangehörigen zu übernehmen. Die quantitativen Missionserfolge würden dann teuer erkauft werden mit der Preisgabe wesentlicher Gehalte des Evangeliums, etwa, dass alle an Christus Glaubenden ohne Unterschied freien Zugang zu Gott und damit Rettung erhalten, dass in der Kirche mit der Erlösungstat Christi jegliche Reinheitsgebote ohne Bedeutung sind, dass im gemeinsamen Abendmahl sich die Geschwisterschaft im Glauben versinnbildlicht und zugleich realisiert. Mit der Frage nach Einzelbekehrung oder Volkschristianisierung stand damit weit mehr auf dem Spiel, als die simple Ausrichtung auf quantitative Missionserfolge. Massenbekehrungen bargen in sich immer die Gefahr, dass es sich bei den zu Christen gewordenen Menschen mehrheitlich um Namenschristen handelte, solche also, die nur dem Namen nach Christen waren, die wesentlichen Inhalte des Evangeliums jedoch nicht verinnerlicht hatten. So konnten oft (wenigstens bis zu einem gewissen Grade) Praktiken und Vorstellungen der jeweils älteren Religionsformation beibehalten werden, wobei das Christliche sich mitunter auf eine dünne Schicht symbolischer Handlungen beschränkte.

Hatte Zinzendorf den Gedanken der Mission noch ganz in der Eschatologie verortet und als vorläufiges und oft improvisiertes Geschehen betrachtet, so wird nun der Missionsgedanke von der Ekklesiologie aus gedacht: Die Kirche wächst allmählich, geordnet und stetig in die Völkerwelt hinein. Warneck versucht, einen Mittelweg zwischen Einzelbekehrung einerseits und Volkschristianisierung andererseits einzuschlagen, da ja die Einzelbekehrung nun einmal den Anfang mache, wohingegen es im fortgeschrittenen Stadium unweigerlich zu einem Christianisierungsprozess komme. Nach Warneck entkommt man dem Streit zwischen Einzelbekehrung und Volkschristianisierung nicht einfach dadurch, dass man als Missionsziel die Kirche einführt, denn dabei wiederholt sich die Fragestellung, ob es sich um eine reine *ecclesiola* überhaupt handeln kann. Warneck:

> »Ganz recht: die Gemeinschaft, in welche die an Jesus gläubig Gewordenen gesammelt werden, ist die Kirche; *aber ist denn eine christianisierte Volksgemeinschaft nicht Kirche?* Gewiß nicht *die* Kirche, aber ein Teil der Kirche; nicht die *ideale* Kirche, aber die empirische Kirche. Existiert denn die christliche Kirche irgendwo anders in dieser Welt als in der Gestalt von kleineren oder größeren christianisierten Volksgemeinschaften? *Nicht um den Gegensatz von Volk und Kirche* handelt es sich, sondern darum, ob die Bildung einer *Volkskirche* Missionsaufgabe ist, und zwar einer Volkskirche nicht nur im *nationalen* sondern im *kirchlichen* Sinne des Wortes, also *um Volkskirche contra bloße ecclesiolae*. Unbeschadet ihres über- und internationalen Charakters muss die christliche Kirche unter jedem Volke volkstümliches Gepräge tragen, wenn sie in ihm einheimisch werden soll.« (III, 1, 257 f.)

Nach Warneck sind die anzustrebenden *»Volkskirchen als die Schule [zu verstehen], in welcher die Menschheit völkerweise zur Jüngerschaft Jesu erzogen wird«.* (III, 1, 269) Warneck ist sich dessen bewusst, dass der Begriff Volkschristianisierung nicht ganz glücklich ist, verwendet ihn jedoch in Ermangelung eines anderen. Jedenfalls geht es in diesem Konzept um die Pflege der *Volkssprachen*, um die Pflege des jeweils *natürlich gegebenen Gemeinschaftsverbandes und seiner Ausdrucksformen*, soweit sie dem Evangelium nicht entgegenstehen, es geht um das Praktizieren der *Kindertaufe*, um die Begründung eines *christlichen Schulwesens*, um kompakte *Gemeinden in gemeinschaftlicher Ansiedlung* oder die möglichst *baldige Mitarbeit von einheimischen Christen/innen*.

1.5 Würdigung und Kritik

Die überragende Bedeutung von Gustav Warneck liegt gewiss darin, dass er die materialen Fragen der Missionspraxis umfassend und systematisch behandelt hat, indem er durch die Rezeption der vielen Missionsberichte und Materialien und viele Korrespondenzen oder Gespräche mit Missionaren die Grundfragen der Praxis am konkreten Material aufwies und durchdachte. Auf dieser Grundlage konnten andere weiterbauen. Warneck hat mit seinem gehaltvollen Missionsbegriff dazu beigetragen, das Feld abzustecken, innerhalb dessen man von Mission sprechen kann. Damit wird die Thematik überhaupt bearbeitbar. Gleichzeitig enthält sein Missionsbegriff eine Reihe von normativen Implikationen, die bis heute Gültigkeit beanspruchen können. Zunächst gilt dies für die *Unterscheidung von Mission und Proselytismus:* Bis in die Gegenwart hinein gibt es Formen von Mission, die es sich zum Ziel setzen, Christen/innen aus anderen Kirchen abzuwerben. Von protestantischer Seite wird oft argumentiert, es handele sich bei Anhängern/innen orthodoxer Kirchen oder der Römisch-katholischen Kirche lediglich um Namenschristen, nicht aber um »erweckte« Christen. Von Seiten der letzteren wird demgegenüber, wo es missionarische Initiativen unter Angehörigen anderer Konfessionen gibt, gelten gemacht, diese würden nur im Schoße der eine und wahren Kirche des vollen Heils teilhaftig werden. Seitens missionarischer Aktivitäten im Bereich der Pfingstbewegung wird mit den Charismen des Geistes argumentiert, die bei vielen Christen/innen anderer Kirchen nicht gegeben seien. *So spielt die Unterscheidung von »ökumenischer« Mission einerseits und Proselytismus, verstanden als das Abwerben von Anhängern/innen anderer Kirchen andererseits bis heute eine grundlegende Rolle.* Zu Recht hatte Warneck Mission als Tätigkeit der *Christenheit* – und damit als konfessionsübergreifend – verstanden und damit den *Christusglauben* – und eben nicht die mitunter eigennützige Mitgliedergewinnung – ins Zentrum gerückt.

Auch die These, dass es sich bei Mission um ein *zeitlich begrenztes Geschehen* handele, sollte als gedankliches Korrektiv von bleibender Bedeutung sein, wenn auch andere Charakteristika, etwa der geographische Begriff von Mission, mit der Zeit durch die Missionsgeschichte selbst überholt und damit obsolet werden sollten. Es ist das bleibende Verdienst Warnecks, eine Fülle von missionstheologischen Fragen aufgeworfen, systematisiert und gebündelt zu haben, deren Bearbeitung Aufgabe der missionarischen Arbeit bis heute ist. Die missionstheologische Reflexion konnte natürlich bei dieser Sicht der Dinge nicht stehen bleiben. Im Folgenden wird von einigen wichtigen Akzentverschiebungen im Bereich der Missionstheologie zu handeln sein, wie sie unter dem Begriff der *Missio Dei* zusammengefasst worden sind.[13]

---

13. Weitere Kritikpunkte an Warnecks Ansatz werden im Verlauf der nächsten Kapitel herauszustellen sein.

2. Heilsgeschichtliche Missionstheologie – Karl Hartenstein und Walter Freytag

Gustav Warneck hatte Mission umfassend zu begründen versucht. Sein Werk steht am Ende einer Missionsepoche, nämlich des *Großen Jahrhunderts der Mission* (K. S. Latourette), das sich mit den Ereignissen des I. Weltkrieges jedoch aus mehreren Gründen seinem Ende zuneigte.

2.1 Einleitung: Der Erste Weltkrieg als kulturgeschichtliche Zäsur

Zu nennen ist erstens die Erschütterung des westlichen Sendungsbewusstseins. Um die Wende vom 19. zum 20. Jahrhundert hatten Vertreter des *Kulturprotestantismus* die These vertreten, dass sich der christliche Glaube im Medium einer Kultur und Zivilisation manifestiere, dass also die christlich-abendländische Zivilisation als Ausdrucksgestalt des christlichen Glaubens zu verstehen sei.[14] Die Menschheitsgeschichte wurde in diesem Konzept als ein Prozess permanenter kulturell-technischer Aufwärtsentwicklung gedeutet, es handelte sich dabei also um ein ausgesprochen optimistisches Geschichtsbild. Das Aufwärtsstreben der biologischen Evolution, im 19. Jahrhundert von *Charles Darwin* (1809-1882) beschrieben, wurde hier in der kulturell-geistigen, der wissenschaftlich-technischen und der ethischen Entwicklung der Kulturen wiederentdeckt. Die These des Kulturprotestantismus nun, dass das Abendland nicht nur weltanschaulich und daraus folgend auch technisch anderen Kulturen und Religionen überlegen sei, sondern auch ethisch, was man an den Fortschritten des Bildungssystems und der Medizin sehen könne, wurde durch die Gräuel des Ersten Weltkrieges Lügen gestraft. Auf den Schlachtfeldern wie vor Verdun zeigte sich vielmehr die Kehrseite des technischen Fortschrittes, da Menschen quasi industriell durch Maschinengewehre, Bomben, Granaten und chemische Kampfstoffe zu Millionen vernichtet wurden. Der These vom immerwährenden Fortschritt der Geschichte war damit ebenso der Boden entzogen wie der These der ethisch-moralischen Überlegenheit der christlich-abendländischen Zivilisation. Ebenso geriet die These ins Wanken, das westliche Denken verhelfe dazu, mit der Welt rational um-

---

14. Zum kulturprotestantischen Missionsverständnis vgl. LIThM, Bd. 1, 275-264 sowie: H. Wrogemann (1997): Mission als Christianisierung – Ernst Troeltsch, in: ders., Mission und Religion in der systematischen Theologie der Gegenwart, Göttingen, 37-57.

zugehen, denn der Irrsinn des Weltkrieges war unter keinen Umständen mehr rational zu rechtfertigen.

Das abendländische Denken geriet durch diese Ereignisse und Entwicklungen in eine tiefe Krise. Philosophisch stellt die *Existenzphilosophie* daraufhin eine Alternative zu universalgeschichtlichen Entwürfen dar: Nicht mehr steht eine geschichtliche Gesamtschau zur Debatte, sondern an deren Stelle tritt die Konzentration auf die je eigene Existenz. In der Theologie werden Grundgedanken der Existenzphilosophie in Form der *Dialektischen Theologie* übernommen. Der kulturprotestantischen Synthese von Evangelium und Kultur stellte die Dialektische Theologie nun die Diastase entgegen, also die strikte Trennung von Evangelium und Kultur, von Gott und Welt, von Offenbarung und Schöpfung. »Dialektisch« bedeutet hier eine theologische Denkbewegung, die diese strikte Trennung immer und immer wieder vollzieht. Die Grundgedanken der Dialektischen Theologie, am prägnantesten formuliert von *Karl Barth* (1886-1968), wurden von den Missionstheologen *Karl Hartenstein* und *Walter Freytag* aufgegriffen.[15] Doch auch andere Missionstheologen wie *Gerhard Rosenkranz* (1896-1983), *Walter Holsten* (1908-1982) oder *Hendrik Krämer* (1888-1965) waren von der Dialektischen Theologie stark beeinflusst worden.[16] Die Frage lautete, wie denn die christliche Sendung noch weiterhin begründet werden könne, wenn doch die westliche Christenheit sich durch den Kolonialismus und Imperialismus, dann aber besonders durch den Ersten und später dann auch durch den Zweiten Weltkrieg gründlich diskreditiert hatte? Waren die Zeichen der Zeit missdeutet worden? Noch 1910 sah man die Menschheit auf eine Einheit hin drängen, geleitet durch die westliche Zivilisation. Hatte sich diese Vision nicht als falsch erwiesen? In den Fokus missionstheologischen Denkens rückten nun Fragen der Geschichtsdeutung und zwar im Zusammenhang mit der Lehre von den letzten Dingen, der Eschatologie. Ein neues Verständnis der Geschichte und mit ihr der Rolle der Mission innerhalb dieser Geschichte wurde gesucht.

---

15. Literaturauswahl: *D. Manecke* (1972): Mission als Zeugendienst, Wuppertal; *J. Triebel* (1976): Bekehrung als Ziel der missionarischen Verkündigung. Die Theologie Walter Freytags und das ökumenische Gespräch, Erlangen; *L. Wiedenmann* (1965): Mission und Eschatologie. Eine Analyse der neueren deutschen evangelischen Missionstheologie, Paderborn.
16. Zu *Gerhard Rosenkranz* vgl. *K. Han* (2011): Mission und Kultur, Erlangen, 30-110. Zu *Walter Holsten* s. *D. Manecke* (1972): Mission als Zeugendienst, 15-63. Zu *Barths* Missionsverständnis: *H. Wrogemann* (1997): Mission und Gottes direkte Selbstoffenbarung – Karl Barth, in: ders., Mission und Religion in der Systematischen Theologie der Gegenwart, Göttingen, 78-104.

2.2 Mission und Eschatologie – Typen ihrer Verhältnisbestimmung

Blickt man auf die Thesen kulturprotestantischer Denker wie *Ernst Troeltsch* zurück, so kann man bei diesen Ansätzen von geschichtsimmanenten Eschatologien sprechen. Wenn nämlich nach dem göttlichen Willen der geschichtliche Verlauf selbst für den Heilsprozess eine Rolle spielt, dann wird die gesamte Geschichte als endgeschichtlicher Entwicklungsprozess gedeutet. Ein Mehr an Freiheit und an Gewissensbindung, ein Mehr an verinnerlichter Gotteserkenntnis und ethischer Praxis wird dann zum Maßstab der Geschichtsdeutung und der Bewertung der in der Geschichte auftretenden Mächte, also der Kulturen, Völker, Religionen und Weltanschauungen. Das Christusereignis wird als die diese Geschichte durchwirkende Kraft betrachtet, die in der Ausbreitung der christlichen Botschaft und ihren Auswirkungen auf alle Völker und Kulturen zur Vollendung kommen soll. Dieses Modell wurde im anglo-amerikanischen Bereich weithin vertreten, unter anderem durch *Norman Goodall*, der zeitweise Sekretär des Internationalen Missionsrates gewesen ist. Andere geschichtsimmanente Deutungen orientieren sich weniger an den kulturellen und ethischen Auswirkungen der christlichen Botschaft, sondern stärker an der Errettung von Seelen aus der ewigen Verdammnis, wobei der immanente Prozess dann weniger in einer kulturellen Aufwärtsentwicklung gesehen wird, sondern in der zahlenmäßigen Zunahme des Christentums durch Bekehrungen, Gemeindegründungen und Ausbreitung von Kirchen. Das endgültige Heil wird erst durch die Wiederkunft Christi erwartet. Ob nun diese als entscheidend angesehene Wiederkunft Christi durch das vorbereitende Handeln der Glaubenden beschleunigt werden kann oder nicht, darin gehen die Meinungen auseinander.[17] Wo mit Mk 13,10 argumentiert wird, die missionarische Arbeit könne die Wiederkunft Christi beschleunigen, wird der missionarische Betrieb mit einer gewissen Eile praktiziert.

Im Gegensatz zu den geschichtsimmanenten Ansätzen stehen solche missionstheologischen Entwürfe, die den Entscheidungsruf zum Glauben, wie er je und je an den Einzelnen / die Einzelne ergeht, in den Mittelpunkt rücken. Sie schauen nicht in Vergangenheit oder in die Zukunft, sondern sie schauen – bildlich gesprochen – vertikal nach oben, auf das göttliche Handeln an der menschlichen Existenz. Nicht die Menschheitsgeschichte also ist der Bezugspunkt des Heilshandelns Gottes, sondern die Existenz des Einzelnen. In jedem Falle ereignet sich das entscheidende Ende der Unheilsgeschichte nicht in der Vergangenheit oder der Zukunft der Menschheitsgeschichte, sondern im Hier

---

17. Auch in der Frage, ob und wenn ja und wie ein Tausendjähriges Reich im Enddrama der kosmischen Geschichte kommen werde, ob es eine Allversöhnung geben werde oder nicht, haben sich viele Diskussionen entzündet und Untergruppen gebildet.

und Jetzt der Existenz des einzelnen Glaubenden. Eine wie auch immer geartete Heilsgeschichte hat hier keinerlei Bedeutung mehr, sondern allenfalls die persönliche Existenzgeschichte. *Die Geschichte ist ausgespannt zwischen der Himmelfahrt Christi und seiner Wiederkunft, die Geschichte selbst aber bildet nur einen Raum, innerhalb dessen keine Entwicklungen zum Besseren oder zum Schlechteren erwartet und schon gar nicht als theologisch bedeutsam erachtet werden.* Mit Hartenstein und Freytag wenden wir uns dem so genannten heilsgeschichtlichen Ansatz der Missionstheologie zu, einem Ansatz, der die Geschichte als den Raum der Mission zu verstehen lehrt, jedoch eine evolutive Geschichtsdeutung ablehnt.

2.3 Karl Hartensteins heilsgeschichtlicher Missionsbegriff

In den Jahrzehnten zwischen 1920 und 1950 war *Karl Hartenstein* (1894-1952) neben *Walter Freytag* (1899-1959) der wohl einflussreichste Missionstheologe im deutschsprachigen Bereich.[18] Aus dem schwäbischen Pietismus stammend, überrascht es nicht, dass für Hartenstein Mission nur in eschatologischer Perspektive zu verstehen ist.[19] Hartenstein definiert Mission im Jahr

18. Zur Missionstheologie Hartensteins vgl. *G. Schwarz* (1980): Mission, Gemeinde und Ökumene in der Theologie Karl Hartensteins, Stuttgart; *F. H. Lamparter* (Hg.) (1995): Karl Hartenstein. Leben in weltweitem Horizont. Beiträge zu seinem 100. Geburtstag, Bonn; *E. Spohn* (2000): Karl Hartensteins Verständnis der Eschatologie und dessen Auswirkungen auf die Mission, Lahr; *J. Flett* (2010): The Witness of God. The Trinity, Missio Dei, Karl Barth and the Nature of Christian Community, Grand Rapids / Cambridge, 130-136. – Walter Freytag bemerkt zu seinem Freund Hartenstein: »Die Hauptthesen, die [… Karl Hartenstein, HW] in seinem missionswissenschaftlichen Denken vertreten hat, nachzuzeichnen, würde bedeuten, die ganze Entwicklung der deutschen evangelischen Missionswissenschaft von 1925 bis 1952 darzustellen. Es ist für diesen Zeitraum typisch, dass die missionswissenschaftliche Arbeit in besonderem Maße gemeinsame Arbeit war […]. So ist Hartenstein weniger der Vertreter einer Richtung missionswissenschaftlichen Denkens als ein Führer in der gemeinsamen Denkarbeit gewesen […]. Das gilt besonders von der eschatologischen Ausrichtung seines Denkens.« *W. Freytag* (1953): Karl Hartenstein zum Gedenken, in: EMZ (10), 2.
19. *Zur Person:* Karl Hartenstein, am 25. Januar 1894 in Bad Cannstatt geboren, wurde in seiner Kindheit und Jugend durch den schwäbischen Pietismus beeinflusst. Seine Mutter war die Schwester des Missionsinspektors der Baseler Mission, Hermann Prätorius, so dass die Beziehung zur Mission schon biographisch gegeben war. Hartenstein studierte in den Jahren 1913-1914 Theologie, wurde jedoch einberufen und diente von 1914-1918 als Soldat an der Westfront. Aus dem Krieg zurückgekehrt, nahm Hartenstein in den Jahren 1919-1921 das Studium wieder auf und studierte in Tübingen unter anderem bei Karl Heim (1874-1958) und Adolf Schlatter (1852-1938). Ab 1926 wirkte er zunächst als 2. Stadtpfarrer in Urach, war dann jedoch von 1926-1939 Direktor der Baseler Mission und gleichzeitig Dozent für Missionswissenschaft am der Universität Basel. Ab 1941 bis zu seinem Tode am 1. Oktober 1952 wirkte er als Prälat der Württembergischen Landes-

2. Heilsgeschichtliche Missionstheologie – Karl Hartenstein und Walter Freytag

1933 wie folgt: »Mission ist der gehorsame Zeugendienst der bekennenden Kirche, sofern sich diese an die Heidenwelt wendet, im Glauben an die Kirche und in der Erwartung des Reiches Gottes.«[20] Diese gehaltvolle Definition bedarf der Erläuterung. »Mission ist der gehorsame Zeugendienst [...] in der Erwartung des Reiches Gottes.« Die Erwartung des Reiches Gottes ist der eigentliche Horizont, in dem sich die Mission versteht. An einer Stelle kann Hartenstein sagen: »Mission und Ende gehören unheimlich nahe zusammen.«[21] Mission geschieht demnach in der heilsgeschichtlichen Zwischenzeit zwischen dem Doch-Schon der Auferstehung und Himmelfahrt Jesu Christi und dem Noch-Nicht seiner Wiederkunft am Ende der Zeit. *Genau in dieser Spannung muss sich christliche Mission – nach Hartenstein – verstehen, wenn sie nicht an sich selbst oder aber an den Widrigkeiten der Geschichte irrewerden will.* Diese Spannung gilt es im Blick zu behalten, um nicht umgekehrt in bestimmten geschichtlichen Stunden in einen missionarischen Triumphalismus zu verfallen. In der Zwischenzeit zwischen dem Doch-schon und dem Noch-nicht findet Mission statt, und zwar pointiert als Zeugendienst. Es geht bei diesem Zeugendienst selbst um ein endzeitliches Geschehen, denn es geht um die Proklamation des Herrschaftsanspruches des Auferstandenen, es geht um die Ankündigung und Wegbereitung für seine Wiederkunft und um die Sammlung seiner Gemeinde.

Diese heilsgeschichtliche Sicht ist eine theologisch-eschatologische Schau der Geschichte der Menschen. Dem, was man ein empirisches Spurenlesen der Geschichte nennen könnte, wird eine Absage erteilt. Es ist eben nicht die Heilssehnsucht der Völker, die die Mission begründen könnte wie Gustav Warneck noch meinte. Denn ein missionarisches Erwachen fand Ende des 19. Jahrhunderts auch in den Hindu-Religionen statt, im Buddhismus und im Islam, um nur wenige Beispiele zu nennen. Es ist nicht ein ethisches Gepräge, das die Mission begründen könnte, es ist ebenso wenig die numerische Zunahme, also der Missionserfolg, der zum Zeichen der Bewahrheitung der christlichen Mission werden kann. Im 20. Jahrhundert etwa wurden, beginnend mit der *Russischen Revolution* im Jahre 1917, viele Länder für die Mission geschlossen. Es ist darüber hinaus nicht die geistig-politische Führerschaft der christlichen Nationen, die für die Mission spricht noch jedwede

---

kirche in Stuttgart. Als sein theologisches Hauptwerk kann man die Aufsatzsammlung »Die Mission als theologisches Problem« aus dem Jahre 1933 ansehen. Als Vertreter der deutschen Missionen nahm Hartenstein an bedeutenden Konferenzen seiner Zeit teil, so an den Weltmissionskonferenzen von Tambaram/Indien (1938/39), Whitby/Kanada (1947) und Willingen/Deutschland (1952). Hartenstein verstarb im Alter von 58 Jahren. – Zur Biographie: G. Schwarz (1981): Mission, o. a., 13-15.

20. *K. Hartenstein* (1933): Die Mission als theologisches Problem, 13.
21. *K. Hartenstein* (1936): Das letzte Zeichen und das letzte Ziel, Stuttgart / Basel, 11.

menschliche Ausdrucksgestalt des Christlichen. Bei Hartenstein werden alle diese Beweisversuche als bloße gedankliche Hilfskonstruktionen abgelehnt. Hartenstein schreibt:

> »Damit der ›logos‹ Gottes durch seine Gemeinde in ihrem missionarischen Zeugnis allen Völkern verkündigt werde, damit die Gemeinde aus allen Völkern gesammelt wird durch Buße und Glaube! Dazu und darum hält der Herr mit seinem Kommen zurück. Damit ist die Mission endzeitliches Handeln Gottes, durch das er seinen Heilsplan ausführt.«[22]

Im Anschluss an die neutestamentlichen Studien von *Oscar Cullmann* (1902-1999) und mit Bezug auf 2 Thess 2,6-7 und weitere Texte sieht Hartenstein die *Mission geradezu als Sinn der Heilsgeschichte*.[23] Das »Zuvor« nach Mk 13,10 (»Und das Evangelium muss zuvor [vor den Endgeschehnissen, HW] verkündigt werden allen Völkern.«) und das »Dann« nach Mt 24,14 (»Und es wird gepredigt werden das Evangelium vom Reich in der ganzen Welt zum Zeugnis für alle Völker, und dann wird das Ende kommen«) wird jeweils zum *Grenzpunkt der Heilsgeschichte* erklärt. Mission erhält dadurch ein unglaubliches theologisches Gewicht: *Mission als Sinn der Menschheitsgeschichte seitens Gottes ist der Grund, weshalb Christus seine Wiederkehr noch ausstehen lässt.*

Was aber ist nun das entscheidend Neue an diesem Konzept? Handelt es sich nicht auch hier wiederum um eine *Gesamt*konzeption von Geschichte? Dass die heilsgeschichtliche Missionstheologie eine Gesamtschau der Geschichte zu bieten versucht, ist sicherlich richtig. Es kommt jedoch auf die Perspektive an: Waren kulturprotestantische Entwürfe oft an einer auch empirisch nachweisbaren Aufwärtsentwicklung orientiert, da die Geschichte selbst bis zu einem gewissen Grade als ein Medium der Offenbarung verstanden wurde, so ist die heilsgeschichtliche Schau Hartensteins ganz aus der Perspektive der göttlichen Heilstaten entworfen: Es ist der *Rahmen* der Geschichte, ihr heilsgeschichtlicher Anfang und ihr heilsgeschichtliches Ziel, *der offenbart wird*. Geschichte wird damit weder als eine Aufwärtsentwicklung gedeutet, noch auch – was nach den Schrecknissen des I. Weltkrieges durchaus nahegelegen hätte und unter anderem in *Oswald Spenglers* Buch *Der Untergang des Abendlandes* seinen Ausdruck fand – als eine Verfallsgeschichte, also als eine Abwärtsentwicklung. Die Zeit der Geschichte ist unabhängig

---

22. *K. Hartenstein* (1951): Zur Neubesinnung über das Wesen der Mission, in: Deutsche Evangelische Weltmission (Jahrbuch), Hamburg, 5-24, hier: 19-20.
23. Cullmann hat seit den 1930er Jahren Studien dem Zusammenhang von Eschatologie und Mission gewidmet. Vgl. etwa *O. Cullmann* (1966): Eschatologie und Mission im Neuen Testament (1941), in: K. Fröhlich (Hg.), Vorträge und Aufsätze 1925-1962, Tübingen / Zürich, 348-360.

2. Heilsgeschichtliche Missionstheologie – Karl Hartenstein und Walter Freytag

von immanenten Ereignissen, unabhängig von jeder Fortschritts- oder Verfallsgeschichte, gedeutet nämlich ganz vom Heilsplan Gottes her.[24] Und in diesem Heilsplan habe, so die These, die Mission als Zeugendienst einen zentralen Stellenwert. Weder kann es einen missionarischen Triumphalismus noch eine missionsmüde Resignation geben. Es bleibt vielmehr, um erneut die Definition aufzunehmen: »der *gehorsame* Zeugendienst der bekennenden Kirche«.

Hartenstein kontrastiert seine Definition der Mission mit älteren Definitionen, etwa von *Martin Kähler* (1835-1912), welcher definiert, Mission sei »*die Ausbreitung des Christentums, sofern dieselbe gekennzeichnet ist als absichtsvolle, gerichtet auf Verbreitung des Evangeliums, vollzogen im Bewusstsein eines göttlichen Auftrags im Blick auf ihre Umfassung ohne Grenzen*«. Doch diese Definition hat etwas Schillerndes: Geht es um die Ausbreitung des Christentums oder um die Verbreitung des Evangeliums? Und: Kann man denn von der Ausbreitung des Christentums überhaupt sprechen? Gibt es »christliche« und »unchristliche« Gebiete? Hartenstein hält fest, dass es diese nicht geben könne. Eine andere, nicht unähnliche Definition stammt von *Julius Richter* (1862-1940), der schreibt: »Mission ist die Ausbreitung des Christentums in der nichtchristlichen Welt, ihre Aufgabe: die Werbung für die Jüngerschaft unter den Nichtchristen«.[25] Doch ist auch diese Definition mit der gleichen Unklarheit behaftet: Ist denn die Ausbreitung des Christentums gleichzusetzen mit der Werbung für Jüngerschaft? Wohl kaum, wenn man unter »Christentum« eine kulturell-religiöse Größe versteht. Es wird deutlich: Das Ziel der Mission muss genauer definiert werden.

Nach Hartenstein ist das Ziel schlicht der Zeugendienst einer bekennenden »Kirche«, also nicht des Christentums, auch nicht einer Jüngergruppe, ebenfalls nicht einer Gemeinde, sondern der *Kirche*. Mehr wird von dem Ziel nicht gesagt, es wird jedoch im Blick auf die Kirche deutlich gelten gemacht, dass diese durch Wort und Sakrament gekennzeichnet ist (Confessio Augustana, Art. 7 und 8) und in der Erwartung des Reiches Gottes ihren Zeugendienst versieht. Doch noch ein Punkt ist von entscheidender Bedeutung: *Christen und Kirche stehen genauso unter der Macht der Anfechtung und der Sünde, wie alle anderen Menschen auch, sie sind jedoch des Zuspruchs der göttlichen Gnade gewiss. Deshalb sind Christen/innen und Kirche weder besser noch entwickelter als andere menschliche Gruppen und Kulturen*, und genau dieses Bewusstsein drückt sich darin aus, *dass die Kirche geglaubt werden will*. Harten-

---

24. Eine ähnliche Sicht wurde von dem anglikanischen Missionstheologen *Max Warren* (1904-1977) vertreten, der durch das Denken Hartensteins beeinflusst war. Warren fungierte von 1942-1963 Generalsekretär der *Church Missionary Society*.
25. Beide Zitate nach *K. Hartenstein* (1933): Die Mission als theologisches Problem, 12.

stein: »Mission ist der gehorsame Zeugendienst der bekennenden Kirche, sofern sich diese an den die Heidenwelt wendet, *im Glauben an die Kirche* und in der Erwartung des Reiches Gottes.«[26] Damit steht Hartenstein in guter reformatorischer Tradition, denn schon *Martin Luther* hatte ja in seinem *Kleinen Katechismus* darauf hingewiesen, dass die Kirche geglaubt werden müsse. Explizit zum Ziel der Mission schreibt Hartenstein:

> »… durch die oben gebrauchte Formel […] ist das Ziel der Mission umschränkt; wenn wir sagen, dass Mission geschehe im Glauben an die Kirche, so will dies sagen, dass die Mission getan wird im Glauben daran, dass Gott sich ein Volk unter allen Völkern in dem Äon zwischen Auferstehung und Wiederkunft sammelt, dass das Wort Gottes universale Bedeutung hat und dass zu allen Zeiten, in allen Räumen und unter allen Völkern Kirche durch Gottes lebendiges Wort, durch die viva vox evangelii, gesammelt wird. Aber eben in dieser Sammlung ist die eschatologische Umgrenzung deutlich. Denn die so gesammelte Kirche wird zur wartenden Kirche, indem sie das Wort von Christus glaubt, der kommt und das Gebet Christi betet: ›Dein Reich komme.‹«[27]

Ähnlich argumentierte Hartensteins Kollege und Freund, Walter Freytag.

2.4 Walter Freytag zum Verhältnis von Mission, Eschatologie und Reich Gottes

Mit Walter Freytag, später Professor für Missionswissenschaft an der Universität Hamburg, wenden wir uns einem Missionstheologen zu, der wie Hartenstein eine prägende Gestalt im Bereich der deutschsprachigen »Missionswelt« gewesen ist.[28] Auch für ihn kann Mission nur von der Eschatologie her

---

26. *Hartenstein* (1933): Die Mission, 13. Hervorhebung geändert. Weiter heißt es: »Alle Abgrenzungen sind dort unmöglich geworden, wo man um die fragwürdige und gefährliche Bezeichnung eines Teils der Welt als christlicher Welt weiß, wohl aber kann, ja muss in demselben Augenblick von Heidentum, von Nicht-Kirche geredet werden, wo Kirche selbst geglaubt wird.« (ebd.)
27. *Hartenstein* (1933). Die Mission, 14.
28. *Zur Person:* Walter Freytag wurde 1899 geboren. Er nahm 1917 das Studium der Theologie und Philosophie in Tübingen auf, wurde dann eingezogen und diente bis Ende des I. Weltkrieges als Frontsoldat. Nach dem Krieg setzte er seine Studien in Marburg und Halle fort. Danach wurde er Pfarrer der sächsischen Landeskirche. Im Jahr 1925 wurde er an der Universität Hamburg promoviert. Gleichzeitig bereitete er sich auf seine Ausreise nach China vor, die jedoch aufgrund der politischen Verhältnisse nicht stattfinden sollte. Im selben Jahr heiratete er Anne-Kathrin Wohlfahrt. Ab 1926 war Freytag zunächst Sekretär, dann seit 1928 Direktor der Deutschen Evangelischen Missionshilfe, was mit Reise- und Vortragsdiensten verbunden war. Im Jahre 1928 war Freytag zusammen mit *Martin Schlunk* (1874-1958) deutscher Vertreter auf der Weltmissionskonferenz in Jerusalem. Ein Jahr später (1929) wurde er zum Hanseatischen Missionsdirektor berufen und hatte nebenberuflich einen Lehrauftrag für Missionswissenschaft an den Universitäten Hamburg

2. Heilsgeschichtliche Missionstheologie – Karl Hartenstein und Walter Freytag

recht verstanden werden.[29] Freytag definiert daher Mission wie folgt: »*Mission heißt Teilnahme an der Aktion Gottes, in der er seinen Plan auf das Kommen des Reiches durchführt dadurch, dass der Gehorsam des Glaubens an unseren Herrn Christus unter den Heiden aufgerichtet wird.*«[30] Das bedeutet, dass man nur im Blick aufs Ende, also die Wiederkunft Christi, also christologisch und eschatologisch zugleich die Mission recht verstehen kann.[31] Das Leben vieler Kirchen und vieler Christen »krankt« nach Freytag daran, dass »wir nicht mehr wissen, dass Gott einen Plan hat.« Für Freytag ist Jesus Christus Sendungsmittler, der von Gott gesandt ist, und der seinerseits Menschen sendet, die seine Zeugen sein sollen. Christus vermittelt also die Sendung weiter. Das Ziel dieser Sendung Gottes, der *missio Dei*, ist das Reich Gottes. Der Sinn der Geschichte ist es daher, dieses Reich heraufzuführen, und das bedeutet: Der Sinn der Geschichte ist die Mission. Das heilsgeschichtliche Modell besagt, dass die Mission nicht ein Anhängsel von Kirche ist, sondern das Wesen von Kirche, denn sie ist dazu da, in der Welt zu leben und ihrem missionarischen Wesen entsprechend in der Welt zu leben, im Raum der Geschichte.

Wenn das Reich Gottes als Missionsziel verstanden wird, so muss definiert werden, was unter dem Reich Gottes genau zu verstehen ist. Freytag grenzt den Begriff daher in vierfacher Weise ab. Erstens könnte man meinen, das Reich Gottes ereigne sich da, wo Menschen zum Glauben finden. Als in den Menschen durch den Glauben präsent, wäre dann das Reich Gottes als die *Summe der einzelnen Bekehrten* zu verstehen. Dies bezeichnet Freytag als ein

---

und Kiel inne. Diese Aufgaben erfüllt Freytag bis 1943. Nach dem Krieg wurde er ab 1947 Honorarprofessor an der Universität Hamburg und Kiel. Im Jahre 1952 dann wurde an der Universität Hamburg ein Lehrstuhl geschaffen, dessen Name zugleich Programm ist und auf Freytag zugeschnitten war: »Missionswissenschaft und ökumenische Beziehungen«. – Als Übersicht zur Biographie von Walter Freytag vgl.: J. *Triebel* (1976): »Walter Freytag, Leben und Werk«, in: ders., Bekehrung, o. a., 15-26.

29. Zur Missionstheologie Freytags vgl. *W. Freytag* (1961): Reden und Aufsätze, 2 Bände, München. Einen guten Einblick vermitteln: *ders.* (1961a): Mission im Blick aufs Ende, in: ders., 2. Bd., 186-198; *ders.* (1961b): Sendung und Verheißung, in: ders., 2. Bd., 217-223; *ders.* (1961c): Vom Sinn der Weltmission, in: ders., 2. Bd., 207-217; *ders.* (1961d): Die Landeskirche als Teil der Weltmission, in: ders., Bd. 2, 160-174; *ders.* (1961e): Strukturwandel der westlichen Missionen, in: ders., Bd. 1, 111-120. Als Sekundärliteratur vgl. *D. Manecke* (1972): Walter Freytag, in: ders., Mission als Zeugendienst, o. a., 64-106 sowie *J. Triebel* (1976): Bekehrung, o. a.

30. *W. Freytag* (1961e): Strukturwandel, in: ders., Bd. 1, 118.

31. Wenn Christus die »Mitte der Zeit« ist, wenn in ihm die Versöhnung geschehen ist, dann gründet die Erlösung (am Ende der Zeit) eben in dieser Versöhnung. Umgekehrt kann aber die Versöhnung nur von der Erlösung her, richtig verstanden werden. Versöhnung zielt ja auf Erlösung, sie ist nicht Selbstzweck. Das bedeutet: In der Vergangenheit wurde die Zukunft der Welt offenbar, deshalb verstehen wir unsere Gegenwart von dieser Zukunft her, nämlich der verheißenen Wiederkunft Jesu Christi und der damit einhergehenden Welterlösung.

Missverständnis, welches sich oft in Kreisen des Pietismus gefunden habe. Neben dem darin gegebenen elitären Denken kritisiert Freytag vor allem folgendes: Jesus Christus ist nach neutestamentlichem Verständnis nicht nur Herr der Glaubenden, sondern darüber hinausgehend auch der souveräne Herr der Welt und der Geschichte. Er hat Anspruch auf den gesamten Kosmos. Deshalb kann man den Gedanken des Reiches Gottes auch nicht auf die Gemeinde der Bekehrten begrenzen. Ein anderes Verständnis vom Reich Gottes erwartet das *Reich am Ende aller Zeit*, das nach dem Ende durch den wiedergekehrten Christus als ein Friedensreich aufgerichtet werden wird. Es wird damit als ein rein jenseitiges Phänomen gedeutet. Doch bevor es kommt, gilt es, noch so viele Menschen wie möglich aus der alten und verderbten Welt zu retten, einer Welt, die ohnehin untergehen wird. Die eschatologische Ausrichtung führt in diesem Modell dazu, die Welt zu vernachlässigen. Das Warten wird empfohlen, die Geduld in Bedrängnis, und oft wird die kleine Schar der Glaubenden als die Schar der Auserwählten oder der »heilige Rest« gedeutet. Dieses Verständnis jedoch übersieht, so Freytag, dass die Welt neben ihrer Sündigkeit auch Gottes gute Schöpfung ist und bleibt. Eine Schöpfung, die ein eigenes Recht hat und in Gottes Plan eine Rolle spielt. Übersehen wird hier, dass das Reich Gottes auch diesseitig ist und diesseitige Konsequenzen hat, dass es auf die Welt einwirkt, einwirken kann und soll.[32]

Ein drittes Missverständnis besteht darin, dass das *Reich Gottes mit der Kirche identifiziert* wird. In diesem Modell wird dann das missionarische Handeln ausschließlich als Ausbreitung von Kirche verstanden, es ist ein ekklesiologisch-expansives Verständnis von Mission. Mission ist Kirchenausbreitung, so im Falle der römisch-katholischen Kirche, oder Kirchenpflanzung, so in hochkirchlichen Modellen protestantischer Prägung. Dieses Modell jedoch übersieht, dass es sich bei dem Reich Gottes nicht um etwas Statisches handelt, sondern um etwas Dynamisches, nicht um etwas Bleibendes, sondern um etwas Vorläufiges, nicht um etwas Definierbares, sondern um etwas immer wieder in die Welt Hineinbrechendes. Überdies führt die Identifizierung von Reich Gottes und Kirche nur allzu schnell zu einer Haltung des Triumphalismus mit allen ihren negativen Folgen. Das vierte Missverständnis sieht Freytag schließlich in einer *Identifizierung des Reiches Gottes mit einer verbesserten Welt*. Die amerikanische Bewegung des *social gospel* kommt diesem Modell wohl am nächsten. Nach Freytag jedoch geht es in der Welt nicht nur um die Verbesserung sozialer und gesellschaftlicher Zustände, heute könnte man etwa ökologische Zusammenhänge nennen, sondern es geht auch und

---

32. In manchen fundamentalistischen Kreisen wird, das sei hier angefügt, eine Haltung empfohlen, sich von der Welt fern zu halten, um sich nicht zu verunreinigen.

gerade um das, was er die Aufrichtung des Gehorsams nennt. Es sei darum noch einmal an Freytags Definition von Mission erinnert:

> »Mission heißt Teilnahme an der Aktion Gottes, in der er seinen Plan auf das Kommen des Reiches durchführt dadurch, dass der Gehorsam des Glaubens an unseren Herrn Christus unter den Heiden aufgerichtet wird.«[33]

Mission bedeutet, dass Menschen an dem, was Gott ohnehin in seiner *missio Dei* tut, teilnehmen; dass *Gott selbst seinen Plan ausführt*, der den Menschen nur allzu oft nicht einsichtig ist; dass es nicht um eine evolutive Geschichte geht, sondern um das Reich, das auf uns zukommt, nicht also eine Welt im Werden, sondern das Reich in seinem Kommen. Mission bedeutet, dass in diesem Plan der Gehorsam des Glaubens an Jesus Christus aufgerichtet werden soll, dass also alle Äußerungen des christlichen Lebens zu verstehen sind als Ausdruck erstens *des Glaubens*, zweitens des Glaubens *an Jesus Christus* und drittens *als Ausdruck des Gehorsams* im Glauben. Genau dies geschieht in der Mission, wenn diese Menschen in Gemeinden sammelt und ein christliches Lebenszeugnis im Dienst für die Welt zu geben sucht.

2.5 Der missionstheologische Einfluss von Karl Hartenstein und Walter Freytag

Hartenstein und Freytag waren nicht nur für die deutsche Missiologie bedeutsam, sie haben auch im internationalen Bereich über verschiedene Konferenzen gewirkt. Das deutsche Sondervotum in Tambaram (1938) ist dafür ein gutes Beispiel. Beide versuchten, verschiedene missionstheologische Anliegen durch den Hinweis auf die eschatologische Ausrichtung der Mission zu berücksichtigen. So sei es bei der Frage der Einheimischwerdung des Glaubens in anderen Kulturen die Spannung zwischen dem »Noch-nicht« der Wiederkehr Christi und dem »Doch-schon« des Gekommenseins Christi, die zu einer balancierten Sicht des Problems verhelfen könne. Die Spannung mache es möglich, menschliche Ordnungen und kulturellen Ausprägungen einerseits zu würdigen, andererseits gebe sie die Freiheit, sich nicht in menschlichen Ordnungen verlieren zu müssen. *Insgesamt führte dieser Ansatz dazu, die Mission selbst immer wieder zur Buße zu rufen und die Frage zu stellen, ob denn die Strukturen der (besonders westlichen) Missionen noch dem Willen Gottes für die jeweilige Epoche entsprechen würden.* Könnte es nicht sein, dass die Strukturen des 19. Jahrhunderts eben nur ein zeitgeschichtlicher Ausdruck der Mission gewesen sind? Und wie müsste, so die Frage, eine

---

33. *Freytag* (1961a): Strukturwandel, 118.

neue Form der Mission aussehen, wenn denn die Jungen Kirchen in ihrem Kirchesein ernst genommen werden (und zwar von den westlichen Missionen) und damit selbst vor der Aufgabe stehen, dass Evangelium weiterzusagen? Diese Fragen führen uns zum nächsten Kapitel, in dem es um die Veränderungen gehen soll, denen die Missionen seit dem II. Weltkrieg unterlagen. Die Ära der Kolonialzeit ging ihrem Ende entgegen. Staaten, Gesellschaften und Strukturen veränderten sich ebenso, wie gesellschaftliche Atmosphären und Einstellungen. Dem mussten die Missionen Rechnung tragen.

3. Von Edinburgh bis Achimota – Die Weltmissionskonferenzen von 1910-1958

Nach der Weltmissionskonferenz von Edinburgh im Jahre 1910 dauerte es achtzehn Jahre, bis erneut eine Weltmissionskonferenz stattfinden konnte.[34] Dies ist verständlich, da der Erste Weltkrieg (1914-1918) bedeutende Auswirkungen auch für viele Missionen hatte. So wurden etwa deutsche Missionare in vielen Gebieten entweder interniert oder ausgewiesen. Nach dem Krieg wurde der Internationale Missionsrat für das Jahr 1921 einberufen. Sieben Jahre darauf sollte in Jerusalem im Jahre 1928 die zweite Weltmissionskonferenz stattfinden. Im Folgenden soll von diesen und den Folgekonferenzen die Rede sein, wobei jeweils nur einige wenige Charakteristika herausgestellt werden können.

3.1 Erste Weltmissionskonferenz in Edinburgh (1910) – Stichwort Eschatologie

Es lohnt sich, den Faden noch einmal bei der Konferenz von Edinburgh aufzunehmen. Wie erwähnt, war diese Konferenz dadurch bestimmt, dass man in einer besonderen geschichtlichen Stunde zu leben glaubte. Das Motto »Evangelisierung der Welt in dieser Generation« meinte allerdings nicht, dass damit gerechnet wurde, die Welt binnen dreißig Jahren zu christianisieren. Solche missionarischen Allmachtsphantasien wird man den versammelten Missionspraktikern wohl nicht unterstellen dürfen. Vielmehr erschien es möglich, und drauf zielt die Formulierung, dass innerhalb einer Generation die Gelegenheit bestehen könnte, dass allen Menschen das Evangelium wenigstens zu Gehör gebracht würde. Es geht damit um ein *akklamatorisches Missionsverständnis:* Evangelisierung im Sinne von verkündigend zu Gehör bringen. Im Jahr 1910 war nicht absehbar, dass es zu so schrecklichen Ereignissen wie einem Weltkrieg kommen würde. Insofern bleibt für diese Konferenz charakteristisch nicht nur ihre pragmatische Ausrichtung, sondern auch ihre besondere »eschatologische« Atmosphäre.

---

34. Zum Folgenden vgl.: *D. Werner* (1993): Mission für das Leben – Mission im Kontext. Ökumenische Perspektiven missionarischer Präsenz in der Diskussion des ÖRK 1961-1991, Rothenburg; *W. Günther* (1970): Von Edinburgh nach Mexico City, Stuttgart.

3.2 Zweite Weltmissionskonferenz in Jerusalem (1928) – Stichwort Säkularismus

Die Entwicklungen seit 1910 lassen sich in mindestens vier Beobachtungen zusammenfassen: Erstens hatte der *I. Weltkrieg* das westliche Überlegenheits- und Sendungsbewusstsein nachhaltig erschüttert.[35] Zweitens war es in den Kolonialgebieten zu *Anfängen von Unabhängigkeitsbewegungen* gekommen, verbunden mit einer *Renaissance der lokalen kulturellen und religiösen Traditionen*. Drittens hatte sich in den *großen Religionen*, besonders dem Buddhismus, dem Islam und den Hindu-Traditionen eine eigene *missionarische Ausrichtung herausgebildet*, durch die die jungen christlichen Kirchen vor Ort herausgefordert wurden. Im Gefolge der Russischen Revolution nach 1917 war zudem – viertens – ein *starker Säkularisierungsschub* erfolgt. Hier traten säkulare Ideologien als Konkurrenten zu religiöser Weltdeutung in Erscheinung. Hatte man also in Edinburgh noch (fast) ausschließlich über das »Wie« der Mission diskutiert, so wird nun die Frage laut, worin genau die Mission besteht und wie sie zu begründen ist.

Wenn auch der theologische Ertrag von Jerusalem gering war, so kann man doch festhalten, dass sich hier Anzeichen einer langsam sich verstärkenden christologischen Konzentration erkennen lassen. Weiter ist zu notieren, dass die Konferenz in Jerusalem nicht mehr, wie noch in Edinburgh, allein Vertreter/innen von Missionsgesellschaften zusammenbrachte, denn es handelte sich in Jerusalem um eine *Vollversammlung des Internationalen Missionsrates*. Es kamen daher Delegierte der *Nationalen Missionsräte* als auch Delegierte *Nationaler Christenräte* aus verschiedenen Ländern zusammen.

Nationale Christenräte waren ein Novum. Wie war es dazu gekommen? Zum politischen Hintergrund: Da die Kolonialmächte das System des Nationalstaates auf alle besetzten Gebiete ausgedehnt hatten, waren diese nun entsprechend territorial abgegrenzt. Dies war in den meisten Gebieten ein Novum. Wo es vorher *Reiche* gab, mit einem König etwa, dessen Macht soweit reichte wie er Vasallen an sich zu binden vermochte, weshalb sich die Ausdehnung der Reiche dauernd veränderte, wurden nun Territorialstaaten mit fest definierten Grenzen errichtet. Strukturell bedeutete dies, dass ein Staats-Gebiet erstens definiert wurde, es zweitens militärisch erobert und unter Kon-

---

35. Quellentexte: *H. J. Margull* (Hg.) (1963): Zur Sendung der Kirche, 17-30. Folgende Themen wurden behandelt: »The Christian Life and Message in Relation to Non-Christian Systems, Religious Education, The Relation between the Younger an the Older Churches, The Christian Mission in the Light of Race Conflict, The Christian Mission in Relation to Industrial Problems, Interantional Missionary Co-operation«, ebd., 17. Vgl. *M. Schlunk* (Hg.) (1928): Von den Höhen des Ölberges. Bericht der deutschen Abordnung über die Missionstage in Jerusalem, Stuttgart / Berlin.

trolle gebracht und drittens einer weitgehend einheitlichen Verwaltung unterworfen wurde. Diese setzte viertens die Einhaltung der Gesetze, das Steuerwesens usw. durch, soweit es ging. *Für die Bevölkerungen bedeutete dies, dass diejenigen Völkerschaften, die nun zufällig auf dem Gebiet der künstlich errichteten Nationalstaaten lebten, sich nach dem Willen der Kolonialmacht als zu einer bestimmten Nation gehörig verstehen lernen sollten. Und dies ungeachtet der Tatsache, dass vielfach die Gebiete der Stammesterritorien durch die Grenzen der Kolonialmächte (willkürlich) durchschnitten worden waren, und so die eine Hälfte des Stammes in einem Nationalstaat, die andere in einem anderen lebte.* Für die westlichen Missionen (national: britische, deutsche, amerikanische usw.; denominationell: baptistische, lutherische, römisch-katholische usw.) bedeutete die neue Situation, dass sie versuchen mussten, die daraus resultierenden Anliegen und Probleme *gemeinsam* zu lösen, sich also zu koordinieren. So wurden immer mehr nationale Missionsräte in den verschiedenen Gebieten gebildet, oder aber – wo bereits junge Kirchen bestanden – Nationale Christenräte.

Dass die Konferenz auch viele *Vertreter von Kirchen* zusammenbrachte, zeigte, dass aus den Missionsgemeinden mehr und mehr eigenständige Kirchen entstanden waren. *Damit stellte sich die Frage nach der verbleibenden Aufgabe der Missionsgesellschaften im Verhältnis zu diesen auf Selbständigkeit drängenden Kirchen.* Diese Frage wurde zwar gestellt, nicht jedoch beantwortet, war man doch eher mit der praktischen Frage beschäftigt, ab wann man junge Kirchen als eigenständige Kirchen anerkennen könne. Die Gemengelage zu dieser Diskussion spiegelt sich in der Zusammensetzung der Teilnehmer der Jerusalem-Konferenz wider. Insgesamt handelte es sich um 231 Vertreter, von denen nun immerhin 70 Vertreter aus den so genannten Jungen Kirchen kamen. Von diesen 70 Personen handelte es sich lediglich um 52 Afrikaner und Asiaten, was den Schluss nahe legt, dass auch Europäer und Nordamerikaner als Vertreter der Jungen Kirchen zugegen waren.

Bedeutend war die Wahrnehmung, dass säkulare Ideologien als Konkurrenz zu den Wahrheitsansprüchen der Religionen mehr und mehr in Erscheinung traten. Die Ereignisse der *Russischen Revolution* ebenso wie marxistische und nationalistische Ideologien wurden als Bedrohung empfunden. So wurde im Sinne einer Verständigung der Religionen darüber nachgedacht, ob nicht die Religionen gemeinsam gegen die sich in den Ideologien manifestierende Macht des säkularistischen Gedankengutes angehen sollten. Es wurde quasi ein Schulterschluss der Religionen erwogen, was allerdings eine pragmatische Ausrichtung verrät und nicht etwa das Bedürfnis nach einem Dialog der Religionen erkennen lässt. Auch diese Frage wurde lediglich diskutiert, zu weiteren Beschlüssen kam es nicht. Man verständigte sich darauf, die nächste Weltmissionskonferenz binnen zehn Jahren einzuberufen. Diese hätte eigentlich in Hangtschou (China) stattfinden sollen. Bedingt durch den japanischen Einmarsch in China jedoch wurde die Konferenz kurzfristig nach Tambaram (Indien) verlegt.

3.3 Dritte Weltmissionskonferenz in Tambaram (1938) – Stichwort Religionen

Auch diese Konferenz stand noch unter der Leitung des bereits erwähnten *John Mott*. Sie brachte insgesamt 471 Delegierte aus 69 Nationen zusammen, wobei in Tambaram bereits etwa die Hälfte der Delegierten Vertreter/innen aus so genannten Jungen Kirchen waren.[36] Die Konferenz war theologisch gut vorbereitet. So hatte der *Internationale Missionsrat* den niederländischen Missionstheologen *Hendrik Krämer* damit beauftragt, ein Buch zum Thema Christentum und Religionen zu verfassen, das dieser unter dem Titel *Die christliche Botschaft in einer nichtchristlichen Welt* vorlegte.[37] Es erschien in amerikanischen und deutschen Sonderausgaben in einer hohen Auflagenzahl und hat die Diskussionen der Konferenz maßgeblich beeinflusst. Hauptfokus der Konferenz war eindeutig (was nach den Ausführungen über Jerusalem 1928 nicht überraschen mag) das *Thema Mission und Kirche, Kirche und Mission*. Ablesbar ist die Bedeutung der Ekklesiologie in den fünf Sektionen, in deren Themenstellung jeweils der Begriff der Kirche vorkommt: *Der Glaube, von dem die Kirche lebt; Das Zeugnis der Kirche; Das Leben der Kirche; Die Kirche und ihre Umwelt; Die Frage der Zusammenarbeit und Einigung der Kirche*.[38]

Es wird nun die *theologische Frage* nach dem Zusammenhang von Mission und Kirche gestellt. Wenn nämlich das Wirken der Missionsgesellschaften zu einem Ende kommen sollte, sobald eine selbständige Kirche vor Ort begründet worden ist, in welchem Verhältnis steht dann *diese* Kirche erstens zu ihrer eigenen missionarischen Verantwortung und zweitens in welchem Verhältnis steht sie als Kirche zu der sie begründet habenden (ausländischen) Missionsgesellschaft? Eine missionstheologische Neubesinnung auf das Wesen der Kir-

---

36. Vgl. *K. Hartenstein* (1939): Was haben wir von Tambaram zu lernen?, in: M. Schlunk (Hg.), Das Wunder der Kirche unter den Völkern der Erde. Bericht über die Weltmissions-Konferenz in Tambaram (Südindien) 1938, Stuttgart / Basel, 193-203; *M. Schlunk* (1939): Tambaram, wie es war, in: ders. (Hg.), das Wunder, o. a., 7-35. Quellentexte: *H. J. Margull* (Hg.) (1963): Zur Sendung der Kirche, 30-64.
37. Als deutsche Ausgabe: *H. Krämer* (1940): Die christliche Botschaft in einer nichtchristlichen Welt, Zürich.
38. *Andersen* (1961): Die Konferenzen der Weltmission, 223. Insgesamt gab es 16 Sektionen; vgl. *H. J. Margull* (Hg.) (1963): Zur Sendung, 33.

che war gefordert. Krämer schreibt in dem besagten Buch nicht zufällig: »Die Kirche und alle Christen, wenn sie Ohren zu hören und Augen zu sehen haben, stehen vor der Frage: Worin besteht das Wesen der Kirche, was ist ihre Verpflichtung gegen die Welt?«[39] Die Betonung der Ekklesiologie in Tambaram hat drei Aspekte, die hervorgehoben zu werden verdienen: *Erstens* lässt sich hier eine *terminologische Veränderung* beobachten: Es geht nicht mehr um die Botschaft des Christentums oder die Ausbreitung des Christentums, sondern es geht um den Glauben und die Kirche. Nicht also eine religiöses Gedankengut in seiner kulturellen Einfärbung ist auszubreiten, nicht ist die Welt zu »verchristlichen«, sondern es geht um das Entstehen und Werden und um die Präsenz von Kirche. *Zweitens* wird der *missionarische Auftrag als Auftrag an die ganze Kirche* betont, weshalb Mission nicht mehr Spezialaufgabe einiger besonders erweckter Christen/innen am Rande der Kirche ist, wahrgenommen durch Missionsgesellschaften als eigenständigen Vereinen, sondern Mission als Aufgabe der ganzen Kirche ist auch Aufgabe eines jeden einzelnen Christen/ jeder einzelnen Christin. *Drittens* kommt mit dem *Thema Kirche auch die Thematik der Einheit der christlichen Kirchen in den Blick*, die Frage des ökumenischen Miteinanders also. Diese Frage sollte später wieder aufgegriffen werden, denn Tambaram fand am Vorabend des II. Weltkrieges statt. Die Kriegsereignisse er Jahre 1939-1945 ließen eine Weiterarbeit auf internationaler Ebene vollständig zum Erliegen kommen. Von Tambaram aus gab es jedenfalls keinen Weg zurück hinter die Frage nach dem Verhältnis von Mission und Kirche, Kirche und ihrer Mission.

3.4 Vierte Weltmissionskonferenz in Whitby (1947) – Stichwort Partnerschaft

Die Konferenz in Whitby/Kanada im Jahre 1947 war Ausdruck des Bemühens, nach dem Kriege so schnell wie möglich wieder als weltweite missionarische Bewegung zusammen zu kommen. Die Konferenz fiel deutlich kleiner aus als die vorhergehenden. Es waren insgesamt 112 Teilnehmer zugegen.[40] In vielen Berichten ging es zunächst darum, sich einen Überblick über die Lage in den verschiedenen Missionsgebieten zu verschaffen, die ja alle in der einen oder anderen Weise durch die Kriegsereignisse beeinflusst worden waren. Als deutsche Vertreter waren *Walter Freytag, Karl Hartenstein*

---

39. Krämer, zit nach *Andersen* (1961): Die Konferenzen der Weltmission, o. a., 223.
40. Vgl. *W. Günther* (1970): Von Edinburgh nach Mexico City, 67 ff.; *W. Freytag* (1961): Whitby (1947), in: ders., Reden und Aufsätze, Bd. 2, 81-96. Quellentexte: *H. J. Margull* (Hg.) (1963): Zur Sendung der Kirche, 64-79.

und *Carl Ihmels* (1888-1967) zugegen. Der leitende Begriff, welcher mit dieser Konferenz verknüpft wird, ist der Begriff *partnership in obedience*. Im Sinne von Tambaram wurde zwar nochmals der Zeugendienst der Kirche betont, dabei aber in Whitby besonders hervorgehoben, dass dieser Dienst in einer *Partnerschaft in Gehorsam* erfolgen müsse, und zwar einer gehorsamen Partnerschaft aller christlichen Kirchen und Kräfte. Es geht um den Gehorsam gegenüber Gott in Jesus Christus, also um ein Unterordnungsverhältnis, in dem alle Christen/innen *gemeinsam* gegenüber ihrem Herrn stehen. Diesen Gehorsamsdienst in Partnerschaft zu betonen, war insbesondere geeignet, um den gemeinsamen Dienst in zweierlei Hinsicht zu betonen. Es ging einerseits um den gemeinsamen Dienst der Missionen ehemaliger Kriegsgegner, die ja nun in Whitby zum ersten Mal nach dem Kriege wieder zusammenkamen. Es ging andererseits jedoch auch darum, den gemeinsamen Dienst der Missionsgesellschaften aus dem Norden und der jungen selbständigen Kirchen aus dem Süden zu reflektieren. Das Verdienst der Konferenz ist es, die Art der Beziehung mit dem Motto *partnership in obedience* auf einen theologischen Arbeitsbegriff gebracht zu haben.

Dazu ein kurzer Längsschnitt zum Thema. Man kann für das Verhältnis zwischen den aus der Christenheit des Nordens stammenden Missionen einerseits und den von ihnen begründeten Missionskirchen im Süden andererseits eine prägnante Abfolge unterschiedlicher Muster ausmachen. Ablesbar sind die Akzentverschiebungen an den verschiedenen Weltmissionskonferenzen und der auf diesen Konferenzen verwendeten Terminologie.[41] In Edinburgh (1910) herrschte noch ein praktisch ungetrübtes europäisch-nordamerikanisches Selbstbewusstsein der Missionsbewegung vor. Man sprach von den durch die Missionen entstandenen Kirchen als den »Eingeborenen-Kirchen« (engl. *native churches*), die jedoch, und darauf kommt es an, zunächst nur als Brückenköpfe der missionarischen Aktivitäten westlicher Missionen betrachtet wurden.

> Deren Eigenständigkeit als Mitsubjekten der Mission kam noch nicht in den Blick. Der Missionsoptimismus von Edinburgh war achtzehn Jahre später gänzlich verschwunden. Die Erschütterung des westlichen Sendungsbewusstseins und das Aufkommen eines neuen nationalen, kulturellen und religiösen Selbstbewusstseins in den nach Unabhängigkeit strebenden Kolonialgebieten wirkten sich auch auf die Beziehungen zwischen Missionen und Missionsfelder aus. Die durch die Missionen begründeten Kirchen des Südens forderten nun zunehmend ihre Eigenständigkeit von der Aufsicht der Missionare. In Jerusalem (1928) wurde deutlich, dass das Verhältnis von Missionsgesellschaft und »Eingeborenen-Kirche« so nicht mehr aufrecht zu erhalten war. Es sollte daher nicht mehr von Missionen und Missionskirchen gesprochen werden, sondern von den »alten« bzw.

---

41. *G. Schwarz* (1980): Mission, Gemeinde und Ökumene, 134-136.

»sendenden« Kirchen des Nordens einerseits und den »jungen« oder auch »werdenden« Kirchen des Südens andererseits. Dennoch ging es in Jerusalem nicht um grundsätzliche theologische Verhältnisbestimmungen von Mission und Ekklesiologie, sondern Jerusalem beschränkte sich auf pragmatische Fragen der Zusammenarbeit zwischen den ausländischen Missionen auf der einen und den auf Selbständigkeit dringenden Kirchen des Südens auf der anderen Seite.

In Tambaram (1938) änderten sich die Dinge spürbar. Mehr als die Hälfte der 470 Abgeordneten entstammten den jungen Missionskirchen. Deutlicher als in Edinburgh und auch in Jerusalem wurde hier zwischen der geschichtlich-kulturellen Idee eines *Corpus Christianum*, also dem bis dato so genannten »christlichen Abendland« einerseits und der biblisch-theologischen Sicht des *Corpus Christi*, also des Leibes Christi unterschieden. Man unterschied andererseits den *Seinscharakter der Kirche* als des Leibes Christi, wenn auch damit keiner simplen Identifikation beider das Wort geredet wurde, und den *Zeugnischarakter der Kirche*. Mission ist nicht mehr verstanden als Aufgabe einer *ecclesiola in ecclesia*, das heißt einer bestimmten kleinen Gruppe von Christen, nicht mehr als eine Aufgabe unter vielen, sondern als eine *zentrale Aufgabe der ganzen Kirche*.

Aus der Beziehung von Missionsgesellschaften und Missionskirchen wird das Verhältnis von »Alten Kirchen« und »Jungen Kirchen«, denn Mission wird als zentrale Aufgabe jeder Kirche verstanden, derer im Norden ebenso wie derer im Süden. *Damit aber mussten auch die bisherigen Beziehungs- und Machtkonstellationen in den Blick geraten: Wie musste sich, so die Frage, auch das praktische Verhältnis, etwa in Leitungsfragen, Fragen kirchlicher Aufsicht, Finanzierung oder Ausbildung ändern?* Die Konferenz von Whitby (1947) nun führt über das Gesagte einen Schritt hinaus. Es wurde deutlich: Aus der Beziehung der ehemaligen Muttermissionen zu ihren Tochterkirchen war später ein Verständnis geworden, dass sich in den Begriffen »alte« Kirchen und »jungen« Kirchen ausdrückte. Doch noch deutlicher musste nun eine möglichst gleichberechtigte Beziehung von Kirchen aus dem Norden und Kirchen aus dem Süden angestrebt werden. Denn in der Verhältnisbeschreibung von »Alten« und »Jungen« Kirchen war immer noch ein Machtgefälle impliziert, wie es im Verhältnis von Jugendlichen und Erwachsenen zwangsläufig gegeben ist. Erwachsene sind reicher an Erfahrung und an Wissen, sie haben mehr Rechte, ihnen stehen mehr geldliche Mittel zur Verfügung und sie haben weit größeren Einfluss. Es musste demnach eine neue und angemessenere Deutung dieser Beziehung gefunden werden. So kam der Begriff *partnership* auf, der bis zum heutigen Tage einer der wichtigsten Begriffe in der ökumenischen Diskussion geblieben ist.[42] Der Begriff impliziert, dass es um eine

---

42. Zur Genese des Partnerschaftsbegriffes vgl. auch *L. Bauerochse* (1996): Miteinander leben

Beziehung »auf gleicher Augenhöhe« geht. Darüber hinaus geht es um eine Beziehung gemeinschaftlichen Handelns, sowie drittens um eine Beziehung, die durch bestimmte von beiden Seiten einzuhaltende Abmachungen gekennzeichnet ist. Es wurde in den folgenden Jahrzehnten versucht, diesem Grundgedanken auch organisatorisch Rechnung zu tragen. Dieses Thema wird uns später weiter zu beschäftigen haben, und zwar im Zusammenhang der Diskussion der 1960er Jahre, in der es um die Integration des Internationalen Missionsrates in den Ökumenischen Rat der Kirchen ging und ebenso um die Frage, ob nicht die Missionsgesellschaften in die Struktur der Kirchen integriert werden müssten.

3.5 Fünfte Weltmissionskonferenz in Willingen (1952) – Stichwort *Missio Dei*

Bereits fünf Jahre nach Whitby sollte die nächste Vollversammlung des *Internationalen Missionsrates* stattfinden, und zwar in Deutschland. Die Konferenz von Willingen im Jahre 1952 sollte zu einer der theologisch fruchtbarsten Konferenzen in der Geschichte der Weltmissionskonferenzen überhaupt werden.[43] Noch stand die Welt unter dem Eindruck des II. Weltkrieges, wobei die Verunsicherung im Blick auf die Zukunft anhielt: In China hatten die Kommunisten die Macht übernommen und 1949 sämtliche westlichen Missionare/innen ausgewiesen (der *China-Schock*), der Konflikt zwischen der Sowjetunion und den Westmächten spitzte sich im so genannten *Kalten Krieg* deutlich zu. Die Kolonialära ging ihrem Ende entgegen. In den Jahren 1945-1969 sollten praktisch alle Kolonialgebiete in die Unabhängigkeit entlassen werden. Einige Beispiele: Im Jahre 1945 wurde Indonesien unabhängig, dann 1946 die Philippinen, im Jahre 1947 der indische Subkontinent, ein Jahr darauf 1948 Burma. *An ihre Stelle traten junge Nationalstaaten, zumeist politische Gebilde, deren Grenzen auf der Landkarte durch die Kolonialmächte festgelegt worden waren.* Die Gesellschaften dieser Nationalstaaten waren zumeist heterogene Gebilde in ethnischer Hinsicht, aber auch was die kulturelle, reli-

---

lernen. Zwischenkirchliche Partnerschaften als ökumenische Lerngemeinschaften, Erlangen; *ders.* (2003): Mission und Partnerschaft, in: C. Dahling-Sander u. a. (Hg.), Leitfaden, o. a., 334-344.
43. Zur Willingenkonferenz vgl. die Beiträge anlässlich des 50. Jubiläums im Jahr 2002 in: *EMW* (Hg.) (2003): Missio Dei heute. Zur Aktualität eines missionstheologischen Schlüsselbegriffs, Hamburg; *J. Flett* (2010): Tributaries to the IMC Willingen Conference, 1952, in: ders., The Witness of God, o. a., 123-162. Siehe auch: *W. Günther* (1970): Von Edinburgh, o. a., 74 ff., 201 ff.; *D. Werner* (1993): Mission für das Leben, o. a., 66-69. Quellentexte: *H. J. Margull* (Hg.) (1963): Zur Sendung der Kirche, 95-107.

3. Von Edinburgh bis Achimota – Die Weltmissionskonferenzen von 1910-1958

giöse und sprachliche Zusammensetzung der Bevölkerung betraf. Die Nationalstaaten standen damit vor der Aufgabe, die Identität des jeweiligen Staates begründen zu müssen, wobei die Frage auftrat, auf welche weltanschaulichen oder geschichtlichen Grundlagen man zurückgreifen könne.

Die christlichen Kirchen in diesen Ländern hatten zusätzlich das Problem, als einheimische Religion von der breiten Masse der Bevölkerung anerkannt zu werden, da sie als »christliche« Kirchen mit den ehemaligen Kolonialmächten als »christlichen« Mächten nur allzu einfach in eins gesehen werden konnten. Der Vorwurf lautete dann, es handele sich bei ihnen um einen Import der westlichen Mächte, eventuell sogar um den langen Arm nachkolonialer Präsenz dieser Mächte. Die jungen selbständigen Kirchen mussten also gesamtgesellschaftlich ihren nationalen Charakter deutlich machen und zeigen, welchen Beitrag sie zur Gesamtgesellschaft leisten konnten und zu erbringen bereit waren.

In der Sprache der Willingen-Konferenz klingen die Kriegsjahre noch deutlich nach, und zwar in einem militärischen Vokabular. So ist missionstheologisch von der geistlichen »Schlacht« die Rede, von den Bedingungen, die die Kirche »für ihren Feldzug zu erwarten hat«, weiter heißt es, die »Kirche [sei] wie eine Armee, die in Zelten lebt«. An anderer Stelle wird von der Gemeinschaft der Christen weltweit gesprochen, von der gilt, dass »ein Sieg oder eine Niederlage an irgendeinem Abschnitt der Front als ein Sieg oder eine Niederlage aller empfunden wird«.[44] Doch abgesehen davon, und in merklicher Spannung, was den sprachlichen Ausdruck betrifft, wird von Gottes Sendung als einer Sendung der Liebe gesprochen:

> »Die Missionsbewegung von der wir ein Teil sind, hat ihren Ursprung in dem dreieinigen Gott. Aus den Tiefen seiner Liebe zu uns hat der Vater seinen eigenen geliebten Sohn gesandt, alle Dinge mit sich zu versöhnen, auf dass wir und alle Menschen – durch den Heiligen Geist – eins werden möchten in ihm mit dem Vater in jener vollkommenen Liebe, die Gottes eigenes Wesen ist.«[45]

Der Grund der göttlichen Missio wird also in Gottes Liebe gesehen, genauer, in der Liebe des dreieinigen Gottes. *In Willingen wird demnach die christliche Mission nicht mehr, wie noch bei Warneck, durch ein ganzes Bündel von Begründungen gerechtfertigt, sondern allein aus dem Wesen Gottes heraus entwickelt.* Dies wurde zusammengefasst in dem von *Karl Hartenstein* eingeführten Begriff der *Missio Dei*, der Mission Gottes. Dies bedeutet zumindest folgendes:

(a) *Missio Dei* als Buße: Die These lautet, dass Gott selbst seine Mission führt, weil er seinem Wesen nach ein missionarischer Gott ist. Dies führt für

---

44. *Margull* Hg.) (1963): Zur Sendung, 96, 98, 99, 103.
45. *Margull* (Hg.) (1963): Zur Sendung, 96.

die menschlichen Missionen zur Buße, was eine »Reinigung der Missionsmotive« bedeutet.

Dies ist eine Kritik an jeder Art von kulturell-missionarischem Chauvinismus: Die eigene Sendung ist nicht begründet in der ethischen Überlegenheit des Christentums, sie ist auch nicht begründet oder gerechtfertigt durch die kulturell-wissenschaftliche Fortschrittlichkeit der christlichen Zivilisation, Mission ist nicht gerechtfertigt durch die missionarisch-geographischen Fortschritte der Christianisierung der Welt und überhaupt durch keine weltliche Qualität, die den Missionaren und Missionarinnen oder irgendwelchen Formen des Christentums gegeben wäre. Mission geschieht vielmehr schlicht und einfach darum, weil Gott ein missionarischer Gott ist, und dies ist Grund genug, in Gehorsam an dieser Sendung teilzunehmen, oftmals nicht wegen, sondern trotz der menschlichen Zeugen/innen.

(b) *Missio Dei* als Verheißung: Umgekehrt ist die Hineinnahme der Christen in die Sendung Gottes selbst eine Verheißung, denn sie schützt vor Verzweiflung angesichts der Unvollkommenheit der Zeugen/innen oder angesichts des Scheiterns von Missionen und Kirchen. Weder ein Triumphalismus noch das Verfallen in Depression sind von hier aus möglich.

(c) *Missio Dei* und das Wesen der Kirche: Die Kirche ist in diesen von Gott ausgehenden Prozess mit hineingenommen, und sie wird aktiv in einer zweifachen Haltung, nämlich einmal, indem sie missionarisch vorwärts drängt und sich davon weder durch gute noch durch schlechte Nachrichten abbringen lässt. Doch neben diesem Drängen gibt es noch das Zweite, nämlich, dass die Kirche in ihrer Mission wartet: »Durch den Heiligen Geist können wir [...] warten mit gewisser Zuversicht auf den endgültigen Sieg seiner Liebe, für den er uns seine festen Verheißungen gegeben hat.«[46] *Dieses Warten ist selbst Ausdruck des missionarischen Zeugnisses, dass Gottes Handeln nicht von uns Menschen abhängt, sondern von Gottes Willen selbst.* Das Warten weist damit dem missionarischen Handeln der Kirche ihren Ort an: Sie wirkt in Gottes Heilsgeschichte mit, in einer Heilsgeschichte jedoch, die Gott selbst führt und unter seiner Regie behält. Das Wesen der Kirche ist demnach durch die *Missio Dei* bestimmt, denn die Kirche ist ihrem Wesen nach eine missionarische Kirche.

(d) *Missio Dei* als universale Bewegung: Spätestens in Willingen wird nun auch das geographische Verständnis der Mission aufgegeben, wie es noch bei Gustav Warneck gegeben war. Wenn Willingen einschärft: »Man kann nicht an Christus teilhaben, ohne teilzuhaben an seiner Mission an die Welt«, dann zieht diese Konferenz daraus sogleich auch die Schlussfolgerung für die Kirche, wenn es etwas weiter heißt:

---

46. *Margull* (Hg.) (1963): Zur Sendung, 97.

3. Von Edinburgh bis Achimota – Die Weltmissionskonferenzen von 1910-1958

»So ist die Kirche durch die Art ihres Ursprungs genötigt, ihr Leben aufzubauen nicht nur da, wo sie ist, sondern auch vorwärts zu gehen bis zu den Enden der Erde, zu allen Nationen und bis zur Erfüllung der Zeit. Die Mission der Kirche wird immer Grenzen überschreiten, aber diese können nicht länger mit nationalen Grenzen – und ganz gewiss nicht mit irgendeiner angenommenen Linie zwischen dem ›Christlichen Westen‹ und dem ›Nicht-christlichen Osten‹ – gleichgesetzt werden. Die Mission umschließt *die geographische Ausdehnung genau so wie die intensive Durchdringung aller Lebensgebiete.*«[47]

Der Begriff der *Missio Dei* stellt ein missionstheologisches Programm dar, welches bis heute für viele Kirchen im Umfeld des *Ökumenischen Rates der Kirchen* von Bedeutung ist. Der Begriff wird in Willingen geprägt und dann weiter rezipiert, wobei es in der Folgezeit zu einer Fülle verschiedener Bestimmungen dessen kommen sollte, was mit *Missio Dei* genauer hin gemeint ist. Schon auf der Konferenz selbst standen sich drei Auffassungen der *missio Dei* gegenüber, hinsichtlich derer es jedoch zu keiner Einigung kam. Es handelte sich dabei um einen nordamerikanischen Ansatz, dann um den Ansatz einer heilsgeschichtlichen Missionstheologie im Sinne von Karl Hartenstein und Walter Freytag und drittens um einen verheißungsgeschichtlichen Ansatz, wie er am pointiertesten von dem holländischen Missionstheologen Johann Christiaan Hoekendijk vertreten wurde. Diese Ansätze werden im Folgenden zu skizzieren sein.

Als Ergebnisse der Konferenz kann man indes festhalten, dass die ekklesiologische Frage weiter zu klären war: Wenn Gott seinem Wesen nach ein missionarischer Gott ist und wenn dem entsprechend die Kirche ihrem Wesen nach eine missionarische Kirche ist, dann musste weiter gefragt werden, wie es mit der »Sonderrolle« der Mission in Gestalt der Missionsgesellschaften bestellt war. Auch musste das Verhältnis der verschiedenen Kirchen weltweit zueinander geklärt werden. *Wieso sollten nämlich, so die Frage, weiterhin nur Missionare aus dem Norden im Süden arbeiten und nicht auch umgekehrt Missionare aus dem Süden im Norden, zumal vor dem Hintergrund der Tatsache, dass seit den 1950er Jahren eine zunehmende Entkirchlichung in den europäischen Ländern immer spürbarer wurde?* Es wurde in Willingen bereits ins Auge gefasst, Mitarbeitende aus den Jungen Kirchen in Kirchen des Nordens einzusetzen, wenn es heißt: »Die Zeit ist gekommen, dass einige Geistliche aus den jungen Kirchen an der gemeindlichen und evangelistischen Aufgabe im Westen teilnehmen, und man darf hoffen, dass die Zahl dieser Mitarbeiter noch zunimmt.«[48]

---

47. *Margull* (Hg.) (1963): Zur Sendung, 98. Hervorhebung geändert.
48. Zur Rede von den »Jungen Kirchen« vgl. etwa in den Quellentexten bei *Margull* (Hg.), Zur Sendung, 104.

3.6 Sechste Weltmissionskonferenz in Accra (1958) – Stichwort Unabhängigkeit

Während in Willingen noch immer von den »Jungen Kirchen« aus der südlichen Hemisphäre gesprochen wurde und es noch darum ging, diesen Kirchen mehr Verantwortung zu übertragen, wird die Redeweise von »Alten Kirchen« und »Jungen Kirchen« schon wenige Jahre später, auf der sechsten Weltmissionskonferenz in Accra / Ghana, als nicht mehr zeitgemäß empfunden und abgelehnt. Der kritische Geist von Accra wird an den Themengruppen deutlich. Diese Konferenz, die vom 28. Dezember 1958 bis zum 8. Januar 1959 tagte und eine Vollversammlung des *Internationalen Missionsrates* darstellte, hatte unter dem Motto »Die christliche Mission in dieser Weltstunde« folgende Hauptthemen: *The Christian Witness in Society and Nation; The Christian Church Facing Its Calling to Mission; The Christian Church and the Non-christian Religions; The Place and Function of the Missionary* sowie *What Does ›Partnership in Obedience‹ Mean?*.[49] Im »Wort der Konferenz« wird festgestellt:

> »Unsere Diskussionen haben uns wiederholt gezeigt, dass die Unterscheidung zwischen ›alten‹ und ›jungen‹ Kirchen, wie nützlich sie auch früher gewesen sein mag, nicht länger gültig und hilfreich ist. Sie verdunkelt die wirkliche Stellung der Kirchen vor Gott, und damit verdunkelt sie die Wahrheit, dass gerade in der Tatsache, Kirche zu sein, alle gleichermaßen zum Gehorsam gegenüber dem einen Herrn der Mission gerufen sind. Die einzelnen Kirchen haben nicht die gleichen Mittel und Möglichkeiten zur Mission. Aber das sind keine grundsätzlichen Unterschiede zwischen ›alten‹ und ›jungen‹ Kirchen.«[50]

In der Tat impliziert die Rede von »alten« und »jungen« Kirchen, die vielleicht nur als eine Beschreibung der geschichtlichen Genese verstanden worden war, eine nicht zu überhörende Wertung, zumal in den Ohren von Christinnen und Christen, die aus Gesellschaften stammen, in denen in weit stärkerem Maße als in den westlichen Gesellschaften das Ansehen der Person und das Gewicht der Äußerungen einer Person von ihrem Alter abhängt. So gesehen wird mit der genannten Unterscheidung den »Alten Kirchen« qua Alter eo ipso ein höheres Maß an Weisheit, Erkenntnis und »Leben« zugesprochen. Überhaupt scheint in Accra dieses Verhältnis konfliktreich erlebt worden zu sein. Spuren einer deutlichen Ernüchterung bietet der Berichtstext, wenn es heißt:

> »Über die Verworrenheit unserer zwischenkirchlichen Beziehungen, über das Sicherheitsstreben in unseren Organisationen, über jedes Misstrauen gegeneinan-

---

49. *Margull* (Hg.) (1963): Zur Sendung, 135f.
50. *Margull* (Hg.) (1963): Zur Sendung, 137.

der und über allen Stolz auf Zahlen und Größe, auf Hingabe und Frömmigkeit, ruft Er uns hinaus – hinaus über die Grenzen unserer Kirchen, über den bloßen Bereich zwischenkirchlicher Beziehungen und die traditionellen Weisen missionarischer Arbeit, hinaus zu neuer Preisgabe an Ihn, zu einer neuen, realeren Verantwortlichkeit füreinander, hinaus in die Welt, in der Er der verborgene König ist, dem Tag Seiner offenbarenden Königsherrschaft entgegen, auf den die christliche Mission zugeht.«[51]

Zu den Ergebnissen der Konferenz gehörte der Beschluss, den *Internationalen Missionsrat* in den *Ökumenischen Rat der Kirchen* zu integrieren. Dieser Beschluss kam allerdings nur aufgrund eines erhebliches Druckes durch die Vertreter der südlichen Kirchen zustande, die andernfalls damit drohten, aus dem *Internationalen Missionsrat* auszutreten. Große Bedenken gegen diesen Beschluss äußerten Vertreter der nördlichen Kirchen und Missionen. Dennoch wurde der Beschluss gefasst. Ein weiteres Ergebnis bestand darin, dass der grenzüberschreitende Charakter von Mission nun stärker aus geographischen Katgeorien gelöst wird. Da Grenzen zwischen Glauben und Unglauben quer durch jedes Land verlaufen, sind diese eher qualitativer Art. Beide Ergebnisse liegen auf einer Linie, geht es doch darum, Kirche als die eigentliche Akteurin von Mission zu verstehen, so dass Mission nicht nur in nichtchristlichen Gebieten, sondern auch überall dort stattfindet, wo Kirche lebt. Mission wurde damit immer umfassender verstanden, eine Akzentverschiebung, die nicht zuletzt auf das Wirken des niederländischen Missionstheologien Johann Christian Hoekendijk zurückgeht, von dem nun zu handeln sein wird.

---

51. *Margull* (Hg.) (1963): Zur Sendung, 139-140.

4. Verheißungsgeschichtliche Missionstheologie – Johann Christian Hoekendijk

Die Wirkung *Johann Christian Hoekendijks* auf die missionstheologischen Debatten im Umfeld des Ökumenischen Rates der Kirchen seit den späten 1950er Jahren kann kaum überschätzt werden.[52] Im Jahre 1948 war der *Ökumenische Rat der Kirchen* (ÖRK) mit Sitz in Genf begründet worden. Sekretär des Referates für Evangelisation des ÖRK wurde im Jahre 1949 Johann Hoekendijk, der diesen Posten bis 1952 inne behielt, doch auch während der nächsten 20 Jahre den Weg des ÖRK in Sachen Missionstheologie mit prägen sollte.[53] Mit seiner prophetischen Theologie rief er Mission und Kirche immer wieder heraus aus einer Selbstgenügsamkeit und Weltvergessenheit, die er meinte attestieren zu müssen. Auf die Missionstheologie des Ökumenischen Rates der Kirchen hatte Hoekendijk damit bedeutenden Einfluss. Der ÖRK führte in den 1960er Jahren einen Studienprozess unter dem Titel »Die missionarische Struktur der Gemeinde« durch. Viele Impulse des Abschlussberichtes gehen auf die Missionstheologie Hoekendijks zurück. Darüber hinaus beeinflusste sein Denken ganz maßgeblich die missionstheologischen Aussagen der Vollversammlung des Ökumenischen Rates der Kirchen in Uppsala im Jahre 1968 sowie, noch bedeutender, die missionstheologische Verortung der Weltmissionskonferenz von Bangkok/Thailand im Jahre 1973.[54] Als Hauptwerke sind seine 1948 erschienene Dissertation »Kerk en

---

52. Vgl. zu diesem Kapitel u. a.: *J. Chr. Hoekendijk* (1955): Die Kirche im Missionsdenken, in: EMZ (9),1-13; *ders.* (1965): Die Welt als Horizont, in: EvTh (25), 467-484; *ders.* (1965): Bemerkungen zur Bedeutung von (Mission)arisch, in: H. J. Margull (Hg.), Mission als Strukturprinzip, Genf, 30-38; *ders.* ([2]1965): Die Zukunft der Kirche und die Kirche der Zukunft, Stuttgart / Berlin. Zum Ansatz Hoekendijks vgl. *D. Manecke* (1972): Joh. Ch. Hoekendijk, in: ders., Mission als Zeugendienst, o. a., 107-166. Zum ÖRK-Studienprozess siehe unten 4.4.
53. Über seine Arbeit berichten die vom ÖRK gegenwärtig herausgegebenen Zeitschriften *Current Dialogue, Ecumenical Review* sowie *International Review of Mission* (IRM).
54. *Zur Person:* Johann Christiaan Hoekendijk wurde am 3. Mai 1912 in Garut auf der Insel Java (Indonesien) geboren. In den Jahren 1945-1946 wirkte er als Missionskonsul in Niederländisch-Indien, war daraufhin von 1947-1949 Sekretär des Niederländischen Missionsrates, bevor er in den Jahren 1949-1952 den Posten des Sekretärs für Evangelisation bei dem 1948 gegründeten Ökumenischen Rat der Kirchen bekleidete. Sein weiterer Weg führte ihn an die Universität Utrecht, wo er seit 1952 Praktische Theologie lehrte, dann seit 1958 Kirchengeschichte des 20. Jahrhunderts. Im Jahre 1965 wechselte er in die USA über, wo er von 1965 bis zu seinem Tode im Jahre 1975 am *Union Theological Seminary* in New York unterrichtete. Vgl. *H. Rzepkowski* (1992): Art. Hoekendijk, Johannes Christiaan, in: ders., Lexikon der Mission, 199.

Volk in de Duitse Zendingswetenschap«[55] und das Buch »Die Zukunft der Kirche und die Kirche der Zukunft« zu nennen.[56]

4.1 Grundlinien der Missionstheologie Hoekendijks

Hoekendijks Missionstheologie ist eine prophetische und damit eine kritische Theologie. Das Grundanliegen seines Ansatzes ist es, die Mission von der Welt her zu denken. Kritisiert wird ein allzu kirchenzentriertes Missionsdenken, das die Welt immer nur als eine Art »Vorgarten« der Kirche wahrzunehmen vermag. Welt wird dann unter dem Blickwinkel von »Noch-nicht-Kirche« gedeutet, was nach Hoekendijk eine unzulässige Verengung des biblischen Horizontes bedeutet. Dem stellt Hoekendijk eine radikale Neuausrichtung der Missionstheologie entgegen.[57] Doch sei zunächst ein Blick auf den zeitgeschichtlichen Kontext geworfen: In den späten 1950er und dann in den 1960er Jahren kommt es für den Bereich Westeuropas zu einer immer deutlicheren Distanz vieler Menschen zu den christlichen Kirchen. Dies wird mit dem Stichwort Säkularisierung bezeichnet. In Osteuropa werden die christlichen Kirchen und überhaupt die Religionen durch den Kommunismus teils in ihrem Wirken eingeschränkt, teils direkt bekämpft. Demgegenüber befindet sich die südliche Welthemisphäre in einem Prozess der kulturell-religiösen Selbstbesinnung. Es kommt hier zu einem religiösen Wiedererwachen der großen Religionen. Zugleich stellen die 1960er Jahre den Höhepunkt und den Abschluss der Ära dar, die man mit dem Stichwort »Dekolonisierung« bezeichnet hat. Binnen einen Jahrzehnts werden praktisch alle ehemaligen Kolonialgebiete auf dem afrikanischen Kontinent in die Unabhängigkeit entlassen.

Wenn man sich den missionstheologischen Ansatz von Johann Christiaan Hoekendijk vergegenwärtigt, so könnte man stellenweise meinen, er bewege sich in den Bahnen des heilsgeschichtlichen Ansatzes von Hartenstein und Freytag. So heißt es an einer Stelle: »es ist der Sinn unserer Geschichte, dass den Enden der Erde, der ganzen *Ökumene*, vor dem Ende der Zeiten das Evangelium vom Reich verkündigt wird (Matth. 24,14). Die Mission er-

---

55. Das Buch erschien 1967 in leicht gekürzter Fassung unter dem Titel »Kirche und Volk in der deutschen Missionswissenschaft«.
56. *J. Chr. Hoekendijk* (1967): Kirche und Volk in der deutschen Missionswissenschaft, München; ders. (^{2}1965): Die Zukunft der Kirche und die Kirche der Zukunft, Stuttgart / Berlin.
57. Zur Diskussion vgl. auch *Th. Kramm* (1979): Analyse und Bewährung theologischer Modelle zur begründung der Mission (...), Aachen.

scheint im Neuen Testament also als *ein Postulat der Eschatologie!*«[58] Hoekendijk schreibt an anderer Stelle etwas weiter ausholend:

»Wir brauchen eine neue Sicht der Evangelisation, die die säkularen Komplexe und geheimen Ideologien entwirrt. Wir müssen aufs neue entdecken, was die Bibel unter missionarischer Verkündigung versteht. *Evangelisation geschieht in der Bibel nur in messianischer Zeit.* Im Alten Testament versammelt *der Messias* die Völker: *Ihm* werden die Völker dienen (1. Mos. 49,10); *sein* Wille zur Rettung bricht jeden Widerstand; ›in den letzten Tagen‹, in den Tagen des Messias, werden die Völker kommen und Gott loben. Der Messias ist also der Evangelist. Allein seiner Macht und Autorität unterwerfen sich die Menschen. *Der Menschensohn* in Dan. 7,13 f. erhält Herrschaft, Ehre und königliche Macht, und alle Völker dienen ihm.

Im Neuen Testament kehrt das alles wieder: Jesus stirbt, ohne den ausdrücklichen Auftrag zur Verkündigung des Evangeliums auch jenseits der Grenzen Israels gegeben zu haben. Erst nach der Auferstehung, nach der Offenbarung der messianischen Macht auch über den Tod, ist der Weg zu den Heiden geebnet. Der wichtige Befehl in Matth. 28,18-20 verweist auf Dan. 7,13 f.: Jetzt, nach seiner Auferstehung, befiehlt Jesus Christus: ›Mir ist gegeben alle Gewalt im Himmel und auf Erden. Darum gehet hin und machet zu Jüngern alle Völker ...!‹ Die ›letzten Tage‹ sind angebrochen, die Jünger sind eingetreten in die messianische Zeit, sind versetzt in den Äon der Gemeinschaft des kommenden Reiches und wandern nun ihren Weg, umgeben von den Zeichen der kommenden Herrlichkeit. Eines dieser Zeichen, Symbol für das nahe bevorstehende Ende – und zugleich der Frist der Gnade – ist die Verkündigung des Evangeliums vom Reiche zu einem Zeugnis für alle Völker.«[59]

Soweit also scheint sich Hoekendijk noch in den Bahnen des Missiologie Hartensteins und Freytags zu bewegen. Doch bei genauerem Hinsehen kommt es bei Hoekendijk doch zu einer Umkehrung des heilsgeschichtlichen Ansatzes. Diese Umkehrung macht sich am Begriff der Kirche und am Begriff der Welt fest, denn es geht Hoekendijk wesentlich darum, das Verhältnis des missionarischen Gotteswirkens zur Welt ohne eine ekklesiozentrische Verengung in den Blick zu bekommen.

»Nun erhält die Kirche hier [in Hoekendijks eigenem Ansatz, HW] in der Tat keinen breiten Raum und ist für die Ekklesiologie kein Platz! Nur am Rande wird die Kirche genannt werden, wenn es darum geht, Gottes Handeln mit der Ökumene, mit der ganzen Welt zu preisen, nur ein einzelner Paragraph aus der Christologie (dem *messianischen* Handeln mit der Welt) und einige Passagen aus der Eschatologie (dem messianischen Handeln mit der *Welt*) werden ihr gewidmet

---

58. *J. Chr. Hokendijk* (1964): »Instrument im Heilshandeln Gottes«, in: ders., Die Zukunft der Kirche und die Kirche der Zukunft, Stuttgart/Berlin, 109-126, 109.
59. Hoekendijk spricht von der messianischen Zeit. Vgl. *J. Chr. Hoekendijk* (1964): »Der Aufruf zur Evangelisation«, in: ders., Die Zukunft der Kirche und die Kirche der Zukunft, Stuttgart/Berlin, 85-108, 94.

4. Verheißungsgeschichtliche Missionstheologie – Johann Christian Hoekendijk 87

werden dürfen; denn sie ist ja nur dann – und nur insoweit – wirklich Kirche, als sie sich ganz aufnehmen lässt in Gottes Handeln mit der Welt, als sie nichts anders ist als ein auf die Ökumene, auf die ganze Welt ausgerichtetes Instrument. Jede kirchenzentrische Missionstheorie ist darum verfehlt. Dass die Kirche ›Ausgangs- und Zielpunkt‹ der Mission sei, ist wohl eine phänomenologische, keineswegs aber eine theologisch legitime These. Die kirchenzentrierte Konzeption scheint seit der Weltmissionskonferenz von Jerusalem 1928 das einzige unangefochtene missiologische Dogma zu sein und hat uns alle so fest umklammert, dass wir gar nicht mehr spüren, wie weit sich unser Denken darin schon verstrickt hat.«[60]

Missionstheologisch also ist die Kirche nach Hoekendijk von nebengeordneter oder gar nachgeordneter Bedeutung, denn es geht in der *Missio Dei* nicht um die Kirche, sondern es geht um das Reich Gottes, das in der Welt proklamiert werden soll. Das bedeutet, dass Hoekendijk Gottes Mission, das heißt die Aufrichtung von Zeichen des Reichsheiles Gottes, direkt auf die Welt bezieht. In diesem Ansatz stecken, so kann man zusammenfassen, zumindest folgende neun Thesen: (1) *Gottes Handeln liegt der Kirche voraus:* Gottes Handeln mit der Welt, die *Missio Dei*, liegt der Kirche und ihrem Handeln voraus. Das bedeutet: Gott selbst führt seine Mission und behält sie unter seiner Regie, während die Kirche nur daran teilhat, insofern sie sich dem Wirken Gottes *öffnet* und sich so in diesen Prozess mit *hineinnehmen lässt*. Gott behält seine Mission in der eigenen Hand, er kann sie auch ohne die Kirche ausführen, möchte sie jedoch an diesem Werke beteiligt wissen. (2) *Reich – Apostolat – Evangelium:* In Gottes Handeln geht es um das Evangelium des Reiches für die Welt, und dieses Heilsgeschehen wird nur in der Verkündigung präsent. Die Verkündigung aber vollzieht sich im Apostolat. Hoekendijk: »Darum gehören auch Evangelium und Apostolat wesentlich zusammen. Im Apostolat wird das Evangelium ›erfüllt‹ (Röm 15,19, vgl. Kol 1,24), wird es ans Ziel gebracht, wird Gottes Kampf mit der Welt für die Welt durchgefochten.«[61] (3) Kirche *in actu apostoli:* Das bedeutet für Hoekendijk weiter, dass Kirche nicht einfach »ist« oder aber irgendwo »steht«, sondern dass Kirche »geschieht« und »sich vollzieht«, dass sie also nur im Akt des apostolischen Verkündigungsdienstes real wird. Kirche ist damit missionarisch-verkündigend auf dem Wege, oder aber sie ist nicht.

(4) *Kirche als Funktion des Apostolats:* Prägnant fasst Hoekendijk seine missionstheologische Sicht zusammen, wenn er formuliert: »*Die Kirche ist eine Funktion des Apostolats.*«[62] Oder etwas ausführlicher: »Kirche lebt für die Welt. Sie ist nur dann wirkliche Kirche, wenn sie dienende Gestalt annimmt

---

60. *J. Chr. Hokendijk* (1964): »Instrument im Heilshandeln Gottes«, 119.
61. *J. Chr. Hokendijk* (1964): »Instrument im Heilshandeln Gottes«, 120.
62. *J. Chr. Hokendijk* (1964): »Instrument im Heilshandeln Gottes«, 122.

und ein Zeugnis des kommenden Reiches ist. Sie hat nur dann am Evangelium teil, wenn sie allen dienen will (1 Kor 9,19-23), und ist nur dann wahrhaft apostolisch, wenn sie von sich selbst wegweist auf das Reich und sich für und durch das Reich in der Ökumene gebrauchen lässt.«[63] Kirche als Funktion des Apostolates hat damit einen *ganz bestimmten Begriff des Apostolats und des Apostolischen zur Grundlage*.[64]

(5) Kirche und ihr *ex-zentrisches Wesen:* In dem kurzen Zitat ist eine nähere Bestimmung des Apostolats schon angeklungen: Kirche ist nur dann wahrhaft Kirche, wenn sie eine ex-zentrische Struktur hat, das heißt, wenn sie nicht für sich selbst lebt, wenn sie nicht sich selbst das Zentrum ist, sondern wenn ihr Zentrum außerhalb ihrer selbst liegt, nämlich im Dienst für das Evangelium einerseits und im Dienst an der Welt andererseits. Nicht sie selbst ist ihr eigenes Zentrum, sondern sie hat ihr Zentrum außerhalb ihrer selbst, und zwar in der Welt, und wird demnach nur im Weg in die Welt ihrem eigenen Sinn gerecht. (6) Kirche als *Kirche-für-die-Welt:* Damit ist ein weiteres Mal die Welt als Horizont allen kirchlichen Lebens genannt, denn Kirche ist nur dann Kirche, wenn sie im Zeugendienst *Kirche für die Welt* ist. Darin lebt sie ihr exzentrisches Wesen zur Welt als dem Zielpunkt des göttlichen Heilswillens. Die Formel *Kirche für die Welt* geht parallel mit der von *Dietrich Bonhoeffer* geprägten Formel der *Kirche-für-andere*. Weil Gottes Heilshandeln primär der

---

63. *J. Chr. Hokendijk* (1964): »Instrument im Heilshandeln Gottes«, 121 f.
64. Dies ist konfessionskundlich von großer Bedeutung und verdient darum ausdrücklich betont zu werden. Es geht um *drei verschiedene Begriffe des Terminus »apostolisch«*, der ja zu den *nota ecclesiae*, den Zeichen der Kirche gehört: Es geht um die eine, heilige, apostolische und katholische Kirche, also erstens die Einheit, zweitens die Heiligkeit, drittens die Apostolizität und viertens die Allumfassendheit (Katholizität). Der Begriff »apostolisch« ist allerdings deutungsbedürftig. Nach *römisch-katholischen Verständnis* ist Kirche dann apostolische Kirche, wenn sie sich direkt auf das Wirken der Apostel zurückbeziehen kann, und zwar institutionell durch die so genannte »apostolische Sukzession«: Jesus Christus habe Petrus als Apostelfürsten und Nachfolger eingesetzt, Petrus dann den Papst, dieser die Kardinäle, diese die Bischöfe, diese die Priester, diese allein, als letztes Glied der Kette, sind autorisiert, die Eucharistie einzusetzen. Die Einheit der Kirche, die Umfassendheit und ihre Heiligkeit gründet demnach in ihrer sakral-institutionellen Apostolizität. Ganz anders das *lutherische Verständnis:* Hier wird unter »apostolisch« die Kirche verstanden, soweit sie der rechten apostolischen Lehre folgt und in diesem Sinne das Wort Gottes recht predigt und die Sakramente stiftungsgemäß verwaltet (Confessio Augustana, Art. 7). Nicht die Institution also macht Kirche aus, sondern die Bewahrung der reinen Lehre. *Hoekendijk* jedoch versteht den Begriff »apostolisch« noch einmal anders: Während es nach römisch-katholischen Verständnis heißt: Kirche ist da, wo geweihte Priester die Eucharistie verwalten, und nach lutherischem Verständnis: Kirche ist da, wo das Wort Gottes rein verkündigt und die Sakramente recht verwaltet werden, heißt es bei Hoekendijk: Kirche ist dann apostolisch, wenn sie, wie die Apostel, missionarisch auf dem Wege ist. Kirche ist nur dann den Aposteln gemäß, wenn sie *in actu missionis* ihr eigenes Wesen und die ihr aufgetragene Botschaft versteht, und sie versteht sie nur, sofern und solange sie unterwegs zur Welt ist.

4. Verheißungsgeschichtliche Missionstheologie – Johann Christian Hoekendijk

Welt gilt, gilt entsprechend, dass Kirche primär für die Welt da sein muss.[65] Ein Gegenüber von Kirche und Welt kann und darf es dann nicht mehr geben. Führen wir nun unsere Thesenreihe weiter, indem wir nach dem Inhalt der *Missio Dei* und den Formen der missionarischen Partizipation der *missio hominum* fragen.

(7) *Schalom als Inhalt der Missio Dei*. Nach Hoekendijk gilt: »*Raum* des Apostolats ist die Welt. *Inhalt* des Apostolats ist es, *Zeichen des Reichsheiles*, des Schalom, aufzurichten, und seine *Verwirklichung* geschieht im *Kerygma*, der verkündigenden Repräsentation des Schalom, in der *Koinonia*, der korporativen Partizipation am Schalom, und in der *Diakonia*, der dienenden Demonstration des Schalom.«[66] Die Welt ist demnach das Ziel der göttlichen Sendung, deren Inhalt ist der Schalom. An anderer Stelle kann Hoekendijk von einer »Schalomatisierung« der Welt sprechen.[67] Damit wählt er einen umfassenden Begriff, denn mit Schalom sind die Gaben der messianischen Zeit gemeint, die Frieden, Gerechtigkeit, Heil, Kommunikation und vieles mehr bedeuten. Die dogmatisch geläufige Unterscheidung von jenseitigem Heil und diesseitigem Wohl wird dabei bewusst unterlaufen.

> Denn »*das Ziel der Evangelisation* kann nichts Geringeres sein als die Erfüllung dessen, was Israel vom Messias erhofft hatte: *die Aufrichtung des Schalom*. Schalom ist viel mehr als persönliches Heil! Er ist Frieden, Integrität, Gemeinschaft, Harmonie und Gerechtigkeit. Der Reichtum dieses Begriffes wird deutlich aus Ps 85,11 f.: ›… dass Güte und Treue einander begegnen, Gerechtigkeit und Friede sich küssen; dass Treue auf Erden wachse und Gerechtigkeit vom Himmel schaue.‹ Der Messias ist der Fürst des Schalom (Jes 9,6); er wird der Schalom sein (Mi 5,4); er wird den Völkern den Schalom verkündigen (Sach 9,10); er wird die Pläne des Schalom ausführen, die Gott uns bereitet hat, um uns Zukunft und Hoffnung zu geben (Jer 30,2). Im Neuen Testament wird in Gottes Schalom elementar zusammengefasst, was Leben im neuen Äon bedeutet: ›Schalom lasse ich euch, meinen Schalom gebe ich euch‹ (Joh 14,27); apostolische Predigt ist zusammengefasst zur ›Predigt des Friedens durch Jesus Christus‹ (Apg 10,36; vgl. Jes 52,7); ›So sind wir nun Botschafter an Christi Statt …, Mithelfer …‹, die verkündigen: ›Jetzt ist die angenehme Zeit, jetzt ist der Tag des Schalom‹ (2 Kor 5,20; 6,1 f.).
> Dieser Begriff in seinem umfassenden Reichtum muss zum Leitmotiv unserer christlichen Arbeit werden. Gott zielt auf die Erlösung der gesamten Schöpfung und hat erst dann gesiegt, wenn alle seine Feinde am Schemel seiner Füße liegen. Und in einigen Teilen der Schöpfung darf seine Souveränität schon jetzt sichtbar werden: im Schalom für alles Leben, in der Durchbrechung aller Einsamkeit, in

---

65. Vgl. Gen 1-11, Joh 3,16; 2 Kor 5,19, Eph 1,9 f. u. ö.
66. *J. Chr. Hokendijk* (1964): »Instrument im Heilshandeln Gottes«, 120.
67. *J. Chr. Hoekendijk* (1965): Bemerkungen zur Bedeutung von (Mission)arisch, in: H. J. Margull (Hg.), Mission als Strukturprinzip, Genf, 30-38.

der Auslöschung aller Ungerechtigkeit, damit die Menschen eine Zukunft und Hoffnung hätten.«[68]

(8) *Aufrichtung von Zeichen als Modus der Missio Dei:* Gegenüber zivilisatorisch-evolutiven Ansätzen beharrt Hoekendijk darauf, dass es sich bei dem Geschehen der Mission lediglich um »Zeichen« des Reichsheiles handelt, denn die Vollendung aller Dinge setzt einen eigenen Akt göttlicher Machttaten am Ende der Zeiten voraus. Doch immerhin kann man auch Zeichen wahrnehmen und haben Zeichen eine eigene Würde.

(9) *Kerygma, Koinonia und Diakonia als Formen der missio hominum:* Die menschliche Seite des missionarischen Geschehens nun hat gewisse Formen, die von Hoekendijk als Verkündigung (grch. *kerygma*), also der Repräsentation des Reichsheiles, als Gemeinschaft (grch. *koinonia*) der Glaubenden, also als Anteilhabe am messianischen Schalom und als Dienst (grch. *diakonia*), also als Demonstration des Schalom selbst, im dienenden Für-andere-Dasein, beschrieben werden. Es fällt an dieser Stelle auf, dass die ältere Trias von *Martyria* (Zeugnis), *Leiturgia* (Gotteslob) und *Diakonia* (Dienst) hier nicht aufgegriffen wird.

4.2 Aufrichtung des schalom als diakonia, koinonia und kerygma

Nach Hoekendijk soll der göttliche Schalom durch die christlichen Zeugen/innen aufgerichtet werden. Dies geschieht als Dreiheit von *diakonia, koinonia* und *kerygma*. Dabei kann man durchaus, wie die Abfolge bereits kenntlich macht, von einer Vorordnung der *diakonia* sprechen. Die Gemeinde soll sich im diakonischen Dienst auf *alle* Bereiche des Lebens ausrichten, sie soll der Gesellschaft als »soziales Integrationszentrum«[69] dienen, denn die Gesellschaft werde sich von einer dörflichen, traditionellen, sakralen und kommunalen zu einer städtischen, kollektivistischen, säkularen und ökonomischen Gesellschaft verändern und auf diese Weise zu einer »great society« werden.[70] Dabei ist der diakonische Dienst Sinn und Selbstzweck der Gemeinde. Weil Schalom ein *theo-politischer Begriff* ist, insofern er sich auf den ganzen Menschen in allen seinen Lebensbezügen richtet, ist der diakonische Dienst in besonderer Weise derjenige Dienst, durch den der Schalom aufgerichtet wird. Kirche muss die Welt analysieren und sich von der Welt in

---

68. J. Chr. Hokendijk (1964): »Der Aufruf zur Evangelisation«, 96-97.
69. J. Chr. Hokendijk (1967): Kirche und Volk, 294.
70. J. Chr. Hokendijk (1967): Kirche und Volk, 282-284.

Frage stellen lassen.[71] Verkündigung ist neben dem sozialen Dienst allenfalls »ein erklärendes Postscriptum«.[72] Damit setzt sich Hoekendijk ausdrücklich von älteren Ansätzen ab, in denen der Nachdruck noch besonders auf dem Wort der missionarischen Verkündigung lag.

Während *Julius Richter* die Diakonie als »vorbereitende Arbeit« verstand[73], ordnete *Gustav Warneck* die Diakonie der Wortverkündigung als dem ersten »Missionsmittel« nach, indem er Diakonie als das »veranschaulichte Wort« bezeichnete.[74] *Georg Vicedom* wiederum sah in der Diakonie eine »Bestätigung« der missionarischen Verkündigung.[75] Bei einer grundsätzlichen Vorordnung der missionarischen Verkündigung wurde die Diakonie in diesen Entwürfen demnach der Verkündigung entweder vorgeordnet, beigeordnet oder aber nachgeordnet. Hoekendijk indes dreht das Verhältnis um, indem er das diakonische Handeln an die erste Stelle setzt und das verkündigende Wort diesem Handeln als mögliche Erklärung nachstellt. Dies ergibt sich aus seinem Verständnis des Schalom: Wenn sich Gottes Handeln ohnehin in der Welt ereignet, wenn Kirche und Gemeinde Gottes Wirken auch aus der Welt zu erkennen sucht und sich ihm anschließt, wenn dieses Geschehen zudem noch als *allumfassende Annäherung (comprehensive approach)* geschieht, dann ist es folgerichtig, dass dieses Geschehen sich schwerpunktmäßig ereignet, denn das Aufrichten des Reichsheils wird erfahrbar und darin »sprechend«. Die Nachordnung der verbalen Verkündigung ist dann nur konsequent.[76]

4.3 Kritik an älteren Ansätzen und Verbesserungsvorschläge

Die aufgeführten Thesen der Hoekendijkschen Missionstheologie lassen die Einseitigkeit erkennen, mit der Hoekendijk seinen Protest formuliert. So kann noch einmal zurückgefragt werden, wogegen sich dieser Protest eigentlich genau richtet. Generell geht es, so kann man zunächst festhalten, um einen verheißungsgeschichtlichen Ansatz: Gott hat der Welt sein Heil verheißen, und er richtet es in dieser Welt durch sein Handeln schon zeichenhaft auf. Mit anderen Worten: Es geschieht etwas in der Geschichte! Gegenüber

---

71. Die Kirche muss nach Hoekendijk »erkennen, dass sie niemals mehr Schalom hat, als sie mit denen, die ›draußen‹ sind, teilt.« *Hoekendijk* (²1965): Zukunft, 35.
72. *J. Chr. Hokendijk* (1967): Kirche und Volk, 337.
73. *J. Richter* (1920): Evangelische Missionslehre, Leipzig, 49.
74. *G. Warneck* (1900): Evangelische Missionslehre, Bd. III.2, Gotha, 29 ff. »Das veranschaulichte Wort«.
75. *G. Vicedom* (1958): Missio Dei, München, 90.
76. Zum Begriff Schalom bei Hoekendijk vgl. *D. Manecke* (1972): Mission als Zeugendienst, 133-150.

dem heilsgeschichtlichen Ansatz von Hartenstein und Freytag, in dem die Folge *Gott – Kirche – Welt* gegolten hat, wird die Blickrichtung radikal umgekehrt: Gott handelt nach Hoekendijk nicht zuförderst an der Kirche, um dann durch diese auf die Welt einzuwirken, sondern Gott wirkt direkt auf die Welt ein, und die Kirche ist soweit Kirche, als sie *in actu* an diesem Geschehen teilhat. Die Folge muss darum lauten: *Gott – Welt – Kirche!* Schärfer formuliert: Gott geht es zuerst nicht um die Kirche, sondern um die Welt. Dieses aktuale Kirchenverständnis wird von Hoekendijk mit dem Bild des *wandernden Gottesvolkes* begründet: Kirche ist nur soweit Kirche, soweit sie ihrem Wesen entspricht, und dieses Wesen ist ein missionarisches, auf dem Weg seiendes. Kirche muss wandern, wenn sie dem Wort ihres Herrn folgen will. Dem statischen Baalskult Kanaans wird der Wegegott Jahwe entgegen gestellt, der sein Volk in das Land der Verheißung führt. Es geht um das wandernde Gottesvolk, das immer wieder den *Exodus aus alten und überkommenen Strukturen und Gewohnheiten* heraus vollzieht. Hoekendijk geht es dabei nicht nur um theologische Lehrfragen, denn die real existierende Kirche soll als Exodusgemeinde, als wanderndes Gottesvolk herausgerufen werden aus ihren Verkrustungen und Sicherheiten, aus ihren Gewohnheiten und angestammten Strukturen, aus alten den Denk- und Wahrnehmungsstrukturen einerseits und sozialen Strukturen andererseits. Die Kritik an der bestehenden Kirche und an den bestehenden Formen von Mission, wie Hoekendijk sie äußert, soll wiederum in Thesen zusammengefasst werden. Folgende sechs Thesen sind zu nennen:

(1) *Es geht gegen einen ›morphologischen Fundamentalismus‹*: Kirchen und Missionen sind nach Hoekendijk befangen in einem Beharren auf alten, überlebten und dem Dienst nicht mehr angemessenen Strukturen. Das Festhalten an alten Strukturen wird als »Fundamentalismus« der Gestalt (grch. *morphé*), also als morphologischer Fundamentalismus, gebrandmarkt. Doch worin bestehen diese überkommenen Strukturen? Hoekendijk spricht an manchen Stellen sogar pointiert von »häretischen Strukturen«.[77] Mit den Thesen 2-4 seien drei Beispiele genannt. (2) *Von den Komm-Strukturen zu den Geh-Strukturen:* Zu den überlebten Strukturen gehört die Einstellung, Kirche mache Angebote, und die Menschen müssten nur kommen, um diese Angebote

---

[77] J. Chr. Hokendijk (1967): Kirche und Volk, 348. Der Terminus »morphologischer Fundamentalismus« wurde von dem deutschen Theologen *Hans Schmidt* in die Diskussion eingebracht, der Begriff »häretische Strukturen« durch den römisch-katholischen Religionssoziologen *Greinacher*. Vgl. Margull (1992): Zeugnis und Dialog, o. a., 110, 114. Dies zeigt, dass einzelne Elemente dieser missionstheologischen Denkbewegung auf verschiedene Mitwirkende zurückgehen. So gesehen haben Hoekendijk, Margull oder Hollenweger natürlich nicht alles selbst »erfunden«. Indes gilt dennoch, dass die Arbeitsgruppen dem Gesamtduktus der Ansätze von Missiologen wie Hoekendijk und Margull folgten.

4. Verheißungsgeschichtliche Missionstheologie – Johann Christian Hoekendijk

wahrzunehmen. Die Erfahrungen der 1950er und 1960er Jahre haben nach Hoekendijk jedoch gezeigt, dass dies immer weniger der Fall ist. In großer Zahl kehren Menschen den Kirchen den Rücken, besonders in Westeuropa. Deshalb muss Kirche umdenken, sie muss selbstkritisch die eigenen Verkrustungen eingestehen, und sie muss statt der Komm-Strukturen so genannte Geh-Strukturen ausbilden, zu den Menschen hin und hinein in die Welt. In den Geh-Strukturen sucht Kirche die Menschen dort auf, wo sie sind, und nicht dort, wo sie diese gerne hätte. Kirche wird damit eine besuchende, eine aufsuchende und eine suchende Kirche. (3) *Von der Parochie zu den gestaffelten Angeboten:* Ein weiterer Kritikpunkt betrifft das Verständnis von Kirche als einer Ortsgemeinde, einer fest umrissenen lokalen Größe, genannt Parochie. Das Festhalten an dieser kirchlichen Form als der allein gültigen, ist wiederum Ausdruck eines morphologischen Fundamentalismus. In einer sich diversifizierenden Welt muss die Kirche demgegenüber neue und andere Angebote schaffen, muss ihre Strukturen den Erfordernissen der gesellschaftlichen Entwicklungen anpassen und flexibel gestalten. Es geht um gestaffelte Angebote.

(4) *Vom der Pfarrerzentrierung zum Laienengagement:* Auf dem Weg in die Welt muss die Kirche diejenigen mehr beteiligen, die in der Welt – jenseits der verfassten Kirche – leben, nämlich die Laien. Die Pfarrerzentrierung von Kirchen muss gebrochen werden, um durch eine breite Beteiligung von Laien den Anschluss an die gesellschaftlichen Fragen neu zu finden und gemeinsam neue Antworten zu entdecken. (5) *Von einer Versorgungskirche zu einer Beteiligungskirche:* Das Engagement der Laien muss dergestalt ernst genommen werden, dass nicht mehr die Versorgung von Kirchenmitgliedern ausgesprochener oder unausgesprochener Maßen zielleitend ist, sondern eine möglichst breit angelegte Beteiligung von Laien in den Gemeinden. Es geht um kleine Dienstgruppen von Christen und Christinnen, die in der Gesellschaft tätig werden gerade an den neuralgischen Zonen derselben. (6) *Comprehensive approach statt ekklesialer Reduktionismus:* In allen diesen Forderungen und Vorschlägen geht es um einen umfassenden Ansatz, einen *comprehensive approach*, das bedeutet ein Zugehen auf die Welt, das der Vielgestaltigkeit der Welt selbst gerecht zu werden trachtet. *Mission hat darum etwas mit Kreativität zu tun, mit dem Ausprobieren neuer Formen, die, wenn sie sich bewährt haben, nur für so lange Zeit genutzt werden, wie sie sich weiterhin bewähren.* Eine Baalisierung von Strukturen um ihrer selbst willen muss ausgeschlossen sein. Zu diesem umfassenden Ansatz gehören auch spezielle Dienste, etwa in der Arbeitswelt oder in den Medien, die das *kerygma* auch in weiteren gesellschaftlichen Bereich hörbar zu machen trachten.

So wuchtig und eindrucksvoll der missionstheologische Ansatz von Johann Christiaan Hoekendijk auch ist, die Exodus-Theologie mit der Betonung des wandernden Gottesvolkes war nicht seine Erfindung, sondern es gibt eine ganze theologische Richtung, die diese und ähnliche Thesen vertrat. Systematisch-theologisch sind die sehr einflussreiche »Theologie der Hoffnung« von *Jürgen Moltmann* (geb. 1926) zu nennen, die Theologie von *Johann Baptist Metz* (geb. 1928) auf katholischer Seite, der Ansatz des Praktischen Theologen *Ernst Lange* (1927-1974) und etliche andere. Es ist jedoch das bleibende Verdienst von *Johann Christiaan Hoekendijk*, diese theologischen Gedanken als einer der ersten für die Missionstheologie fruchtbar gemacht zu haben. Ihm sind viele Theologen/innen darin gefolgt, unter anderem auf evangelischer Seite *Hans-Jochen Margull*[78] (1925-1982), *Manfred Linz*[79] und *Walter Hollenweger*[80] sowie auf katholischer Seite *Ludwig Rütti*.[81] Die missionstheologischen Ansätze von Persönlichkeiten wie *Letty Russel* (1929-2007)[82] oder *Anna Marie Aagaard* (geb. 1935) gehen in eine ähnliche Richtung, kritisieren jedoch noch deutlicher die Hierarchisierungen in kirchlichen Zusammenhängen, die Androzentrik, die Vergeistigung von Inhalten und distanzierende Analytik gängiger Missionstheologien.[83] Einige praktische Auswirkungen dieser Denkrichtung seinen im Folgenden aufgezeigt.

4.4 Der ÖRK-Studienprozess Die missionarische Struktur der Gemeinde

Die Vollversammlung des Ökumenischen Rates der Kirchen in Neu Delhi im Jahre 1961 ist mindestens in zweifacher Hinsicht von missionstheologischer Bedeutung.[84] Zum einen wurde hier die Integration des *Internationalen Missionsrates* in den ÖRK beschlossen. Davon wird später zu handeln sein. Zum anderen wurde in Neu Delhi das Referat für Verkündigung, das mit dem Mis-

---

78. *H.-J. Margull* (1959): Theologie der missionarischen Verkündung, Stuttgart; *ders.* (1992): Zeugnis und Dialog. Ausgewählte Schriften mit Einführungen von Th. Ahrens (u. a. ...), Lottbek.
79. *M. Linz* (1964): Anwalt der Welt. Zur Theologie der Mission, München.
80. *W. Hollenweger* (1979): Erfahrung der Leiblichkeit, München.
81. Vgl. *L. Rütti* (1972): Theologie der Mission, München. Zu Rütti: *G. Collet* (1984): Das Missionsverständnis, o. a., 222-238 (Lit.).
82. Die us-amerikanische presbyterianische Theologin *Letty Mandeville Russell* war mit *Johann Christian Hoekendijk* verheiratet. Sie gehörte zu den führenden Feministischen Theologinnen der USA. Von 1975-1983 arbeitete sie in der ÖRK-Kommission *Faith and Order* mit. Vgl. *L. Russell* (1967): Christian education in mission. Philadelphia; *dies* (2004): God, gold, glory and gender: a postcolonial view of mission. IRM (93), 39-49.
83. *E. S. Vogel-Mfato* (1995): Im Flüstern eines zarten Wehens zeigt sich Gott. Missionarische Kirche zwischen Absolutheitsanspruch und Gemeinschaftsfähigkeit, Rothenburg ob der Tauber.
84. Zum Ganzen: *D. Werner* (1993): Mission für das Leben – Mission im Kontext, Rothenburg, 92-114.

4. Verheißungsgeschichtliche Missionstheologie – Johann Christian Hoekendijk

sionswissenschaftler *Hans Jochen Margull* als Sekretär besetzt wurde, damit beauftragt, einen ökumenischen Studienprozess zur Frage von missionarischen Strukturen der Gemeinden zu initiieren.

Diese Arbeit wurde durch zwei größere und mehrere kleinere Arbeitsgruppen im Jahre 1962 begonnen und im Jahre 1967 abgeschlossen. So konnten die Ergebnisse auf der nächsten Vollversammlung des ÖRK in Uppsala (Schweden) im Jahre 1968 zur Kenntnis genommen und diskutiert werden. In der *westeuropäischen Arbeitsgruppe* arbeiteten neben Johann Christian Hoekendijk auch Personen wie *Walter Hollenweger, Ernst Lange, Werner Simpfendörfer* und *George Casalis* mit. In der *nordamerikanischen Arbeitsgruppe* finden sich im Steering Commitee unter anderem *Harvey G. Cox, G. W. Weber, Th. Wiesner, C. Williams* und wiederum *Johann Hoekendijk*. Kleinere Arbeitsgruppen bildeten sich in Argentinien und Uruguay oder der DDR. Die *Ostasiatische Christliche Konferenz* übernahm die Thematik in einem eigenen Studienprozess.

Die Studienarbeit wurde in zwei Dokumentationen gesammelt, so in dem von *Hans Jochen Margull* im Jahre 1965 herausgegebenen Arbeitsbuch mit dem Titel »Mission als Strukturprinzip«[85] und dem Abschlussbericht der westeuropäischen und der nordamerikanischen Arbeitsgruppe, der im Jahre 1967 erschien.[86] In diesen Jahren wird somit missionstheologisch in der Arbeit des ÖRK die Wendung vom heilsgeschichtlichen Ansatz zu einem verheißungsgeschichtlichen Ansatz vollzogen, eine Entwicklung, die, wie zu zeigen sein wird, nicht ohne Gegenstimmen blieb. Dass der verheißungsgeschichtliche Ansatz dominierend wurde, bedeutete jedoch nicht das Ende des heilsgeschichtlichen Missionsdenkens. Ältere Denkansätze wirkten fort, während neue Ansätze dazukamen. In den Studienberichten kehrt in Variationen vieles von dem wieder, was bereits bei Hoekendijk benannt worden war. Insbesondere die *Vollversammlung des ÖRK in Uppsala 1968* wird dann die Konsequenzen benennen, die sich aus diesem missionstheologischen Ansatz ergeben. Unter der Voraussetzung nämlich, dass Gott seine Mission selbst führt, gegebenenfalls auch ohne die Kirche, wird die Welt verstehbar als eine solche, in der durch Kreuz und Auferstehung Jesus Christi bereits das Heil gewirkt ist. Die Mächte der vergehenden Welt sind schon besiegt, es handelt sich daher bei den Kämpfen eher um Rückzugsgefechte. Aus dieser eschatologischen und messianischen Perspektive werden dann auch die Zeichen der Zeit zu

---

85. Vgl. *H. J. Margull* (Hg.) (1965): Mission als Strukturprinzip. Ein Arbeitsbuch zur Frage missionarischer Gemeinden, Genf.
86. *Die Kirche für andere und die Kirche im Ringen um Strukturen missionarischer Gemeinde.* Schlussberichte der Westeuropäischen und Nordamerikanischen AG des Referates für Verkündigung. ÖRK, Genf 1967. Vgl. auch für die spätere Rezeption unter anderem: *E. Lange* (1981): Kirche für die Welt, München u. a.; *W. Ratzmann* (1980): Missionarische Gemeinde. Ökumenische Impulse für Strukturreformen, Berlin.

deuten versucht, das heißt, es wird dem göttlichen Wirken in der Geschichte nachgespürt.

Wenn dieses Wirken nun, und dies ist die zweite Voraussetzung, in dem besteht, was man mit Hoekendijk die Schalomatisierung der Welt nennen kann, dann sind auch solche schalomatisierenden Bewegungen als durch Gottes missionarisches Wirken bedingt zu verstehen, die *außerhalb* der Kirche geschehen. Zunächst sind es erstens Bewegungen, in denen für eine *Humanisierung* der ansonsten hominisierten Welt gestritten und gekämpft wird. Auch in ihnen ist Christus, so die Annahme, verborgen am Werke. Darüber hinaus kann man zweitens in einer recht verstandenen Säkularisierung der Welt das Handeln des missionarischen Gottes mit den Augen des Glaubens erkennen.[87] Einer *Säkularisierung* wohlgemerkt, die nicht als Entwicklung zur Gott-losigkeit hin verstanden werden darf, was als Säkulari*smus* zu bezeichnen wäre, wohl aber als Entwicklung hin zu einer entzauberten und entmythologisierten Welt, die, befreit von den Götzen, als das erkennbar ist, was sie wirklich ist: nämlich Gottes gute Schöpfung, und *nur* Schöpfung. Drittens kann Gottes Wirken auch in der *Urbanisierung* gesehen werden, soweit sie bessere Lebensverhältnisse und mehr Kommunikation ermöglicht. *Es wird deutlich, dass in den 1960er Jahren wiederum ein optimistischerer Grundzug das theologische Denken beeinflusst, was dazu führt, in den geschichtlichen Entwicklungen dieser Zeit Zeichen für Gottes Handeln zu suchen. Die Distanz zwischen Gottes Erlösungshandeln und der Geschichte wird hier gegenüber dem heilsgeschichtlichen Ansatz deutlich verringert, denn dort war es darum gegangen, dass alle Geschichte, egal ob vordergründig positiv oder negativ, unter dem Gericht Gottes steht.* Davon jedoch ist nun kaum mehr die Rede. Es sind vielmehr geschichtliche Entwicklungen, in denen Gottes Handeln vermutet wird.

Der Studienprozess des ÖRK hat in der *Kirchenreformbewegung* innerhalb der Bundesrepublik Deutschland nicht unbeträchtlichen Einfluss gehabt. So wurden seit den 1960er und 1970er Jahren viele *funktionale Dienste* eingerichtet, die als Ausdrucksgestalten von Kirche neben der traditionellen Parochial-

---

87. Diese Unterscheidung wird von Friedrich Gogarten übernommen. Vgl. F. *Gogarten* (1953): Verhängnis und Hoffnung der Neuzeit. Die Säkularisierung als theologisches Problem, München u.a., bes. »Säkularisierung und Säkularismus«, ebd. 129-143. D. Werner (1993): Mission im Kontext, 98, fasst treffend zusammen: »›Säkularisierung‹ bezeichnet den in der jüdisch-christlichen Tradition verwurzelten Prozess der Befreiung des Menschen und der Welt von religiös-mythischen Herrschaftsmächten, die eine rationale Weltgestaltung verhindern. ›Säkularismus‹ bezeichnet die Selbstübersteigerung der säkularisierten Rationalität, die es nicht aushält, die Welt ›nur‹ Welt sein zu lassen, sondern in säkularen Heilslehren oder im Nihilismus die Grenze zur Totalisierung der Welt überschreitet. Das wichtigste Unterscheidungskriterium zwischen beiden liegt für Gogarten in der Rechtfertigungslehre, in der die ›rein säkularen Werke‹ von dem Anspruch freigehalten werden, ›das Heil verwirklichen zu müssen‹«.

4. Verheißungsgeschichtliche Missionstheologie – Johann Christian Hoekendijk

gemeinde gewürdigt wurden. Sei es der Kirchliche Dienst in der Arbeitswelt, Pastoralpsychologische Beratungsstellen, Pastoralsoziologische Forschungseinrichtungen, kirchliche Präsenz in der Medienwelt (etwa im Fernsehrat), Beratungsstellen für Obdachlose, für Schwangere, für Migranten, für Frauenarbeit, für das Landvolk, später für den christlich-jüdischen und christlich-islamischen Dialog und vieles mehr. Leitend war die Idee, dass Kirche in möglichst allen gesellschaftlichen Feldern präsent sein soll, dass sie ihre Formen und Strukturen dem gesellschaftlichen Wandel entsprechend immer wieder neu auszurichten habe und damit die Kontaktflächen zur säkularen Welt möglichst breit gefächert halten solle.[88]

Die Theologie des wandernden Gottesvolkes wurde zudem im Rahmen der *Architektur der Kirchenbauten und Gemeindezentren* berücksichtigt. Viele Kirchenbauten der sechziger und siebziger Jahre, insbesondere Stahlbetonbauten, die man damals häufig wählte, da Stahlbeton als moderner und damit zeitgemäßer Baustoff galt, wurden in Form und *Symbolik von Zelten* errichtet. Wie funktional oder dysfunktional diese Bauweise war, sollte sich erst später herausstellen. Damit wurde symbolisch dem *Unterwegssein* der Gemeinde Ausdruck verliehen. Aus diesem Grunde auch wurde oft auf einen Steinaltar zugunsten eines *Holzaltares* verzichtet, statt eines Altars im eigentlichen Sinne wird ein schlichter Tisch gesetzt, ein transportables Möbelstück des wandernden Gottesvolkes also. Ein Zweites: Der *Laienorientierung* wurde im Inneren dieser Kirchen und Gemeindezentren Beachtung geschenkt. So wurde nicht mehr die Frontalstellung des Altars gewählt, der zu Folge an der Apsis eines länglich-rechteckigen Gebäudes der Altar zu stehen kommt, auf den sich die Kirchenbänke in Reihen hin ausrichten, was eine Hierarchisierung der Raumordnung bedeutet. Vielmehr wurden nun partizipative Formen gesucht, an erster Stelle die Symbolik und Form *des Kreises*. Der Altar steht nun nicht selten in der Mitte des Raumes, und die Stühle gruppieren sich in konzentrischen Kreisen um diesen Mittelpunkt herum. Jeder und jede kann jeden und jede sehen, die hierarchische Ordnung ist durchbrochen. Auch die Stufung zum Altar hin wird vielerorts aufgegeben. Eine dritte Neuerung findet sich bei den Gemeindehäusern. Die Idee, dass *Kirche und Welt nicht mehr unterschieden sind*, sondern die Kirche und Gemeinde immer auf dem Weg in die Welt ist, führt dazu, den Gedanken der Transparenz durch *große Glasfensterfronten* umzusetzen. Die Welt soll sehen können, schon beim flüchtigen Blick

---

88. Es muss an dieser Stelle angemerkt werden, dass die Bereitwilligkeit, diese Aufgaben wahrzunehmen, auch etwas mit der günstigen finanziellen Situation der deutschen protestantischen Landeskirchen in den 1960 und 1970er Jahren zu tun hatte. Für die letzten zwei Jahrzehnte dagegen ist eine stetige Reduktion der funktionalen Dienste aufgrund abnehmender finanzieller Ressourcen zu beobachten.

des Vorbeigehenden, was hier, in der Gemeinde, geschieht. Darum die auch visuelle Öffnung der Räume mittels der Fensterfronten.

4.5 Würdigung und kritische Rückfragen – sechs Beobachtungen

Bevor an dieser Stelle mit der theologischen Kritik einzusetzen ist, muss zunächst der Ernst der verheißungsgeschichtlichen Missionstheologie gewürdigt werden. Es ist dies der Ernst, mit dem Gott selbst als missionarischer Gott betont wird, es ist der Ernst, mit dem Missionen und Kirchen darauf hingewiesen werden, dass ihr Wesen ein missionarisches ist, und, dass sie sich selbst verlieren, wenn sie nicht in missionarischem Unterwegssein zur Welt ihrem Herrn folgen. Darüber hinaus ist es der Ernst, die Nöte der Welt und der Menschen als integralen Bestandteil des Heilswillens Gottes zu würdigen und die Frage zu stellen, wie eine Kirche für die Welt sich diesen Herausforderungen zu stellen habe. Die Wirkung dieses Ansatzes war darum nicht von Ungefähr sehr bedeutend. So wurden etwa durch das Wirken von *Werner Krusche* (1917-2009) Grundgedanken des ökumenischen Missionsdenkens dieser Jahre[89] vom *Lutherischen Weltbund* aufgenommen, und auch im Bereich etwa der bundesdeutschen Landeskirchen kam es zu vielen Anstößen in Richtung auf die Reform kirchlicher und gemeindlicher Strukturen, des gottesdienstlichen Lebens, es kam zu neuen Initiativgruppen, neuen gesellschaftsdiakonischen Initiativen und vielem mehr. Dennoch wurde schon während der 1960er Jahre die Kritik an der Missionstheologie, wie sie im Bereich des Ökumenischen Rates der Kirchen entwickelt und vertreten wurde, merklich lauter. Davon wird in den nächsten Kapiteln zu reden sein. An dieser Stelle jedoch sollen zunächst einige kritische Rückfragen gestellt werden.

(1) Überdehnung des Missionsbegriffs? Nicht nur in der Theologie kommt es bisweilen vor, dass in der guten Absicht, die Bedeutung eines Sachverhaltes zu betonen, ein entsprechender Begriff leicht überdehnt wird. So auch im Falle des Missionsbegriffes bei Hoekendijk, auf dessen Missionstheologie wir uns nun wieder konzentrieren wollen. *Daniel Thambyrajah Niles* (1908-1970) soll einmal gesagt haben: »Wenn alles Mission ist, ist nichts Mission!« Wenn nach Hoekendijk die Mission das Wesen der Kirche ausmacht, wenn sie nur *in actu missionis* existieren kann, wenn schließlich die Kirche eine Funktion des Apostolates ist und nicht umgekehrt, so erhebt sich die Frage, wie denn das Phänomen Mission noch abgrenzbar sein soll, wenn wirklich *alles* Mission

---

89. *W. Krusche* (1971): Schritte und Markierungen. Aufsätze und Vorträge zum Weg der Kirche, Göttingen.

4. Verheißungsgeschichtliche Missionstheologie – Johann Christian Hoekendijk

ist? Welche besonderen Arbeits- und Gemeinschaftsformen kann man dann noch als Mission ansprechen? Anders gefragt: Ist jeder Senioren/innenkreis, jedes Seelsorgegespräch, jede Krabbelgruppe und jeder Gottesdienst *eo ipso* »Mission«? Die Betonung des missionarisches Auftrages will eine Stärkung des missionarischen Engagements erzielen; dieser Intention ist zuzustimmen. Wenn jedoch umgekehrt durch die Profillosigkeit des Missionsbegriffes keine abgrenzbaren Formen mehr ins Auge gefasst werden können, so wirkt dies leicht in die entgegengesetzte Richtung und schwächt faktisch die Mission, die man sich doch so sehr wünscht.

(2) Funktionalisierung von Kirche? Auch dann, wenn man dem harten Diktum eines katholischen Beobachters nicht vorbehaltlos zustimmen möchte, bei dem Ansatz von Hoekendijk handele es sich um »ekklesiologischen Selbstmord«, so wird man doch zugestehen müssen, dass der Kirche *an sich* in diesem Entwurf kein Ort zugestanden wird, sondern diese sich in eine Bewegung zu verflüchtigen droht. Anders ausgedrückt: Wenn Kirche nur in der Aktion der missionarischen Sendung sich vollzieht, dann wird ihr Sein von ihrem Tätigsein abhängig gemacht. Theologisch gesprochen gründet sie dann im Gehorsam der Dienstgemeinschaft, also in einem – ungeachtet seiner Auftragsgemäßheit – *menschlichen* Handeln.[90]

(3) Optimistische Geschichtsdeutung? Mit der Gefahr einer Funktionalisierung von Kirche hängt die ganze Sicht der Geschichte und des göttlichen Wirkens in dieser Geschichte zusammen. Hoekendijk und andere meinen in der Geschichte das Wirken des auferstandenen Herrn auch außerhalb der Kirchen und Gemeinden erkennen zu können. In den Rückzugsgefechten der alten Welt sieht er das Vergehen des Alten und das Heraufziehen Christi als des Herrn der Geschichte, der auch säkulare und nicht-christliche Bewegungen in seinen Dienst nimmt. Allen Menschen gilt die Versöhnung mit Gott durch Christus, doch sie wissen es nur noch nicht. Der Unterschied zwischen Christen und Nichtchristen ist damit ein noetischer, ein erkenntnismäßiger,

---

90. Ob jedoch diese Konzeption der Wirklichkeit standhält und standhalten kann, ist meines Erachtens durchaus fraglich. Nach dem Verständnis reformatorischer Theologie jedenfalls ist Kirche *creatura verbi*, ein Geschöpf des Wortes Gottes. Sie wird allein durch dieses ihr selbst *von außen* zukommende Wort (lat. *verbum externum*) konstituiert. *Das Versagen an seinen guten Vorsätzen, an seiner Ethik, in seiner geistlichen Kraft, in seinem Urteilsvermögen, die Schwäche, Angefochtenheit, Verwirrtheit, Verführtheit, alles dieses gehört zum geistlichen Leben des Einzelnen ebenso dazu wie zum Leben der Gemeinden und letztlich auch der Kirche.* Gerade weil Christen/innen fehlbar und angefochten sind, gilt das reformatorische *simul iustus et peccator, Gerechte(r) und Sünder(in) zugleich,* auch der Kirche. Kirche lebt demnach nicht nur vom *Offenbarungswort* und dem *Verheißungswort* Gottes, sondern auch und gerade vom *Vergebungswort* Gottes, das ihr zugesprochen wird. Das aber bedeutet: Auch die versagende und jämmerliche Kirche *bleibt Kirche,* soweit sie zur Buße bereit ist und sich das Vergebungswort zusagen lässt.

nicht aber ein ontischer, ein seinsmäßiger. Heilsgeschichte vollzieht sich damit auch in der Welt, was die Differenz zwischen Kirche/Christen und Welt stark einebnet. *Damit wird auch der Umkehrruf eher zu einem Ruf, sich in das Engagement für die Welt einzureihen, weniger jedoch ein Ruf, sich zu Jesus Christus hinzuwenden und damit von seinem alten Leben abzuwenden.* Die geistliche Dimension der Bekehrung und Umkehr gerät demnach mehr und mehr aus dem Blick.

Die Frage lautet, ob man Geschichte so optimistisch deuten kann. Immer wieder liegt die Versuchung nahe, in bestimmten Entwicklungen ein positives Wirken Gottes außerhalb der Kirchenmauern (lat. *extra muros ecclesiae*) zu sehen. Indes, auch nach außen humanisierend wirkende Bestrebungen können intentional ganz anderen Zwecken dienen. Die Arbeitsdienste und die Familien- und Jugendpolitik des frühen Dritten Reiches zielten keineswegs auf die Auferbauung von Leben für alle Menschen, sondern sie dienten schlicht der Vorbereitung auf einen bereits ins Auge gefassten Krieg mit dem Ziel der Ausbreitung des Lebensraumes für die »Herrenrasse«. Das Beispiel zeigt, dass *kurzfristige* positive Entwicklungen leicht dazu verleiten können, die kritische Wachsamkeit gegenüber jedweder menschlicher Aktion zu vernachlässigen, eine Wachsamkeit, die jedoch nach allem, was sich gerade in den letzten einhundert Jahren ereignet hat, weiterhin dringend erforderlich ist. Positiv ist indes nochmals anzumerken, dass die Öffnung des Denkens im Blick auf interreligiöse, interkulturelle, interkonfessionelle und multinationale Zusammenarbeit an sich sehr zu begrüßen ist. Weiterhin bleibt jedoch das theologische Überhöhen menschlichen Engagements eine Gefahr.

(4) Überdehnung des Heilsbegriffes? Das missionarische Handeln der Kirche für die Welt zielt auf den Schalom, das ganzheitliche Heilsein zwischen Mensch und Gott, Mensch und Mitmensch, Mensch und Natur. Ebenso wie beim Missionsbegriff selbst kann man hier die Frage stellen, ob nicht die Überdehnung des Profils dem eigenen Anliegen schadet.

Wie steht es mit dem persönlichen Glauben, mit der rechtfertigenden Gnade Gottes, die dem Sünder zugesprochen wird? Wird dieses Thema nicht zugunsten eines Aufrufs zum Engagement geradezu umgangen? Wird aus Sorge, einem Heilsindividualismus zu verfallen, nicht die Heilsamkeit eines Geschehens der Umkehr übersehen? Denn das Gericht Gottes über die Sünde des Menschen bedeutet ja die göttliche Ablehnung der Sünde, nicht jedoch die Ablehnung des Sünders! Es ist gerade der Umkehrruf, der eine Lebens*alternative* plastisch vor Augen führt und damit einen neuen Weg weist, einen Ausweg aus der Verfahrenheit und Verstricktheit in welthaftes Begehren, das den Menschen und seine sozialen Beziehungen auf die Dauer zugrunde richtet.

(5) Vom Eigenwert der Gemeinde und Kirche. Das Stichwort der transzendenten Heilsdimension, der Botschaft von der rechtfertigenden Gnade Gottes, leitet über zur Frage, worin die Kirche besteht. Wenn Hoekendijk sagen kann: Mission ohne Missionierung, womit gesagt sein soll, die Mission sei selbstlos

und damit nicht auf Mitgliederrekrutierung zu beschränken, so mag man ihm darin in der Intention Recht geben. Faktisch jedoch wird Gemeinde und Kirche damit entwertet und ihr Sein, wie gesagt, von ihrer missionarischen Aktivität abhängig gemacht.

(6) Elitäres Kirchenverständnis? Ein weitere kritische Anfrage betrifft die Beobachtung, gerade angesichts der volkskirchlichen Situation etwa in der Bundesrepublik, aber ebenso in den Ländern Skandinaviens, Österreichs, der Schweiz, Frankreichs und vieler anderer Länder, dass es sich bei dem Konzept einer *Kirche für die Welt* um ein ausgesprochen anspruchsvolles Programm handelt. Welche Gemeinde könnte von sich sagen, dass sie in diesem Sinne stetig auf dem Weg in die Welt ist? Oder anders gefragt: Welche Gemeinde kann dies leisten, was von ihr verlangt wird? Wer in der Gemeinde ist so sprachfähig, ist sich seines Glaubens so gewiss, bringt die Voraussetzungen mit, Grenzen in andere gesellschaftliche Milieus hin zu überschreiten? Handelt es sich hier nicht um ein zutiefst elitäres, ja elitistisches Konzept? Müssten Christen/innen und Gemeinden nicht erst einmal innerlich auferbaut werden, geistlich, seelsorgerlich und theologisch, müssten nicht zunächst gemeinschaftliche Formen gefunden werden, in denen so etwas wie der Weg in die Welt lebbar wird? Ist es nicht so, dass die Frage der geistlichen Kraft zum missionarischen Handeln zunächst bedacht werden müsste, bevor die Forderung aufgestellt wird, Kirche müsse *in actu missionis* bestehen? Wird hier nicht das an den Anfang gestellt, was in einem geistlichen Wachstumsprozess eher in eine spätere Entwicklungsphase fällt?

4.6 Mission kontrovers: *Missio Dei* und Jüngerschaft – Georg Vicedom

Deutlich anders als bei Hoekendijk wurden Begriffe wie *Missio Dei* oder Apostolat durch Missionstheologen wie den deutschen Lutheraner *Georg Vicedom* oder den niederländischen Reformierten *Johannes Blauw* bestimmt.[91] Nach Vicedom gilt in Abgrenzung zu Hoekendijk erstens, dass das *Ziel* der Missio Dei nicht die Schalomatisierung der Welt ist, sondern die *Jüngerschaft*. Vicedom: »Die Missio Dei hat kein anderes Ziel, als Jünger zu machen.«[92] Vicedom:

> »Die Jüngerschaft, die Nachfolge Jesu, war [...] die Vorbedingung für ihre Berufung und Beauftragung. Diese Voraussetzung für den apostolischen Dienst ist

---

91. *J. Blauw* (1961): Gottes Werk in dieser Welt. Grundzüge einer biblischen Theologie der Mission, München.
92. *G. Vicedom* (1958): Missio Dei. Einführung in eine Theologie der Mission, München, bes. 54-72, hier: 58.

geblieben. Zeuge kann nur sein, wer im Jüngerschaftsverhältnis zu Jesu steht. Wo das gegeben ist, kommt der Zeugentrieb und damit der apostolische Dienst von selbst. Voraussetzung zum Apostolat, zum Missionsdienst ist daher, dass sich der Herr eine Gemeinde von Glaubenden schafft. Sie ist immer vor der Mission der Kirche da, sie ist es, welche die apostolische Haltung einnimmt. Die Mission ist also nicht ein allein vom Geiste ausgehendes Ereignis, sie hat auf Erden eine Basis in der Jüngerschaft, die sich Jesus auch heute noch sammelt und die zur Trägerin der Mission wird. Eine Kirche kann darum immer nur soweit missionarischen Dienst tun, als in ihr solche Jüngerschaft gegeben ist. Man muss Jünger sein, bevor man Zeuge werden kann.«[93]

Das Amt der Apostel ist nach Vicedom *zweitens* nicht – wie bei Hoekendijk – auf das Reich Gottes *direkt* bezogen, sondern auf die *Gemeinde*. Überhaupt gelte es, im Blick auf das Apostolat zu differenzieren: Das »apostolische Amt« ist einmalig, denn es hat Gemeinde begründet. Der »apostolische Dienst« jedoch besteht fort. Zudem ist die Sendung, an der die Gemeinde teilhat, nicht erst – wie Hoekendijk nahe legt – ein »Faktum der Endzeit«, sondern sie ist, so Vicedom zu Recht, im *Handeln des dreieinigen Gottes* begründet.[94] Für Vicedom ist es *drittens* wesentlich, dass nicht – wie bei Hoekendijk – die christliche Mission als unmittelbar durch den Geist bewirkter Zeugendienst an die Welt verstanden wird. Hoekendijk versucht, so kann man paraphrasieren, das Faktum von Gemeinde und Kirche quasi zu umgehen. Vicedom dagegen betont, dass die Mission erst hervorgehen kann aus einer Gemeinde von Jüngerinnen und Jüngern. Die lebendige Gemeinde, in der der Zeugendrang echter Jüngerschaft aller erst entsteht, geht der Mission voraus.

Da Kirche jedoch von der »Auswahlgemeinde« der Nacholger/innen in den folgenden Generationen immer auch zur »Volkskirche« wird, muss Kirche selbst in sich die Unterscheidung zwischen echter Nachfolge einerseits und bloßer Zugehörigkeit qua Abstammung andererseits vornehmen. Jüngerschaft zielt auf den »neuen Menschen«, was nur durch einen »Bruch« und eine »Bekehrung« und »Wiedergeburt« geschehen kann.[95] Kirche »als Institution« muss daher »immer wieder innerhalb ihrer selbst eine Abgrenzung vornehmen und sich an der Kirche ausrichten, die durch die Jüngerschaft gegeben ist.«[96] Vicedom unterscheidet demnach zwischen Kirche als Volkskirche und Institution einerseits und Kirche als Auswahlgemeinde der wahren Jün-

---

93. G. *Vicedom* (1958): Missio Dei, 57-58.
94. Vgl. zu einer trinitarischen Missionsbegründung: *H. Wrogemann* (1997): Überlegungen zu Notwendigkeit und Problematik einer trinitarischen Begründung der Mission, in: ZMiss (23), 151-165; *ders.* (2009): Den Glanz widerspiegeln, 275-295.
95. »Diese Jünger sind wohl keine Apostel, aber sie sollen und dürfen apostolische Funktionen ausüben. Sie sind deswegen zur Mitarbeit und zum Zeugendienst gerufen.« *Vicedom* (1958): Missio Dei, 61.
96. *Vicedom* (1958): Missio Dei, 63.

ger/innen andererseits. Kirche kann gar nicht anders, als immer wieder zu Volkskirche (Abstammungsgemeinschaft) zu werden, sie hat darum aber auch die *Aufgabe, sich immer wieder neu auf ihr Wesen als Jüngerschaft zu besinnen.* Vicedom weiter: »Durch diese Besinnung auf das Wesen der Kirche wird der Missionsbefehl kein Spezialauftrag für bestimmte Kreise mehr sein und für die Unentschiedenen kein gesetzlicher Zwang, sondern seine Durchführung wird eine aus dem Glauben fließende und durch das Handeln Gottes in der Missio Dei bestimmte Lebensäußerung werden.«[97]

Kirche und Jüngerschaft dürfen also ebenso wenig gleich gesetzt werden, wie Kirche und Zeugenschaft. Darin ist Vicedom weitaus vorsichtiger als Hoekendijk. Das unterscheidende Handeln innerhalb der Kirche als Institution soll dazu verhelfen, dass Menschen innerhalb der Kirche zu wahrer Jüngerschaft finden und damit innerhalb des größeren Rahmens Gemeinde gelebt werden kann.

Jüngerschaft lebt aus dem *Glauben, der* eben nicht nur beruhigend, sondern *auch beunruhigend erfahren wird,* insofern er in Unruhe versetzt und zum Zeugendienst in der Welt motiviert. Kirche ist damit nicht, wie bei Hoekendijk, in *actu apostoli* gegeben, sondern sie lebt im Hören, in der Liebe, in der Anbetung, in der Teilnahme und Teilhabe an den Sakramenten, im Lobpreis Gottes. Darin lebt Gemeinde und wird Jüngerschaft, und erst aus Gemeinde und Jüngerschaft erwächst der apostolische Dienst. Gegenüber dem Aktionismus und der missionstheologischen Auflösung oder doch zumindest der deutlichen Schwächung der Ekklesiologie bei Hoekendijk setzt Vicedom auf das bloße Dasein von Gemeinde und Kirche: »Damit ist gesagt, dass die Gemeinde in der Welt vor allem durch ihr Dasein wirken muss. Sie ist entweder eine Gemeinde des Zeugnisses, des Dienstes, des Lobpreises oder sie ist keine Gemeinde Jesu Christi.«[98] Damit wird von Vicedom eine Gefahr des Hoekendijkschen Ansatzes gesehen, wie von manchen anderen Missionstheologen auch: Das dynamisierte Verständnis Hoekendijks droht, Kirche in eine aktionistische Bewegung aufzulösen. Zudem unterstellt Hoekendijk, so sei als Kritik hinzugefügt, einen viel zu »flächigen« Kirchenbegriff, der meines Erachtens der Differenziertheit kirchlicher Wirklichkeiten nicht gerecht wird.

---

97. *Vicedom* (1958): Missio Dei, 63.
98. *Vicedom* (1958): Missio Dei, 68.

5. Neu Delhi bis Uppsala – Kirchen, Missionen und Dekolonisierung (1961-1968)

Doch zurück zu den Debatten der 1960er Jahre. Missionstheologische Entwicklungen der 1960er und 1970er Jahre müssen im Zusammenhang der weltpolitischen Ereignisse betrachtet werden, die im Folgenden in groben Zügen zu skizzieren sind. Die interkontinentalen Beziehungen zwischen Missionen des Nordens und Kirchen des Südens mussten neu ausgerichtet werden. In den 1960er Jahre verzeichneten die Industrienationen einen gewaltigen wirtschaftlichen Wachstumsschub. Dieser *wirtschaftliche Aufschwung* schaffte in den westlichen Gesellschaften ein im Ganzen *optimistisches Lebensgefühl*. Gleichzeitig kam es zu bedeutenden *technischen Entwicklungen* wie in der Weltraumforschung, der Verkehrstechnik (etwa Düsenflugzeuge) und Medientechnik, zu neuen wirtschaftlichen Wachstumsimpulsen und damit einhergehend neuen individuellen Gestaltungsräumen. Mit diesen Entwicklungen geht das *Bewusstsein einher, einem raschen gesellschaftlichen Wandel zu unterliegen*, der in Form zunehmender Verstädterung ganze Lebenskontexte betrifft, in Form einer neuen Musikkultur und Jugendkultur die Frage neuer Lebensstile aufwirft und ein neues Bewusstsein von Internationalität schafft.

Weltpolitisch sind die 1960er Jahre wesentlich durch zwei Entwicklungen geprägt. Erstens kam es in den *Ost-West-Beziehungen* nach der Überwindung der so genannten Kuba-Krise (1962) zu einer zeitweiligen Entspannung. Es ging in der Kuba-Krise um die durch die US-Administration gestoppte Installierung von sowjetischen Raketen auf Kuba, die leicht zu einer Eskalation hätte führen können. Der drohenden Gefahr eines Nuklearkrieges entronnen, wurde im Jahr 1963 ein erstes Abkommen zum Stopp von Atomtests zwischen den Supermächten USA und Sowjetunion unterzeichnet. Zweitens fand bis Ende der 1960er Jahren im Blick auf die *Nord-Süd-Beziehungen* die Phase der Dekolonisierung ihren Höhepunkt und Abschluss.[99]

Die 1960er und frühen 1970er Jahre waren zudem durch wechselnde Mili-

---

[99] Nachdem in den späten 1940er Jahren etliche asiatische Gebiete unabhängig geworden waren, folgten in den 1950er Jahren etliche nordafrikanische Staaten, so Libyen im Jahre 1951, Marokko und Tunesien im Jahre 1956 und Algerien nach dem Unabhängigkeitskrieg gegen Frankreich in den Jahren 1954-1962 im Jahre 1962. In den 1960er Jahren wurden dann fast alle schwarzafrikanischen Staaten unabhängig. Zunächst Ghana im Jahre 1957, gefolgt von dem so genannten »afrikanischen Jahr« 1960, in dem Kamerun, Kongo-Brazzaville, Gabun, der Tschad und die Zentralafrikanische Republik, dazu Togo, Elfenbein-Küste, Dahome, Ober-Volta und Niger unabhängig wurden. Im Jahr 1961 wurde Sierra Leone unabhängig, gefolgt von Tanganjika und Sansibar, die sich 1964 zum Staat Tanzania zusammenschlossen, 1962 folgen Uganda, Ruanda, Burundi, 1963 folgt Kenia,

tärherrschaften in etwa 20 Staaten geprägt, durch Bürgerkriege in etwa 12 Staaten, durch die Assoziierung vieler Staaten entweder mit der Sowjetunion, was verschiedene sozialistisch-dirigistische Staatspolitiken mit sich brachte, oder aber mit westlichen Mächten. Vielfach kommt es in Ländern mit sozialistischen Regierungen zu einer Zentralisierung der Wirtschaftsbetriebe durch eine *gelenkte Staatswirtschaft*, zum *Ausbau von Bürokratien*, zu *Landreformen*, die ältere Strukturen (etwa Dorfstrukturen) zugunsten einer gleichen Landverteilung aufheben sollen und zu *Umsiedlungsaktionen*, die nicht selten unter Zwang erfolgen. Aus westlicher Sicht wird immer deutlicher, dass die Frage des Verhältnisses zwischen reichen Nationen des Nordens und ärmeren Nationen des Südens nach einer Antwort verlangt. Dieser Problematik ist die *erste Entwicklungsdekade der Vereinten Nationen* gewidmet.[100]

5.1 Integration des Internationalen Missionsrates in den ÖRK (Neu Delhi, 1961)

Mit der Integration des *Internationalen Missionsrates* in die Struktur des *Ökumenischen Rates der Kirchen* wurde mit der theologischen Erkenntnis ernst gemacht, dass die Kirche ihrem Wesen nach missionarisch ist, da sie damit dem Wesen des sie begründenden missionarisches Gottes entspricht. Die ekklesiologische Konsequenz des Ansatzes der *missio Dei* ist damit klar benannt. Missionsgesellschaften und Kirchen waren daraufhin befragt, ob sie im Gehorsam gegenüber dieser theologischen Erkenntnis bereit waren, lieb gewordene Strukturen und Machtverhältnisse zugunsten einer neuen Verbindung von Mission(en) und Kirche(n) aufzugeben.[101] Die Tendenzen zur Integration gab es jedoch schon vorher. Daher ein kurzer Rückblick auf ökumenische Entwicklungen im Vorfeld der Integrationsdebatte. Es wurde bereits darauf hingewiesen, dass auf Betreiben von *John Mott* in verschiedenen Ländern der Erde nationale Christenräte gebildet worden waren.[102] Hatte es im Jahre 1910 nur 2 Nationale Christenräte gegeben, so waren es im Jahre 1948 bereits 30,

---

1966 Gambia. Als letzte Staaten werden die ehemaligen portugiesischen Kolonialgebiete unabhängig, 1974 Guinea-Bissau, 1975 Mocambique und im selben Jahr Angola.
100. Vgl. LIThM, Bd. 1, 362-366.
101. Vgl. *K. Funkschmidt* (2003): Zur Integration von Kirche und Mission im landeskirchlichen Protestantismus, in: C. Dahling-Sander u.a. (Hg.), Leitfaden, o.a., 144-162. *W. Freytag* (1961): Die Landeskirche als Teil der Weltmission, in: ders., Reden und Aufsätze, Bd. 2, 160-174. *K. Funkschmidt* (2000): ›Earthing the Vision‹. Strukturreformen in der Mission untersucht am Beispiel con CEVAA (Paris), CWM (London) und UEM (Wuppertal), Frankfurt/M.
102. Zum Ganzen vgl.: *F. Short* (1968): Nationale Christenräte, in: H. E. Fey (Hg.), Geschichte der ökumenischen Bewegung 1948-1968, Göttingen, 131-154; *H.-R. Weber* (1968): Aus

wobei es sich entweder um nationale Missionsräte handelte, so zumeist bei den »sendenden« Staaten Nordamerikas und Europas, oder aber um *Nationale Christenräte* oder *Ökumenische Räte* eines Landes, so in den außereuropäischen Gebieten.[103] In der Verfassung des Internationalen Missionsrates wurde seine Rolle in Bezug auf diese Räte deutlich benannt, und zwar:

> »Zum Nachdenken und Studium über Fragen, die zur Mission und zur Ausbreitung des Christentums in der ganzen Welt in Beziehung stehen, anzuregen (...) zur Koordination der Tätigkeiten der nationalen Missionsorganisationen und Christenräte in den verschiedenen Ländern zu helfen und, wo es nötig ist, ein vereintes Handeln in Missionsfragen herbeizuführen«.[104]

Durch die politischen Veränderungen in der Ära der Dekolonisierung passten sich die Räte den zum Teil neuen Grenzen der politischen Gebilde an. Dabei wurde die Tendenz deutlich, dass aus nationalen Missionsräten sehr bald nationale Christenräte wurden, denn im Zeichen der Unabhängigkeit musste auch hier die Mitarbeit ausländischer Missionen offiziell zurückgefahren werden. Ein Grund dafür war, dass die Regierungen der unabhängigen Staaten nicht gerne Ausländer für längere Aufenthalte duldeten, weshalb sie die Visa entsprechend verkürzten oder gänzlich verweigerten.

Die nationalen Christenräte transformierten sich mit den Jahren mehr und mehr zu nationalen Kirchenräten. Dies war die zweite Entwicklung. *Die letztgenannte Transformation musste natürlich die Frage aufwerfen, ob nicht die nationalen Kirchenräte anstatt im Internationalen Missionsrat nun direkt im Ökumenischen Rat der Kirchen würden vertreten sein müssen.* Ohnehin gab es schon seit 1948 die Tendenz, Nationale Missionsräte und Nationale Kirchenräte zusammenzuführen.[105] So kommt es nicht überraschend, dass bald auch über die Integration des Internationalen Missionsrates in die Strukturen des Ökumenischen Rates der Kirchen nachgedacht wurde, eine Integration, die dann auf der Vollversammlung des ÖRK in Neu Delhi im Jahre 1961 vollzogen wurde.

---

allen Kontinenten und Völkern. Ein Überblick über die Regionalentwicklung in der ökumenischen Bewegung, in: H. E. Fey (Hg.), Geschichte, 92 ff.
103. *Short* (1968): Nationale Christenräte, 132.
104. Zit. nach *Short* (1968): Nationale Christenräte, 133.
105. So wurde etwa aus dem Nationalen Missionsrat Australiens im Jahre 1948 die Abteilung für Mission des australischen Kirchenrates, und 1950 wurde die *Konferenz der Gesellschaften für äußere Mission von Nordamerika* als *Abteilung für äußere Mission* in den *Nationalrat der Kirchen Christi in den USA* (NCCC USA) überführt. Ähnliches geschah 1952 in Kanada und anderen Ländern. Seitens des ÖRK hatte man schon bei der II. Vollversammlung in Evanston (1954) die Kategorie der »angeschlossenen Räte« geschaffen und Ökumenische Räte und Nationale Missionsräte oder Christenräte aus den Staaten Afrikas, Asiens und Lateinamerikas an der Arbeit beteiligt.

5.2 Beispiel Deutschland: Aus Missionsgesellschaften werden Missionswerke

Mit der Integration des Internationalen Missionsrates (IMR) in den Ökumenischen Rat der Kirchen (ÖRK) hörte der Internationale Missionsrat auf als eigenständige Größe zu existieren. So war Mission nun wirklich – auch strukturell – die Sache der Kirche(n) geworden.[106] Dies hatte Signalwirkung für etliche Kirchen, besonders in Europa, wo entsprechend bisher *selbstständige* Missions*gesellschaften* von verschiedenen Landeskirchen zu den ihnen eigenen *landeskirchlichen* Missions*werken* kooptiert und strukturell eingebunden wurden. Ohnehin war es in den ersten Jahrzehnten des 20. Jahrhunderts oder wohl schon gegen Ende des 19. Jahrhunderts zu einer Verkirchlichung der Unterstützerkreise der Missionsgesellschaften gekommen. Mehr und mehr waren es nämlich ganze Kirchengemeinden, die nun die Missionsgesellschaften mit ihren Gruppen, Kreisen und Kollekten unterstützten. Die Integration der Missionsgesellschaften in die Landeskirchen fiel indes rechtlich sehr unterschiedlich aus.[107] Was waren nun die Veränderungen, die sich durch die Einbindung der Missionsgesellschaften als Missionswerke der Landeskirche einstellten?

Als die wichtigsten Veränderungen seinen genannt: Missionare waren vorher durch die Kirchen *allein für den Auslandsdienst ordiniert worden*, das heißt sie hatte keinerlei Ordinationsrechte für ihr Heimatland. Dementsprechend waren Missionare nur Pastoren ihrer Missionsgemeinden in Übersee. Sie blieben zumeist *auf Lebenszeit im Ausland*. Für diesen Dienst waren sie durch die Missionsgesellschaften in speziellen *Missionsseminaren ausgebildet worden*. Diese wurden von den Missionsgesellschaften unterhalten. Die *Missionsgesellschaften* waren nicht Teil der Landeskirchen, sondern freie Gesellschaften *außerhalb der verfassten Kirchenstruktur*. Dies sicherte ihnen eine große Eigen-

---

106. Zum Folgenden vgl. ausführlicher: *H. Wrogemann* (2011): Lutherische Missionen im Spannungsfeld von Kirche und Staat. Beobachtungen zur Situation in Deutschland und Europa vom 19. Jahrhundert bis zur Gegenwart, in: ders., Das schöne Evangelium inmitten der Kulturen und Religionen, Erlangen, 213-231.

107. Die *Hermannsburger Missionsgesellschaft* zum Beispiel wurde zum offiziellen und kirchlichen Missionswerk mehrerer Landeskirchen, nämlich der drei Landeskirchen von Hannover, Braunschweig und Schaumburg-Lippe. Die Gründung des *Evangelisch-lutherischen Missionswerkes in Niedersachsen* (ELM) fand im Jahre 1977 statt. Andere Missionsgesellschaften hatten diesen Prozess bereits früher durchgemacht. Im Jahre 1968 war das *Nordelbische Missionszentrum* entstanden, 1970 das *Evangelische Missionswerk in Bayern*, 1971 die *Vereinigte Evangelische Mission* in Wuppertal, 1972 das *Evangelische Missionswerk in Südwestdeutschland* mit Sitz in Stuttgart, 1973 ebenfalls das *Berliner Missionswerk*. Im Jahre 1975 wurde mit dem *Evangelischen Missionswerk in Deutschland* (EMW) ein gemeinsames Organ der Missionswerke, nicht nur der in der EKD vertretenen Landeskirchen, sondern auch der so genannten Freikirchen, geschaffen.

ständigkeit. Die *Missionare* wurden nicht oder nur zu einem sehr geringen Teil von den Missionsgesellschaften finanziell unterstützt. Sie *mussten ihren Lebensunterhalt selbst erwerben*, etwa durch Missionsfarmen, Missionshandwerk oder Missionshandel in Übersee. Mit der Integration ändern sich die genannten Punkte wie folgt: Missionare werden nicht mehr nur für das Ausland ordiniert, sondern sie *reisen* als *voll ordinierte PastorInnen der Landeskirchen aus*. Die *Aussendung* gilt nicht mehr für die ganze Lebenszeit, sondern lediglich *für einen Zeitraum von mehreren Jahren* (3, 6, 9, 12 oder mehr Jahre). Alle Missionsgesellschaften haben im Rahmen der Integration nach und nach ihre *Missionsseminare geschlossen und die Ausbildung ihrer MitarbeiterInnen an die Theologischen Fakultäten verlegt*. Lediglich eine kurze Zusatzausbildung war bzw. ist vorgesehen. Der Grund: Als *Teil der Kirche* und ihrer Strukturen sollen die als Missionare entsandten PastorInnen auch den üblichen Ausbildungsweg einhalten. Dazu gehört auch, dass die Missionare/innen *nach den üblichen Standards alimentiert (bezahlt) werden*. Die Notwendigkeit finanzieller Selbstversorgung entfällt damit. Missionarisch-ökumenische Mitarbeitende aus Deutschland werden nach deutschem Muster alimentiert.

Von MissionarInnen kann man seither also als *Ökumenischen Mitarbeitenden* sprechen, da die Phase der Pioniermission in vielen Gebieten zu ihrem Ende gekommen ist. Wo es Kirchen bereits gibt, muss keine neue gegründet werden, sondern es sollte in den bestehenden Kirchen sich gegenseitig unterstützend mitgearbeitet werden. Die Missionare sind damit *nicht mehr* in der Struktur *Missionsgesellschaft – Missionsgemeinde* eingebunden, *sondern* in der Konstellation *Sendendes Missionswerk einer Trägerkirche – Mitarbeit innerhalb der Leitungsstrukturen einer überseeischen Partnerkirche*. Mitarbeitende im überseeischen Dienst sind demnach den örtlichen Kirchen unterstellt. Sie können nur im partnerschaftlichen Miteinander Kirche vor Ort leben.

5.3 Zwischenkirchliche Ökumene und Partnerschaftsbegriff

In den Kirchen Afrikas und Asiens kam es in den 1950er und 1960er Jahren immer mehr zu eigenständigen Strukturen von Kirchenleitung und -verwaltung, die zu Parallelstrukturen der noch bestehenden Mutter-Missionen wurden, so dass bald die Frage aufkam, letztere entweder abzubauen oder in erstere zu integrieren. Das ausländische Personal – etwa us-amerikanische, deutsche, schwedische lutherische Missionare/innen – wurde dann konsequent in die einheimische Kirchenstruktur – etwa einer daraus entstandenen einheimischen lutherischen Kirche in Äthiopien oder Tanzania – integriert, doch nicht nur das. Auch viele Einrichtungen der Mutter-Missionen gingen an die nun einheimischen Kirchen über, Krankenhäuser etwa, Schu-

5. Neu Delhi bis Uppsala – Kirchen, Missionen und Dekolonisierung (1961-1968)

len, Projekte der Landwirtschaft, Handwerkerschulen oder Druckereien. Ziel war die Selbständigkeit der Kirchen vor Ort. Doch die Selbstleitung und Selbstausbreitung bedurfte auch des dritten Aspektes der Drei-Selbst-Formel, nämlich der Selbstunterhaltung. Die Finanzierung der teuren Missionsinstitutionen konnte jedoch durch die einheimischen Kirchen kaum geleistet werden, so dass diese Institutionen oft durch die Kirchen vor Ort zwar übernommen wurden, *deren Finanzierung jedoch weiterhin durch die Missionsgesellschaften oder eben später Missionswerke aus dem Westen erfolgte, was das Dilemma offenkundig werden ließ: Die einheimischen Kirchen blieben nämlich dadurch von den westlichen Geldgebern abhängig, die wiederum auf die Einhaltung bestimmter Standards drangen und dringen mussten und zudem auch ein gewisses Mitspracherecht eingeräumt sehen wollten. So konnten also – oft ungewollt – alte Abhängigkeitsmuster in neuem Gewande fortbestehen.* Diese Problemkonstellation blieb vielerorts lange bestehen, in etlichen Fällen bis heute.

Zurzeit gibt es allein für den deutschen Bereich Hunderte von Partnerschaften auf Gemeindeebene oder Kirchenkreisebene mit Gemeinden und Kirchenkreisen in Ländern Afrikas, Asiens und Lateinamerikas, weltweit gibt es Zigtausende solcher Vernetzungen. In diesen Zusammenhängen sind unterschiedliche Verständnisse von *Partnerschaft* von großer Bedeutung, denn damit verbinden sich auch unterschiedliche Erwartungshaltungen. So wird zum Beispiel aus deutscher Sicht Partnerschaft oft als *Vertrauensverhältnis* gesehen: Partner schenken sich gegenseitiges Vertrauen. Das interkulturelle Problem entsteht, wenn zum Beispiel für Projekte auf Rechenschaftsberichte der südlichen Partner verzichtet wird, da man aus westlicher Sicht kein ›Misstrauen‹ signalisieren will. Massive Probleme sind dann vorprogrammiert. Südliche Partner, etwa aus Afrika, sehen Partnerschaft nicht selten jedoch anders, nämlich als eine Art *Verwandtschaftsverhältnis*. Dazu ein Beispiel aus Südafrika aus dem Jahr 2006: Als eine norwegische Mission ihre Beziehung zu derjenigen Kirche, die durch norwegische Missionare/innen im 19. Jahrhundert begründet worden war, für beendet erklärt, da man dort keine Projekte mehr finanziert, regt sich Unbehagen auf der afrikanischen Seite. Afrikanische Christen/innen sagten: »Aber ihr seid doch unsere Verwandten, eure alten Missionare und ihre Familien liegen doch hier bei uns begraben!« Es ging hier demnach nicht um Geld, sondern um eine andere Dimension von Partnerschaft, denn der Kontakt zu den Ahnen muss gehalten werden, es geht dabei auch um den Segen. So wurde nach zwei Jahren die Beziehung offiziell erneuert – ohne Projekte! Die simple Gleichung »Der Süden vermittelt uns Spiritualität, wir aus dem Norden geben Geld« geht demnach nicht auf.

Partnerschaft kann aber auch als *Geschäftsverhältnis* gesehen werden: Zwei Partner, meist ein stärkerer und ein schwächerer, schließen zu beiderseitigem

Nutzen einen Vertrag, wobei allerdings der Stärkere – das wissen beide – letztlich das Sagen hat.

Exkurs: Dies trifft für kirchliche Beziehungen zu, aber auch für den Bereich der Entwicklungszusammenarbeit: Viele Partnerschaftsbeziehungen sind in den letzten Jahrzehnten dazu übergegangen, den Inhalt des Austausches als Projekt zu beschreiben, das durch einen Vertrag abgesichert wird. Die gegenseitigen Rechte und Pflichten werden so definiert und für beide Seiten als Korrektiv zugänglich gemacht. Die Rahmenbedingungen sind dabei mindestens folgende: (1) Eine geldliche oder anderweitige Zuwendung wird nur für einen gewissen Zeitraum gewährt, aber nicht unbegrenzt. Das bedeutet, dass das Projekt nach Ablauf der Frist abgerechnet und also kontrolliert und evaluiert werden kann. (2) Dabei muss oft der *Nehmer* nachweisen, dass er eine Eigenbeteiligung erbracht hat. (3) Die Abrechnungen müssen fristgerecht eingereicht werden und stimmig sein. Bei einem solchen Vorgehen müssen jedoch die Interessen der Partner nicht unbedingt miteinander konvergieren. So stellen *Geberorganisationen* ihren Einfluss und ihre Interessen dadurch sicher, dass sie Programme auflegen, die inhaltlich eng begrenzt sind. Das Geld wird nur ausgeschüttet, wenn das entsprechende Programm von den Nehmern wahrgenommen wird. Ein Beispiel dafür ist die Weltgesundheitsorganisation WHO, welche ein weltweites Polio-Programm durchführt. Nehmer-Länder, die dieses Programm verweigern, bekommen als Sanktion eine Kürzung anderer WHO-Projekte in ihrem Land verordnet. An diesem Beispiel zeigt sich, dass es einerseits legitim sein mag, als Geberorganisation die Eigeninteressen zu definieren und durchzusetzen, dass umgekehrt dieses Vorgehen nicht ausschließt, dass Nehmer sich diesen Interessen verweigern, allerdings um den Preis, Budgetkürzungen für andere Projekte hinnehmen zu müssen. Entsprechende politische Agendas werden auch von der Weltbank und vom Internationalen Währungsfonds (IWF) gefahren, etwa: günstige Kredite unter der Bedingung, dass nationale Regierungen den eigenen Markt liberalisieren, Verwaltung abbauen und dezentralisieren, Privatisierungen erleichtern usw. – Ob man die Agendas für legitime Mittel politischen Handelns begrüßt oder als Diktat der Geber ablehnt, die Frage der Machtverhältnisse jedenfalls kann auf keinen Fall aus dem Partnerschaftsbegriff ausgeblendet werden.
Die Frage der Macht spiegelt sich in der Problematik der Kirchenstruktur wider: *Sind diejenigen, die die Macht haben, Gelder zu vergeben, bereit, sich auf die Strukturen der Kirche vor Ort einzulassen?* Kann nicht das Geben auch aus ganz eigennützigem Interesse geschehen und die Arbeit einer einheimischen Kirche nicht nur erschweren, sondern auch geradezu konterkarieren? Es gibt Beispiele, dass Menschen aus dem Westen vor Ort (etwa in Äthiopien) Gelder vergeben, und zwar als Privatpersonen, um ihre eigenen Interessen durchzusetzen. Das nach außen angeblich uneigennützige Geben kann dann darin bestehen, sich vor Ort eine Klientel zu sichern, die dem »Missionshelden« oder der »Missionsheldin« besondere Anerkennung zukommen lässt. Das Geben von Mitteln um der eigenen Eitelkeit zu schmeicheln, kann für die Kirche vor Ort ernsthafte Folgen haben, da etwa Unterstützungsmittel für bestimmte Projekte oder Dinge, die *von der örtlichen Kirche nicht für gut gehalten werden*, von ausländischen Christen vergeben werden, was die örtliche Kirche dann (etwa gegenüber der Öffentlich-

keit oder Angehörigen anderer Religionen) in ein schiefes Licht rückt. Zudem können die Bemühungen darum, sich in Zukunft selbst finanzieren zu können *(self-reliance)* dadurch massiv behindert werden, dass die Christen/innen vor Ort den Eindruck bekommen: »Wir müssen uns erst gar nicht anstrengen, denn das Geld aus dem Ausland kommt ja sowieso!« – Der Eigennutz des angeblich so uneigennützigen Gebers konterkariert damit die Bemühungen der örtlichen Kirche, weil man als sogenannter privater »Partner« nicht bereit war, sich mit seiner Gabe (als Geld- oder Sachspende) in die *örtliche kirchliche Struktur* einzuklinken. Dass darüber hinaus solche »Geschenke« die örtliche Preisstruktur beschädigen, kommt erschwerend hinzu.

Man kann fragen: Ist dieses Verhältnis nicht ehrlicher, als Partnerschaft im Sinne eines Vertrauensverhältnisses, da bei letzterem die Machtfragen verschleiert zu werden drohen?[108] Umgekehrt: Können ökumenische Beziehungen nach einem geschäftlichen Kalkül gedeutet werden? In den letzten Jahren wurde im angelsächsischen Bereich der Begriff *compagnionship* ins Gespräch gebracht. Wenn man Partnerschaft demnach als eine Art »Weggemeinschaft« versteht, so geht es in diesem Bilde darum, auf einem Weg, der leicht oder auch schwierig sein kann, *gemeinsam unterwegs zu bleiben.* Die Frage von unterschiedlichen Machtverhältnissen und Erwartungen, von gelingenden Kooperationen aber auch von Konflikten kann mit diesem Begriff vermutlich leichter eingeholt werden. Den Aspekten der Geduld und des partiellen Scheiterns kann Raum gegeben werden. Es fragt sich unter diesem Gesichtspunkt: Was passiert, wenn es in der Weggemeinschaft zu Uneinigkeit oder gar Konflikten kommt? Wer vermittelt hier? Müsste nicht jemand von außen kommen, um zu evaluieren, zu beraten und zu versöhnen? Und wenn Partnerschaftsarbeit von außen evaluiert werden sollte, durch wen? Jedenfalls erscheint der Begriff *compagnionship* nüchterner und damit auch tragfähiger als der Begriff der Partnerschaft, welcher leicht die Tendenz hat, über reale Konflikte hinwegzutäuschen.

Eine bleibende Frage ist die der *Zielsetzung von Beziehungen. Partnerschaft kann nicht bedeuten, Dinge so zu belassen, wie sie sind.* Wenn die am Geschehen beteiligten Menschen interkulturell darin übereinkommen könnten, dass es sich in der Pflege von kulturübergreifenden Beziehungen um den Versuch handelt, gemeinsam Dinge positiv zu verändern, so könnte der Begriff *agents of change* eine Hilfe sein. *Christen/innen aus westlichen Ländern in Afrika, Asien und Lateinamerika ebenso wie umgekehrt Menschen aus Afrika, Asien und Lateinamerika in westlichen Ländern könnten damit einen Beitrag leisten, die eigene Situation mit den Augen der jeweils anderen zu sehen und dadurch*

---

108. Partner aus dem Norden verstehen oft nicht, mit welchen Begriffen sie im Süden bezeichnet werden, so etwa mit dem Begriff *donor*, also *(Geld-)Geber*, was die realen Machtverhältnisse ebenso unverblümt wie zutreffend benennt.

Inspiration und heilsame Kritik zu erfahren. Dies ist *ein* Aspekt von »Fremdheit als Charisma« (Ph. Hauenstein).[109] Damit würde dem erwachsenen, kritischen und dynamischen Charakter von partnerschaftlichen Beziehungen Rechnung getragen.

5.4 Siebte Weltmissionskonferenz in Mexico City (1963) – Stichwort ›Sechs Kontinente‹

Die Weltmissionskonferenz von Mexico City im Jahre 1963 war die erste Konferenz, die nach der Integration des *Internationalen Missionsrates* in den ÖRK stattfand.[110] Von den etwa 200 Teilnehmern waren insgesamt nur 100 stimmberechtigt, und zwar als Vertreter der Kirchenräte und Missionsräte der einzelnen Gebiete. Während noch in Tambaram die so genannten jungen und alten Kirchen zahlenmäßig etwa gleichstark vertreten waren, zeigte sich in Mexico – strukturell bedingt – wiederum ein Übergewicht der Kirchen Europas und Nordamerikas.[111] Dies sollte sich jedoch ein Jahrzehnt später in Bangkok 1973 endgültig ändern, denn die Kirchen des Südens stellen seither auf Konferenzen die Mehrheit der Delegierten. In Mexico City waren indes erstmalig auch Vertreter der *Orthodoxen Kirchen* als Mitgliedskirchen des ÖRK auf einer Weltmissionskonferenz zugegen sowie Beobachter der *Römisch-katholischen Kirche*. Die Konferenz stand unter dem Thema »Gottes Mission und unsere Aufgabe«. Sie wurde bald jedoch unter dem Motto »Mission in sechs Kontinenten« zusammengefasst, was deutlich zeigt, dass der alte, geographische Missionsbegriff nun vollständig aufgegeben worden war. Wenn nämlich die Kirche ihrem Wesen nach eine missionarische Kirche ist, dann ist sie auch eine Kirche, die *an jedem Ort der Welt* versuchen muss, ihrem missionarischen Wesen gerecht zu werden. So verwundert es nicht, dass nun ein geographisch universalisierter Missionsbegriff vertreten wird. Der Ort Mexico City war durchaus vielsagend, wurde doch einerseits damit auf die wachsende Bedeutung Mittel- und Südamerikas für die protestantische Missionsbewegung hingewiesen. Andererseits handelte es sich bei Mexico City schon damals um eine der größten Städte der Erde, so dass die Thematik der zunehmenden Urbanisierung und der Mission in städtischen Kontexten direkt vor Augen stand.

Das Thema des christlichen Zeugnisses wurde in vier Sektionen diskutiert:

---

109. Vgl. *Ph. Hauenstein* (1999): Fremdheit als Charisma. Die Existenz als Missionar in Vergangenheit und Gegenwart am Beispiel des Dienstes in Papua-Neuguinea, Erlangen.
110. Vgl. *Th. Müller-Krüger* (Hg.) (1964): In sechs Kontinenten. Dokumente der Weltmissionskonferenz Mexiko 1963, Stuttgart.
111. *Müller-Krüger* (Hg.) (1964): In sechs Kontinenten, 12.

5. Neu Delhi bis Uppsala – Kirchen, Missionen und Dekolonisierung (1961-1968)

Das Zeugnis des Christen gegenüber Menschen anderer Religionen (I), Das Zeugnis des Christen gegenüber Menschen der säkularen Welt (II), Das Zeugnis der Gemeinde in ihrer Nachbarschaft (III) sowie Das Zeugnis der Kirche durchstößt nationale und konfessionelle Grenzen (IV).[112]

Im Folgenden seien nur zwei Aspekte herausgegriffen. Der Sektionsbericht I zum Thema *Zeugnis gegenüber Menschen anderer Religionen* gesteht selbst ein, dass nicht viel Neues gesagt wurde. Es geht hier jedoch, das mag man anmerken, nicht um die Religion oder die Religionen, sondern pointiert um *Menschen* anderer Religionen, was – das ist neu – einen personal-dialogischen Zugang zur Thematik kennzeichnet. In der Sektion II wird in Mexico City Säkularisierung nicht, wie noch in Jerusalem, negativ als Angriff des Säkularismus auf die Religionen verstanden, sondern Säkularisierung wird zwar als ambivalenter Prozess betrachtet, wobei das Positive jedoch überwiegt. Im Sektionsbericht[113] wird dazu ausgeführt, man verstehe den Prozess der Säkularisierung zwar »weder optimistisch noch pessimistisch«, sehe auch, dass er einerseits die »Möglichkeiten einer neuen Freiheit wie auch [andererseits] einer neuen Versklavung öffnet«, man sei jedoch, auch auf die Gefahr hin »einseitig zu erscheinen«, »in der Mehrheit davon überzeugt, dass (…) unsere Kirchen heute viel eher zur Auseinandersetzung mit der säkularen Welt ermutigt, als vor ihr gewarnt werden müssen.«[114]

Es sei der christliche Auftrag, die säkulare Welt als »revolutionäre[n] Versuch des Menschen [zu verstehen], sich von allen Formen der Abhängigkeit zu befreien«. Sie führe den Menschen durch Wissenschaft und Technik erstens zur Herrschaft über die Natur sowie zweitens zur Herrschaft über »seine gesellschaftliche Umgebung«. Diese durchbreche »historische[] Abgrenzungen von Rasse, Klasse, Nationalität und Beruf«, so dass insgesamt positiv formuliert werden kann: »*Säkulare Strukturen haben eine gottgegebene Funktion, dem Menschen zu dienen, indem sie seine Beziehungen im Blick auf Produktion und Erziehung oder politische Machtausübung neu gestalten*«.[115] Christliche Mission wird nun in diesen Horizont eingezeichnet, wenn es weiter heißt:

»In der christlichen Botschaft an die Menschen geht es nicht nur um Einzelmenschen, sondern auch um das Reich Gottes als endgültige Bestimmung der Menschheit als ganzer. Die christliche Botschaft macht uns frei für den Dienst am Nächsten. Losgelöst von einem eigennützigen Leben können wir die *Gaben Gottes, die er uns im Prozess der Säkularisation geschenkt hat*, so gebrauchen, dass wir nicht uns und andere zum Opfer machen. Technische Fähigkeiten, wissen-

---

112. *Müller-Krüger* (Hg.) (1964): In sechs Kontinenten, 9.
113. *Müller-Krüger* (Hg.) (1964): In sechs Kontinenten, 157-163.
114. *Müller-Krüger* (Hg.) (1964): In sechs Kontinenten, 158.
115. *Müller-Krüger* (Hg.) (1964): In sechs Kontinenten, 159-160. Herv. geändert.

schaftliche Erkenntnis, die neugewonnene Freiheit und die mit Macht ausgestatteten Institutionen bekommen ihren Sinn im Dienst an anderen Menschen.«[116]

Die christliche Sendung stellt sich damit *kooperativ* in den in diesem Sinne positiv verstandenen Prozess der Säkularisierung. *Zielhorizont ist damit nicht mehr primär die Einheit der Kirchen, sondern die Einheit der Menschheit*, wodurch – dies mag man kritisch einwenden – die Grenzen zwischen Heilsgeschichte und Weltgeschichte, zwischen Kirche und Welt zu verschwimmen drohen. Der indische Theologe *M. M. Thomas* verwendete in seinem Vortrag in Mexico City den Begriff des »Säkularökumenismus«, der später zum Schlagwort in der Debatte um das Missionsverständnis werden sollte:

»So bilden wirtschaftliche Entwicklung, soziale Gerechtigkeit und die fundamentalen Menschenrechte das Ziel der neuen Gesellschaft, das man in vielen Völkern setzt, um die eigene Menschenwürde zu erlangen. Jedoch geht eine Frage für unsere Verhandlungen hier noch tiefer: Welches sind die kulturellen und geistigen Grundlagen dieses radikalen sozialen Umbruchs? [...] So befinden wir uns also auf der Suche nach einer sozialen Weltanschauung, die von Fortschritt, sozialer Gerechtigkeit und individueller Freiheit nicht nur als Idealen spricht, sondern ein Gespür für ihren inneren Zusammenhang mit der endgültigen Natur und Bestimmung des Menschen und einer endgültigen Sinngebung der Geschichte hat. [...] dieses Suchen nach ethischen und tragenden Kräften wahrer Humanität [...] greift auch in wachsendem Maße auf die Beziehungen zwischen den Nationen, Völkern und Weltkulturen als ein wichtiger Faktor über. [...] Diese ›weltliche ökumenische Bewegung‹ mag zwar erst am Anfang stehen; aber sie bildet bereits eine echte Bewegung menschlicher Solidarität, die wir als neuen Faktor von nicht geringer Tragweite in der heutigen Welt berücksichtigen müssen. [...] Wenn wir an unsere ökumenische Mission denken, dann bleibt uns nichts anderes als die Frage: Wie verhalten sich die weltliche und die christliche ökumenische Bewegung zueinander? Wie lautet das besondere christliche und missionarische Zeugnis angesichts und inmitten des weltlichen Ökumenismus?«[117]

Es ist interessant zu beobachten, wie ungebrochen in den Zeugnissen der Konferenz ein Denkmodell des Fortschritts und der Herrschaft verwendet wird. Die Beherrschung der Welt führe, so die These, zu einem Mehr an Freiheit und, so kann man folgern, zu einen Mehr an Entwicklung. Der Optimismus der 1960er Jahre erscheint hier noch ungebrochen. Diese Linie wird sich, wie zu zeigen sein wird, bis zur Vollversammlung des ÖRK in Uppsala im Jahre 1968 durchhalten.

In Sektion III wird mit dem Thema *Das Zeugnis der Gemeinde in der Nach-*

---

116. *Müller-Krüger* (Hg.) (1964): In sechs Kontinenten, 162.
117. *M. M. Thomas* (1964): »Die Welt, in der wir Christus predigen«, in: Müller-Krüger (Hg.), In sechs Kontinenten, 28-29. Zum Thema und Begriff »Säkularökumenismus« vgl. Lutherische Monatshefte (4), 1970, 185 ff. und Una Sancta (2), 1970, 99 ff.

5. Neu Delhi bis Uppsala – Kirchen, Missionen und Dekolonisierung (1961-1968) 115

barschaft ein *neues* Feld der Reflexion bearbeitet. Weltmission im Sinne kulturüberschreitenden Einsatzes und Mission vor Ort, im deutschen Kontext oft als »Volksmission« oder »Innere Mission« bezeichnet, kommen hier zusammen. Eine Kirche, die an jedem Ort missionarisch ist, muss damit ihre unmittelbare Nachbarschaft mit einbeziehen. Den Kontexten der Nachbarschaft soll durch »zellenartige Gruppen«, durch neue Gemeindeformen und das Vordringen in »die entscheidenden Strömungen des modernen Lebens« Rechnung getragen werden.[118] Wiewohl eine neue Thematik, wird das Thema nicht vor dem Hintergrund der Frage eines kulturellen Kontextes und der Hermeneutik der Kultur angegangen, sondern eher in soziologischer Perspektive.

Betrachtet man die Diskussionen und Erklärungen von Mexico City, so zeigt sich deutlich, dass diese Konferenz im Wesentlichen durch das Paradigma einer Fortschrittsgeschichte gekennzeichnet ist, das sich durch die Begriffe Entwicklung und Säkularisierung weiter charakterisieren lässt.

Die Welt wird als in einem durch die wirtschaftlich-technischen Entwicklungen bedingten *Modernisierungsprozess* gesehen, der, so die Annahme, nach und nach auch zu einer Modernisierung derjenigen Gesellschaften – vor allem des Südens – führen wird, die noch am Anfang dieser Entwicklung stehen. Wenn diese Gesellschaften, so die weitere implizite These, den Modernisierungsprozess *nachholen werden*, so werden sie dabei einen *ähnlichen Verlauf* nehmen, wie die westlichen Industriegesellschaften. Daher wird zum einen das Thema der *Entwicklung* von Bedeutung, verstanden als *Hilfestellung, um beim Prozess der Modernisierung aufzuschließen*. Andererseits wird die für den Westen attestierte *Säkularisierung auch für die anderen Gesellschaften erwartet*, so dass als Kontext der Mission das Säkularisierungsparadigma dominant bleibt. Für das Thema von Mission und interreligiösem Dialog bleibt daher die Perspektive beschränkt auf Fragen des Zeugnisses im unmittelbaren Gegenüber zu Menschen anderer Religionen, für die Thematik des Zeugnisses in der Nachbarschaft dominiert ebenfalls die *Orientierung an sozial-gesellschaftlichen Kontexten*, nicht jedoch kommt die Frage der *kulturellen Identitäten* in den Blick.

Die Vision einer sich durch wirtschaftlich-technische Entwicklungen vereinheitlichenden Weltgesellschaft verstellt den Blick für die Diversität und Ungleichzeitigkeit verschiedener kultureller Muster. Es dominiert – aufs Ganze gesehen – die Perspektive der westlichen Kirchen, wohingegen die Perspektive der Kirchen des Südens marginal bleibt. Auch die Beiträge der Vertreter der Orthodoxen Kirchen bleiben in ihrer Andersartigkeit ohne große Wirkungen.

118. *Müller-Krüger* (Hg.) (1964): In sechs Kontinenten, 171.

5.5 Vollversammlung des ÖRK in Uppsala (1968) – Mission und Säkularisierung

Die Vollversammlung des Ökumenischen Rates der Kirchen in Uppsala stellt zugleich einen Höhepunkt und einen Wendepunkt nicht nur in der Frage der Missionstheologie dar. Die aufs Ganze gesehen optimistische Sicht der Geschichte und mit ihr der Mission, wie sie in Mexico City im Jahre 1963 beschrieben worden war, setzte sich einerseits fort, andererseits jedoch brachten sich während des Jahrzehnts auch deutlich kritischere Stimmen zu Gehör. Bei der *Weltkonferenz für Kirche und Gesellschaft* im Jahre 1966 in Genf etwa kam es auf ökumenischer Ebene zu Differenzen zwischen Vertretern eines Entwicklungsmodells, das einem an technischem und wirtschaftlichem Fortschritt orientierten Modernisierungsdenken verpflichtet war und solchen, die die qualitative Veränderung von Machtstrukturen forderten und einem revolutionären Modell von Entwicklung anhingen. In Uppsala im Jahre 1968 waren zwar beide Lager vertreten, dennoch überwog hier ein letztes Mal das Modell der Fortschrittsgeschichte.

Die Vollversammlung stand unter der Losung *Siehe ich mache alles neu.* In insgesamt sechs Sektionen wurden folgende Fragen diskutiert: *Der Heilige Geist und die Katholizität der Kirche; Erneuerung in der Mission; Wirtschaftliche und soziale Weltentwicklung; Auf dem Wege zu Gerechtigkeit und Frieden in internationalen Angelegenheiten; Gottesdienst* sowie *Auf der Suche nach neuen Lebensstilen.*[119] Wenden wir uns der Sektion II mit dem Thema *Erneuerung in der Mission* zu.[120] Folgende Kennzeichen missionstheologischen Denkens lassen sich erkennen: Eine *universalgeschichtliche Perspektive.* Noch immer herrscht ein universalgeschichtliches Denken vor. Die Welt wird, trotz mancher Rückschläge, als ein sich durch die Kräfte der Modernisierung und der Säkularisierung in Richtung auf die Einheit der Menschheit hin entwickelnder Prozess betrachtet. *Kooperative Ekklesiologie:* Kirche ist als »Kirche für andere« in ihrer Mission gehalten, sich innerhalb dieses Prozesses an die Seite der Menschen zu stellen. Die Säkularisierung bietet der missionarischen Kirche die Chance, ihre gesellschaftliche Relevanz neu zu erweisen. Dazu muss sie bereit sein, die prioritären »Bereiche der Mission« in den Blick zu nehmen, etwa die »Machtzentren«, die Bereiche der »Verstädterung« und »Industrialisierung«, der »Universität« (in den außereuropäischen Ländern wurden in den 1960er- bis 1980er Jahren eine Fülle neuer Universitäten gegründet), der

---

119. Vgl. Bericht aus Uppsala 1968, Offizieller Bericht über die vierte Vollversammlung des ÖRK, Uppsala 4.-20. Juli 1968, hg. von N. Goodall, Dt.e Ausgabe besorgt von W. Müller-Römheld, Genf, V.
120. Bericht aus Uppsala, 26-36.

5. Neu Delhi bis Uppsala – Kirchen, Missionen und Dekolonisierung (1961-1968)

»Revolutionären Bewegung«, der »Vorstädte und Landgebiete«, aber auch die Kirchen selbst, die zu einer neuen Offenheit ihrer Strukturen und Formen finden müssen.[121]

Missio Dei als Leitvorstellung: Der Leitgedanke, dass in der Missio Dei das Handeln Gottes der ganzen Welt gilt, wird auch in Uppsala zum theologischen Angelpunkt, wenn es heißt: »Die Kirche wagt es, von sich selbst als dem Zeichen der zukünftigen Einheit der Menschheit zu sprechen.«[122] *Der neue Mensch als Missionsziel:* In Uppsala wird das verheißungstheologische Modell weitgehend übernommen. Spezifisch ist indes das vertiefte Verständnis des Missionszieles, wenn es heißt:

> »Die Sendung Gottes, an der wir teilhaben, muss heute als Gabe einer neuen Schöpfung beschrieben werden, die eine radikale Erneuerung der alten ist, als Einladung an die Menschen, in ihr volles Menschsein in dem neuen Menschen Jesus Christus hineinzuwachsen. [...] Jesus Christus, der Fleischgewordene, der Gekreuzigte und Auferstandene ist der neue Mensch. (...) In der Auferstehung Jesu wurde eine neue Schöpfung geboren. In ihr ist das letzte Ziel der Geschichte – Christus als das neue Haupt der Menschheit, in dem alle Dinge zusammengefasst werden – zugesichert worden.«[123]

Mehr und mehr rückt die kritische Frage nach der Identität der missionarischen Kirchen in den Vordergrund. Ist die kulturelle Anpassung der Kirchen in der westlichen Welt nicht schon zu weit fortgeschritten, so dass deren kritischer Impuls gegenüber diesen Gesellschaften verloren zu gehen droht?[124] Darüber hinaus werden Fragen immer lauter, die das Verhältnis des missionarischen Handelns innerhalb einer Säkularökumene humanisierender Bewegungen betrifft. Missionstheologisch wird dies zugespitzt auf die Frage nach der horizontalen Dimension der christlichen Botschaft einerseits und der vertikalen Dimension andererseits. *Willem Visser't Hooft* (1900-1985) gibt in seinem Vortrag zum Thema *Der Auftrag der ökumenischen Bewegung* zu bedenken:

> »Ein Christentum, das seine vertikale Dimension verloren hat, hat sein Salz verloren und ist dann nicht nur in sich selbst fade und kraftlos, sondern auch für die Welt unnütz. Hingegen würde ein Christentum, das infolge einer Konzentration auf die vertikale Dimension seine Verantwortung für das Gemeinschaftsleben

---

121. Bericht aus Uppsala, 29-31.
122. Bericht aus Uppsala, 15.
123. Bericht aus Uppsala, 26-27.
124. Bericht aus Uppsala, 92, 97: »Wie kann in einer Überflussgesellschaft ein Christ wahrhaft mit denen solidarisch leben, die nicht wissen, wann und was ihre nächste Mahlzeit sein wird? [...] Kein Lebensstil kann christlich genannt werden, der gegenüber dem Leiden anderer Menschen indifferent ist [...] Wo ein deutlicher Protest gegen das selbstsüchtige Anhäufen von Reichtum aufbricht, wo ein Fremder als Kollege anerkannt und als Nachbar begrüßt wird, wo Menschen für die Rechte von Minderheiten einstehen – dort finden wir in unserer Zeit Botschafter der Versöhnung.«

vernachlässigen würde, die Inkarnation verleugnen, die Liebe Gottes zur Welt, die sich in Christus dargestellt hat.«[125]

Dennoch wurde nach Meinung etlicher Teilnehmer/innen und vieler insbesondere evangelikaler Beobachter von Uppsala die horizontale Dimension deutlich überbewertet. Dagegen richtete sich Protest, der sich bereits auf der Konferenz der Evangelikalen von Wheaton (USA) im Jahre 1966 auf internationaler Ebene artikuliert hatte und auf der Konferenz von Berlin im Jahre 1968 wiederholte. Die deutsche *Frankfurter Erklärung zur Grundlagenkrise der Mission* aus dem Jahre 1971 ist ein weiteres Dokument, das kritisch auf die missionstheologischen Entwicklungen innerhalb des ÖRK Bezug nimmt.[126]

---

125. Bericht aus Uppsala, 329-341, 335.
126. *Frankfurter Erklärung zur Grundlagenkrise der Mission*, in: Ev. Mission, Jahrbuch 1971, 121-127.

6. Ökumeniker und Evangelikale – Kontroversen der 1970er Jahre (1968-1979)

Die missionstheologischen Auseinandersetzungen spitzten sich zu Beginn der 1970er Jahre deutlich zu und führten dazu, dass mit der 1974 begründeten *Lausanner Konferenz für Weltevangelisation* der evangelikalen Sicht, trotz der im einzelnen auch hier gegebenen Pluralität, eine international sehr deutlich hörbare Stimme gegeben wurde. Dem war die achte Weltmissionskonferenz vorausgegangen, die vom 27. Dezember 1972 bis zum 12. Januar 1973 in Bangkok (Thailand) stattgefunden hatte.[127] Von der 326 Delegierten, Beratern und Beobachtern kamen etwas mehr als die Hälfte aus Ländern der so genannten Zwei-Drittel-Welt.[128]

6.1 Die weltpolitische Lage der 1970er Jahre

In Bangkok ist von dem Optimismus der 1960er Jahre nicht mehr viel zu spüren. Hatte es noch 1966 bei der *Weltkonferenz für Kirche und Gesellschaft* in Genf geheißen: »Mit Nachdruck unterstützt die Kirche den konstruktiven Gebrauch der Technik und die Entwicklung der Verstädterung als Mittel der Befreiung der Menschheit«[129], so tritt in Bangkok allgemeine Ernüchterung ein. Der Umschwung wird in einem Text des lateinamerikanischen Befreiungstheologen *Rubem Alves* (geb. 1933) in der ihm eigenen Zuspitzung treffend zusammengefasst:

> »Das soziale Denken der ökumenischen Bewegung während der letzten zwanzig Jahre war gekennzeichnet durch eine radikale Abwendung von der missionarischen Redeweise. Seine Hauptthemen waren ›Kirchen im raschen sozialen Umbruch‹, die Auswirkungen der Technik, der Urbanisierungsprozess, Entwicklung, Säkularisierung und Revolution. Technik, so wurde gesagt ist die säkularisierte Form des Christus in der heutigen Welt. Sie verspricht unter anderem, eine Welt des Überflusses zu schaffen. Das Gespenst der Unterentwicklung und des Hungers ist nicht mehr so bedrohlich. Darüber hinaus hat die Technik die Macht, in jene statischen, ahistorischen Situationen hineinzugehen, uralte Formen sozialen Organisation zu durchbrechen und damit jene Gesellschaften zu zwingen, in den

---

127. Es handelte sich dabei zugleich um eine Vollversammlung der *Kommission für Weltmission und Evangelisation* des ÖRK. Vgl. den konferenzband: *Ph. Potter* (Hg.) (1973): Das Heil der Welt heute. Ende oder Beginn der Weltmission?, Dokumente der Weltmissionskonferenz Bangkok 1973, dt. Ausgabe besorgt von Th. Wieser, Stuttgart / Berlin.
128. *D. Werner* (1993): Mission für das Leben, o. a., 119-124; 200-206; 307-313.
129. Zit. nach *D. Werner* (1993): Mission für das Leben, 109.

Strom der Geschichte einzutreten. Durch Säkularisierung und Revolution würden kulturelle und politische Idole zerstört, und die Welt könnte dann auf eine neue Zukunft zuschreiten, die ohne absolute Werte und frei für Experimente wäre.
Diese Redeweise war von einem unbeschwerten Optimismus beherrscht, der ganz nach dem Geschmack westlichen Denkens war. Man wollte uns glauben machen, wir lebten in einem Augenblick des Exodus, und die Kirche könne und solle an der Spitze der zu erwartenden kosmischen Umwandlung stehen. Ein Christ zu sein, bekehrt zu sein wurde entsprechend damit identifiziert, dass man auf der Seite der neuen Zukunft stand.
In Bangkok begegneten wir jedoch einer völlig anderen Stimmung. Optimismus? Davon habe ich nichts bemerkt. Die Konferenz war gekennzeichnet von dem Refrain ›Aus der Tiefe rufe ich, Herr, zu dir‹, der bei fast jeder gottesdienstlichen Gelegenheit wiederholt wurde.«[130]

Die hier geschilderte Ernüchterung hatte sicherlich mehrere Gründe: *Ökologisches Krisenbewusstsein:* Eine grundsätzliche Kritik an wirtschaftlich-industriellen Produktionsformen äußerte der Bericht des *Club of Rome* aus dem Jahre 1972. Weltweit anerkannte Wissenschaftler wiesen darauf hin, dass die gegenwärtige Form der industriell-technischen Weltwirtschaft binnen kurzem zum restlosen Verbrauch etlicher Rohstoffe und zu einem Kollaps des globalen Ökosystems führen werde. *Hungerkatastrophen:* Dass das dramatische Bevölkerungswachstum einerseits und die Zunahme von Wüstengebieten andererseits gewaltige Probleme darstellten, zeigte sich deutlich in den Hungerkatastrophen der frühen siebziger Jahre. So starben z. B. im Jahre 1974 in Äthiopien vermutlich mehr als eine Million Menschen den Hungertod. *Gerechtigkeitsforderungen:* Im selben Jahr 1974 forderten die blockfreien Staaten eine neue und gerechtere Weltwirtschaftsordnung, die die Dominanz des Nordens einschränken und dem Süden mehr Partizipationsmöglichkeiten bieten sollte. *Kriegshandlungen:* Die Zahl der kriegerischen Auseinandersetzungen hatte in diesen Jahren stark zugenommen, Folge auch revolutionärer Bewegungen weltweit. Es etablierten sich in vielen Staaten – insbesondere Lateinamerikas – Militärdiktaturen (etwa 1968 in Bolivien, Brasilien und Peru,

---

130. *Rubem Alves* fährt fort: »Was ist aus den Verheißungen der vergangenen zwanzig Jahre geworden? Wir beginnen erst jetzt zu erkennen, dass irgendetwas schief gegangen ist. Die raschen sozialen Wandlungen haben das kulturelle Gefüge der nicht-westlichen Völker zerstört und gleichzeitig damit auch ihr Gefühl für persönliche Identität und gemeinschaftliche Bestimmung. Die Urbanisierung als Kind der Industrialisierung hat die Großstädte zur Hölle gemacht. Die Technik bedroht die Welt mit einer ökologischen Katastrophe und hat den Mächtigen neue und teuflische Mittel der Zerstörung in die Hand gegeben. Sicher hat die Säkularisierung viele unserer religiösen Götter zerstört, sie hat aber nichts dazu beigetragen, unsere politischen Dämonen zu vertreiben.« R. A. *Alves* (1973): Mission in einem apokalyptischen Zeitalter, in: Ph. Potter (Hg.), Das Heil der Welt heute, 244.

1973 in Chile usw.), in denen Menschenrechtsverletzungen, Folter und Morde an der Tagesordnung waren. In vielen Regionen wurden im Zuge des Ost-West-Konfliktes Stellvertreterkriege ausgefochten einerseits zwischen Staaten, die dem Warschauer Pakt nahe standen und andererseits solchen, die mit westlichen Ländern freundschaftliche Beziehungen unterhielten. Der *Ölschock:* Die Ölproduktion war erst während der 1960er Jahre in die Hände arabischer Staaten übergegangen. Diese nutzten in der so genannten »Ölkrise« des Jahres 1973 die Abhängigkeit des Westens als politisches Druckmittel, indem sie zeitweise die Produktion einstellten. Dies demonstrierte eindrücklich, wie krisenanfällig die Weltwirtschaft war.

6.2 Achte Weltmissionskonferenz in Bangkok (1973) – Stichwort ›Heil der Welt heute‹

Die Konferenz von Bangkok stand unter dem Motto *Das Heil der Welt heute*.[131] Methodisch wollte man von den Erfahrungen der Teilnehmer/innen her ein Austausch suchen, weshalb eine Anzahl von Hauptreferaten – wie bei anderen Konferenzen – nicht vorgesehen war. Als Vorträge sind nur der Hauptvortrag von dem indischen Theologen *M. M. Thomas* und der Rechenschaftsbericht des Direktors, *Philipp Potter,* zu nennen. Statt der Vorträge wurde in Arbeitsgruppen der »riskante[] Prozess einer Gruppendynamik« unternommen.[132] Der bereits zitierte *Rubem Alves* fasst seine Eindrücke zur Atmosphäre von Bangkok wie folgt zusammen:

> »Die Konferenz von Bangkok war erfüllt von Empörung und Ärger derer, die kolonial-missionarischer Herrschaft unterworfen waren, und von den Schuldgefühlen derer, die die westliche wirtschaftliche, politische und ideologische Invasion der Dritten Welt unterstützt haben. Ab und zu hatte man den Eindruck, dass dies eine Art sado-masochistischer Komplex geworden war, wobei Unterdrücker und Unterdrückte mittels sprachlicher Rituale die harten Realitäten des Sklave-Herr-Verhältnisses bewältigten, das kennzeichnend für ihre gemeinsame Vergangenheit war.«[133]

---

131. Vgl. *Th. Wieser* (1973): Einleitung, in: Ph. Potter (Hg.), Das Heil der Welt heute, 11-13, 12.
132. *G. Linn* (1973): Ungleichzeitige Zeitgenossen. Reflektionen eines Reflektors über die Rolle der Reflektoren, in: Ph. Potter (Hg.), Das Heil, 235-239, 235. Hatte schon das Vorbereitungsmaterial zur Konferenz im ersten Teil literarische Texte, Lieder usw. zur Thematik von Heils- und Unheilserfahrungen aus verschiedenen Kontexten an den Anfang gestellt, gefolgt von einigen exegetischen Beiträgen zum Thema Heil im Alten und im Neuen Testament, so wurde bei der Konferenz in den Arbeitsgruppen zu dieser Thematik zwischen den Vertretern/innen aus den verschiedenen Kontexten gerungen.
133. *R. A. Alves* (1973): Mission in einem apokalyptischen Zeitalter, in: Ph. Potter (Hg.), Das Heil, 241-246, 243.

Der Versuch, von den Erfahrungen der Menschen her auszusagen, was das Heil in einer konkreten Situation der Gegenwart in einem bestimmten Kontexte meine, wurde in Sektion I zum Thema *Kultur und Identität* mit folgenden Worten umschrieben:

> »Wahre Theologie schließt die Reflexion von Erfahrung ein, Erfahrung der christlichen Gemeinschaft an einem bestimmten Ort und zu einer bestimmten Zeit. Sie wird deshalb ›Theologie im Kontext‹ sein; sie wird praktisch anwendbare und lebendige Theologie sein, die billige Verallgemeinerungen ablehnt, weil sie zu und aus einer bestimmten Situation spricht.«[134]

In den drei Sektionen der Konferenz wurde in diesem Sinne nach den Zusammenhängen von *Kultur und Identität* (Sektion I) gefragt, nach *Heil und soziale Gerechtigkeit* (Sektion II) sowie der *Erneuerung der Kirchen in der Mission* (Sektion III). Es geht um die *Ganzheitlichkeit des Heils*, was besonders in Sektion II der Konferenz Gegenstand der Diskussionen war. Dort heißt es, es sei die »Aufgabe, über das Verhältnis der Taten Gottes für das Heil zu dem weltweiten Kampf um soziale Gerechtigkeit nachzudenken«.[135] Im Sektionsbericht wird ein *typisches Motiv der Konferenz* greifbar, dass in anderen Formulierungen immer wieder auch an anderen Stellen zu finden ist. *Mit Lk 4,18-19 wird die Sendung Jesu in Kraft des Heiligen Geistes zu den Armen, Gefangenen und Blinden als missionstheologischer Grundtext an den Anfang gestellt.*[136] Jesus, der Christus, ist gesandt zu den Armen und Entrechteten, in ihm setzt das Erlösungswerk ein, an dem nach seiner Kreuzigung und Auferstehung auch die Jüngerinnen und Jünger auf ihre Weise mitwirken sollen. Der Sektionsbericht fährt fort:

> »In ihm rückt das Reich Gottes und der freien Menschen nahe. Der Glaube an Christus weckt im Menschen schöpferische Freiheit zum Heil der Welt. Wer sich Gottes Auftrag entzieht, entzieht sich dem Heil.«[137]

Als im Befreiungskampf beteiligt, wird die Kirche demnach verstanden »als Katalysator für Gottes Erlösungswerk in der Welt«.[138] Immer wieder wird von Heil als einem »Erlösungsprozess« gesprochen, wobei der Heilsbegriff analytisch in vier Dimensionen aufgegliedert wird:

---

134. *Ph. Potter* (Hg.) (1973): Das Heil der Welt heute, 181-182.
135. *Ph. Potter* (Hg.) (1973): Das Heil der Welt heute, 196.
136. Lk 4,18-19: »Der Geist des Herrn ist auf mir, weil er mich gesalbt hat, zu verkündigen das Evangelium den Armen; er hat mich gesandt, zu predigen den Gefangenen, dass sie frei sein sollen, und den Blinden, dass sie sehen sollen, und den Zerschlagenen, dass sie frei und ledig sein sollen, zu verkündigen das Gnadenjahr des Herrn.«
137. Sektionsbericht II, in: *Ph. Potter* (Hg.) (1973): Das Heil der Welt heute, 197.
138. *Ph. Potter* (Hg.) (1973): Das Heil der Welt heute, 198.

»1. Das Heil wirkt im Kampf um wirtschaftliche Gerechtigkeit gegen die Ausbeutung des Menschen durch den Menschen. 2. Das Heil wirkt im Kampf um die Menschenwürde gegen politische Unterdrückung durch Mitmenschen. 3. Das Heil wirkt im Kampf um Solidarität gegen die Entfremdung der Menschen. 4. Das Heil wirkt im Kampf um die Hoffnung gegen die Verzweiflung im Leben des einzelnen.«[139]

Alle vier Dimensionen dieses *Kampfes* hängen miteinander zusammen, wobei je nach Kontext die eine oder andere Dimension größeres Gewicht erlangen kann. Je nach örtlicher Situation kann die *Heilserfahrung von Menschen* variieren, so dass von einer *Kontextualität des Heilsbegriffes* ausgegangen wird. Missionarisches Handeln verlangt eine Aufmerksamkeit für diese Dimensionen. Im Sektionsbericht der Sektion II heißt es darum weiter:

»Niemand kann in einer gegebenen Situation alles zugleich tun. Es sind vielerlei Gaben und vielerlei Aufgaben, aber es ist *ein* Geist und *ein* Ziel. In diesem Sinne lässt sich beispielsweise aussagen, Heil bedeutet Friede für das Volk von Vietnam, Unabhängigkeit für Angola, Gerechtigkeit und Versöhnung in Nordirland und Befreiung aus den Fesseln der Macht der nordatlantischen Gemeinschaft, Umkehr von einzelnen zur Hoffnung, wenn eine unterdrückte Gesellschaft die Freiheit erlangt, neue Lebensformen inmitten von kollektivem Egoismus und Lieblosigkeit.«[140]

Wie ein Fazit heißt es an anderer Stelle: »Das Heil, das Christus brachte und an dem wir teilhaben, bietet uns ganzheitliches Leben [...]. Wir begreifen das Heil als Erneuerung des Lebens – als die Entfaltung wahrer Menschlichkeit«.[141]

An dieser Stelle mag eine missionstheologische Zwischenbilanz angebracht sein. Es wird deutlich, dass in Bangkok 1973 eine neue Atmosphäre zu spüren ist, dass sich eine andere Zusammensetzung der Akteure geltend macht und damit auch eine andere Sprache. Die Krisenhaftigkeit der frühen siebziger Jahre steht dem Optimismus der Sechziger gegenüber, die Mehrheit der Vertreter aus der Zweidrittelwelt tritt an die Stelle der Dominanz von Vertretern aus dem Norden, die Sprache eines technisch-entwicklungsbezogenen Fortschrittsoptimismus' wird ersetzt durch die Sprache einer Dialektik von Unterdrückern und Unterdrückten. Es schlägt in Bangkok die Stunde der Dritten Welt. *Ganzheitlich-kontextueller Heilsbegriff:* Als Inhalt der christlichen Mission wird ein in seinem Bedeutungsgehalt breit angelegter Heilsbegriff verwendet. Einig ist man sich darin, dass das Heil durch das Erlösungswerk Jesu Christi bedingt ist, dass es jedoch, und hier weitet sich die Perspektive, je nach

---

139. *Ph. Potter* (Hg.) (1973): Das Heil der Welt heute, 198.
140. *Ph. Potter* (Hg.) (1973): Das Heil der Welt heute, 199.
141. *Ph. Potter* (Hg.) (1973): Das Heil der Welt heute, 197.

Kontext durchaus anders erfahren werden kann. Die Pluralisierung und Kontextualisierung des Heilsbegriffs wirft die Frage auf, von woher der Begriff gefüllt wird. *Kontextuelle missionarische Hermeneutik:* Mission kann demnach nur kontextuell im Hören auf das geschehen, was sich aus den lokalen Kontexten für das Heilsverständnis ergibt. Was der Auftrag ist, ergibt sich ebenso aus der Situation, wie die Antwort auf die Frage, welchen genauen Inhalt der Begriff »Heil« für Menschen in einer bestimmten Situation haben kann. Hier wird eine deduktive Hermeneutik abgelehnt, die die ewig gleichen biblischen Verkündigungsinhalte nur in eine Situation meint »übersetzen« zu müssen. Eine deduktive Hermeneutik wird in Bangkok durch eine *induktive Hermeneutik* ersetzt.

Konflikt-dialektische Geschichtsdeutung: Mit dem Ende und gleichzeitig dem Scheitern der ersten Entwicklungsdekade der UNO wird auch das Entwicklungsparadigma in Frage gestellt. Anstelle der Hoffnung, die so genannte Dritte Welt könne durch Entwicklungsgelder dazu gebracht werden, die gleichen technisch-industriellen und dann auch gesellschaftlich-politischen Prozesse zu durchlaufen wie der Westen, um dann den Anschluss an die entwickelten Länder zu bekommen, tritt nun die Erkenntnis, dass Geschichte nicht evolutiv, sondern konfliktiv geschieht. Anstelle des Entwicklungsmodells tritt das Modell des Befreiungskampfes in seinen verschiedenen Ausformungen bis hin zum Gedanken von Revolutionen. *Bekehrung und Umkehr:* Mit dem Heilsbegriff wird auch der Begriff der Umkehr neu gefasst.[142] Eine individualistische Verengung wird zugunsten eines weit gefassten Verständnisses zu vermeiden gesucht. Damit steht Bangkok in einer Linie, wie sie sich schon bei der Vollversammlung des ÖRK in Uppsala herausgebildet hatte.[143] Bekehrung wird als Umkehr kontextuell verstanden, es geht dabei auch um die Umkehr von ganzen Menschengruppen gegen die *Sünde von Unrechtsstrukturen* und Verstrickung in Macht, Korruption oder Ausbeutung. Umkehr zielt demnach zugleich auf eine Umkehr zu Christus als dem Erneuerer des Lebens und Umkehr als Einsatz für eine gerechtere, friedvollere und versöhntere Welt. *Christliche Mission und Humanisierung der Welt:* Der kontextuell gefasste Bekehrungsbegriff ließ einen weiten Raum offen, auch in außerchristlichen und außerkirchlichen Bereichen von Umkehr und Bekehrung zu sprechen. Im Bericht der Sektion I *Kultur und Identität* wird festgestellt:

---

142. Vgl. *Ans van der Bent* (1992): The Concept of Conversion in the Ecumenical Movement. A Historical and Documentary Survey, in: Ecumenical Review (44), 380-390.
143. Vgl. zu Uppsala: Umkehr zu Gott im Dienst am ganzen Menschen. Studiendokument zum biblischen Verständnis der Bekehrung, in: Arbeitsbuch für die Ausschüsse der Vollversammlung. Vierte Vollversammlung des ÖRK, Uppsala 1968, Anhang VII, 271 ff.

»Bekehrung ist ein Phänomen, das sich nicht nur auf die christliche Gemeinschaft beschränkt; es hat seinen Platz auch in anderen Religionen ebenso wie in manchen politischen und ideologischen Gemeinschaften. Es kann verschiedene Formen annehmen. Der Inhalt dieser Erfahrung ist unterschiedlich je nach Person oder nach dem ideologischen System, innerhalb dessen die Person oder Gruppe bekehrt wird.«[144]

Durch diese Ausweitung werden die Grenzen zwischen christlicher Mission und den Humanisierungsbestrebungen anderer Religionen, Weltanschauungen und Gemeinschaften fließend. Was einerseits an dialogischer Offenheit gewonnen wird, zog andererseits die Frage nach sich, worin das spezifisch christliche Profil dann noch bestehen sollte, wenn von Bekehrung auch ohne christologischen Bezug gesprochen werden kann.

6.3 Wirkungen von Bangkok – Was bedeutet ›Heil‹ kontextuell?

In Bangkok lautete eine These, dass es durch die Dominanz des Westens und der christlichen Missionen aus dem Norden zu Abhängigkeitsstrukturen auch im kirchlichen Bereich gekommen sei. Eine Mission jedoch, die der Befreiung der Menschen dienen wolle, müsse auch sich selbst erneuern lassen. Dies schließt die Kirchen ein. Im Sinne des induktiven Zuganges wurde für das missionarische Wirken von Kirchen (1) die Bedeutung der Ortsgemeinde als lokaler Ausgestaltung des christlichen Glaubens betont, (2) die Bedeutung der Laien sowie (3) die Bedeutung der lokal-kulturellen Traditionen für die christliche Identität vor Ort. Gerade die eigenen kulturellen Ausdrucksformen von christlichen Kirchen in Ländern der Zweidrittelwelt werden jedoch durch die bleibende Dominanz westlicher Missionen behindert, so die Analyse. Im Bericht der Sektion III *Erneuerung der Kirchen in der Mission* wird festgestellt: »Die Machtverhältnisse zwischen Missionsgesellschaften in Europa, Nordamerika und Australien und den Kirchen in anderen Gebieten spiegeln das wirtschaftliche Gefälle zwischen den betreffenden Nationen wider.« Der Begriff Macht sei mit Kirche unvereinbar, so dass es darum gehe, ein Verhältnis zwischen »mündigen« Kirchen anzustreben.[145] Konkret könnte dies zum Beispiel bedeuten, dass Vertreter der Kirchen des Südens stimmberechtigt in den Gremien der Missionsgesellschaften des Nordens vertreten wären, um gemeinsam die personalen und finanziellen Ressourcen für das missionarische Wirken zu verwalten. Es könnte zum anderen bedeuten, mehr Mitarbeitende aus dem Süden in Kirchen des Nordens zur Arbeit einzuladen,

---

144. *Ph. Potter* (Hg.) (1973): Das Heil der Welt heute, 183.
145. *Ph. Potter* (Hg.) (1973): Das Heil der Welt heute, 215.

um der Sendung aus dem Norden auch eine missionarische Sendung aus dem Süden an die Seite zu stellen, so dass aus einer »Westmission« nun endgültig eine »Weltmission« würde, aus dem Einbahnverkehr ein Zweibahnverkehr. Kirchen würden sich dann als weltökumenische missionarische Gemeinschaft verstehen lernen.[146]

Die Sektion sah sich von diesem Ziel noch weit entfernt und formulierte daher andere Denkoptionen, darunter die Möglichkeit eines *Moratoriums:*

>»Wir prüften auch radikalere Lösungen, wie den kürzlich eingebrachten Vorschlag, während einer bestimmten Zeit die Entsendung von Personal und Geld einzustellen. Die ganze Debatte um dieses ›Moratorium‹ entstand nur, weil es uns nicht gelungen ist, Beziehungen zueinander zu entwickeln, die nicht eine Seite herabsetzen. Das ›Moratorium‹ gäbe der Empfängerkirche Gelegenheit, ihre Identität zu entdecken, ihre Prioritäten selbst festzulegen und innerhalb ihrer eigenen Gemeinschaft die zur Erfüllung ihrer authentischen Sendung nötigen Mittel ausfindig zu machen. Gleichzeitig könnte auch die Senderkirche ihren Standort in der gegenwärtigen Situation neu bestimmen.«[147]

Allerdings wurde kein flächendeckendes Moratorium erwogen, sondern ein für bestimmte Kontexte und zeitlich begrenztes Moratorium angedacht.

Zusammenfassend kann man feststellen: In Bangkok ist zwar der *verheißungsgeschichtliche Ansatz* nach wie vor wirksam, jedoch *nun durch die befreiungstheologische Betonung von Heil* als eines auch immanenten Erlösungsprozesses aufgeladen, ein Ansatz, der immer wieder mit dem Begriffsinstrumentarium von *Unterdrückung, Macht und Machtmissbrauch, Entfremdung, Kampf* und *Befreiung* umschrieben wird. Missionstheologie muss demnach (1) *praxisbezogen-induktiv* betrieben werden: Theologie entsteht nicht am Schreibtisch, sondern aus der Teilnahme am Kampf für die Befreiung der Menschen zu ganzheitlichem Heil hin. (2) *Erfahrungsbezogen-emphatisch:* Theologie entsteht damit aus dem Erfahrungshorizont von Menschen heraus, aus ihrer leidvollen Situation und ihrem Engagement. (3) *Politisch-positionell:* Theologie kann es aus der Erfahrungsbezogenheit nur geben, wenn sie an den politischen Auseinandersetzungen teilnimmt und in ihnen an der Seite der Entrechteten und Unterdrückten Stellung bezieht.[148] (4) *Kontextuell-*

---

146. Dieses Konzept wurde mittlerweile durch eine Reihe von Missionen umgesetzt, die sich zu *Gemeinschaften von Kirchen in der Mission* transformiert haben.
147. Ph. Potter (Hg.) (1973): Das Heil, 216.
148. Der Einfluss der *Befreiungstheologien* wird an vielen Stellen deutlich benannt. Im Bericht der Sektion I etwa heißt es: »»Schwarze Theologie‹ ist für viele Christen ein Ärgernis. Sie entlarvt die traditionelle Theologie (zum Beispiel in Amerika, Großbritannien, Deutschland), die von denselben Christen ohne Bedenken gutgeheißen wird, als ›weiße Theologie‹. Sie ist *weiße* Theologie, weil sich der Westen das Recht angemaßt hat, in allen menschlichen Lebensbereichen die Kriterien festzusetzen für das, was annehmbar oder nicht annehmbar ist. Schwarze Theologie ist deshalb ein Ärgernis, weil sie diesen anma-

lokal: Theologische Begriffe wie »Heil«, »Bekehrung« und »Mission« sind darum selbst kontextuell geprägt und in ihrer Kontextualität zu verstehen. (5) *Ganzheitlich-kooperativ:* Christliche Mission zielt auf das ganzheitliche Heil und ist darum nicht exklusiv daran interessiert, christliche Gemeinde und Kirche zu begründen oder zu erweitern, sondern kooperativ mit Menschen anderer Religion und Weltanschauung im gesellschaftlichen Befreiungsprozess zusammenzuwirken.

Es wird deutlich, dass das alte Konzept der *einen* Geschichte, und sei es die *eine* Heilsgeschichte, nun zu einem Ende gekommen ist. Es geht nicht mehr um die eine Geschichte, in der das Wirken Gottes mit geschichtlichen Entwicklungen, wie etwa in den 1960er Jahren mit der Säkularisierung als einem überwiegend lebensförderlichem Prozess, identifiziert werden kann. *An die Stelle der einen Geschichte tritt nun die Vielzahl der Geschichten von Menschen in ihren verschiedenen Kontexten, die Ungleichzeitigkeit dieser Menschen und ihrer Kulturen, an die Stelle der einen theologisch-christologischen Geschichtsdeutung tritt die Vielzahl der Regional- und Partikulargeschichten, die Vielzahl der Geschichten von Menschen, in deren Leiden und Unterdrückung, in deren Kulturen und Kontexten Christus als derjenige erwartet wird, der an der Seite der Leidenden, Entrechteten und Ausgegrenzten steht. Mit einem Wort: An die Stelle universalgeschichtlicher Deutungen tritt die befreiungstheologische Frage nach den Geschichten der Unterdrückten.*

Durch diese neuen Sicht wurden jedoch zunehmend auch kritische Stimmen auf den Plan gerufen, die sich schon zur Vollversammlung des ÖRK von Uppsala im Jahre 1968 gemeldet hatten, nun aber, während der Konferenz von Bangkok, vor allem aber in der Zeit nach Bangkok deutlich an Schärfe gewinnen sollten.[149] *(1) Universalität der christlichen Botschaft?* Zunächst wurde gefragt, ob nicht die Betonung der Kontextualität zu einer Verdunkelung der Universalität des christlichen Verkündigungszeugnisses führen musste. War nicht das eine Evangelium zu allen Zeiten und zu allen Orten gleichartig? *(2) Heil als Humanisierung?* Zudem wurde die Frage gestellt, ob nicht die Öffnung des Heilsbegriffes durch die Deutung als Schalom dazu führt, dass die Konturen des Heilsbegriffes verschwimmen. Wenn Heil als Befreiungsprozess und Humanisierung in derselben Fluchtlinie stehen, was

---

ßenden Herrschaftsanspruch zurückweist. Wahre Theologie schließt die Reflexion von *Erfahrung* ein, Erfahrung der christlichen Gemeinschaft an einem bestimmten Ort und zu einer bestimmten Zeit. Sie wird deshalb ›Theologie im Kontext‹ sein; sie wird praktisch anwendbare und lebendige Theologie sein, die billige Verallgemeinerungen ablehnt, weil sie zu und aus einer bestimmten Situation spricht.« Sektionsbericht der Sektion I, in: *Ph. Potter* (Hg.) (1973): Das Heil der Welt heute, 181-182.

149. Vgl. *W. Hering* (1980): Das Missionsverständnis in der ökumenisch-evangelikalen Auseinandersetzung – ein innerprotestantisches Problem, St. Augustin.

zeichnet dann noch das Besondere des Heils aus? *(3) Vernachlässigung der transzendenten Dimension?* Weiter wurde gefragt, ob nicht die Betonung der horizontalen Heilsdimension zu einer Vernachlässigung der vertikalen Dimension führe, nämlich der Versöhnung des Menschen mit Gott. *(4) Ende der Missionen aus dem Norden?* Die Moratoriumsdiskussion ließ die Frage aufkommen, ob nicht von Bangkok aus die Missionen des Nordens grundsätzlich in Frage gestellt würden.

Die genannten Anfragen mögen für eine Fülle kritischer Bemerkungen stehen, die Bangkok zu einer Wasserscheide für die weltweite Missionsbewegung werden ließen. Bedauerlicherweise kam es in der Folgezeit zu einer sehr vereinfachenden Rezeption der Ergebnisse der Weltmissionskonferenz von Bangkok, die mit Schlagworten wie etwa *Ende der Mission, Humanisierung statt Heil, Horizontalismus, Abkehr von der Tradition der Weltmissionskonferenzen (die noch unter der Ägide des internationalen Missionsrates gestanden hatten)* zusammengefasst wurden. International bedeutsam wurden die kritischen Anfragen durch den im Jahre 1974 in der Schweiz stattfindenden *Lausanner Kongress für Weltevangelisation* formuliert. Die sich daraus ergebende Lausanner Bewegung sollte zu einem Sammelbecken evangelikaler Stimmen werden. Hier wurden andere missionstheologische Schwerpunkte gesetzt.

6.4 Protest der Evangelikalen – Lausanner Kongress für Weltevangelisation (1974)

Nicht erst gegenüber den missionstheologischen Aussagen von Bangkok formierte sich der Widerstand evangelikaler Kräfte. Schon in den 1960er Jahren war es zu deutlichen missionstheologischen Anfragen gekommen, die im Folgenden kurz zu resümieren sind.[150] Zunächst ein Rückblick: Die evangelikale Missionsbewegung ist parallel zur ökumenischen Missionsbewegung entstanden.[151] Auf der Weltmissionskonferenz von Edinburgh (1910) waren einige wenige Vertreter evangelikaler Glaubensmissionen anwesend. Dabei blieb es, denn in den Folgejahren waren keine Vertreter dieser Glaubensmissionen mehr auf Weltmissionskonferenzen zugegen. Demgegenüber kam es bereits im Jahre 1917 zu einem Zusammenschluss dieser Glaubensmissionen in den USA, und zwar als *Interdenominational Foreign Missions Association* (IFMA). Im Jahre 1942 wurde – ebenfalls in den USA – die *Nationale Vereinigung Evan-*

---

150. Das gesamte Material zum Lausanner Kongress (1974) findet sich in: *P. Beyerhaus* (u.a.) (Hg.) (1974): Alle Welt soll sein Wort hören. Lausanne Dokumente, 2 Bd.e, Neuhausen-Stuttgart.
151. *B. Brandl* (2003): Mission in evangelikaler Perspektive, in: C. Dahling-Sander u.a. (Hg.), Leitfaden, o.a., 178-199, 187.

gelikaler (NAE) begründet, in der sich besonders die so genannten »Neuen Evangelikalen« sammelten, zu denen so berühmte und prägende Persönlichkeiten wie *Billy Graham* (geb. 1918) aus den USA und *John Stott* (1921-2011) aus Großbritannien gehörten. Zusammen mit der zweiten großen evangelikalen Vereinigung, der *Evangelical Foreign Missions Association* (EFMA)[152] veranstaltete die besagte *Interdenominational Foreign Missions Association* (IFMA)[153] im Jahre 1966 einen Kongress in Wheaton, bei dem 938 Vertreter aus 71 Ländern zusammenkamen, um in Abgrenzung zu Positionen innerhalb des ÖRK die bleibende Bedeutung des Missionsauftrages zu bekräftigen.[154]

In Deutschland kam es im Jahre 1970 zur Veröffentlichung der so genannten *Frankfurter Erklärung zur Grundlagenkrise der Mission*[155], die einen ähnlichen Duktus aufweist wie die Wheaton-Erklärung.[156] Auf Einladung unter anderem von Billy Graham brachte dann der Kongress für Weltevangelisation, der vom 16.-25. Juli 1974 in Lausanne stattfand, etwa 4000 Teilnehmer/innen aus 150 Ländern zusammen. Der Kongress stand unter dem Motto *Alle Welt soll sein Wort hören* und bekräftigte die Notwendigkeit der Weltevangelisation, worunter ausdrücklich die Verkündigung Jesu Christi als des Erlösers verstanden wurde, die durch persönliche Bekehrung und Eingliederung in die Gemeinde zu beantworten sei. Die evangelikale Bewegung gewann mit diesem Kongress eine Plattform, um international als zweite große missionarische Kraft neben den Kirchen des ÖRK wahrgenommen zu werden. Obwohl in Lausanne deutliche Kritik an der Theologie des ÖRK geübt wurde, kam es nicht zu einem Bruch mit der Genfer Ökumene, denn etliche Teilnehmende waren zugleich auch in die Arbeit des ÖRK involviert. Der Begriff »Weltevangelisation«, der in Lausanne anstelle des Begriffes »Mission« verwendet wur-

---

152. Heute: *Evangelical Fellowship of Mission Agencies*.
153. www.ifmamissions.org. Allein über diese beiden Dachverbände sind heute schätzungsweise 70.000 us-amerikanische Missionare/innen vertreten. Dazu kommt die *Association of International Mission Services* (AIMS), in der Missionsgesellschaften mit charismatischer Ausrichtung organisiert sind.
154. *B. Brandl* (2003): Mission in evangelikaler Perspektive, 190. Ebenfalls im Jahr 1966 fand ein mit 1200 Teilnehmern aus 100 Ländern noch größeres Treffen der Evangelikalen in *Berlin* statt, organisiert von Billy Graham und unter dem Motto »One Race, One Gospel, One Task«. Damit war die Stimme der Evangelikalen international deutlich zu Gehör gebracht.
155. Die *Frankfurter Erklärung zur Grundlagenkrise der Mission*, in: Ev. Mission, Jahrbuch 1971, 121-127.
156. Maßgeblich beeinflusst vom Tübinger Missionswissenschaftler *Peter Beyerhaus*, benennt die Erklärung insgesamt sieben unaufgebbare Elemente, die die Mission auszeichnen. Im Gefolge dieser Standortbestimmung entwickelte sich gegenüber der ökumenischen Missionstheologie eine eigenständig evangelikale Missionstheologie in Deutschland, deren bekannteste Vertreter neben *Beyerhaus* die Theologen *Klaus Bockmühl, George Williams Peters, Hans Kasdorf* und *Klaus Müller* waren bzw. sind. Vertreten ist diese Richtung seither in der *Arbeitsgemeinschaft evangelikaler Missionen* (AEM).

de, kann als terminologische Grenzziehung gegen einen als zu unprofiliert empfundenen Missionsbegriff der Genfer Ökumene verstanden werden. Der Kongress erarbeitete ein missionstheologisches Grundlagenpapier, die so genannte *Lausanner Verpflichtung*.

6.5 Die *Lausanner Verpflichtung*, das Minderheitsvotum und Folgekonferenzen

Die *Lausanner Verpflichtung (The Lausanne Covenant)* ist aus einer Vorlage des britischen Missionstheologen *John Stott* (1921-2011) hervorgegangen und wurde im Verlauf der Konferenz wieder und wieder diskutiert und überarbeitet.[157] Dieser Text bietet seither zweifellos die bedeutendste missionstheologische Standortbestimmung von evangelikaler Seite.[158] Im Folgenden sollen nur wenige Punkte hervorgehoben werden.[159]

(a) Primat des Evangeliums gegenüber seinen Kontexten – Hermeneutik. In Abschnitt 10 der Lausanner Verpflichtung zum Thema *Evangelisation und Kultur* wird festgestellt, in der Evangelisation gehe es darum, dass Gemeinden entstehen, die in Christus »gegründet« seien, jedoch andererseits auch »mit ihrer kulturellen Umwelt verbunden sind«. Kultur jedoch wird als ambivalent gesehen, da sie einesteils von Gott erschaffen sei, andererseits jedoch durch menschliche Sünde entstellt werde und manchmal auch »dämonischen Einflüssen« unterliege. Deshalb der vorsichtige Terminus »verbunden«. Zum Evangelium heißt es:

> »Das Evangelium gibt keiner Kultur den Vorrang, sondern beurteilt alle Kulturen nach seinem eigenen Maßstab der Wahrheit und Gerechtigkeit und erhebt absolute ethische Forderungen gegenüber jeder Kultur.«

Damit wird vorausgesetzt, dass es einen kulturunabhängigen bzw. einen transkulturell gültigen und gleichbleibenden Gehalt des Evangeliums gibt,

---

157. Zur Missionstheologie von John Stott vgl.: M. *Mäkelä* (1999): Mission according to John R. W. Scott. A Study with spezial reference to the Ecumenicals and Evangelicals, Åbo.
158. Gerahmt durch eine *Einleitung* und eine *Verpflichtung* gliedert sich der Text in folgende 15 Abschnitte: *1. Der Plan Gottes; 2. Die Autorität der Bibel; 3. Die Einzigartigkeit und Universalität Jesu Christi; 4. Wesen der Evangelisation; 5. Soziale Verantwortung der Christen; 6. Gemeinde und Evangelisation; 7. Zusammenarbeit in der Evangelisation; 8. Gemeinden in evangelistischer Partnerschaft; 9. Dringlichkeit der evangelistischen Aufgabe; 10. Evangelisation und Kultur; 11. Ausbildung und Gemeindeleitung; 12. Geistliche Auseinandersetzung; 13. Freiheit und Verfolgung; 14. Die Kraft des Heiligen Geistes* sowie *15. Wiederkunft Christi*.
159. Im Folgenden wird für Belegstellen durchgehend auf die bereits genannten Abschnitte der Lausanner Verpflichtung (Kürzel: LV) verwiesen.

6. Ökumeniker und Evangelikale – Kontroversen der 1970er Jahren (1968-1979) 131

der allen Kulturen gleichermaßen gegenübersteht. Es wird das *Postulat der Kontextualität* für den *Gehalt der Botschaft des Evangeliums* abgelehnt, wohingegen im *äußerlichen Sinne* eine *Verbundenheit mit der kulturellen Umwelt* als notwendig erachtet wird. Bildlich gesprochen ist damit der Kern des Evangeliums umhüllt durch die Schale kultureller Einkleidung. Dem *Finden* des Evangeliums aus dem jeweiligen Kontext heraus – wie dies Bangkok nahe legt – steht das *Übersetzen* des ewigen Evangeliums in einen Kontext hinein gegenüber, der induktiven Methode von Bangkok eine eher deduktive Methode von Lausanne.

Dieser deduktive Ansatz spiegelt sich im zweiten Abschnitt der Erklärung, in dem unter der Überschrift *Die Autorität der Bibel* die Kontextunabhängigkeit der biblischen Botschaft betont wird:

»Wir bekräftigen die göttliche Inspiration, die gewissmachende Wahrheit und Autorität der alt- und neutestamentlichen Schriften in ihrer Gesamtheit als das einzige geschriebene Wort Gottes. Es ist ohne Irrtum in allem, was es verkündigt, und ist der einzige unfehlbare Maßstab des Glaubens und Lebens.«

Mit dieser Betonung der Irrtumslosigkeit einerseits und der Behauptung, die Bibel sei der »unfehlbare Maßstab des Glaubens und Lebens« wird die Kulturinvarianz des Evangeliums ein weiteres Mal hervorgehoben. Kurz gesagt: *Es kann keine Erkenntnis des Evangeliums aus dem Erfahrungsraum eines bestimmten Kontextes heraus geben, denn die Wahrheit des Evangeliums steht im Vornherein fest. Sie ist nicht aus einem Kontext mit zu erheben, sondern in einen Kontext zu bringen, sie ist nicht zu suchen, sondern zu übersetzen.*

(b) Primat der Evangelisation gegenüber sozialem Handeln – Sozialethik. Im fünften Abschnitt der Lausanner Verpflichtung heißt es unter der Überschrift *Soziale Verantwortung der Christen* unter anderem:

»Wir tun Buße [...], dass wir manchmal Evangelisation und soziale Verantwortung als sich gegenseitig ausschließend angesehen haben. Versöhnung zwischen Menschen ist nicht gleichzeitig Versöhnung mit Gott, soziale Aktion ist nicht Evangelisation, politische Befreiung ist nicht Heil. Dennoch bekräftigen wir, dass Evangelisation und soziale wie politische Betätigung gleichermaßen zu unseren Pflichten als Christen gehören. Denn beide sind notwendige Ausdrucksformen unserer Lehre von Gott und dem Menschen, unserer Liebe zum Nächsten und unserem Gehorsam gegenüber Jesus Christus.«

Es wird deutlich, dass zwischenmenschliche Versöhnung, Sozialaktion und politisches Handeln von Versöhnung mit Gott, Evangelisation und Heil unterschieden wird. Erst danach wird die Zusammengehörigkeit unter den Aspekten der Pflicht, der Lehre, der Liebe und des Gehorsams herausgestellt. Gewahrt wird bei dieser Zusammenordnung der *Vorrang der Evangelisation vor dem sozialen und politischen Handeln*. Im sechsten Abschnitt der LV wird dies unter der Überschrift *Gemeinde und Evangelisation* noch einmal hervorgehoben, wenn es heißt:

»Bei der Sendung der Gemeinde zum hingebungsvollen Dienst steht Evangelisation an erster Stelle. Die Evangelisation der Welt verlangt, dass die Gemeinde der ganzen Welt das ganze Evangelium bringt.«

Es stellt sich jedoch die Frage, ob hier nicht beide Dimensionen des Dienstes lediglich addiert werden, wohingegen eine theologische Verhältnisbestimmung nicht vorgenommen wird.[160] Auf einer Folgekonsultation in *Grand Rapids* im Jahre 1982 wurden zwei Modelle der Verhältnisbestimmung diskutiert, nämlich einmal die Vorstellung des sozialen Handelns als »Folge« der Evangelisation, andererseits die Vorstellung des sozialen Handelns als einer »Brücke« zur Evangelisation. Auf diese Frage wird zurückzukommen sein.[161]

An dieser Stelle ist zu betonen, dass es sich bei »der« *evangelikalen Bewegung* um ein sehr vielgestaltiges Phänomen handelt. Zu nennen ist besonders die Gruppe der *Social-Concern-Evangelikalen*, die man auch die *Radikalen Evangelikalen* genannt hat. Zu dieser Gruppe gehören unter anderem *Orlando Costas* (1942-1987) und *Samuel Escobar* (geb. 1934) aus Lateinamerika und *Jim Wallis* (geb. 1948) sowie *Ronald J. Sider* (geb. 1939) aus den USA. Statt von einer Vorordnung der Evangelisation vor dem sozialen Dienst geht diese Richtung von einer Gleichrangigkeit beider Aspekte aus, die auch unter dem Begriff sozialer Transformation gefasst wird.[162]

Während hier die Gegenwärtigkeit des Reiches Gottes in ihrer transformierenden Kraft zu einem wichtigen Antrieb wird, hat eine zweite Richtung der Evangelikalen unter dem Projekt *A.D. 2000 and Beyond* das Augenmerk weiterhin ganz auf die *unerreichten* Menschen und Gebiete gerichtet. Im so genannten 10/40-Fenster, also zwischen dem 10. und dem 40. Breitengrad vom Atlantik bis zum Pazifik stehen diejenigen Menschen und Völker im Mittelpunkt des Interesses, die noch am wenigsten vom Evangelium erreicht sind und am schwierigsten erreicht werden können. Es handelt sich insbesondere um mehrheitlich muslimische Gebiete, die Hindu-Religionen und den Buddhismus, und es handelt sich um solche Gebiete, die zum Teil mit Missionsverboten belegt sind oder in denen Christen diskriminiert oder mitunter sogar verfolgt werdem.[163] Hier wird vor allem missionspragmatisch und mis-

---

160. Zur Thematik vgl. *E. Berneburg* (1997): Das Verhältnis von Verkündigung und sozialer Aktion in der evangelikalen Missionstheorie unter besonderer Berücksichtigung der Lausanner Bewegung für Weltevangelisation (1974-1989), Wuppertal.
161. *Brandl* (2003): Mission in evangelikaler Perspektive, 195.
162. Zit. nach *Brandl* (2003): Mission, 196. Vgl. auch *J. F. Engel; W. A. Dyrness* (2000): Changing The Mind Of Missions. Where Have We Gone Wrong?, Downers Grove.
163. *Brandl* (2003): Mission, 197.

sionsstrategisch gedacht. Was bleibt, ist die allgemeine Feststellung, dass das Anliegen der Verhältnisbestimmung von Evangelisation und sozialem Einsatz innerhalb der globalen evangelikalen Strömungen weiterhin kontrovers diskutiert wird.

(c) Primat der Verkündigung gegenüber dem Dialog – Dialog. In der Lausanner Verpflichtung ist an mehreren Stellen vom Dialog die Rede, etwa im vierten Abschnitt unter der Überschrift *Wesen der Evangelisation* oder im dritten Abschnitt zum Thema *Die Einzigartigkeit und Universalität Jesu Christi*. Zunächst zum Begriff der Evangelisation. Es wird definiert:

»Evangelisieren heißt, die gute Nachricht verbreiten, dass Jesus Christus für unsere Sünden starb und von den Toten auferstanden ist nach der Schrift und dass Er jetzt die Vergebung der Sünden und die befreiende Gabe des Geistes all denen anbietet, die Buße tun und glauben. Für die Evangelisation ist unsere Präsenz als Christen in der Welt unerlässlich, ebenso eine Form des Dialogs, die durch einfühlsames Hören zum Verstehen des anderen führt.«

Am Schluss des Absatzes heißt es: »Das Ergebnis der Evangelisation schließt Gehorsam gegenüber Jesus Christus, Eingliederung in Seine Gemeinde und verantwortlichen Dienst in der Welt ein.« Es fällt zum Ersten auf, dass die *Lausanner Verpflichtung* zum Thema Dialog keinen eigenen Abschnitt enthält. Mit der Einordnung in den Abschnitt über das *Wesen der Evangelisation* ist der Rahmen abgesteckt, innerhalb dessen der Dialog seinen Ort hat: Dialog ist ein Teilelement des Geschehens der Evangelisation. Damit kommt der Evangelisation das Primat zu. Zum Zweiten muss auf den Begriff des Dialogs geachtet werden: Es geht bei der Evangelisation neben der Präsenz und dem Mit-sein mit den Menschen um ein »einfühlsames Hören«, eine Einstellung also, in der der Dialog stattfindet. Dieser Dialog soll zum Verstehen des anderen führen. *Dialog dient damit dem Kennen lernen und dem besseren Verstehen des anderen. Von einer theologischen Dimension des Dialogs ist also nicht die Rede.* Im Abschnitt *Die Einzigartigkeit und Universalität Jesu Christi* wird gegenüber einem theologischen Dialogverständnis Stellung bezogen:

»Wir bekräftigen: Es gibt nur einen Erlöser und nur ein Evangelium, jedoch eine große Vielfalt evangelistischer Arbeitsweisen. Zwar wissen wir, dass alle Menschen aus der allgemeinen Offenbarung in der Natur Gott erkennen können, aber wir bestreiten, dass sie dies erretten kann, denn sie unterdrücken die Wahrheit durch Ungerechtigkeit. Als Herabsetzung Jesu Christi und des Evangeliums lehnen wir jeglichen Synkretismus ab und jeden Dialog, der vorgibt, dass Jesus Christus gleichermaßen durch alle Religionen und Ideologien spricht. Jesus Christus, wahrer Mensch und wahrer Gott, hat sich selbst als die einzige Erlösung für Sünder dahingegeben. Er ist der einzige Mittler zwischen Gott und Menschen. Es ist auch kein anderer Name, durch den wir gerettet werden.«

Hier wird zunächst eine allgemeine Offenbarung anerkannt, die jedoch nur zum Dass der Kenntnis, dass es Gott gibt, führt, nicht jedoch zum Heil. Es ist eine Erkenntnis, die die Menschen unentschuldbar macht. Strikt abgelehnt wird die Auffassung, dass Jesus Christus auch in anderen Religionen oder in Ideologien zu Menschen spricht. *Damit wird jede Möglichkeit, durch einen interreligiös-theologischen Dialog etwas lernen zu können, ausgeschlossen.* Der Begriff *Dialog* bezieht sich demnach nur auf »Weltwissen« und dient lediglich dem besseren Kennen lernen, um dann, so kann man paraphrasieren, angemessener verkündigen zu können.

(d) Primat der unvollendeten Aufgabe gegenüber der Kooperation – »zu Jüngern machen«. Nach dem Dank an Gott für das Heil und die Gemeinschaft der Glaubenden setzt die Lausanner Verpflichtung in der »Einleitung« mit dem Hinweis darauf ein, dass die Evangelisation weitergehen müsse. Dort heißt es:

> »Die unvollendete Aufgabe der Evangelisation fordert uns heraus. Wir glauben, dass das Evangelium Gottes gute Nachricht für die ganze Welt ist. Durch Seine Gnade sind wir entschlossen, dem Auftrag Jesu Christi zu gehorchen, indem wir sein Heil der ganzen Menschheit verkündigen, um alle Völker zu Jüngern zu machen.«

Es wird in diesen Worten ganz deutlich, dass nicht an ein kooperatives »Mit-Sein« der Christen/innen gedacht ist, ein Mit-Sein und Sein-Für die Welt, in Kooperation mit allen Menschen guten Willens, zu welcher Religion, Ideologie oder Weltanschauung sie auch immer gehören, sondern das Für-Sein ist gedacht als der Verkündigungsauftrag, um »alle Völker« zu Jüngern zu machen. Diese Formulierung hat einen oppositionellen Charakter, keinen kooperativen: Das Evangelium steht der Welt gegenüber, gedacht als heilsame Antithese. Die Formulierung hat zudem einen offen Charakter in der Frage nach dem missionarischen Ziel: Es wird nicht von Kirche oder Gemeinde gesprochen, schon gar nicht von Kulturen oder Kontexten, sondern von dem Auftrag, Menschen zu »Jüngern zu machen«.

(e) Primat des Planes Gottes vor den Partikulargeschichten – Eschatologie. In der Lausanner Verpflichtung kehrt das Schema einer heilsgeschichtlichen Missionstheologie wieder, wenn es im sechsten Abschnitt unter der Überschrift *Gemeinde und Evangelisation* unter anderem heißt:

> »Die Gemeinde bildet die Mitte des weltumfassenden Planes Gottes und ist Sein auserwähltes Werkzeug zur Verbreitung des Evangeliums. [...] Die Gemeinde ist nicht so sehr Institution, als vielmehr die Gemeinschaft des Volkes Gottes und darf mit keiner bestimmten Kultur, keinem sozialen oder politischen System, keiner von Menschen gemachten Ideologie gleichgesetzt werden.«

6. Ökumeniker und Evangelikale – Kontroversen der 1970er Jahren (1968-1979)

Während der erste Satz an das Denken Hartensteins und Freytags erinnert, zielt der zweite Satz darauf ab, jedwede Form der Identifizierung von Gemeinde und zeitbedingten weltanschaulichen Strömungen zu vermeiden. Wiederum werden Fragen der jeweiligen Kontexte quasi eingeklammert. Wie dieser Dienst der Gemeinde genauer aussieht, wird im ersten Abschnitt *Der Plan Gottes* beschrieben:

> »Wir bekräftigen unseren Glauben an den einen, ewigen Gott, Schöpfer und Herrn der Welt, Vater, Sohn und Heiliger Geist, der alle Dinge nach dem Ratschluss Seines Willens regiert. Er hat Sein Volk aus der Welt herausgerufen und sendet es zurück in die Welt, damit sie Seine Diener und Zeugen sind. Er hat sie zur Ausbreitung Seines Reiches, zur Erbauung des Leibes Christi und zur Verherrlichung Seines Namens herausgerufen.«

Worin jedoch genau die Ausbreitung des Reiches Gottes besteht, wenn sie nicht mit der Auferbauung des Leibes Christi zusammenfallen soll, das wird an dieser Stelle nicht erläutert. Hinweise finden sich jedoch im 15. Abschnitt der Lausanner Verpflichtung, der der Eschatologie gewidmet ist:

> »Wir glauben, dass Jesus Christus persönlich und sichtbar in Macht und Herrlichkeit wiederkehren wird, Heil und Gericht zu vollenden. Die Verheißung seines Kommens ist ein weiterer Ansporn für unsere Evangelisation, denn wir gedenken Seiner Worte, dass die Botschaft zuerst allen Völkern verkündet werden muss. Wir glauben, dass die Zeit zwischen Christi Himmelfahrt und Seiner Wiederkunft von der Sendung des Volkes Gottes gefüllt werden muss. Wir haben kein Recht, die Mission vor dem Ende der Zeiten abzubrechen.«

Der heilsgeschichtlich begründeten Bekräftigung der Evangelisationsaufgabe wird im weiteren Text eine Erläuterung zum Begriff des Reiches Gottes zur Seite gestellt, der eine deutliche, wenn auch implizite, Kritik an Aussagen von Uppsala und Bangkok erkennen lässt:

> »Wir erinnern uns an Seine Warnungen, dass falsche Christusse und falsche Propheten sich als Vorläufer des Antichristen erheben werden. Deshalb widerstreben wir dem stolzen Traum, dass die Menschheit jemals Utopia auf Erden bauen kann. Unser christlicher Glaube ruht darin, dass Gott Sein Reich vollenden wird. […] bis dahin verpflichten wir uns zum Dienst für Christus und die Menschen in freudiger Hingabe an Seine Herrschaft über unser ganzes Leben.«

Deutlich wird, dass (1) das Reich Gottes als *durch Gott zu vollenden* gedacht wird; dass (2) die heilsgeschichtliche Begründung nur den Raum der Mission als eines *Vorbereitungsgeschehens* angibt; dass (3) zwar der *Dienst an den Menschen* mitgedacht wird, dieser Dienst jedoch (4) ausdrücklich *nicht in einem politischen Deutungsrahmen* eingespannt wird. (5) An anderer Stelle wird deutlich, dass im *eschatologischen Horizont* der Verkündigungsdienst auch als »ständige(r) geistliche(r) Kampf mit den Fürsten und Gewalten des Bösen« verstanden wird.[164]

Das Minderheitsvotum von Evangelikalen aus der Dritten Welt. Eine analytisch-soziologische Nomenklatur sucht man in der Lausanner Verpflichtung vergebens. Auch dort, wo in Abschnitt 13 unter dem Stichwort *Freiheit und Verfolgung* von dem göttlichen Auftrag an Regierungen gesprochen wird, steht der Freiheitsbegriff im Zusammenhang der Freiheit zum missionarischen Wirken.[165] Im Blick auf die Moratoriumsdebatte wird die Frage missionsstrategisch gewendet: Mittel aus dem einen Land sollen reduziert werden, um für ein anderes Gebiet eingesetzt werden zu können.[166] So bleiben in Lausanne die sozialen und politischen Kontexte zwar in der Lausanner Verpflichtung mehr oder weniger unberücksichtigt, auf dem Kongress selbst jedoch spielten sie durchaus eine nicht zu unterschätzende Rolle.[167]

Man kann die in Lausanne versammelten Evangelikalen diesbezüglich in drei Richtungen einteilen.[168] Die Gruppe der *Neuen Evangelikalen*, als deren herausragende Vertreter vor allem *Billy Graham* und *John Stott* gelten, betonte die *Weltzugewandtheit* des Evangelikalismus. Die Gruppe der *Bekennenden Evangelikalen*, hier ist insbesondere der deutsche Missionstheologe *Peter Beyerhaus* als einer der Wortführer zu nennen, betonte die *Notwendigkeit, theologische Wege zu vermeiden, die aus ihrer Sicht als Irrwege verstanden wurden.* Die Gruppe der *Radikalen Evangelikalen* schließlich, deren Wortführer die lateinamerikanischen Theologen *Samuel Escobar* und *René Padilla* waren, betonten deutlich *die soziale und politische Verantwortung des Evangelikalismus,*

---

164. So in Abschnitt 12 »Geistliche Auseinandersetzung«. Der geistliche Feind wirke, so heißt es, nicht nur außerhalb der Gemeinde in falschen Ideologien, sondern auch innerhalb der Gemeinde, wo die Schrift verkehrt und der Mensch an die Stelle Gottes gesetzt werde.
165. Abschnitt 13: »Es ist Gottes Auftrag für jede Regierung, die Bedingungen für Frieden, Gerechtigkeit und Freiheit zu gewährleisten, unter denen die Gemeinde Gott gehorchen, dem Herrn Christus dienen und das Evangelium ohne Beeinträchtigung verkünden kann. Deshalb beten wir für die, die in den Nationen Verantwortung tragen, und appellieren an sie, die Freiheit der Gedanken und des Gewissens zu garantieren und die Freiheit zur Ausübung und Ausbreitung der Religion in Übereinstimmung mit dem Willen Gottes zu gewährleisten, wie diese in der allgemeinen Erklärung der Menschenrechte festgelegt ist.«
166. Abschnitt 9 »Dringlichkeit der evangelistischen Aufgabe«: »In einem Land, das das Evangelium gehört hat, kann es bisweilen notwendig sein, Missionare und Geld aus dem Ausland zu reduzieren, um den Gemeinden im Land die Möglichkeit zum selbständigen Wachstum zu geben und um Hilfen für Gebiete, die das Evangelium noch nicht gehört haben, freizusetzen.«
167. Den sozialen Fragen war demgegenüber auf den Kongressen in Wheaton (1966) und Berlin (1974) ebenso wie in der Frankfurter Erklärung zur Grundlagenkrise der Mission (1971) so gut wie keine Beachtung geschenkt worden.
168. Ein Überblick bei: *G. Sautter* (1985): Heilsgeschichte und Mission. Zum Verständnis der Heilsgeschichte in der Missionstheologie, Gießen/Basel, 240-246.

zum Teil mit deutlicher Kritik an den nordamerikanischen Ausprägungen der evangelikalen Bewegung.[169] *Besonders Theologen/innen aus der südlichen Hemisphäre vertraten angesichts der Kontexte ihrer Herkunftsländer ebenfalls diese Position. An einem Abend des Kongresses fanden sich etwa 500 Teilnehmer/innen zusammen, um die sozialen Aspekte des Evangeliums näher zu reflektieren. Aus der Diskussion ging eine Erklärung hervor, die deutlich weitgehender als Abschnitt 5 der Lausanner Verpflichtung die soziale Verantwortung der Evangelikalen hervorhebt.*[170]

Die Verhältnisbestimmung zwischen Evangelisation einerseits und sozialem Engagement andererseits war in Lausanne nicht geklärt worden. In den Folgejahren gab es dazu anlässlich verschiedener Konferenzen Erklärungen, so etwa in der *Madras Declaration on Evangelical Social Action* der *All India Conference on Evangelical Social Action* in Madras im Jahre 1979 oder dem *Lima Letter* des *Zweiten lateinamerikanischen Kongresses für Evangelisation* im Jahre 1979 in Lima.[171] Die Spannungen zu dieser Thematik traten innerhalb der evangelikalen Bewegung deutlich zutage auf dem Kongress für Weltevangelisation, der durch das Lausanner Komitee 1980 in Pattaya (Thailand) unter dem Motto *How shall they hear* ausgerichtet wurde. Hier trafen sich ca. 650 Teilnehmer, um in insgesamt 17 Untergruppen zu verschiedenen Themen zu diskutieren. Die Kongressleitung war stark beeinflusst von der amerikanischen *Church-Growth*-Bewegung, so dass eine Diskussion des *homogeneous units-Principle* präjudiziert wurde.[172] Doch es regte sich sehr bald Widerstand gegen diese Engführung. Unter der Federführung von *Orlando Costas* entstand in Zusammenarbeit mit Theologen wie *Vinay Samuel*, *Ronald Sider*, *David Gitari* und *Andrew Kirk* ein Sondervotum, welches binnen weniger Stunden von etwa einem Drittel der Teilnehmenden unterzeichnet wurde, insbesondere von Theologen/innen aus Asien, Afrika und Lateinamerika, aber auch von solchen aus Osteuropa, Westeuropa und den USA.[173]

Das Votum trug den Titel *A Statement of Concerns on the Future of the Lausanne Committee for World Evangelization*. Zu den Kernforderungen zählt, die Lausanner Bewegung solle der Analyse sozialer und politischer Ge-

---

169. Vgl. *S. Escobar* (1974): Evangelisation und die Suche des Menschen nach Freiheit, Gerechtigkeit und Erfüllung, in: Alle Welt, o. a., Bd. 1, 385-426; *R. Padilla* (1974): Evangelisation und die Welt, in: Alle Welt, o. a., Bd. 1, 146-194.
170. *Eine Antwort auf Lausanne – von Lausanne*, in: Evangelische Mission, Jahrbuch 1975, 132-135.
171. Quellentexte in: *R. Padilla; C. Sudgen* (Hg.) (1985): Texts on Evangelical Social Ethics 1974-1983 (I), Nottingham, 11-17.
172. Vgl. den Abschnitt zur Church Growth Bewegung in diesem Buch.
173. Quellentext in: *V. Samuel; C. Sudgen* (Hg.) (1983): Der ganze Christus für eine geteilte Welt, Erlangen, 15 ff.; engl. Text in: *R. Padilla; C. Sudgen* (ed.) (1985): Texts on Evangelical Social Ethics, o. a., 22-25.

gebenheiten mehr Aufmerksamkeit schenken, der Frage von Evangelisation und sozialer Verantwortung stärker nachgehen und zu diesem Zweck binnen drei Jahren einen Kongress einberufen. *Zudem wurde von der Notwendigkeit gesprochen, solche Evangelikale mit dem Evangelium zu erreichen, die unkritisch durch ihr Handeln Unrechtsstrukturen und Diskriminierungen mit unterstützten.* Die Bruchlinien innerhalb der Lausanner Bewegung zeigten sich deutlich, als das Lausanner Komitee in seiner Antwort auf das Sondervotum einen Kongress zu sozialer Verantwortung ausdrücklich ablehnte. Während durch dieses Signal evangelikale Missionstheologen wie etwa *Andrew Kirk* die Glaubwürdigkeit der *Lausanner Bewegung* als Vertretung aller Evangelikaler erschüttert sahen, wurde von Vertretern etwa der *Church-Growth*-Bewegung (z. B. *Claus Peter Wagner*) darin eine erfolgreiche Abwehr des Versuches gesehen, eine Annäherung der *Lausanner Bewegung* an den *Ökumenischen Rat der Kirche* zu suchen.[174]

6.6 Evangelisation und sozialer Dienst in evangelikaler Perspektive – eine Übersicht

Bereits fünf Jahre nach Lausanne (1974) war damit deutlich geworden, dass die evangelikale Bewegung ein sehr heterogenes Gepräge hatte. Während Theologen der Church-Growth-Bewegung die Bedeutung sozialer Anliegen als nachrangig erachteten, wurde diese von Vertretern der nach 1980 entstandenen *Gemeinschaft von evangelikalen Missionstheologen aus der Zweidrittel-Welt*[175], die man zu den so genannten *Radikalen Evangelikalen* zählen kann, besonders hervorgehoben. In den Folgejahren wurden in einer intensiven Diskussion verschiedene Verhältnisbestimmungen entwickelt.[176] Fünf Modelle sind erkennbar, in denen frühere Diskussionen (vgl. oben 4.2) weitergeführt werden.

(1) *Das diastatische Modell: Evangelisation und soziale Aktion sind zu trennen.* Soziale Aktion kann in diesem Modell angesehen werden *erstens* als *Verwässerung* der Mission: Obwohl Bildungsarbeit und medizinische Versorgung selbstverständlicher Teil der Arbeit sind, werden sie kategorial von der Mission, verstanden als Wortverkündigung zur Erlangung des ewigen Heils und

---

174. Vgl. *Berneburg* (1997): Das Verhältnis, o. a., 105-106.
175. Später in *International Fellowship of Evangelical Mission-Theologians*, INFEMIT, umbenannt.
176. Ich beziehe mich im Folgenden wiederholt auf: *E. Berneburg* (1997): Das Verhältnis, 107-148. Für die jüngeren Debatten vgl. *J. Reimer* (2009): Evangelikale für soziale Gerechtigkeit und die Suche nach der gesellschaftlichen Relevanz in den Kirchen des Westens, in: ZMiss (35), 359-375.

zur Gründung von Gemeinden, unterschieden und als sekundär eingestuft. Diese Position findet sich etwa bei *Donald McGavran*, dem Begründer der Church-Growth-Bewegung. *Zweitens:* Verschärfend kann soziale Aktion jedoch auch als *Verrat* an der Evangelisation angesehen werden. In Ansätzen einer prämillennialistischen Eschatologie wird angenommen, diese Welt gehe unweigerlich auf ihr Verderben zu. Vor dem nahen Ende müssen darum noch möglichst viele Seelen gerettet werden. In manchen Gruppen wird die *Separation von der Welt* als Gegenstrategie der aufrechten Gemeinde praktiziert. Weltengagement wird als ohnehin vergeblich betrachtet. Dieses Modell fand besonders in *fundamentalistischen Kreisen in den USA* Anhänger. Es wurde jedoch von der davon radikal zu unterscheidenden evangelikalen Bewegung abgelehnt.

(2) *Das präparatorische Modell: Soziale Aktion hat eine Funktion für die Evangelisation.* Man kann in diesem Modell die soziale Aktion als einen *Anknüpfungspunkt* und als eine *Brücke* zu Evangelisation verstehen. Soziale Aktion hat die Funktion, als *Vorbereitung* auf das Eigentliche, die Evangelisation, zu dienen.[177] Wird damit aber soziale Aktion nicht, so kritische Stimmen von Seiten des ÖRK wie auch von evangelikaler Seite, leicht zu einem Lockmittel der Evangelisation herabgewürdigt?

(3) *Das konsekutive Modell: Soziale Aktion als Frucht der Evangelisation.* In diesem Modell kann man soziale Aktion als *Veranschaulichung* der Evangelisation verstehen. Die Evangelisation wird hier ein Stück weit sichtbar und erfahrbar in der sozialen Aktion. *John V. Taylor* (1914-2011) etwa, damals Sekretär der *Church Missionary Society*, versteht als Ausdrucksweisen des Evangeliums die Proklamation, das Zeugnis und den Dienst. Ebenso konsekutiv ist – zweitens – das Verständnis sozialer Aktion als eines *Resultates* der Evangelisation. Diese etwa von *Billy Graham* oder *Arthur P. Johnston*[178] vertretene Position sieht soziale Aktion als die Tat *des in Christus erneuerten* Menschen, weshalb soziale Aktion erst von hier aus, also *nach* der erfolgreichen Evangelisierung des einzelnen Menschen, erwartet wird.[179]

---

177. Vgl. den evangelikalen Theologen *Harold Lindsell:* »Service is a means to an end. As long as service makes it possible to confront men with the Gospel, it is useful.« Zit. nach *Berneburg* (1997), 112.

178. A. P. *Johnston* war Missionswissenschaftler an der Trinity Evangelical Divinity School in Deerfield/Illinois. Zu seinem Ansatz vgl. *Berneburg* (1997), 115-123.

179. A. P. Johnston in seinem Buch »Umkämpfte Weltmission« (1984), zit. nach *Berneburg* (1997), 114: »Das soziale und politische Engagement gehörte für die Evangelikalen schon immer zu dem Auftrag, die Völker alles zu lehren, was Jesus Christus geboten hat (Mt 28,20). Die Mission der Kirche bestand in der Evangelisation – Evangelisation durch die Glieder der Kirche zu Hause und durch ihre inneren und äußeren Missionsgesellschaften. Polikliniken, Krankenhäuser, Schulen und Waisenhäuser sind ein beredter Ausdruck evangelistischer Liebe und Erbarmens und ein Teil der Mission.«

(4) *Das komplementäre Modell: Soziale Aktion und Evangelisation als Brennpunkte der Mission*. Ein komplementäres Verständnis von sozialer Aktion und Evangelisation begegnet – erstens – bei *John Stott*, der in beiden *Partner* sieht, die zwar in der Mission zusammen wirken, jedoch unabhängig voneinander bleiben. Stott: »Keines ist Werkzeug oder Lebensäußerung des anderen; denn jedes hat sein Ziel in sich selbst. Beide sind Ausdruck ungeheuchelter Liebe.«[180] Stott sieht demnach die christliche Mission mit dem Doppelauftrag von Verkündigung und Dienst versehen. Beide gehören – in ihrer Unterschiedenheit – unabdingbar zu Mission, wobei Stott dennoch der Verkündigung einen Vorrang einräumt. Mit diesem Ansatz hat Stott die evangelikale Missionsbewegung nachhaltig beeinflusst. Eine andere Gewichtung findet sich – zweitens – bei radikalen Evangelikalen wie *Samuel Escobar, René Padilla, Vinay Samuel, Jim Wallis, Ronald J. Sider* oder *Christopher Sudgen*.[181] Auch hier werden soziale Aktion und Evangelisation als komplementär verstanden, wobei eine Vorordnung der Evangelisation abgelehnt wird. Es geht, so schärfen die Autoren ein, nicht nur um das Phänomen der individuellen Sünde des Menschen, sondern auch der *strukturellen Sünde*, das heißt der Manifestation von Sünde in ungerechten Strukturen, in politischer Unterdrückung und sozialer Benachteiligung, in Ethnozentrismus oder Chauvinismus. In den Worten von *Ronald J. Sider* zusammengefasst:

> »Evangelism and social action are intricately interrelated. They are inseparable both in the sense that evangelism often leads to increased social justice and vice versa and also that biblical Christians will, precisely to the extent that they are faithful followers of Jesus, always seek liberty for the oppressed (Luke 4:18). But the fact that evangelism and social action are inseperable certainly does not mean that they are identical. They are distinct, equally important parts of the total mission of the Church.«[182]

Bedeutsam für diese Richtung ist die *Chicago Declaration of Evangelical Social Concern* von 1973 sowie die durch das 1999 begründete *Micah-Netzwerk* im Jahr 2001 herausgebrachte *Micah Declaration on Integral Mission*.[183]

(5) *Das Identifikationsmodell: Soziale Aktion als Evangelisation*. Soziale Aktion wird mit Evangelisation gleichgesetzt dergestalt, dass eine Unterschei-

---

180. J. *Stott* (1976): Gesandt wie Christus. Grundfragen christlicher Mission und Evangelisation, Wuppertal, 24.
181. Vgl. bes. J. *Reimer* (2009): Evangelikale für soziale Gerechtigkeit, 362-365. (Lit.)
182. R. J. *Sider*, zit. nach *Berneburg* (1997), 139.
183. Vgl. www.micahnetwork.org, Im Micah-Netzwerk sind über 300 Entwicklungsorganisationen aus etwa 70 Ländern lose verbunden, die meisten dieser Organisationen stammen aus dem Bereich von Evangelikalen im Umfeld der *World Evangelikal Alliance* oder der *Lausanner Bewegung*. Vgl. J. *Reimer* (2009): Evangelikale für soziale Gerechtigkeit, 373. Vgl. auch die einschlägigen Aussagen von *Pattaya II – Erklärung des Lausanner Forums 2004*. Vgl. www.lausannerbewegung.de.

dung sogar ausdrücklich abgelehnt werden kann. Eine Nähe zu dieser Position lassen in mehr oder weniger deutlicher Ausprägung Aussagen ökumenischer Konferenzen erkennen, so etwa die Vollversammlung des ÖRK in Uppsala oder die Weltmissionskonferenz von Bangkok. *Emilio Castro*, Direktor des CWME und später Generalsekretär des ÖRK: »Evangelism only exists where there is social concern. Without it may be propaganda, proselytism, but hardly good news.«[184]

Meines Erachtens bleibt kritisch festhalten: Während das diastatische Modell die Bezogenheit von Gottes Schöpfungs- und Erlösungshandeln aus dem Blick verliert, droht bei *Emilio Castro* und dem Identifikationsmodell die Unterschiedenheit von dem Erhaltungshandeln Gottes einerseits und dem Versöhnungshandeln Gottes eingeebnet zu werden. Im konsekutiven Modell kommt es zu einer Verkürzung, da mögliche soziale und politische Unrechtsstrukturen von Gesellschaften zu wenig in den Blick kommen. Weiter wäre zu fragen, ob hier nicht der soziale Dienst von der Verkündigung abhängig gemacht. Im Zusammenhang eines komplementären Verständnisses erscheint ein fruchtbarer Dialog meines Erachtens am ehesten möglich.

---

184. E. *Castro* (1968): Evangelism and Social Justice, in: The Ecumenical Review (20), 146-150, 148. Vgl. O. *Costas* (1984): The Missiological Thought of Emilio Castro, in: IRM (73), 86-105.

7. Melbourne bis Salvador de Bahia – Armut, Mauerfall, Globalisierung (1980-1996)

Nach einer Phase der Polarisierung zu Beginn der 1970er Jahre kam es zwischen den großen missionarischen Bewegungen der Weltchristenheit bald wieder zu gewissen Annäherungen. Bevor diese Entwicklungen zu skizzieren sind, muss zunächst ein Blick auf die allgemeinen Entwicklungen der 1980er Jahre geworfen werden.

7.1 Entwicklungen der 1980er Jahre – ein Überblick

Vergegenwärtigt man sich den Kontext der 1980er Jahre, so kann man als symbolisches Schlüsseljahr das Jahr 1979 benennen. Mit der im Jahre 1979 in ihr Amt eingeführten Führerin der britischen Konservativen, *Margret Thatcher*, die dieses Amt bis 1990 innehaben sollte, änderte sich sowohl die britische Wirtschaftspolitik als auch die Außenpolitik. Die *neoliberale Wirtschaftspolitik* des Thatcherismus stellte sozialstaatliche Ziele zurück und rückte geldpolitische Steuerungsmaßnahmen in den Vordergrund. Ganz ähnliche Ziele verfolgte seit 1981 der republikanische Präsident der USA, *Ronald Reagan* (er amtierte bis 1988), der die so genannten *Reagonomics*, das heißt eine Liberalisierung des Marktes bei gleichzeitiger Inflationsbekämpfung, durchsetzte. *Außenpolitisch* verfolgten beide Staaten eine Politik der Stärke. Dies zeigte sich im Falle Großbritanniens im Falklandkrieg (1982) gegen Argentinien, welches die vor seinen Küsten gelegenen und unter britischer Kolonialverwaltung stehenden Falklandinseln besetzt hatte, und seitens der USA in der Stationierung von nuklearen Mittelstreckenraketen in Europa.[185] Somit geriet das Wettrüsten in eine neue Phase, was die Ära der Entspannungspolitik, die noch 1979 zum SALT-II-Abkommen zur Begrenzung strategischer Waffen hätte führen sollen, beendete.

Für das Verhältnis der Staaten aus dem Norden und der so genannten *Entwicklungsländer* aus dem Süden hatten diese Entwicklungen deutliche Auswirkungen. Da einerseits die USA das Wettrüsten durch ein Staatsdefizit finanzierten, führten hohe Zinsen in den USA gleichzeitig zu einer Erhöhung der Zinsen auch für die Entwicklungsländer. Andererseits verfiel der Roh-

---

185. Im Dezember 1979 hatten die Außenminister der NATO die Stationierung von Pershing II und Cruise Missile Raketen beschlossen, als Antwort auf die von der Sowjetunion bereits aufgestellten SS 20 Mittelstreckenraketen.

stoffpreis Anfang der 1980er Jahre, so dass viele Entwicklungsländer in eine *Schuldenfalle* gerieten, da sie die hohen Zinslasten durch Ausfuhrerhöhungen zu kompensieren suchten, was jedoch durch ein Überangebot auf dem Weltmarkt zu einem weiteren Preisverfall beitrug. Viele Entwicklungsländer häuften daraufhin Schulden an, die sie aus eigenen Kräften zurückzuzahlen nicht in der Lage waren.[186] Diese Entwicklungen hatten auch darum besonderen Einfluss auf das missionstheologische Denken des ÖRK, weil sie parallel zur Gewichtsverlagerung der Weltchristenheit in die südliche Hemisphäre verliefen: Etwa die Hälfte der Weltchristenheit lebte Anfang der 1980er Jahre in den Ländern des Südens, mit steigender Tendenz.

In derselben Zeit also, als sich eine Weltchristenheit in vollem Maße ausbildete, wurde diese durch die Nord-Süd-Spannungen und ebenso durch die Ost-West-Konflikte in ihrer Einheit gefährdet. *Insbesondere die Nord-Süd-Spannungen führten zu einer Zerreißprobe unter der Frage, ob denn die Kirchen des reichen Nordens überhaupt noch moralisch autorisiert seien, an der Mission Gottes teilzunehmen angesichts ihrer – gewollten, geduldeten oder hingenommenen – Teilhabe an den globalen Unrechtsverhältnissen und Machtstrukturen.* Auf der Weltmissionskonferenz von Melbourne (1980) wurden viele der zentralen Fragen des beginnenden Jahrzehnts auf den Punkt gebracht, etwa: Wie kann die Gegenwart des Reiches Gottes angesichts der Möglichkeit einer nuklearen Vernichtung großer Teile der Menschheit verstanden werden? Welche Rolle kommt den Armen in der Mission Gottes zu? Wie kann die *Missio Dei* zur Schaffung neuer Machtkonstellationen in der Welt führen? Wie können die Kirchen des Nordens wieder »missionsfähig« werden?

Doch zurück zum Schlüsseljahr 1979. Dieses Jahr ist geopolitisch durch zwei weitere Ereignisse von herausragender Bedeutung bestimmt. So wurde im Iran *Schah Reza Pahlevi* durch den *Ayatollah Khomenei* gestürzt und eine *Islamische Republik Iran* errichtet, in der nunmehr das religiöse schiitische Establishment einen Gottesstaat aufzubauen begann. Als Folge dieser Entwicklung kann der Einmarsch der sowjetischen Truppen nach *Afghanistan* gesehen werden, um die Ausbreitung der Islamischen Revolution über den Iran hinaus zu verhindern.[187] Ebenso ist der 1980 beginnende und bis 1988 anhaltende Krieg zwischen der nun Islamischen Republik Iran einerseits und dem durch das Baath-Regime Saddam Husseins geprägten Irak in diesem Kontext zu sehen: Das sich nicht primär religiös verstehende Baath-Regime fürchtete das Übergreifen der islamischen Revolution auf die bedeutende schiitische Bevölkerungsgruppe im Süden des Landes.

---

186. Vgl. auch *D. Werner* (1993): Mission für das Leben, 220-221.
187. Vgl. zum Ganzen: *R. Schulze* (2002): Geschichte der Islamischen Welt im 20. Jahrhundert, München.

Waren noch die 1960er Jahren durch die These einer immer weiter um sich greifenden Säkularisierung geprägt, so änderte sich die Sicht seit Ende der 1970er und dann vollends in den 1980er Jahren dramatisch. Beherrschend wurde nun das Thema des religiösen *Fundamentalismus*.[188] Zu dieser Wahrnehmung trugen nicht nur Gruppen innerhalb des islamischen Fundamentalismus bei[189], sondern auch das Erstarken der so genannten *Neuen Christlichen Rechten* in den USA, vertreten unter anderem durch die medial wirkmächtigen *Televangelists* und die *Mega-Churches*.[190] Ein konservativer Trend wird auch innerhalb der Römisch-katholischen Kirche spürbarer, und zwar durch das Pontifikat des ehemaligen Erzbischofs von Krakau, *Karol Wojtyla* als Papst *Johannes Paul II.* (1920-2005).

Den 1980er Jahren war damit in der Wahrnehmung vieler Menschen ein ausgesprochenes Krisenbewusstsein eigen, verstärkt durch den schweren Reaktorunfall von Harrisburg/USA im Jahre 1979 und besonders die Reaktorkatastrophe im russischen Tschernobyl im Jahre 1986, weiterhin durch *Umweltkatastrophen* wie das Absterben der Wälder in vielen Regionen Europas, die Vergiftung von Meeresregionen durch Öltankerkatastrophen oder das Artensterben von Tieren. Zusammengefasst wurden die ökologischen Krisenszenarien in dem durch US-Präsident *Jimmy Carter* in Auftrag gegebenen und 1980 veröffentlichten Bericht *Global 2000*, der die großen Herausforderungen benannte: Die Zunahme der Weltbevölkerung bei gleichzeitiger Abnahme von Rohstoffen und Ressourcen würde zu einer Verstärkung der Konflikte zwischen Arm und Reich führen mit der realen Gefahr eines globalen Kollaps des Ökosystems.[191]

7.2 Neunte Weltmissionskonferenz in Melbourne (1980) – Stichwort: Die Armen

Schon in den 1970er Jahren war der Ruf nach einer Kirche und Mission immer lauter geworden, die sich an der Seite der Armen für deren Anliegen einsetzt. Diese Forderung wurde nicht nur von Seiten lateinamerikanischer Be-

---

188. *M. Riesebrodt* (1990): Fundamentalismus als patriarchalische Protestbewegung, Tübingen; *M. E. Marty; R. S. Appleby* (Hg.) (1991): Fundamentalisms observed. A Study conducted by The American Academy of Arts and Sciences, Chicago / London.
189. *Y. M. Choueiri* (1990): Islamic Fundamentalism, Boston, Massachusetts.
190. *W. C. Wilcox* (1992): God's warriors: the Christian Right in Twentieth-Century America, Baltimore, Maryland.
191. Eine Zusammenfassung wichtiger Trends auch bei *K. Zaugg-Ott* (2003): Entwicklung oder Befreiung? Die Entwicklungsdiskussion im Ökumenischen Rat der Kirchen 1968 bis 1991, Frankfurt/M., 199-205.

7. Melbourne bis Salvador de Bahia – Armut, Mauerfall, Globalisierung (1980-1996)

freiungstheologen/innen gestellt, sondern auch von Theologen/innen aus anderen Ländern der südlichen Hemisphäre. Diese fanden in der *Ecumenical Association of Third World Theologists* (EATWOT) eine Plattform, um ihre Anliegen international zu Gehör zu bringen.[192] Im Norden wurde in Projekten der *Urban-Rural-Mission* der Versuch unternommen, insbesondere in den Großstädten diesem Anliegen Rechnung zu tragen. Die Frage der Armut sollte zu einem beherrschenden Thema der 1980er Jahre werden. Es war die Weltmissionskonferenz von Melbourne im Jahre 1980, die zu dieser Frage am pointiertesten Stellung nehmen sollte. Der Missionstheologe *Dietrich Werner* kommentiert: »Keine andere Missionskonferenz hat [...] jemals wieder so kritische Fragen an die missionarische Identität der Kirchen [...] gestellt wie Melbourne.« Es wurde »letztlich die Ökumene- und Missionsfähigkeit der reicheren Kirchen in einer sich formierenden Weltkirche der Armen zum Thema.«[193] Die Realität der Armut weltweit wurde als Problemhorizont beherrschend. Nicht von ungefähr hatte die Konferenz von Melbourne daher als Thema die Vaterunser-Bitte *Dein Reich komme*.[194]

Noch in den 1960er Jahre war eine missionarische Ekklesiologie unter dem Schlagwort einer *Kirche für andere* gefasst worden. Die Proexistenz der Kirche für andere und für die Welt wurde zum Dreh- und Angelpunkt des Denkens. Diese Sichtweise wurde gegen Ende der 1970er Jahre und Anfang der 1980er Jahre noch einmal radikalisiert: Nun gilt, dass Kirche nicht nur mehr Kirche für andere, sondern *Kirche für die Armen* sein soll, doch damit nicht genug, sie soll aus einer Kirche für die Armen zu einer *Kirche der Armen* werden. Nur an der Seite der Armen kann sie ihre Sendung wirklich radikal leben. In Melbourne wird die befreiungstheologische These der *bevorzugten Option Gottes für die Armen* aufgenommen:

> »Das Reich Gottes, das mit Jesus Christus begonnen hat, bringt Gerechtigkeit, Liebe, Friede und Freude und die Freiheit vom Zugriff der Herrschaften und Gewalten, diesen *dämonischen Mächten*, die menschliche *Institutionen* und menschliches *Leben versklaven* und bis in deren Grund durchdringen. Gottes Gericht offenbart sich als eine Umwälzung der Normen, Werte und Strukturen dieser Welt. Im Blick auf das Reich Gottes *bevorzugt Gott die Armen*.«[195]

---

192. Vgl. die von EATWOT herausgegebene Zeitschrift *Voices from the Third World*. Zu EATWOT vgl. LIThM, Band 1, 162 ff. mit Literaturangaben.
193. Werner (1991): Mission für das Leben, 226.
194. Vgl. den Berichtsband: *M. Lehmann-Habeck* (Hg.) (1980): Dein Reich komme. Weltmissionskonferenz Melbourne 1980, Frankfurt/M., darin auch: *G. Hoffmann* (1980): Von Bangkok nach Melbourne, in: Lehmann-Habeck (Hg.), Dein Reich, 22 ff. – Siehe auch: *W. Müller-Römheld* (1980): Dein Reich komme. Weltmissionskonferenz für Mission und Evangelisation in Melbourne 1980, in: ÖR (29), 342 ff.
195. *Lehmann-Habeck* (Hg.) (1980): Dein Reich komme, 127, Hervorhebungen geändert.

Als solche werden die Armen auch in ihrer missionstheologischen Bedeutung gewürdigt, da sie in Melbourne nicht mehr als Objekt der Mission gesehen werden, einer Mission, die sich ihnen als Kirche-für-andere zuwendet, sondern umgekehrt als Subjekt der Mission, als zentraler Träger der Mission. Die *Armen werden verstanden als der zentrale Träger* der *Missio Dei* in einer Welt der Ungerechtigkeiten, sie haben teil an der Mission von der Peripherie her, nämlich den verarmten Entwicklungsländern, zu den Zentren hin, nämlich den reichen und mächtigen Industrienationen des Nordens. So werden diese Zentren in der Sicht von Melbourne zu den Adressaten der Mission, Adressaten sind also die Industrienationen und die in ihnen lebenden christlichen Kirchen des Nordens. *Ihnen gilt der durch die Armen auszurichtende Ruf zur Buße und zur Umkehr.* In einem Text der Sektion IV von Melbourne heißt es dazu:

> »So sehen wir die ›armen‹ Kirchen der Welt als die Träger der Mission: Weltmission und Evangelisation kann nun in erster Linie in ihren Händen liegen. Vielleicht können sie allein die Welt zu einem Bewusstsein für den dringenden Ruf Christi nach einer kostbaren und radikalen Antwort erwecken.«[196]

Dies ist eine radikale Bestimmung der *missio Dei*, der Mission Gottes, in einer ganz bestimmten, durch strukturelle Ungleichgewichte und Ungerechtigkeiten gekennzeichneten Weltsituation. So nimmt es nicht Wunder, dass in Melbourne auch die Sicht der menschlichen Geschichte eine neue Deutung erhält. Gegenüber dem heilsgeschichtlichen Modell einerseits und dem verheißungsgeschichtlichen Modell andererseits kommt ein neuer Aspekt hinzu, nämlich eine *konfliktgeschichtliche Deutung* von Welt und Mission. In Melbourne wird radikal Abschied genommen von der Deutung der menschlichen Geschichte in universalgeschichtlichen Kategorien. Es wird dagegen auf die *Vielfalt der Partikulargeschichten* hingewiesen, auf die Vielfalt der Geschichten derer, die sonst nicht zu Gehör kommen. Es ist nicht mehr eine Geschichte von oben, sondern es sind die vielen Geschichten auf der Unterseite der Geschichte, die gehört werden sollen. Die Geschichten der Unterdrückten, an den Rand gedrängten, derjenigen, die ermordet oder mundtot gemacht wurden, derer, denen man ihre Identität geraubt hat und der Vergessenen.

Geschichte wird in Melbourne verstanden als Kampfesstätte des Reiches Gottes mit den dämonischen Mächten der Welt, den dämonischen Mächten des Reichtums etwa, des Geizes, der Gewalt oder des Sicherheitsstrebens.[197] In

---

196. *Lehmann-Habeck* (Hg.) (1980): Dein Reich komme, 177; vgl. zu den »Rändern« bes. 178 ff.
197. Die drei Hauptvorträge in Melbourne wurden von *Emilio Castro, Mar Osthatios* und *Ernst Käsemann* gehalten.

Melbourne geht es daher um eine *kritische Theologie der Mächte*, die dazu aufruft, radikale Umkehr zu leben und Unrechtsstrukturen zu überwinden. Begründet wird diese kritische Theologie der Mächte durch einen kreuzestheologischen Ansatz, genauer: durch eine kenotische Christologie, eine Christologie der Entäußerung.

Noch in den 1960er Jahren hatte man theologisch das Verständnis eines kosmischen Christus entwickelt, welches es ermöglichen sollte, Christus in weltgeschichtlich als positiv qualifizierten Entwicklungen *extra muros ecclesiae* am Werke sehen zu können.[198] In Melbourne jedoch wird die Missio Dei von einer Theologie des Kreuzes her entwickelt: Christliche Mission muss der Sendung des Jesus von Nazareth nachfolgen, eine Sendung, die ihn dazu veranlasste, das Schicksal der Armen zu teilen. Es geht nicht nur um eine Mission an der Seite der Armen, sondern *es geht auch darum, sich, wie Jesus Christus, derjenigen Macht zu entäußern, die einem, gerade den Kirchen des Nordens, gegeben ist*. Es geht im Anschluss an Phil 2,5-11 um eine *kenotische Mission*, eine Mission der Entäußerung, eine Mission des Machtverzichtes.[199] Die Frage lautet dann unter anderem: Was würde dies für eine Mission und damit für einen missionarischen Lebensstil der Kirchen des Nordens bedeuten?

Melbourne ringt mit der *Frage, wie überhaupt noch eine gemeinsame Mission der Kirchen des Nordens und des Südens zu begründen sei*. Muss nicht das Band zwischen Nord und Süd zerreißen angesichts der Ungerechtigkeiten und der Armut weltweit? Und wenn nicht: Wie kann eine gemeinsame Mission aussehen? In der Sektion IV wird ein Antwortversuch im Sinne einer *doppelten Kontextualisierung der Mission* unternommen: Wie Jesus Christus in seiner Sendung den Weg nach »draußen vor dem Tor« (Hebr 13,12) gegangen ist, so soll es auch mit der Mission der Kirchen sein. Es geht um einen Weg vom Zentrum zur Peripherie, also von den Industrienationen zu den Entwicklungsländern und umgekehrt um einen Weg von der Peripherie zum

---

198. So sprach der amerikanische Theologe Joseph Sittler auf der 3. Vollversammlung des ÖRK in Neu Delhi im Jahr 1961 mit Bezug auf Kol 1,15-20 vom *kosmischen Christus*. Vgl. J. *Sittler* (1962): Zur Einheit berufen, in: Neu Delhi Dokumente. Berichte und Reden auf der Weltkirchenkonferenz 1961, hg. von F. Lüpsen, Frankfurt/M., 300-311.
199. Der im Philipperbrief (2,5-11) von Paulus als Traditionsstück zitierte *Christushymnus* kann in seiner missionstheologischen Bedeutung für die Diskussionen seit Mitte des 20. Jahrhunderts kaum überschätzt werden: »(5) Seid so unter euch gesinnt, wie es auch der Gemeinschaft in Christus entspricht: (6) Er, der in göttlicher Gestalt war, hielt es nicht für einen Raub, Gott gleich zu sein, (7) sondern entäußerte sich selbst [*grch. ekenoosen*] und nahm Knechtsgestalt an, ward den Menschen gleich und der Erscheinung nach als Mensch erkannt. (8) Er erniedrigte sich selbst und ward gehorsam bis zum Tode, ja zum Tode am Kreuz. (9) Darum hat ihn auch Gott erhöht und hat ihm den Namen gegeben, der über alle Namen ist, (10) dass in dem Namen Jesu sich beugen sollen aller derer Knie, die im Himmel und auf Erden und unter der Erde sind, (11) und alle Zungen bekennen sollen, dass Jesus Christus der Herr ist, zur Ehre Gottes des Vaters.«

Zentrum. Dies bedeutet für den Weg vom Zentrum zur Peripherie, also für die Kirchen des Nordens, *einen Weg des Teilens zu gehen*, einen Weg der Entäußerung, der Solidarität, der Teilhabe und des Engagements für die Armen. Es bedeutet umgekehrt für den Weg von der Peripherie zum Zentrum, dass die Armen Zeugnis ablegen für das Reich Gottes und seine Gerechtigkeit und damit versuchen, den Teufelskreis der Gewalt, auch und gerade der strukturellen Gewalt, zu durchbrechen. *Die gemeinsame Mission kann in der Spaltung zwischen Nord und Süd nur festgehalten werden, wenn sie in den Horizont von Gericht und Gnade gestellt wird, denn die Teilhabe an der Mission durch die Kirchen der reichen Ländern ist nicht mehr selbstverständlich, sondern wird begründet dadurch, dass sie sich der Gerichtsansage Gottes stellen, sich gehorsam an die Seite der Armen stellen und das ihre dafür tun, dem Reich Gottes in den Kämpfen der Welt zu dienen.* Dies wird in dem schon ausschnittweise zitierten Text der Sektion I von Melbourne in folgenden Worten umschrieben:

> »Das Reich Gottes, das mit Jesus Christus begonnen hat, bringt Gerechtigkeit, Liebe, Friede und Freude und die Freiheit vom Zugriff der Herrschaften und Gewalten, diesen *dämonischen Mächten*, die menschliche *Institutionen* und menschliches *Leben versklaven* und bis in deren Grund durchdringen. *Gottes Gericht* offenbart sich als eine Umwälzung der Normen, Werte und Strukturen dieser Welt. Im Blick auf das Reich Gottes *bevorzugt Gott die Armen* [...] Die gute Nachricht für die Reichen bestätigt, was Jesus als Evangelium für die Armen verkündet, indem sie die Reichen aufruft, auf Gott und seine grenzenlose Gnade zu vertrauen. Es ist ein *Ruf zur Buße*, die bedeutet: – auf die Sicherheit von Reichtum und materiellem Besitz zu verzichten, die tatsächlich Götzenverehrung ist; – die ausbeuterische Macht als eine dämonische Erscheinungsform vom Reichtum aufzugeben; – sich von Gleichgültigkeit und Feindseligkeit gegenüber den Armen der Solidarität mit den Unterdrückten zuzuwenden. Das Kommen des Reiches als Hoffnung für die Armen ist deshalb eine *Zeit des Gerichts für die Reichen*.«[200]

Das Thema Gerechtigkeit sollte auch für die folgenden Jahre von maßgeblicher Bedeutung bleiben. Es kamen mit den Jahren neue Akzentsetzungen hinzu, die jedoch diesen Schwerpunkt nicht aufhoben. Die Konferenzen des Jahres 1989, von denen nun zu handeln sein wird, stehen quasi auf der Schwelle zu einem neuen Bewusstsein, das durch den Begriff *Globalisierung* wohl am besten zu charakterisieren ist.

---

200. *Lehmann-Habeck* (Hg.) (1980): Dein Reich komme, 127, Hervorhebungen geändert.

7.3 Zehnte Weltmissionskonferenz in San Antonio (1989) – Lausanne II in Manila (1989)

Die Weltmissionskonferenz in St. Antonio, Texas, im Jahre 1989 stand unter dem Motto *Dein Wille geschehe*. Damit wird eine gedankliche Folge zu der Melbourne-Konferenz hergestellt, deren Motto die Vaterunserbitte *Dein Reich komme* gewesen war. Allerdings muss man festhalten, dass solche Weltmissionskonferenzen jeweils für sich stehen und nicht unbedingt theologisch aufeinander aufbauen müssen. Dafür sind die Zeitumstände zu verschieden, ebenso wie die Zusammensetzung der Delegierten und die Ausrichtung der einzelnen Konferenzen. In St. Antonio waren etwa 650 Teilnehmende zugegen, davon hatten 275 Personen den Status von Delegierten. Man hatte sich im Vorfeld darum bemüht, der konfessionellen wie auch regionalen Vertretung der Mitgliedskirchen besser als bisher gerecht zu werden. Konkret bedeutet das, dass 65 % der Delegierten aus Ländern der Zweidrittelwelt stammten sowie 19 % der Vertreter von orthodoxen Kirchen gestellt wurden.[201] Gegenüber Melbourne vermittelt die Konferenz von San Antonio ein weniger programmatisches Bild. Mit dem Thema der Armut und der Frage nach dem theologischen Stellenwert der Armen hatte Melbourne die Themen eines Jahrzehntes gebündelt, San Antonio ist dagegen mehr als Fortsetzung von Entwicklungen zu verstehen. Eine packende Vision fehlte hier.[202]

Was jedoch in die Konferenz einfloss, waren wichtige Themen, die in der Zwischenzeit bearbeitet worden waren wie etwa die Anliegen des *Konziliaren Prozesses für Frieden, Gerechtigkeit und Bewahrung der Schöpfung*.[203] Impulse aus diesem und anderen Arbeitsprozessen gingen an verschiedenen Stellen in die Sektionsberichte und die so genannten *Akte des Gehorsams* ein. Die Konferenz war in vier Sektionen gegliedert: *Umkehr zum lebendigen Gott* (I), *Teilnehmen am Leiden und am Kampf* (II), *Die Erde ist des Herrn* (III) sowie *Auf dem Weg zu erneuerten Gemeinschaften in der Mission* (IV). Sektion I hatte die

---

201. J. *Wietzke* (1989): Einführung, in: ders. (Hg.), Dein Wille geschehe: Mission in der Nachfolge Jesu Christi; Darstellung und Dokumentation der X. Weltmissionskonferenz in San Antonio 1989, Frankfurt/M., 9-14, 11.
202. So auch P. *Sandner* (1989): Historische und theologische Einordnung der Konferenz. Von Melbourne nach San Antonio, in: J. Wietzke (Hg.), Dein Wille geschehe, 48-60, 49.
203. Diese Anliegen wurden auf der Sechsten Vollversammlung des ÖRK in Vancouver im Jahre 1983 (Motto: *Jesus Christus – das Leben der Welt*) als Aufgabe des ÖRK übernommen. Zudem war im Jahre 1982 eine ÖRK-Erklärung zum Thema Mission unter dem Titel *Mission und Evangelisation* angenommen worden, es war 1986 seitens des *Referates für Kirchlichen Dienst im städtischen und ländlichen Bereich (Urban Rural Mission)* eine *URM-Perspektive über Mission* veröffentlicht worden und man hatte seitens des ÖRK die missionstheologische Reflexion der Orthodoxen Kirchen begleitet. P. Sandner (1989): Historische und theologische Einordnung, 51-55.

eigentliche missionstheologische Aufgabe zu leisten und tagte unter dem Vorsitz des südafrikanischen Missionstheologen *David Bosch*, was sicherlich als Glücksfall bezeichnet werden kann, da Bosch eine vermittelnde Position zwischen ÖRK und der evangelikalen Bewegung einnahm.[204] Im Folgenden können wiederum nur einige Aspekte herausgegriffen werden.

(1) *Lebenszentrierte Mission:* In Sektion I ebenso wie in den anderen Sektionen wird der Übergang vollzogen von einem universalgeschichtlichen Missionsverständnis zu einem *lebenszentrierten Missionsdenken*. Gleich am Anfang des Sektionsberichtes des Sektion I heißt es:

> »Die Mission hat ihren Ursprung allein in Gottes Sorge um die ganze Schöpfung, in seiner bedingungslosen Liebe zu allen Menschen und in seinem Willen, Einheit und Gemeinschaft mit und unter allen Menschen zu schaffen.«[205]

Dass auch das Thema der Schöpfungsbewahrung nun gebührende Aufmerksamkeit erhält, wird daran deutlich, dass eine ganze Sektion diesem Problemfeld gewidmet ist. Hier werden neben dem Schutz der Ökosphäre insbesondere Fragen der Landrechte von Ureinwohnervölkern benannt, die Frage von Landbesitz und Landverteilung oder die Frage der Bodennutzung.[206]

(2) *Mission in nach-säkularer Zeit:* In San Antonio wird festgestellt, dass trotz verschiedener Erscheinungsformen von Säkularisierung als Kontext von Kirchen, aber auch innerhalb von Kirchen selbst, die religiöse Sehnsucht der Menschen nicht zu einem Ende gekommen sei.

> »Die Säkularisierung hat die Sehnsucht der Menschen nach einer ›letzten Wirklichkeit‹ nicht vermindert. Der Altar bleibt nicht leer. Die ›säkulare‹ Religion kann in der Anbetung moderner Götzen zum Ausdruck kommen, wie Konsum, wirtschaftliche, politische und militärische Macht, in denen individuelle oder kollektive Sehnsucht oberstes Gebot ist.«[207]

Aber auch in Ideologien oder »religiösen Sekten« könne sich diese Sehnsucht manifestieren.

(3) *Mission als Widerstand:* Angesichts verschiedener Kontexte wird Mission als Widerstand beschrieben. Diese Beschreibung klingt weniger optimistisch als noch das Ziel der Befreiung. Die Thematik der Armut nimmt auch in San Antonio breiten Raum ein. Sektion II formuliert:

> »*Gott ist in Jesus Christus Mensch geworden und hat unter den Armen gelebt. Er hat an ihrem Leiden und ihren Kampf teilgenommen, damit alle das Leben und volle Genüge haben.* Wie Jesus gesandt war, so sandte er seine Jünger aus, an diesem

---

204. Siehe den Erfahrungsbericht von *W. Arnold* (1989): Umkehr zum lebendigen Gott, in Wietzke (Hg.), o. a., 76-86, 77.
205. *Wietzke* (Hg.) (1989): Dein Wille geschehe, 134.
206. Sektion III, in: *Wietzke* (Hg.) (1989): Dein Wille geschehe, 166-185.
207. *Wietzke* (Hg.) (1989): Dein Wille geschehe, 140.

7. Melbourne bis Salvador de Bahia – Armut, Mauerfall, Globalisierung (1980-1996)

Leiden und diesem Kampf teilzunehmen und damit Zeugnis vom Willen Gottes abzulegen, allen Menschen das Leben zu geben durch Jesus Christus in der Kraft des Heiligen Geistes. Gleich Jesus, dessen Wundmale das Zeichen für seinen gehorsamen Widerstand gegen die Mächte des Bösen waren, so sind auch seine Jünger aufgerufen, diesen Mächten zu widerstehen. Der Heilige Geist tröstet und erfüllt die, welche den Mächten des Bösen widerstehen.«[208]

Zu diesen Mächten werden der Militarismus gezählt, wirtschaftliche Ungerechtigkeit, Ausbeutung von Menschen durch transnationale Konzerne sowie eine Reihe von Konfliktherden in verschiedenen Ländern.

(4) *Mission und Dialog:* Im Blick auf den interreligiösen Dialog findet die Sektion I eine für viele Teilnehmer/innen konsensfähige Formulierung, wenn es heißt: »Wir kennen keinen anderen Weg zum Heil als Jesus Christus; zugleich aber können wir dem Heilswirken Gottes keine Grenzen setzen.«[209] Damit wird die Einzigkeit Jesu Christi festgehalten, deren Begrenzung auf den Bereich der Kirchen oder des Christentums jedoch mit Verweis auf die Souveränität Gottes abgelehnt. Des Weiteren werden christliches Zeugnis und der Dialog als ein *wechselseitiges Geschehen* verstanden. Der Dialog verwässere das Zeugnis nicht, das Zeugnis wiederum gebe dem Dialog erst seine Ernsthaftigkeit:

»der beste Dialog mit Menschen verschiedener Religionszugehörigkeit wirkt unecht, wenn er nicht auf der Grundlage erklärter und akzeptierter Glaubensverpflichtung stattfindet. In Wirklichkeit ist das Zusammenleben mit Menschen anderen Glaubens und anderer Weltanschauungen wesentlich ein ›Aufeinandertreffen von Loyalitäten‹ (ME 45). Im Dialog sind wir zum Zuhören eingeladen und bleiben offen für die Möglichkeit, dass der Gott, den wir in Jesus Christus kennen, uns auch im Leben unserer Nächsten anderen Glaubens begegnen kann. Auf der anderen Seite ist uns auch vor Augen geführt worden, dass das gemeinsame Eintreten für Gerechtigkeit, Frieden und Dienst an der Umwelt zusammen mit Menschen anderer Religionszugehörigkeit uns zu einem Dialog führt, zum Dialog des Lebens, der dringend nötig ist, da ja die ganze Menschheit vor Gott und der Menschenfamilie verantwortlich ist.«[210]

Auch in diesen Aussagen findet sich damit die lebenszentrierte Sicht der Mission wieder, da der *interreligiöse Dialog* in den weiteren Horizont eines *Dialogs des Lebens* eingeordnet wird. Die Spannung zwischen dem eigenen Glaubenszeugnis und der Möglichkeit, Gott auch unter Menschen anderen Glaubens am Werke zu sehen, wird dabei ganz bewusst aufrecht erhalten und ausgehalten.

---

208. *Wietzke* (Hg.) (1989): Dein Wille geschehe, 153.
209. *Wietzke* (Hg.) (1989): Dein Wille geschehe, 142.
210. *Wietzke* (Hg.) (1989): Dein Wille geschehe, 143.

(5) *Volksreligiosität und Mission:* Im Blick auf dieses Thema resümiert der Missionswissenschaftler Theo Ahrens: »Meines Wissens zum ersten Mal – jedenfalls so prominent auf der Tagesordnung einer Weltmissionskonferenz – taucht die Frage nach der ›Volksreligion‹ auf.«[211] In Sektion IV wird festgestellt, dass das Thema Volksreligiosität bisher zu wenig Beachtung gefunden habe. Gedacht wird insbesondere an Formen der *Pfingstbewegung* weltweit, an die *lateinamerikanischen Basisgemeinden* sowie an die *Afrikanischen Unabhängigen Kirchen*. In diesen Bewegungen wird ein »gewaltiges Potential« zu Erneuerung von Kirche und menschlichen Gemeinschaften gesehen.[212] Worin genau dieses Potential bestehen soll, wird in einer idealtypischen Charakterisierung skizziert:

> »Trotz der Vielfalt dieser Gemeinschaften und ihrer Unterschiede zeigt sich, dass sie bestimmte Gemeinsamkeiten aufweisen, die für die Erneuerung der christlichen Gemeinschaft in der Mission bedeutsam sind: a) Wichtigkeit des Lebens in der Gemeinschaft; b) konkretes Einbeziehen der alltäglichen Lebenswirklichkeit (Fruchtbarkeit der Erde, Gesundheit, Sexualität, Arbeit usw.); c) Betonung der kollektiven Identität des Volkes oder von Gruppen; d) Verwendung einer religiösen Sprache, die mehr gemeinschaftlich und symbolhaft ist als rational; e) Wichtigkeit des festlichen Aspekts der Religiosität.«[213]

Dabei gilt jedoch, dass das Evangelium von Jesus Christus zwar in jeder Kultur Gestalt gewinnen müsse, dass jedoch weiterhin die kritische Frage offen zu halten sei, ob eine »Religiosität bzw. Kultur der Lebensfülle« tatsächlich lebensförderlich ist.[214] Weitere Reflexionen zu diesem Thema werden angeregt, insbesondere zum Thema Evangelium und Kultur und zum Thema Pneumatologie, Ekklesiologie und Volksreligiosität. Annäherungen zwischen ÖRK und Lausanner Bewegung wurden deutlich in einem »Brief an Manila«, der von Teilnehmenden der St.-Antonio-Konferenz verfasst wurde.

Zweiter Kongress für Weltevangelisation in Manila 1989 (Lausanne II). Als im Jahre 1989 in Manila der Zweite Kongress für Weltevangelisation (Lausanne II) stattfand, wurde die Lausanner Verpflichtung in vielen Punkten bekräftigt, aber auch fortgeschrieben. In Manila waren insgesamt etwa 4500 Teilnehmer aus 163 Ländern anwesend. Das Thema lautete: *Proclaim Christ until he comes.* Bedeutend ist *The Manila Manifesto*, welches mit 21 so genannten *affirmations* die missionstheologische Linie der Bewegung fort-

---

211. Th. *Ahrens* (1989): Auf dem Wege zu erneuerten Gemeinschaften in der Mission. Bericht zu Sektion IV, in: Wietzke (Hg.), Dein Wille geschehe, 107-125, 108.
212. Th. *Ahrens* (1989): Auf dem Wege, 191.
213. Th. *Ahrens* (1989): Auf dem Wege, 189.
214. Th. *Ahrens* (1989): Auf dem Wege, 190.

7. Melbourne bis Salvador de Bahia – Armut, Mauerfall, Globalisierung (1980-1996)

schreibt und neue Akzente im Bemühen um ein ganzheitliches Missionsverständnis setzt.[215]
Eine letzte große Zusammenkunft der evangelikalen Missionsbewegung im 20. Jahrhundert fand im Oktober 1999 in *Foz de Iguaçu* in Brasilien statt, wo die so genannte *Iguaçu Affirmation* angenommen wurde.[216] Es handelt sich um eine Konferenz der *World Evangelical Fellowship*. Der Konferenzband lässt etwas von der Bandbreite der hier zusammengeführten Organisationen und Bewegungen erahnen und lässt deutlich einen pragmatischen Zugang erkennen.[217] Mitveranstalter war unter anderem das *AD 2000 and Beyond Movement*.[218] Es folgte im Jahr 2004 in Pattaya, Thailand, eine Tagung des Lausanner Forums, zu der 1530 Teilnehmer aus 130 Ländern zusammenkamen. Unter dem Motto *Eine neue Vision, ein neues Herz und eine erneuerte Berufung* arbeiteten 31 Arbeitsgruppen zu den neuen Herausforderungen, die sich unter anderem aus der Globalisierung, Urbanisierung, internationalem Terrorismus, HIV/AIDS und der Medienrevolution ergeben.[219]

7.4 Die 1990er Jahre: Mission im Zeitalter der (neuen) Globalisierung – Kontexte

Ende der 1970er und zu Beginn der 1980er Jahre hatte eine neue Phase der Hochrüstung zwischen den beiden Supermächten eingesetzt. Doch bald sollte sich das Klima zwischen den USA und der Sowjetunion ändern, als im Jahre 1985 *Michail Gorbatschow* zum Generalsekretär der Kommunistischen Partei der Sowjetunion ernannt wurde. Bereits im Jahre 1987 leitete er unter den Schlagworten *Perestroika* (russ.: Umgestaltung) und *Glasnost* (russ.: Offenheit) einen Reformprozess ein, der auf die Demokratisierung der Partei selbst

---

215. http://www.lausanne.org/en/documents/manila-manifesto.html, 20.10.2012. Doch gab es zwischen 1974 und 1989 und auch danach noch eine Reihe weiterer Konferenzen, die von der Lausanner Bewegung – oft auch in Kooperation mit der *World Evangelical Fellowship* (WEF) – organisiert wurden. Zu den Themen gehörten unter anderem im Jahr 1978 *Evangelium und Kultur*, im Jahr 1980 *Evangelium und soziale Verantwortung*, im Jahr 1985 *Der Heilige Geist und die Evangelisation* oder 1998 *Das Namenschristentum*.
216. Vgl. www.worldevangelical.org
217. Vgl. W. D. Taylor (Hg.) (2000): Global Missiology for the 21st Century. The Iguassu Dialogue, Grand Rapids (MI). Die ›Iguassu Affirmation‹ findet sich ebd., 15-21. Als Kommentare dazu vgl. ebd. 519-548.
218. Diese Missionsbewegung, die mehrheitlich von Vertretern/innen aus der Zweidrittelwelt getragen wird, hatte große Kongresse 1995 in Seoul und 1997 in Südafrika. Die Bewegung und die hier vertretenen missionstheologischen Grundlinien müssten eigens behandelt werden. D. T-W. Lee (2000): A Two-Thirds World Evaluation of Contemporary Evangelical Missiology, in: Taylor (Hg.), Global Missiology, 133-148, 135.
219. Siehe dazu: www.lausannerbewegung.de/index.php?p=39

und der Gesellschaft ausgerichtet war. Im Dezember 1987 wurde ein Abkommen zum vollständigen Abbau der atomaren Mittelstreckenraketen beider Seiten unterzeichnet. Im folgenden Jahr begann einerseits der Abzug der Mittelstreckenraketen der Sowjetunion als auch andererseits der Rückzug der Sowjettruppen aus Afghanistan. Die Entspannung zwischen Ost und West machte im weiteren Verlauf die Öffnung der *Berliner Mauer* am 9. November 1989 möglich und damit die ein Jahr später vollzogene Wiedervereinigung Deutschlands.

Weltpolitisch hatte das Ende des Ost-West-Konfliktes Folgen, die mittelbar eine Demokratisierung in einigen Staaten erleichterten. So wurden bestimmte Konstellationen aufgebrochen, etwa dergestalt, dass die Sowjetunion nicht mehr über die Mittel verfügte, sozialistische Regime zu unterstützen. Den USA hingegen fehlte nun die Rechtfertigung, als Kampf gegen den Kommunismus auch diktatorische Regime zu unterstützen. Im Blick auf die UNO gewann der Weltsicherheitsrat ein Mehr an Bedeutung, da nun Beschlüsse nicht länger durch das Veto der Gegenseite blockiert werden konnten. Gegen Ende der 1980er und zu Beginn der 1990er Jahre gelang in Chile der Übergang von der Militärdiktatur General *Pinochets* zu einem demokratischen System. In Südafrika kam es im Jahr 1990 durch Präsident *Frederik Willem de Klerk* mit der Freilassung des ANC-Politikers *Nelson Mandela* zum Ende der Apartheitspolitik. Mandela wurde 1994 erster schwarzer Präsident der Republik Südafrika.

Doch gab es weltpolitisch im Blick auf Demokratisierung und Konfliktbewältigung auch Rückschläge. So wurde die Demokratiebewegung in China mit dem Massaker der Regierung an demonstrierenden Studenten auf dem *Platz des Himmlischen Friedens* in Peking im Jahre 1989 unterdrückt. Der Einmarsch der irakischen Truppen in Kuwait, die Anti-Irak-Koalition und schließlich die mit dem 1. Golfkrieg im Jahre 1991 erfolgende Befreiung Kuwaits sollten eine Fülle weiterer Probleme mit sich bringen.[220] In Bosnien kam es im Verlauf des Balkankrieges (1992-1995) zu Massenmorden, in Ruanda und Burundi zu schrecklichen Genoziden.

Im Blick auf die wirtschaftliche Entwicklung verliefen schon die 1980er Jahre für die verschiedenen Weltregionen sehr unterschiedlich. Die Konjunkturkrise ließ in den Industrienationen seit 1983 nach, während es für die Länder Afrikas und Lateinamerikas zu einer Dauerkrise kam. Das wirtschaftliche Wachstum fiel, die Schuldenlasten stiegen. Der Internationale Währungsfond und die Weltbank machten seit Mitte der 1980er Jahre Umschuldungen ab-

---

220. Dieses Ereignis wurde zur Initialzündung eines internationalen Terrorismus, dessen vorläufiger Höhepunkt, so kann man vorausblickend schon hier festhalten, die Anschläge des 11. September 2001 in New York und Washington sein sollten.

hängig von Reformanstrengungen in den Schuldnerländern. Dazu zählten etwa staatliche Sparpolitik, Abwertung der Landeswährung und freie Preisgestaltung. Dadurch wurden allerdings soziale Nöte in vielen Ländern verschärft, da eine schnelle wirtschaftliche Erholung, auf die man seitens der Weltbank und des IWF gehofft hatte, nicht eintrat. Zu Beginn der 1990er Jahre wurde eingestanden, dass diese Politik nicht zu den erwünschten Effekten im Blick auf die wirtschaftliche Entwicklung vieler Länder geführt hatte. Als neue Perspektive wurde nun eine »dauerhafte Entwicklung« *(sustainable development)* gefordert. Die UNO-Konferenz für Umwelt und Entwicklung in Rio de Janeiro im Jahre 1992 formulierte: »Dauerhafte Entwicklung ist Entwicklung, die die Bedürfnisse der Gegenwart befriedigt, ohne zu riskieren, dass künftige Generationen ihre eigenen Bedürfnisse nicht befriedigen können.«[221] Fragen des Umweltschutzes wurden in neuer Weise durch die nun verstärkt zu beobachtende globale Erwärmung akut. Die Entwicklungen lassen zwei Themen erkennbar werden, die in den nächsten Jahren missionstheologisch besonders aufgegriffen wurden, nämlich erstens das Thema Globalisierung und Kulturen sowie zweitens das Thema Versöhnung.

7.5 Elfte Weltmissionskonferenz in Salvador de Bahia (1996) – Stichwort Kultur

Um die letzte Weltmissionskonferenz des 20. Jahrhunderts richtig einzuschätzen, ist ein Blick einerseits auf den Kontext und andererseits auf den Charakter der Konferenz unerlässlich. Die Konferenz tagte zu dem Thema *Zu einer Hoffnung berufen – Das Evangelium in verschiedenen Kulturen.*[222] Dass sich das Thema Evangelium und Kulturen aufdrängte, hatte mindestens drei Gründe: Erstens stellt das Christentum zu Ende des 20. Jahrhunderts eine polyzentrische Erscheinung dar. Die gesellschaftlichen und kulturellen, politischen, religiösen und sozialen Kontexte variieren beträchtlich, so dass eine Polyphonie

---

221. Zitiert nach *Zaugg-Ott* (2003): Entwicklung oder Befreiung, 341.
222. Quellenband zu Salvador de Bahia: *K. Schäfer* (Hg.) (1999): Zu einer Hoffnung berufen. Das Evangelium in verschiedenen Kulturen. Elfte Konferenz für Weltmission und Evangelisation in Salvador da Bahia 1996, Frankfurt/Main. Als Bericht über die Konferenz vgl. *K. Schäfer* (1997): Das Evangelium in verschiedenen Kulturen. Zum Ertrag der 11. Weltmissionskonferenz in Salvador da Bahia, November/Dezember 1996, in: Th. Ahrens (Hg.), Zwischen Regionalität und Globalisierung, Hamburg, 159-180. – *Jacques Matthey* stellt zum Thema Evangelium und Kulturen zu Recht fest: »It is [...] remarkable that since the Bangkok Conference in 1972, the theme had somewhat been laid aside in favor of more socio-political and economic challenges to mission.« *J. Matthey* (2002): Missiology in the World Council of Churches, in: L. Pachau (ed.), Ecumenical Missiology, Bangalore, 83-84.

christlicher Ausdrucksgestalten im liturgischen und rituellen Bereich entstanden ist, in gesellschaftlicher Praxis und in Gestalt verschiedener Theologien. Damit stellt sich die Frage, was das Verbindende des Evangeliums darstellt. Ein zweiter Grund ist mit dem Thema Ethnozentrismus und Fundamentalismus umrissen. Die Frage lautet seither verstärkt, wie in ethnisch und kulturell pluralen Gesellschaften Religionen dazu beitragen können, dass Menschen verschiedenster Herkunft miteinander koexistieren können und ein wirkungsvoller Minderheitenschutz gewährleistet werden kann. Der dritte Grund ist in den verstärkten Globalisierungsschüben zu sehen, die weltweit die Frage nach der eigenen kulturellen und ethnischen Identität verstärken. In einer Weltmedien- und Weltkonsumgesellschaft, in der sich eine *globale Hyperkultur* (R. Schreiter) ausbreitet, wird oft auf der lokalen Ebene mit der Behauptung und Abgrenzung der eigenen Identität eine Gegenstrategie gesucht. Wie aber kann beides, lokale Identität und globales Bewusstsein, miteinander wenn schon nicht versöhnt, so doch wenigstens ausbalanciert werden?

Partizipativer Ansatz der Konferenz. Aus der eben skizzierten Situation ergab sich für die Veranstalter der Weltmissionskonferenz von Salvador de Bahia schon früh der Grundgedanke, eine *möglichst breite Partizipation* sicherzustellen. Dies ist eine logische Konsequenz aus der gewählten Thematik, denn der ÖRK ist, gerade als Plattform einer pluriformen globalen Christenheit, darauf angewiesen, möglichst viele kulturelle Kontexte wahrzunehmen und zu Gehör zu bringen, da sich in diesen Kontexten die Mitgliedskirchen und solche Kirchen oder Bewegungen, die man für die Mitgliedschaft im ÖRK gewinnen möchte, bewegen.[223]

Breite Partizipation wurde im Blick auf die Einladung sichergestellt durch ein Quotensystem, durch welches versucht wurde, unter den 600 Delegierten aus etwa 100 Ländern ein ausgeglichenes Verhältnis zwischen Jungen und Alten, Laien/innen und Theologen/innen sowie Männern und Frauen ebenso zu erzielen, wie für die Delegierten aus den verschiedenen Kontexten der Erde. Aufgrund dieser Einladungspraxis war es wiederum nur konsequent, nicht den Stil einer missionstheologischen Arbeitskonferenz zu wählen, sondern einen mehr induktiv-erfahrungsorientierten Ansatz. Vier Dimensionen sollten zusammengehalten werden: Erstens die Dimension des *Wahrnehmens* kultureller Verschiedenheit *(exposure).* Dem diente unter anderem eine während der ganzen Konferenzzeit geöffneten Ausstellung verschiedener Ausdrucksgestalten des Christentums, von Musikinstrumenten aus Afrika über

---

223. So wurde schon 1994 ein Studienprozess zum Thema *Das Evangelium und die Kulturen* ins Leben gerufen. In etwa sechzig Ländern sollten Gruppen die eigene Geschichte vor dem Hintergrund dieser Fragestellung reflektieren. Die Bündelung der Fragestellungen sollte dann in die Konferenz in Salvador de Bahia eingehen. K. *Schäfer* (1997): Das Evangelium, 163.

7. Melbourne bis Salvador de Bahia – Armut, Mauerfall, Globalisierung (1980-1996)

Fotoreportagen aus Indien bis hin zu christlicher Kunst aus verschiedenen Kontinenten und Performances. Die zweite Dimension wurde unter *Begegnung (encounter)* gefasst: In unterschiedlichen Veranstaltungsformen sollte es zu Direktkontakten der Christen/innen aus den verschiedenen Kontexten kommen. So in Formen von interkulturellen Bibelarbeiten, in Gottesdiensten unterschiedlichster Gestalt, Musikdarbietungen oder Tanz. Aus *exposure* und *encounter* sollte dann die dritte Dimension hervorgehen, die *Auseinandersetzung (exploration)*, die dann zur vierten Dimension führen sollte, der *Selbstverpflichtung (engagement)*. Hier scheint, wenn auch abgewandelt, deutlich das befreiungstheologische Schema von Sehen – Urteilen – Handeln durch.

Inhaltliche Akzente der Konferenz. Bei der Konferenz wurden nur zwei Hauptreferate gehalten, nämlich zum einen der Vortrag *Evangelium und Kultur* von Metropolit *Kyrill von Smolensk und Kaliningrad*, der insbesondere auf das Thema des Proselytismus zu sprechen kam, zum anderen der Vortrag zum Konferenzthema der lutherischen Theologin *Musimbi R. A. Kanyoro* aus Kenia. Die inhaltliche Arbeit wurde in vier Sektionen wahrgenommen: *Authentisches Zeugnis in jeder Kultur* (I), *Evangelium und Identität in Gemeinschaft*, (II), *Ortsgemeinden in pluralistischen Gesellschaften* (III) sowie *Ein Evangelium – verschiedene Ausdrucksformen* (IV). Als Konferenzbeobachter stellt Klaus Schäfer die Gelassenheit heraus, mit der hier über das Verhältnis von Evangelium und Kulturen Austausch gepflegt wurde. Das »Dass« der Notwendigkeit von Inkulturationen war unbestritten.[224] Die Ergebnisse der Konferenz sind jedoch nicht allein über die Sektionsberichte und die Selbstverpflichtung zu erfassen, sondern sie haben sich zum Teil im Vollzug der Konferenz selbst ereignet. So sind insbesondere zwei Themenkreise von Bedeutung gewesen.

Zunächst wurde den ethnischen Identitäten der südamerikanischen und nordamerikanischen Indianer, den Ureinwohnern Australiens und den indischen Dalits und Adivasi, um nur einige wenige zu nennen, große Aufmerksamkeit zuteil. Wohl der dichteste Moment der Konferenz war indes ein Gedenkgottesdienst an den Sklavendocks von Salvador de Bahia. An diesem Ort, an dem vom Jahr 1550 an bis Ende des 19. Jahrhunderts vermutlich zwischen 6-12 Millionen Sklaven entladen wurden, wurde der Schuldgeschichte der Christentums- und Missionsgeschichte gedacht.[225] Wenn man bedenkt, dass bereits bei der Überfahrt die Hälfte der in Afrika verladenen Sklaven verstorben waren, dass bei der Anladung dann die Übriggebliebenen nach einer Sor-

---

224. K. Schäfer (1997): Das Evangelium, 168.
225. U. Richter (1999): Die Gottesdienste der Konferenz: Gedanken einer Pfarrerin, in: K. Schäfer (Hg.), Zu einer Hoffnung berufen, 26-37, bes. 35-37, 35: »Noch heute machen die Nachfahren dieser Sklaven etwa 60% der Einwohner der Stadt Salvador aus.«

tierung nach Alter, Kraft und Geschlecht zwangsgetauft und dann verkauft wurden, um in den Zuckerrohrplantagen des Kontinent zu arbeiten, so kann man die historische Schuld wenigstens erahnen. Mit dem Schuldeingeständnis nun wurde der Geschichte der afro-amerikanischen Bevölkerung Respekt gezollt, einer Geschichte der Unterdrückung, Verachtung und Bevormundung.

Doch wurde dieses Schuldeingeständnis durch *Aaron Tolen* aus Kamerun stellvertretend für die anwesenden Afrikaner erweitert, indem er unter anderem mit folgenden Worten auf die Mitschuld von Afrikanern hinwies:

> »Liebe afrikanische Schwestern und Brüder, wir haben die Worte der Reue gehört. Aber diejenigen, die uns hierher gebracht haben, waren nicht alleine Schuld an dieser Tragödie. Wir Afrikaner teilen diese Verantwortung. Wir haben uns selbst erniedrigt, indem wir unsere Schwestern und Brüder als Ware verkauft haben; weil wir nie den Mut gehabt haben, dies zuzugeben und zu bereuen, dass wir dasselbe auch noch heute tun, deshalb gibt es diese tragischen und entwürdigenden Situationen in Afrika. Wir möchten Buße ablegen und um Vergebung und Gottes Barmherzigkeit bitten.«[226]

Da dieses Schuldeingeständnis erst auf der Konferenz selbst entstanden, also nicht im Vornherein geplant war, kann man es mit Recht als Frucht des Erfahrungsaustausches und Diskussionsprozesses betrachten.

Ein anderes brennendes Thema war die von Metropolit Kyrill aufgeworfene Frage des Proselytismus. Sie zeigt, dass kulturelle Ignoranz nicht bloß ein Problem der Vergangenheit, sondern eine Herausforderung von bleibender Aktualität ist. Im Rekurs auf die jüngste Geschichte der russisch-orthodoxen Kirche bemerkt Kyrill:

> »Mit der neuen Religionsfreiheit [nach dem Zusammenbruch des Kommunismus, H. W.] erwarteten wir, dass sich diese Beziehungen [der Orthodoxen zum ÖRK, H. W.] weiter entwickeln würden und dass andere Christen uns in der neuen und nicht weniger schwierigen Situation unterstützen würden: Nun, da sich die russisch-orthodoxe Kirche plötzlich vor einer weit geöffneten Tür mit der größtmöglichen religiösen Freiheit und einem weiten Feld für missionarische Arbeit befand. Wir hatten die aufrichtige Hoffnung, dass man uns bei dieser Arbeit unterstützen würde.
> Unsere Hoffnungen wurden jedoch nicht erfüllt. Sobald die Freiheit für die missionarische Arbeit gegeben war, begann ein Feldzug gegen die russische Kirche, obwohl diese sich erst allmählich von einer lang andauernden Krankheit erholte und noch auf schwachen Füßen stand. Horden von Missionaren fielen ein, die die frühere Sowjetunion für ein riesiges Missionsgebiet hielten. Sie benahmen sich, als ob es keine Kirchen im Land gäbe, als ob sonst kein Evangelium verkündet würde. Sie begannen zu predigen, ohne sich auch nur zu bemühen, mit dem

---

226. Zitiert nach: *U. Richter* (1999): Die Gottesdienste der Konferenz, 36.

russischen kulturellen Erbe vertraut zu werden oder die russische Sprache zu erlernen. Meist beabsichtigten sie nicht, Christus und das Evangelium zu verkündigen, sondern unsere Gläubigen ihren angestammten Kirchen abspenstig zu machen und sie für die eigenen Gemeinden anzuwerben.«[227]

Das Thema Evangelium und Kulturen sollte mittelbar weiter relevant bleiben, wurden in den folgenden Jahren jedoch spezifiziert durch Themen wie Heilung, Versöhnung und Pneumatologie, die zu Leitthemen der nächsten Weltmissionskonferenz werden sollten.

---

227. Vgl. dazu den besagten Vortrag in *K. Schäfer* (Hg.) (1999): Zu einer Hoffnung berufen, 183-204, 198-199. Vgl. S. 205-206.

8. Athen bis Busan – Herausforderungen des frühen 21. Jahrunderts (2005-2013)

Die erste Weltmissionskonferenz des 21. Jahrhunderts fand vom 9. bis 16. Mai 2005 in Athen statt und brachte etwa 650 Teilnehmende aus 105 Ländern zusammen. Sie stand unter dem Leitwort *Come Holy Spirit, Heal and Reconcile: Called in Christ to be Reconciling and Healing Communities*.[228]

8.1 Zwölfte Weltmissionskonferenz in Athen (2005) – Stichwort: »Wirken des Geistes«

Berichte zur Konferenz wurden in der *International Review of Mission* veröffentlicht, wobei besonders eine Reihe von *Listeners' Reports* gute Einblicke vermittelt.[229] Das Leitwort fasst bereits wichtige Orientierungspunkte prägnant zusammen: In Athen ging es *erstens* mit dem Thema *Come Holy Spirit* um einen Brückenschlag einerseits zur weltweiten Pfingstbewegung und andererseits zu charismatischen Kräften, Organisationen und Bewegungen auch innerhalb oder im Umfeld der Mitgliedskirchen, besonders der Orthodoxen. Deshalb auch wurde *zweitens* ein ekklesiologisch möglichst weiter Begriff gebraucht, denn der englische Begriff *communities* – im Deutschen wohl am ehesten mit *Gemeinschaften* zu übersetzen – lässt einen sehr großen Interpretationsraum. Auf diese Weise konnte die Einladungspraxis in manche Richtungen offen gehalten werden.[230] Auch wurde damit inhaltlich das missionarische Lebenszeugnis *im Medium christlicher Gemeinschaften* – etwas als *caring communities* – besser aussagbar. *Drittens* wurden mit den Begriffen *healing* und *reconcilitation* Schwerpunkte gesetzt, unter denen sich vielfältige

---

228. Auf die Athen-Konferenz hinführende Beiträge wurden in der Januar-Ausgabe 2005 der *International Review of Mission* vorgestellt. Vgl. u. a. R. Schreiter (2005): Reconciliation and healing as a paradigm for mission, in: IRM (94), 74-83; L. H. Jung (2005): Healing and reconciliation as the basis for the sustainability of life. An ecological plea for a ›deep‹ healing and reconciliation, in: IRM (94), 84-102. Vgl. M. J. Melanchthon (2005): Reconciliation: Feminist shadings, in: IRM (94), 117-132.
229. Zu Aufbau und Ablauf: *Descriptive Introduction* to the Programme of the Athens Conference, in: IRM (94), 326-331.
230. Für Mitgliedskirchen und Organisationen des ÖRK galt allerdings das Proporzsystem nach Geschlecht, Alter, Region und Profession, um nur einige Parameter zu nennen. Vorbereitend hatte es schon Treffen in Accra und Santiago gegeben, an denen Pfingsttheologen wie *Opoku Onyinah* aus Ghana, *Allan Anderson* aus Großbritannien oder *Veli-Matti Kärkkäinen* aus Finnland federführend beteiligt waren. Zu den dort diskutierten Inhalten vgl. die Ausgabe von IRM (93), No. 370, (July/October 2004).

Unterthemen zusammenfassen ließen, da Heilung und Versöhnung innerhalb der verschiedenen kontinentalen, nationalen und regionalen Kontexte ebenso wie wiederum in den dort zu findenden christlichen Formationen (Kirchen, Denominationen, Bewegungen, Organisationen) sehr unterschiedlich verstanden werden. Außerdem wurde auf der Konferenz deutlich, wie dringend es auch innerchristlich immer wieder einer Versöhnung bedarf.[231]

An der Konferenz stellten Vertreter/innen von Pfingstkirchen etwa fünf Prozent, es waren jedoch immerhin etwa 20 Pfingstkirchen vertreten.[232] Allerdings wurde damit zu diesem Zeitpunkt das Ziel einer verstärkten Präsenz von Pfingstkirchen nicht erreicht, da Vertreter/innen großer Pfingstkirchen praktisch nicht zugegen waren. Spannungen zeigten sich einerseits im Blick auf geistliche Praxis, bei der sich etliche Pfingstchristen/innen mehr Lebendigkeit wünschten, andererseits wurden Fragen von Heilung und Versöhnung, verstanden als individuelle Versöhnung mit Gott durch Buße, Wiedergeburt im Glauben und missionarisches Handeln nicht wirklich ausdiskutiert.[233] Dennoch stellt diese Konferenz einen bedeutenden Anfang dar.[234] Es seien an dieser Stelle nur wenige Aspekte herausgegriffen:

Betonung von Heilungen und Exorzismen. Noch auf keiner Konferenz des ÖRK hatte das Thema Heilungen einen so prominenten Stellenwert. Über Exorzismen wurde meines Wissens auf dieser Konferenz erstmalig in der Geschichte der ÖRK-Konferenzen ausdrücklich reflektiert, und zwar in dem viel beachteten Vorbereitungspapier Nr. 11 mit dem Titel *The Healing Mission of the Church*. Dieses Papier war in einem Reader schon vor der Konferenz zugänglich.[235] Damit kommt es zu einer sehr markanten Akzentverlagerung. Heilungsgaben werden erstmals theologisch wertgeschätzt, wobei auch das

---

231. So demonstrierten Anhänger der orthodoxen Gruppierung *Aghios Andreas* vor den Eingängen des Konferenzgeländes gegen die Ausrichtung der Konferenz auf dem »orthodoxen Boden Griechenlands«. Nach Einschätzung des orthodoxen rumänischen Theologen *Vasile Mihoc* wurde diese Initiative von nicht wenigen Menschen im Lande unterstützt. *V. Mihoc* (2005): Report on the Conference on World Mission and Evangelism, Athens, in: IRM (94), 406-413, 406f.
232. *A. Anderson* (2005): The Holy Spirit, Healing and Reconciliation: Pentecostal / Charismatic Issues at Athens 2005, in: IRM (94), 332-342.
233. Von Pfingstchristen/innen wurde das Vorbereitungspapier zu Athen ›The Healing Mission of the Church‹, Conference Preparatory Paper No. 11 (siehe www.mission2005.org) sehr gewertschätzt.
234. *Allen Anderson* attestiert, dass auf der Konferenz die Distanz zwischen ÖRK und Pfingstkirchen verringert wurde, was sich auch in der Symbolik niederschlug: »The symbolism of an ecumenical, an Orthodox, an evangelical and a Pentecostal leader sharing the same platform was not lost.« *Anderson* (2005): The Holy Spirit, 336-337.
235. Vgl. *World Council of Churches* (2005): ›You are the Light of the World‹: Statements on Mission by the World Council of Churches 1980-2005, Geneva: WCC Publications, darin: *The Healing Mission of the Church*, ebd. 127-162.

Wunderhafte nicht ausgespart wird. Ebenso wird über exorzistische Praxis gehandelt. Der ÖRK hat damit, so kann man festhalten, Anschluss an eine globale Entwicklung gefunden. Eine Basis für weitere Gespräche ist auf diese Weise gegeben, wie immer man theologisch und weltanschaulich zu diesen Themen denken mag.

Gespräche zwischen Vertretern Orthodoxer Kirchen und Pfingstkirchen. In einer der Synaxeis-Sitzungen kam es zu Gesprächen zwischen Vertretern orthodoxer und pfingstlerischer Traditionen, bei denen namentlich durch den griechisch-orthodoxen Theologen *Petros Vassiliadis* auf die vielen Gemeinsamkeiten zwischen beiden Traditionen hingewiesen wurde, was etwa die Themen Wunderheilungen, Dämonologie und Eschatologie betrifft.[236]

Wahrnehmungen von Teilnehmenden: Es ist reizvoll, dem Geschehen der Konferenz in den Wahrnehmungen von Teilnehmern/innen nachzuspüren. Während der deutsche Missionswissenschaftler *Dieter Becker* den generellen Charakter der Konferenz als eine Art Wallfahrt *(pilgrimage)* oder Fest *(festival)* beschreibt[237], hebt *J. Kwabena Asamoah-Gyadu* aus Ghana die Bedeutung afrikanischer Präsenz auf der Konferenz hervor. Immerhin seien allein 40 Teilnehmende aus Afrika anwesend gewesen, der Generalsekretär des ÖRK – Dr. *Sam Kobia* – sei Afrikaner, die beiden größten Einzelgemeinden Europas seien von afrikanischen Pastoren begründet worden, die Präsenz afrikanischer Christen/innen in Fragen der Mission sei demnach von Gewicht. Deren Expertise, ihre Themen – etwa christlich-islamische Beziehungen, Herausforderungen und Anfragen seien auf der Konferenz allerdings kaum berücksichtigt worden.[238] Afrikanische Migranten stellen eine dieser Herausforderungen dar, in missionarischer wie ökumenischer Hinsicht, da Migrantengemeinden den Offerten bestehender Gemeinden, sich mit ihnen zu vereinen, ablehnend gegenüberstehen, um nicht durch das, was dort als religiöser Formalismus wahrgenommen wird, beeinflusst zu werden. Sehr viel schärfer kritisiert die südkoreanische Theologin *Dr. Namsoon Kang* die Arbeit des ÖRK und die Konferenz von Athen, denn hier werde unkritisch dem neokolonialen Mainstream gefolgt, dass als Konferenzsprachen nur Englisch,

---

236. *Anderson* (2005): The Holy Spirit, 337.
237. *D. Becker* (2005): Listener's Report, in: IRM (94), 354-365, 354.
238. *J. K. Asamoah-Gyadu* (2005): Listening with African Ears. Reflections on the 2005 World Mission Conference in Athens, in: IRM (94), 343-353, bes. 345 ff. »Unfortunately the CWME in Athens still relied too heavily on western missionary expertise, a context in which missions has virtually been reduced to an academic discipline devoid of the deeply spiritual force that African Christians usually bring into the endeavour. Speaking about the relevance of Africa in the contemporary missionary enterprise, it is also unfortunate that issues of religious pluralism, Christian-Muslim relations, and interreligious dialogue, all of them key concerns for Africa, was well as world Christianity did not find much space on the agenda of the conference.«

Französisch, Spanisch und Deutsch zugelassen seien. Damit werde der neokoloniale Diskurs weitergeführt, ein *Othering* gegenüber anderen Kulturen und deren Sprachen betrieben. Andere werden dadurch zum Schweigen gebracht.[239] Man solle sich einmal vorstellen, wie man es aus westlicher Sicht empfinden würde, wenn als Konferenzsprachen nur Japanisch, Thai und Kanton-Chinesisch gewählt würden. Zudem sei die Konferenz auch durch eine *androzentrische Sprache* beherrscht gewesen.[240] Nach Kang bedarf es eines »deep-justice-oriented approach to healing and reconciliation«, es gehe darum, neu zu unterscheiden *(discern)*, was an Traditionen abzulehnen sei, es gehe um eine neue und radikale Einschließlichkeit *(inclusivity)*, etwa im Blick auf die HIV/AIDS Problematik und die Annahme von Menschen, Fragen der sexuellen Orientierung oder der Hautfarbe.[241]

Im Blick auf die Athen-Konferenz kann man meines Erachtens ohne Übertreibung sagen, dass sie einen Meilenstein in der Geschichte der Weltmissionskonferenzen darstellt. Der Grund besteht allerdings nicht darin, dass eine missionstheologisch wegweisende Erklärung formuliert worden wäre. Es sind vielmehr die Themen, die hier in erstmaliger oder aber neuer Weise aufgegriffen werden. Erstmalig wird das Thema *Heilungen inklusive Wunderheilungen* ausdrücklich aufgegriffen, erstmalig auch ist von *Exorzismen und Dämonologie* auf breiter Basis die Rede, und zwar insbesondere in den Vorbereitungspapieren. Durch diese Themen wurde ein Feld für Diskussionen neu eröffnet, es wurden die Herausforderungen und Fragen sichtbar, ebenso war aber auch die Komplexität der Thematiken zu spüren, die keine einfachen Antworten erlaubt. In neuer Weise aufgegriffen wurde das Thema *Versöhnung*, welches sowohl in den Bereich der Kosmologie und Ökologie ausgelegt

---

239. *N. Kang* (2005): Towards Healing and Reconciliation of ›Regardless‹: Radicalizing Christian Mission for Today, in: IRM (94), 373-386, 374: »The choice of language is definitely the issue of power. Language is not just a means of communication. It carries value-system and worldview. It is about standardization of thinking, worldview, and epistemological framework. [...] We, who are involved in Christian mission, need to systematically examine the enormous significance of language to most neo-colonial enterprises, and the political background and impact of the spread of English.« Ähnlich äußerte sich die indische Theologin *Monica Jyotsna Melanchthon*. *M. J. Melanchthon* (2005): What does a Reconciled and Healed Community look like? Questions and Reflections arising from the CWME, Athens, in: IRM (94), 394-405, 400 f.
240. *N. Kang* (2005): Towards, 377. Es ist verblüffend zu beobachten, dass Kang an keiner Stelle auf die positiven Effekte einer *lingua franca* – ganz gleich welcher Art – zu sprechen kommt, dass nämlich durch deren Gebrauch die Anliegen auch der numerischen kleinsten Minderheiten in kürzester Zeit einen globalen medialen Resonanzraum bekommen können, was für Befreiungsbewegungen weltweit von nicht geringem Nutzen ist, wie etwa das Beispiel der Protestarbeit von Indigenen im Amazonasgebiet zeigt.
241. *N. Kang* (2005): Towards, 379-383. »Holistic healing and reconciliation requires a radical deepening and widening the boundary of inclusivity.«

wurde (orthodoxe Beiträge), in Richtung auf kollektive Versöhnung nach Gewaltherrschaft, Krieg oder Genoziden, auf biographische Versöhnung im Sinne der Bearbeitung von Traumata, der Versöhnung in Gender-Perspektive und innerchristlich-ökumenischen Beziehungen, um nur wenige Beispiele zu nennen. Als Klammer fungierte eine überaus deutliche Aufwertung der Pneumatologie, die bis heute anhält und sich eher verstärkt hat. Auch diese in meinen Augen geradezu radikale Akzentverschiebung stellt etwas Neues in der theologischen Arbeit des ÖRK dar. Mit den Themen wurden neue Schnittflächen zu verschiedenen Kontexten und Bewegungen, allen voran der Pfingstbewegung, ermöglicht. Ob dies dazu führen wird, dass sich zukünftig mehr Pfingstkirchen dem *Ökumenischen Rat der Kirchen* annähern oder gar anschließen werden, wird sich in Zukunft erweisen.

8.2 Lutherischer Weltbund – ein missionstheologischer Seitenblick

Wenigstens kurz sei an dieser Stelle auf konfessionelle Weltbünde und deren missionstheologischen Statements eingegangen. Ein solcher Seitenblick zeigt, dass die Entwicklungen innerhalb des ÖRK Ausdruck einer breiten missionstheologischen Strömung sind. So wurde vom *Lutherischen Weltbund* im Jahre 2004 ein Papier mit dem Titel *Mission in Context: Transformation, Reconciliation, Empowerment* herausgebracht.[242] Dieser missionstheologisch dichte Text entwickelt ein trinitarisches Verständnis der göttlichen Sendung. Die Dimensionen von *Transformation* (Veränderung), *Reconciliation* (Versöhnung) und *Empowerment* (Befähigung/Ermächtigung) werden dem göttlichen Wirken als Schöpfer, Erlöser (Jesus Christus) und *santcifier* (Heiligender, Heiliger Geist) zugeordnet und christologisch mit Inkarnation, Kreuz und Auferstehung in Verbindung gebracht. Auf diese Weise wird ein eminent gesellschaftsrelevantes und holistisches Missionsverständnis entwickelt, welches stellvertretende *advocacy*-Arbeit von Christen/innen für bedürftige Menschen gleich welcher Herkunft ebenso umfasst wie etwa den prophetisch-kritischen Dialog oder das Heilungshandeln. Eine deutliche Betonung des Wirkens des Heiligen Geistes ist erkennbar, wenn dieses auch trinitarisch eingebunden bleibt.

Bedeutsam sind darüber hinaus eine Reihe von LWB-Seminaren zum Thema Heilung *(healing)* in den Jahren 2002-2004, die ihren Abschluss in einer internationalen Konferenz in Berlin im Jahr 2006 fanden. Das Thema Heilung wurde hier sowohl umfassend bedacht, insofern neben physischen, psy-

---

242. *Mission in Context:* Transformation, Reconciliation, Empowerment. An LWF Contribution to the Understanding of Practice of Mission, Lutheran World Federation (LWF), Geneva 2004.

chischen und spirituellen Leiden »Heilung« auch als Lösung etwa aus finanziellen Nöten verstanden wurde. Andererseits wurde die Bedeutung des Glaubens an Ahnengeister, Geistwesen, Naturgeister, traditionale Weisen des Heilungsdienstes und die Rolle von Heilern/innen in ihren regional-kulturellen Varianten intensiv bedacht. Ähnliche Entwicklungen lassen sich auch in der Arbeit des *Reformierten Weltbundes* erkennen. Auf die Themen *healing* und *deliverance* wird zurückzukommen sein.[243]

8.3 (Gedenk-)Konferenzen (2010): Edinburgh und Lausanne III in Kapstadt

Seitens evangelikaler Organisationen wurden im Jahr 2010 verschiedene Konferenzen anberaumt. So fand vom 11.-14. Mai in Tokio eine *Global Mission Consultation* statt, an der 960 Deligierte aus 73 Ländern teilnahmen. Waren in Edinburgh 1910 nur wenige Christen/innen aus der nichtwestlichen Welt vertreten, so stellen in Tokio Christen/innen aus der nichtwestlichen Welt 75 % der Teilnehmer/innen, gab es 1910 noch keine nichwestlichen Missionen, so stellen sie 2010 die Masse der vertretenen Organisationen.[244] Erneut standen hier besonders die noch nicht erreichten Völker der Erde im Fokus, zweitens die Frage nach wahrer Jüngerschaft und der transformierenden Kraft des Evangeliums sowie drittens die Herausforderungen christlicher Kirchen und Gemeinden in den säkularisierten westlichen Gesellschaften. Den Veranstaltern war daran gelegen, gleichzeitig Kontinuität zu Edinburgh 1910 zu wahren und neue Akzente zu setzen. Es wurden daher Führungspersönlichkeiten besonders der großen protestantischen Missionsorgansiationen eingeladen, es ging um Kooperationen in der Mission, um konkrete Ziele für die nächsten zehn Jahre, aber auch um ein vertieftes Verständnis des Auftrages. Die zeigt sich im Motto ebenso wie in der Deklaration der Tokio-Konsultation: *Making Disciples of Every People in Our Generation*. Betont wird erstens die Jüngerschaft, zweitens die Thematik der unerreichten Völker sowie drittens die Dringlichkeit des Auftrages. Besonders das Stichwort Jüngerschaft zielt auf eine umfassende Transformation, die durch das Evangelium ermöglicht werde. In der Deklaration heißt es:

»The new believer's worldview must be adjusted to a biblical worldview; his lifestyle changed to increasingly conform to the image of Christ; and his ethical con-

---

243. Zu den Themen Heilung und deliverance siehe Kapitel III.3 mit Literaturverweisen.
244. Vgl. den Sammelband *B. Snodderly; A. S. Moreau* (Hg.) (2011): Evangelical and Frontier Mission. Perspectives on the Global Progress of the Gospel, Eugene. Zur Tokio-Konsultation: *Y. Cho; D. Taylor* (2011): Making Disciples of Every People in Our Generation: The Vision, Purpose and Objectives of Tokyo 2010, in: Snodderly / Moreau (Hg.), Evangelical, 201-206, bes. 201-203.

duct progressively marked by biblical morals. Ideally, this results in individuals applying the gospel of the kingdom to every sphere and pursuit of life – from government to economics, from education to health, and from science to creation care. As a consequence whole communities, cultures and countries benefit from the transforming power of the gospel.«[245]

Es ist interessant, die Liste der Unterzeichner und ihre kontinentale Verteilung auf sich wirken zu lassen. Als nationale *mission structures* werden aufgeführt: Associação de Missões Transculturais Brasileiras (AMTB); Ghana Evangelical Missions Association; India Missions Association; Japan Evangelical Missionary Association; Japan Overseas Missions Association; Korean World Mission Association; Nigeria Evangelical Missions Association; Philippine Missions Association; Singapore Centre for Global Mission; Swedish Evangelical Alliance; The Mission Exchange (USA) sowie AFCM-OWM (USA). Daneben gibt es globale und regionale *mission structures*.[246]

Im gleichen Jahr fand in Kapstadt vom 16.-25. Oktober der *Dritte Lausaner Kongress für Weltevangelisation* unter dem Thema *God in Christ, reconciling the world to himself (2. Cor. 5:29* statt.[247] An dem Kongress nahmen etwa 4000 Führungspersönlichkeiten protestantischer Missionsorganisationen aus 198 Ländern teil, dazu einige Tausend Besucher der verschiedenen Foren, Seminarveranstaltungen und Gebetszeiten. Die Konferenz wurde medial via Internetforen vorbereitet, begleitet und nachbereitet. Als missionstheologische Positionierung wurde *The Cape Town Commitment* veröffentlicht.[248]

8.4 Vollversammlung des ÖRK in Busan (2013) – ein neues Missionspapier?

Die *Commission on World Mission and Evangelism* (CWME) des ÖRK hat im Sommer 2012 den Entwurf für eine neue Missionserklärung herausgebracht.[249] Dieses Papier ist für die Vollversammlung des ÖRK in Busan im

---

245. Vgl. den englischen Text: *The Tokyo 2010 Declaration:* Making Disciples of Every People in Our Generation, in: Snodderly / Moreau (Hg.), Evangelical and Frontier Mission, 207-211, 209.
246. *Snodderly / Moreau* (Hg.) (2011): Evangelical, 210-211.
247. *E. Wan* (2011): Celebration, Consultation and Congress: From Edinburgh 1910 to Tokyo 2010 and Cape Town 2010, in: Snodderly / Moreau (Hg.), Evangelical, 222-233; vgl. auch *C. C. Lorance* (2011): The Third Lausanne Congress: Assessing Cape Town 2010's Contribution to the Cause of Christ, in: Snodderly / Moreau (Hg.), Evangelical, 234-264.
248. Vgl. http://www.lausanne.org/de/de/1581-die-kapstadt-verpflichtung.html, abgerufen am 20.06.2012.
249. Dem Entwurf waren mehrere kleinere Tagungen vorausgegangen sowie im März 2012 eine *Preconference* in Manila mit mehr als 200 Personen aus allen Erdteilen, darunter Delegierte sowie 30 missionstheologische Berater.

Jahr 2013 als Vorlage gedacht.²⁵⁰ Das Papier ist erstens durch seine konsequente Ausrichtung auf die Lehre vom Heiligen Geist charakterisiert, zweitens durch seine Fokussierung auf den Begriff des Lebens, drittens durch den wiederholten Hinweis auf das Unterscheiden der Geister *(discern)*, viertens durch die Betonung der lokalen christlichen Gemeinschaften als Akteuren der Sendung und fünftens durch eine generelle Kritik an einer Ideologie des freien Marktes.²⁵¹ Dies wird im Aufbau bereits deutlich: Die Einleitung *Together Towards Life: Introducing the Theme* beginnt mit einer Fokussierung auf den Begriff des Lebens. In einer trinitarischen Ausrichtung wird festgestellt, dass ›Leben‹ vom dreieinigen Gott als dem Schöpfer, Erlöser und Vollender der Welt herstamme. Die entscheidende Frage sei, wie man das lebensschaffende Wirken Gottes unterscheiden könne, um an der Mission Gottes teilzunehmen.²⁵² Im weiteren Verlauf wird von Gottes Mission als einer »mission of the Spirit« gehandelt. Die Abschnitte lauten: *Spirit of Mission: Breath of Life*²⁵³, *Spirit of Liberation: Mission from the Margins*²⁵⁴; *Spirit of Community: Church on the Move*²⁵⁵ sowie *Spirit of Pentecost: Good News for All*²⁵⁶. Das Papier schließt mit insgesamt zehn Bekräftigungen *(affirmations)* unter: *Feast of Life: Concluding Affirmations*.

Der umfangreiche Text kann in diesem Zusammenhang nicht ausführlich gewürdigt werden. Im Folgenden sind daher nur einige markante Punkte hervorzuheben. Zunächst: Das Papier denkt stark von einer geisterfüllten christlichen Gemeinschaft her, die auch als »counter-cultural community« zu verstehen sei (no. 49). Als *cantus firmus* durchziehen Forderungen nach Solidarität, Gerechtigkeit, Inklusivität und Teilhabe den Text. Eine Ideologie des Marktes wird dabei wiederholt kritisiert und *eco-justice* gefordert. (no. 7, 23,

250. Together Towards Life: Mission and Evangelism in Changing Landscapes. Proposal for a new WCC Affirmation on Mission and Evangelism. Submitted by the Commission on World Mission and Evangelism (CWME), unter: http://www.oikoumene.org/fileadmin/files/wcc-main/2012pdfs/NewAffirmation_EN_CreteCC_final.pdf. Der Text ist abschnittsweise durchnummeriert, folgende Angaben beziehen sich auf diese Nummerierung.
251. Zu den maßgeblichen Persönlichkeiten der Redaktionsgruppe des Textes gehört die britische reformierte Missionstheologin *Kirsteen Kim*, die ebenfalls einen pneumatologischen Zugang zur Missionstheologie entwickelt hat. Vgl. jüngst: K. Kim (2012): Joining in with the Spirit: Connecting World Church and Local Mission, London.
252. Together Towards Life: Introducing the Theme, No. 1.
253. Unterabschnitte: *The Mission of the Spirit; Mission and the Flourishing of Creation; Spiritual Gifts and Discernment; Transformative Spirituality.*
254. Unterabschnitte: *Why Margins and Marginalization?; Mission as Struggle and Resistance; Mission Seeking Justice and Inclusivity; Mission as Healing and Wholeness.*
255. Unterabschnitte: *God's Mission and the Life of the Church; God's Mission and the Church's Unity; God Empowers the Church in Mission; Local Congregations: New Initiatives.*
256. Unterabschnitte: *The Call to Evangelize; Authentic Evangelism; Evangelism, Interfaith Dialogue and Christian Presence; Evangelism and Cultures.*

31 u. ö.).²⁵⁷ Weit stärker als bisher werden damit ökologische Fragen, Fragen von wirtschaftlicher Macht (*power structures*, no. 40) oder aber von Migration missionstheologisch aufgegriffen, wobei dem als Antwort nicht nur die prophetische Kritik, sondern ausdrücklich Spiritualität entgegengesetzt wird, eine Spiritualität des Widerstandes, der Kreativität und Inklusivität. Das Stichwort der Transformation *(transformation)* wird wiederholt aufgegriffen.

Interessant ist, dass einerseits von den Gegenkräften, das heißt Geistern, Mächten und dem Teufel *(devil)* gehandelt wird (no. 24, 25), wobei auch das Thema »spiritual struggle« anklingt (no. 25). Pointiert wird jedoch *nicht* von *spiritual warfare* gesprochen. Die »Gaben« *(gifts)* (no. 24) und »Früchte« *(fruits)* des Geistes (no. 28) sind als Gegenkräfte ebenso gefragt, wie christliche Gemeinschaftlichkeit. Damit wird der Anschluss an pentekostale Diskurse gesucht. An entscheidender Stelle wird jedoch ein eher strukturelles Verständnis solcher »Geister« unter dem Stichwort Befreiung *(liberation)* unterlegt, welches die Thematiken von *deliverance* oder *spiritual healing* in den Hintergrund treten lässt bzw. gar nicht erst aufgreift.²⁵⁸ Im Blick auf Heilungen wird ein sehr weites Verständnis gefordert (no. 50ff.), was an eine ganze Reihe christlicher Formen des medizinischen und spirituellen Engagements denken lässt, an bestimmten Formen von *spiritual healing* jedoch zu Recht auch klare Kritik übt.²⁵⁹

Der Fokus des Papiers liegt eindeutig bei *lokalen christlichen Gemeinschaften*, die in besonderer Weise geeignet erscheinen, dem Evangelium von der Fülle des Lebens Ausdruck zu verleihen. Hier wird auf Joh 10,10 verwiesen²⁶⁰, einem auch in der Pfingstbewegung zentralen Referenztext (no. 72ff.). Dem Thema »evangelism« wird viel Aufmerksamkeit zuteil (no. 80-100), worunter »explicit and intentional articulation of the gospel« verstanden wird (no. 81, 85). *Evangelism* darf nicht zu Proselytismus werden (no. 82), es zielt auf *Konversion* im Sinne von einer Veränderung der Einstellungen, Prioritäten und

---

257. No. 31: »The policy of unlimited growth through the domination of the global free market is an ideology that claims to be without alternative, demanding an endless flow of sacrifices from the poor and from nature.«
258. No. 43: »Participation in God's ongoing work of liberation and reconciliation by the Holy Spirit [...] includes discerning and unmasking the demons that exploit and enslave. For example, this involves deconstructing patriarchal ideologies, upholding the right to self-determination for Indigenous people, and challenging the social embeddedness of racism and casteism.«
259. No. 53: »But it must also be noted that inappropriate forms of Christian worship, including triumphalistic healing services in which the healer is glorified at the expense of God, and where false expectations are raised, can deeply harm people.«
260. Gemeint ist das Jesuswort: »Ich bin gekommen, damit sie das Leben haben und es in Fülle haben.« (Einheitsübersetzung) Zentral ist der Gedanke eines *Lebens ins Fülle*, welches von vielen Pfingstchristen/innen auch im Sinne eines umfassenden Wohlergehens und Wohlstandes verstanden wird.

8. Athen bis Busan – Herausforderungen des frühen 21. Jahrunderts (2005-2013)

Ziele eines Menschen (no. 84), *evangelism* lädt zur Jüngerschaft ein (*discipleship*, no. 83), räumt als *authentic evangelism* die Freiheit zur Entscheidung ein (89 ff.) und wertschätzt andere Kulturen und Glaubenstraditionen, in denen Gottes Geist in geheimnisvoller Weise bereits am Werk ist, soweit es sich um »*life-giving spiritualities*« handelt, die hier entdeckt werden (no. 93). *Evangelism* ist von interreligiösem Dialog *(dialogue)* wohl zu unterscheiden. Doch im Dialog hat das christliche Zeugnis für das Evangelium seinen Platz, denn es geht hier um die wechselseitige Begegnung von Überzeugungen (no. 95).

Zusammenfassend lässt sich sagen, dass der Text wichtige Anliegen von Pfingstkirchen weltweit aufnimmt, aber auch Anliegen aus evangelikalen Bewegungen. Dazu gehört die Betonung lokaler Gemeinschaften, die Fokussierung auf missionarische Spiritualität, das Verständnis von lebensfeindlichen Mächten, die eine dämonologische Deutung erfahren, es werden Anliegen von Migration, von marginalisierten Menschen und allgemein Minderheiten aufgegriffen. Gleichzeitig wird versucht, Begriffe wie *evangelism* oder *conversion* in einen weiteren Horizont zu stellen. Die Fokussierung auf eine einseitige Begrifflichkeit – etwa befreiungstheologischer Art – wird vermieden, indem in Reihungen etwa Befreiung *(liberation)*, Heilung *(healing)*, Versöhnung *(reconciliation)* und Wiederherstellung *(restoration)* gesprochen wird (no. 102). Der Text ist um eine größtmögliche Inklusivität bemüht, die sich in christlichen Gemeinschaften manifestieren solle.[261] Ebenso wird die Wertschätzung verschiedener Kulturen und Glaubenstraditionen gefordert. Daher ist es folgerichtig, dass immer wieder die Notwendigkeit des Unterscheidens *(discernment)* betont wird.

In alledem ist die sozialethische und kapitalismuskritische Imprägnierung des Textes unübersehbar, womit eine missionstheologische Tradition des ÖRK fortgeschrieben wird. Der Text ist weniger systematisch aufgebaut, als dies beim Papier des Lutherischen Weltbundes der Fall ist, differenzierte theologische Lehraussagen finden sich nicht. So liegt das Besondere nicht in missionstheologischer Dichte des ÖRK-Textes, sondern in der grundsätzlich pneumatologischen Ausrichtung und den vielen »offenen Enden«, an denen ökumenisch weiter gearbeitet werden kann.

---

261. Vgl. no. 46: »Baptism in Christ implies a lifelong commitment to give an account of this hope by overcoming the barriers in order to find a common identity under the sovereignty of God (Galatians 3:27-28). Therefore discrimination on the basis of xenophobia, racism, classism, casteism, sexism, ableism, ageism or against people on any other grounds such as religion, sexual orientation, language, disability, incapacity, or having a medical condition such as being HIV-positive, is unacceptable in the sight of God.«

8.5 Globale missionstheologische Diskursformationen – Rückblick und Ausblick

Der in diesem Kapitel vorgenommene Längsschnitt mag gezeigt haben, wie sehr sich globale politische, wirtschaftliche und gesellschaftliche Entwicklungen einerseits in theologischen Akzentsetzungen von internationalen ökumenischen Konferenzen niederschlagen. Erinnert sei nur an den entwicklungstheoretischen Optimismus der 1960er Jahre oder das Krisenbewusstsein der 1970er und 1980er Jahre. In alledem zeigen sich ohne Zweifel globale Entwicklungen, die sich in globalen Diskursen manifestieren. Diese Diskurse sind unter anderem bestimmt erstens durch *globale Themen*, zweitens durch bestimmte *Diskursorte* und drittens durch spezifische *Referenzrahmen* der einzelnen Akteure. Was ist damit gemeint?

(1) Beginnen wir mit den globalen Themen. Innerhalb der missionarischen Diskurse des Christentums als einer globalen Religionsformation hat das Thema *Partnerschaft* seit den 1960er Jahren bis heute ein großes Gewicht. Während ehemalige Kolonialgebiete unabhängig wurden, bestanden Strukturen von Macht und Abhängigkeit fort. In den 1970er bis 1990er Jahren wurde dies als bipolare Konstellation zwischen dem reichen Norden als Zentrum und dem armen Süden als Peripherie wahrgenommen. Vielfältige Diskurse wurden durch diese Konstellation bestimmt (z. B. Armut, Entwicklung, Gewalt oder Dialog). Seit den 1990er Jahren wird jedoch mehr und mehr in Kategorien eines polyzentrischen Modells gedacht, da die Industrialisierung in Ländern wie China, Brasilien oder Indien rasch voranschreitet. Eine der Fragen lautet: Wo sind heute im Zeitalter der Globalisierung, der Migration und der »neuen Unübersichtlichkeit« (Habermas) die *margins* zu finden?

Ein globales Thema ist der Zusammenhang von *Kulturalität und Kontextualität*, der durch Inkulturationstheologien und allgemein Kontextuelle Theologien seit den 1970er Jahren zu vielfältigen Diskussionen führte.[262] Was verbindet beispielsweise einen Baptisten einer Gemeinde in Accra (Ghana) mit einer Baptistin in Detroit (USA)? Innerhalb von Denominationen, Konfessionsfamilien, transnationalen Bünden oder Kirchenformationen werden seither Kontroversen zu den verschiedensten Fragen geführt, intrareligiös aber interkulturell, intradenominational ebenso wie interkonfessionell, im Blick auf lokale Kulturen ebenso wie auf Genderfragen, Alterskohorten oder Stadt-Land-Konstellationen.

Ein wichtiger globaler Diskurs seit den 1970er Jahren ist unter dem Thema *Befreiungstheologien* zu fassen. Interkontinental wird ein Austausch geführt zur Frage, worin genau Befreiung besteht, wenn etwa in Lateinamerika Fra-

---

262. Vgl. dazu LIThM, Bd. 1, bes. 161-225, 298-313.

gen von Armut, Machismo, Gewalt in Drogenkriegen (Honduras) und Behandlung von Indigenen von besonderer Bedeutung sind, in Asien dagegen Fragen von Armut oder kultureller und religiöser Diskriminierung, in Afrika Fragen von Armut, Ethnozentrismen, Gewalt und die Herausforderungen durch die Pandemie HIV/AIDS. Global ist ebenfalls die Frage nach einer *Theologie des Lebens*, denn auf allen Kontinenten gewinnen Fragen von Ökologie, Wasser, *land grabbing* oder Armutsmigration an Bedeutung.

Von einigen dieser wichtigen Themen wird in Kapitel III zu handeln sein. Es handelt sich um Themen, anhand derer jeweilige missionspraktische Umsetzungen und missionstheologische Reflexionen durchzubuchstabieren sind. Natürlich ist es völlig richtig, dass es schon lange nicht mehr *die* eine Missionstheologie geben kann. Welcher aufmerksame Beobachter wollte das bestreiten? Dennoch löst sich das Ganze damit noch nicht in einzelne Facetten auf.

(2) Diese Bemerkungen führen uns zur Frage der *Diskursorte*. Missionstheologische Reflexionen werden von verschiedenen Akteuren vorgenommen. Im wissenschaftlichen Bereich etwa wird aus postkolonialer Perspektive nicht selten dezidierte Kritik an Missionen geübt und mitunter generell über die Möglichkeit bzw. Unmöglichkeit von Missionen gehandelt. Diese Reflexionen haben ihre Berechtigung und sollten ernst genommen werden. Zeitansagen wie »Mission ist heute nicht mehr möglich!« müssen sich jedoch fragen lassen, wie sie in Beziehung zu setzen sind mit der Tatsache, dass es seitens des Christentums noch zu keiner Zeit derart umfassende missionarische Bewegungen gegeben hat wie heute. In den missionarischen Bewegungen indes, und dies ist ein weiterer Diskursort, gibt es nicht selten Akteure, die für Selbstkritik schwer zugänglich sind, sei es aus Begeisterung für die Sache, sei es aus Naivität oder Berechnung, da gefürchtet wird, die eingestandenen Fehler würden zu einem Nachlassen der Spendenbereitschaft von Unterstützern führen können. Kritik ist notwendig, sei es als Selbstkritik oder als Kritik gegenüber Fehlentwicklungen bei anderen, etwa Kritik an mangelnder kultureller Sensibilität, an Proselytismus, an mangelnder prophetischer Kritik oder an einer allzu glatten *prosperity*-Ideologie, um nur einige Beispiele zu nennen. Mögen auch manche Wissenschaftler Mission verabschieden, so muss man sehen, dass dies für die realen Bewegungen in Christentum und anderen Religionsformationen praktisch keine Bedeutung hat. Der Weg müsste demnach darin bestehen, diese Bewegungen in ihren Motivationen, ihrem Selbstverständnis, ihren Praktiken, sozialformativen wie kontextuellen Bedingtheiten und Auswirkungen besser zu verstehen. Diesem Anliegen ist das vorliegende Buch gewidmet. Bevor indes von den angedeuteten Themen in Kapitel III die Rede sein wird, ist in Kapitel II auf die verschiedenen Referenzrahmen missionarischer Akteure (Individuen wie Gemeinschaften) einzugehen.

(3) Missionstheologische Profile artikulieren sich wie gesagt nicht nur in ganz verschiedenen Medien (wissenschaftliche Reflexion, Praktiken und Sozialformationen von missionarischen Bewegungen, Lieder, Heilungsdienste oder Predigtkultur), sie widmen sich nicht nur bestimmten, durch den Kontext gegebenen Themen, sie sind nicht nur vor dem Hintergrund bestimmter Diskursorte zu sehen, sondern sie sind auch durch den jeweiligen *christlich-sozialen Referenzrahmen* bestimmt, nämlich die jeweilige Formation von Gemeinde oder Kirche. Anders ausgedrückt: Die Art und Weise des »Kircheseins« bestimmt auch die Profile der hier vertretenen Missionstheologien mit. Dies wird im Folgenden anhand der Römisch-katholischen Kirche zu zeigen sein, anhand der Orthodoxen Kirchen, des Protestantismus am Beispiel verschiedener missionarischer Richtungen innerhalb Nordamerikas, der Anglikanischen Tradition sowie der Pfingstbewegung. Wenn hier der Versuch gewagt wird, jeweilige missionarische Profile idealtypisch herauszustellen, so erneut mit dem Ziel, einmal mehr Vorstellungen von dem, was angeblich »Mission« sei, zu hinterfragen. *Die* christliche Mission gibt es nicht und hat es auch nie gegeben. Wer demnach kompetent mit dieser Thematik umgehen will, wird sich auf die Vielfalt der Erscheinungsweisen von Mission ebenso wertschätzend wie kritisch einzulassen haben.

II. Missionstheologien im Plural – konfessionelle und kontextuelle Profile

Waren die bisherigen Ausführungen besonders an missionstheologischen Debatten im Umfeld von ÖRK und Lausanner Bewegung orientiert, so sind im Folgenden Missionstheologien und missionarische Praxis von großen Kirchenformationen in den Blick zu nehmen. Zwar haben Vertreter etwa der *Römisch-katholischen Kirche* und verschiedener *Orthodoxer Kirchen* an vielen Debatten im Umfeld des ÖRK teilgenommen, innerhalb dieser Kirchen jedoch wurden durchaus andere Akzente gesetzt, die sich stark vom jeweiligen rituell-liturgischen und theologischen Gepräge einer Kirche herleiten. Als wichtige missionarische Kraft ist der *nordamerikanische Protestantismus* in den Blick zu nehmen, das heißt eine ausgesprochen große Vielfalt von Denominationen, Bewegungen und *para-church-organizations*, die weltweit ebenso wie in den USA und Kanada tätig sind. Ein Blick auf die missionstheologischen Debatten und missionspraktischen Neuansätze innerhalb der *Anglikanischen Kirche* zeigt am Beispiel Großbritanniens, wie missionarische Herausforderungen in europäischen Kontexten aufgegriffen werden.[1] Das missionarische Wirken verschiedener Strömungen der weltweiten *Pfingstbewegung* beschreiben zu wollen, würde den Rahmen dieses Lehrbuches bei Weitem sprengen. Es werden daher nur einige Grundlinien pentekostaler Missionspraxis und -theologie zu skizzieren sein.

---

1. Deutsche Kontexte werden unter Kapitel IV. zu behandeln sein.

1. Römisch-katholische Missionstheologie vor und nach dem II. Vaticanum

Für die römisch-katholische Kirche gilt, dass eine missionstheologische Reflexion im eigentlichen Sinne und auf breiter Basis erst im 20. Jahrhundert aufkommt. War man zuvor der Meinung, der Papst sei für die Mission verantwortlich und gebe den Ordensgemeinschaften und anderen Initiativen die Erlaubnis, ihre Arbeit in bestimmten Gebieten aufzunehmen, so kommt es im 20. Jahrhundert allmählich zur Erkenntnis, dass die *gesamte Kirche* missionarischen Charakter habe, was insbesondere durch Papst Pius XI. (1857-1939) betont wurde. Durch die Entwicklungen in der ersten Hälfte des 20. Jahrhunderts wurde die römisch-katholische Kirche über ihre eurozentrische Ausprägung hinausgeführt. Nach Üffing kann man feststellen, dass die jungen Missionskirchen bis nach dem II. Weltkrieg

> »der Kirche in Rom in fast jeder Hinsicht ähnlich zu sein [hatten], sie waren ›Missionen‹, Kirchen zweiter Klasse, Tochterkirchen, unreife Kinder, apostolische Vikariate und noch nicht autonome Diözesen. Eine Änderung zeichnete sich mit den verschiedenen Missionsenzykliken [... des 20. Jahrhunderts] ab [...,] obwohl erst Fidei Donum (1957) einen wirklichen Wendepunkt bedeutete, auf dem das 2. Vatikanische Konzil aufbauen konnte.«[2]

Eine grundlegende missionstheologische Ortsbestimmung wurde auf dem Zweiten Vatikanischen Konzil (1962-1965) vorgenommen. In der dogmatischen Konstitution *Lumen Gentium* wird die universale Sendung als Wesen der Kirche beschrieben. Diese Sendung gründet ihrerseits in der göttlichen Sendung. Die in *Lumen Gentium* entwickelten Leitvorstellungen von Kirche werden in der Pastoralkonstitution *Gaudium et spes* und dem Konzilsdekret *Ad Gentes* – dem eigentlichen missionstheologischen Text des Konzils – weiter ausgeführt. Das Missionsdekret *Ad Gentes* ist der erste konziliare Text überhaupt, der vom Wesen der kirchlichen Sendung handelt.[3] Im Folgenden

---

2. Martin Üffing, zit. nach *A. Bünker* (2004): Missionarisch Kirche sein? Eine missionswissenschaftliche Analyse von Konzepten zur Sendung der Kirche in Deutschland, Münster, 127.
3. Vgl. *J. Aagaard* (1966): Einige Haupttendenzen im modernen römisch-katholischen Missionsverständnis, in: Wir sind gefragt. Antworten evangelischer Konzilsbeobachter, hg. v. F. W. Kantzenbach u. a., Göttingen, 116-144, 116. Vgl. auch: *J. Amstutz* (1965): Überlegungen zur Theologie der Mission auf Grund der dogmatischen Konstitution ›Über die Kirche‹, in: NZM (21), 161-171; *J. Glazik* (1965): Die missionarische Aussage der Konzilskonstitution ›Über die Kirche‹, in: ZMR (49), 65-84; *ders.* (1966): Die Mission im II. Vatikanischen Konzil, in: ZMR (50), 3-10; *ders.* (1966): Das Konzilsdekret Ad Gentes. Bericht, in: ZMR (50), 66-71; *J. Schütte* (Hg.) (1967): Mission nach dem Konzil, Mainz.

1. Römisch-katholische Missionstheologie vor und nach dem II. Vaticanum

sei eine systematisch-analytische Beschreibung der missionstheologischen Grundgedanken versucht. Zuvor jedoch ist es angebracht, einen Überblick über die großen Epochen der römisch-katholischen Missionsgeschichte im 16.-20. Jahrhundert zu geben.

1.1 Römisch-katholische Missionen im 16.-20. Jahrhundert – eine Übersicht

Mit der Entdeckung Amerikas (1492) und in den Folgejahren Asiens und weiterer Gebiete wurde die Frage nach der kulturübergreifenden Mission in neuer Weise gestellt. Die katholischen Seemächte Spanien und Portugal eroberten im frühen 16. Jahrhundert weite Gebiete Südamerikas, wobei sie durch das Papsttum Rechte zugesprochen bekamen, die zu einer Verbindung von Staat und Kirche und damit einem Staatskirchentum führten, dem so genannten Patronatswesen. Die katholischen Könige hatten damit etwa das Vorschlagsrecht bei Bischofsbesetzungen und konnten den Kirchenzehnten eintreiben, sie waren umgekehrt jedoch für den Erhalt und die Ausstattung der einzelnen Kirchen vor Ort sowie für die Ausbreitung des katholischen Glaubens zuständig. Die eigentliche Mission wurde von den Orden der Franziskaner, der Dominikaner, der Augustiner und etwas später der Jesuiten wahrgenommen, denen die entsprechenden Rechte eingeräumt und denen ihre Arbeitsgebiete zugewiesen wurden. Die Missionen dieser Orden arbeiteten in Lateinamerika mit Ordensstationen, von denen aus das Evangelium verbreitet wurde. Auch *Frauenorden* wurden bald für diese Arbeit zugelassen, so arbeiteten in Lateinamerika die Konzeptionistinnen seit 1540, die Urbanistinnen seit 1570 oder die Dominikanerinnen seit 1575.[4]

Insbesondere die Jesuiten arbeiteten mit dem System der *Indianer-Reduktionen*. Dabei handelte es sich um abgelegene Schutzgebiete, die von spanischen Kolonisten nicht betreten werden durften. Hier lebten Indianer auf freiwilliger Basis mit Jesuitenpadres zusammen. Die Padres bildeten sie in Handwerk, Lesen und Schreiben aus und verkündigten ihnen das Evangelium. Die Reduktionen waren als Schutz für die Indianer gegen die Ausbeutung der Kolonisten gedacht, und sie umfassten zu ihrer Blütezeit riesige Gebiete mit mehreren Hunderttausend Indianern.[5] In *Asien* dagegen arbeiteten die Missionen der Orden verstärkt mit *Gesandtschaften*, die, etwa in China, lange Zeit am Hofe des Kaisers lebten und Anfänge eines chinesischen Christen-

---

4. Weitere Orden folgten: Die Hieronymitinnen seit 1585, die Augustiner-Chorfrauen seit 1598, die Barfüßigen Karmeliterinnen seit 1604, die Kapuzinerinnen seit 1665 und die Klarissinnen seit 1724. H. Rzepkowski (1992): Art. Frauenorden und Mission, in: ders., Lexikon der Mission, 165-166, 166.
5. Vgl. LIThM, Bd. 1, 225-246, bes. 234-236.

tums schufen. Große Erfolge gab es Anfang des 17. Jahrhunderts auch in Japan, um nur zwei Beispiele zu nennen.

Das Papsttum versuchte indes im 17. Jahrhundert, den an die katholischen Könige gegebenen Einfluss wieder zurückzugewinnen. Dies geschah durch zwei Dinge. *Erstens:* Es wurde im Jahre 1622 in Rom die *Heilige Kongregation für die Propagierung des Glaubens (propaganda fidei)* begründet, die einen Überblick zur weltweiten Situation erarbeiten, sodann die weltweiten katholischen Ordens-Missionen koordinieren und schließlich Leitlinien missionarischen Handelns erarbeiten sollte. Die Kongregation war in den ersten Jahrzehnten nach heutigen Maßstäben sehr modern eingestellt, forderte sie doch in einem gewissen Grade die Respektierung der einheimischen Bräuche vor Ort und die Anpassung der Lebens- und Verkündigungsmethoden an die Völker und Kulturen. *Zweitens:* Es wurden zur Kontrolle und Weiterentwicklung kirchlicher Strukturen so genannte *Apostolische Vikare* eingesetzt, die dem Papst direkt unterstellt waren, die zudem bischöfliche Vollmachten hatten, denen aber kein spezielles Territorium zugeordnet war. Sie waren als Gegengewicht zu den von den katholischen Königen vorgeschlagenen Bischöfen vor Ort gedacht. Eine dritte Institution, das *Pariser Missionsseminar*[6], begründet im Jahre 1660, diente dazu (vor allem französische) Weltpriester für die Mission vorzubereiten, und zwar als Dozenten, um dann in den Gebieten der Apostolischen Vikare einheimische Priester und Bischöfe für die katholischen Kirchen vor Ort zuzurüsten. Diese Weltpriester unterstanden der *Propaganda fidei* und legten das Versprechen ab, ein Leben lang in den Missionen in Übersee zu wirken. Die vor Ort ausgebildeten Priester gingen dann gleich in die katholische Ortskirche über, wurden also nicht Mitglieder der Pariser Gesellschaft. Französische Missionare behielten für die nächsten 200 Jahre die führende Stellung in dieser Arbeit.[7] Hunderte von Priestern bildeten so Tausende einheimischer Seminaristen aus.

Eine dominierende missionarische Kraft war über die Zeit vom 16.-18. Jahrhundert der Jesuitenorden. Er wirkte in allen Gebieten der Erde und stellte über die Jahre kontinuierlich mehrere Tausend Missionare. Indes kam es aus politischen Gründen im Jahre 1773 zur Auflösung des Jesuitenordens[8] Die Jesuiten wurden daraufhin aus allen Missionsgebieten ausgewiesen bzw.

---

6. *Societas Parisiensis missionum ad extras gentes*, Pariser Gesellschaft für die Missionen an die Völker.
7. Rzepkowski (1992): Art. Pariser Missionsseminar, in: ders., Lexikon der Mission, 339: »1660-1822 wurden 289 Priester nach Asien entsandt, 1853-1882 wurden 909 Priester in die Mission entsandt, 1896-1900 wurden 336 Priester in die Mission entsandt, d.h. pro Jahr 67.« Zahl der einheimischen Seminaristen im Jahre 1900: 2133, im Jahre 1939: 3783.
8. Rzepkowski (1992): Art. Jesuiten, in: ders., Lexikon der Mission, 223. Auflösung durch das Breve ›Dominus ac Redemptor noster‹ vom 21.7.1773 durch Papst Clemens XIV.

1. Römisch-katholische Missionstheologie vor und nach dem II. Vaticanum 177

abgezogen, insgesamt etwa 4000 Jesuitenmissionare. Das Ende des 18. Jahrhunderts stellt damit auch den Tiefstand der katholischen Missionsgeschichte dar. Der missionarische Geist war – unter anderem durch den Einfluss der Aufklärungsphilosophie – erlahmt, die katholische Kirche durch die Ereignisse der Französischen Revolution stark geschwächt (Auflösung der Klöster und Einziehung des Klosterbesitzes usw.), die Napoleonischen Kriege bewirkten ein übriges, die Anzahl der katholischen Missionare weltweit war nach Auflösung des Jesuitenordens in den 1780er und 1790er Jahren auf etwa 300 Missionare gesunken.

Allerdings änderten sich die Dinge zu Beginn des 19. Jahrhunderts mehr und mehr. Dazu trugen zumindest vier Entwicklungen bei. *Erstens:* Der Jesuitenorden wurde im Jahre 1814 wieder zugelassen und nahm allmählich auch seine Arbeit in Übersee wieder auf. *Zweitens:* Die *Propaganda fidei* wurde im Jahre 1817 neu begründet. *Drittens:* Mit Papst Gregor XVI. (1831-1846) wirkte ein Papst, der früher einmal Präfekt der *Propaganda fidei* gewesen war und nun der Gesamtkirche neuen missionarischen Schwung zu geben vermochte. Diese Impulse wurden auch von den nächsten drei Päpsten weitergetragen.[9] *Viertens:* Noch bedeutsamer aber war die Tatsache, dass es auch in der römisch-katholischen Kirche zu einem neuen missionarischen Erwachen kam, welches sich in der *Gründung neuer Orden* einerseits, so wie in der *Erneuerung mancher älterer Orden* (Franziskaner, Dominikaner, Augustiner, Kapuziner, Jesuiten) äußerte. Hatte es um das Jahr 1800 nur etwa 300 römisch-katholische Ordens-Missionare weltweit gegeben, so stieg die Zahl bis zum Jahr 1920 auf etwa 7500 Ordensleute (Männer wie Frauen) an.

Einige wenige der zahlreichen neuen Orden seien genannt: Die *Schwestern des Sankt Josef von Cluny*, begründet durch die berühmte Missionarin *Anne-Marie Javouhey* (1779-1851) im Jahre 1807, die Schwesternschaft hatte bei dem Tod ihrer Gründerin im Jahre 1851 insgesamt 900 Missionarinnen weltweit[10]; die *Oblaten der makellosen Jungfrau Maria*, begründet 1816 durch *Charles de Mazenod* (1782-1861), anerkannt durch Papst Leo XII. im Jahre 1826, zur Übernahme von Missionsarbeit gebeten 1841, derzeit weltweit tätig mit etwa 5500 Ordensleuten weltweit[11]; die *Herz-Jesu-Missionare*, begründet 1854 durch *Jules Chevalier* (1824-1907), seit 1881 in der Überseemission tätig, derzeit etwa 2500 Missionare weltweit[12]; die *Weißen Väter*, begründet 1868 in Algier durch Erzbischof *Charles Lavigerie* (1825-1892), eigentlich *Gesellschaft der Missionare von Afrika*[13].

---

9. Nämlich von Pius IX., Leo XIII. und Pius X.
10. *Bevans / Schroeder* (2004): Constants, 223.
11. *Rzepkowski* (1992): Lexikon der Mission, 330.
12. *Rzepkowski* (1992): Lexikon der Mission, 194 f.
13. Die Väter kennen keine Gelübde, aber einen Missionseid, leben in Missionsstationen zusammen, waren ursprünglich für die Islam-Mission begründet worden, verlegten dann

Die Zahl missionarischer Kräfte nahm über das 19. Jahrhundert stetig zu.[14] Seither sind weitere Orden und Schwesternschaften entstanden, in Indien etwa gibt es zur Zeit über 200 verschiedene katholische Schwesternschaften, in Afrika über 80.[15] *Es sei ausdrücklich darauf hingewiesen, dass viele dieser Orden ganz eigene missionstheologische Konzepte und damit missionspraktische Arbeitsweisen vertreten. Allein für die Römisch-katholische Kirche handelt es sich damit um ein sehr weites Forschungsfeld.* – Soweit ein kleiner Streifzug zum Thema Missionskräfte der Römisch-katholischen Kirche vom 16. bis zum 20. Jahrhundert. Wenden wir uns nun den missionstheologischen Fragestellungen zu, wie sie für die *lehramtliche* Kirche kennzeichnend sind.

1.2 Das II. Vatikanische Konzil: Kirche als ›Sakrament‹ und ihre Mission

Schon im 19. Jahrhundert hat es Missionsenzykliken seitens einiger Päpste gegeben, also Rundschreiben an alle Bischöfe, die der missionarischen Aufgabe gewidmet waren. Die Enzyklika *Prope nobis* (1840) von Gregor XVI. etwa, in der es begrüßt wird, dass neue Missionsinstitutionen entstehen. Es werden die Bischöfe gebeten, dies zu unterstützen. Oder die Enzyklika *Maximum illud* (1919) von Benedikt XV., die einen einheimischen Klerus fordert und auf die Bedeutung der Ortskirchen hinweist.[16] Das *Zweite Vatikanische Konzil* (1962-1965) sollte indes eine missionstheologische Neubestimmung mit sich bringen, die wie eine Wasserscheide gewirkt hat. *Dies war auch nötig, denn die Situation hatte sich seit dem 19. Jahrhundert dergestalt gewandelt, dass nun aus einer noch europäisch-nordamerikanisch dominierten Kirche eine in allen Weltteilen vertretene Weltkirche geworden war.* Waren beim *Ersten Vatikanischen Konzil* (1869-1870) die außereuropäischen Kirchen noch durch Missionsbischöfe vertreten worden, die aus der nördlichen Hemisphäre kamen, so waren die außereuropäischen Gebiete beim II. Vaticanum durch einhei-

---

aber den Schwerpunkt nach Schwarzafrika. Anfang der 1990er Jahre hatten sie 3120 Mitglieder. Rzepkowski (1992): Lexikon der Mission, 438.
14. Bedeutend war Anfang des 20. Jahrhunderts dann noch einmal die Gründung der *Catholic Foreign Mission Society of America* (die so genannten Maryknoll Priester und Brüder) im Jahre 1911 durch *James Anthony Walsh* (1867-1936) und *Thomas Frederick Price* (1860-1919) und der *Mission Sisters of St. Dominic* (die Maryknoll Schwestern) im Jahre 1912 durch *Mary Joseph Rogers* (1882-1955). Bevans; Schroeder (2004): Constants, 226. Derzeit arbeiten über 800 männliche und über 300 weibliche Missionare der Maryknoll Brüder und Schwestern als Überseemissionare, die Zahl der Ordensleute liegt insgesamt noch höher.
15. Rzepkowski (1992): Frauenorden und Mission, in: ders., Lexikon der Mission, 165-166, 166.
16. Vgl. G. *Collet* (2003): Zum Missionsverständnis der römisch-katholischen Kirche, in: C. Dahling-Sander u. a. (Hg.), Leitfaden, o. a., 130-143, 136.

mische Bischöfe vertreten, wenn diese auch noch nicht die Mehrheit stellten.[17]

Als missionstheologische Weichenstellungen sind folgende Konzilstexte von besonderem Interesse, nämlich *Lumen Gentium* (LG) zum Thema Kirchenbegriff und Mission, *Ad Gentes* (AG) zum Thema der Mission an die Völker, die Liturgiereform des II. Vaticanums, die missionstheologisch und -praktisch weitreichende Konsequenzen hatte sowie *Nostra Aetate* (NAE) zum Verhältnis der römisch-katholischen Kirche zu Angehörigen anderer Religionen.[18]

In *Lumen Gentium* werden verschiedene Bilder verwendet, um das Wesen der Kirche zu beschreiben, so etwa das *Bild des Sakraments* und das *Bild des Volkes Gottes*. Die Kirche wird zunächst als »das Sakrament [verstanden], das heißt [als] Zeichen und Werkzeug für die innigste Vereinigung mit Gott wie für die Einheit der ganzen Menschheit«. (LG 1) Damit wird gegenüber älteren Lehraussagen eine bedeutsame Verschiebung vorgenommen: Hatte es vorher geheißen, die Kirche sei eine Heilsanstalt, innerhalb derer das Heil zu finden sei, wurden also statische Metaphern verwendet, so bedeutet das *Bild des Sakraments* eine Dynamisierung des Kirchenbegriffes. Der Sakramentsbegriff hat seinen Sinn in der Funktion des Sakramentes: Es dient dazu, das Heil zu vergegenwärtigen und auszubreiten. Missionstheologisch ausgedrückt: Das Sakrament dient der Austeilung des Heils an die Welt und hat daher seine Funktion innerhalb der Sendung Gottes an die Welt. *Das Wesen der Kirche besteht demnach nicht in einem Nach-innen-Gewendetsein, sondern in einer ausdrücklichen Außenorientierung:* Die Frage der Welt und ihres Heils ist der Kirche ihrem Wesen nach aufgegeben. Als Sakrament nun wird die Kirche verstanden einerseits als *Zeichen* für die Vereinigung mit Gott und der Menschen untereinander und andererseits als *Werkzeug* für dieses Geschehen. Der Zeichenbegriff bedeutet eine weitere Neuakzentuierung, denn ein Zeichen deutet an, es beansprucht jedoch nicht – und das ist die Pointe, das Ganze darzustellen. Damit wird die Kirche nicht mehr als Heilsanstalt mit dem Heil quasi identifiziert, sondern sie wird als genau der Ort verstanden, an dem sich das – von ihr unterschiedene Heil – *vergegenwärtigt*. In LG 5 wird dies näher erläutert, indem die Beziehung zwischen Reich Gottes und Kirche umschrieben, jedoch auch die Differenz zwischen beidem festgehalten wird: Die Kirche, so heißt es,

---

17. *Collet* (2003): Zum Missionsverständnis, 138.
18. Vgl. die unter 1.1 genannte Literatur von *Amstutz*, *Glazik* und *Schütte*. Siehe auch: A. M. Aagaard (1974): Missio Dei in katholischer Sicht, in: EvTh (34), 420-433. Als Übersicht: G. *Collet* (1984): Das Missionsverständnis der Kirche in der gegenwärtigen Diskussion, Mainz, 107-117; A. *Bünker* (2004): Missionarisch Kirche sein?, Münster, 125-142.

»... stellt Keim und Anfang des Reiches auf Erden dar. Während sie allmählich wächst, streckt sie sich verlangend aus nach dem vollendeten Reich; mit allen Kräften hofft und sehnt sie sich danach, mit ihrem König in Herrlichkeit vereint zu werden.«

Im Begriff des *Volkes Gottes* wird der Kirchenbegriff dynamisiert: Anstelle des Gedankens der Heilsanstalt tritt hier die Vorstellung einer *Gemeinschaft von Glaubenden, die alle am missionarischen Dienst der Kirche Anteil haben*. Diese Universalisierung des Sendungsauftrages wird jedoch des Weiteren in der Zuordnung zwischen den Laien und den Klerikern einer erneuten Hierarchisierung unterworfen: In der Pastoralkonstitution *Gaudium et Spes* wird der Weltbezug der Kirche hervorgehoben: Es ist Aufgabe der Kirche, die »Zeichen der Zeit« zu erkennen und sich dazu zu verhalten. Man sieht: Ein weiteres Mal wird der Weltbezug der Kirche betont. Zudem ist die Rede von einem Dialog, in den die Kirche mit Menschen anderer Weltanschauungen und Religionen eintreten soll, um Beziehungen und Zusammenarbeit zu ermöglichen. Das Bild der Kirche wird also erstens im Blick auf seine Außenbeziehungen zugespitzt (Sakrament), es wird dynamisiert (Werkzeug), der Exklusivitätsanspruch der Kirche wird leicht relativiert (Zeichen, Keim und Anfang des Reiches Gottes) und die missionarische Aufgabe wird tendenziell (aber nicht ganz) universalisiert (Kirche als Volk Gottes). Dies hat Konsequenzen für die Frage der Mission an den Völkern, wie sie in *Ad Gentes* behandelt wird.

Im Konzilsdekret *Ad Gentes* heißt es unter anderem: »Die pilgernde Kirche ist ihrem Wesen nach ›missionarisch‹ (d. h. als Gesandte unterwegs), da sie selbst ihren Ursprung aus der Sendung des Sohnes und der Sendung des Heiligen Geistes herleitet gemäß dem Plan Gottes des Vaters.« (AG 2) Damit wird die Sendung der Kirche in der Sendung des dreieinigen Gottes begründet. Der Gedanke der *missio Dei* (nicht aber der Begriff) findet Eingang in die Konzilstheologie. Wenn man sich das Dekret *Ad Gentes* genauer anschaut, so zeigt sich, dass es sich um einen uneinheitlichen Text handelt. Dies verwundert nicht, wenn man bedenkt, dass es das Ergebnis vieler Beratungen und Revisionen ist, dass es sich letztlich also um einen Kompromisstext handelt. Einige wichtige Punkte seien an dieser Stelle besonders hervorgehoben. (1) *Weltkirche mit zentralistischem oder polyzentrischem Charakter?* Nach der missionsgeschichtlichen Phase der *plantatio*, der Pflanzung von Kirche, die Mitte des 20. Jahrhunderts abgeschlossen war, geriet die Mission nicht nur wegen äußerer Bedingungen in die Krise, sondern die Krise war Folge des Erfolges der Mission selbst. Denn es musste sich die Frage stellen: Welche Aufgabe kann Mission noch haben, wenn eben die Pflanzung von Kirche nicht mehr notwendig ist, da es mittlerweile fast überall schon einheimische (Teil-)Kirchen gibt? Einheimische (Teil-)Kirchen zudem, die sich durchaus erfolgreich selbst

1. Römisch-katholische Missionstheologie vor und nach dem II. Vaticanum 181

ausbreiten?[19] Bei einer Weltkirche mit multikulturellem Profil sollte Mission hinfort nicht mehr unter der Leitvorstellung der *plantatio*, der Kirchenpflanzung, sondern der *communio*, der Gemeinschaft der unterschiedlichen Teilkirchen zu gegenseitiger Unterstützung und Bereicherung gefasst werden.

In *Ad Gentes* wird der Weg für ein polyzentrisches Verständnis der Mission dadurch geöffnet, dass nun nicht mehr der Papst allein oder die *propaganda fidei*, sondern *alle Bischöfe mit der Aufgabe der Mission betraut werden*. So heißt es in Ad Gentes 29: »Die Sorge für die weltweite Verkündigung des Evangeliums liegt zweifellos besonders bei der Gemeinschaft der Bischöfe«. Und AG 30 führt aus: »Obliegenheit des Bischofs als des Leiters und des einigenden Zentrums im diözesanen Apostolat ist es, die missionarische Tätigkeit voranzutreiben«. Und weiter in AG 38: »Alle Bischöfe sind, als Glieder des in der Nachfolge des Apostelkollegiums stehenden Episkopats, nicht nur für eine bestimmte Diozöse, sondern für das Heil der ganzen Welt konsekriert [...] das Wachstum des Leibes Christi ist die Aufgabe des gesamten Bischofskollegiums«. Nach diesem Verständnis liegt ein nicht mehr zentralistischer (auf Rom orientierter) Kirchenbegriff, sondern ein polyzentrischer und partizipativer Kirchenbegriff im Bereich des Möglichen.

(2) *Mission als Aufgabe der ganzen Kirche – auch der Laien*. In *Ad Gentes* wird gleichzeitig das »Apostolat der Laien« hervorgehoben, womit eine Öffnung zur Welt hin intendiert ist. Familien sollen durch ein »wahrhaft christliches Leben [... zu] Pflanzstätten des Laienapostolates werden« (AG 19), so heißt es, oder aber, dass durch die »Errichtung von Vereinigungen und Gruppen [...] das Apostolat der Laien die ganze Gesellschaft mit evangelischem Geist durchdringen« (AG 15) soll. Bei genauerem Hinsehen zeigt sich jedoch, dass »apostolisch« hier eigentlich austauschbar ist mit einem vagen Begriff von »missionarisch«, wohingegen der volle Begriff des Apostolates dem Bischofsamt vorbehalten bleibt. Dies wird in *Ad Gentes* 30 klar und deutlich ausgesagt:

> »Obliegenheit des Bischofs als des Leiters und des einigenden Zentrums im diozösanen Apostolat ist es, die missionarische Tätigkeit voranzutreiben [...] Ihm sind alle Missionare bei all jenen Arbeiten unterstellt, die zur Ausübung des heiligen Apostolats gehören«.

Die Öffnung auf die Welt hin durch die Stärkung des Laienelementes und durch einen weiten Begriff von »Laienapostolat« wird demnach eingebunden in und begrenzt durch einen kirchenrechtlich enger gefassten Begriff von Apostolat im Sinne des bischöflichen Leitungsamtes.[20]

---

19. Den Teilkirchen ist das Kapitel 3 von *Ad Gentes* gewidmet.
20. Aagaard (1966): Einige, 134-135.

1.3 Missionarische Inkulturation, fremde Religionen und andere Konfessionen

Das II. Vaticanum nahm auch, was oft – gerade von Protestanten – in seiner Bedeutung zu wenig beachtet wird, eine bedeutende Liturgiereform vor.[21] Missionstheologisch ist dies deshalb von größter Bedeutung, weil in den vorausgegangenen Jahrhunderten als Liturgiesprache ausschließlich das Lateinische Verwendung fand. Es lässt sich leicht einsehen, dass dies in den verschiedensten Kontexten und Kontinenten zur Folge hatte, dass das Geschehen der heiligen Messe – in einer fremden Sprache abgehalten – von den Menschen wenig bis gar nicht verstanden wurde. Die Stärke der einheitlichen Liturgiesprache war sicher das bewusstseinsbildende Elemente, einer zwar auf viele Länder verteilten, aber dennoch symbolisch leicht als Einheit wahrzunehmenden Kirche anzugehören. *Die »heilige Sprache« der Messe, das Lateinische, hatte also in diesem Sinne eine hohe Symbolkraft, machte sie doch auch den transnationalen, transethnischen und transkulturellen Charakter der Kirche deutlich.* Die Schwäche dieser liturgischen Praxis lag natürlich darin, dass viele Menschen sich mit der ihnen fremden Sprache nicht identifizieren konnten und sie nicht verstanden. Zudem waren auch andere Ausdrucksformen des Gottesdienstes festgeschrieben worden. Balthasar Fischer bemerkt zu Recht:

> »Strenge Einheitlichkeit des Gottesdienstes auf der ganzen Welt mag für eine gewisse Zeitspanne notwendig und heilsam gewesen sein, aber sie hat auch ihre Gefahren. War es nicht doch bedenklich, dass etwa Asien und Afrika bis in die Gegenwart an unsere europäische Regel der liturgischen Farben gebunden waren, obwohl ihr Farbempfinden vielleicht ganz anders ist als das unsere? (Weiß [die Farbe der liturgischen Gewänder der Priester sowie der großen Freudenfeste im Kirchenjahr, nämlich Weihnachten und Ostern, H. W.] ist *Trauer*farbe in China.) Warum hat man dem indischen Priester nicht erlaubt, statt des Altarkusses, der für indisches Empfinden etwas Peinliches an sich hat, den Altar mit der Stirn zu berühren, wie es indischem Brauch entspricht? Es kann kein Zweifel sein, dass der schwere Panzer einer unveränderlichen, europäisch empfundenen Liturgie den Vormarsch der Kirche an den Fronten des Gottesreiches wesentlich gehemmt hat.«[22]

---

21. Vgl. *L. Bertsch* (SJ) (1993): Entstehung und Entwicklung liturgischer Riten und kirchliches Lehramt, in: Der neue Messritus im Zaire, Freiburg u. a., 209-256. Vgl. auch: *E. Lengeling* (1964): Die Konstitution des Zweiten Vatikanischen Konzils über die heilige Liturgie, in: Reihe Lebendiger Gottesdienst (5/6), Münster. *B. Fischer* (1964): Liturgiereform, in: ders. (Hg.), Die Frucht des Konzils, Freiburg, 21-25; *ders.* (1981): Liturgie oder Liturgien?, in: TThZ (90), 265-275. *L. Bertsch* (SJ) (1986): Liturgische Erneuerung – Testfall der Inkulturation, in: M. Klöckner u. a., Die Feier der Sakramente in der Gemeinde, Kevelaer, 346-358.
22. *B. Fischer* (1964): Liturgiereform, o. a., 21-25, 22. Hervorhebung geändert.

Dem sollte die Liturgiereform des II. Vaticanum abhelfen, da nun die Verwendung der jeweiligen Landessprache(n) ebenso erlaubt wurde wie die Inkulturation verschiedener liturgischer Elemente.[23] Im Sinne einer Einheimischwerdung der römisch-katholischen Kirche vor Ort war dies sicherlich ein bedeutender missionstheologischer und missionspraktischer Fortschritt. Gerade eine polyzentrische Weltkirche bedarf einer Anpassung an die vielen unterschiedlichen Kontexte, seien sie sprachlich, ethnisch, kulturell, sozial oder wie auch immer bedingt. *Die Gefahr, dass die damit eröffnete Pluriformität die zentrifugalen Kräfte innerhalb der Kirche stärken würde, wurde sicherlich von manchen Konzilsvätern vorausgesehen.*

Die Religionen: Der Konzilstext *Nostra Aetate* widmet sich dem Thema der anderen Religionen. Neu ist, dass die Religionen erstmals offiziell positiv gewürdigt werden, neu ist auch, dass es hier nicht nur um *einzelne* Nichtchristen innerhalb dieser Religionen geht, von denen gesprochen wird, sondern von nichtchristlichen Religionen *als ganzen* Religionsformationen, womit ein höherer Grad an Würdigung verbunden ist.[24] Eine berühmte Formulierung besagt: »Die katholische Kirche lehnt nichts von alledem ab, was in diesen Religionen wahr und heilig ist.« *Die Aufgabe der Kirche gründet demnach im universalen Heilswillen Gottes, der im Dasein des Menschen als Frage präsent ist, weshalb es* »gewisse« *Wahrnehmungen Gottes auch in den Völkern gibt, wobei die Kirche von dem, was sie (!) in den Religionen als wahr und heilig erkennt, nichts ablehnt.*

Bei aller positiven Wertschätzung mag an dieser Stelle kritisch bemerkt werden, dass es die römisch-katholische Kirche ist, die hier den Maßstab setzt, denn sie entscheidet, was in den Religionen als wahr und heilig anzuerkennen ist.[25] In den folgenden Artikeln entwirft *Nostra Aetate* das *Bild von*

---

23. *Fischer* (1964): Liturgiereform, 23: »Art. 36 setzt fest, dass es in Zukunft in der katholischen Kirche ganz allgemein und ganz grundsätzlich so etwas wie eine ›friedliche Koexistenz‹ zwischen dem Lateinischen und der jeweiligen Muttersprache der Gemeinde geben wird. [...] die Entscheidung über den Gebrauch und das Ausmaß des Gebrauchs der Muttersprache in den vom Konzil festgelegten Grenzen [hat das Konzil] in die Hand der Bischofskonferenzen gelegt [...]; der Heilige Stuhl nimmt in dieser Frage nur mehr das Recht der Bestätigung für sich in Anspruch (Art. 36 § 3).«
24. Grundlage der Beschäftigung mit den Religionen ist der universale Heilswille Gottes: »Seine Vorsehung, die Bezeugung seiner Güte und seine Heilsratschlüsse erstrecken sich auf alle Menschen.« In Artikel 1 heißt es, es sei die »Aufgabe« der Kirche, die »Einheit und Liebe« unter Menschen und Völkern zu befördern. Es geht also um Koexistenz. Die Religionen gibt es, weil alle Menschen von den Fragen des Daseins umgetrieben werden. Diese Fragen sind in den Herzen präsent. In Artikel 2 werden auch die religiösen Erfahrungen der Völker als authentisch anerkannt, denn in ihnen gibt es »eine gewisse Wahrnehmung jener verborgenen Macht ...«.
25. Nach dem Modell von Elementen und Fülle wird z.B. den Lehren der Religionen zugesprochen, dass sie »nicht selten einen Strahl jener Wahrheit erkennen lassen, die alle Men-

konzentrischen Kreisen, in denen die Nähe bzw. Ferne der verschiedenen Religionen zur römisch-katholischen Kirche beschrieben wird. Von außen nach innen fortschreitend, werden zunächst die Stammesreligionen genannt, gefolgt vom Hinduismus und Buddhismus. Die nächsten Kreise werden dem Islam zugeordnet, dann folgen das Judentum, sodann andere Christen und Konfessionen, wobei die Römisch-katholische Kirche den Mittelpunkt des Ganzen darstellt.

Religionstheologisch werden Teilwahrheiten in den anderen Religionen durchaus anerkannt. Es handelt sich um ein in begrenztem Maße *dialogisches Modell*, wobei die Frage offen bleibt, in wie weit es sich dabei wirklich um einen *theologischen* Dialog handeln kann. Im Artikel drei etwa wird zum Thema Islam zwar gefordert, man solle sich nicht einseitig an der Vergangenheit der beiden Religionen Christentum und Islam orientieren, sondern erstens einander zu verstehen suchen und zweitens für Gerechtigkeit, Sittlichkeit, Friede und Freiheit aller Menschen eintreten. Eigentlich theologisch wird jedoch auch hier nicht argumentiert. In jedem Falle aber handelt es sich um ein *hierarchisches Modell*, in dem ja durch die Zuordnung bereits angedeutet wird, bei welchen Religionen die Konzilsväter im Besonderen die Anerkennung von Teilwahrheiten für möglich halten. Man mag kritisch einwenden, dass bei diesem Modell bereits vor der eigentlichen Dialogbegegnung feststeht, in welchem Verhältnis von Nähe und Distanz die einzelnen Religionen zur Römisch-katholischen Kirche und der in ihr vergegenwärtigten vollgültigen Wahrheit stehen. Doch fragen wir nun nach den Aussagen zu anderen christlichen Gemeinschaften.

Die christlichen Konfessionen: Das II. Vaticanum definiert als Weltkirche die Begriffe »Ökumene« und »ökumenisch« im Vergleich zu Diskussionen innerhalb des ÖRK in ganz eigener Weise. Während der Zentralausschuss des ÖRK im Jahre 1951 definierte, ökumenisch sei »alles das zu kennzeichnen, was sich auf die ganze Aufgabe der ganzen Kirche in der Verkündigung des Evangeliums für die ganze Welt bezieht«[26], definierte das II. Vaticanum wie folgt:

»Unter der ›Ökumenischen Bewegung‹ versteht man Tätigkeiten und Unternehmungen, die je nach den verschiedenen Bedürfnissen der Kirche und nach Mög-

---

schen erleuchtet.« Es geht also nicht um das ganze Licht, sondern nur um einen Strahl, nur um Elemente, aber nicht um die Fülle. Der Text mahnt die gläubigen römisch-katholischen Christen, dass sie mit den *Eigenschaften* der Klugheit und der Liebe auf die Menschen zugehen und ihnen in Gesprächen, in Zusammenarbeit und im Glaubenszeugnis begegnen mögen. Auf diese Weise sollen sie das, was Angehörige anderer Religionen oder diese selbst an geistlichen, sittlichen oder kulturellen Werten aufweisen zugleich anerkennen, wahren und fördern.

26. Zit. nach *R. Frieling* (2006): Im Glauben eins – in Kirchen getrennt? Visionen einer realistischen Ökumene, Göttingen, 229.

1. Römisch-katholische Missionstheologie vor und nach dem II. Vaticanum

lichkeiten der Zeitverhältnisse zur Förderung der Einheit der Christen ins Leben gerufen und auf dieses Ziel ausgerichtet sind.« (ÖD 4)

Dies ist im Kontext der Rede von der »Wiederherstellung der Einheit aller Christen« ausgesagt.[27] Es geht um »die« Kirche, gemeint ist allein die römisch-katholische Kirche. In der lehramtlichen Theologie der römisch-katholischen Kirche lassen sich durchaus Entwicklungen feststellen, die die Frage aufwerfen, ob hier nicht ein Mehr an ökumenischem Miteinander entstanden ist und wie sich dieser Mehrwert zur Tatsache verhält, dass die Kirchen nach wie vor getrennt sind. Zunächst seien die markanten gedanklichen Schritte nachvollzogen: In der Enzyklika *Mortalium animos* von Papst Pius XI. aus dem Jahre 1928 findet sich noch das Modell einer *Rückkehrökumene*: Die Nichtkatholiken werden als Häretiker angesehen, soweit sie nicht der römisch-katholischen Lehre bis hin zum Dogma von der Unfehlbarkeit des Papstes folgen. Sie werden aufgefordert, umzukehren und sich der römisch-katholischen Kirche wieder anzuschließen. Dieses Einheitsverständnis hängt engstens mit einer Ekklesiologie zusammen, die die Einheit von Kirche als Leib Christi und römisch-katholischer Kirche behauptet.[28]

Dies führte zu einem Schock innerhalb der ökumenischen Bewegung. Als Reaktion darauf entstand katholischerseits die *Corpus-Christi-Mysticum*-Theologie, die in der *Una-Sancta-Bewegung* zur Betonung eines Verständnisses führte, wonach die eine heilige Kirche auch jenseits verfasster Konfessionskirchen zu finden sei. Verändert wurde dieses Verständnis zunächst leicht durch die Enzyklika des Papstes Pius XII. *Mystici Corporis* aus dem Jahre 1943.[29] Diesem am Leib-Christi-Gedanken orientierten Verständnis wurde seitens namhafter katholischer Theologen wie *Karl Rahner* (1904-1984), *Otto Semmelroth* (1912-1979), *Yves Congar* (1904-1995) oder *Henri de Lubac* (1896-1991) widersprochen. Sie betonten vielmehr den Gedanken des *Volkes Gottes* – eine Entwicklung die sich seit den 1950er Jahren in der gesamten ökumenischen Bewegung abzeichnete. Semmelroth prägte den für das II. Vaticanum maßgeblichen Begriff von Kirche als Sakrament, genauer: als Ur- oder Hauptsakrament. Sie wird nun nicht mehr als »zweiter Christus« ver-

---

27. Dass die römisch-katholische Kirche besonders bei *Faith and Order* ausgesprochen engagiert mitwirkte, nimmt daher nicht wunder.
28. R. Frieling (2006): Im Glauben eins, o. a., 237, vgl. 199 f.
29. Hier wird eine institutionell-hierarchische Ekklesiologie mit einer mystisch-charismatische Ekklesiologie verbunden. Die Institution der Kirche wird wie eine zweite Person Christi verstanden *(Ut ipsa quasi altera persona Christi existat)*, wobei der Leib des ganzen Christus *(totus Christus)* aus Christus als dem Haupt und der Kirche auf Erden gebildet wird. Der Heilige Geist beseelt sowohl die unsichtbare himmlische wie die sichtbare irdische Kirche. Die Unfehlbarkeit von Kirche und Papst wird festgehalten. Außerhalb der Kirche können allerdings »getaufte Menschen durch ein ›unreflexes Verlangen‹ (›in voto‹) zur Kirche gehören«. R. Frieling (2006): Im Glauben eins, o. a., 201.

standen, sondern – wie bereits erwähnt – als »Zeichen und Werkzeug des Heils«, und zwar im Sinne der Zwei-Naturen-Lehre in einem Beieinander der göttlichen und der menschlichen Elemente.

Im Blick auf das *Zweite Vatikanische Konzil* kann man davon sprechen, dass Erkenntnisse aus der ökumenischen Debatte in die römisch-katholische Lehramtstheologie eingeflossen sind. Von den Orthodoxen mit inspiriert ist die *eucharistische Ekklesiologie*, die die Kirche im Gegensatz zur institutionellen Heilsanstalt nun als »Sakrament des Heils« zu verstehen lehrt. Aus der protestantischen Theologie wird der heilsgeschichtlich gewendete Gedanke des *Volkes Gottes* aufgenommen. Die römisch-katholische Kirche wird nun nicht mehr mit Christus selbst identifiziert, sondern in Analogie zum Mysterium des inkarnierten Wortes verstanden, sie wird nicht mehr mit der »einen heiligen katholischen Kirche« schlicht gleichgesetzt (»est«), sondern es wird gesagt, diese sei »verwirklicht (subsistit) in der katholischen Kirche, die vom Nachfolger Petri und den Bischöfen in Gemeinschaft mit ihm geleitet wird« (Nr. 8).[30] Damit wurde eine Würdigung von Nichtkatholiken mit dem »Ehrennamen des Christen« ebenso möglich, wie die Würdigung anderer Kirchen und Gemeinschaften, von denen es heißt, dass der »Geist Christi sie gewürdigt hat, sie als Mittel des Heils zu gebrauchen«, wobei nun auch hier die *Terminologie von Fülle und Defizit* (als lateinische Fachtermini werden *plenitudo* und *defectus* verwendet) zum Zuge kommt, denn weiter heißt es, dass »deren Wirksamkeit sich von der der katholischen Kirche anvertrauten Fülle der Gnade und Wahrheit herleitet«, womit das Prä der römisch-katholischen Kirche einmal mehr festgeschrieben wird.[31]

1.4 Wirkungen des II. Vaticanums – Beispiel Lateinamerikanische Bischofskonferenzen

Das II. Vatikanische Konzil führte innerhalb der Römisch-katholischen Kirche zu einer weit verbreiteten Aufbruchsstimmung. Dies äußerte sich im

---

30. R. *Frieling* (2006): Im Glauben eins, o. a., 202.
31. Im Ökumenismusdekret 11 wird zudem eine Rangfolge der Wahrheiten festgeschrieben. Frieling erläutert, der Unterschied bestehe darin, dass im »quantitativen« Fülle-Defizit-Schema die anderen immer an der römisch-katholischen Kirche gemessen werden, wohingegen in der qualitativen »Hierarchie-der-Wahrheiten-Hermeneutik« alle Christen an ihrem Verhältnis zu Christus gemessen würden, wobei man zwischen Heil und Heilsmitteln unterscheide. Beim Thema Heil stelle man eine Konsens im Grundlegenden fest, bei dem Verständnis der Heilsmittel dagegen (Kirche, Sakrament, Amt) kirchentrennende Unterschiede. Diese Methode habe sich in der katholisch-lutherischen »Gemeinsamen Erklärung zur Rechtfertigungslehre« unter der Formel des »differenzierten Konsenses« durchgesetzt. R. *Frieling* (2006): Im Glauben eins, o. a., 239.

theologischen Bereich in einer Öffnung auf neue wissenschaftliche Methoden, einer Öffnung auch zu den Sozialwissenschaften, es äußerte sich in vielfachen frömmigkeitlichen und gemeindlichen Aktivitäten, in liturgischen Reformbestrebungen und, missionstheologisch bedeutsam, in der Aufnahme kontextueller Anliegen in den einzelnen Teilkirchen. Dies sei im Folgenden anhand des Beispiels der lateinamerikanischen Bischofskonferenzen erläutert. An dieser Stelle kann auch nicht annähernd auf die missionstheologischen Entwicklungen in Lateinamerika eingegangen werden.[32] Es soll allein um die Wirkungen gehen, die aus der durch das II. Vaticanum ermöglichten Öffnung der Römisch-katholischen Kirche für die Welt hervorgegangen sind. Eine erste *Lateinamerikanische Bischofskonferenz* (CELAM) hatte 1955 in Rio de Janeiro stattgefunden. Stand diese jedoch noch im Zeichen der Konkurrenz gegenüber protestantischen Missionen, so sollte die zweite Lateinamerikanische Bischofskonferenz des Jahres 1968 in Medellin eine entscheidende Wendung bringen.[33] Die Konferenz war zwei Jahre intensiv vorbereitet worden und tagte unter dem Thema *Die Kirche in der gegenwärtigen Umwandlung Lateinamerikas im Lichtes des Konzils*. Stark beeinflusst durch die *Theologie der Befreiung*, vollzog sich hier das, was ein führender Befreiungstheologe eine »ekklesiologische Revolution« (Jon Sobrino) genannt hat.

Die Kirche vollzog gesellschaftlich einen Wechsel des Standortes, denn angesichts von krasser sozialer Ungerechtigkeit in vielen Ländern Lateinamerikas, angesichts einer massiven Armut und weit verbreiteter Unterdrückungsverhältnisse sprach die Bischofskonferenz von einer »Situation der Sünde«[34] und begann verstärkt, sich als eine »Kirche der Armen« zu verstehen. Hatte die Befreiungstheologie von Gottes »vorrangiger Option für die Armen« gesprochen, so wird dies nun von der Bischofskonferenz in dreifacher Weise aufgenommen. Es geht demnach um die *Option der Kirche für die Armen*, es geht um eine *Solidarität mit den Armen und den kirchlichen Basisgemeinden* und nicht zuletzt um die *Förderung einer befreienden Erziehung*. Doch nicht nur inhaltlich werden Thesen der Befreiungstheologie aufgenommen, sondern auch methodisch. Der befreiungstheologische Dreischritt von erstens *Sehen*, das heißt Wahrnehmen von sozial-gesellschaftlichen Konstellationen, zweitens *Urteilen*, das heißt Kontexte im Lichte des Evangeliums theologisch zu reflektieren, und *Handeln*, das heißt die konkrete Umsetzung der befreienden Einsichten des Evangeliums voranzutreiben, wird

---

32. Als Übersicht: *C. Dahling-Sander* (2003): Missionstheologische Entwicklungen in Lateinamerika, in: ders. u. a. (Hg.), Leitfaden, o. a., 500-518.
33. Vgl. *G. Collet* (2002): Art. Medellin, in: RGG⁴, Bd. 5, Sp. 953-954. Siehe auch: *P. Suess* (2001): Medellin (1968). Gültiger Horizont und unvollendeten Projekt, in: ders., Weltweit artikuliert, kontextuell verwurzelt, Frankfurt/M. / London, 101-122.
34. *Dahling-Sander* (2003): Missionstheologische Entwicklungen, o. a., 508.

in den Texten von Medellin aufgenommen.³⁵ Sie gliedern sich erstens in den jeweiligen Abschnitt zu »Tatsachen«, sodann zweitens zu »Reflexion« und drittens zu »Empfehlungen«. Die sechszehn Kapitel des Dokumentes von Medellin befassten sich mit den Themen »Gerechtigkeit, Friede, Familie, Erziehung, Jugend, Volkspastoral, Führungsschichten, Katechese, Liturgie, Laien, Priester, Ordensleute, Klerus, Armut, Pastoral, Kommunikationsmittel«.³⁶ Die Option für die Armen stand jedoch damit für das kirchliche Handeln noch am Anfang. Paulo Suess fasst prägnant zusammen:

> »Ganz im Kontrast zu einer über 400-jährigen *Kolonialkirche in Lateinamerika* bedeutet *Medellin* den Beginn einer *lateinamerikanischen Kirche*. Der Leitungssektor einer Ortskirche versucht in *Medellin*, sich, seinen Kontinent und die Welt mit eigenen Augen zu sehen. Aber dieser Blick ist vom langen Aufenthalt im kolonialen Verlies der Bevormundung noch getrübt. Die *Beschlüsse von Medellin* sind Ausdruck eines neuen historischen Gegenwartsbewusstseins, das sich jedoch noch nicht mit seiner eigenen Geschichte auseinandergesetzt hat. *Medellin* arbeitet mit einem historischen Kurzzeitgedächtnis. Kollektive Subjekte mit sehr unterschiedlichen Biographien, wie die indianischen Völker und die Nachfahren afrikanischer Sklaven, werden oft undifferenziert dem Makrosubjekt ›Arme‹ zugeschlagen. Die Armen *Medellins* haben noch keine spezifischen lateinamerikanischen Gesichter und Namen.«³⁷

Die Zeit nach Medellin sollte für viele Befreiungstheologen zur Zeit des Martyriums werden.³⁸ Im Jahre 1969 wurde im us-amerikanischen *Rockefeller Dokument* vorhergehoben, es gebe in der Römisch-Katholischen Kirche Lateinamerikas Risikofaktoren. Die Empfehlung lautete, neben der Förderung protestantischer Kräfte auch Regierungsumstürze zu unterstützen. Die Zeit der Militärputsche beginnt 1964 mit Brasilien, gefolgt von Bolivien 1971 (Hugo Banzer), Chile 1973 (Pinochet) und Argentinien 1976 (Videla).³⁹ Dennoch wurde die theologische Linie von Medellin auf der dritten *Lateinamerikanischen Bischofskonferenz* in *Puebla im Jahre 1979* noch fortgeführt. Auch hier wird der Dreischritt von Sehen – Urteilen – Handeln zur Anwendung

---

35. Vgl. dazu etwa *L. Boff; C. Boff* (1987): Wie treibt man Theologie der Befreiung?, Düsseldorf.
36. Vgl. *P. Suess* (2001): Medellin, 117, Anm. 141. Quellentexte: Sekretariat der Deutschen Bischofskonferenz (Hg.) (o.J.): Die Kirche Lateinamerikas. Dokumente der II. und III. Generalversammlung des Lateinamerikanischen Episkopates in Medellin und Puebla (Stimmen der Weltkirche 8), Bonn.
37. *P. Suess* (2001): Medellin, 116-117.
38. P. Suess listet folgende Getöteten auf: »Hector Gallego (Panama, 1971), Rodolfo Lunkenbein und Simão Cristino (1976), Angel Angelelli (1976), Luis Espinal (Bolivien, 1980), Oscar Romero (1980), Marçal Guarani (1983), Vicente Canas (1987)«. *P. Sues* (2001): Medellin, 121.
39. *P. Suess* (2001): Medellin, 123 kommentiert: »Keine dieser Diktaturen wäre ohne die Unterstützung der Vereinigten Staaten lebensfähig gewesen.«

gebracht, zudem waren viele Delegierte Pueblas bereits in Medellin als Delegierte anwesend. Neu in Puebla sind insbesondere zwei Aspekte: Erstens wird dem Thema Evangelium und Kultur(en) mehr Aufmerksamkeit zuteil. Mit Hinweis auf das Prinzip der Inkarnation wird für den Prozess der Evangelisierung die Bedeutung der Kulturen hervorgehoben. *Damit wird der Begriff der »Armen« nicht nur sozial-wirtschaftlich, sondern nun auch ethnisch-kulturell gefasst.* Zweitens kommt es zu einer Würdigung der Armen, die nunmehr nicht mehr schwerpunktmäßig als Adressaten der Mission verstanden werden. *Die Armen werden umgekehrt als Subjekte der Mission verstanden. Ihre evangelisatorische Kraft besteht darin, die Kirche zurückzurufen zu Umkehr und Solidarität, zu einem neuen Lebensstil und zum Dienst.* In der Linie des II. Vaticanums war es hier also zu einer eigenen römisch-katholischen, bischöflichen und damit auch lehramtlichen Positionierung innerhalb Lateinamerikas gekommen. Hatte das II. Vaticanum solches Einheimischwerden ermutigt, so wurden seit den 1980er Jahren jedoch seitens der Kurie in Rom Anstrengungen verstärkt, die sich mehr und mehr und ganz konkret äußernde Polyzentrik innerhalb der Teilkirchen zurückzudrängen.

1.5 Zentralkirchliche Entwicklungen seit den 1990er Jahren

Impulse des II. Vatikanischen Konzils wurden von kontinentalen Bischofskonferenzen aufgegriffen, wie in Lateinamerika durch CELAM. In Afrika dagegen kam es zu keiner Gesamtvertretung, da es zum einen für Ostafrika die *Association of Member Episcopal Conferences in Eastern Africa* (AMECEA) und andererseits das *Symposium of Episcopal Conferences of Africa and Madagaskar* (SECAM) gibt. Auf diesen Konferenzen wurde zwar dem Anliegen von Inkulturation und einer ganzheitlichen Mission Aufmerksamkeit zuteil, indes führte dies über allgemeine Aussagen bisher nicht hinaus. Pointierter dagegen äußerte sich die *Federation of Asian Bishop's Conferences* (FABC).[40] Die Eigenständigkeit dieser Konferenzen wurde indes in den 1990er Jahren durch *römische Kontinentalsynoden* stark eingeschränkt, so etwa für Afrika (1994), für Nord- und Südamerika (1997) und für Asien (1998).[41] *Die Synoden werden in mehrfacher Weise dem päpstlichen Führungsanspruch untergeordnet, und zwar erstens symbolisch dadurch, dass sie in Rom stattfinden, zweitens durch die Vorbereitung, die bei dem römischen Synodensekretariat lag, drittens durch die Themenvorgabe durch den Vatikan und viertens durch die Zusammenfas-*

---

40. *A. Bünker* (2004): Missionarisch Kirche sein?, 168-196.
41. Andere Kontinentalsynoden, etwa für Europa und Ozeanien, werden hier außer Acht gelassen.

sung der Ergebnisse durch den Vatikan. Arnd Bünker stellt als Ergebnis heraus, dass damit die kontextuellen Spezifika der jeweiligen Kontinente weitgehend ausgeblendet wurden.[42] Insgesamt wird in den nachsynodalen Apostolischen Schreiben vom Papst ein Missionsverständnis artikuliert, welches durch eine Betonung des *Verkündigungsaspektes* gekennzeichnet ist, durch die Hervorhebung der Bedeutung *persönlicher Heiligkeit*, durch eine *Beteiligung von Laien mit Schwerpunkt bei weltlichen Handlungsbezügen* und in deutlicher Unterordnung unter das priesterliche Amt, um nur einige wenige Aspekte zu nennen.

Durch die römischen Kontinentalsynoden wurden also die kontinentalen Spezifika entweder abgeschliffen oder aber bestimmte Tendenzen indirekt kritisert. Zum Beispiel wird für den lateinamerikanischen Kontext durch die entsprechende römische Kontinentalsynode die Rede von der vorrangigen Option Gottes für die Armen letztlich übergangen, indem jegliche auch nur annähernd befreiungsorientierte Sicht ausgeblendet wird, für afrikanische Kontexte wird durch die entsprechende römische Kontinentalsynode das Thema der Inkulturation so behandelt, dass die Textpassagen auf eine restriktive Praxis von Übersetzung zielen, für den asiatischen Kontext wird eine christozentrische Lesart von Religionstheologie vorgegeben. Aufs Ganze gesehen wird damit eine universalkirchliche Ausrichtung festgeschrieben, die den jeweiligen Kontexten eine nur zweitrangige und eher äußerliche Bedeutung zuspricht. Prägende Kontexte wie Unterdrückungsstrukturen, Armut, Kriege, HIV/AIDS und Verschuldung mögen zwar beiläufig genannt werden, spielen jedoch theologisch keine besondere Rolle.

Diese Beobachtungen zeigen eine grundsätzliche Spannung innerhalb lehramtlicher Aussagen zum Thema Mission. Während die Texte des II. Vatikanischen Konzils durchaus im Sinne einer größeren Kontextnähe und Flexibilität gelesen werden können und kontextuell auch so verstanden wurden, wird seit einigen Jahrzehnten eine zentralkirchliche Lesart forciert, deren Intention es ist, den mit möglichen Kontextualisierungen gegebenen *zentrifugalen Kräften* innerhalb der Weltkirche entgegen zu wirken. Solche Beschneidung von Kontextualisierungen wird damit besonders im Bereich der Liturgie und des Gottesdienstes wirksam, teilweise auch im Bereich der Ethik. Eine größere Beweglichkeit ist demgegenüber in den missionarischen Aktivitäten von einzelnen Ordensgemeinschaften möglich, die sich, wie erwähnt, in ihrer Missionstheologie und -praxis oft erheblich voneinander unterscheiden. Am weitest gehenden jedoch kann es zu Kontextualisierungen in Formen der Volksfrömmigkeit kommen, die seitens der kirchlichen Hierarchie nicht selten geduldet werden, denen jedoch in Gestalt des (weitgehend einheitlichen)

---

42. *A. Bünker* (2004): Missionarisch Kirche sein?, 212-223.

1. Römisch-katholische Missionstheologie vor und nach dem II. Vaticanum 191

Gottesdienstes, des Priestertums, der Katechese und des Lehramtes eine wirksame Größe der theologischen Normierung gegenüber steht. Die weitere Entwicklung ist schwer zu beurteilen. Unter dem gegenwärtigen Papst Benedikt XVI. indes wird es aller Voraussicht nach seitens des Vatikans zu keinen Impulsen in Richtung auf eine größere Kontextnähe kommen.

1.6 Grundlinien römisch-katholischer Missionstheologie?

Abschließend ist zu fragen: Kann man bei einer Christentumsformation von weltweit mehr als einer Milliarde Menschen von Grundlinien römisch-katholischer Missionstheologie sprechen? Sind die Kulturen und Kontexte nicht allzu verschieden? Die Ausführungen mögen gezeigt haben, dass für die Römisch-katholische Kirche von verschiedenen Dimensionen ausgegangen werden muss, um das Phänomen auch nur annähernd in den Blick zu bekommen. Dabei geht es zunächst um die *Dimension der kirchlichen Institution*, also das System von Papsttum, der Kurie in Rom, der kirchlichen Hierarchie sowie der wichtigsten Vollzüge wie Gottesdienste und Sakramente. Hier zeigt sich beeindruckend, wie theologische Parameter vor und nach dem II. Vatikanischen Konzil ganz konkret bis auf die Ebene der Ortskirchen durchschlagen, etwa was Fragen der Inkulturation betrifft, des Dialogs, der sozialen Weltzuwendung und vieles andere. In diesem Sinne gibt es durchaus Grundlinien einer römisch-katholischen Missionstheologie als lehramtlicher Theologie. Davon zu unterscheiden ist die *Dimension des Ordenslebens*, das heißt der vielen hundert Ordensgemeinschaften, die jeweils eine eigene Spiritualität pflegen und eigene Schwerpunkte des christlichen Lebenszeugnisses ausbilden. Übergreifende Aussagen sind hier meines Erachtens kaum möglich, außer in Bezug auf die »Bewegungsfreiheit«, die diesen Orden durch lehramtliche Theologie einerseits und kirchenrechtliche Satzungen andererseits ermöglicht wird.

Eine dritte Dimension kann man in *Basisgemeinden und Basisgemeinschaften* sehen, eine vierte Dimension schließlich in der *Volksreligiosität*. Maßgeblich sind immer wieder Fragen von kirchlicher Einheit und kulturell-kontextueller Pluriformität, von Zentrum und Peripherie und die Frage, in welchen Bereichen in besonderem Maße an einer gewissen Einheitlichkeit festzuhalten ist. Abgesehen davon ist es erstaunlich, römisch-katholische Kirchenzentren in Ländern Afrikas und Asiens miteinander zu vergleichen, bei denen so oft Kirchengebäude, Hospital, Schuleinrichtungen, Waisenhäuser oder Ausbildungsstätten direkt auf einem Compound zusammengefasst sind: Zeugnis eines ganzheitlichen Missionsverständnisses. Ebenso erstaunlich ist es, zu beobachten, wie römisch-katholische Kirchengebäude auf den Bereich des öffentlichen Raumes ausgerichtet sind: Oft zentral gelegen, mit einem großen Vorplatz, mit Heiligenstatuen, die außen deutlich sichtbar sind, oft mit einer Grotte und einer Marienfigur. Hier wird etwas von der *Medialität der römisch-katholischen Lehre* greifbar: Religion zum Erleben und zum Anfassen. Wenn es sich dabei auch nur um Eindrücke handelt, so sind diese meines Erachtens doch sprechend, besonders im Vergleich zu protestantischen Kirchen und ihren Projekten und Missionen. Auch dies wäre ein eigenes Forschungsfeld: Medialität und öffentliche Präsenz von christlichen Kirchen und Gemeinschaften in ihrer Mission. Mit diesen Andeutungen verlassen wir den Bereich der römisch-katholischen Weltkirche und wenden uns den Orthodoxen Kirchen zu.

2. Orthodoxe Missionstheologie im 20. und 21. Jahrhundert – ein Überblick

Wenn im Folgenden über orthodoxe Missionstheologie im 20. Jahrhundert gehandelt wird, so kann dies natürlich wiederum nur exemplarisch geschehen. Zunächst wird ein kurzer Überblick zu einigen wichtigen Epochen orthodoxer Missionen gegeben. Danach konzentriere ich mich auf den missionstheologischen Entwurf des wohl bekanntesten orthodoxen Missionstheologen der letzten Jahrzehnte, des rumänisch-orthodoxen Theologen Ion Bria, der seit den 1970er Jahren bis zu seinem Tode maßgeblich an der Arbeit des ÖRK beteiligt war. Danach werden missionarische Aktionsformen derjenigen orthodoxen Kirchen, die im 20. Jahrhundert besondere missionarische Aufbrüche zu verzeichnen haben, skizziert, nämlich innerhalb der griechisch-orthodoxen Kirche seit den 1960er Jahren und innerhalb der russisch-orthodoxen Kirche seit den 1990er Jahren.

2.1 Allgemeine Entwicklungen – eine Übersicht

Die orthodoxe Missionsgeschichte wird im Folgenden in mehrere Epochen eingeteilt, wobei nur die byzantinischen Missionen und die Missionen der russisch-orthodoxen Kirche herausgegriffen werden.[43] Die Zeit der *byzanti-*

---

43. Als Literaturauswahl zu diesem Kapitel vgl.: *N. Apostola* (ed.) (1998): An Exploration of the Role of the Laity in the Church Today, Geneva; *I. Bria* (ed.) (1980): Martyria – Mission. The Witness of the Orthodox Churches Today, Geneva; *ders.* (1986): Go forth in Peace: Orthodox Perspectives on Mission Today, Geneva; *ders.* (1996): The Liturgy after the Liturgy, Geneva; *ders.* (2000): Orthodoxy and Mission, in: IRM (89), 49-59; *M. Buck* (2007): Die russisch-orthodoxe Mission heute, in: Vision Mission (26), 15-27; *V. Fedorov* (2000): Orthodox Understanding of Mission in Today's Russia and the Task of Orthodox Theological Education, in: NZM (56), 212-229; *A. Keshishian* (1992): Orthodox Perspectives on Mission, Oxford; *G. Lemopoulos* (ed.) (1989): Your Will Be Done. Orthodoxy in Mission, Katerini/Greece; *N. Nissiotis* (1968): Die ekklesiologische Grundlage der Mission, in: ders., Die Theologie der Ostkirche im ökumenischen Dialog, Stuttgart, 186-216; *K. Papapetrou* (1966): Kirche und Mission. Zum Missionsverständnis der orthodox-katholischen Kirche, in: Kyrios (1966), 105-116; *J. J. Stamoolis* (1986): Eastern Orthodox Mission Theology Today, Maryknoll / New York; *L. A. Veronis* (1982): Orthodox Concepts of Evangelism and Mission, in: GOTR (27), 44-57; *ders.* (1995): Anastasios Yannoulatos: Modern-Day Apostle, in: IBMR (19), 122-128; *E. Voulgarkis* (1987): ›Orthodoxe Mission‹, in: K. Müller; Th. Sundermeier (Hg.), Lexikon missionstheologischer Grundbegriffe, Berlin, 355-360; *A. Yannoulatos* (1999): ›THEMA‹, in: Evmenios von Levka; A. Basdekis u.a. (Hg.), Die Orthodoxe Kirche, Frankfurt/M., 93-121; *ders.* (2003): Orthodoxe Mission, in: C. Dahling-Sander u.a. (Hg.), Leitfaden, o.a., 113-129.

nischen Missionen kann man in zwei Hauptphasen einteilen, nämlich die Epoche des 4.-6. Jahrhunderts, in der es zu missionarischer Arbeit unter anderem unter den Goten und Hunnen, Armeniern, Georgiern, Äthiopiern und Nubiern kam und die Epoche des 9.-11. Jahrhunderts, in der besonders die Slawenmissionen unter den Böhmen, Bulgaren und Kiewer Rus zu nennen sind.[44] Die Missionen waren gekennzeichnet von dem Bemühen, authentische lokale eucharistische Gemeinden zu begründen, weshalb der *Übersetzungsarbeit* große Bedeutung beigemessen wurde. Sowohl die Bibel als auch liturgische Texte und Werke der Kirchenväter wurden in verschiedene lokale Sprachen übersetzt. Die Missionen haben aber auch bedeutende politische und wirtschaftliche sowie kulturelle Einflüsse ausgeübt.[45] Ein einheimischer Klerus wurde durch Ausbildung und Weihe zwar sehr bald herangebildet, die Rückbindung an die Mutterkirche wurde jedoch auch nach der Konstitutionsphase durch die Entsendung von (griechisch-sprachigen) Klerikern oft sehr lange aufrechterhalten. Träger der Missionen waren nicht nur Kleriker und Bischöfe, sondern auch Asketen und Mönche sowie verschiedene Gruppen von Laien, besonders Kaufleute, Diplomaten, Kriegsgefangene und Auswanderer.

> Zur Sprachenfrage muss zwar festgehalten werden, dass für das Byzantinische Reich als einem Vielvölkerstaat natürlich das Griechische als einzige Amtssprache galt, so dass man es zunächst auch ganz selbstverständlich als liturgische Sprache einführte. Zudem wurde nach einer Phase der Glaubensverkündigung in der Landessprache eine griechische Hierarchie der neu begründeten Kirche eingesetzt, da die vormals fremden Völker nun nicht mehr als Barbaren, sondern als Vasallen gesehen wurden. Die Mission diente daher unter anderem der Eingliederung der Völker außerhalb der Reichsgrenzen in die byzantinische Kulturwelt. Insofern ist die These nicht ganz zutreffend, dass in der Zeit der byzantinischen Mission *eo ipso* die Landessprache als liturgische Sprache gefördert worden ist. Wo jedoch eine Schriftsprache zur Verfügung stand, konnte das Griechische durchaus durch diese Sprache ersetzt werden. In der missionarischen Übersetzungsarbeit wurden immer wieder eigene Alphabete für verschiedene Sprachen entwickelt, um diese Sprachen zu verschriftlichen und in diesen Sprachen theologische Gehalte möglichst adäquat auszudrücken. Dies ist zum Beispiel beim Altkirchenslawisch in Bulgarien, Russland und Serbien der Fall gewesen. Eine ausgesprochene Ablehnung der Landessprache als Kultsprache wurde demnach nicht praktiziert.[46] Im Blick auf die byzantinischen Missionen räumt Yannoulatos ein, diese Missionen seien in der ersten Periode noch nicht systematisch genug vorgegangen. Eine Übersetzungsarbeit, die insbesondere für die slawischen Stäm-

---

44. Vgl. neben der o.g. Literatur auch den kurzen Abriss von *M. George* (2002): Art. Orthodoxe Mission, in: RGG⁴, Bd. 5, Sp. 1286-1288.
45. *Yannoulatos* (2003): Orthodoxe Mission, 114.
46. *C. Hannick* (1978): Die byzantinischen Missionen, in: K. Schäferdiek (Hg.), Kirchengeschichte als Missionsgeschichte, Bd. II.1, München, 279-359, 355.

2. Orthodoxe Missionstheologie im 20. und 21. Jahrhundert – ein Überblick

me im 9.-11. Jahrhundert betrieben wurde, wäre schon im 4.-6. Jahrhundert insbesondere unter den arabischen Stämmen erforderlich gewesen, kam jedoch in dieser frühen Zeit nicht zustande.[47]

Im Blick auf die *Mission der russisch-orthodoxen Kirche* kann man sechs Perioden unterscheiden. Zunächst als erste Periode die Gründungszeit, also die Zeit nach der Taufe von *Wladimir von Kiew* und Teilen der Bevölkerung im Jahre 988 bis zur Eroberung des Gebietes durch die Mongolen im Jahr 1240. In diesem Zeitraum wirkten viele Klöster als missionarische Zentren. Dem folgte die zweite Periode von 1240 bis etwa 1500. In diesen Jahren gingen missionarische Impulse von Mönchszellen aus, Mönchen also, die vor den Mongolen in die Wälder geflohen waren. Hier liegen auch die Anfänge der Tartarenmission. Die dritte Periode erstreckt sich vom 16.-18. Jahrhundert. Die Mission breitete sich besonders im Gebiet von Kazan und nach Sibirien aus. In der vierten Periode dann, dem 19. Jahrhundert bis zum Beginn der Russischen Revolution im Jahre 1917, kommt es zu einem neuen missionarischen Erwachen, ablesbar erstens an vielen missionarischen Einzelinitiativen, ablesbar zweitens an der Gründung der *Orthodoxen Missionsgesellschaft* im Jahre 1870 sowie drittens an der Arbeit der *Akademie von Kazan*, die sich nun verstärkt missionarischen Studien zuwendet und wichtige Übersetzungsarbeiten leistet, um Bibel und liturgische wie patristische Werke in die Sprachen verschiedener Völker zu übersetzen.[48]

Die Zeit der fünften Periode reicht von 1917 bis Ende der 1980er Jahre und brachte für die russisch-orthodoxe Kirche eine Situation, in der unter »Mission« eigentlich nur der friedvolle Widerstand gegen die Ideologie des Marxismus-Leninismus verstanden werden konnte. Wie intensiv die Verfolgungssituation in dieser Epoche gewesen ist, kann am Klosterwesen abgelesen werden. Gab es in Russland im Jahre 1914 noch 1025 Klöster mit insgesamt etwa 94.500 Mönchen und Nonnen, so existierte im Jahre 1935 nicht ein einziges besetztes Kloster mehr. Mehrere Zehntausend Mönche und Nonnen wurden umgebracht. Die für die missionarische Ausstrahlung so wichtigen Klöster fielen damit für die gesamte Epoche aus. In dieser gesellschaftlichen Situation, in der Mission durch das Herrschaftssystem verboten wurde, konnte Mission lediglich als »Zeugnis« verstanden werden. Erst in der sechsten Periode, der Zeit nach dem Zusammenbruch des Kommunismus im Jahre 1989, änderte sich die Situation. Vom Wiederaufleben der Russisch-Orthodoxen Kirche wird im Folgenden zu reden sein. Ein Indiz für das Erwachen einer neuen Frömmigkeitsbewegung ist wiederum die Zahl der seit 1989 be-

---

47. *Yannoulatos* (2003): Orthodoxe Mission, 118.
48. *Yannoulatos* (2003): Orthodoxe Mission, 115-116.

gründeten Klöster. So betrug im Jahre 2002 die Zahl der Klöster innerhalb Russlands wieder 295 Männer- und 319 Frauenklöster.[49]

2.2 Mission als liturgisches und eucharistisches Geschehen – Ion Bria

Im Folgenden kann es lediglich darum gehen, einige typische Grundlinien orthodoxer Missionstheologie nachzuzeichnen. So fasst *Anastasios Yannoulatos* prägnant zusammen: »Zentrum der orthodoxen Spiritualität und des orthodoxen missionarischen Lebens ist die göttliche Eucharistie, wodurch wir Christus einverleibt werden. Und indem wir an seinem Leben teilhaben, haben wir auch teil an seiner Sendung.«[50] Die Eucharistie steht im Zentrum des liturgischen Lebens, so gründet die Mission in der Liturgie selbst. Das *Einverleibt-werden* in Christus drückt den für die orthodoxe Theologie so wichtigen Gedanken der *Vergöttlichung des Gläubigen* in der Teilhabe an Christus aus.[51] Diese Teilhabe geschieht als Teilhabe am Leben des dreieinigen Gottes selbst. Yannoulatos:

> »Die verwandelnde Herrlichkeit und die Kraft des dreieinigen Gottes müssen in die Zeit, in jeden Augenblick des menschlichen Lebens und in die ganze Schöpfung durch die Sendung der Kirche hineinstrahlen.«[52]

In diesem Text wird deutlich, dass es um ein energetisches Verständnis der Sendung geht. Diese Sicht wird deutlich expliziert im Entwurf eines der großen orthodoxen Missionstheologen des 20. Jahrhunderts, dem rumänisch-orthodoxen Theologen Ion Bria (1929-2002). *Ion Bria* war seit 1973 innerhalb des ÖRK als Exekutivsekretär für Mission und die Beziehungen mit den Orthodoxen Kirchen tätig. Im Jahre 1987 wurde er Direktor der Untereinheit *Erneuerung und gemeindliches Leben*, im Jahre 1994 nach seiner Pensionie-

---

49. A. N. Troitski (2002): Art. Russische Klöster, in: RGG⁴, Bd. 5, Sp. 682-683, 682.
50. *Yannoulatos* (2003): Orthodoxe Mission, 125. Der Vf. fährt fort: »Das ›Bleiben‹ in Christus wird nicht durch eine mystizistische oder gefühlsbetonte Flucht, sondern durch einen fortgesetzten Weg auf seinen Spuren ausgedrückt: ›Wer sagt, dass er in ihm beleibt, muss auch leben, wie er gelebt hat‹ (1 Joh 2,6).«
51. Das Thema der Vergöttlichung hat für die orthodoxe Theologie und Praxis einen zentralen Stellenwert. *Hilarion Alefjev:* »Die Umgestaltung des Menschen als Ereignis der Teilhabe an Gott wird in der Literatur der heiligen Väter unterschiedlich ausgedrückt als ›Annahme zur Gotteskindschaft‹, als ›Verähnlichung mit Gott‹, ›Verwandlung in Gott‹, ›Umgestaltung in Gott‹ und ›Vergöttlichung‹. Die Idee der ›Vergöttlichung‹ (theosis) war der zentrale Punkt im religiösen Leben des Ostens, um den sich alle Fragen der Dogmatik, der Ethik und der Mystik drehten.« *H. Alefjev* (2003): »Die Vergöttlichung«, in: ders., Geheimnis des Glaubens. Einführung in die orthodoxe dogmatische Theologie, Freiburg/Ch, 222-236.
52. *Yannoulatos* (2003): Orthodoxe Mission, 113.

rung dann Direktor der Einheit für *Glaube und Zeugnis*. Er hat für die orthodoxe Missionstheologie des 20. Jahrhunderts wichtige Impulse gegeben und diese in die Arbeit des ÖRK eingebracht, nicht zuletzt durch das von ihm herausgegebene Werk *Martyria – Mission* (1980) und seine eigene Missionstheologie, die er in den Werken *Go Forth in Peace: Orthodox Perspectives on Mission* (1986) und *The Liturgy after the Liturgy* (1996) niederlegte.[53] Bria unterscheidet zunächst zwischen *Mission im Singular*, worunter er die grundlegende apostolische Berufung der Kirche versteht, und der *Pluralität von Missionen*, verstanden als die einzelnen Aktivitäten von Kirchen in bestimmten Gebieten und unter Nichtchristen. Es geht ihm darum, sich auf das Wesen der Mission zu beziehen, wie es in der Zeit der frühen Kirche gelebt wurde. Im Blick auf die Kirchengeschichte unterscheidet Bria indes grundsätzlich die Missionen des Ostens und die Missionen des Westens, also die Missionen der orthodoxen Ostkirchen einerseits und die Missionen der römisch-katholischen Kirche und der reformatorischen Kirchen des Westens andererseits. Trotz aller Unterschiede im einzelnen sieht er die Missionen der Westkirchen bestimmt durch den Faktor der räumlichen Expansion. Es gehe um die sichtbare Ausbreitung der Kirche in neue Gebiete, die Gebiete der Ungläubigen, und um die Errichtung neuer Kirchen in diesen Gebieten.

Dem stellt Bria das orthodoxe Modell gegenüber, in dem es mehr um die geschichtliche Kontinuität gehe: »... in the East, ›mission‹ is identified with tradition and appeals to history, the continuity of the Church in time, the transmission of the faith from age to age«.[54] Gegenüber dem westlich-räumlichen Modell der Expansion wird hier also ein östlich-zeitlichen Modell der Kontinuität postuliert. Diese Kontinuität nun drückt sich in der Doxologie und in der Liturgie aus. Nach Bria wurzelt nämlich der Sendungsbefehl des Auferstandenen (Mt 28) in der Vaterunserbitte »Geheiligt werde Dein Name«. Die Doxologie ist damit die Voraussetzung der Mission.[55] Mission wurzelt im Gotteslob, wobei auch umgekehrt gilt, dass das Gotteslob selbst als Geschehen die Proklamation des Evangeliums ist. Mission ist darum als doxologisches

---

53. *I. Bria* (ed.) (1980): Martyria – Mission, o. a.; ders. (1986): Go forth in Peace, o. a.; ders. (1996): The Liturgy after the Liturgy, o. a. – Bria war Priester der rumänisch-orthodoxen Kirche und seit 1978 Professor für Dogmatik und Missiologie am Theologischen Institut Bukarest. (vgl. www.wfn.org/2002/07/msg00033.html, 28.05.08)
54. *I. Bria* (1980): Introduction, in: ders. (ed.), Martyria, 3-11, 4. Deshalb auch habe die Orthodoxe Kirche weniger die Menschen außerhalb der Kirche beurteilt, als diejenigen verdammt, die die Kirche verlassen haben. Vgl. auch *I. Bria* (1980): The Liturgy after ther Liturgy, in: ders. (ed.), Martyria – Mission, 66-71.
55. *I. Bria* (1980): Introduction, 4: »The command to mission is based on the invocation and adoration of the name of the Lord: ›Hallowed by Thy name‹! Proclamation is identified with doxological *martyria*, with *leitourgia*; hence the insistence on tradition and on the apostolic succession.«

Geschehen zugleich ein liturgisches Geschehen und ein eucharistisches Geschehen. Letztlich wurzelt Mission im Zentrum des christlichen Lebens, im Sakrament der Eucharistie.

Das gottesdienstliche Geschehen ist als liturgisch-doxologisches Geschehen die anbetende *Ausrufung* der Ehre und Herrschaft Gottes. Das gottesdienstliche Geschehen ist zum anderen als liturgisch-eucharistisches Geschehen jedoch zugleich die *Repräsentation* des Evangeliums. Ausrufung und Eucharistie gehören also zusammen.[56] Überhaupt habe es das Glaubenszeugnis in Mission und kirchlichem Leben immer nur zusammen gegeben mit Gebet, Gottesdienst und Eucharistie. Die missionarische Qualität des gottesdienstlichen Geschehens sieht Bria zunächst einmal *in der Abfolge des Gottesdienstes* selbst, denn die Liturgie des Gottesdienstes – gemeint ist die *Göttliche Liturgie des Johannes Chrysostomos*[57] – bestehe in den orthodoxen Kirchen in der ersten Hälfte im Wesentlichen aus der Predigt an die Ungläubigen einerseits und der Vorbereitung der Katechumenen auf die Taufe andererseits. Doch darüber hinaus stärkt das gottesdienstliche Geschehen die Glaubenden durch das gemeinsame Gebet, die Ikonen, den Gemeinschaftssinn und das Bewusstsein, hier mit den Heiligen und Engeln zusammen das Gotteslob zu feiern. So formuliert Bria konsequent: »Structures of mission are built on Liturgy of the Words and the Sacraments.«[58]

Der Gottesdienst als eucharistisches Geschehen führt indes noch über das liturgisch-doxologische Geschehen hinaus, denn die Eucharistie ist die durch den Heiligen Geist bewirkte *Erinnerung* an den gekreuzigten und auferstandenen Herrn, sie ist Gedächtnis, geschichtlicher Rückbezug auf das Christusgeschehen und zugleich *Vergegenwärtigung* des Christusgeschehens selbst. Die Proklamation des Reiches Gottes kann darum nicht an dem Geschehen der Kreuzigung vorbeigehen.[59] Bria: »In the liturgy, the Church is becoming what it is as the Body of Christ. It is the event in which the Church is the Church, a moment of anticipation of the Kingdom.«[60] Indem also die Kirche in der Eucharistie ihr Kirche-Sein vollzieht, vollzieht sie zugleich das, was Bria den *Rhythmus der Mission* nennt, nämlich den Zusammenhang von *Sammlung* und *Sendung*, der sich aus der doppelten Bedeutung der Eucharistie ergibt.

---

56. I. Bria (1980): Introduction, 9: »Preaching the Gospel (Matth. 24:14) and liturgical celebration are integral parts of the same acts of christian witness.«
57. Vgl.: *Die Göttliche Liturgie der Orthodoxen Kirche*. Deutsch-griechisch-kirchenslawisch, hg. u. erläutert von Anastasios Kallis, 6. Auflage 2005, Münster.
58. I. Bria (1980): Introduction, 9.
59. »The church cannot announce the Kingdom without remembering Jesus Christ's sacrifice, since only after He had offered one sacrifice for sins forever, sat down on the right hand of God (Hebrews 10:12). God who saves by the sacrifice of Himself is God who reigns, as ›a high priest over the house of God‹ (Heb. 10:21).« I. Bria (1980): Introduction, 9.
60. I. Bria (1980): Introduction, 9.

Dies wird auch an der Funktion des Diakons in der Göttlichen Liturgie veranschaulicht, der einerseits die Gaben der Menschen *zum Altar* bringt, andererseits die Gaben des Altars, das Sakrament, an die Menschen *austeilt*. In diesem Sinne habe jeder Christ, so Bria, eine diakonische Funktion, einerseits das Gotteslob zum Altar zu bringen, andererseits die aus dem Sakrament erfahrene Kraft in die Welt weiterzugeben.

Die Bedeutung der Eucharistie besteht zum ersten darin, dass die Christen/innen sich versammeln, um Gott im Gotteslob der Liturgie für sein Reich und seine Erlösungstat zu danken. Eucharistie ist also der liturgisch-lobpreisend-erinnernde Dank der Gemeinde. Die Liturgie ist darin Einladung, am Reich Gottes teilzuhaben und es zu »schmecken«.[61] Die so versammelte Gemeinde ist selbst ein Akt des Zeugnisses für die Welt. Die zweite Bedeutung von Eucharistie besteht darin, dass der Glaubende durch die sakramentale Kommunion Stärkung erfährt, um das christliche Zeugnis in die Welt hinaus zu tragen. Das *Sakrament der Eucharistie wird damit zur Quelle des Lebens der Kirche*, die Kirche gründet in der Eucharistie und mit ihr die Mission. Die Eucharistie wird von Bria als »stimulus« der Mission verstanden, als Motivation, das Glaubenszeugnis in alle Lebensbereiche hinaus zu tragen und damit eine »Liturgie nach der Liturgie« zu leben, nämlich ein von der Kraft des Gotteslobes bewegtes Leben der Glaubenden im Alltag. Im Blick auf die Unterscheidung einer westlich-räumlich-expansiven Mission und einer östlich-zeitlich-kontinuierenden Mission fasst Bria zusammen: »Mission was not primarily seen as an opportunity to extend geographically the frontiers of the churches, but rather as a way of continuing Christ's life in the life of humanity.«[62]

2.3 Mission zwischen Kirche und Kosmos

Nach Bria hat das doxologische Geschehen seinen *Ort* im Gottesdienst der Kirche aber seinen *Geltungsbereich* in der Weite der ganzen belebten Welt. Die Kirche besitzt dabei nicht einfach das Reich Gottes (institutionelles Verständnis des Reiches Gottes), sie sucht umgekehrt aber auch nicht nur nach dem Reich Gottes (Reich Gottes als Zielhorizont), sondern sie ist selbst quasi die *Ikone* des Reiches Gottes. Die Kirche hat einen ontologischen Status, der sie transparent werden lässt für das göttliche Heil. Mission und Kirche gehören darum untrennbar zusammen. Kirche kann nicht funktionalisiert wer-

---

61. *I. Bria* (1980): Introduction, 10 mit Verweis auf 1 Petr 2,3.
62. *I. Bria* (1980): Introduction, 10.

den, denn sie hat eine Begründung, die ihr selber nicht zu Gebote steht. Bria formuliert:

> »The primary affirmation of the Orthodox ecclesiology is that since Pentecost a new divino-human reality *ecclesia*, the Body of Christ, stands on the power of the Holy Spirit as an ›ikon‹ of the Kingdom in history. According to this ontological view of the Church, it is impossible to separate the *nature* and *history* of the Church, or to speak about the Christian life outside the visible communion of the Body of Christ.«[63]

Damit ist die Kirche Ziel der Mission, denn es geht darum, im Leib Christi alle Dinge *zu versammeln*, wie Bria mit Rekurs auf Eph 1,10 feststellt.[64] Es geht um Kirche in einer sichtbaren und konkreten Form, so wie sich auch das liturgisch-eucharistische Geschehen in sichtbaren Formen vollzieht.

So sehr sich auch die Kirche immer wieder als Institution in ihrer Geschichte diskreditiert haben mag, so sehr gilt, dass sie als Gemeinschaft der Sünder ihre wahre Identität erst im Gotteslob findet, als ein Zeichen des Reiches Gottes. Das Geschehen soll und wird dabei, so Bria, ausstrahlen auf die ganze belebte Welt:

> »The whole universe (oikoumene) is redeemed by the life-giving sacrifice of the Son of God incarnate, through whom all things came into existence (John 1:10). Therefore, the Good News is not proclaimed as a ›surprise‹ but as a fulfilment of the expectation of humanity to be delivered from servitude of corruption. [...] The whole of creation is in the process of becoming ecclesia, the Church, the Body of Christ.«[65]

Die Mission der Kirche bedeutet demnach die Vereinigung des Kosmos in der Kirche. Es ist an dieser Stelle notwendig, sich Grundzüge des orthodoxen Kirchenbegriffes zu verdeutlichen. Trotz aller Verschiedenheit der unterschiedlichen dogmatischen Entwürfe orthodoxer Theologen mag eine kurze Passage aus dem Werk »Orthodoxe Dogmatik« des rumänisch-orthodoxen Theologen *Dumitru Staniloae* einen Eindruck vermitteln. Staniloae spricht von der »theandrischen Beschaffenheit der Kirche« und beschreibt diese wie folgt:

> »Die Kirche ist Vereinigung alles Seienden, dazu bestimmt, alles was da ist, Gott und die Schöpfung, in sich zusammenzuschließen. Sie ist die Erfüllung des ewigen Planes Gottes: die Alleinheit. In ihr ist Ewiges da und Zeitliches – letzteres dazu bestimmt, vom Ewigen völlig umschlungen und erfasst zu werden. Ungeschaffenes und Geschaffenes ist da – letzteres dazu bestimmt, ebenfalls vom Un-

---

63. *I. Bria* (1980): Introduction, 10.
64. Der Text Eph 1,10 ist Teil eines umfassenderen Christushymnus: »Er [Gott, HW] hat beschlossen, die Fülle der Zeiten heraufzuführen, in Christus alles zu vereinen, alles, was im Himmel und auf Erden ist.« (Einheitsübers.)
65. *I. Bria* (1980): Introduction, 7.

2. Orthodoxe Missionstheologie im 20. und 21. Jahrhundert – ein Überblick

geschaffenen verzehrt und vergöttlicht zu werden; geistliche Wirklichkeit aller Art ist in ihr vorhanden und Materielles – das letztere zur Durchgeistigung bestimmt. Der Himmel ist da und die Erde, die vom Himmel durchdrungen ist; das Unräumliche und das Räumliche. Das Ich und das Du, das Ich und das Wir, das Wir und das Ihr, vereint im göttlichen Du, in unmittelbarer dialogischer Beziehung mit ihm. Die Kirche ist ein gemeinschaftliches Ich, zusammengefasst in Christus als einem Du, gleichzeitig ist aber ihr Ich Christus selbst. Die Kirche ist das Ich der Gebete aller bewussten Wesen: der irdischen, der Engel und der Heiligen; das Gebet spielt daher eine große vereinende Rolle.«[66]

Ganz ähnlich formuliert in Bezug auf das Verhältnis von Kirche und Mission auch *K. Papapetrou:*

»Die Aufnahme der Welt durch Gott ist gleichzeitig die Aufnahme Gottes durch die Welt. Kirche ist die verklärte Natur, die ständige Überwindung der Weltlichkeit, insofern in der Kirche das Menschliche das Göttliche empfängt. *Kirche ist keine bloße Zwischenstation für die Welt, die zu Gott geht, sondern die Göttlichkeit des Weltlichen.* Die Aufgabe der Kirche besteht also darin, dass die Kirche die Welt, die noch nicht Kirche ist, zur Kirche macht. In der Kirche wird das Ganz Andere für den Menschen zugleich ein eigener; denn in der Kirche geschieht die Vergottung des Menschen. Aufgabe der Kirche ist die Verkirchlichung, d.h. die Vergöttlichung der Welt. So kann man von einer ›Kirche-Werdung‹ der Welt, von einer Entweltlichung der Welt in der Kirche sprechen, insofern als die Welt, die zur Kirche wird, den dämonischen Charakter ihrer Weltlichkeit abwirft und zugleich göttlichen Charakter annimmt. *Die ›Kirche-Werdung‹ der Welt ist die Mission der Kirche in der Welt.*«[67]

Auch nach Ion Bria gilt: Die ganze Schöpfung soll in den Leib Christi hinein versammelt werden (»it is the *cosmos* becoming *ecclesia*«[68]), weshalb Bria, im missionstheologischen Kontext der späten 1970er und frühen 1980er Jahre darauf hinweist, wenn es auch außerhalb der Kirche kein Heil gebe, so doch eine Heilserwartung, über die man den Dialog mit außerkirchlichen Bewegungen suchen könne.

---

66. *D. Staniloae* (1990): Orthodoxe Dogmatik II, Gütersloh, 162.
67. *K. Papapetrou* (1966): Kirche und Mission. Zum Missionsverständnis der orthodox-katholischen Kirche, in: Kyrios, 105-116, 107-108. Das Wesen der Kirche ist nach Papapetrou die *communio Dei* im Gottesdienst, und es gilt, dass man in »bezug auf das Wesen [...] nicht zwischen Doxologie und Evangelisation unterschieden« kann. »Alles, was die Kirche als solche in dieser Welt tut, ist Gottesdienst und Mission zugleich.« Dabei aber sei schwerlich zwischen innerer und äußerer Mission zu unterscheiden, da allzu oft die Grenzen zwischen Kirche und Welt verborgen bleiben. (ebd. 106-107)
68. *I. Bria* (1986): Go forth in Peace, 18. Zur Theosis vgl. ebd., 9.

2.4 Das Sakrament der Eucharistie und die Liturgie im Alltag

Die orthodoxe Begründung der Mission im Gotteslob und in der Eucharistie muss nach Bria davor geschützt werden, als Selbstbezogenheit des kirchlich-orthodoxen Lebens missverstanden zu werden. Vielmehr sei im Sakrament der Eucharistie selbst das Vorbild der christlichen Mission gegeben. Da es im Sakrament der Eucharistie um die *Erinnerung des Opfers* gehe, das Jesus Christus zur Erlösung des Kosmos erbracht hat, muss auch die Liturgie des Alltags bestimmt sein durch einen aufopferungsvollen Dienst für die Armen, Entrechteten und Ausgegrenzten. Da es im Sakrament der Eucharistie um die *Befreiung von den Mächten des Bösen* gehe, müsse sich die Macht dieser Befreiung auch in der Liturgie des Alltags, im Einsatz gegen dämonische Strukturen der Ungerechtigkeit, der Ausbeutung oder der Einsamkeit fortsetzen.[69] Da es schließlich im Sakrament der Eucharistie um die *Einladung zum Festmahl im Hause des himmlischen Vaters* gehe, müsse diese Einladung auch an alle Nichtchristen und Fremden weitergegeben werden.[70] *Damit ist die Eucharistie nicht nur Quellgrund des Lebens und der Mission der Kirche, nicht nur Stimulus zur Mission und Kraftquelle der missionarischen Sendung, nicht nur der Rhythmus der Mission in Sammlung und Sendung, sondern auch das Vorbild der Mission.*

Als Kraft der Mission wirkt das Sakrament der Eucharistie im Sinne einer immer wieder zu vollziehenden Erneuerung des Christen durch die Anteilhabe am Sakrament. Eine erste Aufgabe der missionarischen Erneuerung besteht demnach auch darin, bisherige Namenschristen dazu anzuregen, intensiver am eucharistischen Leben der Kirche teilzunehmen. Die Liturgie im Alltag erfordert neben der geistlichen Kraft jedoch auch Kreativität, um neue öffentliche Räume zu finden und Menschen das christliche Zeugnis auszurichten. Für die Kirche bedeutet es zudem die Suche nach neuen kirchlichen Strukturen, um den Herausforderungen begegnen zu können. Bria dehnt die Frage der Auswirkung einer Liturgie nach der Liturgie auf gesellschaftliche, politische, ethische und ökologische Fragen aus, wenn er fragt:

> »How is the liturgical vision which is related to the Kingdom, as power of the age to come, as the beginning of the future life which is infused in the present life (John 3:5, 6:33), becoming a social reality? What does sanctification or *theosis* mean in terms of ecology and human rights?«[71]

---

69. I. Bria (1980): The *liturgy* after ther Liturgy, in: ders. (ed.), Martyria, 66-71, 67, mit A. Yannoulatos.
70. I. Bria (1980): The *liturgy* after ther Liturgy, in: ders. (ed.), Martyria – Mission, 68. »The mission of the Church rests upon the radiating and transforming power of the Liturgy.« (ebd.)
71. I. Bria (1980): The *liturgy* after ther Liturgy, 70.

2. Orthodoxe Missionstheologie im 20. und 21. Jahrhundert – ein Überblick

Die Auswirkungen der in der Eucharistie begründeten Mission als Liturgie nach der Liturgie werden von Ion Bria bis auf den *Heiligen Chrysostomos* selbst zurückgeführt, so dass man Bria's Theologie der Mission auch als Interpretation dieses Kirchenvaters lesen kann.[72]

An verschiedenen Stellen unterbreitet Ion Bria Reformvorschläge, um den *missionarischen Charakter des Gottesdienstes* zu stärken. So solle im Gottesdienst der Predigt mehr Beachtung geschenkt werden, die Laien müssten durch Ausbildung dazu befähigt werden, zu verstehen, was sich im Ablauf der Liturgie ereignet, es wird mehr Beteiligung von Laien und Frauen im Gottesdienst gefordert, etwa durch Beteiligung am Gesang, die liturgische Sprache muss zugänglicher gestaltet werden, Ikonen in ihrer Bedeutung als Instrument der Bildung genutzt werden, es sollen besondere Formen geistlichen Lebens für den Alltag erprobt und neue Gottesdienstformen entwickelt und eingeführt werden.[73] In Bezug auf die *Frauen* in der Laienmitarbeit fordert Bria die Einrichtung von Trainingsprogramme für dieselben, die Stärkung er Rolle von den Frauen der Priester oder die Einrichtung von hauptberuflichen Stellen für Frauen im diakonischen Dienst.[74]

2.5 Die missionarische Arbeit einiger orthodoxer Kirchen

Betrachten wir nach dieser missionstheologischen Grundlegung nun auch die praktischen Anstrengungen orthodoxer Kirchen, zunächst die Missionen der griechisch-orthodoxen Kirche in der Gegenwart. Die Kirchen- und Missionsgeschichte der einzelnen orthodoxen Kirchen ist sehr unterschiedlich verlaufen. Etlichen orthodoxen Kirchen ist es jedoch gemeinsam, dass sie durch lange Zeiten gegangen sind, in denen Mission zu betreiben nicht möglich war, so etwa im Fall der Koptisch-Orthodoxen Kirche Ägyptens, der Syrisch-Orthodoxen Kirche und mancher anderer Kirchen unter muslimischer Herrschaft. Für den Fall der griechisch-orthodoxen Kirchen gilt dies für die Zeit seit Eroberung von Konstantinopel durch das Osmanische Reich im Jahre

---

72. *I. Bria* (1980): The *liturgy* after ther Liturgy, 71: »It is very interesting to mention in this respect that St John Chrysostom, who shaped the order of the eucharistic Liturgy ordinarily celebrated by Orthodox, strongly underlined ›the sacrament of the brother‹, namely the spiritual sacrifice, the philanthopy and service which Christians have to offer outside the worship, in public places, on the altar of their neighbour's heart. For him there is a basic coincidence between faith, worship, life and service, therefore the offering on ›the second altar‹ is complementary to the worship at the Holy Table.«
73. *I. Bria* (1986): Go forth in Peace, 20-21.
74. *I. Bria* (1986): Go forth in Peace, 14.

1453 bis zur Befreiung Griechenlands im Jahre 1821.[75] Doch auch im folgenden Jahrhundert war eine Mission der griechisch-orthodoxen Kirche kaum existent. Erst in den 1960er Jahren bekam die Mission der griechisch-orthodoxen Kirchen Auftrieb unter anderem durch die Begründung der orthodoxen Missionsgesellschaft *Porefthentes* im Jahre 1959 (mit dem Hauptquartier in Athen), die aus der Weltorganisation der orthodoxen Jugend *(Syndesmos)* hervorging.[76] Zudem wurde im Jahre 1968 in der griechisch-orthodoxen Kirche ein Büro für äußere Missionen eingerichtet. Zwei Jahre später wurde an der Theologischen Fakultät der Universität Athen das Fach Missionswissenschaft als theologisches Fach anerkannt, woraufhin im Jahre 1978 ein entsprechender Lehrstuhl eingerichtet wurde.[77] Wichtige missionstheologische und missionspraktische Impulse kamen auch aus der weltweiten orthodoxen Diaspora, etwa aus der griechisch-orthodoxen Gemeinde in den USA, die derzeit etwa 2 Millionen Personen griechischer Abstammung umfasst.[78] Hier ist das *St. Vladimir Seminary* zu nennen, welches orthodoxe Priester für Alaska und Japan ausbildet sowie das Missionsbüro des griechischen Erzbischofs von Amerika, welches für die Unterstützung orthodoxer Kirchen in Korea und Afrika verantwortlich ist.[79] Für den missionarischen Aufbruch innerhalb der griechisch-orthodoxen Kirchen verweist *Anastasios Yannoulatos* erstens auf die Jugendbewegung *Syndesmos* und zweitens auf die Entdeckung orthodoxer Kirchen in Afrika, die aus indigenen Wurzeln entstanden waren, also ohne das Zutun orthodoxer Missionare aus dem europäischen Bereich.[80]

Kommen wir zur *missionarischen Praxis der Russisch-Orthodoxen Kirche*. Unter der Sowjetherrschaft war es der russisch-orthodoxen Kirche weder erlaubt noch möglich, Mission zu betreiben. Erst nach Zerfall der Sowjetunion kam es daher zu neuen Initiativen. Diese manifestierten sich insbesondere in einer von der heiligen Synode der russisch-orthodoxen Kirche des Moskauer

---

75. *E. Voulgarakis* (1980): The Church of Greece, in: I. Bria (ed.), Martyria – Mission, 115-121, 115.
76. Zu neueren Entwicklungen vgl. *Bevans / Schroeder* (2004): Constants, 264-265. Im Jahre 1961 wurde in Athen das *International Orthodox Missionary Centre* gegründet. *H. Rzepkowski* (1992): Art. Orthodoxe Mission, in: ders., Lexikon der Mission, 334-336, 334. *Voulgarakis* stellt fest: »Porefthendes is the main lever for the renewal of mission in Greece.« *E. Voulgarakis* (1980): The Church of Greece, in: I. Bria (ed.), Martyria – Mission, 117.
77. Vgl. *E. Voulgarkis* (1987): ›Orthodoxe Mission‹, in: Müller / Sundermeier (Hg.), Lexikon, o. a., 355-360, 356.
78. Zur Statistik: *P. Johnstone* (2003): Gebet für die Welt, Holzgerlingen, 365. Vgl. im Internet: Greek Orthodox Archdiocese of America – www.gorach.org
79. *A. Yannoulatos* (1980): Discovering the Orthodox Missionary Ethos, in: I. Bria (ed.), Martyria, 20-30, 26.
80. *A. Yannoulatos* (1980): Discovering, 25.

2. Orthodoxe Missionstheologie im 20. und 21. Jahrhundert – ein Überblick

Patriarchats im Jahre 1995 verabschiedeten Konzeption zur Mission. Der volle Titel dieses Dokumentes lautet: *Konzeption der Wiedergeburt der Missionstätigkeit der russisch-orthodoxen Kirche.*[81] Maßgeblich beeinflusst wurde dieses von einer Arbeitsgruppe erstellte Dokument durch den Leiter der Gruppe, den Erzbischof von Belgorod, *Staryj Oskol Ionn* (Popov), der neben dem Erzpriester *Vladimir Fedorov* derzeit wohl der bedeutendste Missionstheologe der Russisch-Orthodoxen Kirche ist. Ebenfalls im Jahr 1995 wurde die Missionsabteilung des Moskauer Patriarchats eingerichtet, die für die Koordinierung und Aufsicht der Mission zuständig ist. In der besagten Konzeption wird die Mission im Wirken des dreieinigen Gottes begründet[82], wobei mit 1 Kor 15,28 das Ziel der Mission in der Vollendung der Welt gesehen wird, auf dass am Ende Gott »alles in allem« sei.

Bedeutend ist in diesem Dokument zunächst das Verständnis der russisch-orthodoxen Kirche in Bezug auf das Gebiet, in dem sie historisch verankert ist. Unter dem Begriff der »kanonischen Territorien« wird nämlich für die russisch-orthodoxe Kirche und ihre Mission quasi ein Alleinvertretungsanspruch erhoben. Dazu heißt es erläuternd auf der Internetseite des Moskauer Patriarchats:

> »Die Jurisdiktion der russisch-orthodoxen Kirche erstreckt sich auf die Personen, die der orthodoxen Konfession angehören und auf dem kanonischen Gebiet der russisch-orthodoxen Kirche wohnhaft sind: In Russland, Ukraine, Weißrussland, Moldawien, Aserbaidschan, Kasachstan, Lettland, Litauen, Tadschikistan, Turkmenien, Usbekistan, Estland, und auf die freiwillig dazugehörenden Orthodoxen, die in anderen Ländern wohnhaft sind«.[83]

Die Frage der kanonischen Territorien hängt direkt mit dem Vorwurf an etliche andere Kirchen und Missionen zusammen, sie würden in Russland Proselytismus betreiben, das heißt das aktive Abwerben orthodoxer Christen zu ihren jeweiligen Denominationen. Da jedoch von der russisch-orthodoxen Kirche alle Russen als »orthodox« betrachtet werden, ohne Rücksicht darauf, ob diese sich selbst so verstehen, wird Mission anderer Kirchen und Missionen durch den Verweis auf die »kanonischen Territorien« faktisch ausgeschlossen.[84]

Die Lage spitzte sich zu, als die römisch-katholische Kirche eigene Diözesen in Russland einrichtete. In einer Stellungnahme der Russisch Orthodoxen Kirche

---

81. *M. Buck* (2007): Die russisch-orthodoxe Mission heute, in: Vision Mission (26), 15-27, 16.
82. Mit Verweis auch auf Mk 16,15 und Mt 28,18-20.
83. Zit. nach *M. Buck* (2007): Die russisch-orthodoxe Mission heute, 16.
84. Zit. nach *V. Ionita* (2004): Ökumene und Mission aus orthodoxer Sicht, in: L. Kabaek u. a. (Hg.), Gemeinschaft der Kirchen und gesellschaftliche Verantwortung, Münster, 51-62, 58.

vom 25. Juli 2002 wird darauf Bezug genommen und der Begriff der kanonischen Territorien mit Verweis auf die Praxis der Alten Kirche wie folgt umschrieben: »Der Begriff des ›kanonischen Territoriums‹ ist keine Erfindung der Russischen Kirche entwickelt für ideologische Zwecke. Dieser Begriff kommt von der kanonischen (kirchenrechtlichen) Tradition der früheren ungeteilten Kirche [d. h. vor der Kirchenspaltung zwischen römisch-katholischer Kirche und Ostkirche im Jahre 1054, H. W.]. Das ist eine alte Regel sowohl in den Kirchen des Ostens als auch in den Kirchen des Westens, und zwar: eine Stadt, ein Bischof. Das bedeutet, dass ein Territorium, anvertraut der Fürsorge eines Bischofs, nicht von einem anderen rechtmäßigen Bischof beansprucht werden kann. Dieses Prinzip wird sowohl von den Orthodoxen als auch von der Katholischen Kirche bis heutzutage beachtet. Eine Ausnahme davon macht die konfessionelle Diaspora; das heißt die Orthodoxen, die in einem Territorium leben, wo die katholischen Bischöfe ihre historische Jurisdiktion ausgeübt haben, und umgekehrt. Die Seelsorge für so eine Diaspora durch eigene Bischöfe und Kleriker wurde von den lokalen Bischöfen nie in Frage gestellt. Ein wichtiges Beispiel hierzu ist in Russland der Status der Katholischen Kirche vor der Oktoberrevolution in 1917, und in Westeuropa der Status der verschiedenen Jurisdiktion der lokalen orthodoxen Kirchen einschließlich der Jurisdiktion der Russischen Orthodoxen Kirche ... Indem das II. Konzil vom Vatikan die Orthodoxe Kirche als Schwesterkirche beschrieben hatte, hat [sie, H. W.] de facto anerkannt, dass diese Kirche über ein bestimmtes Territorium verfügt, wo sie ihren heilbringenden Dienst leistet; das heißt, sie hat das, was wir heute kanonisches Territorium nennen [anerkannt, H. W.].« Hier wird also das Parochialprinzip (Aufteilung eines bestimmten Gebietes in fest umrissene kirchliche Bezirke) zwischen den als Schwesterkirchen verstandenen Beteiligten, der Römisch-katholischen Kirche einerseits und der Russisch Orthodoxen Kirche andererseits eingefordert, wonach die Römisch-katholische Kirche kein Recht hätte, in Russland Diözesen einzurichten. Dass dieses Prinzip für die Masse der protestantischen Denominationen und ihrer Missionen keine Bedeutung hat und damit auch als theologisches Kriterium nicht in Anspruch genommen werden kann, da diese Denominationen nicht in derartigen geographisch-ekklesialen Kategorien denken, sei nur am Rande bemerkt.

In der Konzeption werden vier Formen der Mission aufgeführt, nämlich die *Informationsmission*, die sich insbesondere durch gedruckte Medien, Fernsehen, Radiosendungen und Internet ereignet, sodann zweitens die *apologetische Mission*, in der es um die intellektuelle Verteidigung des orthodoxen Glaubenszeugnisses gegenüber nicht-orthodoxen christlichen Konfessionen geht, die durch verschiedene Missionsorganisationen im Gebiet der ehemaligen Sowjetunion tätig sind, zum anderen Apologetik gegenüber nicht-christlichen Religionen und Weltanschauungen. In der *Erziehungsmission* geht es drittens um die häufig nur als Namenschristen der Orthodoxie angehörenden Menschen, die oft zwar getauft sind, am kirchlichen Leben jedoch nicht oder nur äußerst selten teilnehmen. Viertens geht es um die *äußere Mission*, worunter im Dokument nicht-christliche Völker und Kulturen innerhalb der kanonischen Territorien wie außerhalb derselben gefasst werden.[85]

Innere und äußere Mission bezieht sich dabei als Begriffspaar nicht auf einen geographischen Raum, sondern im Blick auf die Kirche auf solche Menschen, die entweder nominell in der Kirche sind oder aber nicht zu ihr gehören. In dem Dokument wird neben der Errichtung von Kirchen und dem Beginn neuen liturgisch-gottesdienstlichen Lebens auch auf den Aspekt des Gemeindelebens hingewiesen. Menschen müssen als Gläubige einander kennen lernen können, was in neu zu begründenden Gemeinden und Missionsgemeinden geschehen kann. Für die Ebene der Bistümer sind in der Konzeption Missionsschulen vorgesehen, die zu gründen sowie Missionslehrgänge, die einzurichten sind. Ein Missionsfonds schließlich soll bei der Finanzierung all dieser Aufgaben helfen. Schon 1994 wurde das orthodoxe Institut für Missiologie, Ökumene und Neue Religiöse Bewegungen eingerichtet, das die Missionstätigkeit der russisch-orthodoxen Kirche wissenschaftlich unterstützten soll.[86]

Nach zehn Jahren wurde von der heiligen Synode im Jahre 2005 ein weiteres Dokument zur Mission verabschiedet, dass nun, an Umfang das Fünffache umfassend, sehr viel konkreter die Herausforderungen und die Lösungsvorschläge umreißt. Das Prinzip der Inkulturation der missionarischen Arbeit bleibt bestehen, als Ziel wird nun jedoch eindeutig die Kirchenpflanzung herausgestellt. Die Bedeutung der Laien für die Mission wird hervorgehoben, neue Missionsmethoden, die zum Teil schon erprobt wurden, sollen ausgeweitet werden, so etwa mobile Kirchen auf Schiffen, in Bahnwaggons, die durch Land fahren und vor Ort Gemeinden stärken oder neu gründen, umgebaute Autos oder Lastwagen, den Vertrieb orthodoxer Bücher und Schriften, die Errichtung von Missionsstationen, die Intensivierung der Jugendarbeit und die Persönlichkeitsbildung von Missionaren.[87] Ein deutlicher Schwerpunkt des Engagements liegt bei der Jugendarbeit, doch auch das Thema der Inkulturation gewinnt an Gewicht.[88] Sollen schon die »Missions-

---

85. Buck (2007): Die russisch-orthodoxe Mission heute, 17.
86. Buck (2007), 21: Das Institut gliedert sich in 12 Abteilungen: »Diakonische, Verlags-, Informations-Analytische, Interdisziplinäre, Missiologische, Jugendarbeit, Neue Religiöse Bewegungen, Orthodoxes Zeugnis, Religionspädagogik, Religionssoziologie, Massenmedien und Ökumene.« (ebd.)
87. Buck (2007), 17-18.
88. Die Russisch-Orthodoxe Kirche steht dabei vor der Aufgabe, eine gewisse Multikulturalität in sich selbst zuzulassen. In der Wolgarepublik Marij-El etwa gehören von deren 730.000 Einwohnern insgesamt 350.000 Personen dem Volk der Mari an. Weitere 300.000 Mari leben verstreut in anderen Republiken. Im Zuge des Nationalismus gibt es seit den 1990er Jahren Kräfte, die gegen das als Besatzer wahrgenommene Russentum die Wiederbelebung der traditionalen Religion der Mari propagieren. Die russisch-orthodoxe Kirche

gottesdienste« in Zügen, Schiffen usw. im modernen Russisch statt im Kirchenslawisch stattfinden, so mag die Inkulturation der orthodoxen Liturgie in die *örtlichen Sprachen* ein nächster Schritt sein, dessen Vollzug indessen in vielen Gebieten noch auf sich warten lässt.

2.6 Grundlinien orthodoxer Missiontheologie – ein Ausblick

Natürlich konnten in den Ausführungen nur grobe Linien eines orthodoxen Missionsverständnisses angedeutet werden. Jede der vielen orthodoxen Kirchen weist ein eigenes Profil auf und setzt sich zu ihren spezifischen Kontexten in Beziehung. Dennoch ist es meines Erachtens möglich, anhand des Entwurfes von *Ion Bria* einige Grundlinien orthodoxer Missiologie nachzuziehen. Das liturgische Geschehen der Eucharistie wird hier zum Paradigma der Mission, weniger biblische Referenzen wie Mt 28 oder Lk 4. Man kann das orthodoxe Modell als Mission der Vergöttlichung bezeichnen: Es geht um die Hineinnahme des Kosmos in das Mysterium des göttlichen Heils. Das Paradigma findet sich schon im »Gründungsmythos« der russisch-orthodoxen Kirche, demzufolge Fürst Vladimir von Kiew im Jahre 988 n. Chr. den orthodoxen Glauben annahm, nachdem er die religiöse Praxis des Islam, des Judentums sowie der christlichen Westkirche einerseits und der Ostkirche andererseits verglichen habe. In der altrussischen Nestorchronik wird berichtet, *Wladimir von Kiew* habe Boten in verschiedene Länder gesandt, um deren Religionen kennen zu lernen und dann zu entscheiden, welcher Religion er sich anschließen wolle. Von Muslimen, Juden und lateinischen Christen enttäuscht, fanden die Boten in byzantinischen Gottesdiensten – in der *Hagia Sophia* in Byzanz – die sie überzeugende Schönheit. Die Boten berichten: »Sie [die Byzantiner, HW] führten uns dorthin, wo sie ihrem Gott dienen, und wir wissen nicht, ob wir uns im Himmel oder auf der Erde befanden. Denn einen solchen Anblick und solche Schönheit gibt es nicht auf Erden. Und wir können nur das eine sagen: Dort weilt Gott bei den Menschen, und ihr Gottesdienst ist besser als der in allen anderen Ländern. Wir können diese Herrlichkeit nicht vergessen««.[89] Vladimir entschied sich damit für den orthodoxen

---

reagierte 1993 dergestalt, dass sie eine nationale Diozöse für die Republik Marij-El einrichtete, die vorher dem Bistum Kazan unterstanden hatte. Man erwägt, die Liturgiesprache vom Kirchenslawischen (das mit den Russen assoziiert als Fremdes wahrgenommen wird) auf die Sprache der Mari umzustellen. Zudem gibt es unter den 44 Priestern dieser Republik nur vier der Mari, alle anderen sind Russen. Ähnliche Herausforderungen ergeben sich im Blick auf die Wolgarepublik Tschuwaschien. Vgl. *Buck* (2007), 20.

89. Nestorchronik, zit. nach *H.-D. Döpmann* (1990): Die Ostkirchen vom Bildersturm bis zur Kirchenspaltung von 1054, Leipzig, 117. Die Frage, welche Rolle die ästhetischen Eindrü-

Gottesdienst mit seinen Ikonen und seiner rituellen Gestaltung. Diese Linie hält sich bis heute durch. Bei aller gebotenen Vorsicht kann man sagen, dass orthodoxe Missionen den Akzent weit weniger stark auf Bildungsarbeit und sozialen Dienst legen, als dies bei der Römisch-katholischen Kirche oder protestantischen Kirchen landläufig der Fall ist.[90]

Zudem überwiegt bei den Orthodoxen die priesterliche Dimension von Kirche, wohingegen die prophetisch-gesellschaftskritische Funktion deutlich zurücktritt.[91] Dem Verfasser sind zum Beispiel keine international namhaften orthodoxen Befreiungstheologen/innen bekannt. Eher kann man sagen, dass orthodoxe Missionen nach wie vor ihr Zentrum in der Feier des Gottesdienstes haben, obwohl es natürlich auch Öffnungen auf die Alltagswelt hin gibt. Zudem sind die einzelnen Kirchen sehr unterschiedlich. Die Koptisch-orthodoxe Kirche Ägyptens etwa hat wesentliche Erneuerungsimpulse durch die Sonntagsschularbeit empfangen, Impulse, die allerdings durch die Arbeit amerikanischer protestantischer Missionen des späten 19. Jahrhunderts in Ägypten vermittelt worden waren.[92] Anhand des Beispiels Ägyptens mag ein anderer charakteristischer Zug orthodoxer Missionen wenigstens angedeutet werden: Mit der Revitalisierung dieser Kirche ging der *Rückbezug auf Heiligenlegenden der ägyptischen Geschichte* einher. Deren Vergegenwärtigung wiederum beinhaltet eine eigene Art von Zeugnistheologie in Gestalt von Martyriumslegenden: Demnach sind Menschen durch den Bekennermut der Märtyrer für den christlichen Glauben gewonnen worden, ohne dass eine missionarische Verkündigung stattgefunden habe.[93] Es ist leicht erkennbar, dass diese Art einer *martyrologischen Zeugnistheologie* in die spezifische Situation von koptischen Christen/innen in einem mehrheitlich muslimischen Umfeld passt, da hier das ausdrückliche öffentliche Werben für den christlichen Glauben ohnehin verboten ist. Es wird damit durch die legendarischen Traditionen eine spezifische *Missionstheologie als präsenzhafte Zeugnistheologie* mitgeliefert, die die bloße Existenz von Kirche in diesem Umfeld als Aus-

---

cke gegenüber den realpolitischen Motiven Wladimirs tatsächlich gespielt haben (etwa Bündnis mit den Byzantinern), mag hier offen bleiben.
90. Diese Dienste liegen oft bei von Laien getragenen Bruder- und Schwesternschaften.
91. Dies zeigt sich etwa im Blick auf Menschenrechtsdiskurse zum Beispiel der Russisch-orthodoxen Kirche. Vgl. *J. Willems* (2008): Die Russische Orthodoxe Kirche und die Menschenrechte, in: Religionsfreiheit. Jahrbuch Menschenrechte 2008, Wien u. a., 152-165; *ders.* (2009): Pluralität statt Pluralismus. Der Blick der Kirchenleitung der Russischen Orthodoxen Kirche auf andere Religionsgemeinschaften, in: ZMR (93), 37-47; *ders.* (2010): Wie liberal ist die Russische Orthodoxe Kirche? In: G2W. Ökumenisches Forum für Glaube, Religion und Gesellschaft in Ost und West, Zürich 1/2010, 15-19.
92. Vgl. *W. Reiss* (1998): Erneuerung in der Koptisch-orthodoxen Kirchen, Münster.
93. Vgl. *S. S. Hasan* (2003): Christians versus Muslims in Modern Egypt. The Century-long Struggle for Coptic Equality, Oxford / New York, bes. 57 ff.

strahlung zu verstehen lehrt und auf Glaubenstreue, Standhaftigkeit und Lebenszeugnis abhebt. – Innerhalb orthodoxer Kirchen ist es in den letzten Jahrzehnten zu vielfältigen Aufbrüchen gekommen. Es bleibt abzuwarten, welche neuen Formen missionarischer Arbeit sich innerhalb der orthodoxen Kirchen entwickeln werden, etwa in der orthodoxen Diaspora in den USA, wie etwa an der Arbeit des *Orthodox Christian Mission Center* abzulesen.[94]

Im Blick auf die Russisch-orthodoxe Kirche seien an dieser Stelle jedoch auch kritische Rückfragen gestellt, wie sie von anderen Kirchen vielfach geäußert wurden, etwa: Wird mit dem Verweis auf *kanonische Territorien* nicht ein anachronistischer Machtanspruch erhoben, der einen imperialen Zug verrät? Wie steht es mit dem Gedanken *ökumenischer Kooperation*? Wie genau ist das Geschehen der Vergöttlichung zu denken, wenn doch auch Kirche nach wie vor Teil der gefallen Schöpfung und damit fehlbar ist? Was bedeutet die *Vergöttlichung im Blick auf ökologische Fragen* wie Umweltverschmutzung, Abholzen von Wäldern, der Frage nach sauberem Wasser, der prophetischen Kritik an internationalen Firmen, die um Profitmaximierung willen die Umwelt vergiften und damit auch den frühzeitigen Tod von Menschen billigend in Kauf nehmen? Wie lässt sich *prophetische Kritik* gegenüber solcher strukturellen Sünde, aber auch gegenüber der Kirche selbst oder gegenüber korrupten Staatsführungen von *diesem spezifischen Verständnis von Doxologie* her entwickeln? Haben nicht orthodoxe Kirchen eine lange Tradition, ein sehr enges *Verhältnis zu den jeweiligen politischen Eliten* zu pflegen? Müssten nicht in der missionstheologischen Begründung neben dem Rekurs auf die eucharistische Praxis als Modell auch biblische Texte mehr Beachtung finden? Wie steht es mit dem Thema des *interkulturellen und interreligiösen Dialogs*, wenn missionstheologisch fast ausschließlich davon ausgegangen wird, den Kosmos – und mit ihm Menschen anderer Kulturen und Religionen – ins göttliche Mysterium mit *hineinzunehmen*? Wo bleibt hier der *Aspekt des Widerständigen, des Anderen und Fremden* und allgemein gesprochen die eigene Stimme der ›Welt‹? Diese und andere Rückfragen werden an späterer Stelle erneut aufzugreifen sein. Wenden wir uns jedoch zunächst mit dem nordamerikanischen Protestantismus einer anderen bedeutenden Christentumsformation zu.

---

94. Vgl. *The Orthodox Christian Mission Center* – http://www.ocmc.org *oder Greek Orthodox Archdiocese of America* – http://www.gorach.org.

3. Nordamerikanischer Protestantismus – God's chosen nation?

Wer sich aus europäischer Perspektive mit dem Thema Mission und Missionsverständnis in den USA auseinandersetzt, muss sich der Tragweite der Tatsache bewusst werden, dass es in den seit dem 17. Jahrhundert errichteten Kolonien keine staatskirchlichen Traditionen gegeben hat und bis heute nicht gibt. Das Phänomen, dass eine Wohn- und Staatsbevölkerung homogen dem Bekenntnis des Herrscherhauses entspricht, eine jahrhundertelange Tradition in den Gebieten Europas, hat es in den USA nie gegeben. Damit aber ist auch die Verfassung des kollektiven Bewusstseins eine völlig andere, als in europäischen Gebieten.[95] Dies hat Auswirkungen auf das kirchliche Leben ebenso wie auf die Missionstheologien, die hier vertreten wurden und vertreten werden. Noch immer stellen die USA das größte Kontingent von Überseemissionaren/innen weltweit. So überrascht es nicht, dass auch für die nordamerikanischen Kontexte selbst eine sehr lebendige, weit verzweigte, kontroverse und facettenreiche Diskussion zu verzeichnen ist. Im Folgenden wird zunächst der sowohl zivilreligiöse wie christliche Horizont skizziert, der die us-amerikanische Gesellschaft bis heute prägt. Danach wird über missionspraktische und missionstheologische Diskurse in den USA zu handeln sein. Hier werden mit der *Church-Growth-Bewegung*, dem *The Gospel and Our Culture Network* sowie den so genannten *Mega-Churches* drei ausgesprochen wichtige Richtungen skizziert, deren Wirkungsbereich in den letzten Jahrzehnten weit über die USA hinausgegangen ist. *Der Begriff »Richtungen« ist bewusst offen gewählt, denn gegenüber Kirchenformationen wie der Römisch-katholischen Kirche oder den Orthodoxen Kirchen handelt es sich bei den im Folgenden zu beschreibenden Phänomenen um Bewegungen und Netzwerke, die nicht einer bestimmten Denomination oder gar Konfession zuzuordnen sind, sondern die quer zu Kirchenformationen missionstheologische Profile darstellen, welche in theologischen Ausbildungsstätten gelehrt und in verschiedensten Kirchen und Initiativen in den USA, in Asien, Afrika, Europa oder Lateinamerika angewendet werden. Die Verbindungen laufen über Ausbildungsstätten, internationale Kursprogramme, Kongresse, die auf verschiedenen Kontinenten abgehalten werden, Tochterorganisationen und die Netzwerke von Führungspersönlichkeiten, über Internetplattformen oder Kurzzeiteinsätze von Missionaren/innen. Dass es dabei zu*

---

95. Vgl. W. R. *Hutchison* (1987): Errand to the World: American Protestant Thought and Foreign Missions, Chicago.

vielfältigen kulturell unterschiedlichen Aneignungsformen kommt, liegt auf der Hand.

Doch noch einmal zurück zum gesellschaftlichen Kontext der USA. Die missionstheologische Arbeit in den USA, die – besonders aus kontinentaleuropäischer Perspektive – einen stark *pragmatischen* Zug aufweist, ist besonders auf die einzelne Gemeinde (engl. *congregation*) ausgerichtet, nicht jedoch auf eine – wie etwa in Deutschland – volkskirchlich verbundene Wohnbevölkerung. Die damit gegebenen Unterschiede können nicht genug betont werden angesichts einer landläufigen Tendenz, die USA als ein ebenso »westliches« Land wie europäische Staaten wahrzunehmen, das in Bezug auf seine religiöse Verfasstheit »ähnlich« zu sehen sei. Auch die »Zivilreligion« ist anders ausgerichtet. Der missionarische Drang us-amerikanischer Provenienz spiegelt sich im missionarischen Bewusstsein der Kirchen ebenso wider wie im missionarischen Bewusstsein der Nation. Dies sei eingehend kurz erläutert.

Schon die ersten europäischen Siedler verstanden ihre Präsenz in Amerika von biblischen Geschichten her. Man sah Amerika als »Land der Verheißung« und sah sich selbst zu einem Bunde mit Gott (engl. *covenant*) auserwählt, um dieses Land in Besitz zu nehmen. Die Überfahrt von Europa nach Amerika konnte mit Bezug auf Mose als Flucht aus der Knechtschaft (dort Ägypten, hier Europa), die Überfahrt über den Atlantik als Durchzug durch das Rote Meer gedeutet werden. Die Motive von Erwählung, Exodus und Landnahme konnten dabei eine ganze Reihe von Funktionen erfüllen: Das Selbstverständnis als das »Neue Israel« konnte die Integration verschiedenster Siedlergruppen (Deutsche, Iren, Italiener, Polen usw.) unter einer nicht-ethnischen Klammer fördern, das Exodusmotiv konnte das Vordringen in immer neue Gebiete (die westlichen Gebiete des amerikanischen Kontinents) motivieren, das Landnahmemotiv konnte die Besetzung indianischer Territorien als göttlich legitimierten Akt rechtfertigen. Das Erwählungsbewusstsein führte aber auch zu einem *demokratischen Sendungsbewusstsein*, dass sich in *zivilreligiösen Formen* manifestierte, etwa in der Vorstellung, das Land (die Vereinigten Staaten von Amerika) sei durch »Vorhersehung« bestimmt, die gottgegebenen Rechtsprinzipien auf Leben, Freiheit und Eigentum auszubreiten. Die zivilreligiösen Vorstellungen sind jedoch so weit gefasst, dass sie jenseits konfessioneller oder denominationaler Bezüge einen umfassenden Gemeinschaftssinn zu stiften vermögen.[96] Manfred Brocker stellt dazu fest:

---

96. Zum Ganzen vgl. *M. Zöllner* (2005): Religion als Wettbewerb. Zur religiösen Kultur der USA, in: G. Besier; H. Lübbe (Hg.), Politische Religion und Religionspolitik, München, 132-142; *M. Brocker* (2005): Europäische Missverständnisse über die öffentliche Präsenz von Religion in den USA, in: G. Besier; H. Lübbe (Hg.), 145-166, bes. 147-150; *D. H. Davis* (2005): Die Vielschichtigkeit von Religion und Staat in den Vereinigten Staaten

3. Nordamerikanischer Protestantismus – God's chosen nation?

»Begriffe wie *divine plan*, *Providence* und *Creator*, aber auch *almighty God* oder *heavenly Father* gehören zum festen Repertoire der Rhetorik amerikanischer Präsidenten, die eben nicht nur als ›Head of State‹, ›Commander in Chief‹ etc., sondern ebenso als ›Chief Preacher‹ der Nation betrachtet werden, die das gemeinsame Wertefundament der amerikanischen Gesellschaft stärken und in Zeiten der Krise Hoffnung und Zuversicht verbreiten sollen.«[97]

Das Ziel der göttlichen Vorsehung ist nach einigen biblischen Traditionen das Reich der messianischen Freiheit, ein Ziel, dass die amerikanische Zivilreligion in der Errichtung der Freiheit auf Erden unter der Ägide der Menschenrechte zu errichten sucht.[98]

Aus diesen Beobachtungen ergibt sich folgerichtig, dass religiöse Stellungnahmen in der politischen Öffentlichkeit der USA weitaus unproblematischer gesehen werden, als etwa in Frankreich. Dennoch wird auch in den USA eine strikte Trennung von Religion und Staat durchgehalten, indem es etwa an öffentlichen Schulen einen Religionsunterricht nicht gibt. Gemeinden und Kirchen sind gänzlich für sich selbst verantwortlich. Die Wohnbevölkerung in den USA ist durchgehend heterogen, so dass es zum Beispiel keine mehrheitlich römisch-katholischen, methodistischen, baptistischen oder lutherischen *Gebiete* gibt, sondern überall eine Vielzahl verschiedener Denominationen gleichzeitig präsent sind, die alle in einem Wettstreit um Mitglieder stehen und entsprechend stark darauf ausgerichtet sind, Mitglieder zu halten und neue Mitglieder zu gewinnen.[99] Um ein Beispiel zu geben: Eine Kleinstadt in Deutschland mag bei 20.000 Einwohnern vielleicht 4-6 Kirchengemeinden von evangelischen Landeskirchen und katholischer Kirche aufweisen, die die Masse der Bevölkerung repräsentieren. Eine Kleinstadt im mittleren Westen wie Elisabethtown in Kentucky zählt derzeit über 70 Kirchengemeinden der verschiedensten Denominationen. *Innerhalb der USA liegt der Schwerpunkt beim Thema Mission daher besonders auf dem Mitgliederzuwachs von Gemeinden.* Der Kontext missionarischer Arbeit ist damit denkbar verschieden von Kontexten etwa in Deutschland oder anderen europäischen Staaten, die in der Tradition einer staatskirchlichen Geschichte

---

von Amerika: Trennung, Integration, Akkomodation, in: G. Besier; H. Lübbe (Hg.), 167-184; *Ch. H. Lippy* (2005): Die sich wandelnde Gestalt des religiösen Pluralismus in Amerika, in: G. Besier; H. Lübbe (Hg.), 359-376.

97. *M. Brocker* (2005): Europäische Missverständnisse, 151.
98. *H. Kippenberg* (2003): Zivilreligion: Die USA als Heilsprojekt, in: ders.; K. von Stuckrad, Einführung in die Religionswissenschaft, München, 94-103, 98: »Die USA sind nicht der ›Weltpolizist‹, sondern der ›Erlöser‹.«
99. Selbst in Gebieten, in denen es z. B. proportional sehr viele Mitglieder presbyterianischer oder baptistischer Prägung gibt, sind es verschiedene Denominationen, die miteinander in Konkurrenz um Mitglieder stehen.

stehen. Doch nun zu einigen missionstheologischen Richtungen und missionspraktischen Initiativen.[100]

3.1 Church Growth-Movement – Donald McGravran

Die *Church-Growth-Bewegung* muss von ihrem Gründer her verstanden werden: *Donald McGavran* wurde im Jahre 1897 als Sohn einer amerikanischen Missionarsfamilie in Indien geboren.[101] Zur Schulausbildung wurde er in die USA geschickt, er kehrte jedoch im Jahr 1923 wieder nach Indien zurück, wo er später in den Jahren 1937-1954 selbst als Missionar tätig werden sollte. Danach widmete er sich der Erforschung der Frage, aus welchen Gründen bestimmte christliche Gemeinden im Blick auf ihre Mitgliederzahlen wachsen, wohingegen andere Gemeinden stagnieren oder gar abnehmen. Es ging ihm dabei um die Suche nach bestimmten Prinzipien für gemeindliches Wachstum. In seinem 1955 erschienenen Buch »*Bridges of God*« wurden erste Ergebnisse zusammengefasst. Einige Jahre später wurde McGavran mit dem Aufbau eines Institutes betraut, das die Wachstumsprinzipien weiter untersuchen sollte. Im Jahre 1960 entstand daraufhin am *Northwest Christian College* in Eugene (Orgeon) das *Institute of Church-Growth*, dem McGavran in den Jahren 1960-1965 vorstand, bevor er dann mit seinem Institut an das *Fuller Theological Seminary* im kalifornischen Pasadena wechselte und dort die *School of World Mission* begründete. Sein wohl wichtigstes Werk sollte im Jahre 1970 unter dem bezeichnenden Titel *Understanding Church Growth* erscheinen.[102] Bis 1971 leitete *McGavran* die *School of World Mission*, bevor dann die Leitung an seinen Mitarbeiter *Claus Peter Wagner* (geb. 1930) überging.

Die Hochphase der *Church Growth*-Bewegung war in den 1970er und 1980er Jahren gegeben, als 1972 das *Institute for American Church Growth* durch *Win Arn* begründet wurde, oder das *Charles E. Fuller Institute for Evangelism and Church Growth* 1978 seine Arbeit aufnahm.[103] Im Jahr 1985 wurde

---

100. Einige missiologische Zeitschriften aus dem Bereich der USA: *Evangelical Missions Quarterly; International Bulletin of Missionary Research; Missiology – An International Review; Trinity Theological Journal.*
101. Vgl. G. L. McIntosh (Hg.) (2004): Evaluating the Church Growth Movement. Five Views, Grand Rapids (MI). Vgl. auch G. Maier (1995): Gemeindeaufbau als Gemeindewachstum. Zur Geschichte, Theologie und Praxis der ›church growth‹-Bewegung, Erlangen. Autobiographisch: D. McGavran (1986): My Pilgrimage in Mission, in: IBMR (10), 53–57.
102. D. McGavran (1970): Understanding Church Growth, Grand Rapids/Michigan, dt. Ausgabe: ders. (1990): Gemeindewachstum verstehen. Eine grundlegende Einführung in die Theologie des Gemeindeaufbaus, Lörrach.
103. Es wurde 1995 geschlossen. McIntosh (2004): Why Church Growth, in: ders.; P. Engle (Hg.), Evaluating, 17.

3. Nordamerikanischer Protestantismus – God's chosen nation?

die *American Society for Church Growth* als Plattform eines eher akademischen Netzwerkes ins Leben gerufen. In einem Doktor-Programm am *Fuller Theological Seminary* wurden viele Personen ausgebildet, die später zu führenden Figuren in Church Growth werden sollten, etwa *Rick Warren, Kent Hunter, Bob Logan* oder *Elmar Towns*.[104] Die Church-Growth Bewegung verlor indes nach dem Tode von *Donald McGavran* im Jahr 1990 und der Pensionierung von *Claus Peter Wagner* im Jahr 1999 ihre Führungsgestalten. Gleichzeitig wurde der Begriff ausgeweitet auf verschiedenste Themen wie Konfliktbearbeitung, Spiritual Warfare, Kirchenpflanzung oder Zellgruppenarbeit, so dass das spezifische Profil von Church Growth immer unkenntlicher wurde.[105] *Craig Van Gelder* beobachtet, dass die Church-Growth-Bewegung Anfang der 1990er Jahre ihren Höhepunkt bereits überschritten habe, wohingegen der Terminus weiterhin populär ist, was sich etwa an den 800 Buchtiteln zeige, die bei dem Internetbuchladen *Amazon.com* als seit Mitte der 1980er Jahre erschienen aufgeführt werden. Neu sei seit den 1990er Jahren eine Orientierung, die Van Gelder als *market-driven congregations* bezeichnet, die auf Wachstums in einer spezifischen Weise ausgerichtet sind, etwa *The Seekers Sensitive Church* (Bill Hybel) oder *The Church for the Unchurched* (George Hunter). Zu beobachten sei zudem, dass es große Gemeinden, so genannte *Mega-Churches* gebe, die mit den von ihnen regelmäßig abgehaltenen Seminaren und Kongressen, in denen ihre Gemeindekonzepte erläutert werden, Tausende von Führungspersönlichkeiten anderer Gemeinden und Kirchen schulen. Zudem gebe es auch Organisationen, die faktisch als *Beratungsagenturen* fungieren.[106] Auf die Arbeit der Mega-Churches wird später zurückzukommen sein. Zunächst jedoch zu den theologischen Grundthesen der »klassischen« Church-Growth-Bewegung, wie sie bis Anfang der 1990er Jahre vorherrschend war.

Missionstheologische Thesen und praktische Umsetzung: Um das Programm und die Arbeitsweise des *Church-Growth-Movement* zu verstehen, muss man sich zunächst deutlich machen, dass es sich hier nicht um das Engagement einer bestimmten Kirche oder Konfession handelt. Es ging *McGavran* vielmehr darum, die Prinzipien des Kirchenwachstums auf möglichst breiter Basis zu kommunizieren. *McGavran* definiert Mission wie folgt: »Christian mission is bringing people to repent of their sins, accept Jesus Christ as Savior, belong to His Body the Church, do as He commands, go out and spread the

---

104. *McIntosh* (2004): Why Church Growth, in: ders. (Hg.), Evaluating, 18: »By 1985, over 1150 American clergy had been trained in Church Growth through the Fuller doctor of ministry program.«
105. *Mc Intosh* (2004): Why, in: ders.; P. Engle (Hg.), Evaluating, 20-21.
106. *C. Van Gelder* (2004): Gospel and Our Culture View, in: McIntosh / Engle (Hg.), Evaluating, 75-102, 79 mit Beispielen.

Good News, and multiply churches.«[107] Es geht demnach ausdrücklich um ein numerisches Wachstum von Kirchen und Gemeinden. Daher leiten sich die *allgemeinen Kennzeichen* dieser Bewegung ab, die man in drei Aspekten zusammenfassen kann:

(1) Überkonfessionelle Ausrichtung: Minimaldogmatik. Die Arbeit der *School of World Mission* zielte darauf, nur die wichtigsten theologischen Grundeinsichten als Voraussetzungen des missionarischen Handelns zu benennen, so etwa die Bedeutung der Bibel als Heiliger Schrift und die Bedeutung Jesu Christi als dem einzigen Herrn und Erlöser. Missionstheologisch eignet den Veröffentlichungen und Arbeitsmaterialen daher eine *überkonfessionelle Ausrichtung* verbunden mit einem stark *pragmatischen Zug*.

(2) Universale Ausrichtung: Die Unerreichten. Es wird sehr deutlich auf die Dringlichkeit hingewiesen, den so genannten »Unerreichten«, Menschen also, die nichts oder nichts Verlässliches über Jesus Christus gehört haben, das Evangelium zu verkündigen, es ihnen nahe zu bringen und sie damit zu einer Entscheidung zu befähigen. Der unerfüllte Sendungsauftrag und das jenseitige Schicksal der Unerreichten stellen eine starke motivatorische Kraft der Bewegung dar.

(3) Optimistische Ausrichtung: Erfolgreiche Mission ist möglich. Ein Grundton der *Church-Growth*-Bewegung besteht darin, dass immer wieder Beispiele erfolgreich wachsender Gemeinden vor Augen geführt werden, die als Beleg dafür dienen sollen, dass erfolgreiche Mission im Sinne des Hinzugewinnens neuer Gläubiger nach wie vor möglich ist. Damit eignet dieser Richtung ein optimistischer Zug, obwohl auch Rückschläge benannt werden. Allerdings wird die Frage, warum Missionen wenig erfolgreich gewesen sind, nicht im Rahmen eines heilsgeschichtlichen Denkens beantwortet, als vielmehr mit der *Gegenfrage, ob nicht wichtige Prinzipien des Gemeindewachstums vernachlässigt worden seien.*

Ziel missionarischen Handelns ist eindeutig *Evangelisation als Bekehrungsarbeit.* Es geht ausdrücklich um die christlich-missionarische Verkündigung, die zur Bekehrung von Menschen führen soll, welche sich dann der christlichen Gemeinde anschließen und in dieser zu einem neuen Leben befähigt werden. Als Begründung des Verkündigungsauftrages werden Mt 28,18-20 und Mk 16,16 herangezogen. Die Thematik des interreligiösen Dialogs spielt keine Rolle. Es geht primär um die Bekehrung von einzelnen Menschen, besser jedoch um die Bekehrung ganzer Menschengruppen.[108] *Wachsende Ge-*

---

107. Zit. nach *G. L. McIntosh* (2004): Why Church Growth Can't be Ignored, in: P. Engle; G. L. McIntosh (Hg.), Evaluating the Church Growth Movement, 5 Views, Grand Rapids (MI), 7-28, 15.
108. Dieser missionstheologische Ansatz greift zurück auf Erkenntnisse, wie sie schon bei

meinden: Eine wichtige Grundthese der *Church-Growth*-Bewegung lautet, dass gesunde Gemeinden zugleich wachsende Gemeinden sind. Dabei wird zunächst einmal an das quantitative, also numerische Wachstum gedacht. Ziel der Mission ist es, von den unerreichten Menschen eine möglichst große Anzahl in möglichst kurzer Zeit für den christlichen Glauben zu gewinnen und in Gemeinden zu integrieren. Dass es jedoch bei einem rein quantitativen Wachstum nicht bleiben kann, findet seinen Ausdruck in der Betonung zweier weiterer Wachstumsarten, nämlich des *qualitativen Wachstums*, was die geistliche Intensivierung der Christusbeziehung des Glaubenden meint, sowie die Betonung des *organischen Wachstums*, was die Intensivierung des geschwisterlichen Miteinanders bedeutet. Für die missionstheologische Behauptung von einer gesunden Gemeinde als einer wachsenden Gemeinde werden, wie nicht anders zu erwarten, diejenigen Gleichnisse des Neuen Testaments angeführt, in denen von der selbstwachsenden Saat und der Multiplizierung der Kornähren die Rede ist, aber auch die Zahlenangaben der Apostelgeschichte finden Beachtung.

Es bleibt die Frage nach dem *missionsmethodischen Vorgehen*. Dazu zählen insbesondere folgende drei Prinzipien:

(1) Wachstumschancen in »homogenius units«. Es wird die missionsgeschichtliche Erkenntnis fruchtbar zu machen versucht, dass numerisches Wachstum besonders dann zu verzeichnen ist, wenn die Menschen, die sich dem neuen Glauben zuwenden wollen, *möglichst geringe Hürden* zu nehmen und *möglichst wenige Grenzen* zu überschreiten haben.

Als Indienmissionar hatte *McGavran* vielfach beobachten können, dass sich eine größere Anzahl Konversionen meist innerhalb ein- und derselben Kaste abspielte. Ein Phänomen, das sich auch in anderen Kontinenten und Kulturen wiederfinden lässt, wenn es um Konversionen innerhalb von Verwandtschaftsverbänden geht. Die Konsequenz besagt, man solle sich innerhalb dieser kulturell homogenen Einheiten *(homogenius units)* halten, um der Bekehrung weiter Kreise von Menschen nicht – aus Sicht *dieser* missionstheologischen Richtung – unnötige Hindernisse in den Weg zu legen. Es solle möglichst eine ganze Volksgruppe oder eine ganze gesellschaftliche Schicht für den Glauben gewonnen werden.[109]

Gustav Warneck zu finden waren. Es ist das Modell der Volksmission im ethnologischen Sinne verstanden.

109. Typisch für diese Richtung sind arbeitstechnische Kategorisierungen wie die folgende: Die *E-0-Evangelisation* etwa meint die Arbeit unter Namenschristen, die schon zur Gemeinde gehören, unter *E-1-Evangelisation* versteht man diejenige unter Menschen gleicher kultureller Bedingungen, die noch nicht Christen sind, unter *E-2-Evangelisation*, die sich an Nicht-Christen mit ähnlichem kulturellen Hintergrund wendet sowie schließlich unter *E-3-Evangelisation* eine solche, die kulturübergreifend unter Nicht-Christen stattfindet. Zudem werden verschiedene Wachstumsarten benannt, etwa das Reproduktionswachstum, das heißt das Wachstum durch positive Geburtenrate von Christen, das Transferwachstum, womit das Wachstum durch Übertritt von Christen aus der einen in

(2) Priorität von »reifen Erntefeldern«. Man solle sich, so die These, in seinem missionarischen Wirken besonders an den Gebieten und Kontexten orientieren, in denen man »reife Erntefelder« vermutet, also eine gewisse Aufgeschlossenheit für den christlichen Glauben wahrzunehmen meint. Dahinter steht die These, dass man die Zeit sinnvoll ausnutzen soll und andererseits die wenigen missionarischen Kräfte möglichst sinnvoll, und das heißt in diesem Kontext, wachstumsorientiert, einsetzen soll.[110] Es geht darum, herauszufinden, ob der Heilige Geist bestimmte Völker, Volksgruppen oder sonstigen menschlichen Gemeinschaften für die Glaubensannahme vorbereitet hat.

(3) Analyse, Zieldefinition, Aktion und Evaluation. Methodisch geht es darum, mögliche Arbeitsfelder empirisch genauer zu untersuchen. Die empirische Analyse betrifft dabei beides, einerseits die Gemeinde, welche daraufhin untersucht wird, wie sie sich nach der Statistik entwickelt hat, und zwar in zeitlichen Abständen wie etwa von einem Jahr, zwei Jahren, fünf Jahren, zehn Jahren usw. Die Zu- oder Abnahme wird damit sichtbar, auch die verschiedenen Arbeitsformen und Aktionen auf ihre Effizient hin analysierbar. Andererseits wird der soziale und kulturelle Kontext der Gemeinde untersucht: Welche Milieus finden sich hier? Werden diese erreicht und wenn ja, wie? Nach der Analyse schließt sich die Zieldefinition an: Im Sinne eines Arbeitszieles wird bestimmt, um wie viele Mitglieder die Gemeinde bis zu einem bestimmten Zeitpunkt zugenommen haben soll. Danach werden Aktionsformen geplant und durchgeführt, die dann, nach einem gewissen Zeitraum, evaluiert werden, was einen neuen Analyseschritt bedeutet, dem sich ein weiterer Durchgang des Verfahrens anschließt.

3.2 Internationale Wirkungsgeschichte, Würdigung und Kritik

In den 1960er Jahren kam es zu verschiedenen Kontakten zwischen *McGavran* und Vertretern des ÖRK, so etwa *E. Hayward*. Zu einem befruchtenden Austausch kam es jedoch nicht. Schon in einem Vorentwurf zu Uppsala und dann auf der Uppsala-Vollversammlung des ÖRK im Jahre 1968 stellt *McGavran* in einem kritischen Artikel die Frage: »Will Uppsala betray the Two Billion?«, womit gefragt wird, ob seitens des ÖRK die Dringlichkeit der Mission unter

---

die andere Kirche gemeint ist, sowie das Konversionswachstum, also Wachstum durch die Bekehrung von Nichtchristen.
110. Begründet wird dies von *McGavran* mit dem Jesuswort aus Mt 10,14: »Und wenn euch jemand nicht aufnehmen und eure Rede nicht hören wird, so geht heraus aus diesem Hause oder dieser Stadt und sachüttelt den Staub von euren Füßen.« *McGavran* (1990): Gemeindewachstum verstehen, o. a., 46-47.

den 2 Milliarden unerreichten Menschen überhaupt noch gesehen wird. Dies ist der Endpunkt von McGavrans Teilnahme an Konferenzen des ÖRK. In Bangkok (1973) wird es die *Church-Growth*-Richtung sein, die mehr und mehr zu einem Sprachrohr der Evangelikalen wird. Der Einfluss der Richtung auf die evangelikale Bewegung insgesamt ist schwer abzuschätzen, bleibt für Lausanne (1974) bis Manila (1989) jedoch deutlich begrenzt. Zu den Voten von *McGavran* und *Winter* in Lausanne (1974) wird seitens von Evangelikalen aus Lateinamerika harsche Kritik geübt, so von *Samuel Escobar, René Padilla* und *Orlando Costas*. In den 1980er Jahren kam es zum Aufbau einer Church-Growth-Infrastruktur in verschiedenen Teilen der Welt, so fand etwa im Jahr 1986 die *First European Church-Growth-Conference* im belgischen Heverlee statt, bei der die *Association for the Promotion of Church Growth in Europa* (APCGE) aus der Taufe gehoben wurde.[111] In Süd-Korea kam es durch den Gründer der *Yoido Full Gospel Church, Yonggi Cho*, im Jahre 1976 zur Gründung einer Organisation mit dem Namen *Church Growth International*. Doch auch in anderen Ländern Asiens, Afrikas und Lateinamerikas gibt es Kirchen, Gemeinden und Institutionen, die eine Nähe zur *Church-Growth*-Bewegung aufweisen.

Die internationale Vernetzung ist weitreichend, da viele Stipendiaten aus anderen Erdteilen am *Fuller Theological Seminary* (Pasadena, Kalifornien) ihre Ausbildung absolvieren und dort mit Inhalten der *Church-Growth*-Bewegung vertraut werden. Dass die *School of World Mission* sich jüngst in *School of Intercultural Studies* umbenannt hat, zeigt, dass es inzwischen zu einer deutlichen Pluralisierung gekommen ist. In Segmenten werden Anliegen der Church-Growth-Bewegung jedoch weiter vertreten.[112]

Würdigung und Kritik: Missionstheologisch wird man, zumal aus der Perspektive der volkskirchlichen Situation in Deutschland (aber auch anderer europäischer Länder), zunächst einmal die *Church-Growth*-Bewegung als eine *Anfrage* zu würdigen haben.[113] In der Tat liegt die Versuchung nahe, nach längeren Zeitspannen der Stagnation oder gar des Rückgangs der Kirchenmitgliedschaft und Gemeindebeteiligung diese mit großen kulturellen Umbrüchen zu erklären und vielleicht an manchen Stellen auch »weg-zu-erklären«. Der Verweis auf die ungünstigen kontextuellen Rahmenbedingungen kann sich dann leicht mit dem Hinweis auf die Gemeinde Jesu als einer Kreuzesgemeinde verbinden, die sich als Minderheitenkirche in der Situation zu-

---

111. *G. Maier* (1995): Gemeindeaufbau, 116-117.
112. Vgl. http://www.fuller.edu/academics/school-of-intercultural-studies/school-of-intercultural-studies.caspx, abgerufen am 02.11.2011.
113. Vgl. auch *P. E. Engle; G. L. McIntosh* (Hg.) (2004): Evaluating the Church Growth Movement, o.a.

rechtfinden müsse. Der Verweis darauf, dass der Gemeinde verheißen ist, Frucht zu bringen, kann hier als ein Korrektiv wirken.[114]

Dennoch müssen auch kritische Anfragen an das Church-Growth-Konzept gestellt werden, etwa: *Numerisches Wachstum als Kriterium?* Nach neutestamentlichem Zeugnis ist es sicherlich richtig, dass der Gemeinde Christi verheißen ist, Frucht zu bringen, und, dass dem Leib Christi verheißen ist, zu wachsen. Doch die entsprechenden Bilder werden durch andere Metaphern wiederum eingegrenzt und damit heilsam *begrenzt*. Denn die missionarische Ausstrahlung als »Licht der Welt« und die missionarische Wirkung als »Salz der Erde« entziehen sich dem quantifizierenden Gebrauch.[115] Salz etwa ist nur in einer gewissen Dosis lebensförderlich. Wird eine Speise – oder ein Boden – übersalzen, so wird die Speise ungenießbar und der Boden unfruchtbar. So richtig es ist, dass gesunde Organismen wachsen, so sehr muss davor gewarnt werden, dieses Kriterium zu überschätzen. So kann es durchaus in geschichtlichen Situationen vorkommen, dass die wahrhafte Kirche der Zeugen gerade nicht auf der Seite der Masse und der Mehrheit zu finden ist, sondern als kleine Minderheit in Not und Anfechtung ihren Herrn erwartet. Die heilsgeschichtliche Sicht der Dinge hat hier, wie wir sahen, eine deutliche Korrektur an jeder Art geschichtsimmanenter Dynamik vorgenommen, die als göttliches Wirken interpretiert wird, sei es der Erfolg einer Kultur (Kulturprotestantismus), eines Engagements (social Gospel) oder des numerischen Wachstums der Gemeinde und Kirche selbst (church growth).

Homogene Einheiten als Ziel? Missionsgeschichtliche Erfahrungen haben immer wieder gezeigt, dass die zu starke Identifizierung von Kirche oder Gemeinde mit kulturellen und ethnischen Größen (Kaste, Volk usw.) zu großen Problemen führen kann. Der für den Bereich des afrikanischen Kontinents zu konstatierende *Tribalismus* etwa hat dazu geführt, dass die universale und damit also stammes- und volksübergreifende Geschwisterschaft im Glauben durch die Trennungen verdunkelt wird, die die Zugehörigkeit zu Stamm, Clan und Verwandtschaft mit sich bringt. Anders gesagt: Die *geistliche Geschwisterschaft* der in Christus neu gewordenen Kreatur (2 Kor 5,17), der durch die Taufe in das neue Leben hineingeborenen Kinder Gottes, wird überlagert, verdrängt und letztlich zerstört durch die irdische Geschwisterschaft der Blutsverwandten. Wenn man bedenkt, dass der Völkermord in Ruanda und Burundi, der zwischen den Hutus und den Tutsi stattfand, sich in

---

114. In Teil IV. wird vom EKD-Papier *Kirche der Freiheit* zu handeln sein, welches ebenfalls mit Kennzahlen für die Weiterentwicklung kirchlicher Arbeit operiert.
115. Vgl. Mt 5,13-14.

3. Nordamerikanischer Protestantismus – God's chosen nation?

zwei Ländern ereignete, die zu etwa 98 % aus einer christlichen Bevölkerung bestehen, kann man ablesen, was eine unkritische Orientierung an Stammesgrenzen theologisch bedeutet.[116] Christliche Gemeinde ist durch Christus aus dieser Welt herausgerufen und in diese Welt gesandt, um diese Welt für Gott zu öffnen. Dazu gehört auch und gerade das Öffnen von Grenzen und Begrenzungen, seien sie kultureller, ethnischer, milieuspezifischer oder sonstiger Natur. Schärfer formuliert: *Gerade auch an dem multikulturellen Charakter der Gemeinden* erweist sich, dass sie in einem geistlichen Wachstumsprozess stehen, der diese Welt zeichenhaft – wie begrenzt und vorläufig auch immer – verändern kann.

Grundsätzlich muss angefragt werden, dass *kontextbezogene, gesellschafts- und umweltpolitische Themen* im Church-Growth-Ansatz nahezu vollständig ausgeblendet werden, ebenso Themen wie prophetische Kritik an Macht-, Markt- und Machbarkeitsideologien, dass Themen wie Armut und Heilung, Versöhnung und Genderfragen, Fragen interkultureller Hermeneutik als eines Verstehens des Fremden sowie Fragen interreligiöser Beziehungen kaum Berücksichtigung finden, und wenn, dann im Horizont einer pragmatisch-quantitativen Wachstumsorientierung. Dabei ist allerdings auch darauf hinzuweisen, dass sich afrikanische und asiatische Spielarten von *Church Growth* mitunter deutlich von verschiedenen nordamerikanischen Ausprägungen dieser Richtung unterscheiden können.

Es werden in der Pragmatik des Ansatzes auch die Leerstellen gut erkennbar, die diese Richtung von römisch-katholischem oder orthodoxem Missionsdenken unterscheiden, da der Ekklesiologie so gut wie keine Beachtung geschenkt wird. Wesentlicher Referenzrahmen bleibt die Einzelgemeinde im Sinne einer Versammlung der einzelnen Glaubenden. Dies hat einmal mehr mit dem gesellschaftlichen Kontext Nordamerikas zu tun, der – als Einwanderungsgebiet – weder volkskirchliche Verhältnisse kennt noch auch eine ethnisch-kulturelle Prägung, wie diese durch ethnische Formationen in vielen Gebieten der Erde gegeben ist. Dass damit Mission schwerpunktmäßig als – eher instrumentelle – *Übersetzung* einer als relativ einheitlich vorausgesetzten Botschaft verstanden wird, verwundert nach dem bisher Gesagten nicht. Ein deutlich anderes Gepräge weist eine missionstheologische Richtung in den USA auf, die als *Gospel and Our Culture Network* bekannt wurde.

---

116. Natürlich sind die Probleme und Konfliktfelder in diesen Ländern weitaus komplexer, indes ändert dies nichts an der Berechtigung dieser theologischen Anfrage.

3.3 Gospel and Our Culture Network und Missional Church

Das in den 1980er Jahren in den USA an Einfluss gewinnende *Gospel and Our Culture Network* geht auf Impulse aus Großbritannien zurück.[117] Der ehemalige Indien-Missionar und Missionstheologe *Lesslie Newbigin* (1909-1998) hatte mit Büchern wie *The Other Side of 1984: Questions for the Church* (1983), *Foolishness to the Greeks* (1986) oder *The Gospel in a Pluralist Society* (1989) die Frage aufgeworfen, was die Verbundenheit der christlichen Kirchen Europas mit der europäischen Kultur für eine neue missionarische Ausrichtung der Arbeit bedeute.[118] Newbigin verstand Kirche zugleich als ein Zeichen, einen Vorgeschmack und ein Instrument des Reiches Gottes in dieser Welt, weshalb Kirche als Kreatur des Geistes Gottes die *Aufgabe* habe, *auch problematische Aspekte der so genannten westlichen Kultur zu kritisieren*. Hier wurde gegenüber eine einseitigen Marktorientierung der Schwerpunkt darauf gelegt, dass Kirche an der Mission Gottes teilnimmt und immer auch eine sozialpolitische Zeugenfunktion innehat. Gestützt durch Bischof *Hugh Montefiore* wurde aus diesen Ansätzen ein Programm, welches sich durch einen Newsletter und eine Konsultation im Jahr 1992 Ausdruck verschaffte. Diese Initiativen wurden indes nach dem Tode von Newbigin im Jahr 1998 in Großbritannien nicht intensiv weitergeführt, wohingegen sie in den USA unter der Leitung von *George Hunsberger*, seit 1990 Professor für Missiologie am *Western Theological Seminary* in Holland (Michigan) aufgenommen und weitergeführt wurden.[119]

In den folgenden Jahren brachte *The Gospel in Our Culture Network* eine gleichnamige Veröffentlichungsreihe mit Beiträgen der führenden Köpfe heraus, neben *George Hunsberger* vor allem *Darrel L. Guder* und *Craig Van Gelder*.[120] Der pragmatischen Ausrichtung des klassischen Church-Growth Movement und der Marktorientierung der Mega Churches wird hier ein Mo-

---

117. C. *Van Gelder* (2004): Gospel and Our Culture View, in: Engle/McIntosh (Hg.), Evaluating, 75-102, 85 f.
118. L. *Newbigin* (1983): The Other Side of 1984: Questions for the Church, Geneva, ders. (1986): Foolishness to the Greeks, Gran Rapids; ders. (1989): The Gospel in a Pluralist Society, Grand Rapids.
119. Vgl. die Internetseite des Netzwerkes unter gocn.org.
120. D. L. *Guder* (2010): ›Missional Church‹. Forschungsbericht über eine missiologische Debatte in den USA, in: Theologische Zeitschrift (66), 185-198. Vgl. G. *Hunsberger*; C. *Van Gelder* (Hg.) (1996): The Church Between Gospel and Culture: The Emerging Mission in North America, Grand Rapids. D. *Guder* (Hg.) (1998): Missional Church: A Vision for the Sending of the Church in North America, Grand Rapids; ders. (2000): The Continuing Conversion of the Church, Grand Rapids; G. R. *Hunsberger* (1998): Bearing the Witness of the Spirit. Lesslie Newbigin's Theology of Cultural Plurality, Grand Rapids; C. *Van Gelder* (Hg.) (1999): Confident Witness – Changing World: Rediscovering the Gospel in North America, Grand Rapids.

dell von auch qualitativer Mission entgegengesetzt, das eine *kulturkritische Funktion* kirchlichen und gemeindlichen Lebenszeugnisses festhält. Aus diesem Grunde wird der Begriff *mission* bzw. *missionary* durch *missional (Missional Church)* ersetzt, um auch terminologisch kenntlich zu machen, dass es nicht allein um numerisches Wachstum geht, sondern auch und gerade um die lebensschaffende Wirkung des Evangeliums in seinen kritischen und prophetischen Dimensionen.[121]

Craig Van Gelder hebt als maßgebliche Unterschiede zwischen Grundgedanken der Church Growth Bewegung (CG) und Ansätzen aus dem Umfeld des *The Gospel in Our Culture Network* (GOCN) hervor, dass letzteres (1) mit dem biblischen Befund davon ausgehe, dass erstens Wachstum von Gemeinden nach den Berichten der Apostelgeschichte nicht nur aus strategischem Handeln hervorgehe, sondern auch aus misslichen Situationen, wie Anklagen, denen man sich stellen muss (Apg 6), aus unvorhergesehenen Ereignissen wie Verfolgungen (Apg 8), Unterbrechungen der Arbeit oder Überraschungen (Apg 11), durch göttliches Eingreifen (Apg 16) oder durch – durch das Wirken des Heiligen Geistes ermöglichte – neue Einsichten (Apg 10; Apg 15).[122] (2) Während demnach die Church Growth Prinzipien darauf abheben, aus der Bibel bestimmte ewige theologische Prinzipien[123] missionarischer Arbeit zu erheben und diese methodisch umzusetzen, fragt das *The Gospel in Our Culture Network* danach, wie überhaupt *die Natur der Kirche* vom Geist hervorgebracht, in Kraft gesetzt und geführt, *zu verstehen ist*. Hermeneutisch gesehen werden in *Church Growth* Textpassagen aus der Bibel unmittelbar als Handlungsanweisungen gelesen, von GOCN dagegen wird selbstkritisch gefragt, welche kulturellen Voraussetzungen gegeben sind, die das eigene Verständnis biblischer Texte (mit)bestimmen.[124]

---

121. Zum Ganzen vgl. auch *M. Reppenhagen* (2011): Auf dem Weg zu einer missionalen Kirche: Die Diskussion um eine ›missional church‹ in den USA, Neukirchen-Vluyn.
122. *C. Van Gelder* (2004): Gospel and Our Culture View, o. a., 92-93.
123. Mit Bezug auf *Claus Peter Wagner* fast *Elmar Towns* Prinzipien von *Church Growth* wie folgt zusammen: »Wagner notes the following aspects of this definition of Church Growth: 1. It is scientific in nature. 2. Its scope is Christian churches. 3. It is related to the Implementation of the Great Commission. 4. It combines eternal theological principles with insights from contemporary social and behavioral sciences. 5. Its initial frame of reference is Donald McGavran.« *E. Towns* (2004): Effective Evangelism View: Church Growth effectively confronts and penetrates cultures, in: Engle /McIntosh (Hg.), o. a. 31-53, 41.
124. *G. Hunsberger* (1996): The Newbigin Gauntlet, in: ders. / Van Gelder (Hg.), The Church Between Gospel and Culture, o. a., 24: »The central question of theology – What is the gospel? – must be asked in more culturally particular ways. And the more particular the question«, the more will be our sense that *the answer will emerge in unexpected ways*«. (Hervorhebung geändert)

Diese hermeneutischen Unterschiede finden (3) ihren Ausdruck ebenso in der Frage des Sendungsverständnisses. Van Gelder stellt heraus, dass für Church Growth der Begriff *Church* tendenziell zu einer Näherbestimmung von *Growth* wird, dass also Kirche an sich nicht in Frage steht, was eine Beziehung *Kirche – Mission* voraussetzt. Für GOCN steht jedoch die Natur der Kirche in Rede, weil sie als solche, als Gemeinschaft der Glaubenden in einem Lebenskontext, in ihrem Sein und ihrem »Wie« sowohl Zeichen als auch Vorzeichen und Ausdruck des Reiches Gottes ist. Es geht um die Qualität von Kirche-Sein in einem gegebenen kulturell-sozialen Kontext und damit um die Beziehung *Kirche – Reich Gottes*. Kirche wird durch die Kraft des Geistes auf unvorhergesehene Weise in Situationen gerufen und gestellt, weshalb das Hören und Verstehen und das Sich-Einlassen auf Gottes Wege den Schwerpunkt dieses missionstheologischen Ansatzes bilden.[125] Deshalb auch sind die verschiedenen Bilder, die im Neuen Testament für Gemeinde und Kirche verwendet werden (Van Gelder zählt insgesamt 69 Bilder auf), so wichtig für die Frage nach der Natur von Kirche.

Während demnach (4) in *Church Growth* das, was als sozialwissenschaftliche Deutung des Kontextes angesehen wird, zusammen mit biblisch-»ewigen« Prinzipien als Basismaterial zur Erarbeitung verschiedener *Strategien* verwendet wird[126], sehen Vertreter von GOCN genau diesen Ansatz von *Church Growth* als zutiefst kulturell bedingt an, als Ausdruck des westlichen Individualismus, als konservative Reaktion auf gesellschaftliche Veränderung und nicht zuletzt als Übernahme von Prinzipien einer immer mehr kommerzialisierten Lebenswelt. Die »ewigen theologischen Prinzipien« sowie überhaupt die Lehren von Church Growth sind aus Sicht von GOCN alles andere als »ewig«, sondern ganz im Gegenteil höchst zeitbedingt und Ausdruck usamerikanischer kultureller Prägung. Sie bedürfen daher ihrerseits einer kritischen Betrachtung aus neutestamentlicher Perspektive unter Einschluss einer Reflexion auf die *Begrenztheit der eigenen* (in diesem Falle nordamerikanischen) *Perspektive auf eben diese biblischen Texte*.

Der Ansatz von GOCN zielt insgesamt darauf ab, die soziale und gesellschaftspolitische Relevanz von Kirche-Sein im Kontext Nordamerikas herauszustellen. Es geht um eine »babylonische Gefangenschaft« von Kirche in den

---

125. *C. Van Gelder* (2004):Gospel and Our Culture View, 98 ff.
126. C. Van Engen kritisiert treffend: »It is terribly unfortunate that the Church Growth movement, beginning with MacGavran, has a nasty habit of using Bible texts to buttress a host of preconceived agendas, methods, and goals with little consideration given to the emphases of the texts themselves.« Besonders die Verwendung des Gleichnisses vom Sämann zur Rechtfertigung eines *selective targeting* durch *D. MacGavran, R. Winter* oder *C. P. Wagner* sei hier zu nennen. *C. Van Engen* (2004): Gospel and Culture View: A Centrist Response, in: Engle / McIntosh (Hg.), Evaluating, 103-106, 105.

3. Nordamerikanischer Protestantismus – God's chosen nation?

Mustern einer kommerzialisierten, individualisierten und profitorientierten Gesellschaft, es geht um eine Kirche, die demgegenüber selbstkritisch und gesellschaftskritisch nach den Verheißungen des Evangeliums gegenüber diesen kulturellen Mustern fragt. Es geht um die Verleiblichung dieser Kritik in einer Gestalt von Kirche, die sich immer wieder neu als Vorzeichen des Reiches Gottes zu verstehen lernen muss.

Kritisch mag man einwenden, dass schon die Bezeichnung *The Gospel in Our Culture* einige Rückfragen aufwirft. Zunächst könnte man fragen, wer eigentlich diejenigen sind, die hier mit *uns* (engl. *our*) angesprochen sind. Gibt es ein gemeinsames »Wir« in einer so großen Nation wie den USA? Sind es nicht ganz unterschiedliche ethnische, regionale, auch soziale Identitäten, die hier in Rede stehen? Und gehen nicht die Fragen und Konflikte mitten durch die Kirchen und Gemeinden hindurch? Zum anderen ist zu fragen, welcher Begriff von Kultur hier verwendet wird. Es scheint, als werde ein flächiger, das heißt ein auf die ganze Nation anzuwendender Begriff gemeint, was dann insbesondere die gesamtgesellschaftlichen Werte, Maßstäbe und Einstellungen betrifft, die im gesellschaftlichen und öffentlichen Leben wirksam sind. Das ist ein durchaus nachvollziehbarer Ansatz, der jedoch im Blick auf die Pluralisierung der Gesellschaft weiterer Differenzierung bedarf.

3.4 Mega-Churches – einige Beispiele

In gewisser Weise können Kirchen, die in den 1990er Jahren besondere Popularität erlangten, als Erben der *Church Growth* Bewegung gelten, wobei hier jedoch ganz spezifische Arbeitsformen in den Blick kommen, die Fragen von Gemeindeneugründungen und Bekehrungen jedoch in den Hintergrund treten. Aus diesen Ansätzen gingen so genannte Mega Churches hervor, deren bekannteste Beispiele die *Willow Creek Community Church* in South Barrington (Illinois), geleitet durch *Bill Hybels* (geb. 1951)[127] sowie die *Saddleback Church* in Lake Forest (Kalifornien), geleitet durch *Rick Warren* (geb. 1954)[128], sind. Neben Organisationen, die sich auf die Beratung von Gemeinden spezialisiert haben, sind die oben genannten Gemeinden aktiv in der Erarbeitung, der Erprobung und dem Einsatz neuer Aktionsformen gemeindlichen Lebens, um mit diesen speziell zugeschnitten Programmen fernstehende Menschen zu erreichen. Bill Hybels etwa entwickelte Programme einer *Seeker*

---

127. Vgl. auch die homepage der Willow Creek Association, www.willowcreek.com (abger. 23.11.2011).
128. Vgl. *R. Warren* (1995): The Purpose Driven Church. Growth without Compromising. Your Message and Mission, Grand Rapids, vgl. www.saddleback.com (abger. 23.11.2011).

Sensitive Church, die in Gestalt neuer Gottesdienstformen schnell zu einem bedeutenden Wachstum der *Willow Creek Community Church* führte. Diese Mega-Churches zielen nicht darauf, in anderen Ländern Tochtergemeinden zu eröffnen, sondern sie führen Seminare, Workshops und Kongresse durch, um auf diese Weise bewährte Formen neuer Gemeindearbeit zu vermitteln. In Europa fanden beispielsweise in den letzten zwanzig Jahren in verschiedenen Ländern immer wieder so genannte Willow-Creek Kongresse statt. Umgekehrt kommen Reisegruppen aus aller Welt etwa nach South Barrington, um sich durch die Arbeit der *Willow Creek Community Church* ermutigen und inspirieren zu lassen. Es handelt sich hier weder um Bewegungen, noch auch um so genannte *Para-Church-Organisationen* (wie etwa Firmen von Televangelists oder missionarische *Crusades* und *Healing-Conventions,* die in großen Stadien stattfinden), sondern um Gemeinden, die eigene missionarische Programme entwickelt haben und durch Netzwerke internationale Ausstrahlung gewinnen.

3.5 Nordamerikanische Missionen weltweit

Die angeführten Beispiele missionstheologischer Diskurse in den USA könnten natürlich um weitere Bewegungen ergänzt werden. So wurde etwa der gesamte Bereich *pfingstlerischer und charismatischer Diskurse* an dieser Stelle nicht behandelt, da einerseits bereits im ersten Band dieses Lehrbuches zum us-amerikanischen Diskurs über *spiritual warfare* Hinweise gegeben wurden[129], andererseits im Folgenden von der Pfingstbewegung zu handeln sein wird.[130] Natürlich gibt es neben den erwähnten missionstheologischen Diskursen und ihrer internationalen Ausstrahlung die vielen Debatten innerhalb der international tätigen Missionsorganisationen. Neue statistische Erhebungen aus dem Jahr 2008 weisen für die USA ein Personal an Langzeitmissionaren/innen von etwa 47.300 Personen aus, die in etwa 800 us-amerikanischen Missionen außerhalb der USA tätig sind.[131] Dazu kommen 86.500 Personen in außeramerikanischen Ländern, die als Staatsbürger ihrer jeweiligen Länder in Afrika, Asien und andersorts im Dienste us-amerikanischer Missionen stehen und von diesen auch bezahlt werden.[132] In 166 Missionsgesellschaften Kanadas kommen noch einmal etwa 2900 Personen hinzu sowie 4.800 Per-

---

129. Vgl. LIThM, Bd. 1, 315-318.
130. Vgl. unten II.5.
131. Missionswiss.e Vereinigungen: American Society of Missiology; Evangelical Missiological Society.
132. A. S. *Moreau* (2011): A Current Snapshot of North American Protestant Missions, in: IBMR (35), 12-16, 12.

3. Nordamerikanischer Protestantismus – God's chosen nation?

sonen, die im Dienste kanadischer Missionen in außerkanadischen Ländern arbeiten. Wenn man bedenkt, dass in diesen Zahlen erstens die vielen Missionare/innen nicht enthalten sind, die durch einzelne Kirchengemeinden und Freundeskreise unterhalten werden und zweitens auch das Missionspersonal von so genannten Mega-Churches nicht erfasst ist, so kann man schließen, dass das durch us-amerikanische und kanadische Missionen im weiteren Sinne unterhaltene Personal weit über den hier erfassten 141.500 Personen liegt. Diese Volumina sind zunächst einmal nüchtern zur Kenntnis zu nehmen, um den immer noch bedeutenden Einfluss us-amerikanischer Missionen ermessen zu können, wenn dieser auch je nach Gebiet sehr unterschiedlich ausfällt.

Ein besonderes Phänomen stellen darüber hinaus die so genannten *short term missionaries* dar, von denen an dieser Stelle kurz die Rede sein soll. Dabei handelt es sich um Christen/innen, die – aus den verschiedensten Berufsgruppen und gesellschaftlichen Schichten kommend – für mehrere Tage bis mehrere Wochen im Jahr zu einem missionarischen Einsatz ins Ausland reisen. Schätzungsweise 3 Millionen Personen aus den USA und Kanada unternehmen jährlich einen solchen Kurzzeiteinsatz. Jedoch auch in vielen anderen Ländern erfreut sich der Dienst als Kurzzeitmissionar/in einer zunehmenden Beliebtheit. *Robert Priest* gibt anhand von eigenen Beobachtungen auf dem Flughafen von Lima einen guten Eindruck von der Buntheit des Phänomens:

> »During the summers of 2005 and 2006, I had numerous opportunities to visit Lima's Jorge Chávez International Airport. On each occasion I hung out for a few hours to observe arrivals and departures. Invariably there were STM groups – identifiable by T-Shirts, groups in size from 5 or 6 up to 50 or 60, and on one notable occasion, a group of 198 from a megachurch in Minneapolis – coming to partner with a large C[hristian] & M[issionary] A[lliance] congregation of 2,000 members in Callao (seaport city just west of Lima and part of its metropolitan area). There were Baptists, Lutherans, Presbyterians, Nazarenes, Seventh-Day Adventists, Methodists, Pentecostals, and Mennonites. During my three months in Peru, I saw STM groups of many sorts: high school youth with their youth pastors, university students with Intervarsity Christian Fellowship, adult professionals, and mixed family groupings. I encountered STM groups from England, Scotland, Germany, South Korea, Canada, and the United States. There were STM groups from Chinese-American congregations who came to minister to Peru's Chinese diaspora community. There was one STM group of Paraguayan Mennonites. On one evening I met a group from a Korean congregation in Spain, arriving to meet a group of Korean-American Christians to jointly participate in a collaborative project under the supervision of a career missionary from South Korea. Some groups were there to do construction or medical work. Others came to serve in an orphanage or to work with homeless street children. There were drama groups, music groups, sports groups (soccer, surfing, and skydiving), groups that taught English or gave cooking classes. Some came to learn how they could lobby for justice (related to issues of free trade or to lead posoning in La

Oroya), others to help indigenous artisans market their goods in the global economy, and yet others to provide inexpensive wheelchairs for the handicapped.«[133]

Diese Menschen sind – bei allem Engagement – auf die Einsatzländer oft wenig bis gar nicht vorbereitet. Aufgrund eines kulturell inadäquaten Verhaltens kann dies zu ernsten Problemen führen. Selbst wenn von den genannten 3 Millionen Personen aus Nordamerika nur etwa drei Prozent in Länder mit äußerst geringer christlicher Bevölkerung gehen, etwa in Länder der arabischen Welt oder Asiens, so ist dies dennoch eine beträchtliche Zahl. Die Initiative für ein Anti-Konversionsgesetz in Sri Lanka jedenfalls wurde seitens einheimischer Politiker mit dem Hinweis auf Bekehrungsversuche von Kurzzeitmissionaren begründet, die nach dem Tsunami 2004 offiziell als Katastrophenhelfer eingereist seien. Was auch immer an dieser Vorwürfen zutreffen mag, ist erheblicher Klärungsbedarf im Blick auf das Phänomen der Kurzzeitmissionare/innen zu konstatieren. Es geht dabei nicht nur um Fragen interkultureller Hermeneutik, sondern auch und gerade eines Verständnisses von Ökumene, welches im Blick behält, dass es erstens fast in allen Ländern der Erde bereits christliche Kirchen gibt, dass es demnach zweitens ein Gebot geschwisterlicher Verbundenheit ist, diese Christen/innen danach zu fragen, ob ausländische »Hilfe« überhaupt willkommen ist, sowie drittens zu bedenken, dass man/frau als Kurzzeitmissionar/in mit Verlassen des Landes auch etwaige Probleme und Konflikte »los« ist, wohingegen die lokalen Christen/innen unter den Folgen fremdverursachter Konflikte womöglich noch lange zu leiden haben werden.

3.6 Charakteristika nordamerikanisch-protestantischer Missionen?

Rückblickend stellt sich die Frage, worin das besondere Profil von Missionen nordamerikanisch-protestantischer Herkunft bestehen mag. Bei aller gebotenen Vorsicht können mindestens folgende Charakteristika hervorgehoben werden: (1) Protestantische Missionen nordamerikanischer Prägung sind eher am *Zusammenhang Mission – Gemeinde* interessiert als am Zusammenhang Mission – Kirche. Entsprechend der eher schwachen Ekklesiologie protestantischer Kirchen allgemein (Ausnahmen bestätigen die Regel) wird Mission als vor allem numerisches Wachstum von Gemeiden verstanden, wohingegen Dimensionen eines *weltkirchlich-polyzentrischen Verständnisses* (römisch-katholisch) oder eines *mystisch-kosmologischen Verständnisses* (orthodox) von Kirche und ihrer Mission keine Rolle spielen. (2) Der *pragma-*

---

[133]. Vgl. *R. J. Priest* (2010): Short Term Missions as a New Paradigm, in: O. L. Kalu u. a. (Hg.), Mission After Christendom, 84-99, 94 f.

tisch-aktivistische Zug besonders us-amerikanischer Provenienz lässt das Motiv des Sich-entäußerns, einer kenotischen Mission also, völlig in den Hintergrund treten. Christliche Mission ist Aktion, Planung, Strategie, nicht aber Erleiden, Erwarten und Erglauben einer Wirklichkeit, die sich einstellen wird. Missionstheologisch wird hier mehr mit dem Sendungsauftrag (Mt 28) argumentiert, weniger jedoch mit dem Lebens- und Leidensweg Jesu als missionstheologischem Paradigma.

(3) Es liegt in dieser Linie, dass der *hermeneutische Ansatz* einer grundsätzlichen Hinterfragung der eigenen kulturellen Bedingtheit nur sehr oberflächlich zur Anwendung kommt. Mission wird wesentlich als *Übersetzung* eines als transkulturell gegebenen Inhaltes verstanden. (4) Wenn auch mit dem *The Gospel in Our Culture Network* andere Stimmen vorkommen, dominiert in vielen missionstheologischen Diskursen eine *wenig kulturkritische Sicht* von Mission: Der transformative Charakter des Evangeliums in der prophetischen Kritik an Phänomenen wie Materialismus, Konsumismus, ungerechte Strukturen oder ökologische Herausforderungen spielt insgesamt kaum eine Rolle. Ganz anders demgegenüber Ansätze befreiungstheologischer Missionsverständnisse, wie sie am Beispiel von *Jon Sobrino* aus El Salvador oder *Aloysius Pieris* aus Sri Lanka zu skizzieren sein werden.[134] – Es handelt sich, dies sei nochmals betont, um eine vorsichtige Charakterisierung nordamerikanischer Missionen, zu der natürlich immer auch Gegenbeispiele beigebracht werden können. Dennoch handelt es sich um ein Profil, welches sich anhand von vielen Beispielen aus unterschiedlichen Ländern wiedererkennen lässt.

---

134. Vgl. Abschnitt III.1.1-1.4 sowie III.2.1 und III.2.5.

4. Anglikanische Kirche – Mission shaped Church

Die *Church-planting Bewegung* innerhalb der *Anglikanischen Kirche* entstand in den 1980er Jahren. Den Anfang machte *Holy Trinity Brompton*, eine Kirchengemeinde in London. Durch das Wirken des Pastors *Bob Hopkins* kam es hier zu einer charismatisch geprägten Erneuerungsbewegung, die dazu führte, dass nach einiger Zeit Hunderte von Menschen an den verschiedenen Sonntagsgottesdiensten teilnahmen und Tausende in regelmäßigen Glaubenskursen in den christlichen Glauben und die christliche Lebenspraxis eingeführt wurden.[135] Bei diesem Phänomen handelt es sich, das sei bereits hier festgestellt, nicht um *die* offizielle Missionstheologie der Anglikanischen Kirche, sondern um eine Bewegung *innerhalb* dieser Kirchenformation, die jedoch später von der verfassten Kirche – wie zu zeigen sein wird – offiziell unterstützt wurde. Im Blick auf das missionarische Konzept darf dieses Modell trotz der sprachlichen Ähnlichkeit nicht mit dem *Church-Growth Ansatz* verwechselt werden. Worum geht es also?

4.1 Übersicht zur Church-planting Bewegung

Nachdem das Gemeindeleben in *Holy Trinity Brompton* immer weiter angewachsen war, wurde beschlossen, eine Gruppe von Christen/innen dieser Muttergemeinde in eine benachbarte Kirche zu entsenden, in der das gottesdienstliche Leben auszulaufen drohte. *Als entsandte christliche Gemeinschaft* versuchten die Menschen einen neuen Anfang in der Tochtergemeinde zu leben, was in mehreren Fällen auch gelang. So wurde die Muttergemeinde wie ein Baum angesehen, der Samen in andere Gebiete verpflanzt, woraus neue

---

135. Quellentexte: *B. Hopkins* ([2]1992): Church Planting. Models for Mission in the Church of England, Nottingham; *B. Hopkins* (1996): Gemeinde pflanzen. Church Planting als missionarisches Konzept, Neukirchen-Vluyn; *B. Hopkins; R. White* (1999): Praxisbuch Gemeinde pflanzen, Neukirchen-Vluyn; *Mission bringt Gemeinde in Form. Gemeindepflanzungen und neue Ausdrucksformen gemeindlichen Lebens in einem sich wandelnden Kontext. Dt.e Übers. von: ›Mission-shaped Church‹* (...), 2. Aufl 2007, Neukirchen-Vluyn. Vgl. *M. Bartels; M. Reppenhagen* (Hg.) (2006): Gemeindepflanzung – ein Modell für die Kirche der Zukunft, Neukirchen-Vluyn; *M. Herbst* (2006): Eine Perspektive der Gemeindeentwicklung in nach-volkskirchlicher Zeit, in: Bartels / Reppenhagen, o. a. 36-67; *S. Crove* (2006): Gemeindepflanzung in der Anglikanischen Kirche. Von ›Breaking New Ground‹ (1994) zu ›Mission-shaped Church‹ (2004), in: Bartels / Reppenhagen, o. a. 86-95; *V. Roschke* (2006): Erfahrungen mit Gemeindepflanzen in Deutschland, Chancen und Grenzen, in: Bartels / Reppenhagen, o. a., 104-114.

4. Anglikanische Kirche – Mission shaped Church

Bäume, als dann selbständige Gemeinden, hervorgingen. In *Holy Trinity Brompton* fand daraufhin im Jahre 1987 eine erste Konferenz der *Anglikanischen Kirche* zum Thema »Gemeinde pflanzen« statt. Dieses Modell wurde auf Veranlassung des Oberhauptes der Anglikanischen Kirche, dem Erzbischof von Canterbury, es amtierte damals *George Carey*, als eine offiziell von der Kirche geförderte Strategie angenommen. In der 1994 erschienenen Studie *Breaking New Ground* findet dies seinen ersten Niederschlag.[136]

Ohnehin hatte die *Church of England* Ende der 1980er Jahre beschlossen, eine *Dekade der Evangelisation* auszurufen, die dann in den Jahren 1990-2000 durchgeführt wurde. Die Kooptierung der *Church-planting*-Idee gehört in diesen Zusammenhang. Ebenso die Förderung und Durchführung von Glaubenskursen wie dem Alpha-Kurs oder dem Emmaus-Kurs, um Menschen einen Neu- oder Erstzugang zum christlichen Glauben zu ermöglichen. Um einen Eindruck von der Größe der Bewegung zu geben, sind einige Zahlenangaben hilfreich. Für die Jahre 1980-2004 wird die Gesamtzahl der Gemeinde-Neugründungen mit 370 Gemeinden angegeben, die alle – bis auf 4 Gemeinden – der anglikanischen Kirche verbunden geblieben sind. Etwa in 10% der Fälle gingen neu begründete Gemeinden wieder ein. In den Jahren 1990-2005 nahmen zudem schätzungsweise 1,8 Millionen Menschen an Kursen wie dem Alpha-Kurs oder dem Emmaus-Kurs teil.[137]

Im Jahr 2004 wurde ein weiteres Buch veröffentlicht, welches zeigt, dass das *Church-planting* Modell inzwischen zum Normalfall der Gemeindepflanzung geworden war. Die positiven Wirkungen dieser Arbeit werden gewürdigt, es wird jedoch auch festgestellt, dass nach einer Statistik des Jahres 1996 etwa 20% der Anglikaner zwar in mehr oder weniger intensiver Form am Gottesdienst und den jahres- und lebenszyklischen Angeboten teilnehmen, dass jedoch 40% als *dechurched* sowie weitere 40% als *nonchurched* einzustufen sind. Die Dramatik der Entkirchlichungsprozesse wird zudem daran deutlich, dass noch 1970 etwa 14% der Kinder durch die Sonntagsschularbeit erreicht wurden, nach einer Untersuchung im Jahr 2000 dagegen nur noch 4%. Als Konsequenz wird festgehalten, dass die Kirche zu einer *Mission-shaped Church* werden müsse.

---

136. *Breaking New Ground*, Church House Publishing, London, 1994.
137. Zur Statistik: *M. Herbst* (2006): Eine Perspektive der Gemeindeentwicklung, 56-58, 66. Neben der Gründung von Tochtergemeinden konnten auch andere Formen des Neuanfangs unter dem Begriff *Church-planting* gefasst werden, etwa die Neueinführung eines kompletten Programms von gemeindlichem Leben in den Räumen einer bestehenden Ortsgemeinde oder aber Teilelemente desselben. Im Einzelnen konnte dabei das Verhältnis der aussendenden Gemeinde zur Filialgemeinde sehr unterschiedliche Formen annehmen.

4.2 Theologische Grundgedanken von *Mission-shaped Church* (2004)

Das neue und umfassendere Verständnis von *Church-planting* wird in folgendem Zitat aus »Mission-shaped Church« deutlich. Es geht (1) um eine *plurale Mission*, wenn es heißt:

> »Church Planting is the process by which a seed of the life and message of Jesus embodied by a community of Christians is immersed for mission reasons in a particular cultural or geographic context. The intended consequence is that it roots there, coming to life as a new indigenous body of Christian disciples well suited to continue in mission.«[138]

Gedacht ist an eine Pluralität christlicher Gemeinschaftsformen, die sich jeweils aus dem Lebenskontext von Menschen heraus ergeben.

Hier wird Mission (2) konsequent als *inkarnatorisches Geschehen* gedacht: »The Gospel can only be proclaimed in a culture, not at a culture.«[139] Die Pluralität ist Ausdruck der kritischen Nähe des Evangeliums zu den Kulturformen und Kontexten der Menschen. Ebenso wie das göttliche Wort in Jesus von Nazareth Fleisch (Joh 1,14) – und also kontextuell – wurde, ohne jedoch in diesem Kontext aufzugehen, das heißt ohne seine kritische und damit lebensschaffende und lebensermöglichende Distanz aufzugeben, soll die Mission sich in den Kontext hineinleben und aus ihm heraus eine eigene Form gewinnen, ohne in ihm aufzugehen.

(3) *Tripolares Inkulturationsverständnis: Mission-shaped Church* lässt damit ein Inkulturationsverständnis erkennen, dass der Gefahr widersteht, in der Tochtergemeinde ihrer Gestalt nach eine Reproduktion der sendenden Gemeinde zu sehen, andererseits der Gefahr, die Tochtergemeinde als getreues Abbild ihres neuen kulturellen Kontextes zu erwarten:

> »The Spirit does not simply bring life to an already predetermined structure, but constantly transforms the community in the present, relating it to Christ, its members to each other and its members to the world in ways which are appropriate to the ever changing circumstances in which the church finds itself.«[140]

Damit gewinnt die neue Gemeinde an einem »dritten Ort« Gestalt, das heißt jenseits der Entsendungsgemeinde, jenseits des neuen Lebenskontextes und jenseits einer schon bekannten Ausdrucksform der biblischen Botschaft. Die *transformative Kraft der Botschaft* lässt durch das Wirken des Heiligen Geistes zwischen allen drei Polen etwas Neues entstehen.

---

138. *Mission-shaped Church*, Church House Publishing, London 2004, 90.
139. *Mission-shaped Church*, 87. In den folgenden Ausführungen nehme ich in eigenständiger Analyse wiederholt Bezug auf die Beobachtungen von M. Herbst (2006): Eine Perspektive der Gemeindeentwicklung, 58 ff.
140. *Mission-shaped Church*, 91.

(4) *Inkulturation als kontingent-missionarisches Geschehen:* Damit wird von den Beteiligten erwartet, ein Stück weit in die Fremde gehen zu müssen, in unbekanntes Terrain, in ungewohnte Formen, die sich aus den *kulturell-kontextuellen Umständen* ergeben, aus den der Gemeinde in ihren *Mitgliedern gegebenen verschiedenen Gaben* und dem immer wieder *neuen Hören auf die biblische Botschaft.* Es muss also etwas sterben, damit etwas Neues entstehen kann, so wie es in 1 Kor 15,35-49 für das Auferstehungsgeschehen gesagt wird. *Inkulturation ist nicht vorhersehbar, nicht letztlich planbar, es sind demnach auch keine bewährten Strategien zu reproduzieren, sondern es handelt sich um ein geistlich zu deutendes und geistlich zu verarbeitendes Geschehen. Dies ist ein weiterer Punkt, an dem sich das Church-planting Modell sehr deutlich vom Church-Growth Ansatz unterscheidet.*[141]

(5) *Konstanten in wandelnden Kontexten:* Mit der Betonung der Dynamik innerhalb sich wandelnder Kontexte wird das *Church-Planting* Modell jedoch nicht beliebig. Bleibende Kennzeichen sind der bewusste *Beschluss, missionarisch arbeiten* zu wollen, die Orientierung an einer *christlichen Gemeinschaft als Basiseinheit* missionarischer Arbeit, an der *grenzüberschreitenden Ausrichtung* der Arbeit, so dass eine christliche Zellgemeinschaft in einen neuen Kontext übertragen wird, es bleibt bei *klaren Leitungsstrukturen,* einem *beziehungsorientierten Ansatz,* einem *eigenen geistlichen Profil,* das jeweils – in welcher Form auch immer – den *Anschluss an anglikanische Traditionen zu halten versucht,* dem Verständnis des *christlichen Dienstes an der Welt* und der *Orientierung am Reich Gottes* als Ziel der Mission.

4.3 Formen des Church-planting Modells und Wachsen als theologisches Problem

Schon bald wurde in der Church-planting Bewegung beobachtet, dass sich ganz unterschiedliche Formen der Verpflanzung von Gemeinschaften ergeben konnten. Dabei spielt die Größe der zu verpflanzenden Menschengruppe eine Rolle. Im Untermodell der »Verpflanzung« ist an das *Staudenmodell* gedacht, weil bei einer Staude etwa die Hälfte der Pflanze an einen anderen Ort verpflanzt wird, im gemeindlichen Kontext eine Gruppe von 50-100 Personen, die eine Filialgemeinde gründen. Das *Aussaat-Modell* dagegen, das auch als Ahorn-Modell bezeichnet wird, umfasst Verpflanzungen in unerreichte Ge-

---

141. Zwar wurde schon 1984 von der British Church Growth Association ein Buch mit dem Titel »How to plant Churches« herausgebracht (*M. Hill* [ed.] [1984]: How to Plant Churches, MARC), ein Buch, das Referate einer überkonfessionellen Konferenz enthält, eine Ableitung der anglikanischen Church planting Bewegung aus dem Modell von Church Growth wäre jedoch weder historisch, theologisch oder missionspraktisch korrekt.

biete (etwa in Vorstädten) und Milieus, und zwar über kleine, mittlere und Größere Gruppen von 1-2, 3-12 oder 13-45 Personen. Demgegenüber ist das *Ableger-Modell* (Erdbeer-Modell) an einem noch ähnlichen Kontext ausgerichtet, so dass die Reproduktion eines ähnlichen Gemeindetyps im Blick steht. Das Modell der *Kreuzung* dagegen sucht eine Mischung aus Menschen einer sendenden und einer örtlichen Gemeinde, die gemeinsam in kulturellsozialen Kontexten einen Neuanfang zu initiieren versuchen.[142]

Es wird deutlich, dass hier eine ganze Bandbreite von Gemeindeformen, Vergemeinschaftungsformen und Netzwerkstrukturen entsteht, was die *kybernetische Herausforderung* mit sich bringt, Leiter/innen auszubilden, die *ekklesiologische Herausforderung*, diese neuen Formen in lebendiger Beziehung zur Gesamtkirche zu halten, die *missionarische Herausforderung*, nicht beim Bestehenden zu verweilen, sondern weiter missionsorientiert und damit grenzüberschreitend zu arbeiten sowie die *kirchenrechtliche Herausforderung*, die neu entstandenen Sozialformen in eine organisatorische Beziehung zu der Gesamtkirche und ihren örtlichen Ausprägungen (Dekanate, Bistümer) zu bringen, in der eine Balance gehalten wird zwischen Flexibilität einerseits und einem bestimmten Maß an Verbindlichkeit andererseits.

Wachsen als theologisches Problem. Im Blick auf das aus dem Gemeindewachstumskonzept der Church-Growth-Bewegung stammende Prinzip der *homogeneous units* wird in der Studie *Mission-shaped Church* kritisch Bezug genommen.[143] Mit Hinweis auf Gal 3,28 werde das Prinzip missionstheologisch immer wieder kritisiert[144], zudem sei mit dem Schöpfungsbericht die Vielfalt des Lebens und der Kulturen gut zu heißen. Dennoch wird darauf hingewiesen, dass die Inkarnation des göttlichen Logos in Jesus von Nazareth die Annahme des Menschseins in einer ganz bestimmten Kultur bedeutet habe. Zudem könne man aus der lateinamerikanischen Befreiungstheologie lernen, dass eine kulturell und ethnisch pluriforme christliche Gemeinde nicht idealisiert werden dürfe, da gerade hier die Problematik der kulturellen Dominanz der einen Gruppe über die andere Gruppe wieder auftrete. Als Lösungsvorschlag wird angeboten, dass das Evangelium sich in sozial- und kulturspezifischen Formen ausdrücken müsse, dass es jedoch auch über diese Ausformungen hinaus den Versuch eines Brückenschlags geben müsse, um zwischen den verschiedenen kulturell-sozialen Ausformungen christlicher

---

142. *Hopkins; White* (1999): Praxisbuch Gemeinde pflanzen, 12.
143. *Mission bringt Gemeinde in Form*, 199 ff.
144. Der Text Gal 3,28 charakterisiert christliche Gemeinschaft als ihrem theologischen Grunde nach grenzüberschreitende Wirklichkeit: »Hier ist nicht Jude noch Grieche, hier ist nicht Sklave noch Freier, hier ist nicht Mann noch Frau; denn ihr seid allesamt einer in Christus Jesus.«

Gemeinschaften zu vermitteln, was jedoch eher als zweiter Schritt innerhalb des Geschehens betrachtet werden sollte.[145]

Damit wird das Prinzip der *homogeneous units* kritisch zustimmend übernommen. Auch die Betonung des Wachstums von Gemeinde und Kirche wird positiv gewürdigt. Mit Bezug auf Adam, dem geboten wurde, sich zu mehren (Gen 1,28), wird darauf verwiesen, dies gelte auch für die Christen als den geistlichen Kindern des »neuen Adam«, Jesus Christus.[146] Ähnliches wird unter Berufung auf Abraham festgestellt, wobei auf Joh 8, Gal 3 und weitere neutestamentliche Texte verwiesen wird.[147] Von der Kirche heißt es:

> »Die Kirche ist Zeichen und Enthüllung des Reiches Gottes. Die klar definierten Qualitäten dieses Reiches sind: das Überwinden sozialer Grenzen, die Hoffnung für die Armen, die Botschaft, dass Gott in Christus alle Menschen willkommen heißt. Ebenso wird das Reich als etwas beschrieben, das wächst. Besonders in den Gleichnissen zum Reich Gottes finden wir diesen Gedanken des Wachsens. Nach Joh 15 erfüllen Jesus und die Jünger die alttestamentliche Vorstellung vom Volk Gottes als einem Weinstock. In Christus bleiben bedeutet Frucht bringen zum Ruhme Gottes, des Vaters. Ein Baum trägt Früchte, um sich zu vermehren. Genauso verhält es sich mit Christus und der Kirche.«[148]

Kirche und Gemeinde kann jedoch nur wachsen, wenn die verschiedenen Dimensionen, in denen dies geschieht, beieinander gehalten werden. Es sind dies die Dimensionen des *Oben*, des *Innen*, des *Außen* und des *Woher*, die mit den Kennzeichen der Heiligkeit, der Einheit, der Apostolizität und der Katholizität zusammengedacht werden. Kirche und Gemeinde wird auf einer Reise durch die Zeit gesehen, die die Dimension des »oben« in ihrer Heiligkeit wahrnimmt:

> »Heiligkeit als Aussonderung, um den Absichten Gottes Genüge zu tun, ist gleichzeitig ein Aufruf zu einem erkennbar heiligen Leben. [...] Eine heilige Kirche wird der eigenen Kultur abstreben, um für Gott in einer anderen Kultur lebendig zu werden.«[149]

Die Dimension des »Innen« ist in einer Vielfalt von Beziehungen gegeben, die im Bild des Leibes Christi und im trinitarischen Verständnis Gottes theologisch begründet ist. Im Charakter der Apostolizität lebt die Gemeinde ihre Orientierung nach außen. Ihr katholischer Charakter dagegen erschließt sich in der Dimension des Woher, also im Anschluss an ihre Geschichte.[150]

---

145. *Mission bringt*, 200-201.
146. *Mission bringt*, 175f.
147. So u. a. auf Apg 13, Apg 9, Apg 10 und Apg 1,8. Vgl. *Mission bringt*, 177.
148. *Mission bringt*, 177.
149. *Mission bringt*, 181.
150. *Mission bringt*, 184f.

4.4 Permanente Inkulturation und Kreuzestheologie

Die Studie *Mission-shaped Church* rechnet damit, dass Kirche und Gemeinde immer wieder sich selbst, also den hergebrachten kulturellen Formen absterben muss, um mit Christus und für Christus in der Welt zu leben. *Das inkarnatorische Prinzip wird damit mit dem kreuzestheologischen Prinzip in Verbindung gebracht.* Pointiert heißt es dazu unter Bezug auf eine Formulierung von Miroslav Volf:

> »Aber ›die Inkarnation göttlicher Liebe in einer sündigen Welt führt zum Kreuz‹. Jesus lebte in seiner eigenen Kultur und stand ihr trotzdem auf prophetische Weise kritisch gegenüber. Er lebte sein Leben in seiner Kultur in treuem Gehorsam gegenüber dem Willen seines Vaters, und die Konsequenz dieses Lebens im Gehorsam war sein Tod. Erst durch seinen Tod und seine Auferstehung wurde offenbar, dass er der Herr über alles ist; er kann immer und überall, in allen Kulturen zu Hause sein und sie zugleich herausfordern. Die Menschwerdung darf deshalb auf keinen Fall vom Kreuz getrennt werden.«[151]

Das inkarnatorische Prinzip führt, geleitet durch die Liebe, zur Identifikation mit einer kulturellen Form, umgekehrt bedeutet das kreuzestheologische Prinzip eine »konterkulturelle Haltung«, die um der göttlichen Wahrheit willen zur Umkehr ruft. Mit Verweis auf Phil 2 und 1 Kor 9,19 ff. wird von einem »missionarischen Kreislauf« zwischen Inkarnation und Kreuz gesprochen. Wie Jesu Inkarnation erst in seinem Gehorsam zum Ziel kommt, der ihn ans Kreuz bringt, so muss die Kirche ebenso ihr Wesen darin entdecken, Jesus Christus auf diesem Wege nachzufolgen:

»Die Kirche ist sich selbst am meisten treu, wenn sie in der jeweiligen Kultur ihre Gestalt aufgibt, um dann eine neue Gestalt inmitten der Menschen anzunehmen, die noch nichts vom Sohn Gottes wissen. In jedem neuen Kontext muss die Kirche sterben, um zu leben.«[152]

Dabei handelt es sich um einen *unvorhersehbaren Prozess*, denn Kirche und Gemeinde weiß noch nicht im Voraus, welche Formen sich entwickeln werden. Dieses Geschehen ist durch den Heiligen Geist vermittelt: »Wohl am dringendsten bräuchten wir eine ›Taufe unserer Phantasie‹ für immer mehr neue Formen gemeindlichen Lebens.«[153] Dass dies ein auch gefährlicher Prozess ist, in dem es zu verschiedenen Synkretismen kommen kann, wird dabei als gegeben vorausgesetzt und bejaht.[154]

---

151. *Mission bringt*, 165 f.
152. *Mission bringt*, 168.
153. *Mission bringt*, 170.
154. *Mission bringt*, 172–174.

4.5 Wachsen in Vielfalt und die Notwendigkeit von Versöhnung

Verschiedenste neue Formen bedeuten jedoch nicht nur eine Herausforderung für die Gemeinschaften, sondern auch die Frage, was vor diesem Hintergrund das Gemeinsame der Anglikanischen Kirche ausmachen kann. Es geht um die Frage der Einheit:

> »Wenn wir Katholizität als Einladung zu kultureller Gastfreundschaft verstehen, dann muss effektives missionarisches Handeln von Christen automatisch die Themen von Einheit und Versöhnung im Blick haben. Im Neuen Testament führte die Heidenmission (die Verkündigung des Evangeliums unter Menschen, die ›nicht sind wie wir‹) zu der notwendigen Vielfalt in den urchristlichen Gemeinden, aber auch zu Konflikten, die zur Versöhnung herausforderten. Wahrhaftige Einheit und Versöhnung unter Christen macht die Kirche reich. Dies kann aber nur geschehen, wenn man neuen Gemeindepflanzungen und Ausdrucksformen gemeindlichen Lebens die Zeit lässt, die eigene Identität zu finden und zu stabilisieren. Dann können sich zwei Gemeinden gegenseitig als erwachsene Gegenüber bereichern. Die Alternative ist eine Absorption.«[155]

Kulturelle Eigenständigkeit neuer Zellgruppen, Gemeinschaften und Gemeinden setzt voraus, dass diese sich selbst leiten, sich selbst ausbreiten und sich selbst unterhalten (finanzieren) können. Die berühmte Drei-Selbst-Formel von *Anderson* und *Venn* findet hier im europäischen Kontext ihre Anwendung. Als das Gemeinsame wird jedoch herausgestellt, dass man zunächst nur dort von einer »Gemeinde« wird sprechen dürfen, wo es eine autorisierte Tauf- und Abendmahlspraxis gibt. Dies ist ein erster Orientierungspunkt. Ein zweiter Orientierungspunkt ist die Forderung, verschiedene neu entstandene Gemeinden sollten in jedem Falle bereit sein, miteinander das Abendmahl zu feiern. Dies stellt eine übergemeindliche Haltung sicher. Als dritten Orientierungspunkt nennt die Studie den Bezug zum bischöflichen Amt:

> »Sowohl theologisch als auch praktisch gesehen ist es absolut unverzichtbar, mit dem Diözesanbischof ›einig zu sein‹ und seine Zustimmung zu besitzen. Wer zur Anglikanischen Kirche gehört, muss in der Gemeinschaft mit dem Erzbischof von Canterbury stehen und auf Diözesanebene mit dem eigenen Bischof.«[156]

Dieser Gesichtspunkt verdeutlicht einmal mehr das Profil dieser Bewegung innerhalb der Anglikanischen Kirche, zu deren Konstitutiva die so genannte *historische Sukzession* gehört, ungeachtet der Pluralität von Ausdrucksformen, die gemeindliche Wirklichkeiten finden.

---

155. *Mission bringt*, 182.
156. *Mission bringt*, 189. Zustimmend wird »Breaking New Ground« zitiert: »Das Episkopat repräsentiert die Katholizität der Kirche.« (ebd.)

4.6 Würdigung und Kritik

Das Beispiel der Church-planting Bewegung verdeutlicht, wie unterschiedlich die gesellschaftlichen, historischen und kirchlichen Rahmenbedingungen gegenüber nordamerikanischen Kontexten sind: Angesichts einer staatskirchlichen Tradition, die einesteils weitgehend erodiert ist, andererseits jedoch gesellschaftlich noch immer bestimmte Assoziationen erweckt und institutionelle Formen unterhält wird Mission als ein pluriformes, kontingentes, geistliches, inkarnatorisches aber auch kreuzestheologisch bestimmtes Phänomen gefasst, welches von geistlich-gemeinschaftlichen Netzwerken aus in neue Räume ausstrahlt. Missionstheologisch ist dabei eine gehaltvolle Deutung von Wachstumsprozessen zu konstatieren, die sich deutlich vom strategisch orientierten Pragmatismus etwa der Church-Growth Bewegung abhebt, andererseits jedoch den Willen zu gemeinschaftlichem Wachstum nicht verleugnet. Die gesellschaftsdiakonische Dimension des missionarisch-gemeinschaftlichen Zeugnisses wird hervorgehoben, ohne allerdings wie das *The Gospel in Our Culture Network* (GOCN) missionstheologisch auf eine gesellschaftliche Makroeben abzuheben und damit unter der Hand wieder einen eher einheitlichen Kulturbegriff zu unterlegen. Zudem sind Phänomene einer marktförmigen Konsumgesellschaft weit weniger im Fokus der Erörterungen, es geht *kleinteiliger* darum, lokale, das heißt milieuspezifisch oder multikulturell passende Ausdrucksformen von Vergemeinschaft zu er-leben oder besser: Sich einstellen zu lassen.

Noch deutlicher als in us-amerikanischen Diskussionen innerhalb des GOCN wird die *geistliche Dimension des Wartens, des Erhoffens, der Unvorhersehbarkeit und des Absterbens herausgestellt*, und zwar missionstheologisch verankert in einer ebenso *kenotischen wie kreuzestheologisch gefassten Christologie* als missionarischem Vorbild. In gewisser Ähnlichkeit zur Römisch-katholischen Kirche wird auf die Einheit von Kirche abgehoben, wobei allerdings das anglikanische Modell einer historischen Sukzession einen weit geringeren Druck ausübt, gemeindliches Leben kirchenrechtlich zu normieren. Die *Church-planting* Bewegung innerhalb der *Church of England* lässt damit ein ganz spezifisches missionstheologisches Profil erkennen. Die Bewegung hat in den letzten beiden Jahrzehnten auch in andere europäische Länder ausgestrahlt, etwa nach Skandinavien oder Deutschland, wo in Gestalt von Konferenzen oder Besuchsgruppen Menschen Beispiele von *good practice* wahrzunehmen und für ihre Kontexte zu adaptieren versuchen. Entsprechende Initiativen in deutschen Kontexten werden später zu skizzieren sein.

5. Missionstheologische Profile in Pfingstkirchen und -bewegungen

Allgemeine Aussagen über *die* Pfingstbewegung zu machen ist schwierig.[157] Es handelt sich bei diesem komplexen Phänomen eigentlich um eine Vielzahl von Bewegungen, bei denen man mitunter die Frage stellen kann, worin das Gemeinsame besteht.[158] Ich habe in den letzten Jahrzehnten viele Begegnungen mit Pfingstgemeinden und -kirchen gehabt, etwa in Indien und Pakistan, Süd-Korea und Indonesien, den USA, in verschiedenen Ländern Afrikas und Europas.[159] Je nach kulturellem Kontext unterscheiden sich diese Gemeinden und Kirchen sehr deutlich voneinander, aber auch innerhalb eines bestimmten Kontextes gibt es eine Fülle verschiedener Ausrichtungen. Es gibt Pfingstgemeinden in Graswurzelbewegungen in ländlichen Gebieten, Hausgemeinden in Städten, Mega-Churches mit Zehntausenden von Gottesdienstbesuchern an Sonntagen und durchgehenden Programmen über die Woche, es gibt Healing-Conventions in Fußballstadien, christliches Zeugnis in der HIV/AIDS-Arbeit, TV-Serien, pentekostale Fernseh- und Radiosender, Zeitungen, Universitäten und eine nicht mehr überschaubare Fülle von Aktionsformen. Akteure sind Pfingstgemeinden und Pfingstkirchen einerseits, deren Strukturen äußerst unterschiedlich sein können. Am Beispiel der Frauenfrage kann man etwa für den Großkontext Westafrika aufzeigen, dass es einerseits Pfingstkirchen gibt, die Frauen den pastoralen Dienst versagen und sie nur zu Heilungsdiensten und prophetischer Rede zulassen, in anderen Pfingstkirchen dagegen sind Frauen als Pastorinnen selbstverständlich, wieder andere

---

157. Zur Einführung vgl. *A. Anderson; M. Bergunder u. a.* (Hg.) (2010): Studying Global Pentecostalism. Theories and Methods, Berkeley u. a.; *A. Corten; R. Marshall-Fratani* (Hg.) (2001): Between Babel and Pentecost: Transnational Pentecostalism in Africa and Latin America, Bloomington; *W. J. Hollenweger* (1997): Charismatisch-pfingstliches Christentum, Göttingen. Als Nachschlagewerk unentbehrlich: *S. M. Burgess; E. M. van der Maas* (Hg.) (2002): The New International Dictionary of Pentecostal and Charismatic Movements, Grand Rapids (MI). Im deutschsprachigen Bereich ist für Informationen zu neueren Forschungen und weiterführender Literatur insbesondere auf den *Interdisziplinären Arbeitskreis Pfingstbewegung* zu verweisen, vgl. http://www.glopent.net/iak-pfingstbewegung.
158. Wichtige Zeitschriften: *Asian Journal of Pentecostal Studies; Journal of Pentecostal Theology; Pneuma.*
159. Stellvertretend für regionale Studien und Übersichten vgl. Vgl. *M. Bergunder* (1998): Die südindische Pfingstbewegung im 20. Jahrhundert, Frankfurt/M. u. a.; *A. Anderson; E. Tang* (Hg.) (2005): Asian and the Pentecostal: The Charismatic Face of Christianity in Asia, London / Baguio City.

Pfingstkirchen sind durch weibliche Führungsgestalten überhaupt erst begründet worden, und diese führen solche Pfingstkirchen als Bischöfinnen.[160] Solche Beobachtungen mahnen zur Vorsicht im Blick auf allgemeine Charakterisierungen *der* Pfingstbewegung. Darüber hinaus ist zu beachten, dass viele der »klassischen« Kirchen in Afrika, Asien und anderen Teilen der Erde sich derzeit mehr und mehr *charismatisieren:* Auch in anglikanischen und protestantischen Kirchen finden sich zunehmend Angebote von Heilungsdiensten, neue Formen gottesdienstlichen Lebens und Exorzismen. Als Beispiel kann auf die ihrer Geschichte nach von lutherischen Missionen begründete *Mekane Yesus Kirche* in Äthiopien hingewiesen werden. Mit schätzungsweise vier Millionen Mitgliedern ist dies die nach der *Äthiopisch-Orthodoxen Kirche* größte Kirche im Lande. Trotz ihrer lutherischen Wurzeln ist die *Mekane Yesus Kirche* in verschiedenen Gebieten stark charismatisiert.[161]

Abgrenzungen sind daher mitunter schwierig. Für den afrikanischen Bereich kommt auf der anderen Seite das Spektrum der Tausende von *African Instituted Churches* hinzu. Auch hier gibt es fließende Übergänge einerseits, jedoch auch harsche Abgrenzungen andererseits, wie diese etwa in Westafrika zwischen manchen *New Generation Churches* der Pfingstbewegung gegenüber älteren Aladura-Kirchen zu beobachten sind.[162] Darüber hinaus sind Migrationsbewegungen zu beachten, die zu Diaspora-Gemeinden und internationalen Vernetzungen führen. So ergeben sich vielfältige Rückwirkungen.[163] Das Phänomen Pfingstbewegung ist demnach ausgesprochen komplex. Der Missions- und Religionswissenschaftler *Michael Bergunder* meint daher zu Recht, dass hier eine typologische Zuordnung schwierig wird. Besser solle man nach den *geschichtlichen Beziehungen* fragen, nach dem *Selbstverständnis* von Christen/innen und Gemeinden als »Pfingstler« und in beidem nach den lokalen, regionalen und internationalen *Vernetzungen,* denn die Bewegung besteht aus verschiedenen Netzwerken.[164]

160. *O. Kalu* (2008): Gendered Charisma: Charisma and Women in African Pentecostalism, in: ders., African Pentecostalism, 147-165, bes. 148 ff.
161. Als Einführung vgl. *H. Domianus* (2006): Die charismatische Bewegung in der Äthiopischen Mekane-Yesus Kirche, in: Vision Mission, Nr. 25, Dezember 206, 3-16; *J. Haustein* (2011): Embodying the Spirit(s): Pentecostal Demonology and Deliverance Discourse in Ethiopia, in: Ethnos (76), 534-552; ders. (2011a): Charismatic Renewal, Denominational Tradition and the Transformation of Ethiopian Society, in: Encounter Beyond Routine (...), (EMW Dokumentation 5), Hamburg, 45-52.
162. *O. Kalu* (2000): Estranged Bedfellows? The Demonisation of Aladura in African Pentecostal Rhetoric, in: Missionalia (28), 121-142.
163. Vgl. etwa *M. Bergunder; J. Haustein* (Hg.) (2006): Migration und Identität – Pfingstlich-charismatische Migrationsgemeinden in Deutschland, Frankfurt/M.
164. Vgl. *M. Bergunder* (2000): Zur Einführung – Pfingstbewegung in Lateinamerika: Soziologische Theorien und theologische Debatten, in: ders. (Hg.), Pfingstbewegung und Basisgemeinden in Lateinamerika. Die Rezeption befreiungstheologischer Konzepte durch

Trotz dieser Fülle kann man dennoch einige Charakteristika der Pfingstbewegung festhalten, quasi als kleinster gemeinsamer Nenner. In diesen Kirchen und Bewegungen spielen (1) als *leiblich erfahrbar verstandene Wirkungen des Heiligen Geistes* eine zentrale Rolle, in sehr vielen Fällen verbindet sich dies (2) mit der *Erfahrung einer sehr deutlichen Zäsur im eigenen Leben*, mit einer Neuausrichtung des Lebensstils und (3) einem *intensiven missionarischen Impuls*. Mögen auch verschiedene Geistesgaben in den unterschiedlichen Kirchen eine Rolle spielen, mögen die Konzepte der als dämonisch verstandenen Mächte je nach ethnischem und kulturellem Kontext sehr unterschiedlich sein, mag die Art der Spiritualität, der Gottesdienste, der Ethik, von Sitte und Benimm, der Rolle von Männern und Frauen divergieren, mögen die Arten der Heilungsdienste und Exorzismen unterschiedlich sein, so gelten meines Erachtens dennoch zumindest die oben genannten drei Charakteristika.[165]

Der Pfingstbewegung als einem globalen Phänomen werden heute über 500 Millionen Menschen zugerechnet. Neben der angedeuteten Vielfalt haben sich in den letzten etwa 100 Jahren jedoch auch Strukturen herausgebildet, anhand derer das Thema *Mission innerhalb der Pfingstbewegung* erörtert werden kann.[166] Zu diesen Strukturen zählen zum Beispiel große, international bekannte Pfingstkirchen wie die *Yoido Full Gospel Church*[167] in Süd-Korea, die *Redeemed Christian Church of God* in Nigeria[168] oder die *International Church of the Kingdom of God* in Brasilien.[169] Viele dieser Kirchen unterhalten *eigene Ausbildungsinstitutionen*, unter anderem Universitäten. In den letzten Jahrzehnten wurden umgekehrt viele Theologen und Theologinnen aus der

---

   die pfingstliche Theologie, Hamburg, 7-42; *ders*. (2003): Mission und Pfingstbewegung, in: Dahling-Sander u. a. (Hg.), Leitfaden, o. a., 200-219.
165. Schon bei der Frage etwa der Eschatologie wird es schwieriger. Hier kann m. E. schwerlich ein gemeinsamer Nenner unterstellt werden.
166. Als erste Übersicht vgl. *V. M. Kärkkäinen* (2003): Art. Missiology: Pentecostal and Charismatic, in: S. M. Burgess et. al. (Hg.), The New International Dictionary of Pentecostal and Charismatic Movements, Grand Rapids (MI), 877-885.
167. Vgl. etwa *S. -H. Myung; Y.-G. Hong* (Hg.) (2003): Charis and Charisma. David Yonggi Cho and the Growth of Yoido Full Gospel Church, Oxford.
168. Vgl. *A. D. Quaas* (2011): Transnationale Pfingstkirchen. Christ Apostolic Church und Redeemed Christian Church of God, Frankfurt/M.; *O. Adeboye* (2007): ›Arrowhead‹ of Nigerian Pentecostalism: The Redeemed Christian Church of God, 1952-2005, in: Pneuma (29), 24-58. Allgemein vgl.: *A. Ayuk* (2002): The pentecostal transformation of Nigerian church life, in: Asian Journal of Pentecostal Studies (5), 189-204; *A. Anderson* (2002): The Newer Pentecostal and Charismatic Churches: The Shape of Future Christianity in Africa?, in: Pneuma (24), 167-184.
169. *P. Freston* (2005): The Universal Church of the Kingdom of God: A Brazilian Church finds success in South Africa, in: JRA (35), 33-65; *ders*. (2001): The Transnationalism of Brazilian Pentecostalism: The Universal Chruch of the Kingdom of God, in: A. Corten u. a. (Hg.), Between Babel and Pentecost, 196-215.

Pfingstbewegung an staatlichen Fakultäten ausgebildet, etwa in Großbritannien an der *University of Birmingham* oder an verschiedenen Theologischen Fakultäten deutscher Universitäten. Daher gibt es neben der vielfältigen missionarischen Praxis inzwischen auch *einige profilierte missionstheologische Stimmen* aus dem Bereich der Pfingstbewegung. Davon wird später zu handeln sein.[170] Im Folgenden wird zunächst eine kurze historische Einleitung notwendig sein, um das Phänomen Pfingstbewegung innerhalb der globalen christlichen Religionsformationen einordnen zu können. Danach werde ich anhand von Beispielen typische Aspekte pfingstlerischer Missionen skizzieren.

5.1 Einleitung – Die Anfänge der Pfingstbewegung(en)

Pfingstkirchen gibt es heute in allen Erdteilen, allen voran in Afrika[171], Lateinamerika[172] und Asien, aber auch in Nordamerika, Europa und Ozeanien. Was genau ist die Pfingstbewegung und wer gehört dazu? Diese Frage ist schwer zu beantworten. Allgemein gilt, dass in der Praxis der Pfingstbewegung dem *Wirken des Heiligen Geistes* überaus große Bedeutung zugeschrieben wird. Doch schon die Frage, wie sich das Geistwirken genau äußert, wird sehr verschieden beantwortet.[173] Pfingstgemeinden weltweit gehen davon aus, dass mit dem Empfang des Heiligen Geistes auch bestimmte Geistesgaben verbunden sind, etwa die *Zungenrede* (Glossalalie), das *Reden in fremden Sprachen* (Xenolalie), die *Gabe der Prophetie*, die *Gabe der Heilung*, die *Gabe der Dämonenaustreibung*, die Gaben der *Gastfreundschaft*, der *Lehre* oder der *Weisheit*. Das jeweilige Ensemble indes ist sehr unterschiedlich. So kann in der einen Gemeinde Zungenrede zur Praxis gehören, in einer andern nur die Prophetie, in der einen Heilungsdienst und Exorzismus oder wieder in einer anderen nur der Heilungsdienst. Auch ist es nicht möglich, feste institutionelle Formen als Definitionskriterium für Pfingstgemeinden oder

---

170. *J. C. Ma; W. Ma* (2010): Mission in the Spirit. Towards a Pentecostal/Charismatic Missiology, Eugene.
171. *O. Kalu* (2008): African Pentecostalism. An Introduction, New York / Oxford; *R. Burgess* (2008): Nigeria's Christian Revolution. The Civil War Revival and its Pentecostal Progeny (1967-2006), Carlisle (UK); *M. A. Ojo* (2006): The End-Time Army. Charismatic Movements in Modern Nigeria, Trenton (NJ) / Asmara (Eritrea).
172. *M. Bergunder* (2000) (Hg.), Pfingstbewegung und Basisgemeinden in Lateinamerika, o. a.
173. Als Versuch einer typologischen Beschreibung vgl. *Th. Sundermeier* (2009): Der Heilige Geist und der Pluralismus der Kirchen. Ein Stück pfingstlerische Anamnese, in: EvTh (69): 300-311.

5. Missionstheologische Profile in Pfingstkirchen und -bewegungen

Pfingstkirchen zu wählen. Die Pfingstbewegung hat vielmehr den Charakter eines Netzwerkes.[174]

Wann ist die Pfingstbewegung entstanden? Wie weit man bestimmte Elemente der Pfingstbewegung zurückverfolgen kann, ist eine Frage der Methodik. Man kann feststellen, dass die Taufe mit dem Heiligen Geist (Geisttaufe) bereits in der Erweckungsbewegung des 18. Jahrhunderts bei *John Wesley* (1703-1791) eine Rolle gespielt hat.[175] Zu einer großen Bewegung wird dieses Phänomen jedoch erst zu Beginn des 20. Jahrhunderts. Die Anfänge lassen sich auf *Charles F. Parham* zurückverfolgen, einen Bibelschullehrer, der 1898 das so genannte *Healing home* in Topeka/Kansas gründete. Den Schüler/innen wurde die Aufgabe gestellt, die Apostelgeschichte zu untersuchen und dabei herauszufinden, was mit dem Zungenreden gemeint sei. Sie beteten daraufhin das Erlebnis geradezu herbei, wobei eine gewisse *Agnes Ozman* zum Sprachengebet (Zungenrede) und zum Sprechen einer ihr fremden Sprache (Xenolalie) kam. Doch dabei blieb es nicht. Parham gründete 1905 in Houston/Texas eine neue Bibelschule, in der weitere Menschen zu Pfingsterlebnissen kamen und zu Pfingstpredigern ausgebildet wurden. Eine dieser Personen, der Farbige *William J. Seymour*, wurde im Jahre 1906 zu einer Heiligungsgemeinde in der Azuza Street in Los Angeles/Kalifornien eingeladen. Er predigte dort die Geisttaufe, wurde allerdings wieder ausgeladen, als er verkündete, dass der Geistempfang an die Gabe der Zungenrede gebunden sei. Die Praxis der Geisttaufe wurde im Folgenden von vielen Menschen erfahren und begleitet von ekstatischen Zuständen, Zungengebet und anderen Phänomen. Die Nachricht von diesen Geisterfahrungen verbreitete sich schnell, und zwar durch einen gewissen *Frank Bartleman*, der das Phänomen in Zeitungsartikeln und Traktaten beschrieb.

Diese Ereignisse und Zusammenhänge machen das aus, was man die Anfänge der *klassischen* Pfingstbewegung nennen könnte. Sie breitete sich schnell über Ländergrenzen und Kontinente hinweg aus. Zu ihren Kennzeichen gehören erstens die Geisttaufe und zweitens bestimmte Geistesgaben, von denen besonders die Zungenrede (Glossalalie) hervorzuheben ist. Dabei ist jedoch darauf hinzuweisen, dass diese Ereignisse zwar den *Ausgangspunkt* der Pfingstbewegung darstellen, dass dies aber vom *Beginn* der Pfingstbewe-

---

174. So kann an mit Michael Bergunder als Kriterium für den Begriff wählen, dass sich Pfingstgemeinden erstens in Verbindung mit den Anfängen der Pfingstbewegung in Verbindung bringen lassen (diachron) und mit anderen Pfingstgemeinden oder Pfingstkirchen in Beziehung stehen (synchron). *M. Bergunder* (2003): Mission und Pfingstbewegung, 200; zum Folgenden siehe ebd., 200-206.

175. Er verstand die Heilung eines Christen als den »zweiten Segen«. Dies wurde von amerikanischen Erweckungspredigern auch später aufgegriffen, etwa durch Charles G. Finney (1792-1875).

gung unterschieden werden muss. Anders gesagt: Bestimmte Erfahrungen, etwa das angeblich durch den Geist bewirkte Sprechen in fremden Sprachen, gab es schon vorher in verschiedenen Erdteilen. Berichte davon waren auch in die USA gelangt.

Dass bereits 1908 in etwa 50 Ländern Pfingstgemeinden existierten, hat damit zu tun, dass über persönliche Korrespondenz, über evangelistische Reisen, Zeitungsberichte und dergleichen die *Deutung* der Ereignisse der Azuza Street weltweite Verbreitung fand, *die Deutung nämlich, hier handele es sich um den Beginn eines zweiten Pfingsten*. Die Geisttaufe sei als Zeichen der bevorstehenden Endzeit zu verstehen, so meinte man in Pfingstkreisen, sie führe zur Xenolalie, dem Sprechen in fremden Sprachen, so dass im missionarischen Dienst diese nicht würden langwierig durch Sprachstudium erworben werden müssen. Zusammen mit anderen Geistesgaben wie Prophetie und Heilungsgabe werde eine weltweite christliche Erweckung gefördert, die, so die Hoffnung, nachdem sie allen Menschen die Heilsbotschaft von Jesus Christus angeboten haben werde, das Kommen des Herrn beschleunigen werde. Es war diese Deutung, die nun von vielen Missionaren/innen der Glaubensmissionen weltweit aufgenommen wurde, sie erklärten sich der Pfingstbewegung zugehörig, und vielfach deuteten sie entsprechende Erfahrungen vor Ort (ekstatische Erfahrungen etwa) in diesem Sinne (also als Geistphänomene), so dass binnen kurzer Zeit ein Netzwerk entstand, welches selbst als Beweis für die Richtigkeit der Deutung gelten konnte, der Deutung nämlich, dass die weltweiten Geistphänomene als Zeichen eines zweiten Pfingsten im Vorfeld der Wiederkunft Christi zu verstehen seien.

Insgesamt kann man die frühe Pfingstbewegung also im Zusammenhang einer bereits bestehenden, weltweiten Erweckungsbewegung sehen, die verschiedene christliche Kreise zu Anfang des 20. Jahrhunderts erfasst hatte. Die Pfingstbewegung konnte indes die Breite dieser Erweckung nicht für sich vereinnahmen. Nach 1910 ging diese Erweckungsstimmung verloren. Zusammen mit der vielfachen Erfahrung, dass das Sprechen in fremden Sprachen nicht gelang, und, dass die Zungenrede als missionarisches Medium von Menschen anderer Kulturen schlicht nicht verstanden wurde, trat eine allgemeine Ernüchterung ein. Die eschatologische Naherwartung schwand, die erfahrungsbezogene Praxis der Zungenrede jedoch blieb.[176] Zur Spiritualität der Pfingstbewegung gehörte in den folgenden Jahrzehnten neben der Betonung der Geisttaufe ein wie erwähnt in den verschiedenen Pfingstkirchen unterschiedliches Ensemble von Geistesgaben, darunter insbesondere die Gabe

---

176. Dass die Zungenrede als Anfangserweis der Geistesgabe zu verstehen sei, wurde in vielen westlichen Pfingstkirchen vertreten, war jedoch nicht Allgemeingut der Pfingstbewegung als ganzer.

5. Missionstheologische Profile in Pfingstkirchen und -bewegungen

der Zungenrede, der Prophetie, der Heilung und der Austreibung von bösen Geistern. Wiewohl missionarische Praxis selbstverständlicher Bestandteil des Lebens von Pfingstkirchen und -gemeinden blieb, wurde diese jedoch nunmehr nicht eigens theologisch begründet.[177]

Seit den 1960er Jahren kam es zu einer so genannten *zweiten Welle* pfingstlich-charismatischer Bewegung, das heißt von charismatischen Erfahrungen innerhalb verschiedener traditioneller Kirchen, so bei den Anglikaner, den Methodisten und Baptisten, bei den Lutheranern und innerhalb der römisch-katholischen Kirche. Diese Phänomene machen eine begriffliche Differenzierung notwendig. Der Begriff *Pfingstkirchen/Pfingstgemeinden* wird im Folgenden für selbstständige Bewegungen, Gruppen und Kirchen verwendet, wohingegen der Begriff *charismatisch / charismatische Bewegung* eine ähnliche Frömmigkeitspraxis meint, die sich jedoch *innerhalb* der traditionellen Kirchen vollzieht, sich selbst als gottgegebene Erneuerungskraft versteht und bewusst innerhalb dieser Kirchen verbleibt.

Seit den frühen 1980er Jahren kam es zu einer Akzentverschiebung, als in der von manchen so bezeichneten *dritten Welle* die Frage der Exorzismen, der Geisteraustreibungen also, an Bedeutung gewann. Die *Vineyard-Bewegung*, begründet in Kalifornien durch Pastor *John Wimber*, entwickelte die Praxis des so genannten *power evangelism*, das heißt einer Evangelisationsmethode, in der der geistliche Kampf gegen die sehr real vorgestellten Geistermächte des Bösen im Zentrum der praktischen Methodik und der theologischen Reflexion stand. Power evangelism ereignete sich demnach als *power encounter*, also der kämpferischen Begegnung des Geistes Gottes mit den Geistern des Bösen, andererseits durch *power healing*, womit die geistliche Gabe der Heilung gemeint ist. Diese Praxis wurde in der *Church-Growth* Bewegung, die in den 1980er und 1990er Jahren weltweit sehr bedeutend war, aufgenommen, insbesondere durch *Claus Peter Wagner*, der diese Geistgaben »lehrbar« zu machen suchte. In großen Kongressveranstaltungen, sowohl von *John Wimber* als auch von der *Church-Growth-Bewegung* ausgerichtet, wurden nunmehr diese Geistgaben als effektives Mittel der Mission in Kursen unterrichtet.

5.2 Entscheidungen – Pfingstlerisch-missionarische Praxis als verleiblichte Theologie

Zweifellos ist es schwierig, ja fast unmöglich Grundlinien einer pfingstlerischen Missionstheologie herauszustellen. Zu verschieden sind die kulturellen, sozialen und gesellschaftlichen Kontexte. Insofern stehen alle folgenden Aus-

---

177. *Bergunder* (2003): Mission und Pfingstbewegung, 206.

führungen unter dem Vorbehalt, dass sich leicht Beispiele finden lassen, die eine ganz andere Praxis ausweisen. Dennoch soll es gewagt werden, einige Charakteristika missionarischer Praxis zu umreißen, wie sie sich in Pfingstkirchen und -gemeinden verschiedener Kontinente, Länder und Regionen finden. Es handelt sich hier um einen globalen Diskurs, der zwar facettenreich, aber nicht amorph ist. *Man kann zunächst feststellen, dass bei sehr vielen Pfingstlern ein in zweifacher Weise ›dualistisches‹ Weltbild zu finden ist, nämlich erstens in der zeitlichen Dimension und zweitens in der ›räumlichen‹ Dimension.* Es geht bei zeitlichen Dimension um das Leben vor dem Eintritt in die Pfingstbewegung und um das Danach: Für viele Menschen bedeutet dieser Übergang einen *scharfen Bruch mit der Vergangenheit*, der bei der Bekehrung eintritt. Das alte Leben wird zurückgelassen und damit auch die alten Bindungen, ein neues Leben wird gesucht. »Make a complete Break with the Past« ist ein verbreiteter Slogan in Westafrika. Das Thema Konversion wird an anderer Stelle zu behandeln sein. Hier ist zunächst von Interesse, dass dieser Bruch von vielen Pfingstchristen/innen *als Befreiung* erfahren wird, als Chance eines Neuanfangs und damit als Tor zu einer besseren Zukunft, in der besonders leibliche Dimensionen eine Rolle spielen, da Heilung im weitesten Sinne erwartet wird: Heilung von körperlichen Gebrechen, Krankheiten, von Süchten wie Alkohol oder Drogen, von Gewalt, Armut, Sexismus oder Unterdrückung, um nur einige wichtige Nöte zu nennen.

Das neue Leben bedeutet, einem *neuen Lebensstil* mit einer *neuen Ethik und Moral* zu folgen, einer *neuen Gemeinschaft* – der Pfingstgemeinde – anzugehören, die dabei hilft, dieses Leben auch umzusetzen, es bedeutet zudem, sich von alten Bindungen radikal zu lösen und Menschen aus diesem Bereich zukünftig zu meiden.

Dem zeitlichen Dualismus entspricht ein ›räumlicher‹ Dualismus, der die *Welt als Kampfplatz der guten und der bösen Mächte begreift*: Auf der einen Seite Gott in Jesus Christus und in der Kraft des Heiligen Geistes, auf der anderen Seite Satan mit seinen Engeln. Dieses dichotomische Weltbild erfordert wiederum eine klare Entscheidung über die Frage, auf welcher Seite jemand steht. Viele Pfingstchristen verstehen sich selbst als *Born-again-* Christen, als durch Bekehrung und Taufe bzw. Geisttaufe Wiedergeborene, die nicht nur den Heiligen Geist empfangen haben, sondern auch verschiedene Gaben. Da die bösen Mächte des Satans und seiner Dämonen für die unterschiedlichsten Formen von Lebensbedrohung verantwortlich gemacht werden, was nicht nur Krankheit, sondern auch etwa Unfälle, geschäftliche Rückschläge, wirtschaftliche Miseren, politische Krisen, Gewalt oder verschiedene Suchterscheinungen einschließt, ist die Bekehrung mit Geistempfang mit der Hoffnung nicht nur auf ewiges Heil in einer jenseitigen Welt, sondern mit der Hoffnung auf diesseitiges Wohlergehen aufs engste verknüpft.

5. Missionstheologische Profile in Pfingstkirchen und -bewegungen 247

Missionstheologisch bedeutet dies, dass Fragen spiritueller Praxis von herausragender Bedeutung sind, da sich hier unmittelbar die *Evidenz aus Erfahrung* ergibt: Menschen *erfahren* im Bruch mit der Vergangenheit Befreiung, in der neuen Gemeinschaft Unterstützung, durch Heilungen körperliche Erleichterung und durch Exorzismen Befreiung von Ängsten. *Es handelt sich um eine verleiblichte Theologie, eine Theologie im Medium der Leiblichkeit und der nächsten Lebenswelt.* Pfingstlerische ›Missionstheologie‹ ist damit in der Praxis gewissermaßen *eingelagert*, sie ergibt sich im Vollzug. Dies muss zunächst einmal wahrgenommen werden. Andererseits gibt es natürlich auch ein organisiertes missionarisches Handeln, welches sich in Missionsorganisationen, in *outreach*-Programmen, in Gottesdiensten, Zellgruppen, in Großveranstaltungen und weiteren Formen manifestiert. Davon wird später zu handeln sein. Zunächst jedoch soll am Beispiel von *Mission und Deliverance* verdeutlicht werden, dass es sich bei den eben angedeuteten Phänomenen, allen voran *Heilungsdiensten und Exorzismen*, um Aktivitäten handelt, die Menschen nicht nur *Lebensgewinn* verheißen, sondern darüber hinaus auch *Anschluss an die Moderne*, insbesondere an die Bedingungen der Globalisierung. Halten wir aber zunächst drei missionstheologisch ausgesprochen wichtige Implikationen fest, die der Verfasser in vielen Gesprächen mit Pfingstchristen/innen in verschiedenen Ländern immer wieder bestätigt gefunden hat:

(1) *Missionarische Ausstrahlung aus Dankbarkeit:* Die verleiblichte pfingstlerische Missionstheologie ist eine *doing theology* in dem Sinne, dass Menschen, die in einer Pfingstgemeinde oder Pfingstkirche, in einem *Prayer Camp* oder einem Heilungs-Service Heilung erfahren haben, dies schlicht in ihrer lebensweltlichen Umgebung *weitersagen und weiterempfehlen*. Mission ist hier weniger eine Sache von Experten, sondern von ganz normalen Menschen, nicht eine Sache von Kampagnen, sondern von alltäglichem Begegnungsgeschehen, nicht eine geplante Aktivität, sondern eine geradezu natürliche Folge einer körperlichen Erfahrung.[178]

(2) *Missionarisches Wirken als Verbesserung der Welt:* Im dichotomischen Verständnis, welches die Welt als Kampfgebiet der Kraft Gottes (Jesus Christus / Heiliger Geist) einerseits mit den Mächten des Bösen (Satan / Geister und Dämonen) andererseits versteht, kann das Wirken Gottes als ein *raumgreifendes Geschehen* gedeutet werden. Je mehr Menschen durch den Glauben und die Geisteswirkungen auf der Seite Gottes stehen und den geistlichen Kampf führen, desto mehr kann die Welt verbessert werden, was den Raum des Körpers angeht (Heilungen im weitesten Sinne), den Raum der Familie (häusliche Probleme wie Trunksucht, Armut und Gewalt), den Raum der

---

178. Es sind soziologisch gesehen alltägliche Mikropolitiken, die sich einstellen und Auswirkungen hervorbringen.

Nachbarschaft, des Viertels und als Zielvision der Gesellschaft als ganzer. Hier geht es demnach um deutlich mehr als nur numerisches Gemeindewachstum, da im Sinne des geistlichen Kampfes mit den verschiedenen Lebenswelten, in denen böse Mächte am Werke gesehen werden, auch die Verbesserung von Lebensverhältnissen – durch die Kraft des Geistes, die Kraft des Namens Jesu oder seines Blutes – möglich wird.[179] Dieser Ansatz ist damit deutlich unterschieden von sozial-karitativen Ansätzen von Missionen, da hier die spirituelle Dimension den Ausschlag gibt, nicht ein Verständnis christlicher Fürsorge oder Mildtätigkeit.

(3) *Missionarische Vergemeinschaftung als Kraftfeld:* Ein drittes Charakteristikum betrifft das Verständnis von Gemeinden. Diese sind mehr als nur Versammlungen von wiedergeborenen Christen/innen. Es handelt sich nach dem Verständnis vieler Pfingstchristen/innen – ob bewusst oder intuitiv sei dahingestellt – um Orte, an denen besondere geistliche Heilungskraft vermittelt wird. Es handelt sich in diesem Sinne um ein *energetisches Gemeindeverständnis*. Ob das Geistwirken in besonders charismatischen Persönlichkeiten konzentriert gedacht wird oder aber in der Gemeinschaft der Christen/innen mag von Kirche zu Kirche, Gemeinde zu Gemeinde verschieden gedeutet werden. Wichtig ist, dass das Thema *power* von enormer Bedeutung ist.[180] Dies sei im Folgenden am Beispiel von Pfingstkirchen in Ghana erläutert.

5.3 Deliverance und prosperity in lokaler, transnationaler und politischer Perspektive

In den letzten etwa achtzig Jahren haben Pfingstkirchen in Ghana numerisch sehr stark zugenommen, wohingegen sowohl *klassische* Kirchen wie Römisch-katholische Kirche, Anglikanische Kirche oder verschiedene protestantische Kirchen prozentual verloren haben, ebenso *Spiritual-healing churches*.[181] Die

---

179. Die verwendete Nomenklatur ist sehr unterschiedlich, beispielsweise wäre zu fragen, welche Bedeutung genau die Rede von Christi Blut hat und, inwiefern hier lokale ethnische Vorstellungen z. B. der Kraft des Blutes von Opfertieren implizit aufgegriffen, überboten und damit als rituelle Vollzüge aufgehoben werden.
180. Nach meinen eigenen Erfahrungen gibt es einen *globalen Diskurs* zu Fragen der Nomenklatur, der – kulturübergreifend – für das Englische den Begriff *power* anderen Begriffen vorzieht. So wurde in Diskussionen mit Pastoren/innen und Mitarbeitenden asiatischer Kirchen in Indonesien, Indien, Pakistan und Sri Lanka schnell deutlich, dass Begriffe wie *energy* oder *force* ausdrücklich abgelehnt wurden, da ersteres eine zu große Nähe zu asiatischen spirituellen Praktiken aufweise und letzteres die Assoziation von Gewalt mitführe, so die meisten Voten. Auch in Gesprächen mit afrikanischen Christen/innen wurde der Begriff *power* bevorzugt, der Begriff *energy* dagegen durchgehend abgelehnt.
181. Im Folgenden beziehe ich mich besonders auf: *R. van Dijk* (2001): Time and Transcultural Technologies of the Self in the Ghanaian Pentecostal Diaspora, in: A. Corten u. a.

5. Missionstheologische Profile in Pfingstkirchen und -bewegungen 249

missionarische Ausstrahlungskraft vieler Pfingstkirchen ist erklärungsbedürftig.[182] Ältere Pfingstkirchen wie die *Church of Pentecost* wurden durch die in den späten 1970er Jahren begründeten neuen Pfingstkirchen deutlich in den Schatten gestellt. Zu nennen sind hier Kirchen wie die *Christian Action Faith Ministries*, begründet durch *Ducan Williams* oder die *International Central Gospel Church* von *Mensa Otabil*. Die Dimension des Internationalen und des Transnationalen spielt für diese Kirchen eine große Rolle, was sich in der Namensgebung ebenso wie in der Symbolik niederschlägt. So heißen einige der bekanntesten Kirchen etwa *Harvest Ministries International, Global Revival Outreach Ministry, World Miracle Church* oder *International Central Gospel Church*. Pfingstkirchen sind heute dominante Kräfte innerhalb der christlichen Szene Ghanas. Im *Ghana Pentecostal Council* sind derzeit über 130 Kirchen vertreten. In den Pfingstkirchen der jüngeren Generation spielen seit den 1980er Jahren besonders das *breaking* und *deliverance* eine ausgesprochen große Rolle. Die Mission dieser Kirchen ist nur verstehbar, wenn die Bedeutung der Praxis des spirituellen Kampfes gegen die Kräfte Satans und seiner Dämonen in ihren verschiedenen Dimensionen berücksichtigt wird, der individuellen, der kulturellen, der sozialen, der wirtschaftlichen, der politischen und der geographischen Dimension. Was aus westlicher Sicht auf den ersten Blick als rückwärtsgewandter Obskurantismus erscheint, ist sozialwissenschaftlich gedeutet eine umfassende Modernisierungsstrategie.

Verschiedene Praktiken von Deliverance. Was ist unter *breaking* und *deliverance* zu verstehen? Praktisch gesehen geht es in den Pfingstkirchen der jüngeren Generation um das Austreiben böser Geister aus einem Menschen durch lautes Gebet im Namen Jesu Christi und in der Kraft des Heiligen Geistes. Durch den Namen Christi, das Blut Christi und den Geist Christi werden die Dämonen bezwungen: Sie müssen den Menschen verlassen. Dies geschieht oft unter Handauflegung und zu verschiedenen Gelegenheiten, entweder in einem Gottesdienst oder aber in besonderen Gebetsformen. So genannte *prayer camps* sind in den letzten Jahrzehnten zu sehr einflussreichen Orten von *deliverance* und Heilungsgebet geworden. In solchen Camps treffen sich über das Jahr Tausende, Zehntausende oder gar Hunderttausende von Menschen, die in Gebetszeiten, durch Fasten und Singen, Lobpreisen und Heilungsgebete spirituelle Zuwendung erfahren. Manche bleiben ein paar Tage, andere bleiben für eine längere Zeit.[183]

(Hg.), Between Babel and Pentecost, 216-243; *ders.* (1997): From Camp to Encompassment: Discourses of Transsubjectivity in the Ghanaian Pentecostal Diaspora, in: JRA (27), 135-160.
182. Vgl. *A. Anderson* (1999): African Pentecostals in Mission, in: Svensk Missionstidskrift (87), 389-404.
183. Probleme der Deliverance- und Posperity-Theologie und -Praxis werden, wie *Richard*

Bedeutsam ist, dass in Pfingstkirchen die Frage der bösen Geister ernst genommen wird, wohingegen von vielen Missionskirchen die Existenz von Geistern lange Zeit entweder ganz geleugnet oder aber vernachlässigt wurde. Darin zeigt sich das fortwirkende Erbe westlicher Missionen, deren Missionare oft das Aufklärungsdenken des Westens polemisch gegen traditionale Religionen in Anschlag brachten. Pfingstkirchen grenzen sich einerseits gegen diese Missionskirchen ab, die die Existenz von Geistern nicht wirklich ernst nehmen, sie grenzen sich andererseits aber auch von Kirchen ab, die in der englischsprachigen Forschung als *spirit-healing churches* bezeichnet werden. In solchen Kirchen wird eine größere Nähe zu traditionalen kulturell-religiösen Mustern aufrechterhalten[184]: Verschiedene Kräuter und Öle, Kerzen und rituelle Bäder finden hier weiter Verwendung bis hin zu Schutzutensilien wie Ringen, die zu tragen sind. Solche Medien aber lehnen die meisten der ghanaischen Pfingstkirchen der jüngeren Generation ab, denn solche Praktiken gehören aus ihrer Sicht zum alten und traditionalen *setting* ghanaischer Lebenswelten, in denen sich die Kraft böser Geister manifestiere.

Aber was ist die Alternative? In den Pfingstkirchen ist oft die Aufforderung zu hören: ›*Make a complete break with the past!*‹[185] Es geht um einen Bruch mit der eigenen Vergangenheit und einen radikalen Neuanfang für einen Menschen. Hier lassen sich verschiedene Dimensionen unterscheiden. *Individuell* bedeutet dies, dass ein Mensch sich von seiner Vergangenheit lossagt und einen neuen Lebensstil zu verfolgen trachtet. Es geht um ein neues Leben ohne das Trinken von Alkohol, ohne Diebstahl, ohne Ehebruch, ohne Gier, aber auch ohne Armut und nicht zuletzt ohne das Befolgen älterer familiärer Traditionen. Die individuelle Entscheidung wird einerseits als Befreiung ver-

---

Burgess und andere gezeigt haben, *innerhalb der Pfingstbewegung* ausgesprochen kontrovers diskutiert. Im Kontext Westafrikas wird scharfe Kritik geübt, erstens dass mit der Betonung der Dämonen die *christologische Fokussierung* aus dem Blick gerate, ebenso die *eschatologische Ausrichtung*. Eine zweite Kritik betrifft den Verlust der früheren *Heiligungsethik*, die bis in die 1970er Jahre vielerorts dominant gewesen war. Diese werde nun durch einen innerweltlichen Materialismus geschwächt oder gar abgelöst. Als ebenso schwerwiegend wird drittens angesehen, dass *Buße, Umkehr und Neues Leben* aus dem Blick geraten, wenn es nur noch um die exorzistische Praxis gehe und damit die ethische Dimension geschwächt werde. Viertens werde insgesamt eine theologische Würdigung von *Leiden und Armut um Christi willen* unmöglich, wenn sich die Verkündigung und Praxis zu sehr auf prosperity ausrichte. *R. Burgess* (2008): Nigeria's Christian Revolution, 238-241.

184. *R. vn Dijk* (2001): Time and Transcultural Technologies, 221.
185. *B. Meyer* (1998): ›Make a Complete Break with the Past‹: Memory and Post-colonial Modernity in Ghanaian Pentecostalist Discourse, in: JRA (27), 316-349; *dies.* (2007): Pentecostalism and neo-liberal Capitalism: Faith, Prosperity and Vision in African Pentecostal-Charismatic Churches, in: Journal for the Study of Religion (20), 5-28.

standen, andererseits als eine Verheißung auf persönliche Zukunft, denn für die *kulturell-religiöse Dimension* bedeutet der Bruch, von den Kräften des Satans und der Dämonen frei zu werden, die in so genannten *ancestral curses*, also Flüchen innerhalb der Familie, die quasi weiter »vererbt« werden, am Werk gesehen werden. Das Verehren von bösen Geistern in Gestalt traditionaler Riten wird als eine Kraft verstanden, die über die Ahnen, die Großeltern bis hin zu den Eltern innerhalb familiärer verwandtschaftlicher Bindungen weitergegeben wird. Solch ein *ancestral curse* wirkt in den Familien und Clans fort und hat, so das Verständnis, ganz praktische Auswirkungen, etwa geschäftliche Erfolglosigkeit, Kinderlosigkeit oder aber Probleme wie Alkoholismus, familiäre Gewalt oder Unglücksfälle.

Von den Flüchen der Ahnen befreit zu werden bedeutet für viele ghanaische Pfingstler/innen allgemein die Chance auf ein besseres Leben. In der spirituellen Praxis liegt damit im Blick auf die *soziale Dimension* die Verheißung einer *upward mobility*, eines gesellschaftlichen Erfolges. Dies aber wird nur dadurch möglich, dass der betreffende Mensch einen kompletten Bruch auch mit seiner Herkunftsfamilie und Verwandtschaft vollzieht. Denn wenn hier bei Feiern anlässlich einer Geburt, einer Hochzeit oder einer Beerdigung verschiedene traditionale Riten nach wie vor praktiziert werden, dann bedeutet die Nichtteilnahme des *born again*-Christen ohnehin den Bruch mit der Familie. Mit der individuellen Bekehrung ist damit auch automatisch die *kulturelle Dimension* erfasst, die Ablehnung traditional-religiöser Elemente sowie die soziale Dimension des Bruchs mit der eigenen Familie und Verwandtschaft. Die damit verbundenen *Kosten* (Verlust von Bindungen usw.) sind zwar beträchtlich, dem steht jedoch die Verheißung wirtschaftlicher und persönlicher Prosperität gegenüber.

Menschen in Ghana verstehen das Wirken Satans und böser Geister nicht nur auf den menschlichen Körper beschränkt, was Süchte, Krankheiten und Tod betrifft, sondern solche Geister wirken nach ihrer Ansicht ebenso in Zusammenhängen wie den so wichtigen Visafragen, der Frage, ob man eine Arbeitserlaubnis erhält oder aber einen Pass. Aber auch die wirtschaftliche Misere eines ganzen Landes kann darauf zurückgeführt werden, dass der Wirtschaftsminister oder aber der Staatspräsident besessen sei. Wenn also der *ancestral curse* gebrochen werden kann, so die Erwartung, wird es z. B. auch möglich sein, ein Ausreisevisum in die USA, für Großbritannien oder andere Länder zu erhalten. Fazit: Der Bruch mit Familie und Vergangenheit ist eine Befreiung zu wirtschaftlichem Aufstieg und zu transnationaler Mobilität. Deliverance wird damit zu einem *Tor zur Welt*. Es sei daneben darauf hingewiesen, dass der Bruch mit der Familie für Menschen im städtischen Milieu auch bedeutet, von den wirtschaftlichen Verpflichtungen entbunden zu sein, die eigene Großfamilie auf dem Land finanziell unterstützen zu müssen, was nicht selten den Effekt hat, dass dadurch mangels Ersparnissen ein wirtschaftlicher Aufstieg unmöglich gemacht wird.

Deliverance und prosperity – Modernisierungsstrategien und Globalisierung. Es wurde deutlich, dass in Ghana die Praxis von *deliverance* oft bedeutet, Menschen aus verwandtschaftlichen Kontexten herauszulösen und ihnen so Freiräume zu ermöglichen. Rijk van Dijk weist jedoch darauf hin, dass man Praktiken innerhalb der Pfingstbewegung nicht auf solche Muster reduzieren kann, da die Praktiken je nach Kontext ganz anders gewichtet werden.[186] Während nämlich in den *Prayer Camps* in Ghana mittels von Fragebögen die *Vergangenheit* von Menschen detailliert erfragt wird, um dann die *ancestral curses* zu identifizieren, die Menschen durch *deliverance* zu befreien und sie dann, wenn sie das Camp verlassen haben, sich selbst zu überlassen, sieht die Praxis von ghanaischen Pfingstkirchen in der Diaspora ganz anders aus. Hier werden – etwa in Migrantengemeinden in den Niederlanden, die mehrheitlich aus Ghanaern/innen bestehen – ganz andere Schwerpunkte gesetzt. Es gibt keine Anwendung von Fragebögen, denn Fragen nach der Vergangenheit von Menschen werden gänzlich vermieden. Warum? Viele Migranten haben längere Phasen als illegale Einwanderer gelebt, haben sich durch zweifelhafte Geschäfte oder Prostitution durchzuschlagen versucht und dabei alle möglichen schlechten Erfahrungen gemacht. Die Vergangenheit wird daher nach Möglichkeit nicht angerührt. Dementsprechend hat die Praxis von *deliverance* hier eine weitaus geringere Bedeutung. *Gegenüber den Prayer Camps, die einen Besucherverkehr bedienen, agieren Pfingstkirchen allgemein als transnationale Netzwerke,* so dass Menschen, die aus Ghana kommen, im Blick auf Hilfe bei administrativen Fragen, Unterkunft, sprituelier Hilfe und Freundschaften unterstützt werden. Die Hilfe bei diesen lebenspraktischen Dingen steht im Vordergrund; der Netzwerkcharakter hat große Bedeutung.

Von großer Bedeutung ist auch der Zielhorizont des Wohlergehens. Hier lassen sich deutliche Veränderungen im Profil etlicher Pfingstkirchen beobachten. Für die späten 1980er und die 1990er Jahre stellt Kalu fest:

»When Benson Idahosa linked with Bakker and other proponents of the faith / claim theology, the character of Pentecostalism changed dramatically in seven ways: i. The rise of the mega church with thousands of members and branches; ii. The rise of the rich Big Man of God; iii. The rise of mega projects-elaborate church center, Bible school, businesses, elaborate outreaches; iv. Increased access to electronic medium: radio, television, video, and audio cassettes; print media: glamorous house magazines, handbills, posters, billboards, and books; clothes: t-shirts, caps, and fashion; and music; v. Radical shift in ecclesiology from congregationalist polity to episcopacy with centralized, bureaucratized administration; vi. Emphasis on five-fold ministry made up of prophets and apostles who

---

186. R. van Dijk (2001): Time and Transcultral Technologies, 230 ff.

had control over evangelists, teachers, and deacons. In this polity, the wife of »the man of God« organized women's organizations, vii. Titles became important as many acquired doctorates either honoris causa or by outright purchase. Idahosa became a reverend, doctor, professor, and archbishop! The shift in ecclesiology, the importance of titles, and the size of projects were connected with profile and visibility of a ministry. High visibility, iconic image tangled with intense spirituality to draw public, national, and international attention.«[187]

Umgesetzt wurden diese Veränderungen durch eine Fülle verschiedener Organisationsformen.

»The growth of the movement has been aided by a plurality of peculiarly African voices and typology. The born-again people are a broad movement consisting of (1) Interdenominational fellowships; (2) evangelistic ministries, such as the Deeper Life Bible Church; (3) deliverance ministries, specializing in exorcism; (4) prosperity or faith Ministries, sometimes promoting positive thinking, such as Benson Idahosa's Church of God Mission; (5) Intercessors: members of Intercessors for Africa and Prayer for the Nation groups; (6) Bible Distribution Ministries, for example, Gideon Bible International, whose members must be born-again and active in their churches; and (7) Classical Pentecostals, such as Four Square Gospel and Assemblies of God (who came from outside Africa). The lines of division are between fellowships (sometimes referred to as para-churches) and churches and between holiness and prosperity groups. A wide range of ministries that are not strongly church-types enable large numbers to percolate among the various groups and their mainline churches.«[188]

Halten wir fest: Pfingstlerische Praxis kann sozialwissenschaftlich als Eröffnung der Möglichkeit von *upward mobility* gedeutet werden. Spirituelle Praktiken haben vielfältige Effekte, die von Menschen als Lebensgewinn erfahren und gedeutet werden. So gesehen manifestiert sich pfingstlerische ›Missionstheologie‹ in den spezifischen Praktiken dieser Gemeinden, Kirchen und Bewegungen.

Betrachten wir *deliverance*-Praktiken noch etwas genauer im Blick auf *politische Implikationen*.[189] In Ghana wurden seit den 1980er Jahren Thesen aus

---

187. *Kalu* (2007): 27-28.
188. *Kalu* (2002): Preserving, 128.
189. Zum Folgenden s. O. Onyinah (2012): Contemporary ›Witchdemonology‹ in the Church of Pentecost: 1988-2000, in: ders., Pentecostal Exorcism. Witchcraft and Demonology in Ghana, Dorset (UK), 171-231; *ders.* (2001): Matthew Speaks to Ghanaian Healing Situations, in: JPT (10), 120-143. Zu den *Spiritual Churches* in Ghana: *R. W. Wyllie* (1985): Perceptions of the Spirit Churches: A Survey of Methodist and Roman-Catholics in Winneba, Ghana, in: JAR (15), 142-167; zu den *Anfängen der klassischen Pfingstkirchen* in Ghana: *R. W. Wyllie* (1974): Pioneers of Ghanaian Pentecostalism: Peter Anim and James McKeown in: JAR (6), 109-122; zur *Charismatisierung traditioneller Missionskirchen* in Ghana: *C. Omenyo* (1994): The Charismatic Renewal Movement in Ghana, in Pneuma (16), 169-189.

der us-amerikanischen Szene wie das Konzept des *strategic spiritual warfare* von *Claus Peter Wagner*[190] oder das Konzept einer *Dominion theology* eines *Pat Robertson* aufgegriffen und auf die regionalen Verhältnisse angewendet. Wenn es nämlich Hierarchien von bösen Geistermächten gibt, die ganze Regionen in ihrem Bann halten, dann ist, so die Folgerung, Afrika durch die Dämonen traditionaler Religionen dazu verdammt, unter einem *Dämonen der Armut* sein Dasein zu fristen. Die pauschale Deutung afrikanischer Religionen als dämonisch, wie sie durch weiße Missionare im 19. und auch noch 20. Jahrhundert vorgenommen worden war, wird hier mit neueren Deutungsmustern verbunden. So wurde von einigen ghanaischen Pfingstlern angenommen, dass ›born-again‹-Christen in möglichst hohen politischen Positionen den Bann böser Geister würden brechen können und kandidierten daraufhin für politische Ämter. Diese Form politischer Teilnahme wurde demnach ganz im Rahmen eines *spiritual warfare* gedeutet, nicht jedoch in Kategorien politischer Analyse. Deshalb auch wurde – um ein anderes Beispiel zu nennen – die traditionale Häuptlingsschaft als eine andere Form von gesellschaftlicher Hierarchie scharf abgelehnt, weil darin ein Ausdruck afrikanisch-heidnischer und damit dämonischer Traditionen gesehen wurde.[191] *Spiritual warfare hat damit – mittelbar – auch eine politische Dimension, wenn auch geradezu im Gegensatz zu Formen politischer Theologie.*[192]

Halten wir einen Augenblick innen und kommen zu einem Vergleich. Wie wird das Politische in verschiedenen christlichen Strömungen konzeptionalisiert? Befreiungstheologisch geht es um den Dreischritt von *Sehen – Urteilen – Handeln*, das heißt erstens um das *Sich-einlassen* auf Kontexte und eine *gesellschaftspolitische Analyse*. Es geht zweitens um *politische Willensbildung* und drittens ein entsprechendes *Engagement in organisierten Formen wie etwa Basisgemeinden, Gewerkschaften, Nicht-Regierungsorganisationen oder Widerstandsbewegungen*. Pfingstlerisch-dämonologisch dagegen geht es erstens um durch den *Heiligen Geist bewirktes ›Sehen‹* der verborgenen dämonischen

---

Zur Heilungstheologie von Kenneth Hagin: K. *Warrington* (2000): Healing and Kenneth Hagin, in: Asian Journal of Pentecostal Studies (3), 119-138.

190. *Robert Guelich* führt das Konzept einer hierarchischen Ordnung von dämonischen Hierarchien bei *Peter Wagner* auf den Einfluss der Novelle *This Present Darkness* von *Frank E. Peretti* zurück. Vgl. R. A. *Guelich* (1991): Spiritual warfare: Jesus, Paul and Peretti, in: Pneuma (13), 33-64.

191. M. *Gilbert* (1995): The Christian Executioner: Christianity and Chieftaincy as Rivals, in: JRA (25), 345-386.

192. Die Vorstellung eines *Geistes der Armut (spirit of poverty)* wurde auch in anderen Ländern aufgegriffen, etwa in Zimbabwe durch die *Zimbabwe Assemblies of God*. Vgl. D. *Maxwell* (1998): Delivered from the Spirit of Poverty? Pentecostalism, Prosperity and Modernity, in: JRA (28), 350-373.

Mächte, Gewalten und Geister, es geht zweitens um den Gebrauch der empfangenen *Geistesgaben* und drittens die *Aufnahme des Kampfes in deliverance* und Heilungsdiensten. Befreiungstheologisch geht es um einen *epistemologischen Bruch* in der *Parteilichkeit*, am Kampf an der Seite der Armen teilzunehmen. Pfingstlerisch-dämonologisch geht es um einen *geistlichen Bruch mit der Vergangenheit* von Sünde, dem Anbeten fremder Götter, den Flüchen innerhalb der eigenen Verwandtschaftslinien und die soziale Abgrenzung zu alten ›Freunden‹, zu Verwandten und allgemein alten Verbindungen und den spirituellen Kampf. Dämonische Mächte sind befreiungstheologisch gefasst bestimmte *Unrechts- und Unterdrückungsstrukturen*, pfingstlerisch dagegen *geistige Wesenheiten*, die Politiker in ihrem Bann halten, Trockenheit und Missernten verursachen oder wirtschaftliche Krisen aller Art hervorrufen. Befreiungstheologisch geht es um eine *Spiritualität des Widerstandes*, des Leidens und des Martyriums, pfingstlerisch um eine *Spiritualität der Geistesgaben*, die spezifischen Aufgaben im mikrosozialen und leiblichen Bereich dienen: Prophetische Diagnose ermöglicht es, zu analysieren, woher Flüche und dergleichen kommen, die Gabe von *deliverance* verhilft dazu, den betreffenden Geist auszutreiben, der für die Krankheit einer ganz bestimmten Person verantwortlich ist oder etwa für wiederholte Fehlgeburten, allgemein für geschäftliche Probleme, Trunksucht, Gewalt oder Promiskuität.

Die *Themen* von Analyse, Bruch, Engagement und der Begriff des Dämonischen kommen demnach bei beiden ausgewählten Richtungen, hier der Befreiungstheologie und dort Pfingstlerischer Theologie der ghanaischen *New Generation Churches* vor. Sie werden jedoch völlig unterschiedlich gefüllt. Zu fragen ist daher, in welchem Maße solche Formen christlichen Engagements als für gesamtgesellschaftliche Verhältnisse lebensförderlich angesehen werden können. *Opoku Onyiah* etwa räumt im Blick auf ghanaische *New Generation Churches* selbstkritisch ein:

> »… the demonisation of the Akan culture by the proponents of ›witchdemonology‹ brings Akan Christians into tension with their traditional people and their extended family system, and promotes the Western concept of the ›nuclear family‹. The result is the indirect promotion of individualism, motivating some Christians to avoid the support of the extended family on the grounds of witchcraft issues. In addition, the demonization of other religions does not promote ecumenism or advance a peaceful atmosphere in Ghana, a country of different religions. Thus the church needs to address these two areas.«[193]

---

193. O. Onyinah (2012): Contemporary ›Witchdemonology‹, o. a., 288.

5.4 Zur Rolle von Frauen in den Pfingst-Missionen und Pfingst-Kirchen

Da wiedergeborene Christen/innen nach pfingstlerischer Ansicht Geistesgaben empfangen werden, ist mit der Praxis dieser Gaben auch die Frage nach Führungsrollen innerhalb der Pfingstgemeinden und Pfingstkirchen gestellt. Während einige Kirchen die Rolle der Frauen auf Heilungsdienste, Katechese und Prophetie begrenzen, Frauen also weder als Pastorinnen noch in höheren Ämtern der Kirche zulassen, sehen andere Kirchen in Frauen gleichrangige Glieder der Kirchen und Gemeinden. Unter den *New Generation Churches* Nigerias und Ghanas etwa gibt es sowohl bedeutende Prophetinnen, Heilerinnen und Exorzistinnen, es gibt in einigen Kirchen Pastorinnen als Selbstverständlichkeit, einige Kirchen aber wurden durch Prophetinnen/Heilerinnen begründet und werden durch diese als Bischöfinnen geleitet.[194] Für Frauen bieten sich insbesondere in missionarischer Arbeit außerhalb ihrer Heimatregion Möglichkeiten, den vollen missionarisch-pastoralen Dienst auszuüben. In vielen Pfingst-Kirchen ist zu beobachten, dass die Frau des Hauptpastors, der oft der Leiter der Kirche ist, als eine Art *first lady* fungiert: Gut ausgebildet, geschmackvoll gekleidet und im Blick auf den Dienst in der Kirche ihrem Mann faktisch nahezu gleichgestellt. Dieses Phänomen lässt sich auch in anderen Kontexten, etwa Pakistan oder Indonesien beobachten. Im Kontext Schwarzafrikas gibt es einige prominente Begründerinnen von Pfingstkirchen, etwa in Nigeria die durch *Dorcas Olayinka* im Jahr 1979 begründete *Agbala Daniel Church*, die 1993 in Kenia durch *Margaret Wanjiru* begründeten *Jesus Is Alive Ministries* oder *Margaret Wangare* als *Presiding Bishop* der *Church of the Lord* in Kenia[195] oder aber *Mercy Yami* aus Malawi, die 1995 die *The Love of God Church*[196] gründete.[197]

---

194. Zum Folgenden vgl. *J. E. Soothill* (2007): Gender, Social Change and Spiritual Power: Charismatic Christianity in Ghana, Leiden; *O. Kalu* (2008): Gendered Charisma: Charisma and Women in African Pentecostalism, in: ders., African Pentecostalism, 147-165; *I. A. Phiri; S. Nadar* (Hg.) (2002): Her Stories: Hidden Histories of Women of Faith in Africa, Pietermaritzburg; *B. O. Olayinka* (2000): Female Leaders of New Generation Churches as Change Agents in Yorubaland, PhD Thesis, Obafemi Awolowo University.
195. Siehe: http://www.bishopmargaret.org, abgerufen am 10.05.12.
196. Vgl. *I. A. Phiri* (2000): African Women in Mission: Two Cases from Malawi, in: Missionalia (28), 267-293.
197. Als weiteres Beispiel sei auf die *Solid Rock Chapel* von Christy Doe Tetteh in Ghana verwiesen. Vgl. *J. K. Asamoah-Gyadu* (1998): Fireballs in Our Midst: West Africa's Burgeoning Charismatic Churches and the Pastoral Role of Women, in: Mission Studies (15), 15-31.

Abb. 1 Jesus und die samaritanische Frau am Brunnen (Angela Trindade, 1909-1980)

Abb. 2 Christliche Heilerinnen, Pakistan

Abb. 3 Khachi Kholi-Frau, Provinz Sindh, Pakistan

Abb. 4 Khachi Kholi-Siedlung, Sindh, Pakistan

Abb. 5 Pater Patrick P. Hiwatig im Slumgebiet in Navotas, Manila

Abb. 6 Slumgebiet in Navotas, Manila

Abb. 7 Slumsiedlung unter einer Brücke, Manila

Abb. 8 Sozialinitiative einer römisch-katholischen Gemeinde, Manila

Abb. 9 Pfingstlerischer Heilungsgottesdienst in Pakistan

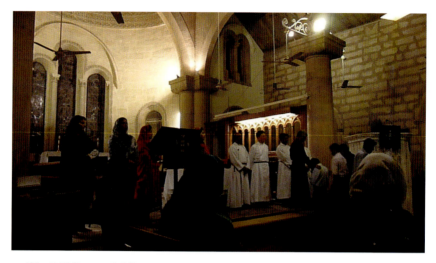

Abb. 10 Heilung und deliverance in einem Gottesdienst der Church of Pakistan, Karachi

Abb. 11 Werbung einer christlichen Heilerin, Sindh, Pakistan

Abb. 12 Kooperative HIV-positiver Frauen der lutherischen Kirche in Daressalam, Tanzania

Abb. 13 Anhänger der Hizbullah, Surakarta, Indonesien

Abb. 14 Christliche Versöhnungsinitiative, Surakarta, Indonesien

Abb. 15 Besuch beim Interreligiösen Friedensrat, Bandung, Indonesien

5.5 Pfingstlerische Missionstheologien?

Missionswissenschaftlich von großem Interesse ist die Frage, worin der Erfolg der Pfingstbewegung weltweit im Allgemeinen und einzelner Pfingstkirchen im Besonderen liegen mag. Die Frage ist indes sehr schwer zu beantworten, da verschiedene Theorien ganz bestimmte Antworten geradezu präjudizieren.[198] Grundsätzlich kann man sagen, dass hier die missionswissenschaftlichen Analysen als Konversionsforschung zu betreiben sind, wobei eine Metareflexion den jeweiligen methodologischen Grundlagen und deren Implikationen zu widmen wäre. Dies kann hier nur angedeutet werden. Auf das Thema Konversion wird an späterer Stelle zurückzukommen sein. In diesem Kapitel jedenfalls wurde bisher darauf hingewiesen, dass sich pfingstlerische Theologie der Mission in verschiedenen Formen »verleiblicht«, die als solche zu deuten sind. Demgegenüber ist eine verschriftlichte Missionstheologie etwas anderes. Werden in der missionarischen Praxis die leiblich-gemeinschaftlichen Ausdrucksformen »gelesen«, so sind in missionstheologischen Entwürfen vom Pfingstlern diese Ausdrucksformen nur mittelbar präsent. Im englischsprachigen Raum liegen einige erste Übersichten vor, so etwa von *Veli-Matti Kärkkäinen*[199], von *Gary McGee*[200] oder *Byron Klaus*[201]. Theologiegeschichtlich betrachtet bewegen sich die ersten missionstheologischen Reflexionen noch in den Bahnen evangelikaler Theologie.[202] Die frühen Pfingstler bezogen sich gerne auf die Arbeiten des angelikanischen Missionars *Roland Allen*[203]. Dieser hatte im Jahr 1912 die Schrift *Missionary Methods: St. Paul's or Ours?* veröffentlicht. Seine späteren Gedanken zur Verbindung von Pneumatologie und Mission fanden jedoch bemerkenswerter Weise wenig Beachtung.[204] Zu

---

198. Als Übersicht vgl. A. *Droogers* (2001): Globalisation and Pentecostal Success, in: A. Corten u.a. (Hg.), Between Babel and Pentecost, 41-61.
199. *V.-M. Kärkkäinen* (1999): Pentecostal Missiology in Ecumenical Perspective, in: IRM (88), 207-225; *ders.* (2000): ›Truth and Fire‹: Pentecostal Theology of Mission and the Challenges of a New Millenium, in: AJPS (3), 33-60; *ders.* (2004): Pentecostal Theology of Mission in the Making, in: Journal of Beliefs and Values (25), 167-176.
200. *Gary B. McGee* (1993): Pentecostal and Charismatic Missions, in: Philips / Coote (Hg.), Toward the Twenty-first Century in Christian Mission, Grand Rapids, 41-56; *ders.* (1994): Pentecostal Missiology, in: Pneuma (16), 275-281; *ders.* (1997): The Radical Strategy in Modern Missions: The Linkeage of Paranormal Phenomena with Evangelism, in: C. D. McDonnell (Hg.), The Holy Spirit and Mission Dynamics, Pasadena, 69-95.
201. *B. D. Klaus* (2005): The Holy Spirit and Mission in Eschatological Perspective: A Pentecostal Viewpoint, in: Pneuma (27), 322-342.
202. Vgl. *V.-M. Kärkkäinen*; *A. Yong* (Hg.) (2002): Toward a Pneumatological Theology: Pentecostal and Ecumenical Perspectives on Ecclesiology, Soteriology, and Theology of Mission, University Press of America.
203. Dessen Aufsätze jetzt in: *R. Allen* (1960): The Ministry of the Spirit, Grand Rapids.
204. So *V.-M. Kärkkäinen* (2000): ›Truth and Fire‹, 41. Siehe dazu Allens Aufsatz von 1917

den bekannten Namen der ersten pfingstlerischen Missionstheologen aus der westlichen Welt gehören *Melvin Hodges*[205] und *Paul A. Pomerville*[206]. Zur jüngeren Generation gehört der aus Südkorea stammende und in den USA lehrende Theologe *Amos Yong*[207], Byron Klaus[208] und der Südkoreaner *Wonsuk Ma*.[209] In einem Sammelband aus dem Jahre 1991 wird unter dem Titel *Called and Empowered: Global Missions in Pentecostal Perspective* m. W. erstmalig ein breiteres Spektrum pfingstlerischer Missiologie aufgezeigt.[210]

Vielleicht stammen ausformulierte Missiologien nicht von Ungefähr aus dieser Weltgegend, wohingegen auf die Bedeutung von Ansätzen aus dem Süden mit Nachdruck hingewiesen werden muss, wie *Larry Pate* gezeigt hat.[211] Für den afrikanischen Kontinent[212], für Asien[213] und Lateinamerika[214] ebenso wie *Ozeanien*[215] und andere Weltgegenden wären die Entwicklungen im Einzelnen nachzuzeichnen, was im Rahmen dieses Buches allerdings nicht geleistet werden kann. Auf religionstheologische Entwürfe von Pfingsttheologen/innen wird im dritten Band dieses Lehrbuches zurückzukommen sein.

»Pentecost and the World«. Unter verändertem Titel jetzt in *R. Allen* (1960): The Ministry, 1-61.
205. *M. Hodges* (1978): The Indigenous Church and the Missionary, South Pasadena, CA.
206. *P. A. Pomerville* (1985): The Third Force in Missions: A Pentecostal Contribution to Contemporyra Mission Theology, Peabody (MA).
207. Vgl. *A. Yong* (2010): Many Tongues, Many Practises. Pentecost and Theology of Mission 2010, in: O. L. Kalu u. a. (Hg.), Mission After Christendom, 43-58; vgl. *ders.; T. Richie* (2010): Missiology and the Interreligious Encounter, in: A. Anderson u. a. (Hg.), Studying Global Pentecostalism, Berkeley et al., 245-267.
208. *B. D. Klaus* (2005): The Holy Spirit and Mission in Eschatological Perspective: A Pentecostal Viewpoint, in: Pneuma (27), 322-342.
209. *J. C. Ma; W. Ma* (2010): Mission in the Spirit. Towards a Pentecostal / Charismatic Missiology, Eugene.
210. *M. Dempster; B. D. Klaus; D. Petersen* (Hg.) (1991): Called and Empowered: Global Missions in Pentecostal Perspective, Peabody (MA).
211. *L. D. Pate* (1991): Pentecostal Missions from the Two-Thirds World, in: Dempster u. a. (Hg.), Called and Empowered, o. a., 242-258. Vgl. auch: *A. Corten; R. Marshall-Fratani* (Hg.) (2001): Between Babel and Pentecost: Transnational Pentecostalism in Africa and Latin America, Bloomington / Indianapolis.
212. *A. Anderson* (1999): African Pentecostals in Mission, in: Svensk Missionstidskrift (87), 389-404.
213. *A. Anderson; E. Tang* (Hg.) (2005): Asian and Pentecostal: The Charismatic Face of Christianity in Asia, Oxford; Baguio City (Philippines).
214. *T. J. Steigenga; E. L. Cleary* (Hg.) (2007): Conversion of a Continent: Contemporary Religious Change in Latin America, New Brunswick (NJ) / London.
215. *D. Jorgensen* (2005): Third Wave Evangelism and the Politics of the Global in Papua New Guinea: Spiritual Warfare and the Recreation of Place in Telefolmin, in: Oceania (75), 444-461.

5.6 Würdigung und Kritik

Missionarisches Wirken von Pfingstkirchen und -gemeinden wird, um den Erscheinungen wirklich gerecht zu werden, jeweils für den Einzelfall zu beschreiben sein. Allerdings gibt es kritische Anfragen, die sich auf pfingstlerische Praxis allgemein beziehen und in unterschiedlichen Gesellschaften in ähnlicher Weise erhoben werden. Im Folgenden sollen einige dieser Anfragen unter dem Begriff der Rationalität zusammengefasst und durch eigene Beobachtungen ergänzt werden. Unter dem Begriff einer rationalen Weltsicht kann man einerseits den Ansatz *naturwissenschaftlicher und sozialwissenschaftlicher Deutungen* fassen, andererseits, wie zu zeigen sein wird, einen Rationalitätsbegriff im Sinne einer *lebenspraktischen Rationalität* unterlegen. Nur beide Perspektiven zusammengenommen ermöglichen meines Erachtens eine kritische Würdigung pfingstlerischer Praxis, die um ein Höchstmaß von Fairness bemüht ist. Beginnen wir mit Rationalität im natur- und sozialwissenschaftlichen Sinne. Aus wissenschaftlicher Sicht lassen sich beobachtete Phänomene auf kausale Zusammenhänge zurückführen. Eine Magenverstimmung ist dann möglicherweise Folge eines bakteriellen Infekts, nicht aber eines dämonischen Angriffs oder aber einer Verhexung. Das bedeutet, dass sowohl pneumatologische als auch dämonologische Deutungen von Wirklichkeit, wie sie unter Pfingstlern/innen gängig sind, aus dieser Perspektive einer scharfen Kritik unterliegen: Wenn Kranksein auf Dämonen zurückgeführt wird, dann wird die betreffende Krankheit nicht diagnostiziert, damit nicht erkannt und verschleppt, mit möglicherweise schwerwiegenden Folgen. Auch psychologisch gilt, dass dämonologische Erklärungen Ängste vermutlich eher verstärken als abbauen. Hermeneutisch ist zu fragen, ob die Feststellung, Menschen anderer Weltanschauung seien dämonisch besessen, nicht zu bedenklichen Stigmatisierungen führt. Und wenn darüber hinaus auch soziale und wirtschaftliche Zusammenhänge darauf zurückgeführt werden, dass der Wirtschaftsminister oder Staatspräsident besessen sei, wird Misswirtschaft und Korruption vertuscht, anstatt aufgedeckt, es werden Verantwortlichkeiten abgeschoben und es wird Schuld und Versagen abgewälzt.

Mit einem Wort: Dämonologische und pneumatologische Deutungen sind ein Einfallstor für verschiedenste Formen von Irrationalität, sie können durch das Verkennen oder Vertuschen der wahren – kausalen – Ursachen zu lebenszerstörenden Kräften werden. Insbesondere in der Tradition des Aufklärungsdenkens erscheinen Formen der Pfingstfrömmigkeit daher als ein bedenklicher Rückfall in voraufklärerische Formen von Weltbewältigung. Diese ernsthaften Bedenken werden meines Wissens in vielen Gesellschaften ebenso intensiv wie kontrovers diskutiert.

Umgekehrt jedoch sollte das, was ich eine *lebenspraktische Rationalität* nennen möchte, nicht aus dem Blick verloren werden, denn immerhin eignet den Pfingstbewegungen eine starke Anziehungskraft, wenn auch umgekehrt eine sehr große Zahl von enttäuschten Menschen, so genannte *postcharismatics*, zu verzeichnen ist, weltweit etwa 50 Millionen Menschen. Die lebenspraktische Rationalität vor allem pneumatologischer Deutungen möchte ich an verschiedenen Beispielen erläutern, die mir begegnet sind. Ich fasse die gemeinte Rationalität unter die Begriffe der Entlastung, der Entschuldung und der Emanzipation. Grundsätzlich geht es darum, dass es *die Bezugnahme auf die Erfahrung einer anderen Macht* (hier: des Heiligen Geistes) Menschen ermöglicht, sich aus sozialen, kulturellen, geschlechtsspezifischen oder allgemein gesellschaftlichen Zwängen zu befreien. Da die sich hier eröffnenden Möglichkeiten, so meine These, *intuitiv erspürt werden, eignet dem Sich-aussetzen dieser geglaubten Wirklichkeiten durchaus eine lebenspraktische Rationalität.*

Beginnen wir mit dem Thema Entlastung: In pfingstlerisch geprägten Gottesdiensten in Süd-Korea kann man beobachten, dass in einem ansonsten streng formalen Gottesdienstablauf eine Zeit von etwa 10-15 Minuten für ein freies Gebet im Geist eingeräumt wird. Mit einem Schlag beginnen Hunderte von Menschen laut zu beten und zu klagen, zu schreien und zu gestikulieren. In einer Kultur, in der ansonsten das Zeigen von Emotionen verpönt ist, bietet diese Gebetszeit mit dem Herausschreien von Klagen oder Dank eine *Entlastung*, denn es ist nicht die Person, die hier quasi aus dem Rahmen fällt, sondern es ist der Geist, der den Menschen ergreift. Daher verliert auch niemand sein Gesicht. Unter *Entschuldigung* fallen Beispiele von Frauen, die sich – etwa in afrikanischen Ländern – selbst als besessen erfahren, wilde oder apathische Reaktionen zeigen und durch *deliverance* Hilfe erfahren. Unter der Last psychosozialer Überbeanspruchung zusammengebrochen, sind sie entschuldet, denn es sind nicht sie selbst, die dieses Verhalten zeigen, sondern es sind die Dämonen, von denen sie besessen sind. Ihnen wir gemeinschaftliche Zuwendung zuteil, was viele Frauen stabilisiert.

Unter den Begriff der *Emanzipation* fällt die Herausforderung hierarchischer Muster. In einem workshop mit jungen Pastoren und Leitern der äthiopischen *Mekane Yesus Kirche* erklärten diese ganz offen, dass sie nur durch die Autorität des Heiligen Geistes, der ihnen prophetische Rede eingebe, in der Lage seien, die Hierarchie der Alten zu kritisieren und neue Wege zu erstreiten. Das Gebot, die Älteren zu ehren und ihnen Gehorsam entgegen zu bringen wird damit nicht durch die Personen an sich in Frage gestellt, sondern die Möglichkeit der Kritik kommt ihnen *extern* zu, so die Deutung, durch das Wirken des Gottesgeistes. Die pneumatisch bedingte *Externalisierung* von Verhaltensweisen (Beispiel Süd-Korea), körperlichen Zuständen (Beispiel Afrika) und bestimmten Handlungen (Beispiel Äthiopien) ermöglicht demnach Freiräume der Entlastung, Entschuldigung und Emanzipation.

So gesehen eignen pfingstlerischer Praxis durchaus konstruktive und lebensförderliche Dimensionen. Die Ambivalenz in der Thematik naturwissenschaftliche Rationalität hier, lebenspraktische Rationalität dort kann demnach nicht leicht zugunsten der einen oder anderer Option aufgehoben werden. Die missionstheologisch so relevante Dichotomie von der göttlichen Sphäre und der dämonischen Welt, das Verständnis von Mission als Teilnahme am geistlichen Kampf, das Verständnis von Gemeinden als Kraftfeldern des Geistes und des christlichen Dienstes an der Welt im Medium geistlicher Prozesse bleibt damit den einen ein Stein des Anstoßes, den anderen eine Option der Hoffnung. Missionswissenschaftlich wären solche Muster für verschiedene Themen zu analysieren, etwa für den Umgang mit Krankheit und Heilung, Genderfragen, Fragen interreligiöser Beziehungen oder zivilgesellschaftlichen Engagements.

Kommen wir zu einem weiteren Punkt: Es geht um die Einsicht, dass für viele Menschen *unterschiedliche Rationalitäten nebeneinander existieren*, ohne dass dies als Bruch aufgefasst wird. Menschen bemühen kontextuell verschiedene Deuteschemata, die sich dann in verschiedenen Handlungsmustern niederschlagen, wie am Beispiel ghanaischer Pfingstler einerseits in Ghana und andererseits in der europäischen Diaspora deutlich wurde. Man mag für diese Phänomene den Begriff der Hybridisierung bemühen.[216] Jedenfalls wird auch hier deutlich, dass durchaus lebenspraktische Formen von Rationalität im Spiel sind. *Die interkulturell-ökumenischen Auseinandersetzungen werden sich an dieser Stelle fortsetzen, in der Frage, welche Rationalitäten angemessen, vertretbar oder gar erlaubt sind, und aus wessen Perspektive solche Urteile vorgenommen werden.*

Als Maßstab für Kritik an verschiedenen Formen von *deliverance* ist ökumenisch-interkulturell das Zeugnis des *Neuen Testaments* von grundlegender Bedeutung.[217] Vom NT her lässt sich exegetisch zunächst herausstellen, dass die Austreibung von Dämonen keineswegs einen nebensächlichen Topos darstellt, sondern im theologischen Duktus sowohl für Markus[218] als auch für

---

216. Vgl. LIThM, Bd. 1, 334-338.
217. Zur Dämonologie im Neuen Testament vgl. allgemein: *M. Limbeck* (1975): Die Wurzeln der biblischen Auffassung vom Teufel und den Dämonen, in: Conc (D) (11), 161-168; ders. (1974): Satan und das Böse im NT, in: H. Haag (Hg.), Teufelsglaube, Tübingen, 271-388; zu *Paulus: Th. Knöppler* (2003): Paulus als Verkünder fremder daimonia. Religionsgeschichtlicher Hintergrund und theologische Aussage von Act 17,17, in: A. Lange u. a. (Hg.), Dämonen, Tübingen, 577-584.
218. *U. Mittmann-Richert* (2003): Die Dämonen und der Tod des Gottesohns im Markusevangelium, in: A. Lange u. a. (Hg.), Dämonen, Tübingen, 476-505

Matthäus[219] und Lukas[220] eine bedeutende Rolle spielt. Für das Lukasevangelium hebt *Thomas Söding* zu Recht hervor, dass die Exorzismen Jesu als Zeichen und Verwirklichung des in Jesus gekommenen Gottesreiches zu verstehen sind. Die in den Evangelien bezeugte *Verbindung von Exorzismen und eschatologischer Botschaft* sei im religionsgeschichtlichen Vergleich einzigartig.[221]

> Bedeutsam ist weiter, dass in den synoptischen Evangelien das Wirken der Dämonen nicht für die Sünden von Menschen verantwortlich gemacht wird (wie später etwa in Jak 3,15), womit die Evangelien eine vom Alten Testament und dem Frühjudentum herkommende Traditionslinie abbrechen. (543-544) Jesus wird als der überlegene Exorzist gezeigt, der in der Kraft Gottes durch sein Wort Dämonen austreibt. Deshalb werden *weder Klassifizierungen von Dämonen, noch auch Medien, Beschwörungsformeln oder Regeln des Schutz- oder Vermeidungsverhaltens genannt.* (541) In den Exorzismen wird gleichzeitig Jesu *Vollmacht* wie seine *mitfühlende Nähe* zu den Menschen zum Ausdruck gebracht. Söding: »Die Basileia-Verkündigung Jesu lässt sich nicht ohne seine Exorzismen, die Exorzismen lassen sich nicht ohne den Basileia-Dienst Jesu verstehen.« (520)
> Besonders in Lk 11,20 kommt dies zum Ausdruck, wo Jesus in sprachlicher Gestalt von zugleich Proklamation, Lobpreis Gottes und prophetischer Rede ausruft: »Wenn ich mit dem Finger Gottes die Dämonen austreibe, ist ja die Herrschaft Gottes zu euch vorgestoßen.« (Übers. nach Söding, 520) Die Rede vom Finger Gottes bedeutet in Anschluss an Ex 8,15 und andere Texte, dass hier die Kraft Gottes als des Schöpfers und Befreiers zum Zuge kommt. Damit wird deutlich, dass in Jesus unmittelbar Gottes Kraft wirkt, so kommen in seinem Wirken Jesu Bezogenheit auf Gott und seine Zuwendung zu den Menschen als Zeichen und Gegenwart der Gottesherrschaft zusammen.[222]

---

219. M. Rese (2003): Jesus und die Dämonen im Matthäusevangelium, in: A. Lange u.a. (Hg.), Dämonen, o.a., 463-475.
220. Th. Söding (2003): ›Wenn ich mit dem Finger Gottes die Dämonen austreibe ...‹ (Lk 11,20). Die Exorzismen im Rahmen der Basileia-Verkündigung Jesu, in: A. Lange u.a. (Hg.), Die Dämonen, Tübingen, 518-549. – Zum *lukanischen* Paulusbild siehe F. Avemarie (2003): Warum treibt Paulus einen Dämonen aus, der die Wahrheit sagt? Geschichte und Bedeutung des Exorzismus zu Philippi (Act 16,16-18), in: A. Lange u.a. (Hg.), Dämonen, Tübingen, 550-576.
221. *Th Söding* (2003): ›Wenn ich ...‹, o.a. 540. Folgende Seitenzahlen beziehen sich auf diesen Text.
222. Th. Söding (2003): ›Wenn ich ...‹, o.a., 529-531. Zum »Wenn« (›*Wenn ich mit dem Finger Gottes die Dämonen austreibe, ...*‹) stellt Söding heraus: »Die Protasis (11,20a), die von den Exorzismen spricht, steht im Präsens; sie verweist auf ein Geschehen, das sich so schon häufig abgespielt hat, aber sich auch in der absehbaren Zukunft wiederholen wird. Die Apotasis (11,21b) hingegen, die vom Vorstoß der Gottesherrschaft spricht [..., *ist ja die Herrschaft Gottes zu euch vorgestoßen*«, HW], steht im Aorist und bezeichnet einen geschichtlich einmaligen Vorgang in der Vergangenheit, der eschatologische Dimensionen hat. [...] Das Logion führt die Hörer von der Gegenwart in die Vergangenheit und verbindet auf diesem Wege die Exorzismen mit dem Vordringen der Gottesherrschaft.« (535)

5. Missionstheologische Profile in Pfingstkirchen und -bewegungen 263

Als Zeichen offenbaren die Exorzismen die Gegenwart des gekommenen Reiches, wobei es das gekommene und kommende Reich Gottes ist, welches Exorzismen ermöglicht, nicht umgekehrt.[223]

Abgesehen von den exegetischen Detailfragen zeigt bereits eine auch nur kursorische Lektüre der Evangelien, dass (1) Jesus (bis auf eine Ausnahme) *den Dämonen gebot, zu schweigen* und auszufahren[224] und nicht etwa Gespräche mit ihnen führte, um sie dann besser bekämpfen zu können; dass (2) unterschieden wird zwischen dem *Satan* (grch. *satanas*) bzw. *Teufel* (grch. *diabolos*) als demjenigen, *der in Versuchung führt*[225], und den *Dämonen* als Kräften, *die menschliches Leben schädigen und damit unmöglich machen*[226]; dass (3) deutlich *zwischen Krankheiten als natürlichem Phänomen und Besessenheit unterschieden* wird[227], weshalb nicht alle Krankheiten auf Dämonen zurückgeführt werden; dass (4) eine *Entgegensetzung* des Reiches Gottes zu einem ›Reich des Teufels‹ *weder in den Gleichniserzählungen noch anderswo in den Evangelien* vorkommt[228]; dass (5) in den Evangelien die Vorstellung von durch böse Geister beherrschte *Regionen* nicht vorkommt, weshalb sich die Vorstellung von *territorial spirits* nicht auf die Evangelien berufen kann; dass (6) an *keiner Stelle in den Evangelien von Verfluchung aufgrund von Verwandtschaftsbeziehungen* (engl. *ancestral curses*) die Rede ist; dass (7) man *auch als Exorzist im Namen Jesu die wahre Jüngerschaft verfehlen kann* (Mt 7,22-23); dass (8) Jesus Geister *lediglich durch das Wort und das heißt ohne körperliche Gewalt wie das Fesseln, Schütteln oder Schlagen von Menschen* (wie gegenwärtig in manchen westafrikanischen Ländern nicht selten praktiziert) *austrieb* (Mt 8,16); dass (9) das *Thema Dämonen in den Evangelien wohl im Gesamtduktzus theologisch von Bedeutung ist, an sich aber verhältnismäßig wenig Raum einnimmt*[229], was man als kritisches Argument gegen eine geradezu ausufernde exorzistischer Praxis in manchen Bewegungen und Kirchen

---

223. Th Söding (2003): ›Wenn ich …‹, o.a., 536.
224. Etwa Mk 1,25.34 und 3,12.
225. Vgl. die beiden prominenten Stellen der Versuchung Jesu durch den Satan in der Wüste (Mt 4,1-11; Mk 1,12-13; Lk 4,1-13) sowie durch die Einwände des Petrus, den Jesus daraufhin als »Satan« bezeichnet (Mt 16,23); vgl. Mk 4,14, wo im Gleichnis vom vierfachen Acker über den Satan gesagt wird, er nehme das ›Wort‹ weg.
226. Als besonders drastisches Beispiel vgl. die Erzählung vom Besessenen von Gerasa (Mk 5,1-20 par.), nach dessen Heilung es heißt, er sei wieder »bei Verstand« (V. 15). – Dämonen werden für die Stummheit von Menschen verantwortlich gemacht (Mk 9,17-18; vgl. auch Mt 9,32)
227. Vgl. auch den Hinweise auf Mondsucht, mit in Mt 17,5 die Vorlage von Mk 9,14-29 quasi ein Stück *entdämonisiert* wird.
228. Die Diskussion um das Reich, das in sich selbst uneins ist, kommt ohne ein ›Gegenreich‹ aus. (Mk 3,22-27) Als Ort der ›unreinen Geister‹ wird zudem kein »Gebiet« genannt, sondern der Leib von Menschen (Mt 12,43-45).
229. Vgl. Mt 11,4-5; 15,31.

ins Feld führen mag. *Interkulturell* sind diese Gesichtspunkte ins *intrachristliche* Gespräch einzubringen. – Mit diesen Beobachtungen verlassen wir das Feld konfessioneller und kontextueller Profile von Missionstheologien und werfen einen Blick auf missionarische Aufbrüche in der so genannten Zweidrittel-Welt, jenen Gebieten der südlichen Hemisphäre, in denen christliche Bewegungen und Kirchen vielerorts eine besondere Ausstrahlungskraft aufweisen.

6. Missionarische Aufbrüche und Herausforderungen

Zu christlichen Missionen in verschiedenen Kontinenten gibt es eine kaum mehr überschaubare Fülle von Material. An dieser Stelle beschränke ich mich daher auf eine Auswahl neuerer englischsprachiger Publikationen[230], um erstens bestimmte Trends aufzuzeigen: Wie haben sich missionarische Bewegungen der letzten Jahrzehnte auf den verschiedenen Kontinenten entwickelt? Zweitens sollen wichtige Missionsorganisationen und Missionszusammenschlüsse vor Augen geführt werden, um einer erste Orientierung im weiten Feld missionarischer Aufbrüche zu ermöglichen. Drittens wird anzudeuten sein, welche Herausforderungen sich für verschiedene Kontexte ergeben. Zunächst sei darauf verwiesen, dass die starke Zunahme christlicher Missionsinitiativen von einer intensiven missionswissenschaftlichen Forschungstätigkeit begleitet ist. Derzeit finden sich als namhafte nationale wie internationale missionstheologische Dachverbände und Gesellschaften 26 Einträge auf der Internetseite der *International Association for Mission Studies* (IAMS), die als globaler missionstheologischer Dachverband gelten kann.[231] IAMS unterhält die Zeitschrift *Mission Studies*.[232] Die Internetseiten der einzelnen missionswissenschaftlichen Gesellschaften ermöglichen einen guten Einstieg in die jeweiligen Kontexte.

---

230. Vgl. *J. Corrie* (Hg.) (2007): Dictionary of Mission Theology: Evangelical Foundations; *S. Escobar* (2002): Changing Tides: Latin America and World Mission Today, Maryknoll; *S. Skreslet* (2012): Comprehending Mission, Maryknoll / New York; *A. Anderson; E. Tang* (Hg.) (2005): Asian and Pentecostal: The Charismatic Face of Christianity in Asia, Costa Mesa; *T. Prill* (2008): Global Mission on our Doorstep. Forced Migration and the Future of the Church, Münster; *E. Wan; M. Pocock* (Hg.) (2009): Missions form the Majority World: Progress,Challenges, and Case Studies, Pasadena; *F. Ludwig; K. Asamoah-Gyadu* (Hg.) (2011): African Christian Presence in the West. New Immigrant Congregations and Transnational Networks in Northern America and Europa, Trenton; *W. D. Taylor* (Hg.) (2000): Global Missiology fort he 21st Century, Grand Rapids (MI).
231. Missionswissenschaftliche Zusammenschlüsse: Commission on World Mission and Evangelism of the World Council of Churches; IACM-International Association for Catholic Missiologists; INFEMIT – The International Fellowship of Evangelical Mission Theologians; International Society for Frontier Missiology; IAMS – International Association for Mission Studies; Lausanne Commission for World Evangelization – Theology/Strategy Working Group; LSFM – Lutheran Society for Missiology; Presidents and Academic Dean's Track of World Evangelical Allianceses Missions Commission; World Evangelical Alliance-Mission Commission. Vgl. http://missionstudies.org/archive/7liais/societies.htm, abgerufen am 10.06.2012.
232. Siehe www.missionstudies.org.

6.1 Einleitung – Kontinente, Kulturen und Kontexte

Insgesamt kann man festhalten, dass weltweit seit den 1960er Jahren auf allen Kontinenten eine Fülle von Missionsorganisationen neu begründet worden sind. In Indien etwa gab es in den frühen 1960er Jahren insgesamt vier einheimische indische Missionsgesellschaften, derzeit sind es deutlich über 200 Gesellschaften, die kulturübergreifend in Indien wie auch außerhalb Indiens ihren Dienst versehen. Mittlerweile stellen Missionare/innen aus nichtwestlichen Ländern die Mehrheit des christlichen Missionspersonals weltweit.[233] *Nochmals sei hier ausdrücklich betont, dass Christen/innen auf dem gras-rootlevel damit noch gar nicht erfasst sind, Menschen, die sich selbst als »Missionare/innen« verstehen, jedoch diese Dimension ihrer Existenz in alltagweltlicher Unmittelbarkeit leben. So gesehen haben missionswissenschaftliche Analysen einerseits und missionstheologische Reflexionen andererseits eine Relevanz, die weit über das hinausgeht, was sich an in irgendeiner Weise »institutionell« verfasster »Mission« beobachten lässt.*

Die folgende Skizze dient dazu, einen globalen Trend vor Augen zu führen, der deutlich macht, dass umfangreiche missionstheologische Reflexion erforderlich ist, die zwar in vielen Institutionen weltweit bereits geleistet wird. Die Kenntnisnahme dieser missionarischen Bewegungen und Zusammenhänge in nordamerikanischen und europäischen Kontexten erscheint indes dringend erforderlich, damit eine allzu lokale, und das heißt europäisch-nordamerikanische Wahrnehmung des Christentums vermieden wird. Auf den bundesdeutschen Kontext zugespitzt bedeutet dies, *dass innerhalb theologischer Studiengänge – ob Lehramt, Pfarramt oder Magister/Magistra theologiae – und religionswissenschaftlicher Studiengänge diese Inhalte nicht übergangen werden können, wenn sich die besagten Studiengänge nicht dem Vorwurf aussetzen wollen, lediglich eine eurozentrisch verengte Perspektive zu bieten.*

6.2 Missionarische Aufbrüche in Lateinamerika

Beginnen wir mit einem Kontinent, der bisher für Auslandsmissionen nicht einschlägig bekannt war: Lateinamerika. Im Folgenden beschränke ich mich allerdings aus Platzgründen auf die Skizzierung *protestantischer* lateinamerikanischer Missionsinitiativen und Missionsorganisationen, die außerhalb

---

233. M. *Jaffarian* (2004): Are There More Non-western Missionaries than Western Missionaries?, in: IBMR (28), 131-32. Dieser Beitrag zeigt deutlich die Begrenztheit statistischer Werte auf.

Lateinamerikas arbeiten.[234] Für den Bereich der *Römisch-katholischen Kirche* müsste sich eine Analyse insbesondere auf lateinamerikanisch-römisch-katholische Missionsorden beziehen.[235] Dies kann hier jedoch nicht geleistet werden. Immerhin gibt es für Ende der 1980er Jahre den Hinweis, dass mehr als 2000 römisch-katholische Missionare/innen aus Lateinamerika in anderen Erdteilen ihren Dienst versehen. Diese Zahl dürfte sich in den letzten Jahrzehnten deutlich erhöht haben.[236] Für die verschiedenen Länder und Kontexte Lateinamerikas gilt, dass es nennenswerte *protestantische* Missionen aus Lateinamerika erst seit den 1970er Jahren gibt.[237] Oswaldo Prado sieht für den Bereich der protestantischen Kirchen das Jahr 1987 als eine Schwelle an, als in *Sao Paulo* eine Missionskonferenz mit etwa 3000 Delegierten lateinamerikanischer protestantischer Missionsorganisationen und Kirchen abgehalten wurde. Allein eintausend Personen stammten aus Brasilien.[238] Die Zahl des Missionspersonals erhöhte sich von 880 Personen im Jahr 1989 auf etwa 2800 Personen im Jahr 2001. Heute liegt die Zahl protestantischer Missionare/innen allein aus Brasilien bei 5000 Personen in weit über 100 Missionsgesellschaften.[239] Verschiedene Missionsorganisationen sind zu unterscheiden, so mit über 100 Missionaren die *Horizon Mission* mit einem so genannten *Radi-*

---

234. Missionstheologische Vereinigungen: Latin American Ecumenical Networking of Missiologists (*Rede Ecumênica Latino Americana de Missiologas*, RELAMI) vgl. http://www.missiologia.org.br/ sowie Latin American Theological Fraternity (*Fraternidad Teológica Latinoamericana*, FTL), vgl. http://www.ftl-al.org/.
235. Vgl.: *G. Cook* (Hg.) (1994): New Face of the Church in Latin America, Maryknoll / New York.
236. *S. Escobar* (1993): Latin America, in: Philips / Coote (Hg.), Toward the Twenty-first Century, 125-138, 132. Siehe auch: *S. Escobar* (1998): Missions from the Margins to the Margins: Two Case Studies from Latin America, Missiology (26), 87-95; *F. L. Arnold* (2006): A Peek in the Baggage of Brazil's Pioneer Missionaries, Missiology (34), 125-134.
237. Samuel Escobar verweist auf ein Treffen von etwa 500 Studierenden zu einem ersten lateinamerikanischen Missionskongress im Jahr 1976 an der Universität von Paraná in Curitiba in Brasilien. Vgl. *S. Escobar* (1993): Latin America, 131. Vgl. auch: *N. Saracco* (2000): Mission and Missiology from Latin America, in: W. D. Taylor (ed.), Global Missiology, 357-366; *L. Heikes* (2003): Una Perspectiva Diferente: Latin Americans and the Global Missions Movement, Missiology (31), 69-85; *P. Freston* (2004): The International Missionary Impulse of Brazilian Evangelicalism, in: S. Fath (Hg.), Le Protestantisme evangelique, Turnhout. Allgemein vgl. *M. Laing* (2006): The Changing Face of Mission: Implications for the Southern Shift in Christianity, Missiology (34), 165-77.
238. *O. Prado* (2005): A New Way of Sending Missionaries: Lessons from Brazil, Missiology (33), 48-60, 52. Für das Jahr 2005 schlüsselt Prado die Zahl von 2800 Misionaren/innen nach Kirchenzugehörigkeit auf. Demnach waren 35 % der Pfingstbewegung zugehörig, 32 % den traditionalen protestantischen Kirchen, etwa 30 % können zu interdenominationalen Organisationen gerechnet werden. Geographisch verteilen sich die Arbeitsgebiete der Missionare/innen auf alle Kontinente. Prado (2005), 53.
239. http://works.bepress.com/edward_smither/18/, abgerufen am 06.06.2012.

cal Project[240] oder die *Antioch Mission*, deren Schwerpunkt bei der Arbeit unter Brasilianern liegt. Wiederum eigene Profile weisen die Missionen von ›traditionalen‹ protestantischen Kirchen auf.

Kirchen der Pfingstbewegung sind wiederum gesondert zu betrachten. Nehmen wir das Beispiel einer der großen Pfingstkirchen, der *Igreja Universal do Reino de Deus*, zu Deutsch: die *Universale Kirche des Reiches Gottes*.[241] Diese Kirche hat in Brasilien derzeit etwa zwei Millionen Mitglieder bzw. Anhänger/innen. Sie betreibt jedoch auch weltweit intensive Missionsarbeit, so dass es im südlichen Afrika bereits 400 Gemeinden gibt, die dieser Kirche angehören, besonders in ehemals portugiesischen Kolonialgebieten und in Südafrika.[242]

Die missionswissenschaftliche Herausforderung angesichts einer solchen Fülle missionarischer Initiativen liegt auf der Hand: Christliche Missionen sind nicht nur nach konfessionellen und kontextuellen Profilen ausgesprochen unterschiedlich, sondern sie sind darüber hinaus auch durch ihre *institutionelle Gestalt* (Gewinnung des Lebensunterhalts, Ausbildung, Leitungsstrukturen) und ihre spezifisch *mission agenda* (Ausrichtung auf spezifische Adressaten, Schwerpunkte bei besonderen Arbeitsfeldern) geprägt.

6.3 Missionarische Aufbrüche in Schwarzafrika

Über missionarische Neuaufbrüche in Schwarzafrika zu schreiben, würde den Rahmen dieses Bandes sprengen.[243] Deshalb beschränke ich mich auf das Bei-

---

240. Missionare/innen werden 18 Monate ausgebildet und arbeiten dann wenigstens zweieinhalb Jahre in Übersee. Sie leben erstens in radikaler Hingabe und nach den Bedingungen derjenigen Menschen, zu denen sie gesandt sind. Zweitens in radikaler Gemeinschaft und Gütergemeinschaft des Missionsteams, dem sie angehören. Drittens geht es darin um radikale Partnerschaft der an sich sehr verschiedenen Missionare, viertens um radikale Offenheit für jede Art des bildungsmäßigen und sozialen Herkommens der Missionare, sowie schließlich die radikale Fokussierung auf das vor genannten 10/40 Fenster, also jene Regionen in der Welt, in denen es bisher am wenigsten Christen/innen gibt. Vgl. *Prado* (2005): A New Way, 54-55
241. *J. C. Schmidt* (2006): Wohlstand, Gesundheit und Glück im Reich Gottes. Eine Studie zur Deutung der brasilianischen neupfingstlerischen Kirche Igreja Universal do Reino de Deus, Münster u. a.
242. Diese transnationale Kirche vertritt einen Alleinvertretungsanspruch, so dass eine ökumenische Zusammenarbeit abgelehnt wird. *P. Freston* (2005): The Universal Church of the Kingdom of God: A Brazilian Church Finds Success in Southern Africa, in: JRA (35), 33-65.
243. Als Übersichten vgl. etwa *L. Sanneh* (1993): Africa, Philips / Coote (Hg.), Toward the Twenty-first Century Mission, 84-97; *L. Fourchard u. a.* (Hg.) (2005): Entreprises religieuses transnationales en Afrique de l'Ouest, Paris / Ibadan; *L. Fourchard; A. Mary* (2005): Introduction. Religious Awakening and Missionary Nations, in: dies. u. a. (Hg.), Entreprises, 19-28. Als bedeutende *theologische und religionswissenschaftliche Zeitschrif-*

6. Missionarische Aufbrüche und Herausforderungen

spiel Westafrikas, und hier wiederum auf Nigeria[244] und Ghana, da aus beiden Ländern Initiativen und Bewegungen hervorgegangen sind, die Auswirkungen auf praktisch alle Länder Schwarzafrikas haben. Im Folgenden beschränke ich mich weiterhin auf die rasanten Entwicklungen seit den frühen 1980er Jahren mit besonderem Fokus auf der Pfingstbewegung.[245] In Nigeria fand eine erste westafrikanische Missionskonferenz mit *internationaler Ausrichtung* und gesponsert durch die *Nigeria Evangelical Mission Association* (NEMA) im Jahr 1985 in der Stadt Jos statt.[246] Das Thema der Konferenz lautete *Mobilising indigenous missions for the harvest*. Die NEMA ihrerseits war 1982 von fünf pfingstlerischen Missionsorganisationen begründet worden. Nachdem Mitte bis Ende der 1970er Jahre erste pfingstlerische Organisationen für Mission begründet worden waren, gingen diese seit den frühen 1980er Jahren dazu über, nationale Grenzen zu überschreiten und nun auch im Ausland missionarische Arbeit zu beginnen. Bis Ende der 1980er Jahren folgte eine rapide Zunahme nicht nur der Anzahl von afrikanischen Auslandsmissionaren/innen, sondern auch von entsprechenden Organisationen.[247] Als erste Organisation sind die 1975 begründeten *Calvary Ministries* (CAPRO) zu nennen, die zunächst durch unbezahlte Kräfte arbeiteten, seit 1985 jedoch auch durch eine beträchtliche Anzahl hauptamtlicher Mitarbeitender ihren Dienst versehen. Eine andere wichtige Organisation ist das etwa gleichzeitig begründete *Christian Students Social Movement of Nigeria* (CSSM), eine Bewegung, die sich insbesondere *sozialer und sozialpolitischer Arbeit in Verbindung* mit einer evangelistischen Ausrichtung verschrieben hatte und mit *Projekten* im Bereich Agrokultur, Bildung und Medizin besonders *in ländlichen Gebieten* aktiv wurde. Im Jahr 1981 wurde als Abteilung innerhalb der CSSM eine Missionsorganisation mit der Bezeichnung *Christian Missionary Foundation* (CMF) gegründet.[248]

Die Ausrichtung dieser missionarischen Arbeit kann am Beispiel der CMF

---

ten im Bereich Schwarzafrikas sei verwiesen auf: *Africa Theological Journal; Journal of Religion in Africa; Missionalia; Procmura SRICA*.

244. *F. O. Nyemutu Roberts; S. A. Benjamin* (2005): Denominationalism and the Dynamics in Nigeria, in: L. Fourchard et. al. (Hg.) (2005): Entreprises religieuses, 315-330.
245. Zu missionstheologischen Ansätze vor allem im Bereich der Missionskirchen vgl. *H. Balz* (1994): Theologie der Mission in Afrika 1984-1991, in: ZMiss (20), 247-251; *ders.* (2010): Missionstheologie in den Kirchen Afrikas, in: ders., Der Anfang des Glaubens, o. a., 54-76 sowie *M. Roser* (2003): Afrikanische Missionstheologie, in: Dahling-Sander u. a. (Hg.), Leitfaden, o. a., 457-475.
246. Zum Folgenden: *M. A. Ojo* (1997): The Dynamics of Indigenous Charismatic Missionary Enterprise in West Africa, in: Missionalia (25), 537-561, hier: 537; *ders.* (1993): Deeper Life Bible Church of Nigeria, in: P. Gifford (Hg.), New Dimensions in African Christianity, Ibadan, 161-181; *ders.* (2006): The End-time Army, o. a., 87-174.
247. *M. A. Ojo* (1997): The Dynamics, 542, 544.
248. Zur CMF vgl. *M. A. Ojo* (1997): The Dynamics, 544 ff.

gut charakterisiert werden. Die *Christian Missionary Foundation* erhielt große Unterstützung, da der missionarische Einsatz als *Teilzeitarbeit von Voluntären* gefördert wurde. Dies gab damals vielen der gut ausgebildeten Hochschulabsolventen/innen eine Möglichkeit, sich einzubringen. Die *Ausrichtung der Arbeit war,* ungeachtet des evangelistischen Anliegens, *sehr breit angelegt,* so dass medizinische Arbeit ebenso wie soziale Arbeit oder Bildungsprogramme ein Maximum an Beteiligungsmöglichkeiten eröffneten. Zudem waren die Programme für die Menschen vor Ort kostenlos. Es handelte sich hier demnach nicht um »professionelle« Missionare/innen. Die pfingstlerische Ausrichtung dieser Aktivitäten wird in der Beschreibung der Hauptcharakteristika medizinischer Programme durch *Matthews A. Ojo* deutlich:

> »The medical mission of CMF is unique: it is not composed only of medical doctors, nurses, midwives, paramedical staff, and so on, but also of Christians in other disciplines who minister to the sick: There are five main areas in which the medical mission operates, and these are: 1) the medical mission, which is the centre piece of the mission; 2) the divine healing clinics; 3) spiritual medicine, research and training; 4) spiritual medicine consulting service, and 5) ministry to the Aladura churches.«[249]

Es zeigt sich, dass Mission hier von Freiwilligen wahrgenommen wird, dass der Einsatz ohne eine spezielle Ausbildung erfolgt und die Programme einen dynamischen Charakter haben. In den 1980er Jahren waren weitere Organisationen mit kultur- und länderübergreifender Ausrichtung entstanden, etwa *Grace Evangelical Mission* (Lagos), *Ethnos Christian Mission* (Ibadan), *Soul Harvesters Ministries* (Warri) oder *His Grace Evangelical Movement* (Ibadan). Verschiedene Organisationen haben eigene Ausbildungsstätten für Mission eröffnet, die NEMA eröffnete zu Ausbildungszwecken ihrerseits 1987 das *Evangelical Missionary Institute* (NEMI).[250] Zu einer internationalen Vernetzung von Missionsorganisationen aus der südlichen Hemisphäre kam es im Jahre 1989 mit der Gründung der *Third World Missions Association* (TWMA) in Portland (Oregon, USA). Hier waren Vertreter aus verschiedenen Ländern Afrikas zugegen, so besonders aus Nigeria, Ghana und Kenia.[251]

Diese missionarischen Aufbrüche werden bisher wissenschaftlich noch un-

---

249. *M. A. Ojo* (1997): The Dynamics, 545-546.
250. *M. A. Ojo* (1997): The Dynamics, 546f. – Bisher wurde Entwicklungen am Beispiel Nigerias skizziert. Ähnliche Entwicklungen finden sich auch in anderen afrikanischen Ländern, besonders intensiv in Ghana. Für Ghana kam es zur Gründung der *Ghana Evangelical Mission Association* im Jahr 1990. Als interdenominationelle Missionsorganisation ist *Christian Outreach Fellowship* die derzeit wohl numerisch größte Missionsorganisation Ghanas. *Ojo* (1997): The Dynamics, 550.
251. Als afrikanische missionswissenschaftliche Vereinigung vgl. besonders die insgesamt richtungsübergreifend arbeitende *Southern African Missiological Society* (SAMS).

zureichend wahrgenommen. *Matthew Ojo* gibt für diese Forschungslücke schon im Jahr 1997 mehrere Gründe an: »Factors responsible for this discrepancy include the fact that, firstly, indigenous missions are still very recent. Secondly, there is no pool of experienced former missionaries to narrate their experiences of the mission fields. Thirdly, there is not yet a regional mission journal, and, lastly, scholars of mission are still very few.«[252] *Schon die wenigen Andeutungen zeigen indes, wie dringend hier missionswissenschaftliche Forschung erforderlich ist, um ein auch nur ein halbwegs repräsentatives Bild von christlicher Präsenz in Ländern Schwarzafrikas zu zeichnen, welches sich weder nur an traditionalen Missionskirchen und ihren Aktivitäten orientiert, noch auch stereotype Wahrnehmungen dessen wiederholt, was angeblich »evangelikale«, »pfingstlerische«, »indigene« oder gar »fundamentalistische« Bewegungen oder Missionen sind.*

6.4 Missionarische Aufbrüche in Asien

Für das Gebiet Asiens lässt sich generell feststellen, dass die Anzahl von Missionaren/innen, die kulturübergreifend tätig sind, sei es im Auslandsdienst oder aber in anderen ethnischen Kontexten innerhalb eines Landes wie etwa Indien oder Indonesien, in den letzten Jahrzehnten sehr deutlich zugenommen hat.[253] In Indien sind durch protestantische Kirchen und Gemeinden eine Fülle neuer Missionsorganisationen begründet worden, ebenso in Süd-Korea.[254] Eine gute Übersicht vermittelt die *Korea World Missions Association*, auf deren homepage als Mitgliedsorganisationen mehr als 90 interdenominationale Missionsorganisationen sowie 15 denominationale *Mission Boards* aufgeführt sind.[255] Das koreanische Missionspersonal im Ausland wird der-

---

252. M. A. *Ojo* (1997): The Dynamics, 538.
253. Missionswissenschaftliche Vereinigungen in Asien sowie (hier nicht weiter behandelt): Australien, Neuseeland und Ozeanien: *Fellowship of Indian Missiologists*; AAMS-Australian Association for Mission Studies; AFOM-Association Francophone Oecuménique; ANZAMS Aotearoa New Zealand Association of Mission Studies; South Pacific Association for Mission Studies.
254. Einige bedeutende theologische Zeitschriften im Bereich Asiens: *Bangalore Theological Forum*; *Chinese Theological Review*; *Dharma Deepika. A South Asian Journal of Missiological Research*; *The Asia Journal of Theology*; *Third Millennium: Indian Journal of Evangelization*.
255. Vgl. www.kwma.org/eng. Um nur wenige Beispiele zu nennen: *Presbyterian Church of Korea World Mission Department, Board of Foreign Missions of the Korean Presbyterian Church, Division of Foreign Mission General Council of the Korean Assemblies of God, Korean Methodist Church* oder *The Foreign Mission Board of the Korean Baptist Konvention*. Vgl. kwma.org/engl/membership/01.html, abgerufen am 10.06.2012.

zeit auf etwa 21.000 Personen geschätzt.[256] Für Indien gilt, dass in der 1977 begründeten *India Missions Association* im Jahre 2005 mehr als 200 Missionsgesellschaften vertreten waren.[257] Allein in der interdenominationalen *Missions India*, eine Organisation, die 1989 in *Najajeevodayam Tiruvalla* begründet wurde, sind derzeit 535 Missionare/innen in 17 Bundesstaaten Indiens tätig. Die Arbeit umfasst verschiedenste Tätigkeitsfelder wie Bildung, *community development programs*, medizinische Dienste, Literaturarbeit oder Kinderhilfsprojekte.[258] Die Zahl der indischen Missionare/innen in kulturübergreifender Arbeit innerhalb Indiens wird mittlerweile auf etwa 30.000 Personen geschätzt.[259] Diese Zahlenangaben sind als Anfrage an das westliche Selbstverständnis zu verstehen: Der ›Westen‹ ist nicht mehr Hauptakteur christlicher Präsenz weltweit. Nach wie vor mag der finanzielle Einfluss nicht unerheblich sein, doch auch hier verschieben sich die Machtverhältnisse. Wie aber verstehen Christen/innen des Südens ihre Mission, wie leben sie diese und was gäbe es für uns daraus zu lernen? Lassen sich Aussagen diesbezüglich generalisieren?

6.5 Missionstheologien im Plural

Im folgenden Kapitel werden verschiedene Themen zu behandeln sein, die in Ländern der Zweidrittelwelt von besonderer Dringlichkeit sind. Missionswissenschaftlich betrachtet finden diese Themen ganz unterschiedliche Antworten, sei es in *missionstheologischen Entwürfen*, sei es in *kontextuellen Theologien*, die durch ihre Bezogenheit auf lokale Gegebenheiten besonders *missionarisch* wirken mögen, sei es in *Initiativen und Bewegungen*, die bestimmten Leitideen von Mission folgen oder in Gestalt neuer Gemeinden und *Kirchenformationen, die in ihrer jeweiligen Gestalt* Ausdruck einer bestimmten Missionstheologie sind. Missionstheologien können daher nur im Plural beschrieben werden, und zwar im Plural missionstheologischer Akzentsetzungen, im Plural von Kirchenformationen, die als Referenzgröße missionarischer Praxis großen Einfluss haben, im Plural von Christentums-

---

256. T. K. Park (2011): History and Growth of the Korean Missions Movement, in: Snodderly / Moreau (Hg.), Evangelical, o. a., 126-135, 129. – Koreanische missionstheologische Vereinigungen: KMS-*Korean Missiological Society* sowie *Korean Evangelical Society of Missiologists*.
257. Vgl. www.imaindia.org, abgerufen am 07.06.2012.
258. Vgl. www.missionsind.org, abgerufen am 07.06.2012.
259. *Fox. F. F.* (2007): Why do they do it? Lessons on missionary mobilization and motivation from Indian Indigenous missionaries, in: IRM (96), 114-127.

formationen, die entweder in Kontinuität mit älteren Traditionen stehen oder aber durch Neugründungen einen weiteren Spielraum für rituelle und praktische Innovationen bieten, im Plural nicht zuletzt der kulturellen und kontextuellen Gegebenheiten, von denen her sich so etwas wie lokal kontextualisierte Theologie immer wieder neu erschließt.

III. Kontinente – Kontexte – Kontroversen

Nach einem geschichtlichen Längsschnitt im Blick auf globale missionstheologische Diskurse im Umfeld des ÖRK und der Lausanner Bewegung sowie einem Querschnitt zu konfessionellen und kontextuellen Profilen im Blick auf Mission sollen nun wichtige Themenfelder behandelt werden. Welche kontextuell bedingten Verständnisse von Befreiung und prophetischer Kritik, von Armut und Reichtum, Krankheit und Heilung, von Versöhnung und Gerechtigkeit, Dialog und Verkündigung, Frauen- und Genderfragen sowie Konversion und Religionswechsel lassen sich unterscheiden? Es wird an Beispielen zu zeigen sein, dass diese Themen je nach Kontinent, Kontext, Kultur und christlichem Profil verschieden gesehen und angegangen werden. Einschränkend muss allerdings schon an dieser Stelle festgehalten werden, dass es in den folgenden Ausführungen nicht darum gehen kann, die Stellungnahmen von unterschiedlichen christlichen Akteuren – und seien es auch nur die größten oder bedeutendsten – zu analysieren.[1] Eine solche Übersicht ist bei der Vielfalt der Themen und Akteure nicht zu leisten und würde vermutlich ein mehrbändiges Lexikon füllen. Im Folgenden kann es auch nicht darum gehen, ganze Kontinente missionswissenschaftlich kartographieren und damit charakterisieren zu wollen. Auch soll vermieden werden, durch Kapitelüberschriften wie »Mission als ...« zu suggerieren, hier werde Mission unter einem bestimmten Aspekt quasi auf den Begriff gebracht. Deshalb ist jeweils von »Mission und« die Rede, so dass durch eine Auswahl von Aspekten und theologischen wie praktischen Ansätzen auf die Vielfalt der zu behandelnden Phänomene hingewiesen werden kann.

Das vorliegende Kapitel hat demnach erstens zum Ziel, etwas von den spezifischen Herausforderungen der Kontexte außereuropäischer Länder vor Augen zu führen.[2] Es werden Beispiele genannt, aber darüber hinaus auch generalisierende Aussagen versucht. Aus westlicher Perspektive mag es erstaunen,

---

1. Das heißt von Kirchen oder Kirchenbünden wie etwa dem Lutherischen Weltbund oder dem Reformierten Weltbund, von regionalen Zusammenschlüssen, von ÖRK, Lausanner Bewegung, World Evangelical Alliance oder verschiedensten Missionsorganisationen und Initiativgruppen. Das Werk von Bevans / Schroeder (2004) bietet kapitelweise solche Übersichten, was allerdings deutlich die Schwierigkeit erkennen lässt, bei der Fülle des Materials lediglich den Namen einer Institution nennen zu können und dann im Staccato von ein bis zwei Sätzen den einen oder anderen Punkt herauszuheben. Ein solches Vorgehen ist nach meinem Empfinden unbefriedigend.
2. Als Hintergrundinformation sei für den afrikanischen Kontinent verwiesen auf: *R. Tetzlaff; C. Jakobeit* (2005): Das nachkoloniale Afrika. Politik – Wirtschaft – Gesellschaft, Wiesbaden.

welche Relevanz Themen wie Befreiung und Kampf, Krankheit und Heilung, Versöhnung oder Dialog in anderen Kontexten haben. Um nur ein Beispiel zu nennen: Ein südafrikanischer Theologe zeigte sich verwundert, dass in keiner ihm bekannten theologischen Dogmatik aus dem deutschen Sprachraum ein eigenständiges Kapitel zum Thema *Armut* vorkomme. Wie aber könne das sein, wenn doch Dogmatik die Grundaussagen des christlichen Glaubens im Blick auf die Herausforderungen der Gegenwart interpretiere und zusammenfasse? Ich lasse die Anfrage so stehen. Ein zweites Ziel des Kapitels besteht darin, *kontextuelle Missionstheologien* anhand bestimmter Personen und *christlich-missionarischer Praxis* in Westafrika, Sri Lanka oder Pakistan zu exemplifizieren, um zu zeigen, dass sich hier für westliche Augen oft ganz ungewohnte, ja mitunter sogar anstößige Akzente finden. Um im Beispiel zu bleiben: Diskussionen über das Thema Armut haben in Kreisen weltökumenisch orientierter Initiativgruppen innerhalb deutscher Landeskirchen (und nicht nur dort) besonders während der 1980er Jahre Konjunktur gehabt. Wer aber in deutschen Gemeinden würde heute die These des westafrikanischen Kirchengründers *Adeboye* unterstützen, dass Gott gerade die Reichen liebt? Ist dies, so könnte jemand aus deutscher Sicht fragen, nicht zynisch? Die Rückfrage von Adeboye indes würde vielleicht lauten: Ist das Insistieren auf dem Ideal der Armut nicht heuchlerisch? Kann man eine solche These vielleicht deshalb so leicht aufstellen, weil man – wie Deutsche allgemein – bereits weitestgehend versorgt *ist*? Polemisch zugespitzt: Armut als – rein hypothetische – Idee? Wie immer man dazu denkt: Die Ausführungen diese Kapitels haben drittens zum Ziel, etwas von der Konflikthaftigkeit interkultureller Prozesse aufzuzeigen: Interkulturelles Missverstehen ist an der Tagesordnung, da Akzente, die in einem Kontext als lebensförderlich erscheinen, für andere Kontexte als kaum anwendbar erlebt werden mögen. Beginnen wir also zunächst mit dem Thema Befreiung, da die *Theologie(n) der Befreiung* seit den 1970er Jahren Inhalt eines globalen theologischen Diskurses geworden sind.

1. Mission und Reich Gottes – Von Befreiung bis Martyrium?

In den Kontexten Lateinamerikas hat sich – wie erwähnt – seit den 1960er Jahren die so genannte *Theologie der Befreiung* entwickelt, die in vielen verschiedenen Ausformungen das Thema Armut und Unterdrückung zum Hauptfokus christlicher Praxis und dementsprechend theologischer Reflexion erklärt hat.[3] Gott ist ein Gott, der sich in besonderer Weise den Armen, den Unterdrückten und Marginalisierten zuwendet, so die These. Dies geschieht dadurch, dass Gott befreiend in Ereignissen der Geschichte wirkt und als solcher wahrgenommen werden kann, so im Auszug des Volkes Israel aus seiner Knechtschaft in Ägypten unter der Führung des Mose, letztgültig jedoch durch die Sendung von Jesus Christus, der das anbrechende Reich Gottes verkündete, es lebte und dafür starb. Durch seine Auferweckung durch Gott ist Jesus Christus letztgültig als Mittler des befreienden Gotteshandelns zu verstehen. Damit wird durch Befreiungstheologen/innen verschiedener Länder ein Ansatz vertreten, der ein spezifisches Missionsverständnis einschließt und eine ebenso spezifische missionarische Praxis hervorgebracht hat. Missionstheologische Ansätze finden sich etwa bei *Leonardo Boff* (geb. 1938)[4], *Ignacio Ellacuría* (1930-1989)[5], *Jon Sobrino* (geb. 1938)[6] oder *Juan Ramón Moreno* (geb. 1933)[7]. Aus dem protestantischen Bereich ist unter anderem auf *Orlando Costas* (1941-1987) zu verweisen.[8] Die in solchen Ansätzen reflektierte Praxis ist besonders am Beispiel der so genannten *Basisgemeinden* zu veranschaulichen.[9] Zunächst jedoch sei ein befreiungstheo-

---

3. Vgl. LIThM, Band 1, 169-172.
4. *L. Boff* (1991): Gott kommt früher als der Missionar, Düsseldorf.
5. *I. Ellacuría* (1975): Freedom made Flesh. The Mission of Christ and His Church, Maryknoll / New York.
6. *J. Sobrino* (1984): Evangelization as mission of the church, in: ders., The true church and the poor, Maryknoll / New York, 253-301.
7. *J. R. Moreno* (1996): Evangelisierung, in: I. Ellacuría; J. Sobrino (Hg.), Mysterium Liberationis. Grundbegriffe der Theologie der Befreiung, Band 2, Luzern, 789-808.
8. *O. Costas* (1989): Liberating News. A Contextual Theology of Evangelization, Grand Rapids.
9. *M. de C. Azevedo* (1996): Kirchliche Basisgemeinden, in: I. Ellacuría u. a. (Hg.), Mysterium, Bd. 2, 879-900. Vgl. auch: *L. Boff* (²1980): Neuentdeckung der Kirche – Basisgemeinden in Lateinamerika, Mainz; *P. G. Schoenborn* (1989): Kirche der Armen. Basisgemeinden und Befreiung, Wuppertal; *F. Weber* (1998): Frischer Wind aus dem Süden. Impulse aus den Basisgemeinden, Innsbruck / Wien; *G. Deelen* (1980): Kirche auf dem Weg zum Volke: Soziologische Betrachtungen über kirchliche Basisgemeinden in Brasilien, Mettingen. – Als Beispiel für Basisgemeinden in anderen kulturellen Zusammenhängen: *P. L. Chinnappan* (1999): Interreligiöse Basisgemeinden im indischen Kontext, Bonn.

logisch-missionstheologischer Entwurf am Beispiel des Werkes von *Jon Sobrino* vorgestellt. Viele Einsichten Sobrinos werden auch von anderen Befreiungstheologen/innen – trotz mancher Unterschiede im Einzelnen – vertreten.

1.1 Die Mission von Jesus, dem Befreier – Jon Sobrino

Nach *Jon Sobrino* ist Jesus Christus nicht isoliert als Sohn Gottes zu deuten, etwa, indem Hoheitsaussagen über seine Herkunft, das heißt die Inkarnation des göttlichen Wortes in Jesus von Nazareth gemacht werden. Vielmehr ist Jesus grundlegend als der *Verkündiger des Reiches Gottes* zu verstehen.[10] Diese Reich Gottes-Botschaft ist nach Lk 4,18-20 zu aller erst *gute Nachricht für die Armen*, die Unterdrückten und Marginalisierten, Menschen also, denen Jesus sich in besonderer Weise zuwandte. Jesus jedoch verkündete nicht nur die frohe Botschaft des Reiches Gottes, er lebte sie auch und realisierte sie zeichenhaft, indem er Kranke heilte, ausgegrenzte Menschen aufsuchte, zur Umkehr aufrief, die Unterdrückung von Menschen mit prophetischer Kritik anprangerte, mit diskriminierten Menschen zusammen Mahlgemeinschaften feierte, Dämonen austrieb und zusammen mit seinen Jüngern das anbrechende Gottesreich verkörperte.

Das Reich Gottes ist darum nach Sobrino und anderen Befreiungstheologen/innen nicht als *spirituelles* Reich zu verstehen, sondern als ein *geschichtliches Reich*, das sich schon im Hier und Jetzt zeichenhaft verwirklicht, es ist kein Reich, dass erst am Ende der Zeiten apokalyptisch zu erwarten ist, wenn diese Welt im Kommen Gottes endet, sondern es ist ein *utopisches Reich*, ein Reich also, in dem eine geschichtliche Vision von einer Gesellschaft in Frieden, Gerechtigkeit, Teilhabe und Geschwisterlichkeit zu erahnen ist, eine Vision, für die dann auch gestritten, gekämpft und gelitten wird.[11] Die Christologie ist damit vom Reich Gottes aus zu entwickeln, wie es sich in der Geschichte Jesu Christi, seiner Reich Gottes-Verkündigung, in den Reich Gottes-Gleichnissen, in den zeichenhaften Handlungen Jesu, seinem Heilen, der Austreibung von Dämonen, seinen Anfeindungen durch Gegner, seinem Ausharren in Gefahr, seinen Mahlgemeinschaften, seinen Leiden und Sterben *gezeigt* hat.

---

10. Vgl. *J. Sobrino* (1996): Die zentrale Stellung des Reiches Gottes in der Theologie der Befreiung, in: ders. / Ellacuría (Hg.), Mysterium, Bd. 1, 461-504; *ders.* (1996): Systematische Christologie: Jesus Christus, der absolute Mittler des Reiches Gottes, in: ders. / Ellacuría (Hg.), Mysterium, Bd. 1, 567-592.
11. *J. Sobrino* (1996): Die zentrale Stellung des Reiches Gottes, o. a., 499 f.

1. Mission und Reich Gottes – Von Befreiung bis Martyrium?

1.2 Reich Gottes-Mission, das ›Anti-Reich‹ und Mission als Martyrium

In Jesus Christus ist demnach die Fülle des Lebens zu finden, wie Gott es für Menschen wünscht. *Damit wird Jesu Sendung, seine Mission, zur Veranschaulichung des Gotteswillens und zur zeichenhaften Realisierung desselben.* Als Kritik an der Macht der Sünde und den dämonischen Kräften in dieser Welt jedoch rief diese Sendung den Widerstand eben dieser Kräfte und der Menschen, die sich ihnen verschrieben haben, hervor. *Das Reich Gottes ist als Angriff auf das zu verstehen, was Sobrino das »Anti-Reich« nennt, womit er die menschliche Vergötzung von Macht und Reichtum meint, die dazu führt, andere Menschen zu unterdrücken, auszuplündern, zu drangsalieren und in etlichen Fällen zu ermorden.* Gleichzeitig führt Unterdrückung aber auch zu einem frühen Tod derer, die an Überarbeitung, Unterernährung, Entkräftung oder Umweltverschmutzung frühzeitig sterben. Sobrino prangert damit die in Lateinamerika an vielen Orten einflussreichen Eliten an, aus Militär, Wirtschaft und Politik, die die Schwachheit von Menschen zur eigenen Bereicherung ausnutzen. Konkret sind es oft reiche Großgrundbesitzer, die die Abhängigkeit der Menschen ausnutzen, ihnen nur Hungerlöhne zahlen und sie in der Verelendung der Slums verkommen lassen, gemeint sind auch einflussreiche Persönlichkeiten, die Todesschwadrone bezahlen, um unliebsame Gewerkschaftsführer oder Geistliche ermorden zu lassen, Führungspersönlichkeiten, die sich gegen die Vertreibung von Menschen einsetzen, wenn lokale Machthaber internationalen Firmen, etwa Minen-Konzernen, Zugang zu Abbaugebieten sichern wollen.

Das *Anti-Reich* wird von Sobrino auch *dämonologisch gedeutet:* Es ist die Machtsphäre der *Vergötzung von Gewinnstreben* auf Kosten von Menschen, die sich in *sündigen gesellschaftlichen Strukturen* manifestiert, es ist die *Blindheit und Hartherzigkeit* derer, die zynisch den Tod (Ermordung) oder das vorzeitige Sterben (etwa Vergiftung durch Umweltverschmutzung) von mitunter Tausenden von Menschen in Kauf nehmen. *Im Vergleich zu anderen Dämonologien bleibt festzuhalten: Das Dämonische wird bei Sobrino nicht im Sinne einzelner Dämonen, die in den menschlichen Körper hineinfahren, verstanden, sondern als geschichtlich wirksame Macht, die Menschen in ihren Bann zieht und zu unmenschlichen, gewaltsamen, lebensverachtenden Taten anstiftet, die sich in Unrechtsstrukturen ausdrückt und in dem Trieb, diese Machtverhältnisse und Ausbeutungsmechanismen aufrecht zu erhalten.* Wie relevant ein solches Verständnis für Menschen ist, wurde mir bei einem Besuch in Manila im Frühjahr 2012 deutlich, wo anlässlich einer ÖRK-Konferenz Vertreter/innen der örtlichen *United Church of Christ* in einem bewegenden Gottesdienst ihrer Märtyrer gedachten: Es handelte sich bis zu diesem Zeitpunkt um über dreißig Menschen, zumeist Gemeindeleiter, örtliche Sprecher von Initiativen und Pastoren/innen, die im Einsatz für die arme Bevölkerung und gegen deren Vertreibung durch lokale Machthaber und Regierung in den letzten zehn Jahren ermordet worden sind. Kaum ein Fall wurde aufgeklärt. Die wirtschaftlichen Interessen, internationale Firmen auf dem Gebiet, wo derzeit noch die arme Landbevölkerung lebt, anzusiedeln, war offensichtlich. Ein Geflecht aus kriminellen Menschen in Wirtschaft, Verwaltung, Regierung, Militär und Gerichten lässt damit der Aufklärung solcher Morde keine Chance, Unterdrückungsstrukturen werden weiterhin aufrecht erhalten, der friedliche und politische Widerstand der Unterdrückten wird durch Einschüchterung und Mord zu brechen versucht.

Theologie kann, so die These der Befreiungstheologie, nur aus dem gelebten Leben in solchen Kontexten heraus entstehen. Das *Primat der Praxis* führt zu einem *Leben in Solidarität mit den Armen und Unterdrückten* und von da her *zu einem neuen Lesen der biblischen Schriften* und einer *neuen Art, Theologie zu treiben* und theologische Inhalte zu verstehen. Dies gilt auch für das Missionsverständnis. Mission bedeutet nach Sobrino, sich wie Jesus *an die Seite der Armen und Unterdrückten zu stellen,* das *Reich Gottes mit seiner Gerechtigkeit zu verkündigen, prophetische Kritik zu üben* und zu versuchen, das *Reich gemeinschaftlich ansatzweise und zeichenhaft zu realisieren.* Damit ist christliche Mission verstanden primär als eine *Reich Gottes Mission*, weniger als eine Mission der Kirche, primär als eine *prophetische Mission zur Kritik* an Ungerechtigkeit, Unmenschlichkeit und Unterdrückung, weniger als quantitativer Zuwachs an Getauften, primär als *Umkehrruf an die Mächtigen und Reichen und die mit ihnen kollaborierenden anderen Menschen,* umzukehren und sich den Werten des Reiches Gottes (Liebe, Frieden, Gerechtigkeit, Geschwisterlichkeit) zuzuwenden, weniger im Sinne von Bekehrung als Rettung der eigenen Seele, wenn auch beides nicht voneinander getrennt werden kann. Mission hat es in der prophetischen Kritik mit dem Aufdecken von Wahrheit über soziale und politische Missstände zu tun, *es werden die dämonischen Mächte des Anti-Reiches aufgedeckt,* die sich durch Lüge und Verschleierung zu tarnen suchen, etwa durch die Behauptung von Militärregierungen, um der »nationalen Sicherheit« willen Menschen zu verhaften, die eine »Gefahr« darstellen.

Mission ist damit eine *Mission ähnlich der Mission Jesu*, nicht nur eine Mission *um Jesu willen*. In dieser Mission geht es um das Letztgültige, das Reich Gottes, wie es sich in dem letztgültigen Mittler, Jesus Christus, gezeigt und ansatzweise realisiert hat. Die christliche Mission ist damit jedoch nicht nur eine *Teilnahme an der Sendung Jesu*, wie sie in seinem Leben sichtbar wurde, sondern es ist auch eine *Teilnahme an dem Geschick Jesu*, welches sich aus seiner Sendung ergab. Der Widerstand des Anti-Reiches und seiner Akteure führte zu Morddrohungen gegenüber Jesus, zu falschen Anklagen, zur Inhaftierung, zum Prozess und schließlich zur Hinrichtung Jesu. Nach den Texten der Evangelien erahnte Jesus sein Schicksal, doch er wich ihm nicht aus, er floh nicht und brachte sich nicht in Sicherheit, sondern er blieb standhaft, ging in den Konflikt hinein (nach Jerusalem) und legte bis zuletzt Zeugnis für das anbrechende Reich Gottes ab. *Mission kann damit, so die Konsequenz, zum Martyrium für das Reich Gottes führen.* Sobrino kann deshalb Jesus als einen Märtyrer verstehen. *Das Martyrium wird damit als Konsequenz der prophetischen Sendung verstanden, nicht als zufälliger Betriebsunfall. Gerade das Ausharren im Konflikt ist auch in vielen Gebieten zu beobachten, wo Anführer von Widerstandsbewegungen, Gewerkschaftsführer, Geistliche, führende Aktivisten, trotz der Todesdrohungen vor Ort aushalten, sich weiter einsetzen und damit rechnen müssen, irgendwann und irgendwo einmal aus einem Hinterhalt heraus umgebracht zu werden.*

1.3 Reich Gottes Mission als Umkehrruf an verfasste Kirche

Sobrino zieht an dieser Stelle eine wichtige Konsequenz, die missionstheologisch bedeutsam ist. Erstens versteht er die Mission des Reiches als eine Mission, die auch *kritisch an die Kirche gerichtet ist.* Aus der staatskirchlichen Tradition Lateinamerikas herkommend, haben weite Teile der römisch-katholischen Amtshierarchie bis heute eine starke Machtbasis, und nicht selten wird beklagt, dass die institutionelle Kirche eine zu große Nähe zu den Herrschenden pflegt und ihre prophetische Kritik völlig verstummt ist. Damit wird Kirche als Institution an manchen Entwicklungen und Ereignissen mitschuldig. Die Reich Gottes Mission stellt aber nicht die Kirche als solche in den Mittelpunkt, sondern das Reich Gottes und die Gemeinde von Christen/innen, die das Reich Gottes zeichenhaft lebt. Damit ist es eine gewissermaßen *externe* Mission, die sich mit ihrem Umkehrruf auch an die institutionelle Kirche richtet, wenn sie dieser auch nicht das Kirchesein abspricht. *Mission ist damit ein ekklesiologisches Korrektiv, eine Mission, in der die Mission Jesu erneut auf die Kirche zukommt und diese zur Umkehr ruft.*

Die zweite Konsequenz besteht in einer *Umwertung des Begriffes des Märtyrers.* Sobrino will diesen Begriff nicht nur für diejenigen Menschen verwendet sehen, die um Christi willen ihr Leben gelassen haben, die also ein ausdrückliches Christusbekenntnis ausgerichtet haben. Sobrino öffnet vielmehr den Märtyrerbegriff für diejenigen Nichtchristen, die um der Werte des Reiches Gottes willen getötet wurden, das heißt, die für Ideale *wie Jesus gelebt haben* und damit *wie Jesus* umgebracht wurden. Märtyrer sind damit nicht ein *Besitz* der Kirche als Institution, sondern Märtyrer werden auf das Reich Gottes bezogen, welches sich als ein dynamisches Geschehen auch außerhalb der Kirche ereignen kann, wenn es auch auf Jesus Christus bezogen bleibt. Vom Reich Gottes her wird verfasste Kirche prophetisch in Frage gestellt.[12]

Sobrino stellt heraus, in Jesus von Nazareth als dem Christus sei »das Menschliche« realisiert worden, und zwar nach den Zeugnissen des Neuen Testaments nicht primär mit Bezug auf Gott als den Vater, sondern mit Bezug auf das Reich Gottes. Anhand dieser menschlichen »Außenseite« könne man ablesen, was in seinem Verhältnis zu Gott, also der »Innenseite« mehr und mehr an Gewicht bekommen habe. Das »wahrhaft Menschliche« zeigt sich hier, in der Reich Gottes-Verkündigung und der zeichenhaften Realisierung, als

> »die *Ehrlichkeit* gegenüber der Wirklichkeit, das *Erbarmen* als unmittelbare Reaktion, das *Verlangen nach Gerechtigkeit* angesichts der Unterdrückung der großen Mehrheit, die *Treue* in Situationen der Versuchung und Verfolgung, die *größte Liebe* der Hingabe des Lebens.«[13]

In alledem sei Jesus als der Befreier die Realisierung der *Parteilichkeit* Gottes für die Armen und die *Solidarität* mit den Armen. Nach Sobrino ist die Göttlichkeit Jesu ohnehin eine Sache des Glaubens. Die Radikalität Jesu, seine »Kühnheit«, Gottes Reich zu bezeugen, zu glauben, zu erhoffen und zu realisieren, gebe aber gute Hinweise darauf, dass hier die Letztgültigkeit des göttlichen Willens gelebt werde. Insofern ist die Reich-Gottes-Botschaft eine nähere Füllung dessen, was in Jesu Gebetsanrede »Abba, Vater« gemeint sei.[14] Erwiesen wird die Letztverbindlichkeit Jesu Christi durch die Auferweckung durch Gott im Heiligen Geist, die nicht einfach eine Bestätigung der Macht Gottes ist, Auferweckung der Toten zu wirken, sondern die darüber hinaus spezifisch eine *Bestätigung* der *Mittlerschaft Jesu Christi mit seiner Reich-Gottes-Verkündigung in Worten und Handlungen* ist. Damit aber werden die inhaltlichen Züge seines Wirkens bestätigt, seine *Parteilichkeit* für die Armen in Gottes Namen, seine prophetische Kritik, seine Zeichenhandlungen und Mahlgemeinschaften, sein Ausharren in Bedrohung und Gefahr, das Gebet seiner Hoffnung »Doch nicht mein Wille, sondern Dein Wille geschehe« (Mk 14,36) in der Nacht der Verzweiflung im Garten Gethsema-

---

12. Deutlich anders akzentuiert ist dagegen – wie unter II.2.6 gesehen – das Märtyrerverständnis innerhalb der Koptisch-orthodoxen Kirche, welches stärker auf die Standhaftigkeit des Glaubens in einem andersreligiösen Umfeld abhebt.
13. *J. Sobrino* (1996): Systematische Christologie, 571 f. Hervorhebung geändert.
14. »Was wir die ›Kühnheit‹ Jesu nannten, kann auf seine eigene transzendente Letztverbindlichkeit verweisen, und die Verwirklichung des Menschlichen in Jesus – in ihrer formalen Charakterisierung nichts völlig Neues – kann auf seine eigene menschliche Letztverbindlichkeit verweisen, nicht als Verschiedenheit, sondern als Fülle des Menschlichen.« *J. Sobrino* (1996): Systematische Christologie, o. a., 569.

ne, sein Einstehen für die Menschenliebe Gottes durch die Hingabe des eigenen Lebens.[15]

1.4 Missionstheologische Maximen nach Jon Sobrino

Sobrino geht davon aus, dass nicht jede Verkündigung der »guten Botschaft« auch wirklich Evangelisation im christlichen Sinne ist. Evangelisation ist vielmehr nur dann gegeben, wenn der *Inhalt* der Botschaft und die *Art und Weise ihrer Mitteilung* einander entsprechen.[16] Er will eine theologische Begründung geben, um die wesentlichen Prinzipien von christlicher Evangelisation zu beschreiben. »This means, in the concrete, connecting evangelization with the ultimate content of Christian reality: with God, the kingdom of God, Christ, sin, love, justice.«[17] Insgesamt geht es Sobrino um die *Einheit von Glaube und Praxis* und um die *wechselseitige Verwiesenheit von Evangelisation, Evangelisierenden und Evangelisierten*. Missionstheologisch bedeutet dies, dass die genannten Größen nicht einfach »da« sind, sondern, dass sie *erst* in der Interaktion *entstehen*.[18] *Gegenüber Modellen wie Church Growth wird deutlich, dass es keine zu applizierende Methodik gibt, sondern dass Mission emergent geschieht: Nicht im Voraus berechenbar, sondern durch die Umstände und Widerstände heraus*. Dies bedeutet, kurz gesagt (wobei der römisch-katholische Hintergrund Sobrinos mitgedacht werden muss): (1) Kirche realisiert sich in ihrer Mission und deren *Außenorientierung*. Sie ist nicht doktrinal, sondern historisch begründet, denn schon Jesus verkündigte nicht sich selbst, sondern das Reich Gottes. Er widerstand der Versuchung, sich aus der Öffentlichkeit in ein Sektendasein zurückzuziehen.[19] (2) Kirche ist *relational*, sie agiert erstens in Verkündigung, zweitens im Lebenszeugnis und drittens in

---

15. Dem befreiungstheologischen Ansatz von Sobrinos kann man damit nicht den Vorwurf machen, lediglich eine »niedrige« Christologie zu vertreten und die Reich-Gottes-Botschaft von dem Mittler Jesus Christus zu lösen. Ekklesiologisch jedoch reklamiert er für diese Reich-Gottes-Verkündigung in Jesus Christus ebenso wie der ihm nachfolgenden Gemeinde eine Distanz zu verfasst-institutioneller Kirche um der Wahrheit und Wahrhaftigkeit der Botschaft willen.
16. *J. Sobrino* (1984): Evangelization, o.a., 253-301. Sobrino orientiert sich in diesem Text an *Evangelii Nuntiandi*.
17. *J. Sobrino* (1984): Evangelization, 256.
18. Sobrino: »the Church's establishment through evangelization; the ways of evangelizing; the content, transcendent and historical, of evangelization; the unification of faith and practice in evangelization; the unification of evangelization and evangelizer; the unification of evangelization and the evangelized; and the consequences of a unified evangelization.« *J. Sobrino* (1984): Evangelization, 257.
19. *J. Sobrino* (1984): Evangelization, 261-262.

der Kritik.[20] Der Inhalt bedeutet, dass Gott ein Gott der Geschichte ist, der einen bestimmten Willen für die Menschen hat. Das schließt auch die *Analyse der bestehenden gesellschaftlichen Situation* ein. Die Gefahr besteht darin, Evangelisation entweder nur als Befreiung im gesellschaftlichen Sinne zu verstehen, das Transzendente also zu vernachlässigen, oder aber, wenn es nur noch um das Verändern von Strukturen geht, die Bekehrung des Herzens außer Acht zu lassen. Sobrino definiert demgegenüber Evangelisierung als das Zusammenwirken von Wort und Tat in christologischer Weise[21], denn in Jesu Nachfolge geht es pointiert um *Glaubwürdigkeit: Das Wirken veranschaulicht den Gehalt der Botschaft.*

Dies wird von Sobrino (3) vertieft mit dem Gedanken der *Einheit von Evangelisierung und Evangelisierenden*, seien sie Individuen oder Gruppe, Gemeinde oder Kirche. Die Botschaft ist nicht vorgegeben, sondern sie entsteht in der Praxis und durch die Praxis derer, die evangelisieren, denn diese *intensivieren* ihre Einsichten, vertiefen sie und finden neue Ausdrucksformen. *Missionare und Botschaft sind demnach »im Werden«, sie stehen nicht einfach fest. Und dies bedeutet:* Die *Aktion* ist ein *mitkonstituierender Faktor* der *Botschaft.*

>»The way to become an evangelizer is precisely in and through the work of evangelizing, for Christian meaning and Christian practice alike are deepened and intensified in and through the work of evangelization and not simply through the acquisition of methods for evangelization or by simply intending to do this work. It is through evangelization that the evangelizer is constituted as such.«[22]

Dies sei auch an Jesus Christus ablesbar, dessen *Gottesglaube* sich ebenso im Verständnis Gottes als ›Abba‹ vertieft habe wie im Verständnis seiner eigenen *Sendung als Sendung der Lebenshingabe.* Beides habe sich erst *aus seiner Sendung heraus* ergeben.

Im Blick auf (4) die *Einheit von Evangelisierung und Evangelisierten* geht

---

20. *J. Sobrino* (1984): Evangelization, 265 ff. – »Denunciation is required in evangelization in order that people living in a world of sin may grasp the point of proclamation by seeing its opposite. (…) The two aspects of proclamation are directed to the good of all, both those to whom the good news is immediately announced and those who are the addressees of denunciation. The aim in both cases is humanization.« (273)
21. »If what Jesus proclaims in his preaching, kerygma, and parables is the love of God, the reality of a God in whom human beings can trust and hope; if what Jesus denounces in his controversies and anathemas is the legalism of those who have turned God into a matter of oppressive legalism and not of love – then Jesus can credibly speak this message only if he also puts it into practice. On the other hand, the activity of Jesus enables him to speak his message and indeed calls for him to do so. His cures, miracles, and exorcisms, his prophetic gestures in the temple, eating with the oppressed and leaping social barriers – all these make it possible to give verbal expression to the ultimate reality of God as liberating love.« *J. Sobrino* (1984): Evangelization, 282.
22. *J. Sobrino* (1984): Evangelization, 285.

1. Mission und Reich Gottes – Von Befreiung bis Martyrium?

Sobrino davon aus, *die Evangelisierten* seien nicht nur Empfänger, sondern ebenfalls *Mitkonstituierende*. Die Evangelisierten gehören quasi »in« die Botschaft hinein, denn die Botschaft ist nicht unabhängig von den Evangelisierten zu haben, sie entsteht (auch) im Vollzug. Sobrino hält weiter fest, die Mission sei universal auf alle Menschen ausgerichtet, dann aber partikular besonders auf die Armen bezogen.[23]

> »The poor, however, are not only the privileged addressees of evangelization; they are also the condition for the possibility of evangelization, inasmuch as the evangelization of the poor is constitutive of the very content of evangelization.«[24]

Durch den Kontakt mit den Armen, so die These, werde das spezifisch christliche Verständnis Gottes vermittelt. Dies schließt (a) einen *epistemologischen Bruch* ein, denn dieser führt zum Staunen über Gottes Wirken.[25] Die Armen werden so zur Voraussetzung (engl. *condition*) der christlichen Gotteserkenntnis.

> »Contact with the poor is an indispensable condition for the break needed at the noetic level in dealing with the reality of God; it makes possible Christian action in harmony with that of God.«[26]

Kontakt wird durch das Mitsein mit den Armen hergestellt, durch das Teilen von Armut, durch Kampf und Leiden. In alledem geht es um (b) eine *Parteilichkeit* (engl. *partiality*) für die Armen.[27] Dies führt zu verschiedenen Aktivitäten auf der Ebene unmittelbaren Engagements und der Ebene der strukturellen Bedingungen, zu Bewusstseinsbildung und Kritik. In der Fluchtlinie aller dieser Bedingungen liegt (c) die *Umkehr* (engl. *conversion*) bestehender Kirche(n) und Gemeinden.[28] Diese werden damit unvermeidlich auch (d) ins *Leiden* um Christi willen hineingeführt.

---

23. *J. Sobrino* (1984): Evangelization, 290. Zu verschiedenen biblischen Begriffen für »die Armen« vgl. 292.
24. *J. Sobrino* (1984): Evangelization, 293.
25. »At the noetic level this means that the poor are the ones who can cause the epistemological break that is needed to understand the Christian God and to proclaim him. The poor (…) are the hermeneutical instance that makes it possible to read the Scriptures with the necessary sense of surprise and without attributing to it a naturalistic concept of God.« (294)
26. *J. Sobrino* (1984): Evangelization, 295.
27. *J. Sobrino* (1984): Evangelization, 296.
28. *J. Sobrino* (1984): Evangelization, 299 ff.

1.5 Basisgemeinden – zur Umsetzung befreiungstheologischer Missionstheologie

Befreiungstheologisch orientierte Missionstheologien wie etwa diejenige von Jon Sobrino oder aber von *Leonardo Boff* haben einerseits wichtige Impulse vermittelt, andererseits jedoch auch – wie der befreiungstheologische Diskurs allgemein – eine Entwicklung durchlaufen. Mit den Jahren etwa wurden Themen wie Spiritualität, Volksreligiosität oder Gender- und Umweltfragen immer stärker gewichtet. Das ist an dieser Stelle nicht zu vertiefen. Deutlich wird indes die weitaus größere Radikalität der hier beschriebenen missionstheologischen Strömung, denn ein epistemologischer Bruch, Parteilichkeit oder aktive Teilnahme am Widerstand sind Dimensionen, die man in anderen Ansätzen so nicht findet. Wie aber steht es mit der Breitenwirkung solcher Ansätze? Handelt es sich um die intellektuellen Produkte einer kleinen theologischen Elite oder gibt es eine breite Bewegung, innerhalb derer diese Theologien zu verorten sind und der sie dienen wollen? Dazu ein kurzer Blick zurück: Die Theologie der Befreiung hatte zweifellos ihre Hochphase in den 1970er und 1980er Jahren, seit den 1990er Jahren indes ist es stiller um sie geworden. Dies bedeutet jedoch nicht, dass nicht befreiungstheologische Impulse weiterhin wirksam wären.[29]

So stellt *John Burdick* für Brasilien heraus, dass die 1975 begründete katholische *Kommission der Landpastorale* großen Einfluss auf die wohl größte soziale Bewegung innerhalb Lateinamerikas bis heute ausgeübt habe und weiterhin ausübe, nämlich die Bewegung der Landlosen *(Movimento dos Sem Terra)*, dies gelte für das Führungspersonal, welches häufig aus kirchlichen Zusammenhängen stamme, für befreiungstheologische Begründungsmuster der Arbeit, für Symbolisierungen und das Verständnis und Gedenken der Märtyrer der Bewegung in Brasilien und anderswo.[30] Doch auch für die Anti-Rassismus-Arbeit, die Geschlechterfrage und den Kampf für die Indigenen seien befreiungstheologische Impulse, Netzwerke und Basisgemeinden weiterhin von großer Bedeutung. Schätzungen für das Jahr 2002 gehen allein in Brasilien von etwa 80.000 Basisgemeinden aus[31], was einmal mehr zeigt, dass befreiungstheologische Themen nach wie vor von einer großen Zahl von Aktivisten/innen in mikro- und makrosoziale Kontexte eingebracht werden.

---

29. *J. Burdick* (2002): Das Erbe der Befreiung: Fortschrittlicher Katholizismus in Brasilien, in: K. Gabbert (Hg.), Religion und Macht. Jahrbuch Lateinamerika, Bd. 26, Münster, 13-35.
30. *J. Burdick* (2002): Das Erbe der Befreiung, 18 ff., bes. 20-22.
31. *N. Ahrens* (2002): Ein Schiffbruch mit vielen Überlebenden. Von der ›Theologie der Befreiung‹ spricht heute niemand mehr – aber sie hat in Lateinamerika tiefe Spuren hinterlassen, in: K. Gabbert (Hg.), Religion und Macht, o. a.,104-118, 110.

1.6 Würdigung und kritische Rückfragen

Es wurde deutlich, dass die lateinamerikanische Befreiungstheologie und ihre Verankerung in den Basisgemeinden nur *eine* Ausprägung christlicher Präsenz in diesem Erdteil ist. Diese Ausprägung ist kritisch gegenüber Unterdrückungsmechanismen in den Gesellschaften und ebenso kritisch gegenüber der Hierarchie der Römisch-katholischen Kirche, soweit diese sich durch ihre Nähe zu den Mächtigen kompromittiert, kritisch aber auch gegenüber protestantischen Kräfte wie etwa fundamentalistischen Gruppierungen, Gemeinden und Kirchen, die Unrechtsregime direkt oder indirekt tolerieren oder gar unterstützen.[32]

Damit entsteht folgendes Szenario: Evangelisierung ist erstens ein *Prozess, in dem Inhalt und Form* einander korrespondieren müssen, wenn sie als christliche Evangelisierung gelten will. Dies ist gegen falsche Formen von Mission in Geschichte und Gegenwart gerichtet. In diesem Prozess, dass ist das Zweite, *findet sich der Evangelisierende selbst, findet sich die evangelisierende Gemeinschaft* (Gemeinde, Kirche), *eröffnet sich die Botschaft*, erschließt sich das *Profil derjenigen, die als Adressaten immer schon Mitkonstituierende* des Geschehens sind. Das Geschehen selbst führt, drittens, in einen *epistemologischen Bruch*, in eine Gemeinschaft mit und ein Engagement für die Armen, eine Parteilichkeit und in alledem *in ein neues Verstehen Gottes*, der Botschaft des *Evangeliums*, des *eigenen Selbst* und *derjenigen, denen das Engagement gilt*. Die *Armen* sind damit – viertens – nicht nur das *besondere Ziel der Evangelisierung, sondern zugleich auch die Bedingung* derselben. Das alles vollzieht sich – fünftens – *in Gemeinschaft, in Aktion, in die Proklamation in Wort und Tat, im Demaskieren des Bösen und führt damit ins Leiden um Christi willen* hinein, zugleich aber auch – sechstens – in eine *Konversion von Gemeinde und Kirche und damit eine umfassende und allseitige Transformation.*

Kritisch mag man einwenden, ob nicht eine solche Theologie doch sehr anspruchsvoll und voraussetzungsreich ist. Während befreiungstheologische Impulse in etlichen Kontinenten Aufmerksamkeit auf sich ziehen, sehen die praktischen Umsetzungen denkbar verschieden aus. Es sollten daher bestimmte Formen von Befreiungstheologie keinen Universalanspruch erheben, wie dies in der Vergangenheit mitunter vorkam, so dass es etwa zu scharfen Kontroversen lateinamerikanischer Befreiungstheologen mit asiatischen Be-

---

32. Zu Beispielen etwa aus Guatemala und El Salvador siehe: *J.* Ströbele-Gregor (2004): Evangelikaler Fundamentalismus, Missionierung und Politik in Lateinamerika, in: B. Hausberger (Hg.), Geschichte der Missionierung, Wien, 179-215, bes. 203 ff.; *dies.* (2002): Politik im Namen Gottes. Protestantische Evangelikale und Fundamentalisten in Lateinamerika, in: K. Gabbert u. a. (Hg.), Religion, o. a., 36-56.

freiungstheologen kam.[33] Daher an dieser Stelle ein konkretisierendes Beispiel aus den Philippinen.

Manila, Blick aus dem 12. Stock des Traders-Hotel: Die Straßen sind gut in Schuss, fünfspurig, gegenüber eine Marina mit etlichen Motoryachten, weiter hinten die Container-Kräne der Doks, die Perspektive weitet sich auf die Lagune, begrenzt im Dunst der Wolken durch die bergige Landschaft am Horizont. Drunten Palmen, gepflegte Rasenanlagen. Vor mir liegt zweifellos ein Teil des Zentrumbereiches dieser Stadt. Doch folgt man der Uferstraße auch nur etwa 3000 Meter in Richtung Norden, dann tauchen sie auf, kilometerweit, die Slums der Stadt, jenes Moloch, in dem heute etwa 15 Millionen Menschen leben. Nur 3000 Meter zwischen den 20-stöckigen Hotels mit Klimaanlage und Buffet und jenen Armenquartieren, in denen Tausende von Menschen zusammengepfercht leben, besser: überleben.

Wir besuchen die römisch-katholische *San Lorenzo Parish* in einem Stadtgebiet namens *Navotas*. Der übliche Compound mit Kirche, Lehrgebäuden, Kindergarten, Schule und Ordensgebäuden. Hier leben Ordensschwestern und zwei Dominikanerpater. Zu dieser Parish gehören etwa 100.000 Menschen, so erfahren wir. Wir, das ist eine kleine Delegation einer Konferenz, ausgerichtet vom Ökumenischen Rat der Kirchen, eine Konferenz, die sich mit Fragen der Missionstheologie in globaler Perspektive beschäftigt. Nach einem kurzen Rundgang sitzen wir in der großen Kirche und folgen dem Gottesdienst, es heute schon der zweite, es werden weitere folgen. Der Compound liegt mitten im Slumgebiet, nahe dem Meer. Die Kirche habe vorher aus Holz bestanden, so erklärt man uns, aber dann habe man durch finanzielle Unterstützung aus Süd-Korea diese Kirche bauen können. Den Gottesdienst hält *Pater Patrick P. Hiwatig*, ein junger Mann, Mitte Dreißig vielleicht, freundlich, ruhig, zugewandt, mit wachem Blick und einem Ausdruck, der verrät, dass dieser Dominikanerpater ebenso weltzugewandt wie energisch seinen Dienst versieht. (**Abb. 5**)

Nach dem Gottesdienst fahren wir zu den verschiedenen Communities in der Nachbarschaft, da ist ein Slum direkt am Meer, hier leben Menschen, die vom Fischfang leben, viele sind erst vor wenigen Jahren nach Manila gekommen, in der Hoffnung auf ein besseres Leben. Überall laufen Kinder herum, besonders viele Kleinkinder sind darunter. Ärmlichste Hütten und eine Menge herumliegender Abfall. (**Abb. 6**) Eine weitere Community, etwa 100 Familien, lebt auf einem Friedhofsgelände, wir tauchen ein in die Bretterverschläge, nur schmale Durchgänge von etwa 60 Zentimeter breite führen durch das Dunkel, hier Menschen beim Schlafen, dort beim Kochen, viele sitzen einfach da, Kinder lächeln und wollen mit Handauflegung auf den Kopf begrüßt werden, dort läuft ein Fernseher, hier wäscht eine Frau, wir müssen aufpassen, überall steht dreckiges Wasser, Müll allerorten, hier ein Hund, dort eine Katze, wir balancieren über Bohlen, ziehen die Köpfe ein, ein Huhn flüchtet an uns vorbei, wir ertasten Stein auf Stein um wieder eine Lache zu überwinden, Rauch, der Gestank von Abwässern, alles mischt sich zusammen, dunkle Pfade nach rechts und links, dann kommen wir wieder ins Freie und stehen vor Grabgebäuden, in die Urnen eingelassen

---

33. Vgl. LIThM, Band 1, 162 ff.

1. Mission und Reich Gottes – Von Befreiung bis Martyrium?

werden. Selbst oben auf diesen Gebäuden leben Menschen. Der Pater wird überall begrüßt, er ist allgemein bekannt und lebt schon seit über sechs Jahren in diesem Teil der Stadt.

Wir besuchen weitere Slums, einen, der sich zwischen riesigen Container-Stapeln entwickelt hat, ein anderer, der aus schwimmenden Hütten besteht, die auf Bambusrohren platziert sind, wiederum ein anderer, der unterhalb einer großen Brücke entstanden ist. (**Abb.** 7) Hier leben einmal tausend, einmal dreitausend Menschen, zumeist ohne Jobs, ohne sanitäre Einrichtungen, ohne medizinische Versorgung, und nicht selten mit nur wenig Hoffnung. Nicht, dass die Stimmung schlecht wäre, viele freundliche und manche lachende Gesichter, aber, was sagt das schon? Diese Menschen haben keine Lobby, erklärt Pater Patrick, seine Mission bestehe darin, bei den Menschen zu sein, ihnen zuzuhören, Hilfe zu organisieren, so gut es geht, und, ganz wichtig, ihnen Hoffnung zu geben. Sie seien mit vier Priestern für 100.000 Menschen zuständig, meint er, und fährt fort: »Ich kann den Menschen das geben, was ich habe, das Zeugnis meines Glaubens und unserer Hoffnung, unsere Kirche ist eine Kirche der Armen, wir versuchen Menschen zu schulen, ihnen ein Wissen über ihre Rechte zu geben, doch ist es gefährlich, sich den Interessen der Mächtigen entgegen zu stellen.«

Auf den Philippinen wurden in den letzten Jahren viele Pastoren ermordet, besonders Pastoren und leitende Persönlichkeiten der *United Church of Christ of the Philippines*, aber auch Priester und Bischöfe der römisch-katholischen Kirche, wo immer sie sich für die Rechte von Menschen einsetzten, denen das Land genommen werden sollte, oder die den Interessen derer entgegenstanden, die Bodenschätze ausbeuten wollten und wollen, und daher die Menschen schlicht zu vertreiben versuchen.

Kirchen arbeiten hier zusammen in Programmen für die *Urban Poor*, von denen es in Manila Millionen gibt. Eine wichtige Dimension von christlicher Mission in einem mehrheitlich christlichen Land. Mehrfach betont Pater Patrick, dass es einer Bekehrung der Herzen bedarf, das Denken in Strukturen allein greife zu kurz. Begriffe wie Theologie der Befreiung sind von dem engagierten Pater nicht zu hören, vermutlich sind sie zu groß, zu vollmundig, zu theoretisch. Es sind die konkreten Programme, die er mit seinen Mitarbeitenden durchführt (**Abb. 8**), es sind die konkreten Menschen, denen er und andere sich zuwenden, denen sie zuhören. Tausende von Menschen sollen vertrieben und die Slums eingeebnet werden, für neue, teure Wohngegenden. Das ist eine weitere Dimension der hiesigen Probleme. Hoffnungslosigkeit ist die andere. Es haben sich allein im letzten Jahr 19 Schüler/innen in einer Schule vor Ort das Leben genommen, erzählt der Pater. Es wird daran deutlich, dass die spirituelle Dimension der Mission, Glaube und Hoffnung, nicht von der sozialen Dimension der Mission, Liebe und Engagement, getrennt werden kann. Manila, Slumgebiet Navotas.

Das Beispiel mag gezeigt haben, dass das Ausharren mit den Menschen, Gottesdienst und geistliches Leben und gemeindliche Programme für *advocacy*, *empowerment* und *transformation* untrennbar verbunden sind. Es geht um Glaubwürdigkeit im Ausharren, es geht um Hoffnung gegen den Augenschein, die sich aus der Kraft des Glaubens speist, es geht um das stellvertretende Eintreten der einen für die Rechte der Anderen *(advocacy)*, es geht um Programme zur Selbsthilfe *(empowerment)* und in alledem um den Widerstand gegen lebenszerstörende Mächte wie etwa gewissenlose oder überforderte Stadtverwaltungen, die auf die Bildung von Slums nicht selten und ganz schlicht mit Vertreibung reagieren. In diesem Geschehen findet befreiungstheologisches Handeln ebenso liturgisch wie engagiert, ebenso einfach wie begrenzt, ebenso hartnäckig wie unspektakulär seinen Ausdruck.

Im Folgenden bleiben wir beim Thema Armut, betrachten es nun jedoch von einem anderen Blickwinkel her, nämlich unter der Frage, welche Auswirkungen andere missionstheologische Muster auf das Thema Armutsbekämpfung haben.

2. Mission und Geld – Gott als Freund der Armen oder als Freund der Reichen?

In einer Welt der knappen Ressourcen und der Armut wird in vielen Theologien die Frage nach Befreiung oder Heilung gestellt. Es geht um ganz physische Dinge, um die Alltäglichkeit des Lebens und Überlebens, um die Frage nach Gesundheit, Arbeit, Auskommen, Wohlstand und *upward mobility*. Weltweit werden auf diese Fragen im Bereich der christlichen Religionsformation ganz unterschiedliche Antworten gegeben und daraus folgend auch ganz verschiedene Arten christlicher Praxis gelebt. Im Folgenden sei dies anhand von zwei Beispielen aufgezeigt. Es geht einmal um den römisch-katholischen Ordensmann *Aloysius Pieris* aus dem Bereich Asiens (Sri Lanka) und zum anderen um den pfingstlerischen Gründer der *Redeemed Christian Church of God* in Nigeria, *Enoch Adeboye*, bei dem es sich aus der Perspektive wissenschaftlicher Theologie betrachtet um einen »Laientheologen« handelt.

2.1 Armut als »Schule« der Theologie – *Aloysius Pieris* aus Sri Lanka

In Asien hat *Aloysius Pieris* aus Sri Lanka schon früh eine asiatische Theologie der Befreiung formuliert. Pieris ist Jesuit und hat sich besonders um den christlich-buddhistischen Dialog verdient gemacht. Es geht ihm nicht nur darum, dass christliche Lebenspraxis und Theologie in die Traditionen anderer Religionen quasi »hineingetauft« werden, damit sie besser verständlich werden, sondern auch darum, neben dem ersten Lehramt der Kirche und dem zweiten Lehramt der Pastoral bei dem dritten Lehramt in die Schule zu gehen, gemeint sind *die Armen*.[34] Ein interreligiöser Dialog als Selbstzweck sei ein »Luxus«, den man sich in Asien kaum leisten könne. Es gehe darum, die Menschen zu verstehen, die eine »*diesseitige* Spiritualität« leben, indem sie nach Befriedigung ihrer Grundbedürfnisse trachten. Hier nun stellt Pieris fest:

> »In diesen Grundbedürfnissen gehorchen sie nicht, wie die meisten von uns, dem Diktat des Mammon. In ihrer äußersten Hilflosigkeit *hängen sie ganz und gar von Gott ab*. Folglich ist ihr Gott ein Gott von Reis und Curry, ein Gott von Obdach und Kleidung, ein Gott von Ehe und Kindern, kurz, der einzige Gott dieses Le-

---

34. A. Pieris (1994): Interreligiöser Dialog und Theologie der Religionen. Ein asiatisches Paradigma, in: ders., Feuer und Wasser. Frau, Gesellschaft, Spiritualität in Buddhismus und Christentum, Freiburg u. a., 115-125.

bens und, natürlich, der einzige Gott *ihres* Lebens. Diese völlige Abhängigkeit von Gott ist ihre Spiritualität.«[35]

Die Menschen schreien, so Pieris, zu diesem Gott nach Gerechtigkeit. Der »Zugang« der Armen zu Gott sei, so Pieris weiter, nicht als »weltlich« zu verstehen, wenn damit eine »areligiöse, vom Kreislauf der Gewinnsucht und des Konsumdenkens verseuchte Welt« gemeint ist, sondern als »kosmisch«. Hier gilt: »Das Kosmische ist eine Mischung vom Heiligen, Fraulichen und Irdischen, die diesen Teufelskreislauf physisch unmöglich macht, sofern nicht der (von der kapitalistischen Technokratie herbeigeführte) verweltlichende Prozeß in diese Welt einbricht.«[36] Diese »kosmische Spiritualität« finde oft bei Frauen besonderen Raum, sei ökologisch ausgerichtet und gebe der Kommunikation und dem Erzählen von Geschichten der Menschen ihren Ort.

Es scheint also, als seien *die Armen* für Pieris *der bevorzugte Lernort theologischer Lehre und theologisch verantworteter Praxis:* »only the oppressed know and speak the language of liberation, the language of the Spirit, the language of true religion«.[37] Halten wir einen Moment inne. Einerseits kann man kritisch zurückfragen, ob hier die Armen nicht idealisiert werden, andererseits wird deutlich, dass Pieris Konsumdenken, Gewinnsucht und »kapitalistische Technokratie« als Gegner betrachtet, wobei letztere als der eigentliche und vielleicht auch als der verführende Akteur gedacht wird:

> »in an Asian [...] situation, the antonym of ›wealth‹ is not ›poverty‹ but acquisitiveness or avarice, which makes wealth antireligious. The primary concern [...] is not eradication of poverty, but struggle against mammon – that undefinable force that organizes itself within every person and among persons to make material wealth antihuman, antireligious, and oppressive«.[38]

Im Kampf gegen die Verführung des Mammon stehen die Religionen zusammen, es kann dieser Kampf nur im interreligiösen Dialog und Engagement geführt werden.[39] Diese gedankliche Linie wird besser verständlich, wenn sie kon-

---

35. A. *Pieris* (1994): Interreligiöser Dialog, 118.
36. A. *Pieris* (1994): Interreligiöser Dialog, 118-119.
37. A. *Peiris* (2002): Faith-Communities and Communal Violence: The Role of Religion and Ideology, in: Dialogue (29), 111-131, 129.
38. A. *Pieris* (1988): An Asian Theology of Liberation, Maryknoll / New York, 75.
39. A. *Pieris* (1994): Interreligiöser Dialog, 119: »im gemeinsamen Kampf gegen Armut und Elend der Massen haben viele Anhänger von metakosmischen Religionen (Buddhisten, Hindus, Muslime und Christen) gelernt, ihre Religionen im Licht einiger der in der kosmischen Religiosität der Armen enthaltenen befreienden Elemente neu zu interpretieren. [...] So ist unter Angehörigen verschiedener Glaubensrichtungen, die sich in Volksbewegungen engagieren –, z. B. Sulak Sivraksa im Buddhismus, Swami Agnivesh im Hinduismus, Ali Asghar Engineer im Islam, um nur einige zu nennen – der Trend zu einer Neuinterpretation der heiligen Schriften der metakosmischen Religionen unter dem Aspekt ihrer befreienden Dynamik festzustellen.«

2. Mission und Geld – Gott als Freund der Armen oder als Freund der Reichen?

textualisiert wird: Pieris schreibt als ein Angehöriger des Jesuitenordens und als einer von denjenigen Ordensbrüdern, die sich am weitest gehendsten auf den buddhistisch-christlichen Dialog eingelassen haben. Es kann daher nicht verwundern, dass für ihn buddhistische Tugenden von großer Bedeutung sind, von denen besonders das *Nicht-anhaften* an den Dingen zu nennen ist.[40] Die Kultur- und Wirtschaftskritik von Pieris bekommt von hier aus eine besondere Färbung. So kann man generell sagen, dass zwar die Armut zu überwinden ist, dies jedoch zu aller erst durch eine ausgewogene innere Beziehung zu Gütern und Wohlstand. *Die Bedürfnislosigkeit als Ideal buddhistischen wie christlichen mönchischen Lebens steht hier als Wert im Hintergrund.* Damit hat die Befreiungstheologie von Pieris eine ganz eigene Note, die sich sehr deutlich von seinem lateinamerikanischen römisch-katholischen Mitbruder Sobrino unterscheidet. In Pieris haben wir demnach eine *asiatische Befreiungstheologie* mit *deutlich interreligiöser Zielrichtung* und einer *starken Affinität zu buddhistischen Werten* vor uns.

2.2 Menschliche Basisgemeinschaften als Ort der Theologie

Die Realisierung der Befreiung sieht *Pieris* besonders in *menschlichen Basisgemeinschaften* gegeben: »Ursprung, Entwicklung und Ziel der Aktivitäten einer solchen Gemeinschaft ist die Befreiung der an den Rand der Gesellschaft gedrückten Gruppen.«[41] Die Menschen kommen nicht um des interreligiösen Dialogs willen zusammen, auch nicht mit der Frage nach der eigenen religiösen Identität, sondern es geht um das gemeinsame Leben und Überleben. Die *praktischen Herausforderungen* sind vielmehr der Ursprung des Zusammenwirkens, es sind die *gemeinsamen Aktivitäten* der Raum, innerhalb dessen die eigene religiöse Identität *gefunden wird*, und zwar *durch das Zusammensein mit den religiös andersgläubigen Menschen* gefunden wird.[42] Die eigene Einzigartigkeit ist damit (a) eine sich aus der Praxis ergebende, eine (b) durch das Zusammenwirken mit Andersgläubigen vermittelte, eine (c) im Prozess sich

---

40. Nach buddhistischer Lehre liegen einem falschen Bewusstsein die Grundübel von Unwissenheit, Gier und Hass zugrunde, die es durch meditatives Training zu überwinden gilt. Zentral ist das Moment des Nicht-anhaftens an den Dingen.
41. A. Pieris (1994): Interreligiöser Dialog, 120.
42. A. Pieris (1994): Interreligiöser Dialog, 120: »Die Einzigartigkeit ihrer jeweiligen Religion entdecken die einzelnen Mitglieder im Verlauf einer andauernden befreienden Praxis. Meine religiöse Identität suche und finde ich nicht durch akademische Diskussionen; sie wird mir vielmehr durch andere religiöse Menschen vermittelt. Im Prozeß des Benennens und Erkennens sowohl der Sünde als auch der Befreiung, wie wir sie in einer Menschlichen Basisgemeinschaft erleben und entsprechend zu handeln versuchen, *gewinnen wir* Mitglieder einer solchen Gemeinschaft *füreinander* unsere jeweilige religiöse Einzigartigkeit.«

einfindende Identität und damit (d) eine gewissermaßen aus dem gemeinsamen Engagement auf den Menschen *zukommende* (und damit keine konstruierte) Identität.

Als Beispiel führt Pieris einen Marxisten buddhistischer Herkunft mit Namen *Sarath Mallika* an, der aus seiner Sicht als Mitglied einer menschlichen Basisgemeinschaft den Gott der Bibel mit den Worten charakterisiert: »Es ist das erste Mal, dass ich *von einem Gott höre, der ein Verteidigungsbündnis geschlossen hat mit den Unterdrückten*«. Christen/innen hätten dadurch neu gelernt, so Pieris, dass Jesus dieses Bündnis ist:

> »In der nachfolgenden Diskussion wurde den christlichen Teilnehmern klar, dass kein ewiges Leben in ihnen sein kann, wenn sie nicht bekennen, dass Jesus Gottes Verteidigungs-Bündnis mit den Un-Personen auf Erden ist! Darum war der buddhistisch-marxistische Märtyrer [Sarath Mallika wurde einige Monate später ermordet, HW], der sich unermüdlich für die Arbeiter einer Zuckerfabrik eingesetzt und von diesen ›Kleinen und Geringen‹ auf Erden ihre Sprache der Befreiung gelernt hatte, außergewöhnlich befähigt, das zu erfassen, was für uns alle die befreiende Substanz des Evangeliums ist.«[43]

Im Dialog des Lebens also erschließe sich das Evangelium für Christen/innen neu, wobei es in der Lebenspraxis unverzichtbar um *Glaubwürdigkeit* gehe, dass Christen nämlich mit andersgläubigen Menschen glaubwürdig darin zusammenstehen und zusammen gehen, was

> »der einzig gemeinsame Nenner der Religionen ist, nämlich der Geist des Nicht-Besitzenwollens oder des Verzichts auf Mammon (was, theistisch ausgedrückt, bedeutet, sich ganz auf Gott zu verlassen); es ist der Geist der Bergpredigt. Es ist die grundlegende Spiritualität vom Reich Gottes, eine Spiritualität, die Jesus in den meisten asiatischen Kulturen heimisch machen würde.«[44]

Entwicklungsprogramme wirft Pieris vor, weniger mit Menschen arbeiten als diese vielmehr beherrschen zu wollen. Menschliche Basisgemeinschaften sieht er damit als Alternative sowohl erstens zu üblichem kirchlichen Engagement, als auch zweitens gegenüber christlichen Ashrams sowie drittens gegenüber Nicht-Regierungs-Organisationen.[45]

---

43. A. Pieris (1994): Interreligiöser Dialog, 121.
44. A. Pieris (1994): Interreligiöser Dialog, 122. Die Kirchen Asiens hängen indes, so Pieris, an der »eurokirchlichen Machtbasis« und nehmen »ihre Zuflucht zu einer Art von Einzigartigkeit in Form des theandrischen Modells (gott-menschlicher Erlöser), das keinen Sinn vermittelt insofern, als der Ausdruck ›Gott‹ eher die Vorstellung von Naturgewalten als die eines erlösenden Mittlers weckt.« (ebd.)
45. A. Pieris (1994): Interreligiöser Dialog, 123: »Aber wo immer die christlichen Mitglieder einer Menschlichen Basisgemeinschaft einswerden mit den Armen in ihrer totalen Abhängigkeit von Gott und sich damit qualifizieren für die Verkündigung des Neuen Bundes zwischen Gott und den Armen, da tritt Jesus, mehr als in der subtilen Kombination von

2. Mission und Geld – Gott als Freund der Armen oder als Freund der Reichen?

Abschließend führt Pieris zur Deutung der von ihm geforderten und beschriebenen interreligiösen Praxis in den Basisgemeinschaften die Kategorien des Synkretismus, der Synthese und der Symbiose ein: Ein *Synkretismus* als »eine zufällige Mischung von Religionen« finde sich unter den Armen so nicht, meint Pieris. Eine *Synthese* komme auch nicht vor, denn diese werde eher von Individuen gebildet, nicht aber von Gruppen. Bleibt die *Symbiose* der Religionen: »Herausgefordert durch den je eigenen einzigartigen Zugang der anderen Religion auf die Befreiungserwartung der Armen [...] entdeckt jede Religion in ihrer Antwort auf die jeweils anderen Ansätze sich selbst neu und benennt sich neu in ihrer Spezifität.«[46] Hier mag man allerdings mehrfach widersprechen: Volksreligiosität ist sehr wohl eine solche, in der Anleihen bei verschiedenen Religionen gemacht werden und Hilfe über die Grenzen religiöser Gruppierungen hinaus gesucht wird.[47]

2.3 Gott liebt die Reichen – *Enoch Adeboye* aus Nigeria und die RCCG

Wenden wir uns einer anderen Weltregion mit einerseits recht ähnlichen Kontexten zu, etwa dem Phänomen Armut und seinen Folgeerscheinungen. Andererseits jedoch handelt es sich kulturell um sehr unterschiedliche Muster. Die Rede ist von den Kontexten Westafrikas, genauer: Nigerias. In dieser Nation leben gegenwärtig etwa 140 Millionen Menschen. Damit ist Nigeria das bevölkerungsreichste Land Afrikas. Unter den etwa 50% Christen des Landes haben seit den 1980er und 1990er Jahren Pfingstkirchen mehr und mehr Einfluss gewonnen, so etwa die *Redeemed Christian Church of God*, die, auf ältere Traditionen zurückgehend, seit Anfang der 1980er Jahre unter der neuen Leitung von *Dr. Enoch Adeboye* eine rasante Entwicklung nahm. Adeboye war als promovierter Mathematiker Dozent an einer Universität, bevor er mit der Leitung der Kirche durch den Gründer, *Josiah Akindayomi*, beauf-

---

Naturen und Personen, überzeugend zutage als Gottes Geschichte im Leben seiner /ihrer Bündnispartner (der asiatischen Armen).«

46. A. *Pieris* (1994): Interreligiöser Dialog, 123-124. Pieris fährt fort: »Was ich als Einzigartigkeit in der Erfahrung der menschlichen Basisgemeinschaften zu beschreiben versucht habe, spiegelt sowohl den Prozess als auch das Produkt einer Symbiose wider. Sie deutet hin auf die Bekehrung zum gemeinsamen Erbe aller Religionen (Seligpreisungen) wie auch auf die Bekehrung zur Spezifität der eigenen Religion, die uns durch die Frommen anderer Religionen neu erschlossen wird. Sie mögen dies, wenn Sie wollen, interreligiösen Dialog nennen.« (ebd. 124)

47. Auch ist zu fragen, ob es sich bei dieser Beschreibung nicht um eine deutliche Idealisierung von dem handelt, was man – Pieris paraphrasierend – als asiatische spirituelle Werte bezeichnen könnte. Einmal mehr wird von Religionen gehandelt, als ob es hier feste Grenzen gäbe, wie aber ist es etwa mit Doppelzugehörigkeiten?

tragt wurde.[48] Adeboye führte einige grundlegende theologische Neuerungen ein, die man unter dem Schlagwort *Prosperity Gospel* (Wohlstandsevangelium) zusammenfassen kann.[49] Aus diesen theologischen Prämissen ergeben sich eine ganze Reihe von ganz konkreten Handlungsmustern, die sowohl darauf zielen, Individuen zu Wohlstand zu führen als auch die Ausbreitung und Präsenz der Kirche zu fördern.

In dem im Jahr 1989 erschienenen Buch Adeboyes mit dem Titel *How to Turn your Austerity to Prosperity* wird eine Lehre entwickelt, deren zentrale These es ist, dass Gott Menschen durch sein Wirken zu Wohlstand kommen lassen will.[50] Der wirtschaftliche Zeitkontext ist mit den Begriffen Ölpreisverfall (1981) und Strukturprogramme des *Internationalen Währungsfonds* (IWF) zu umschreiben. In den 1980er Jahren wurden viele Länder der so genannten Dritten Welt durch diese Programme hart getroffen.[51] Adeboye nun bietet in seinem Buch eine ganz konkrete Alternative zum wirtschaftlichen Elend an, *indem er Armut als das Böse beschreibt, gegen das Gott den Menschen anzukämpfen helfe, indem er Menschen übernatürlichen Wohlstand ermögliche.* Es ist interessant zu beobachten, dass Adeboye genau denjenigen Vers aus dem Neuen Testament für das dreidimensionale Wohlsein des Menschen auswählt, wie in Süd-Korea der Gründer der berühmten *Yoido-Full Gospel Church, David Yonggi Cho.* Beide verweisen auf 3 Joh 1,2: »Mein Lieber, ich wünsche, dass es dir in allen Dingen gut gehe und du gesund seiest, so wie es deiner Seele gut geht.« Es wird daraus von beiden ein dreifacher Segen erschlossen, nämlich der Segen materiellen Wohlstandes, der Gesundheit und des ewigen Lebens.[52]

2.4 Theologie des *Prosperity Gospel* – spirituelle Gesetze und ökonomisches Handeln

Enoch Adeboye stellt nun die – vor dem Hintergrund christlicher Traditionen durchaus provozierende – These auf: »the closest friends of God [in the Bible] were wealthy people [...] God is the God of the rich, and his closest friends

---

48. Vgl. *A. F.-K. Ukah* (2005): ›Those Who Trade With God Never Lose‹. The Economics of Pentecostal Activism in Nigeria, in: T. Falola (Hg.), Christianity and Social Change in Africa, Durham, NC, 253-274, 257.
49. Vgl. dazu etwa: *W. Kahl* (2007): Prosperity Preaching in West-Africa: An Evaluation of Contemporary Ideology from a New Testament Perspectice, in: Ghana Bulletin of Theology (2), 21-42.
50. *E. A. Adeboye* (1989): How to Turn your Austerity to Prosperity, Lagos.
51. Zur Wirtschaftsentwicklung Afrikas vgl. *Tetzlaff / Jakobeit* (2005): Das nachkoloniale Afrika, o. a., 245-269.
52. Materielle Güter werden mit Verweis auf Dtn 28,11 benannt. Vgl. *Adeboye* (1989): How to Turn, 8-9.

2. Mission und Geld – Gott als Freund der Armen oder als Freund der Reichen?

are very wealthy [...] The rich are friends of the rich, and the poor are friends of the poor. Therefore God decided to befriend the rich.«[53] *Armut schließt Menschen geradezu von Gott aus, so kann man folgern. Wer wirklich im Glauben wiedergeboren ist, so Adeboye, der wird unweigerlich auch zu Wohlstand gelangen.*[54] Wer nicht zu Wohlstand gelangt, von dem wird vermutet, dass er entweder nicht wirklich glaubt oder aber verflucht ist, denn *Armut gilt als Fluch.*[55] Der Fluch kann verschiedener Herkunft sein, doch für jede Art des Fluches gibt es eine Lösung. Kommt der Fluch von Gott selbst, so müssen Menschen Buße tun und mit besonderem Nachdruck den zehnten Teil ihres Einkommens an die Kirche (die RCCG) geben. Ist der Fluch durch Satan oder das Wirken von Dämonen oder durch andere Menschen unter Verwendung von Hexerei verursacht, so bedarf es *exorzistischer Praktiken* unter der Anrufung des *Namens Jesu Christi*.

Adeboye propagiert in seinem Buch *How to Turn your Austerity to Prosperity* vier spirituelle Gesetze, die alle nach dem *Prinzip der Wechselseitigkeit* ausgerichtet sind. Das *Gesetz der Ernte (law of harvest)* besagt, dass jemand das ernten wird, was er sät. Das *Gesetz der unbegrenzten Gegengabe (law of unlimited return)* beinhaltet, dass derjenige, der noch mehr gibt, als gefordert, auch entsprechend mehr erhalten wird. Gemeint ist bei beiden Gesetzen der so genannte Zehnte des Einkommens, also 10 % des Einkommens, das Gott in Gestalt der Kirche zu geben ist. Wer mehr gibt, erhält, so die Regel, von Gott auch mehr zurück. Das *law of total return* überbietet dieses Prinzip ein weiteres Mal, dergestalt Gott alles gibt, wenn ein Mensch ihm alles zu eigen gibt. Der Mensch erhält dann Wohlstand, Gesundheit und Erlösung *(salvation)*. Das *Gesetz des Fleißes (law of diligence)* schließlich besagt, dass, wenn jemand die ersten drei Gesetze fleißig befolgt, er nochmals umso mehr von Gott zu erwarten hat. Dies bedeutet, dass mittels spiritueller Prinzipen ökonomischer und umfassender Wohlstand in Aussicht gestellt wird.[56]

Die Attraktivität dieser Lehren liegt auf der Hand, da hier auf der einen Seite *den Armen ein konkreter Weg* gewiesen wird, aus ihrer Situation zu entkommen, wohingegen *den Reichen die Nähe Gottes zugesprochen wird*, es wird ihr Status damit theologisch sanktioniert. Die Kirche als der Ort, an dem der

---

53. *Adeboye* (1989): How to Turn, 2-3. Zit. nach *Ukah* (2005): ›Those‹, 260.
54. Unter http://deliverancebookstore.com/?p=3514 (15.11.2011) sind eine große Anzahl von Büchern Adeboyes und anderer Pastoren dieser Pfingstrichtung erhältlich, von Adeboye etwa Titel wie »65 Keys to Prosperity and Wealth«; »You can possess your possession«; »The Ultimate Breakthrough«; »Secret of Winners«; »Divine Encounter« und andere. Vgl. etwa Tella Olayeri »Bye -Bye Poverty«; Dr. Olukoya »Breakthrough Prayers«.
55. »poverty is a curse [...] prosperity is not evil«. *E. A. Adeboye* (1994): I Know Who I am, Lagos, 22. Zit. nach *Ukah* (2005): ›Those‹, 260.
56. *Ukah* (2005): ›Those‹, 261 f.

Zehnte seine Wirkung entfaltet, kann hier – so möchte ich vorschlagen – als eine Art »Distributionsmechanismus« gedeutet werden. *Mit Kirche als Distributionsmechanismus ist folgendes gemeint:* Die Reichen geben einen Zehnten ihres Reichtums ab, wenn möglich noch darüber hinaus, und zwar in der Erwartung, noch mehr Reichtum und Wohlstand (oder Gesundheit und Heilsgewissheit) zu erwerben, was es der Kirche ermöglicht, diese Gelder einzusetzen, um den Armen etwa mittels Kleinstkrediten zu ermöglichen, ihrerseits ihre ökonomische Situation zu verbessern. Zugleich wird seitens der Kirche nach dem *Prinzip der Ähnlichkeit* daran gearbeitet, Menschen aus der Schicht der Reichen zusammenzubringen, um auf diese Weise in diesem gesellschaftlichen Segment missionarisch den Einfluss der Kirche auszubreiten.[57] Es geht allgemein um einen Austausch, von Adeboye als *law of exchange* bezeichnet.[58]

Zusammenfassend kann man sagen, dass in der RCCG religiöse Praxis nicht auf rituelle Aspekte und Fragen der Ethik beschränkt bleibt, sondern auch ganz bestimmte *ökonomische Verhaltensmuster umfasst, die explizit religiös konnotiert werden*. Dazu kommen jedoch vielfältige Aktivitäten, die auch unter dem Aspekt des Gebens gesehen werden können. Nicht nur gibt es eine Reihe von Gaben in Gottesdiensten am Sonntag, sondern auch solche, die während unterschiedlicher Wochenprogramme wie Chor, Bibelstunden, Heilungsdiensten, Exorzismen und Beratungsprogrammen eingenommen werden.[59]

Neben den individuellen Gaben werden auch Firmen um Spenden angegangen, bei manchen findet sogar eine Art Handel statt, wenn etwa eine Getränkefirma der Kirche eine großzügige Spende zukommen lässt und dann zu einer Großveranstaltung der Kirche mit mehreren zehntausend Menschen das alleinige Ausschankrecht zugesprochen bekommt oder wenn Politiker in der Kirche beten (etwa der Staatspräsident Nigerias) und Großveranstaltungen der Kirche dazu nutzen, sich selbst in das richtige Licht zu rücken.[60] Aufs

57. Ukah schätzt, dass etwa 40 % der Kirchenmitglieder zu den in diesem Sinne Wohlhabenden zählen. *Ukah* (2005): ›Those‹, 262.
58. Ukah dazu: »what a believer gives to God is part of an elaborate transaction, an investment, in which there will be a return or a profit. The reiteration of this teaching was the beginning of a new paradigm in human and resource management in the church.« *Ukah* (2005): ›Those‹, 263.
59. Vgl. *E. Adeboye* (2002): ›God of Double Portion‹, sermon preached at the HGS, Redemption Camp, 1 March 2002, www.rccg.org/Holy_Ghost_Service/Monthly_Holy-Ghost%20Service/march2002.htm, siehe *Ukah* (2005): ›Those‹, 265, Anm. 32. Weitere Arten, Gaben einzuwerben, sind die Themen *double blessing, compound blessing, concentrated blessing, principle of first fruits* und andere.
60. *Ukah* (2005): ›Those‹, 266-267, 267: »Two significant factors that characterise this [economic, HW] exchange transaction are: i) competition; and, ii) self-interest or the profit motive. Part of the popularity of Nigerian Pentecostalism is its employment of market

Ganze gesehen sind nach *Ukah* hier die Prinzipien des Eigennutzes verschränkt mit Mechanismen von Distribution, wobei zu bedenken ist, dass dies in einem Staat geschieht, der seinen grundlegenden Aufgaben in Fragen von wirtschaftlicher Entwicklung, medizinischer Versorgung und sozialer Wohlfahrt kaum nachkommt. In diesem Vakuum bieten die Pfingstkirchen Auswege, die auch von einfachen Menschen verstanden und nachvollzogen werden können, wie immer auch der (ungewisse) Ausgang dieses Verhaltens sein mag.

2.5 Gott der Armen – Gott der Reichen: ein Vergleich

Halten wir fest: Während für Pieris die Armen der hermeneutische Ort sind, um sich der destruktiven Kraft des Mammon bewusst zu werden, ist Armut für Adeboye gerade umgekehrt Ausdruck eines Fluches, der auf Menschen liegt. Während Pieris die Bedürfnislosigkeit als Ausdruck eines christlichen Lebensstils wertschätzt, sind für Adeboye Wohlstand und Reichtum Zeichen der göttlichen Fülle und also legitim zu genießen. Während Pieris *menschliche Basisgemeinschaften* als privilegierte Orte spirituell-solidarischer Befreiungspraxis versteht, sieht Adeboye das Handeln von Christen/innen zunächst einmal (jedoch nicht ausschließlich) als ein *individuelles Geschehen*. Während Pieris als spirituelle Grundlage eine interreligiös erfahrbare Haltung zum Leben selbst versteht, sieht Adeboye spirituelle Kraft im Namen Jesu Christi und in der Wirkmacht des Heiligen Geistes konzentriert. Während Pieris spirituelle Praxis am *Ungeschuldetsein des Engagements* und der Hingabe orientiert sieht, versteht Adeboye die Gottesbeziehung als ein *Verhältnis der durchaus berechenbaren Wechselseitigkeit*. Während Pieris als Formen der Gemeinschaftlichkeit sowohl religiöse Gruppierungen als auch deren interreligiöse Basisgemeinschaften sieht, bindet Adeboye das individuelle Engagement des Einzelnen zurück an die Organisation der partikularen *Redeemed Christian Church of God*. Die Unterschiede sind gravierend, sie gehen jedoch noch über das bisher Gesagte hinaus, wenn man an die ökonomischen Handlungsmuster in der RCCG denkt.

imageries as well as its appeal to self-interest, self-love or the profit motive. These same reasons also account for corporate sponsorship of Pentecostal programs in the country.«

2.6 Christliche Mission und Armut – biblische Streiflichter

Innerhalb der christlich-interkulturellen Ökumene werden demnach radikal verschiedene Positionen vertreten und Praktiken gelebt. Dabei ist die theologische Frage, wie Armut zu deuten ist, zentral, denn es macht einen großen Unterschied, ob Armut als Gottesnähe (Segen) oder Gottesferne (Fluch) gedeutet wird. Wer aber kann aus welcher Perspektive beanspruchen, im Streit der Meinungen einen Weg zu weisen? Als Korrektiv mögen immerhin einige Beobachtungen anhand biblischer Texte wirken. Für die Textvielfalt des Alten Testaments etwa weist der Exeget *Jürgen Ebach* auf die Spannungen hin, die hier zu konstatieren sind.[61] Einerseits werde in der *Weisheitsliteratur* mit Sprüchen wie »Lässige Hand bringt Armut, fleißige Hand schafft Reichtum!« (Prov 10,4) ein Realismus ausgedrückt, der einen gewissen Tun-Ergehen-Zusammenhang konstatiert, aber, und das ist bedeutsam, diesen Zusammenhang *nicht religiös überhöht*, denn von Gott ist in der Weisheitsliteratur wenig die Rede. Gleichzeitig aber werde in der Weisheitsliteratur die Fürsorge für Arme immer wieder gefordert.[62] Anders in den *Gesetzestexten:* Hier werde Solidarität nicht *allgemein* gefordert (etwa Ex 22,24; 23,3.23; 6,11), sondern spezifisch *durch Gottes geschichtliches Befreiungshandeln* an Israel *begründet.*[63] Es wird pointiert *von einem Recht* der Armen gesprochen. Wiederum einen anderen Akzent setzt die Sozialkritik von *Propheten* wie etwa im 8. Jahrhundert v. Chr. des Propheten Amos. Seine Kritik richtet sich – verkürzt gesagt – darauf, dass Gott dem schwachen Israel geholfen habe, so dass Israel nun seinerseits dazu verpflichtet ist, das Recht der Schwachen nicht zu beugen.

Diese Sicht spiegelt sich auch in manchen *Psalmentexten*, in denen es etwa heißt »Jahwe ist der, der den Elenden vor dem rettet, der die Übermacht hat, und den Armen vor dem, der ihn auszieht!« (Ps 35,10) Damit wird von allen drei Textgruppen – Gesetzestexte, Prophetentexte, Psalmen – *kontrafaktisch auf das Gerechtigkeit schaffende Handeln Gottes verwiesen*, welches seinerseits Solidarität fordert und *die Verhältnisse* – gegen den für Arme bedrückenden alltagsweltlichen Augenschein – *als veränderbar erklären.*

Wichtig ist auch, dass es im Hebräischen mehrere Begriffe für »arm« und »Armer« gibt. Ein Begriff *(raš)* steht für jemanden, dessen Habe weit unterhalb des Durchschnitts liegt, andere Begriffe (besonders *dal*) stehen für Menschen, sozialgeschichtlich insbesondere freie Bauern, die wohl Land und Weingärten haben, aber durch die »Starken« und »Mächtigen« zum Teil mit

---

61. *J. Ebach* (1980): Arme und Armut im Alten Testament. Zum Umgang mit alttestamentlichen Aussagen, in: ZMiss (16), 143-153; *ders.* (1995): Biblisch-ethische Überlegungen zu Armut und Reichtum, in: epd-Dokumentation (6-7/95), 69-86.
62. *J. Ebach* (1980): Arme und Armut im Alten Testament, 145-147.
63. *J. Ebach* (1980): Arme und Armut im Alten Testament, 148-150.

2. Mission und Geld – Gott als Freund der Armen oder als Freund der Reichen?

legalen Mitteln in die Schuldknechtschaft getrieben werden.[64] Religionstheologisch interessant ist Psalm 82,2-4, wo Jahwe die Götter anklagt:

»Wie lange noch wollt ihr unredliches Recht aufrichten und die Verbrecher begünstigen? Verhelft dem Niedrigen und der Waise zu ihrem Recht, dem Elenden und Bedürftigen lasst Gerechtigkeit widerfahren, rettet den Niedrigen und Armen, aus der Hand der Verbrecher entreißt sie!«

Es gehe, so Ebach, um die, die aus den sozialen Sicherungssystemen (Groß-Familie) herausgefallen seien, Witwen und Waisen etwa. Es geht insgesamt anscheinend um Rechtsbeugungen in der Justiz. Für Ebach ist dies

»einer der bemerkenswertesten Bibeltexte überhaupt. Gott (der Gott Israels) macht den Göttern den Prozess. Ihr Auftrag wäre der Schutz der Armen und weiter, den Armen Gerechtigkeit zu verschaffen. Weil sie das nicht tun, werden sie sterben. Nichts anderes sagt der Psalm, als dass ein Gott, der nicht ein Gott der Armen ist, zum Tode verurteilt ist. Weil die Götter Unrecht zu Recht machen, wanken (V. 5) die Fundamente der Erde. [...] An der Frage, ob den Armen Gerechtigkeit zuteil wird, entscheidet sich die *Gottesfrage*.«

Gott bindet sich, so Ebach, an das Thema der Armen und das Thema der Gerechtigkeit.[65] Was also bedeutet dies im Blick auf ganz konkrete Kontexte heute? Es bedeutet zumindest, dass das Thema Armut und Gerechtigkeit zentraler Bestandteil der christliche Mission ist, wenn anders Jesus Christus als Retter nicht nur aller Menschen, sondern auch *des ganzen Menschen* verstanden werden soll.

Dass es im christlichen Sendungsgeschehen um den *ganzen* Menschen geht, ist im Neuen Testament unmissverständlich zum Ausdruck gebracht. So sagt Jesus Christus von sich selbst: »Ich bin gekommen, damit sie das Leben und volle Genüge haben sollen.« (Joh 10,10) Noch deutlicher wird dieser Zusammenhang in einem Text, den man als die »mission agenda« Jesu bezeichnen könnte. Es handelt sich um ein Zitat aus dem Alten Testament (Jes 61,1.2), das Jesus in der Synagoge zu lesen bekommt und auf seine messianische Sendung deutet:

---

64. Dies wird von Amos in Am 2,6-8 angeklagt. *J. Ebach* (1995): Biblisch-ethische Überlegungen zu Armut, 77-78. »Arm, gebeugt, demütig, schwach zu sein gegenüber einem Starken – das ist in gesellschaftlichen Beziehungen Ausweis von Unrecht. Im Verhältnis gegenüber Gott aber ist es die richtige Haltung. Hier ist *Demut* gefordert, aber das ist gerade nicht die Rechtfertigung von *Demütigung*. Sich unter Gott zu beugen wird geradezu zur Basis für den aufrechten Gang unter den Menschen. Dass vor Gott alle Menschen arm und mittellos sind, fordert, die Gleichheit der Menschen im ökonomischen, politischen und juristischen Sinn zu realisieren. So ist es gerade die Armut vor Gott, die zur Aufhebung der Armut in den Beziehungen der Menschen nötigt.« (ebd. 79)
65. *J. Ebach* (1995): Biblisch-ethische Überlegungen zu Armut, 72.

»Der Geist des Herrn ist auf mir, weil er mich gesalbt hat, zu verkündigen das Evangelium den Armen; er hat mich gesandt, zu predigen den Gefangenen, dass sie frei sein sollen, und den Blinden, dass sie sehen sollen, und den Zerschlagenen, dass sie frei und ledig sein sollen, zu verkündigen das Gnadenjahr des Herrn.« (Lk 4,18-19)

Lukas spricht hier pointiert an erster Stelle von den Armen, denen Jesu Sendung gilt.[66] Dass es sich dabei jedoch nicht nur um soziale Fürsorge handelt, wird schnell deutlich, wenn man die Themen Armut und Blindheit im Evangelium nachvollzieht. Arm und Reich spielt zunächst in denjenigen Texten eine große Rolle, die nur bei Lukas vorkommen, etwa »der unvernünftige Reiche« (Lk 12,16-21); »Lazarus« (Lk 16,19-31) oder »Zachäus« (Lk 19,1-10). Armut entsteht für das Lukasevangelium aus einer doppelten Perspektive heraus: Arme sind unter anderem im materiellen Sinne arm, Reiche sind es vor Gott. Der Reichtum macht sie blind für das Leiden anderer (sie sehen die Armen buchstäblich nicht, Lk 16,10), sie *gönnen sich selbst nichts* (Lk 14,18f.), sie sind *abhängig* von ihrem Besitz und darin gefangen (Lk 16,14), sie *missbrauchen* ihre Macht und *sind doch arm vor Gott* (Lk 12,21). Jesu Mission geht darum alle Menschen an, ob arm oder reich, denn unter ihnen allen gibt es Gefangene, Arme, Blinde und Zerschlagene.

Nach dem Lukasevangelium ist daher die materielle Ebene mit der geistlichen Ebene untrennbar verbunden. Entwicklung ist damit eine unverzichtbare Dimension christlicher Sendung, verlangt jedoch nach einer bleibenden Verbindung von sozialem und geistlichem Handeln. Nach dem Zeugnis des Neuen Testaments ist dabei nicht von vornherein ausgemacht, wer hier reich und wer als arm zu bezeichnen ist.

Diese Erkenntnis ist auch auf die seit den sechziger Jahren geführten Debatte um Entwicklungstheorien anwendbar[67]: Was soll das Ziel der Entwicklung von »unterentwickelten« Ländern sein? Sollen diese (1) wirtschaftlich Aufholen, was ihnen im Unterschied zum Westen fehlt? Sollen sie (2) aus – wirklichen oder angeblichen – Abhängigkeiten vom Westen gelöst werden? Sollen sie (3) ein eigenes Verständnis von dem ausbilden, was als ein »entwickeltes« Land zu gelten habe? Auf den verschiedenen Ebenen haben solche und andere Fragen die Kirchen bewegt. Für Deutschland etwa gilt: Neben den Hilfswerken wie *Brot für die Welt* auf evangelischer Seite und *Misereor* auf katholischer Seite, neben der 1970 gegründeten *Arbeitsgemeinschaft Kirchlicher Entwicklungsdienst*, der Reorganisation im Jahre 2000 zum *Evangelischen Entwicklungsdienst* (EED), neben Partnerschaftsbeziehungen auf

---

66. Vgl. zum Thema Armut und Reichtum in den synoptischen Evangelien: *U. Berges; R. Hoppe* (2009): Arm und reich. Die neue Echter Bibel. Themen, Band 10, Würzburg, 78-96.
67. Vgl. LIThM, Bd. 1, 362-366.

2. Mission und Geld – Gott als Freund der Armen oder als Freund der Reichen?

Gemeinde- und Kirchenkreisebene sind weitere Initiativen gestartet worden, um gerechte Strukturen auf der Ebene internationaler ökonomischer Beziehungen zu schaffen und neue Projekte vor Ort anzustoßen. Dabei zeigt sich immer wieder von Neuem, dass viele gute Initiativen auch im Kleinen Anlass zur Hoffnung geben. Andererseits wird auch deutlich, dass der christliche Sendungsauftrag als ein den ganzen Menschen und die gesamte menschliche Gemeinschaft umfassender Auftrag bleibend darauf angewiesen ist, die geistliche Dimension dieses Geschehens immer wieder durchsichtig werden zu lassen. Jesus fasst nach dem Zeugnis des Lukasevangeliums seine Sendung als einen ganzheitlichen Dienst auf, untrennbar mit seiner Person verbunden und unverkennbar auf den ganzen Menschen und seine Umwelt ausgerichtet.

3. Mission und ›Power‹ – Heilung und Deliverance?

In diesem Kapitel werden die Themen Heilung und *deliverance* – der Begriff steht für das Austreiben böser Geister – zusammen unter dem Oberbegriff »power« behandelt. Um die Berechtigung dieser Zuordnung zu begründen, werden neben missionsgeschichtlichen und theologischen Erwägungen insbesondere die Kontexte von Krankheit und medizinischer Infrastruktur zu behandeln sein, wie sie in vielen Ländern Afrikas und Asiens derzeit vorherrschend sind. Für viele Kirchen und Bewegungen – besonders pfingstlerisch-charismatischer Prägung – gehören die Themen *healing* und *deliverance* zusammen, für andere jedoch handelt es sich um zwei deutlich unterschiedene Bereiche. Auf globaler Ebene haben sich insbesondere in den letzten zehn Jahren sowohl der *Ökumenische Rat der Kirchen*[68] wie auch die großen Weltbünde, etwa der *Lutherische Weltbund* (LWB)[69] oder der *Reformierte Weltbund* intensiv mit dem Thema Heilung auseinandergesetzt.

3.1 Heilung in missionsgeschichtlicher Perspektive

Das Thema Heilung hat missionsgeschichtlich in verschiedenen Epochen eine Rolle gespielt. Für das 19. Jahrhundert ist besonders auf die missionsärztliche Arbeit zu verweisen: Der neue Glaube mit allen seien Ausdrucksformen wurde von den Einheimischen im Umfeld von Missionsstationen erlebt, wozu nicht zuletzt das missionsärztliche Engagement gehörte. In den Resultaten dieses Heilungsdienstes sahen nicht wenige Einheimische die Macht des neuen Gottes bestätigt.[70] Westliche Missionare, geprägt durch das europäische

---

68. Vgl. etwa die Vorbereitungspapiere zur *Weltmissionskonferenz von Athen* (2005).
69. Der Lutherische Weltbund hat Seminare zum Thema Heilung und Bedeutung lokaler Kulturen in den Jahren 2002 in Lateinamerika, 2003 in Europa sowie 2004 in Asien und Afrika abgehalten. Vgl. einige Beiträge der Seminare in Johannesburg, Südafrika und Sabah, Malaysia im Jahr 2004, veröffentlicht in: *I. Wulfhorst* (Hg.) (2005): Ancestors, Spirits and Healing in Africa and Asia: A Challenge to the Church, Geneva (LWF Studies, No. 1/2005). Aus den Seminaren wurden Rückfragen an lutherische Kirchen weltweit zurückgegeben mit der Bitte um Respons. Im Januar 2006 fand abschließend in Berlin eine internationale Konsultation des LWB statt, deren Ergebnisse unter folgendem Titel veröffentlicht wurden: *I. Wulfhorst* (Hg.) (2006): Spirits, Ancestors and Healing: Global Challenges to the Church, Geneva (LWF Studies, 2006). Zum im Internet zugänglichen Material des LWB vgl. http://www.lutheranworld.org/lwf/. Der LWB hat 140 Mitgliedskirchen in 78 Ländern, die etwa 66 Millionen lutherische Christen/innen vertreten.
70. Vgl. bes. *C. Grundmann* (1992): Gesandt zu heilen! Aufkommen und Entwicklung der ärztlichen Mission im neunzehnten Jahrhundert, Gütersloh; ders. (1997): Leibhaftigkeit

3. Mission und ›Power‹ – Heilung und Deliverance?

Aufklärungsdenken, fassten oftmals den ärztlich-medizinischen Dienst als *Alternative* zum Wunderglauben der Einheimischen auf und sahen darin ein Mittel, die Einheimischen auch für das Denken in Kategorien der Aufklärung zu gewinnen, allen voran das Prinzip der Kausalität. Theologisch sahen sie den missionsärztlichen Dienst im Dienst am Nächsten begründet. Als maßgebliches Vorbild diente besonders das *Gleichnis vom Barmherzigen Samariter* (Lk 10,25-37). Ärztlicher Heilungsdienst rückte damit als *diakonische Aufgabe* quasi an den Rand des missionarischen Wirkens, denn als Hauptaufgabe wurden Verkündigung, Bekehrung, Taufe und Gemeindegründung angesehen. Dieses Wirken sollte zwar von Beispielen tätiger Nächstenliebe begleitet sein, ins »Herz« des Missionsdenkens rückte dieser Dienst indes nicht.

Welche Bedeutung jedoch *aus Sicht der Einheimischen* die Beglaubigung der Verkündigung durch das als »kraftvoll« erlebte Wirken der christlichen Ärzte hatte, blieb nicht wenigen Missionaren verborgen. Während die missionsärztliche Arbeit im Laufe des 19. Jahrhunderts mehr und mehr zunahm, kam es in den 1950er und 1960er Jahren des 20. Jahrhundert mit der Dekolonisierung zu grundlegenden Veränderungen: Viele Missionskrankenhäuser wurden von den Missionen des Nordens abgegeben und von den jungen Nationalstaaten übernommen, ebenso weitere Infrastruktur wie Missions-Schulen, Waisenhäuser oder Universitäten. Die Zeit für die neu entstandenen Staaten war gekommen, nun verschiedenste soziale Dienste in eigener Regie zu übernehmen. Indes führte die wirtschaftliche Entwicklung der 1970er und 1980er Jahren mehr und mehr dazu, dass vielen Staaten mit der Zeit selbst die *Grundversorgung* im medizinischen Bereich nicht mehr zu sichern vermochten. Bis zum Anfang des 21. Jahrhunderts hat sich die Lage in etlichen Ländern des Südens weiterhin dramatisch verschlechtert, wie Studien des *Global Forum on Health Research* und der *World Health Organization* (WHO) der Vereinten Nationen zeigen.[71]

3.2 Kontexte: Medizinische Versorgung in Afrika und Asien – einige Beispiele

Warum ist Heilung in Ländern Afrikas und Asiens von so ausschlaggebender Bedeutung? Zur Beantwortung dieser Frage sei als Beispiel das Land Pakistan

---

des Heils. Ein missionstheologischer Diskurs über das Heilen in den zionistischen Kirchen im südlichen Afrika, Hamburg.

71. Als Übersichten: *L. J. Currat* (2006): The Global Health Situation in the 21st Century: Aspects from the Global Health Forum on Health Research and the World Health Organization in Geneva, in: IRM (95), 7-19; *J. R. Cochrane* (2006): Religion, Public Health and A Church for the 21st Century, in: IRM (95), 59-72.

herausgegriffen. Das hier zu skizzierende System findet sich indes in ähnlicher Gestalt auch in vielen anderen Ländern, mit im Ganzen vielerorts sehr ähnlichen Problemlagen. Das medizinische System Pakistans ist – vereinfacht gesagt – in drei Ebenen gegliedert. Auf der *ersten Ebene* finden sich die so genannten *Basic Health Units*. Für einige Dörfer ist hier – laut Planung der staatlich vorgegebenen Struktur – ein Arzt, je eine männliche und weibliche Krankenpflegekraft und zwei Personen, die Medikamente ausgeben, eingeplant. Ein *Basic Health Unit* ist für 20.00-30.000 Personen vorgesehen.[72] Indes muss man berücksichtigen, dass die Arbeit schlecht bezahlt ist, so dass manche Ärzte schlicht nicht vor Ort erscheinen, oder aber nicht die vollen Präsenz-Zeiten wahrnehmen. Eine wirksame Kontrolle der Zustände vor Ort gibt es nicht. Nach Schätzungen von Fachleuten aus der Provinz Sindh funktionieren bis zu 95% dieser *Units* nicht. In anderen Provinzen sieht es nicht viel besser aus. Zudem ist die Frage der Ausbildung des Personals zu stellen. Auf der *zweiten Ebene*, dem *Subdistrict (Taluka) Level* gibt es ein *Hospital*, das für 100.000-150.000 Menschen vorgesehen ist, und ein *District Hospital*, welches für 1-1,5 Millionen Menschen gedacht ist. Hier gibt es bis zu zehn Ärzte, es werden kleinere Operationen vorgenommen. Allgemein jedoch haben diese Krankenhäuser einen schlechten Ruf. Ein solches Krankenhaus hat einen Einzugsradius von 50-100 Kilometern. Auf der *dritten Ebene* folgt strukturell ein *Hospital*, dem ein oder mehrere Colleges angeschlossen sind. In der Provinz Sindh gibt es drei solcher Hospitäler für insgesamt etwa 40-50 Millionen Menschen.

Die Probleme sind überdeutlich: Erstens sind medizinische Einrichtungen oft schlicht nicht vorhanden, zweitens ist es bei Unfällen zumeist aussichtslos, an schnelle Erste Hilfe zu gelangen. Wenn jedoch jemand ernsthaft erkrankt, haben die Familien häufig nicht das Geld, um teure Medikamente oder ärztliche Eingriffe zu bezahlen. Dazu kommt, dass die Fahrt zu einem als geeignet angesehenen Krankenhaus erstens sehr teuer ist, ebenso jedoch die Unterhaltung des Kranken vor Ort, was Unterkunft und Verpflegung betrifft. Oft verschulden sich ganze Familienverbände, um das Geld für die Behandlung eines Verwandten zu ermöglichen.[73] *Es nimmt daher nicht wunder, dass die Nachfrage nach anderen Heilungsmethoden enorm ist. In Pakistan haben darum Heiler/innen aus dem islamischen wie aus dem christlichen Bereich großen Zulauf* (Abb. 9-11), *in vielen Staaten Afrikas traditionale Heiler/innen, Propheten/in-*

---

72. Bei den strukturell noch unter den *Basic Health Units* angesiedelten *Government Dispensaries* handelt es sich um reine Ausgabestellen für einige wenige Medikament, wenn überhaupt.
73. Als ein anderes Beispiel vgl. *S. Hielscher* (1992): Heiler in Mali. Ein Beitrag zur postkolonialen Afrikanischen Medizin, Münster / Hamburg, 153 ff. zu »Basisgesundheitsdiensten«.

3. Mission und ›Power‹ – Heilung und Deliverance?

nen von Afrikanischen Unabhängigen Kirchen[74] bzw. African Instituted Churches und natürlich auch die ganze Bandbreite der Pfingstkirchen[75] bzw. seit den 1980er Jahren in Westafrika besonders der New Generation Churches. Hier wird Heilung nicht mehr als Randphänomen der Mission betrachtet, sondern als deren Zentrum: Wenn es in der christlichen Botschaft um Gottes ›Power‹ geht, wie sie in Jesus Christus, seinem »Namen«, seinem »Blut« und im Heiligen Geist wirksam wird, dann kann Mission nur darin bestehen, in seinem Namen zu heilen und böse Geister auszutreiben. Der Missionsbefehl in Mk 16 ist hier für Christen/innen vor Ort von zentraler Bedeutung, ebenso das Sendungswort nach Mt 10,7-8. In Mk 16,15-18 heißt es:

> »Gehet hin in alle Welt und predigt das Evangelium aller Kreatur. (16) Wer da glaubt und getauft wird, der wird selig werden; wer aber nicht glaubt, der wird verdammt werden. (17) Die Zeichen aber, die folgen werden denen, die da glauben, sind diese: In meinem Namen werden sie Dämonen austreiben, in neuen Zungen reden, (18) Schlangen mit den Händen hochheben, und wenn sie etwas Tödliches trinken, wird's ihnen nicht schaden; auf Kranke werden sie die Hände legen, so wird's besser mit ihnen werden.«

Die Zeichen erscheinen in diesem Zusammenhang als ganz legitimer Bestandteil des missionarischen Wirkens. Ähnlich im Matthäusevangelium, dessen Aufbau die Zuordnung von Wort und Tat bereits verrät, wenn in den Kapiteln 5-7 die Verkündigung und in den Kapiteln 8-9 das Tatzeugnis inklusive Heilungsdienst berichtet wird. Im anschließenden Kapitel 10 gibt Jesus bei der Aussendung der zwölf Jünger diesen zunächst *Vollmacht* (grch. *exousia*, Mt 10,1) und danach folgenden Auftrag:

> »Geht aber und predigt und sprecht: Das Himmelreich ist nahe herbeigekommen. Macht Kranke gesund, weckt Tote auf, macht Aussätzige rein, treibt böse Geister aus. Umsonst habt ihr's empfangen, umsonst gebt es auch.« (Mt 10,7-8)

Es handelt sich, wie auch immer man ihn auslegt, um einen sehr herausfordernden Text. Pfingstkirchen und charismatische Bewegungen weltweit nehmen diese Passagen wörtlich und das heißt als Zusage der eigenen Heilungsautorität, der Vollmacht, böse Geister auszutreiben und allen möglichen lebensbedrohlichen Einflüssen durch Gebet, Heilungsdienst und deliverance begegnen zu können. Dies bedeutet, dass Heilen und Heilungen nicht mehr unter dem Stichwort Dienst / Diakonie zu stehen kommen, sondern unter

---

74. *H.-J. Becken* (1972): Theologie der Heilung. Das Heilen in den Afrikanischen Unabhängigen Kirchen in Südafrika, Hermannsburg.
75. *A. Anderson* (2002): Pentecostal Approaches to Faith and Healing, in: IRM (91), 523-534; *ders.* (2001): What is the Church's Healing Ministry? Biblical and Global Perspectives, in: IRM (90), 46-54.

Stichworten wie Glaube und Gebetsdienst, Anbetung oder auch spiritual warfare.

3.3 Konzepte: Wie verschiedene Kirchen die Herausforderungen aufgreifen

In den verschiedenen christlichen Kirchenfamilien und in der Arbeit des *Ökumenischen Rates der Kirchen* haben diese Entwicklungen seit langer Zeit Aufmerksamkeit auf sich gezogen, so insbesondere in der Arbeit der *Christian Medical Commission* (CMC).[76] Auf einer vom ÖRK und dem *Lutherischen Weltbund* zusammen organisierten Tagung im *Deutschen Institut für Ärztliche Mission* (DIFÄM) in Tübingen im Jahr 1964 wurde darauf hingewiesen, dass missionstheologisch ein ganzheitliches Verständnis von Heilung anzustreben ist.[77] Hier wurde vor allem auf die Bedeutung von *heilenden Gemeinden* hingewiesen:

> »*Die christliche Kirche hat einen besonderen Auftrag auf dem Gebiet des Heilens.* Das bedeutet, dass Einsichten in das Wesen von Heilung gegeben sind, die nur in Verbindung mit dem Glauben an Christus zu gewinnen sind. Die Kirche kann sich ihrer Aufgabe auf dem Gebiet des Heilens nicht entledigen, indem sie diese anderen Organisationen überträgt. Die *Besonderheit christlichen Verständnisses von Gesundheit* (volle Gesundheit im Sinne von Heil) *und Heilung* ist damit gegeben, dass Heil und Heilung nach christlichem Glauben in Gottes Plan für die Erlösung der Menschheit eingeordnet ist. *Das christliche heilende Handeln ist primär der Gemeinde als ganzer aufgetragen* und nur damit auch denen, die besonders dafür ausgebildet sind.«[78]

Die Impulse der Tagung führten seitens des ÖRK im Jahr 1968 zur Errichtung der *Christian Medical Commission* (CMC) als einer neuen Abteilung, die sich einerseits praktischen, andererseits theologischen Fragen von Gesundheit, Heil und Heilung widmen sollte.[79] Von den Verdiensten der CMC seien an dieser Stelle nur zwei hervorgehoben: Die Kommission erarbeitete ein Kon-

---

76. *World Council of Churches: The Vision and the future – 25 Years of Christian Medical Council* (CMC), Geneva 1995; *World Council of Churches: The CMC Story 1968–1998*, Contact No. 161/162, Geneva 1998; *World Council of Churches: Faith and Healing*, Themenheft, in: Contact (170), Geneva 2001.
77. *Auftrag zu heilen. Eine Tagung in Tübingen 1964*, hg. vom Ökumenischen Rat der Kirchen, Genf 1966. Vgl. *Das christliche Verständnis von Gesundheit, Heilung und Ganzheit. – Studie der Christlich-Medizinischen Kommission Genf*, hg. vom Deutschen Institut für ärztliche Mission, Tübingen.
78. *Auftrag zu heilen* (...), hg. vom Ökumenischen Rat der Kirchen, Genf 1966, 37-39.
79. *C. Benn* (2001): Gesundheit, Heil und Heilung in der ökumenischen Diskussion, in: Heilung in Mission und Ökumene (...), hg. v. EMW, Hamburg, 33-51; *B. Jakob* (2003): Heilung und Mission, in: C. Dahling-Sander u. a. (Hg.), Leitfaden, o. a., 438-457.

zept zu *Community Based Health Care* und hatte damit Einfluss auch auf die Arbeit der *Weltgesundheitsorganisation* (WHO), die 1978 den Beschluss fasste, einer ersten, »gemeindegetragene(n) Gesundheitsversorgung« Priorität gegenüber anderen Formen der Gesundheitsversorgung einzuräumen.[80] Ein zweites Verdienst der Kommission besteht in der Durchführung etlicher Tagungen, auf denen sich immer deutlicher zeigte, dass Heilung und Gesundheit nicht isoliert betrachtet werden können, sondern in die Dimensionen der Gemeinschaftlichkeit und der Spiritualität eingebettet sind.[81] In dem Text der *Tübingen Konferenz* von 1989 wird daher eine umfassende Definition von Gesundheit geboten, die für geistliche Aspekte offen ist:

> »Gesundheit ist eine dynamische Seinsart des Individuums und der Gesellschaft; ein Zustand des körperlichen, geistigen, seelischen, geistlichen, wirtschaftlichen, politischen und sozialen Wohlbefindens, der Harmonie mit dem anderen, mit der materiellen Umwelt und mit Gott.«[82]

Diese Definition ist in mehrfacher Hinsicht bemerkenswert: Erstens wird Gesundheit zunächst nicht als ein Zustand, sondern als »dynamische Seinsart« charakterisiert. Nicht das Bild der kaputten Maschine, die repariert werden muss, ist im Blick, sondern eher das Verständnis eines Kräftehaushaltes (grch: *dynamis* = Kraft), denn als dynamische Seinsart umfasst Gesundheit das Individuum und die Gesellschaft. Es ist demnach ein beziehungsorientierter Gesundheitsbegriff: Gesundheit ist nicht die Behebung von Krankheit als Wiederherstellung eines unversehrten Zustandes (lat. *restitutio ad integrum*), sondern die Aufrechterhaltung eines dynamischen Beziehungsgeschehens (lat. *restitutio ad integritatem*). Ist dieses Beziehungsgeschehen dauerhaft gegeben, dann kann zweitens von einem »Zustand des körperlichen, geistigen, seelischen, geistlichen, wirtschaftlichen, politischen und sozialen Wohlbefindens« gesprochen werden. Es geht also um eine ganzheitliche Definition von Gesundheit, in der auch die spirituelle Dimension nicht fehlen darf. Drittens wird von einer Harmonie mit anderen, mit der Umwelt und mit Gott gesprochen, was die Definition über das Soziale hinaus in Richtung auf Ökologie und religiöse Überzeugungen öffnet.

Die Weltgesundheitsorganisation übernahm, angeregt durch die Arbeit der *Christian Medical Commission*, in ihrem Report des Jahres 1997 diese umfas-

---

80. B. *Jacob* (2005): Kirche als heilende Gemeinschaft. Die christliche Gemeinde und ihr Heilungsauftrag heute, in: ÖR (54), 174-194, 177: »Dieses Konzept ist bis heute Grundlage der Planungen für das Gesundheitswesen der meisten Länder in Übersee, auch wenn es nur partiell in die Praxis umgesetzt wurde.«
81. Von 1979-1987 führte die CMC insgesamt 10 Konferenzen in Afrika, Asien, Lateinamerika, Nordamerika und Europa durch, bei denen die Herausforderungen der jeweiligen Kontexte analysiert und diskutiert wurden.
82. ÖRK 1990, S. 6 offizielle Übersetzung, EMW 46.

sende Definition von Gesundheit: »*Health is a dynamic state of complete physical, mental, social and spiritual well-being and not merely the absence of disease.*«[83] Im Jahr 1991 wurde die CMC als eigenständige Größe aufgelöst und in die Sektion II des ÖRK mit dem Thema *World Mission and Evangelism* integriert. Insgesamt kann man sagen, dass trotz der engagierten Arbeit in den 1980er und 1990er Jahren die Themen Armut und Befreiung im Vordergrund der ÖRK-Diskussionen standen. Das Thema Heilung war innerhalb des ÖRK in diesen Jahrzehnten noch wenig populär.[84] Dies änderte sich allerdings mit der Wende zum 21. Jahrhundert sehr deutlich. Die Präsenz der Pfingstbewegung konnte nun nicht mehr übersehen werden. Insbesondere seit der Weltmissionskonferenz in Athen im Jahre 2005 findet das Thema vermehrte Aufmerksamkeit.[85]

Angesichts der vielerorts dramatischen medizinischen Unterversorgung haben seit 2002 der *Health Desk* des ÖRK und die Organisation *African Religious Health Assets Programme* (ARHAP) darauf gedrungen, weniger von dem, »was fehlt«, als von den bereits vorhandenen, auch religiösen »Aktivposten« (engl. assets) zu sprechen. *James R. Chorane* betont die Notwendigkeit des damit eingeleiteten Perspektivwechsels:

> »Asset language is different from the standard discourse of ›needs‹ or ›deficits‹, which focus on what is lacking. Asset language focuses much more strongly on *agency in the local context*, i. e. on what may be strengthened among the people most directly affected by, in this case, health challenges. *Asset language prompts us to identify what is already there to work with*, whereas the kind of thinking that begins with needs, deficits or passivities is inherently likely to emphasize the importance of outside agencies to meet needs, fill deficits or motivate action, thus undermining local agency. *This has crucial implications for the way in which we envisage the mission of the church in relation to health.* (...) Impulses that arise from faith, or religious vision and commitment, in response to health challenges give rise to a wide variety of activities that can be defined as religious health assets.«[86]

Christliche und andersreligiöse Missionen haben demnach direkt mit der Frage von Heilung und gemeinschaftlichem Dienst zu tun.

---

83. *C. Benn* (2001): Gesundheit, o. a. 47.
84. *C. Benn; E. Senturias* (2001): Health, Healing and Wholeness in the Ecumenical Discussion, in: IRM (90), 7-25.
85. So auch im *Lutherischen Weltbund*, im *Reformierten Weltbund* oder der *Konferenz Europäischer Kirchen* (KEK). *B. Jacob* (2005): Kirche als heilende Gemeinschaft, 180.
86. *Chorane* (2006): Religion, Public Health and Church, 63-64. Hervorhebungen geändert.

3.4 Kontroversen: Umfassender Begriff von »Heilung« und das Thema *Deliverance*

Während in der ökumenischen Diskussion im Blick auf Heilung oft an körperliche Schädigungen durch Krankheit, Unfall oder durch psychosomatische Belastungen gedacht wird, handelt es sich in der Pfingstbewegung vielerorts um einen sehr viel weiter gefassten Begriff von Heilung. Für Westafrika stellt *Matthews Ojo* fest:

> »The emphasis on healing is very wide in its scope and application, and it includes four major emphases. First, there is ›physical healing‹; then there is healing from demonic attacks or satanic oppression, which Charismatics have termed ›Deliverance‹. Thirdly, there is healing of the socio-political situation and economic problems of a country, and lastly healing from all forms of difficulties and failures of life, which is termed ›Success and Prosperity‹. All these four components are organically linked, but the emphasis varies from one Charismatic organization to the other.«[87]

Man kann deutlich erkennen, dass ›Heilung‹ auf alle möglichen lebenshemmenden Faktoren bezogen werden kann. Der menschliche Körper wird in einem Netzwerk von gemeinschaftlichen und gesellschaftlichen, ökonomischen und ökologischen Verflechtungen gesehen, so dass etwa permanenter wirtschaftlicher Misserfolg ebenso ›geheilt‹ werden kann und muss wie eine spezifische Krankheit. Eine Art Matrix dieses pfingstlerisch-charismatischen Verständnisses von Gesundheit und Krankheit ist erstens die Vorstellung, dass als Bestimmungsfaktoren von Geschehnissen nicht nur kausale Faktoren eine Rolle spielen, sondern der Wille von Menschen und Mächten. Wirtschaftliche Erfolglosigkeit zum Beispiel wird dann nicht nur auf die persönliche Unfähigkeit eines Menschen zurückgeführt, der für ein bestimmtes Geschäft nicht die nötigen Kenntnisse mitbringt, auch nicht nur auf die aktuellen wirtschaftlichen Rahmenbedingungen, sondern auf die Missgunst, den Neid oder das böse Wollen von Nachbarn oder Verwandten, Ahnengeistern, Hexen oder anderen Mächten. Kausale und finale Deutungen überlagern einander.

Dazu kommt zweitens die Vorstellung, dass die Mächte des Bösen durch Gegenmächte gebrochen werden können, durch starke Medizinen eines Heilers zum Beispiel, oder aber durch das wirkmächtige Gebet im Namen eines Gottes. In den Pfingstkirchen wird die Welt als Kampfplatz zwischen den Kräften des Satans und seiner Engel auf der einen und der Kraft Gottes in Jesus Christus und im Heiligen Geist auf der anderen Seite gesehen. Diese Kraft wird sich, so die Zuversicht, erweisen, und zwar in ihren Auswirkungen ganz ›leiblich‹ etwa im Sinne von körperlichem Wohlbefinden, besseren

---

87. *M. A. Ojo* (2006): The End-time Army, 201.

Schulnoten, Erfolg in geschäftlichen Dingen, Harmonie in der Partnerschaft, der Anstellung in einem Job oder der Erlangung eines Visums. Der erforderliche Weg besteht (a) in der Bekehrung zum Glauben, (b) im Bruch mit der Vergangenheit, das heißt auch (c) dem Sich-Abwenden von alten und unheilvollen Beziehungen, (d) dem Befolgen eines neuen Lebensstils, (e) der Geisttaufe, (f) dem Praktizieren von Geistesgaben und – wenn nötig – (g) der Inanspruchnahme von *Deliverance*. Nach diesem Verständnis kann zwischen dem Glauben einerseits und den göttlichen Kraftwirkungen andererseits nicht säuberlich geschieden werden, mit dem einen wird das andere auch als bestätigendes Zeichen erwartet. *Es geht um ›power‹ gegen die lebenshemmenden Kräfte, denen man sich ausgesetzt sieht und nicht selten ausgeliefert fühlt. Nochmals ist daran zu erinnern, dass bei einem in vielen Regionen faktisch nicht vorhandenen medizinischen Versorgungssystem, bei Misswirtschaft, Korruption und Arbeitslosigkeit diese Art von ›Heilung‹ für Menschen von überragender Bedeutung ist.* Der für europäisches Denken typische Hinweis, man müsse sich weltanschaulich zwischen »westlicher« Medizin einerseits und wunderhaften Glaubensheilungen andererseits entscheiden, verfängt hier nicht. Für Nigeria hält *Matthews A. Ojo* fest, dass unter den Pfingstlern selbst ausgebildete Mediziner die Bedeutung göttlicher Heilungen herausstellen:

> »Some of the leaders are qualified medical doctors, yet they still insist on divine healing and indirectly reject certain aspect of medical science. Among such leaders are Dr. Chris Tunde Jooda, the founder and president of Voice of Faith Ministries (Christ Chapel), Lagos; Dr. Odun Orioke, the General Overseer of Christ Way Church International, Ile-Ife; and Dr. Kenneth S. U. Azubuike, the founder and pastor of KAO Ministries.«[88]

Hier werden demnach verschiedene Zugänge zum Phänomen Heilung in Anspruch genommen. Wie aber verhält es sich bei Krankheiten, die unheilbar sind, wie etwa HIV/AIDS?[89] Mit dieser Frage verlassen wir zeitweilig den Raum pfingstlerisch-charismatischer Frömmigkeit und Praxis und wenden uns dem Beispiel einer südafrikanischen Theologin zu, die einer der traditionellen Missionskirchen angehört. Hier wird sich noch einmal in ganz anderer Weise zeigen, was es bedeuten kann, dass christliche Gemeinschaften sich selbst als *heilende Gemeinschaften* verstehen.

---

88. *M. A. Ojo* (2006): The End-time Army, 200.
89. Zur Thematik: *S. Weinreich; C. Benn* (³2005): AIDS. Eine Krankheit verändert die Welt. Daten – Fakten – Hintergründe, Frankfurt/M.; *H. Dilger* (2005): Leben mit AIDS. Krankheit, Tod und soziale Beziehungen in Afrika, Frankfurt/M. u. a.; *K. Heidemanns u. a.* (Hg.) (2005): Gott vertrauen? AIDS und Theologie im südlichen Afrika, Freiburg u. a.; *I. Phiri u. a.* (2003): African Women, HIV / AIDS and Faith Communities, Pietermaritzburg.

3.5 Kirche als therapeutische und prophetische Gemeinschaft – Denise Ackermann

»›Er heiratete mich, als ich gerade mal 18 war. Er wusste, dass er positiv war. Ich wusste es nicht, bis mein Baby getestet wurde. Dann fand ich heraus, dass ich auch positiv war. Ich wusste, dass er das getan hatte. Er hat mich geheiratet, weil ich eine Jungfrau war. Er glaubte, wenn er mit einer Jungfrau schlafen würde, würde er geheilt. Ich habe ihn verlassen. Jetzt berate ich Frauen, die HIV-positiv sind. Es gibt ein Leben nach der Ansteckung.‹ Boniswa, eine 35jährige AIDS-Beraterin.« Mit diesem und anderen Berichten beginnt die weiße südafrikanische Theologin Denise Ackermann ihren Aufsatz »Tamars Schrei« zur Frage von HIV/AIDS und der Verantwortung von Kirche und Gesellschaft.[90] Ackermann versucht die Geschichte der Tamar, wie sie in 2 Sam 13 berichtet wird, vor dem Hintergrund der erschütternden Bilanzen ihrer südafrikanischen Kontexte zu deuten, in denen die Infektionsrate mit HIV regional unterschiedlich bei schätzungsweise 15-35% liegt, einem Land, in dem jährlich über 30.000 Fälle von Vergewaltigungen gemeldet werden, was bei einer geschätzten Dunkelziffer, die zwanzigfach höher liegt, eine Anzahl von mehr als 900.000 Vergewaltigungen im Jahr sehr wahrscheinlich macht.[91]

Ackermann berichtet, seit mehr als 30 Jahren in Bibelkreisen und verschiedenen gemeindlichen Kontexten biblische Texte mit den Menschen zusammen kontextuell auszulegen, in der Hoffnung darauf, durch den Prozess der Vergegenwärtigung der biblischen Geschichten Hilfe zu erfahren. *Das Erzählen selbst* setzt verschiedene Prozesse frei, von denen zu handeln sein wird. Erzählen ist daher von grundlegender Bedeutung. In den biblischen Texten wird die Wirklichkeit nicht beschönigt, sondern in der Härte beschrieben, wie sie von Menschen erfahren wird, damals wie heute. Die Geschichte von Tamar etwa zeigt, dass das junge Mädchen Opfer der pervertierten Liebe ihres Bruders wird, der sie unter dem Vorwand, krank zu sein, in private Gemächer lockt und schließlich vergewaltigt. Zuvor wehrt sich Tamar mit dem Schrei: »So etwas tut man in Israel nicht!« – Auf diesen Verzweiflungsschrei wird zurückzukommen sein. – Angewidert von seiner eigenen Tat stößt der Bruder Tamar weg. Die Tat indes wird von dem Vater nicht geahndet, sie wird von der Familie geheim gehalten, der zweite Bruder aber will seine Schwester rächen und tötet daraufhin den Vergewaltiger.

Dieses Scheitern von derart vielen Beziehungskonstellationen bedeutet für Tamar, dass sie mehrfach zum Opfer wird, sie, die an dem Ganzen unschuldig

---

90. *D. M. Ackermann* (2005): Tamars Schrei: Relecture eines alten Textes in den Zeiten der Pandemie, in: Heidemanns / Moerschbacher (Hg.), Gott vertrauen?, o. a., 134-163.
91. *D. M. Ackermann* (2005): Tamars Schrei, 141.

ist, war sie doch anfänglich nur ihrer Gehorsamspflicht nachgekommen. *Sie wird Opfer der Vergewaltigungstat des einen Bruders (Amnon), Opfer der Vernachlässigung der Königspflichten ihres Vaters (David), Opfer der Familie, die erst mit Verschweigen und dann mit Verstoßung reagiert, und Opfer des zweiten Bruders (Absalom), der den ersten Bruder angeblich aus Rache umbringt, dabei aber offensichtlich nicht die Interessen Tamars verfolgt, sondern seine eigenen Rachegelüste zu befriedigen sucht.*

Für Ackermann erschließen sich hier Zusammenhänge, die auch in südafrikanischen Kontexten zu finden sind: Frauen werden vergewaltigt, innerhalb der eigenen Familie ebenso wie außerhalb. Gerade arme Frauen müssen aus Wohngebieten, die durch Überbevölkerung, Armut, Bandengewalt und das Fehlen eines polizeilichen Schutzes geprägt sind, weite Strecken zu Fuß zur Arbeit wandern, da sie oft nicht das Geld für öffentliche Verkehrsmittel haben. Auf der offenen Wegstrecke werden sie, nach der langen Arbeit nicht selten bis nachts unterwegs, oft überfallen und vergewaltigt. Sozial indes gilt dies als Schande, so dass die Opfer damit leben müssen, dass ihre Familien die Tat ebenso verheimlichen, wie eine mögliche Infektion mit dem Virus. Zur Erfahrung von Gewalt kommt das Schweigen der Familie. Andererseits nimmt die Zahl der Rachemorde stetig zu. Welchen Ausweg gibt es, wenn doch der biblische Text lediglich damit endet, dass sich Tamars Spuren verlieren, ohne dass ihr Gerechtigkeit zuteil geworden wäre?

Für die südafrikanische Theologin ergibt sich aus der Geschichte eine Spur des Widerstands, die Hoffnung weckt. Denn Tamars Schrei »So etwas tut man in Israel nicht!« bezieht sich darauf, dass Israel das erwählte Gottesvolk ist. In der Metaerzählung der Bibel aber ist dieser Gott ein Retter und Befreier, ein Gott, der für Menschen Gerechtigkeit, Frieden und Leben die Fülle (Joh 10,10) wünscht, wie es das neutestamentliche Zeugnis erkennen lässt. *Ackermann denkt an neue Formen der Gemeinschaftlichkeit, die in der Kirche möglich sind*. Mit Paulus versteht sie Kirche als ›Leib Christi‹ und bezieht sich als zentrale Textstelle auf 1 Kor 12,26, wo Paulus schreibt: »Wenn ein Glied leidet, leiden alle Glieder mit; wenn ein Glied geehrt wird, freuen sich alle anderen mit ihm.« Ackermann schlussfolgert, dass die Kirche innerhalb ihrer Reihen so viele HIV-Positive, AIDS-Kranke und an AIDS-Verstorbene hat, dass dieses Leiden im Sinne des Pauluszitates die ganze Kirche betrifft: »Die Kirche mit AIDS ist deshalb die universale Kirche.«[92]

Das Erzählen biblischer Geschichte nun öffnet für Ackermann den Weg, dass Kirche immer wieder neu zu einer *heilenden* wie einer *prophetischen Gemeinschaft* werden kann. Im Nacherzählen und Neuerzählen werden Menschen die Augen geöffnet, werden sie ermutigt, Dinge auszusprechen oder

---

92. *D. M. Ackermann* (2005): Tamars Schrei, 135, Anm. 1.

zuzugeben. Hier spiegeln sich die Machtkonstellationen, die Unheil zwischen Menschen hervorbringen, denn das Ungleichgewicht im Blick auf die Geschlechter trägt zur Verbreitung der Pandemie unmittelbar bei. Ackermann:

> »Wenn es dem Leib Christi erst einmal gelingt, diese Beziehung zwischen Macht, Geschlechterbeziehungen und HIV/AIDS in seinem eigenen Leib zu erkennen, dann lautet die Frage: Was braucht dieser Leib Christi, um ein Leib zu werden, der Hoffnung für diejenigen bringt, die mit HIV/AIDS leben? Angesichts der bestehenden widerstreitenden Modelle des Kircheseins schlage ich als einen gemeinsamen Ausgangspunkt eine Formulierung des Credo vor. Was heißt es, die ›eine, heilige, katholische und apostolische‹ Kirche zu bekennen? Dieses im Glauben formulierte Bekenntnis ist ein integraler Bestandteil des Bekenntnisses zu dem dreieinigen Gott. Da die Kirche ihr Dasein dem Handeln Christi verdankt, sind die Kennzeichen der Kirche in erster Linie Kennzeichen des Handelns Christi. Die Einheit der Kirche bezieht sie aus dem *einenden Handeln Christi*. Die Heiligkeit ist nicht unsere, sondern die *Heiligkeit Christi, der mit Sündern Umgang hat*. Die Katholizität bezieht sich auf die *unbegrenzte Herrschaft Christi*. Die Apostolizität ergibt sich aus der *Sendung Christi im Heiligen Geist*. Betrachtet man das Bekenntnis des Glaubens in dieser Weise, so wird es zu einem Ausdruck der Hoffnung – Anzeichen der Neuschöpfung aller Dinge in Christus. Hier geht es um aktives Handeln.«[93]

Indem innerhalb von ›Kirche‹, *die hier transkonfessionell verstanden wird und jenseits der verschiedenen Denominationen*, diese Geschichten erzählt werden, können Menschen mit HIV/AIDS (a) ihre eigene Identität neu entdecken, als Opfer wie Tamar. Sie und andere können (b) die Übel öffentlich beim Namen nennen und (c) *damit helfen, das gesellschaftliche Schweigen zu brechen*. Sie können (d) zu einer heilenden und das heißt einschließenden Gemeinschaft werden, *gegen die Tendenz zur Stigmatisierung und Verstoßung*, sie können (e) Sinn auch angesichts des nahen Todes finden, da die biblische Erzählung neutestamtlich auf die leibliche Auferstehung Jesu Christi von den Toten zielt, in die die Glaubenden sich eingeschlossen wissen dürfen. Die biblischen Geschichten werden auf diese Weise verschränkt mit den Geschichten der an HIV/AIDS erkrankten Menschen und den Geschichten von Menschen in einer von Armut und Gewalt geprägten Gesellschaft. *Dieses Geschehen hat einen transformierenden Charakter*. Noch einmal Ackermann:

> »Die Geschichten der Menschen, die mit HIV/AIDS leben, sind individuelle Erzählungen, eingebettet in die Meta-Erzählung der Pandemie. Das Anhören solcher Geschichten und die Auseinandersetzung mit ihnen in Gemeinschaften des Glaubens kann unter ihren Mitgliedern Beziehungen stiften. Wir alle haben eine Geschichte zu erzählen. Indem unsere Geschichten aufeinandertreffen, verändern sie sich. Wir werden Teil der Geschichte eines anderen. In diesem Prozess ver-

---

93. *D. M. Ackermann* (2005): Tamars Schrei, 143. Hervorhebung geändert.

ändern wir uns, gerade so, wie die Geschichten von Thembisa, Boniswa und Judy mein Leben und das meiner Kolleginnen und Kollegen in der AIDS-Hilfe verändert haben. Das Anhören und Erzählen von Geschichten bewirkt einen Prozess der Öffnung, der Verletzlichkeit und des gegenseitigen Annehmens, der die Stigmatisierungen, die Ausgrenzungen und die Einsamkeit des Leidens aufbricht und hoffentlich zu Engagement, Bejahung und Fürsorge führt. (...) Die eigentliche Metageschichte ist die Geschichte unseres Glaubens: die Geschichte des Gottes Israels, dessen schöpferisches und befreiendes Handeln in Dienst, Leiden, Tod und Auferstehung Christi gipfelt.«[94]

Die in diesem Ansatz enthaltene Theologie der Mission ist grundlegend eine ekklesiologische Theologie und eine öffentliche Theologie, eine public theology[95]: Hier wird Kirche transkonfessionell als eine öffentliche Gemeinschaft von Zeugen/innen betrachtet, die prophetisch gegen das ebenso öffentliche Schweigen in der Gesellschaft anzugehen versucht. Ihre Mission manifestiert sich in ihrer Art und Weise, Gemeinschaft zu leben: (1) Es geht um das gemeinschaftliche Annehmen der Stigmatisierten in Gemeinschaften, im Gottesdienst bis hin zum Abendmahl, (2) es geht um das Erzählen und damit Aufdecken des Verdrängten, der leiblichen Gewalttaten, der Ehrverletzungen, des Verrats, der Schuld in Beziehungsgeflechten. (3) Es geht darum, als Kirche dazu zu stehen und dies zuzugeben, dass der ›Leib Christ‹ AIDS hat. Denn nur so kann das gesellschaftliche Schweigen gebrochen werden. Kirche wird

---

94. *D. M. Ackermann* (2005): Tamars Schrei, 145-146.
95. Zur Thematik einer *public theology* vgl. *K. Kusmierz; J. R. Cochrane* (2006): Öffentliche Kirche und öffentliche Theologie in Südafrikas politischer Transformation, in: C. Lienemann-Perrin; W. Lienemann (Hg.), Kirche und Öffentlichkeit in Transformationsgesellschaften, Stuttgart, 195-226, bes. 214 ff. Gegenüber Ansätzen einer *theology of reconstruction* (zu deutsch: Theologie des Wiederaufbaus), wie von südafrikanischen Theologen wie *Charles Villa-Vicencio* oder *John W. de Gruchy* oder dem Kenianer *J. N. K. Mugambi* vorgeschlagen, ist eine *public theology* einerseits stärker gesellschaftskritisch ausgerichtet (dies wurde u. a. vom Südafrikaner *Tinyiko Maluleke* eingefordert), andererseits jedoch an gesellschaftlichen Aushandlungsprozessen interessiert und damit weniger antithetisch ausgerichtet als manche Ansätze einer Theologie der Befreiung.
Die Missionswissenschaftlerin *Christine Lienemann-Perrin* fasst treffend zusammen:»Für die Theologie des Wiederaufbaus ist die biblische Schlüsselszene nicht – wie in der Befreiungstheologie – der unmittelbar bevorstehende Exodus (Ex 3), sondern das babylonische Exil und die erste Phase der nachexilischen Zeit, in der es darum geht, die zerstörte Stadt Jerusalem wieder aufzubauen. Wichtige Ziele sind die *nachhaltige Verbesserung der Lebensbedingungen* für die Bewohner der Stadt, die *soziale Integration zwischen verschiedenen Bevölkerungsgruppen* (den Daheimgebliebenen, Rückkehrern und religiös-kulturell Fremden) und die *Rückbesinnung auf das religiöse Vermächtnis bei gleichzeitiger Aktualisierung* desselben. In der Theologie des Wiederaufbaus wird das Buch Nehemia (bzw. das Doppelwerk Esra / Nehemia) zu einem der zentralen biblischen Bezugspunkte und damit zum Leitmotiv erhoben.« *C. Lienemann-Perrin* (2006a): Neue sozialethische Konzeptionen Öffentlicher Theologie in Transformationsprozessen in Asien, Afrika und Lateinamerika, in: dies.; W Lienemann (Hg.), Kirche, o. a., 433-470, 448. Herv. geändert.

3. Mission und ›Power‹ – Heilung und Deliverance? 317

damit selbst zu einem Symbol in diesem gesellschaftlichen Diskurs, und zwar ausdrücklich in ihrer Sozialgestalt: Die Botschaft ist verleiblicht darin, dass Kirche das Schweigen benennt, zugibt, dass es HIV/AIDS auch in ihr gibt, stigmatisierte Menschen in ihren Reihen wertschätzt und vielfältige Hilfen gibt. Hier ist keine »biblische Botschaft«, die von diesem verleiblichten Sein von Kirche zu trennen wäre, denn im Kirchesein muss sich die Glaubwürdigkeit der Zeugen/innen bewähren. (4) Es geht um das Öffentlich-Machen des Ausmaßes der Pandemie, es geht um soziale Hilfsformen wie die Unterstützung von so genannten *child headed households*[96], es geht um das Begleiten der Sterbenden, es geht um Zigtausende Beerdigungen und das Begleiten der Angehörigen. (5) Es geht um Bewusstseinsbildung durch Schulungen und die Forderung an Regierungen, AIDS-Programme aufzulegen und auszubauen. Dazu gehört auch die Aufklärung über traditional-kulturelle Versatzstücke, wie den Glauben, etwas ›Unreines‹ (hier: HIV/AIDS) durch etwas ›Reines‹ (hier: Jungfräulichkeit) heilen zu können. Damit kommt ein Analogiekonzept traditionaler Religion zu Anwendung, das verheerende Folgen hat.

Nach *Theo Sundermeier* liegt dem stammesreligiösen Denken vieler Ethnien eine Logik verschiedener Analogien zugrunde. Ich greife lediglich drei Analogien heraus: Für den medizinischen Bereich ist etwa ist die *funktionale Analogie* von Bedeutung, derzufolge Dinge mit gleicher Funktion in Beziehung zueinander stehen. Die *homoiologische Analogie* sieht Dinge nach ihrer äußeren Ähnlichkeit miteinander in einer Beziehung, die *inversive Analogie* erwartet eine Wirkung, da gegensätzliche Dinge zueinander in Beziehung gesehen werden.[97] Sundermeier gibt dazu anschauliche Beispiele, denen ich eigene Beobachtungen zur Seite stellen möchte: Mir wurde auf der Insel Nias (Indonesien) in einer christlichen Gemeinde als dem Gast ein Fest ausgerichtet. Dem »Professor« wurde von dem extra geschlachteten Schwein bei dem Fest die gebratene *Zunge* dargeboten, was einer funktionalen Logik entspricht, denn, so sagte man mir auf Nachfrage: ›Du musst die Zunge essen, denn du bist für das Wort zuständig!‹ Ein anderes Beispiel: Ein Muslim erzählte mir, er und seine Frau hätten lange keine Kinder zeugen können, woraufhin ihm ein Freund in Saudi Arabien eine Dattelfrucht gegeben habe, die aussah wie ein männlicher Penis und einen weißen Saft enthielt, mit dem er sich einreiben sollte: Eine homoilogische Analogie in islamischer Tradition. Der Mann legte die Frucht allerdings nur auf den Schrank in seinem Schlafzimmer und vergaß sie. Berichtete aber, seine Frau sei sechs Monate später schwanger geworden. – Doch zurück zu den Beobachtungen Sundermeiers: Er bezeichnet als *inversive Logik*, dass zum Schutz Dinge gegensätzlich gehandhabt werden: Bei Beedigungen etwa werden bestimmte rituelle Vorgänge wie Umkrei-

---

96. Gemeint sind Haushalte, in denen die älteren Kinder für ihre Geschwister Verantwortung übernehmen, da beide Elternteile an AIDS verstorben sind und die weitere Familie nicht helfen kann.
97. Th. *Sundermeier* (²1990): Analogische Partizipation, in: ders., Nur gemeinsam können wir leben. Das Menschenbild schwarzafrikanischer Religionen, Gütersloh, 41-50.

sungen in umgekehrter Richtung vorgenommen. Schutz und Heilung, so die Logik, kommen durch den Gegensatz zustande. *In diesem Zusammenhang ist auch die verheerende Praxis zu sehen, als HIV-positiver oder gar AIDS-kranker Mann mit einer Jungfrau schlafen zu wollen, denn die Logik ist ›Die Reinheit hebt die Unreinheit auf‹. Kirchen – besonders in Schwarzafrika – können und dürfen diese Praktiken nicht übergehen, sie müssen etwa mit traditionalen Heilern – so diese derartige Praktiken unterstützen – ins Gespräch kommen und zusammenarbeiten, um Praktiken wie das genannte Beispiel (die ja als Versatzstücke traditionaler Praktiken zu verstehen sind) zu unterbinden.*

(6) Es geht darin aber auch und gerade um die *Verbindung biblischer Geschichten und überhaupt der biblischen Metaerzählung mit dem Phänomen der Pandemie*, denn sich in diese Geschichte hineingestellt zu sehen, kann Hoffnung, Kraft und Zuversicht geben, selbst dort, wo ganze Gemeinden ins Grab sinken.

Die hier *im Kern enthaltene Theologie der Mission* angesichts einer Pandemie ist ganz anders gestaltet, als etwa befreiungstheologische Ansätze, obwohl es natürlich Schnittflächen gibt. Der Gegner ist weit weniger sozial zu lokalisieren, wie etwa lateinamerikanische Großgrundbesitzer, die die lokale Bevölkerung ausbeuten. Der ›Gegner‹ ist in jeder Familie potentiell vorhanden, auf jeder Straße zugegen, denn es handelt sich um Zusammenhänge von Armut, Gewalt, Verschweigen, Verrat, um gesellschaftliche Atmosphären von Angst und Lüge, die es aufzubrechen gilt. Natürlich hängt dies alles auch mit Fragen von Korruption, Misswirtschaft, sozialer Ungleichverteilung und Unrechtsstrukturen zusammen. Diese Missstände sind anzuprangern. Probleme der unmittelbaren Lebenswelt müssen jedoch direkt angegangen werden. Mission wird hier in *ekklesiologischen Mustern* gedacht, mit sehr starken *narrativen Anteilen*, als zugleich *leibliche und ›heilende‹ Gemeinschaft (caring community)*, wenn unter ›Heilen‹ nicht nur die Wiederherstellung körperlicher Unversehrtheit verstanden wird, die hier nicht möglich ist. Es wird ein *erweiterter Begriff von Heilung unterlegt, der auch die Einbindung in soziale Beziehungen – gegen die Einsamkeit – und die Wiedergewinnung menschlicher Würde einschließt.*

Die Pandemie HIV/AIDS spielt als gesamtgesellschaftliche Herausforderung in vielen Ländern eine bedeutende Rolle. Eine besonders hohe Infektionsrate ist in den Ländern Schwarzafrikas gegeben. Hier wurde das Phänomen von Kirchen und Gemeinden jedoch anfänglich eher verdrängt, Kranke wurden als Randgruppe gesehen und oft stigmatisiert. Dies hat sich jedoch inzwischen an vielen Orten deutlich verändert.[98] Von den HIV/AIDS-Erkrankten werden mittlerweile zwischen 30-50% in Einrichtungen von Kir-

---

98. Der ÖRK hat diese Fragen in den 1990er Jahren verstärkt aufgegriffen und in einer Studie eine theologische Deutung versucht. Vgl. *AIDS und die Kirchen: eine Studie des ÖRK*, Frankfurt/M., 1997.

3. Mission und ›Power‹ – Heilung und Deliverance? 319

chen und Gemeinden versorgt, in vielen Gemeinden gibt es *Home Based Care Programme*, für viele AIDS-Waisen sind so genannte *Child Headed Households* ein Weg, im Familienverband zu bleiben, wenn beide Eltern verstorben sind. Es gibt auch viele Projekte von Lebensgemeinschaften HIV-positiver Menschen, wie Kooperativen von Frauen in der *Evangelical Lutheran Church of Tanzania*, die diesen Frauen – allesamt HIV-positiv oder bereits an AIDS erkrankt – ein wirtschaftliches Auskommen sichern, so dass sie auch ihre Kinder – die andernorts leben – unterstützen können. (Abb. 12). Mittlerweile gibt es in etlichen Kirchen sowohl Materialien, um mittels biblischer Texte das Thema in den Gemeinden anzugehen[99], als auch Vorschläge zur Veränderung von theologischen Ausbildungsprogrammen.[100]

3.6 Heilende Gemeinschaften zwischen ›Power‹ und ›Empowerment‹

In den Ausführungen sind deutlich unterschiedliche Akzentsetzungen aufgefallen: Während im Bereich von Pfingstkirchen Krankheit und Heilung oft im Horizont eines geistlichen Kampfes zwischen den Mächten des Bösen und der Kraft Gottes gesehen werden, liegen in Missionskirchen nach wie vor die Akzente stark auf der Unterhaltung von Krankenhäusern und Gesundheitsstationen. Die Übergänge sind allerdings fließend. Denn einerseits werden – gerade im Bereich Schwarzafrikas – auch in »Missionskirchen« (etwa lutherischen, römisch-katholischen oder baptistischen Gemeinden) Praktiken von *deliverance* mehr und mehr übernommen, andererseits haben auch große Pfingstkirchen etwa in Westafrika sehr moderne Programme im Bereich der Bekämpfung von HIV/AIDS aufgelegt, was sowohl Aufklärung und Prävention wie auch die Behandlung betrifft.[101] Hier gilt einmal mehr, sich vor Ste-

---

99. *mission 21 – protestant mission basel; United Evangelical Mission; The Lutheran World Federation* (2005): God breaks the Silence. Preaching in Times of Aids, Basel. Zur Relektüre von biblischen Texten im Horizont von HIV/AIDS: D. O. *Akintunde* (2003): The Attitude of Jesus to the ›Anointing Prostitute‹: A Model for Contemporary Churches in the Face of HIV / AIDS in Africa, in: Phiri, o. a., 94-112; C. B. *Anderson* (2003): Lessons on Healing from Naaman (2 Kings 5:1-27) (…), in: Phiri, o. a., 23-43; P. F. *Bruce* (2003): ›The Mother's Cow‹: A Study of Old Testament References to Virginity in the Context of HIV/AIDS in South Africa, in: Phiri, o. a., 44-70.
100. Vgl. z. B. *M. W. Dube* (2003): HIV / AIDS and the Curriculum. Methods of Integrating HIV / AIDS in Theological Programmes, Geneva: WCC-Publications; T. S. *Maluleke* (2005): Die Herausforderung von HIV / AIDS für die theologische Ausbildung in Afrika – Auf dem Weg zu einem Curriculum, das HIV / AIDS verantwortlich behandelt, in: Heidemanns / Moerschbacher, o. a., 110-133.
101. A. *Adogame* (2007): HIV/AIDS Support and African Pentecostalism. The Case of the Redeemed Christian Church of God (RCCG), in: Journal of Health Psychology (12), 475-484.

reotypisierungen zu hüten. Als interkulturelle Lernerfahrung für deutsche Kontexte sei auf die Frage des Gemeindeverständnisses als heilender Gemeinden verwiesen. Wäre ein solcher Begriff für hiesige Kontexte anwendbar angesichts einer institutionellen Diakonie, die nach dem Staat in Deutschland der zweitgrößte Arbeitgeber ist? *Beate Jacob* gibt zu Recht zu bedenken:

> »Gibt es im Deutschen Alternativen zum Ausdruck ›heilende Gemeinde‹? Drücken Begriffe wie ›solidarische Gemeinde‹, ›diakonische Gemeinde‹, ›fürsorgende Gemeinde‹, ›akzeptierende Gemeinde‹ oder ›teilende Gemeinde‹ das Gemeinte eindeutiger aus? Ich denke, nein – nur der Begriff ›heilende Gemeinde‹ ist weit genug, das breite Spektrum dessen auszudrücken, was möglich ist, wenn wir uns als Gemeinschaft der Botschaft des Evangeliums und dem Wirken Gottes in der Welt und im Leben jedes Einzelnen öffnen.«[102]

Halten wir fest: Die Themen Heilung und *deliverance* sind in vielen Ländern der so genannten Zweidrittelwelt von überragender Bedeutung. Dabei ist jedoch die Frage strittig, was unter ›power‹ zu verstehen ist. Mindestens drei Verständnisse stehen nebeneinander. Zunächst das Verständnis von *Power als einer physisch erfahrbaren Kraftwirkung* des göttlichen Geistes, des Namens oder Blutes Christi oder allgemein der Kraft Gottes. Diese ›Power‹ wirkt gegen böse Geister, gegen Dämonen und den Satan. Indem deren Kräfte gebrochen werden, tritt Befreiung ein, die sich ganz physisch etwa in Heilung, Gesundheit, Schutz, wirtschaftlichem Fortkommen, guten Schulabschlüssen, glücklicher Partnerschaft oder Versöhnung manifestiert. Umkämpft ist hier sowohl der Körper eines Menschen, sei er Christ, Nichtchrist oder Bornagain-Christ, umkämpft sind aber auch besondere Gebiete, etwa Gebäude, Wohnungen, Stadtteile, besonder Orte. Umkämpft ist die spirituelle »Lufthohheit« aber auch für ganze Staaten, Volkswirtschaften oder gar Kontinente. Power wird erlangt durch Bekehrung und Gebet, die Geistesgabe in großen Gottesdiensten oder durch spirituelle Persönlichkeiten. Mögen die Vorstellungen im Einzelnen auch sehr unterschiedlich sein, so geht es doch mehrheitlich um ganz konkrete Personen, Orte und Vollzüge.

Ganz anders dagegen das Verständnis von ›Kraft‹ in Ansätzen wie dem von *Denise Ackermann, Isabel Apawo Phiri* und vielen anderen, die die Kraft des göttlichen Wirkens sich in gemeinschaftlichen Lebensvollzügen in den Gemeinden ereignen sehen, und zwar dort, wo Menschen sich in ihrer Identität als AIDS-Kranke oder HIV-Positive »wiederfinden« können, wo das Aussprechen des Verdrängten erlaubt ist und Annahme des ganzen Menschen praktiziert wird. Hier wird »Heilung« in einem weiteren Sinne verstanden, denn die Würde des menschlichen Lebens kann selbst im Sterben Heilung erfahren. Heil-sein wird noch deutlicher in Beziehungsmustern gesehen. Die geistliche

---

102. *B. Jacob* (2005): Kirche als heilende Gemeinschaft, 188.

3. Mission und ›Power‹ – Heilung und Deliverance?

Kraft ist hier verstanden als die Kraft, das Leiden zu ertragen, die Kraft, für andere da zu sein, die Kraft, auch gegen die Vorurteile und den Hass anderer anzugehen oder die Kraft, die eigene Scham zu überwinden. Ganz abgesehen davon, dass ja das Leben trotz der schweren und schwersten Belastungen weitergeführt werden muss, auch dann, wenn diejenige Generation, die eigentlich die wirtschaftliche Versorgung zu leisten hätten, in großen Teilen bereits verstorben ist.

Ein drittes Verständnis von Kraft ist mit dem Begriff ›empowerment‹ gefasst. Dieser Begriff verweist auf gesellschaftliche Kommunikationsmuster und auf zum Beispiel Strukturen kulturell-hierarchischer Muster hin, die zu verbessern bzw. zu verändern sind. *Empowerment* meint ein Engagement, das Menschen – und hier zumeist: Frauen – dazu verhilft, ihr Leben stärker in die eigenen Hände zu nehmen, bestimmte Ressourcen wie Informationen oder Zugang zu Arbeitsplätzen nicht mehr vorenthalten zu bekommen. Empowerment meint jedoch auch, Menschen dabei zu helfen, ihre Handlungsfähigkeit zu finden oder wiederzufinden, indem ihr *Selbstbewusstsein* gestärkt wird, sei es durch Selbsthilfegruppen, Bildungsprogramme oder kooperative Wirtschaftsformen. Dass dabei diese unterschiedlichen Verständnisse von ›power‹ miteinander in Konflikt treten können, liegt auf der Hand. Hier ist ein ökumenisches Ringen um die beste Praxis notwendig.

4. Mission und Dialog – Liebesverhältnis oder Rosenkrieg?

In der voraus gegangenen Kapiteln ist wiederholt das Thema des Dialogs angesprochen worden. Galt in den ersten Jahrzehnten des 20. Jahrhunderts noch als ausgemacht, dass missionarische Verkündigung das bedeutendste Medium des missionarischen Dienstes ist, so wurde diese Position seit Ende der 1960er Jahre von verschiedenen Seiten innerhalb und außerhalb des ÖRK mehr und mehr in Frage gestellt. Hier sind die zeitgeschichtlichen Hintergründe zu beachten: Viele Kirchen des Südens standen nach der Unabhängigkeit der Kolonialgebiete vor der Aufgabe, in einem gesellschaftlichen und interreligiösen Dialog zu zeigen, dass sie legitimer Bestandteil dieser Gesellschaften waren und nicht eine westliche Importreligion oder gar der verlängerte Arm der ehemaligen Kolonialmächte. Das Erwachen des kulturellen und religiösen Selbstbewusstseins in vielen Gebieten tat ein Übriges, ebenso das Eingeständnis der Schuldgeschichte westlicher Nationen, an der auch christliche Missionen ihren Anteil hatten. Dieser Situation begegneten der *Ökumenische Rat der Kirchen* ebenso wie die *Römisch-katholische Kirche* seit Ende der 1960er Jahre mit vielfältigen Dialoginitiativen, gleichzeitig kam es jedoch in den 1970er Jahren innerhalb der weltmissionarischen Bewegungen zu heftigen Kontroversen um die Frage, wie das Verhältnis von missionarischer Verkündigung einerseits und interreligiösem Dialog andererseits zu bestimmen sei.[103] Insbesondere innerhalb der *World Evangelical Alliance* und der sich in diesen Jahren formierenden *Lausanner Bewegung* wurden Positionen vertreten, die in deutlicher Spannung zu Verlautbarungen des ÖRK standen.

4.1 Christliche Initiativen zum Interreligiösen Dialog seit den 1960er Jahren

Der *Ökumenische Rat der Kirchen* begann nach einer Konferenz zum Thema Dialog im ceylonesischen Kandy im Jahre 1967 eine Reihe von Dialoginitiati-

---

103. Zur Einführung vgl. *P. F. Helfenstein* (1998): Grundlagen des interreligiösen Dialogs, Frankfurt/M.; *J. Zehner* (1992): Grundsatzentscheidungen im Dialog. Der Ökumenische Rat der Kirchen 1971-1979, in: ders., Der notwendige Dialog, Gütersloh, 65-106. Als *konfessionsökumenische Übersicht* vgl.: *C. Lienemann-Perrin* (1999): Mission und Interreligiöser Dialog, Göttingen. Für *systematisch-theologische und missionstheologische* Perspektiven: *H. Wrogemann* (1997): Auf dem Weg zu einer dialogischen Mission, in: ders., Mission und Religion in der Systematischen Theologie der Gegenwart, Göttingen, 135-318. Für *islamische Ansätze* zum Verhältnis von Dialog und Aufruf zum Islam (arab. *da'wa*) vgl. ders. (2006): Missionarischer Islam und gesellschaftlicher Dialog, Frankfurt/M., 399-417.

4. Mission und Dialog – Liebesverhältnis oder Rosenkrieg? 323

ven.[104] Bereits ein Jahr später, auf der Vollversammlung des ÖRK in Uppsala, findet sich eine ausführliche Passage zum Dialog, in der Dialog in den Horizont der gemeinsamen Menschlichkeit gestellt wird:

> Dialog »öffnet die Möglichkeit zu gemeinsamer Beteiligung an neuen Formen des Gemeinschaftslebens [mit »Menschen anderen Glaubens«, HW] und des Dienens. Jeder findet und fordert den anderen, indem er aus der Tiefe seiner Existenz heraus von den letztgültigen Anliegen Zeugnis ablegt, die sich in seinen Worten und Taten ausdrücken. (...) Dialog ist nicht das gleiche wie Verkündigung. Eins ergänzt das andere in der Gesamtheit des Zeugnisses.«[105]

Dialog und Verkündigung werden demnach als zwei Dimensionen des Zeugnisses nebeneinander gestellt. Im Jahr 1970 wurde im ÖRK eine Dialogabteilung eingerichtet und mit dem indischen Theologen *M. M. Thomas* als erstem Direktor besetzt. Es folgte noch im selben Jahr eine multireligiöse Dialog-Konferenz in Ajaltoun (Libanon) sowie im Jahr 1974 eine ähnliche Konferenz in Colombo (Sri Lanka).[106] Dialog als für das menschliche Zusammenleben unabdingbare Voraussetzung war zwar innerhalb des ÖRK weitgehend unbestritten, auf der Vollversammlung in Nairobi im Jahr 1975 jedoch kam es zu deutlichen Spannungen im Blick auf das Verständnis von Dialog und missionarischem Zeugnis.[107] Während Vertreter aus Kirchen des Nordens vor der Gefahr eines »Synkretismus« warnten, hielten Vertreter aus Kirchen des Südens (etwa *Lynn de Silva* aus Sri Lanka) dagegen, diese Gefahr werde nur von Leuten beschworen, die selbst nicht unter Menschen anderen Glaubens leben und selbst kaum Dialogerfahrungen aufzuweisen hätten. Zum Abschlussbericht der Sektion III konnte keine wirkliche Einigung erzielt werden.[108]

---

104. So wurde beispielsweise eine Reihe von christlich-muslimischen Dialogkonsultationen abgehalten. Vgl. den Dokumentationsband: *Meeting in Faith. Twenty Years of Christian-Muslim Conversations Sponsored by the World Council of Churches*, WCC-Publications, Geneva 1989.
105. Bericht aus Uppsala, o. a., 28.
106. An diesen Konferenzen nahmen Vertreter/innen von Hindus, Buddhisten, Muslimen und Christen teil. Die Colombo-Konferenz hatte das Thema *Auf dem Weg zur Weltgemeinschaft – Grundlage und Erfordernisse des Zusammenlebens*. Weitere Konferenzen folgten.
107. In Nairobi waren in der Sektion III mit dem Thema *Auf der Suche nach Gemeinschaft – das gemeinsame Streben der Menschen verschiedenen Glaubens, verschiedener Kulturen und Ideologien* auch je ein (durchgehend männlicher!) Vertreter aus den Hindu-Traditionen, dem Buddhismus, dem Judentum, Islam und der Sikhs zugegen. Vgl. *H. Krüger; W. Müller-Römheld* (Hg.) (1976): Bericht aus Nairobi 1975, Frankfurt/M., zu Sektion III: 38-56. Im Bericht heißt es an anderer Stelle: »Echter Dialog ist ein berechtigtes menschliches und christliches Unterfangen, das nicht als Alternative zur Mission zu verstehen ist und das unserem Glauben keinen Abbruch tun sollte.« Ebd., 46.
108. Zum Votum *de Silvas*: *Krüger / Müller-Römheld* (Hg.) (1976): Bericht, 40. Bedenkenswert ist eine Passage zum Thema Gemeinschaft: »In der derzeitigen Situation sollte der Begriff ›ökumenisch‹ den Dialog zwischen Christen bezeichnen, während der Begriff Dialog im weiteren Sinne ›Dialog zwischen den Religionen‹ genannt werden sollte. Allerdings soll-

Der Zentralausschuss des ÖRK beschloss daraufhin, für das Jahr 1977 eine Konsultation zum Thema *Dialog in der Gemeinschaft* einzuberufen. Diese fand dann in *Chiang Mai* (Thailand) wiederum als innerchristliche Tagung statt und wurde als »Denkpause« beschrieben. Es wurde dort eine offizielle Erklärung erarbeitet.[109] In der Erklärung wird der »Auftrag als Christen als umfassende Mitwirkung an der Mission Gottes *(missio dei)*« beschrieben und als demütige »Pilgerfahrt« aufgefasst. »Dialog in der Gemeinschaft« wird als »Lebensstil« bezeichnet und als »Bestandteil unseres christlichen Dienstes in der Gemeinschaft« gefasst – als christliches Zeugnis. Dem werden als biblische Texte das Gebot »Du sollst nicht falsch Zeugnis reden wider deinen Nächsten« (Dtn 5,20; Lebensstil), »Liebe Gott und deinen Nächsten wie dich selbst« (Mk 12,30-31; Dienen) und die Forderung »wahrhaftig zu sein in der Liebe« sowie sich nicht von jedem »Wind der Lehre« umhertreiben zu lassen (Eph 4,14-15; Zeugnis) zugeordnet.[110] Ein solcher Dialog erfordere die Haltung der *Bußfertigkeit,* der *Demut,* der *Freude* und *Lauterkeit.* Diese Ortsbestimmung zum Thema Dialog hebt damit (1) auf das Begegnungsgeschehen *zwischen Menschen* ab, welches man (2) nur *in Gemeinschaft* führen und in Gemeinschaft verfolgen kann, welches (3) Dialog *dem dienenden Handeln und dem bezeugenden Handeln von Christen/innen zuordnet* und damit ein Mittelfeld zwischen den Extremen eröffnet, entweder einseitig nur für Mission oder aber nur für Dialog zu optieren. Bei dieser Erklärung blieb es zunächst. Seither hat sich eine kaum mehr überschaubare Fülle von Dialoginitiativen auf den verschiedensten Ebenen ergeben.

Bedeutsam ist, dass der Thematik des Dialogs auch innerhalb der *Römisch-katholischen Kirche* durch das II. Vatikanische Konzil ein gewichtiger Platz eingeräumt wurde. Hier ist besonders auf *Nostra Aetate* zu verweisen, ein Konzilstext, in dem andere religiöse Formationen der Römisch-katholischen Kirche in konzentrischen Kreisen zugeordnet werden.[111] Im Jahr 1964 wurde – noch während des II. Vaticanums – das *Sekretariat für die Nichtchristen* begründet, welches auch für Fragen des interreligiösen Dialogs zuständig war.[112] Es wurde 1988 in *Päpstlicher Rat für den Interreligiösen Dialog* umbenannt.

---

ten wir beachten, dass diese weitere Gemeinschaft *eine Gemeinschaft von Menschen* und nicht von Religionen oder Systemen ist und dass sie in der örtlichen oder regionalen Situation erfahren oder auch blockiert wird.« Ebd., 44-45, Herv. geändert.
109. Abgedruckt in: *M. Mildenberger* (Hg.) (1978): Denkpause im Dialog. Perspektiven der Begegnung mit anderen Religionen und Ideologien, Frankfurt/M., 47-62. Beteiligt waren 85 Personen aus 36 Ländern, sowohl aus protestantischen und orthodoxen Kirchen als auch Vertreter der römisch-katholischen Kirche.
110. *M. Mildenberger* (Hg.) (1978): Denkpause, 56-57.
111. Vgl. II.1.3 in diesem Band.
112. Als Übersicht vgl. *Helfenstein* (1998): Grundlagen, »Römisch-katholische Kirche«, 301-334. Helfenstein attestiert dem römisch-katholischen Lehramt, etwa anhand der Enzykli-

Mit diesen Entwicklungen war die Dialogthematik bleibend auf der Tagesordnung großer christlicher Kirchen, Zusammenschlüsse, Organisationen und Initiativen verankert. Im Folgenden kann es daher nicht um eine Übersicht zu dieser Thematik anhand von Erklärungen, Verlautbarungen und dergleichen gehen, sondern es werden wichtige Grundfragen der Dialogthematik in einem eher systematisierenden Zugang vor Augen geführt. Eine Vertiefung dieser Thematik ist dem dritten Band des vorliegenden Lehrwerkes vorbehalten.

4.2 Gesellschaftliche Rahmenbedingungen und lebensweltliche Dialogformen

Ich beginne mit etwas scheinbar Selbstverständlichen, was jedoch immer wieder außer Acht gelassen wird: Menschlicher Austausch (ob als »Dialog«, »Diskussion« oder »Gespräch« verstanden) findet nicht im luftleeren Raum statt, sondern wird maßgeblich durch kulturelle, soziale und gesellschaftliche Kontexte bestimmt. Natürlich macht es einen Unterschied, wer in einem Kontext zu einer Minderheit und wer zu einer Mehrheit gehört. Machtverhältnisse wirken unmittelbar auf interreligiöse Beziehungen gleich welcher Art zurück. Christlich-muslimische Gespräche in Deutschland oder aber in Ägypten finden unter sehr verschiedenen Voraussetzungen statt, hier etwa 70 % Christen und 5 % Muslime in einem Land, das erst seit den späten 1960er Jahren verstärkt eine religiöse Pluralisierung erlebt hat, dort 90 % Muslime und 10 % Christen mit einer gemeinsamen Geschichte von etwa 1400 Jahren. Auch die Geschichte spielt demnach eine bedeutende Rolle: Christlich-buddhistische Dialoge in Sri Lanka etwa wurden im 19. Jahrhundert im Kontext britischer Kolonialherrschaft geführt, in den 1960er Jahren dagegen fanden Dialoginitiativen in einem gerade seit wenigen Jahren unabhängigen Staat statt und inmitten einer mehrheitlich buddhistischen Gesellschaft, die nach ihrer eigenen Identität fragte. Was es für die nun politisch nicht mehr gestützte christliche Minderheit von etwa 7 % der Bevölkerung bedeutete, Dialoge zu führen (und diese wurden nur von wenigen geführt) angesichts einer etwa fünfhundertjährigen europäischen Kolonialgeschichte für bestimmte Gebiete Sri Lankas (und ab 1815 des ganzen Landes) ist aus europäischer Perspektive wohl schwerlich auch nur zu erahnen.

ka *Evangelii nuntiandi* von Papst Paul VI. (1975) oder der Enzyklika *Redemptoris missio* von Papst Johannes Paul II. (1990) eine »theologische Stagnation«. Ebd., 330. Vgl. auch G. Evers (1991): Interreligiöser Dialog und Mission nach der Enzyklika ›Redemptoris Mission‹, in: ZMR (75), 191-209.

In Dialogen spielt die Frage der Macht eine Rolle, insbesondere der politischen und gesellschaftlichen Macht. Macht ist aber auch gegeben durch die Artikulationsfähigkeit, den Ausbildungsstand etwa oder das Selbstbewusstsein der Beteiligten. Für Indien zum Beispiel bedeutet das, dass es bei den unterprivilegierten Dalits nicht allein darum gehen kann, ihnen gesellschaftlich Gehör zu verschaffen und für ihre Rechte einzutreten, sondern es geht viel grundsätzlicher zunächst darum, ihnen einen Raum zu eröffnen, Selbstbewusstsein zu erlangen und dadurch ihre eigene Stimme zu *finden*, da Jahrhunderte lange kulturell-religiöse Unterdrückung ihnen ein eigenes Selbstbewusstsein genommen hat.[113] Auch ist als Kontext zu bedenken, in welchem Verhältnis Individuen zu ihren eigenen Sozialformationen (Ethnien, Clans, Familien usw.) stehen: Wie beeinflusst zum Beispiel ein starkes Wir-Gefühl und Loyalitätsbewusstsein die Möglichkeit, für sich selbst als einem Individuum zu sprechen? Manche Menschen werden intuitiv die jeweilige Gruppenposition vertreten, auch dann, wenn sie vielleicht persönlich anderer Meinung sein sollten.

Ähnlich bedeutsam sind die *Ebenen* der Begegnung.[114] Einige Beispiele mögen genügen: So gibt es interreligiöse *Expertendialoge* auf der Ebene von wissenschaftlichen Tagungen und politischen Foren, es finden in multikulturellen Milieus *Alltagsgespräche* etwa in Kindergärten, Schulen und Sozialeinrichtungen statt, es gibt *gesamtgesellschaftliche Diskurse* um kulturell-religiöse Großformationen oder Einzelbegebenheiten und *interreligiöse Gespräche*, die sich ganz unvorhergesehen in alltäglichen Begegnungssituationen ergeben. Ob geplant oder spontan, ob aus bloßem Interesse oder aufgrund eines drängenden sozialen Problems, ob durch offizielle Vertreter einer sozialen, gesellschaftlichen oder politischen Größe wahrgenommen oder durch »Privatpersonen«: Jede Konstellation wirft eigene Fragen zum Thema »Interreligiöser Dialog« auf. Und noch komplizierter wird es, wenn man die Frage interreligiöser Begegnungen, Dialoge und Gespräche mit der Frage nach der Legitimität von so etwas wie »Mission«, »Zeugnis« oder »Wahrheitsanspruch« verbindet. Wie kann man vor diesem Hintergrund zu einer auch nur annähernden Klärung der Begrifflichkeit kommen?

---

113. Als Einführung vgl. *EMW* (Hg.) (1995): Gerechtigkeit für die Unberührbaren. Beiträge zur indischen Dalit – Theologie, Hamburg.
114. D. L. Eck (1989): Interreligiöser Dialog – was ist damit gemeint? Ein Überblick über die verschiedenen Formen des interreligiösen Dialogs, in: US (43), 189-200.

4.3 Verhältnisbestimmungen zwischen missionarischer Verkündigung und Dialog

Es sind ganz unterschiedliche Zuordnungsmuster von missionarischer Verkündigung und Dialog denkbar. Die Fülle der verschiedenen Positionen mag durch die Konzentration auf bestimmte Grundmuster etwas erleichtert werden. Im Folgenden schlage ich darum drei Grundoptionen vor, nämlich erstens eine *funktionale Zuordnung* von Mission und Dialog, sodann eine *Entgegensetzung beider* sowie schließlich eine *Identifikation von Mission und Dialog*. Jede Grundoption lässt sich – wie zu zeigen sein wird – wiederum in zwei Richtungen denken. Im Folgenden werden für diese Optionen im Fußnotenapparat Beispiele angeführt. Beginnen wir mit der funktionalen Zuordnung. Bei dieser Option wird jeweils ein Begriff dem anderen vorgeordnet. Manche missionstheologische Ansätze gehen davon aus, es müsse zuerst einen Dialog geben, dem dann in einer zweiten Phase die missionarische Verkündigung folgt.[115] Ich bezeichne dies als die *funktional-prospektive Option*: Im Blick auf das angestrebte Ziel *(prospektiv)* wird ein Dialog zum Einander-Kennenlernen gesucht. Es geht darum, die religiöse Welt des anderen möglichst gut zu verstehen, damit die darauf folgende missionarische Verkündigung die richtigen Anknüpfungspunkte findet. So sehr man eingestehen mag, dass es im Dialog etwas zu lernen gibt, so kritisch mag man indes zurückfragen, ob Dialog nicht auch von der *Uneigennützigkeit* lebt, ob hier also nicht der Dialog mit einer *hidden agenda* belastet wird und damit in die Gefahr gerät, unaufrichtig zu sein. Allerdings ergibt sich dann die Rückfrage, wie der Begriff »aufrichtig« zu definieren ist, denn es mag einem/r Missionar/in theologisch als legitim erscheinen, nicht gleich mit der weitergehenden Intention (»Ich möchte dir den christlichen Glauben nahebringen«) gleichsam mit der Tür ins Haus zu fallen.

Neben diesem Ansatz ist jedoch auch die umgekehrte Folge denkbar: Erst missionarische Verkündigung und Bekehrung des Adressaten, dann der Dialog. Dies wäre die *funktional-retrospektive Option*, die sich auf den Konvertiten / die Konvertitin bezieht: Der hier gemeinte Dialog ist der *innere Dialog*

---

115. Die Aussagen der *Lausanner Erklärung* von 1974 (vgl. I. 5.6) ebenso wie der Ansatz des *Church Growth* (vgl. II. 3.1) weisen eine Nähe zu diesem Denkmodell auf. Doch auch das Dialogverständnis des *II. Vaticanum* in Gestalt des Textes *Nostra Aetate* steht diesem Modell nicht fern, da in der konzentrischen Zuordnung verschiedener Religionsformationen zur Römisch-katholischen Kirche davon ausgegangen wird, dass eine solche *vorgängige* theologische Würdigung derselben möglich ist. Was also kann der konkrete Dialog dieser Deutung hinzufügen, wenn die theologische Deutung bereits vor dem Begegnungsgeschehen abgeschlossen ist? Es bleibt für den Dialog dann nur eine funktionale Deutung übrig. (vgl. II. 1.3)

eines Menschen, der den christlichen Glauben angenommen hat und nun in Dialog mit seiner eigenen Vergangenheit tritt, die er / sie – und das ist entscheidend – *mit neuen Augen* sieht. Die erste Option ist demnach von der Perspektive des Verkündigers her gedacht, die zweite dagegen von der Perspektive des Adressaten her. Ob der Dialog eine Funktion innerhalb der Mission oder die Mission als Funktion innerhalb des dann durch die neue theologische Sichtweise ermöglichten Dialogs gesehen wird: In beiden Fällen handelt es sich um eine Zuordnung mit unterschiedlichen »Rollen« von Mission hier und Dialog dort.

Man kann jedoch auch beide Begriffe als Gegensätze begreifen, damit sind wir beim *oppositionalen Modell*. In manchen christlichen Kreisen, etwa unter us-amerikanischen Fundamentalisten oder etlichen Anhängern/innen von Pfingstkirchen, wird die Meinung vertreten, es dürfe keinen Dialog geben, sondern allein missionarische Verkündigung. *Die These: Von Sünde, Aberglauben oder Irrlehre ist nichts zu lernen. Und weiter: Erst der radikale Bruch mit der Vergangenheit durch die Bekehrung führt zur Erkenntnis der göttlichen Offenbarung*. Dialog dagegen ist der eigenmächtige Versuch des Menschen, sich die Wahrheit Gottes anzueignen, ohne sich unter Gottes Wort von Gericht und Gnade zu beugen. Dies ist die *oppositional-konversive Option*. Missionarische Verkündigung ist zentral, Dialog wird abgelehnt. Dass hier natürlich Gespräche als solche nicht abgelehnt werden, sollte deutlich sein. Diese werden aber nicht als ›Dialog‹ bezeichnet.

Doch auch diese Option kann umgekehrt werden, und zwar mit der These: Keine missionarische Verkündigung, sondern nur Dialog! Es ist die Auffassung, dass es nur durch die Selbstrelativierung im Blick auf die »eigene« Wahrheit einen wirklichen Dialog geben könne, der dann, im sympathischen Prüfen der andersreligiösen Wahrheitsansprüche zu einer vertieften Erkenntnis führen kann. Dies nenne ich die *oppositional-konsensuale Option*. *Die These lautet: Jede missionarische Verkündigung stört den Dialog, ist Ausdruck bestenfalls von innerer Unfreiheit, wenn nicht gar von Überheblichkeit oder Besserwisserei*. Dialog dagegen lässt den Anderen stehen, akzeptiert ihn und versucht, ihn zu verstehen und von ihm zu lernen. Es wird für diesen Ansatz deutlich: Die Inklusion des religiös Anderen wird über die Exklusion der innerchristlichen missionarischen Option ermöglicht. Die Beobachtung am Rande lautet: Ohne Exklusion kommt auch dieses Dialogverständnis nicht aus. Dieses Thema soll hier indes nicht weiter vertieft werden.[116]

---

116. Die Thematik wird im dritten Band dieses Lehrwerkes ausführlich zu behandeln sein. Immerhin kann man wohl die Aussagen von *Aloysius Pieris* dahingehend verstehen, dass in einem *Dialog des Lebens* Aspekte religiös-positionaler Diskussion in den Hintergrund treten, wohingegen alles daran hängt, im gelebten Leben die Wahrheit der je eigenen

4. Mission und Dialog – Liebesverhältnis oder Rosenkrieg?

Wenden wir uns dem dritten Modell zu, der *identifikatorischen Option*. Hier werden Mission und Dialog nicht einander funktional untergeordnet, sie werden auch nicht oppositional als sich ausschließend behauptet, sondern genau umgekehrt: Beide Begriffe werden miteinander identifiziert. Eine gewisse Polarität ist damit immer noch gegeben, denn beides wird auch hier nicht als identisch behauptet. Doch wird die Polarität abgeschwächt, so etwa in der *identifikatorisch-argumentativen Option*. Die These lautet schlicht: *Dialog ist Mission*. Gemeint ist damit, dass *im Dialog verschiedene theologische Weltdeutungen miteinander um eine möglichst umfassende und überzeugende Deutung der Wirklichkeit ringen, in Argument und Gegenargument*.[117] Zum Beispiel: Ist das Leiden eines unschuldigen Menschen vom biblischen Zeugnis her als Prüfung Gottes zu verstehen, denn der Mensch ist ja am Leiden nicht selbst schuldig? Oder ist das unschuldige Leiden des Menschen aus buddhistischer Sicht bedingt durch den karmischen Impuls einer früheren Existenz? Liegt damit die Ursache (»Schuld«) des Leidens in den Verfehlungen einer früheren karmischen Existenz? Dialog ist hier argumentativ verstanden, er führt bestenfalls zu mehr oder weniger kohärenten Deutungsmöglichkeiten, deren einleuchtendste überzeugen wird, womit der Dialog zu einem Ergebnis kommt: Ein Mensch wird von einer weniger überzeugenden zu einer einleuchtenderen religiöse Wirklichkeitsdeutung übergehen und sich dadurch möglicherweise bekehren. Der Dialog ist damit Mission, verstanden als ein Prozess, der zu Bekehrung und damit auch zu einem Religionswechsel führt.

Doch kann diese Option auch genau umgekehrt gedeutet werden, nämlich mit der These: Mission ist Dialog. Dies wäre als die *identifikatorisch-expressive Option* zu bezeichnen. Worum geht es hier? *Wenn Mission im Dialog besteht, dann bedeutet dies, dass es um die emphatische Offenheit für die Wahrheiten des Anderen geht, um das Offenhalten der Wahrheitsfrage, das Sich-einlassen auf religiöse Erfahrungen*, die im Raum anderer Religionsformationen gesucht werden, christlicherseits etwa in der Teilnahme an buddhistischen Meditationsformen, Riten von Hindureligionen oder Praktiken islamischer Sufi-Orden.[118] Erfahrungen können jedoch auch im gemeinsamen befreiungsorientierten Engagement gesucht werden, in sozialer und politischer Gras-

---

religiösen Botschaft zu bewähren. (vgl. III. 2.1-2.2) So gesehen gilt auch hier: Dialog ohne missionarische Verkündigung.

117. Systematisch-theologisch ist der Ansatz von *Wolfhart Pannenberg* dieser Option zuzurechnen. Vgl. *H. Wrogemann* (1997): Dialog als Mission? – Wolfhart Pannenberg, in: ders., Mission und Religion, o.a., 147-173 (Lit.). In ähnlicher Richtung argumentieren im islamischen Bereich etwa *H. M. Baagil* oder *Muhammad Shafiq*. Vgl. *H. M. Baagil* (1984): Christian Muslim Dialogue, Riyadh.

118. Dieser Option sind verschiedene Ansätze so genannter *pluralistischer Religionstheologien* – etwa *Paul Knitter* – zuzuordnen, von denen im dritten Band dieses Lehrbuches zu handeln sein wird.

wurzelarbeit oder in interreligiösen Aktionen für den Schutz der Umwelt, Minderheitenschutz oder Frauenrechte. *Zentral ist hier der Gedanke, dass es im dialogischen Geschehen keiner Bekehrung im Sinne eines Religionswechsels bedarf, denn diese würde die interreligiösen Beziehungen womöglich stören.* Da in allen religiösen Formationen der Möglichkeit nach mit Wahrheit gerechnet wird, geht es im Dialog nicht um das Überzeugen, sondern es geht darum, das zum Ausdruck zu bringen *(expressiv)*, was einen selbst bewegt oder zu erfahren, was andersreligiös orientierte Menschen erkennen lassen. Dialog bedeutet dann, die Expressionen des Eigenen und des Anderen aufeinander wirken zu lassen und sich gemeinsam neuen und tieferen Dimensionen von Wahrheit und religiöser Erfahrung zu öffnen.

4.4 Verschiedene Dialogbegriffe und ihre weltanschauliche Imprägnierung

Die unterschiedlichen Verhältnisbestimmungen von Mission und Dialog haben erahnen lassen, wie vielfältig die damit bezeichneten Praxismodelle sind. Damit jedoch ist die Weite des Feldes noch nicht entfernt in den Blick gekommen, denn es sind überaus bedeutende Dimensionen der Thematik noch gar nicht berührt worden. Dazu gleich mehr. An dieser Stelle ist festzuhalten, dass *die bisherigen Modelle mit ihren jeweiligen Unteroptionen noch stark an Mustern der Rationalität orientiert waren. Dialog und Mission werden als rationale Handlungsmuster verstanden, es wird argumentiert oder meditiert, miteinander gelebt oder sich engagiert.* Eine weiterführende Testfrage wäre, ob der Dialogbegriff theologisch oder nicht-theologisch gefasst wird. So könnten als nicht-theologische Dialoge etwa ethische Diskussionen aufgefasst werden, der interreligiöse Informationsaustausch über die jeweils eigenen Lehren und Praktiken oder aber konkrete Projekte interreligiöser Kooperation. Theologisch würde der Begriff Dialog demgegenüber aus christlicher Perspektive verstanden werden können, wenn im rationalen Diskurs das göttliche Wirken so gedacht wird, dass es sich im Medium menschlich-religiöser Wirklichkeitsdeutung ereignet: *Gott überzeugt Menschen dadurch, dass er ihre Rationalität in seinen Dienst nimmt.* Oder aber es wird Gottes Überzeugungswirken ganz dem Wirken des göttlichen Geistes anheimgestellt, dann würde Dialog nicht mehr das Argumentieren bedeuten können, sondern es würde sich Dialog auf das *Erzählen von biblischen Geschichten* beschränken können. Denkbar wäre auch die Option, dass interreligiöser Austausch an sich *zu vertiefter Erkenntnis* führt, da das Göttliche in allen Religionsformationen als mehr oder weniger wirksam vermutet oder gar behauptet wird.

Die Thematik erscheint indes noch einmal in einem ganz anderen Licht, wenn man diejenige Dimension einbezieht, die meiner Beobachtung nach in vielen

4. Mission und Dialog – Liebesverhältnis oder Rosenkrieg?

kulturellen Kontexten eine überaus große Rolle spielt, in europäischen Kontexten jedoch demgegenüber wenig Aufmerksamkeit auf sich zieht, gemeint ist die *Dimension des Machtwortes.* Worte sind in vielen Kulturen alles andere als Schall und Rauch, es sind machtvolle Wirklichkeiten. Zudem ist die *Dimension des Woher der Worte* von überragender Bedeutung: *Worte ergehen nicht nur durch Menschen, sondern sie kommen auf Menschen durch andere Medien, etwa durch Träume, durch das Wirken von Geistermächten, durch Erscheinungen oder durch plötzlich bedeutungsvoll werdende Begebenheiten des Alltags, die als Zeichen verstanden werden.* Mir sind viele Menschen bekannt, die ihre religiöse Orientierung und Zugehörigkeit aufgrund von Erfahrungen solcher Art gewechselt haben, bei denen Bekehrung als das Sich-verhalten zu solchen Erscheinungen zu verstehen ist. Hier handelt es sich um missionarisch wirkende Geschehnisse, in denen auch dialogische Anteile eine nicht unwesentliche Rolle spielen können, die sich jedoch der abstrahierenden Sezierung in Begriffspaare wie Mission und Dialog entziehen. In vielen afrikanischen Kirchen etwa, ob *Missions-Kirchen* oder *Pfingstkirchen,* ob *African Initiated Churches* oder *New Generation Churches* spielen Träume und Visionen eine zentrale Rolle, ebenso Geisteraustreibungen und Heilungen. In Exorzismen zum Beispiel kommen Dialoge zwischen Exorzisten und Geistern vor, wobei letztlich die *Frage von Machtworten* immer wieder von zentraler Bedeutung ist. *Nicht das Argument überzeugt, nicht die Erfahrung des Anderen bereichert, sondern das Machtwort setzt neue Wirklichkeit, treibt Dämonen aus, führt Heilungen herbei, nimmt Ängste, beschützt, leitet, orientiert, hilft auf,* weil es als *Machtwort* geglaubt und *erfahren wird.*

Die Praxis von Heilungen und Exorzismen, die Erfahrungswelten von Träumen und Visionen dialogtheoretisch und dialogtheologisch aufzuschlüsseln ist ein noch kaum bearbeitetes Feld der Missionswissenschaft und interkulturellen Theologie. Das Stehenbleiben bei simplen Schemata im Sinne von Entweder-Oder-Rubrizierungen wird der Komplexität dieser Phänomene nicht annähernd gerecht. Hier ist erheblicher Forschungsbedarf zu konstatieren. Der Dialogbegriff sollte zudem erweitert werden um die *Dimension ›subkutaner‹ Botschaften,* denn auch Räume und Gesten sprechen. Mancher rationale Wortdialog findet in sozialen Zusammenhängen statt – etwa einer Atmosphäre der Lieblosigkeit, die so laut ›sprechen‹, dass die gut gemeinten Worte gar nicht mehr von den Adressaten/innen gehört werden. Was also *spricht?* Was *spricht zuerst* oder *lauter* als die menschlichen Worte und wo finden Dialoge wirklich statt? Hier sind die kulturell-weltanschaulichen Imprägnierungen der Dialogthematik aufzuarbeiten. Einmal mehr greifen damit die analytischen Aufgaben ineinander.

4.5 Konvivenz als hermeneutischer Ort von Dialog und Mission – Theo Sundermeier

Seit Mitte der 1980er Jahre wurde für die Dialogthematik ebenso wie für die Frage interkultureller Beziehungen von dem Heidelberger Missions- und Religionswissenschaftler *Theo Sundermeier* (geb. 1935) der Begriff der Konvivenz in die Diskussion eingeführt.[119] Gegenüber Ansätzen, die in der Fluchtlinie einer *Kirche-für andere* argumentieren, stellt Sundermeier heraus, dass ein solches Modell grundsätzlich damit rechnet, dass anderen geholfen werden müsse. Die Anderen werden damit als hilfsbedürftig und in diesem Sinne als defizitär gedeutet, die eigene Position damit hegemonial als die des Starken oder des Helfers stilisiert. Ein solches Denken muss sich den Vorwurf eines Paternalismus oder auch Maternalismus gefallen lassen. Sundermeier argumentiert dagegen, dass es in Partnerschaft ebenso wie in Mission und Dialog um das *Mitleben mit anderen gehe*. Es gehe erstens um das Miteinander-leben, zweitens darin um das Voneinander-lernen und drittens das Zusammen-feiern: Konvivenz als Grundmodell wird demnach als Lebens-, Lern und Festgemeinschaft beschrieben, als Grunddimension menschlicher Gemeinschaft die über den Kreis des Eigenen (der eigenen Gruppe, Ethnie, Freunde, Milieus) hinausgehe, nicht aber mit den Anderen verschmelze, sondern in gemeinsamem Interesse am *humanum* lebe. *Die hermeneutische Pointe: Außerhalb der Konvivenz kann gar nicht ausgemacht werden, wer hier wann und in welcher Hinsicht der Lernende ist.* Zudem weist Sundermeier auf *die Mehrdimensionalität von Verstehen* hin, welches sich nicht nur qua Rationalität ergibt, sondern sich als Teilnahme etwa an Festen der anderen und Fremden ereignet. Diese hermeneutischen Überlegungen können hier nur angedeutet werden.[120]

Missionstheologisch relevant ist die Verortung von Mission und Dialog in der Konvivenz, der Sundermeier das Wirken Gottes als des Schöpfers (Kon-

---

119. Erstmalig wird der Begriff in einem programmatischen Aufsatz entfaltet: *Th. Sundermeier* (1986): Konvivenz als Grundstruktur ökumenischer Existenz heute, in: W. Huber u. a. (Hg.): Ökumenische Existenz heute 1, München 49-100. Vgl. *ders.* (1995): Konvivenz und Differenz, Erlangen. Der Begriff fand Eingang in eine wichtige theologische Ortsbestimmung der Vereinigten Evangelisch-lutherischen Kirche in Deutschland (VELKD) in der Schrift: *Religionen, Religiosität und christlicher Glaube*, hg. von der VELKD und der Arnoldshainer Konferenz, Gütersloh 1991.
120. *Th. Sundermeier* (1996). Den Fremden verstehen. Eine praktische Hermeneutik., Göttingen. Wie stark dieser Ansatz von vielen der Schüler/innen Sundermeiers aufgegriffen wurde, wird vor Augen geführt in: *D. Becker* (2000): Mit dem Fremden leben. Perspektiven einer Theologie der Konvivenz. Theo Sundermeier zum 65 Geburtstag, 2 Bände, Erlangen sowie B. *Simon; H. Wrogemann* (Hg.) (2005): Konviviale Theologie, Frankfurt/M.

vivenz), des im Sohn inkarnierten göttlichen Wortes (Dialog) und des Heiligen Geistes (Mission) zuordnet. Nur in der Verwiesenheit dieser drei Dimensionen können Dialog und Mission, Mission und Dialog geschehen, denn nur hier kann Vertrauen entstehen, können verschiedene Dimensionen des Fremden erfahren werden, die sich dann als vielleicht nur vermeintlich fremd oder aber nur als vermeintlich vertraut erkennen lassen. Je nach Kontext werden sich verschiedene Formen von Konvivenz einstellen – etwa interreligiöse Basisgemeinschaften in Sri Lanka oder christlich-islamische Friedensinitiativen in Nigeria, in denen dann auch missionarisches und dialogisches Wirken eigene Gestaltwerdungen erfahren. Konvivenz als hermeneutischer Ort eines Geschehens, in dem das Dialogische wie das Missionarische von Bedeutung ist, wird hier trinitätstheologisch verankert. Im dritten Band dieses Lehrbuches wird auf die damit berührten Fragen zurückzukommen sein. Im Zusammenhang des vorliegenden Kapitels jedoch soll wenigstens angedeutet werden, welche Konsequenzen die Dialogthematik für den Bereich der Zivilgesellschaft hat.

4.6 Dialog – Mission – Pluralismus: Geltungsansprüche zivilgesellschaftlicher Akteure

Christliche Gemeinschaften und Kirchen sind, wie andere Religionsformationen auch, im Kontext pluralen Gesellschaften als zivilgesellschaftliche Akteure zu verstehen. Sie vertreten als solche in der Öffentlichkeit verschiedene Geltungsansprüche, nicht anders als zum Beispiel Gewerkschaften, Wohlfahrtsverbände, Bürgerinitiativen oder Nicht-Regierungs-Organisationen. Allgemein geht es ethisch um die Frage nach dem guten Leben, das heißt nach Werten, Normen, Praktiken und Strukturen, die das gemeinschaftliche Leben prägen sollen. Vor diesem Hintergrund ist die Feststellung von Bedeutung, dass verschiedene Akteure ihre Anliegen durchaus missionarisch-werbend in den öffentlichen Diskurs einbringen, sei es die Mission »ökologisches Wirtschaften« oder die Mission »soziale Gerechtigkeit«, um nur zwei Beispiele zu nennen. Dies bedeutet, dass auch zivilgesellschaftlich-säkulare Missionen zum Gegenstandsbereich der Missionswissenschaft gehören, denn auch hier geht es um die Frage, in welcher Art und Weise die Geltungsansprüche eingebracht werden.

Dialogtheoretisch sind hier Fragen von kommunikativen Akten, Medien und Intentionen zu bedenken, etwa Aufrichtigkeit, Ehrlichkeit, Wahrheit, Wechselseitigkeit und ein nicht-manipulativer Umgang mit anderen. Missionswissenschaftlich ist nach Zielvorstellungen der Akteure zu fragen, etwa im Blick auf das unterlegte Verständnis der Verfasstheit einer pluralen Gesellschaft: Wieviel Pluralismus wird von wem zugestanden? Auch die Modalitäten sind von Bedeutung: Wie werden Geltungsansprüche so eingebracht, dass sie nicht gleichzeitig die Artikulation anderer Geltungsansprüche zu behindern trachten? Mit diesen Andeutungen soll darauf hingewiesen werden, dass missionswissenschaftliche Analysen und missions- und dialogtheologische Ortsbestimmungen den jeweiligen gesellschaftlichen Rahmenbedingungen Rechnung tragen müssen. Anders gesagt: Mit derartigen Ortsbestimmungen wird immer auch gleichzeitig etwas über die angestrebte gesellschaftliche Verfasstheit ausgesagt, die angestrebt wird. Um ein Beispiel zu geben: Es gibt Dialogverständnisse, die darauf zielen, Menschen, die sich einer »Mission« verpflichtet fühlen, aus dem Diskurs von vornherein auszuschließen. Dieses ›Dialog‹-verständnis setzt sich indessen dem Ideologieverdacht aus, da es einen umfassenden Dialog nicht fördert, sondern durch Ausschlusskriterien geradezu behindert. Wie also steht es mit Missionen im Pluralismus? Sind sie als Störenfriede im Pluralismus oder umgekehrt als Garanten einer dauerhaften Pluralität zu verstehen?[121]

Für die Beantwortung dieser Fragen erscheint es sinnvoll, auf die Bedeutung verschiedener Formen von Dialog hinzuweisen. Ich beschränke mich auf drei Ebenen. Ein *nicht-theologischer Informationsdialog* findet sich in Gestalt etwa von Schulbuchprojekten, in denen es darum geht, die Darstellung verschiedener Religionsformationen so zu überarbeiten, dass sich die Anhänger/innen dieser Formationen darin wiedererkennen können.[122] Die wechselseitige Anerkennung von Fremddarstellungen ist ein wichtiges Element gesellschaftlicher Vertrauensarbeit in pluralen Kontexten.

Ein *Dialog theologischer Übersetzungsarbeit* ist erforderlich, um spezifische religiös-ethische Geltungsansprüche in solche argumentativen Muster zu überführen, dass diese innerhalb der Zivilgesellschaft auch von Menschen verstanden und auf ihre Sinnhaftigkeit in geprüft werden können, die nicht der betreffenden Religionsformation angehören.

Eine dritte Ebene stellt die *dialogtheoretische Selbstvergewisserung* innerhalb von Religionsformationen dar, zur Frage nämlich, in welchem Modus die eigenen Geltungsansprüche auszurichten sind. Es geht um die Fragen menschlichen Miteinanders, um Fragen von Respekt und Etikette und die Frage der Bedeutung menschlichen Handelns in einem Feld, das (wenigstens für viele

---

121. Vgl. *H. Wrogemann* (2012): Religiöse Missionen – Störenfriede in pluralistischen Gesellschaften?, in: ders., Das schöne Evangelium inmitten der Kulturen und Religionen, Erlangen, 179-192.
122. Vgl. *K. Hock; J. Lähnemann; W. Reiss* (Hg.) (2006): Schulbuchforschung im Dialog. Das Christentum in Schulbüchern islamisch geprägter Länder, Frankfurt/M. – Das Forschungsprojekt bezieht umgekehrt auch die Darstellung des Islam in deutschen Schulbüchern ein.

4. Mission und Dialog – Liebesverhältnis oder Rosenkrieg?

Religionsformationen) durch transzendente Wirklichkeiten bestimmt ist. Ganz konkret: Welche Aussagen der eigenen Tradition werden herangezogen, um die Art und Weise der eigenen *Mission* zu begründen? Welcher Stellenwert wird menschlich kommunikativem Handeln zugesprochen, wenn doch religiöse Erfahrung nach dem Zeugnis der meisten Religionen unverfügbar ist? Welche Formen des Zeugnisses müssen als übergriffig oder dränglerisch, unehrenhaft, manipulativ oder gar gewalttätig ausgeschlossen werden?

Mit diesen Fragen verlassen wir die Thematik Mission und Dialog bzw. Dialog und Mission. Es sollte deutlich geworden sein, dass die einfache Entgegensetzung der Termini ebenso wenig als Lösung der hier in Rede stehenden Problematiken verheißungsvoll ist, wie deren Identifikation. Hilfreich mag die Erkenntnis sein, dass Menschen in den unterschiedlichsten Zusammenhängen missionarisch-werbend für einen Gedanken oder eine Sache auftreten. Spezifisch religiöse Missionen spielen hier sicherlich eine besondere Rolle, da es im Zielhorizont vieler dieser Missionen um *religiöse Vergemeinschaftungsprozesse* geht. Doch ist es sinnvoll, diese spezifischen Missionen in den Horizont anderer zivilreligiöser wie wirtschaftlicher Missionen einzuzeichnen, da im weiten Feld der Behauptung von Geltungsansprüchen immer wieder Fragen der Angemessenheit und Legitimität zu stellen sind, religiös wie zivilgesellschaftlich. Diese Zusammenhänge sind an anderer Stelle zu vertiefen. Im Folgenden jedoch bleiben wird mit dem Thema Versöhnung bei der umfassenderen Frage von Mission und Zivilgesellschaft.

5. Mission und Versöhnung – Konflikte überwinden?

Das Thema Versöhnung erlangte missionstheologisch seit den 1990er Jahren stetig an Bedeutung. Dies ist den zeitgeschichtlichen Umständen geschuldet, etwa der Frage nach innergesellschaftlicher Versöhnung in Ländern Lateinamerikas, in denen in den späten 1980er Jahren Militärdiktaturen zu ihrem Ende gekommen waren oder in Südafrika nach Ende der Apartheid zu Anfang der 1990er Jahre.[123] Wie konnten in solchen Ländern ehemals Verfolgte und ihre Verfolger zusammenleben? Wie war ein weiterer Weg möglich, wenn nicht wenige Schergen des alten Regimes nach wie vor in wichtigen Positionen zu finden waren? Wie konnte es gelingen, die Wahrheit über Verschleppung, Folter und Mord ans Licht zu bringen? Wie war mit den Tätern, den Mitläufern, denen, die weggeschaut hatten und den Opfern umzugehen? Konnte es Wiedergutmachung geben? Wie war es möglich, die Traumata der Hinterbliebenen oder derer, die aus den Gefängnissen entlassen worden waren zu bearbeiten, womöglich zu heilen? In vielen Ländern wurden so genannte Wahrheits- und Versöhnungskommissionen eingesetzt.[124] Von manchen Theologen/innen wurde nun anstatt einer Theologie der Befreiung eine Theologie des Wiederaufbaus, eine *theology of reconstruction*, gefordert, um einen Beitrag zur neuen Gestalt des gesellschaftlichen Gemeinwesens zu leisten.[125]

In den 1990er Jahren dann ereigneten sich Völkermorde in Ruanda und Burundi mit weit mehr als einer Millionen Toten, aber auch Massenmorde und versuchte Genozide im Bosnienkrieg. Diese Konflikte lenkten die Auf-

---

123. Vgl. *R. v. Sinner* (2006): Der Beitrag der Kirchen zum demokratischen Übergang in Brasilien, in: C. Lienemann-Perrin u. a. (Hg.), Kirche und Öffentlichkeit in Transformationsgesellschaften, Stuttgart, 267-300.
124. Vgl. *K. Heidemanns* (2000): Der Prozess der Wahrheits- und Versöhnungskommission in Südafrika (…), in: Jahrbuch für Kontextuelle Theologien 2000, Frankfurt/M., 132-170. Vgl. auch die Ausführungen des südafrikanischen Theologen/innen *John de Gruchy, Antjie Krog, Denise Ackermann* oder *Dirkie Smit: J. W. de Gruchy* (1997): Die Vergangenheit in Südafrika erlösen, in: epd-Dokumentation (32), 28-37; *A. Krog* (1998): The Truth and Reconciliation Commission. A national ritual?, in: Missionalia (26), 5-16; *D. Ackermann* (1999): Wie Klage Wunden heilt. Öffentliches und rituelles Klagen ist zugleich spirituell und politisch, in: Der Überblick (35), 18-22; *D. Smit* (1995): The Truth and Reconciliation Commission. Tentative religious and theological perspectives, in: Journal of Theology for Southern Africa (90), 3-15. Siehe auch: *Th. Kneifel* (1998): Zwischen Versöhnung und Gerechtigkeit. Der Spagat der Kirchen nach der Apartheid, Hamburg / Aachen.
125. So etwa vom Südafrikaner Charles Villa Vincencio. Vgl. *Ch. Villa-Vicencio* (1992): A Theology of Reconstruction: Nation-Building and Human Rights, Cambridge; deutsche Ausgabe: ders. (1995): Gottes Revolution: gesellschaftliche Aufgaben der Theologie am Beispiel Südafrikas, Freiburg i. Br. u. a.

5. Mission und Versöhnung – Konflikte überwinden?

merksamkeit auf Mission als Versöhnung im Sinne eines proaktiven, vorauslaufenden und deeskalierenden Handelns. Zu Beginn des 21. Jahrhunderts dann erlangten diese Fragen noch einmal eine neue Intensität durch die Anschläge auf die Twin Towers in New York am 11. September 2001 sowie die Anschläge auf andere Orte in den USA. Mission wurde seither pointiert als Versöhnungsdienst neu gefasst. Hier ist besonders auf das Werk des us-amerikanischen katholischen Missionstheologen *Robert Schreiter*[126] zu verweisen, aber auch auf Theologen wie *Tinyiko Maluleke*[127] aus Südafrika. Im Folgenden wird die Bandbreite der hier gemeinten Phänomene anzudeuten sein, um sichtbar werden zu lassen, dass *Mission nach der Selbstauskunft von vielen Christen/innen weltweit* viel mehr ist, als Verkündigung, Bekehrungsarbeit oder Gemeindegründung.[128] Diese Selbstaussagen sind ernst zu nehmen. Ich werde darum im Folgenden das thematische Feld unter den Begriffen *Mission als Grenzüberschreitung* und als *Missionarische Präsenz* beschreiben.[129] Mission hat es zweifellos mit beiden Formen zu tun, denn einerseits geht es um eine Botschaft und Praxis, die die Welt über kulturelle, religiöse, ethnische und geographische Grenzen hinweg verändern soll, andererseits geht es um die missionarische Ausstrahlung bestehender Gemeinden und Kirchen.

Im Begriff der Grenzüberschreitung geht es um »Fremdheit als Charisma« (Ph. Hauenstein)[130], das heißt um einen *katalytischen Dienst*. Wie in der Religionsgeschichte so oft, ist es *das Charisma des Fremden, in Konflikten einen Dienst als Mediator leisten zu können.*[131] Diese Form hat besonders in Konfliktsituationen ihren Ort. In der Form *missionarischer Präsenz* ist zu fragen, welchen heilenden und versöhnenden Dienst Gemeinden und Kirchen für andere und an sich selbst leisten können. Ich ordne daher diesen Dienst der Situation nach dem Abklingen von unmittelbarer Gewalt zu. Doch zunächst

---

126. *R. Schreiter* (1992): Reconciliation. Mission and ministry in a changing social order, Maryknoll / New York; dt. Ausgabe: *ders.* (1993): Wider die schweigende Anpassung, Luzern; vgl. *ders.* (1996): Reconciliation as a model of mission, in: NZM (52), 243-250; *ders.* (1998): The Ministry of Reconciliation, Maryknoll / New York; *ders.* (2005): Reconciliation and Healing as a Paradigm for Mission, in: IRM (94), 74-83.
127. *T. S. Maluleke* (1997): Truth, national unity and reconciliation in South Africa. Aspects of the emerging theological agenda, in: Missionalia (25), 59-86; *ders.* (1999): The South African truth and reconciliation discourse, in: L. Magesa; Z. Nthamburi (Hg.), Democracy and reconciliation, Nairobi, 215-241.
128. Zur Diskussion: *S. Hayes* (1999): Nationalism, Violance and Reconciliation, in: Missionalia (27), 189-207.
129. Zur Einführung: *A. Peter* (1998): Christliche Präsenz als missionarisches Konzept, in: NZM (54), 241-258.
130. Vgl. *Ph. Hauenstein* (1999): Fremdheit als Charisma. Die Existenz als Missionar in Vergangenheit und Gegenwart am Beispiel des Dienstes in Papua-Neuguinea, Erlangen.
131. Vgl. *Th. Sundermeier* (1996): Den Fremden verstehen. Eine praktische Hermeneutik, Göttingen.

ein Beispiel zur Veranschaulichung dessen, was eine Mission als Versöhnung im Sinne einer präventiven Arbeit genannt werden kann.

5.1 Beispiel – Bei den Radikalen

Indonesien, Insel Java, März 2011. Wir sind nach Surakarta gekommen. Nach dem Besuch zweier islamischer Schulen, die von der *Nahdat al-Ulama* geführt werden, fahren wir in ein sehr einfaches Wohnviertel. Wir gehen einige enge Gassen entlang, nur für Fußgänger passierbar, hier herrscht Einfachheit, geduckte Häuschen, die Zwischenräume oft mit Wellblech überdacht. Wir betreten ein zurückliegendes Gebäude, Eingangsbereich, dann verborgene Räume, eng ist es hier. Links ein paar Sitzgelegenheiten in einem engen Flur, dann zwei Räume, die mit getönten Glaswänden abgeteilt sind, in einem sitzen an Computern, Mischpult und Mikrophonen vier jüngere Menschen, das ist ein Radio-Studio. Wir setzen uns hin und warten. Links steht eine Tür halb offen, an der Wand ist ein Waffenarsenal erkennbar, Maschinenpistolen, mehrere Handfeuerwaffen, Macheten, eine Handgranate, mehr sieht man auf die Schnelle nicht: Wir sind bei den Radikalen zu Gast.

Einige Minuten warten wir, dann werden wir in eine flache Halle gebeten, setzen uns auf die Matten am Boden, ein kleiner Knietisch, dahinter sitzt der Anführer der *Hizbullah* und ist jetzt zum Gespräch mit uns bereit, neben ihm vier junge Männer in schwarzen Uniformen, die aussehen, wie ein privater Sicherheitsdienst, kurze Haare, durchtrainiert. (**Abb. 13**) Es wird Tee gereicht, der Austausch kann beginnen. Mir wird angezeigt, dass ich Fragen stellen könne, wovon ich in der folgenden halbe Stunde reichlich Gebrauch mache. Der Führer der Hizbullah meint, sie seien bereit, für die Integrität Indonesiens zu kämpfen und zu sterben, was eindrücklich versinnbildlicht wird durch den Jahreskalender der Organisation, der im oberen Teil Kämpfer in Rambo-Pose zeigt, beim Abfeuern von Waffen, beim Appell, im Gefecht. (**Abb. 14**) Ich frage, ob die Armee mit dieser Gruppierung einverstanden ist. Er meint, die Armee respektiere sie, nein, Waffen würden sie keine bekommen, aber militärisches Training würden sie, neben anderem, absolvieren. Es handelt sich also allem Anschein nach um eine paramilitärische Bewegung mit einem festen Kern und vielen Mitläufern, bereit, zuzuschlagen, wenn Indonesien in Gefahr ist.

Die Frage ist nur: Was wird als Gefahr für Indonesien definiert? Ein neuer Kirchenbau womöglich?, eine Ansammlung von Ahmadiyya-Anhängern? Oder sonst etwas, dass als störend empfunden wird? Meine Gedanken schweifen ab: Vor einigen Tagen sind drei Ahmadiyya-Anhänger anderswo in Indonesien vom Mob getötet worden, mit Macheten. Die Leichen wurden dann in einen Baum gehängt, zur Abschreckung. Solche Dinge passieren. Ich konzentriere, mich wieder aufs Gespräch und bewundere die hiesigen Christen und Christinnen für ihren Mut, trotz solcher Gefahren den Kontakt zu suchen, aufrecht zu halten und so dem Frieden zu dienen. An anderen Orten – etwa in der Stadt Bandung – habe ich führende Persönlichkeiten verschiedener Religionsgemeinschaften getroffen, die sich in regelmäßigen Abständen treffen, um miteinander in Kontakt

5. Mission und Versöhnung – Konflikte überwinden?

zu sein: Muslime, Christen verschiedener Denominationen, Hindus, Buddhisten und andere. (**Abb.** 15) Sie verstehen sich als Mitarbeitende einer interreligiösen Friedensarbeit und treffen sich auch dann, wenn sie sich Anfeindungen aus ihren eigenen Reihen ausgesetzt sehen oder gar Drohungen erhalten.

Diese Beispiele zeigen, wie eine bestimmte Form christlicher Mission als Versöhnungdienst aussehen kann, die in manchen Fällen als ein interreligiöses Wirken für Frieden und Versöhnung und damit als eine Art interreligiöser Mission verstanden werden kann. Es ist eine Mission für den Frieden, ein Wirken, das die Grenzen der Stigmatisierung, des Misstrauens, des Hasses und der Gewalt *überschreitet* und dadurch versucht, diese Grenzen immer wieder auch zu *überwinden*. Dies sei an weiteren Beispielen verdeutlicht.

5.2 Im Konflikt – Versöhnende Mission als *Grenzüberschreitung*

Der Begriff der Grenzüberschreitung kann im geographischen Sinne ebenso gebraucht werden wie im inhaltlichen Sinne. Christlich bedeutet Grenzüberschreitung inhaltlich, die Grenze zwischen Glaube und Unglaube immer wieder zu überschreiten, innerhalb wie außerhalb sogenannter christlicher Nationen und Kulturen, Kirchen und Gemeinschaften. Hier verläuft die Grenze quer zu allen Lagern. Im Folgenden sei diese Mission als diakonischer und prophetischer Dienst umschrieben. *Versöhnung als diakonischer Dienst – das Öffnen von Grenzen.* Der Versöhnungsdienst ist den christlichen Kirchen nicht äußerlich gegeben: Begründet in der christusgewirkten Versöhnung zwischen Gott und Mensch sind die Kirchen aufgerufen, andere Menschen »an Christi Statt« zu »bitten«: »Lasst euch versöhnen mit Gott!« (2 Kor 5,20) Diesen Auftrag können Christen und Kirchen jedoch nur ausführen, wo sie sich nicht selbst durch ungerechte Parteilichkeit diskreditieren. Sie selbst sind oft genug – je nach gesellschaftlichem Kontext – als christliche Gruppen oder Kirchen machtvolle Akteure im Konfliktgeschehen. Wie kann hier Mission als Grenzüberschreitung einen intermediären Dienst leisten?

Ich möchte eine Möglichkeit am Beispiel des Balkankrieges zeigen. So wurden im serbisch-orthodoxen *Decani Kloster* im Westen des Kosovo Menschen aller Ethnien, Religionen und Richtungen gepflegt und beherbergt. Dieser Versöhnungsdienst geschah damit buchstäblich zwischen den Fronten. Auch die *Albanische Orthodoxe Kirche* hat sich in dieser Weise – insbesondere für albanischsprachige Muslime aus dem Kosovo – eingesetzt und ein Beispiel gegeben. Damit gerieten Christen in ihrem Versöhnungsdienst zwischen alle Stühle religiöser Parteiungen (Christen/Muslime), ethnischer (Albaner/Serben) und nationaler Parteiungen (Albanien/Kosovo/Serbien). Der Vorwurf der Kollaboration wird oft genug mit dem Leben bezahlt. Versöhnungsdienst geschieht damit an der Grenze zwischen Leben und Tod. Grenzüberschreitender Dienst bedeutet hier, dass *Grenzen begehbar gemacht werden*. Die Grenzen verlaufen nun nicht mehr zwischen den Konfliktparteien, sondern zwischen leidenden Menschen und solchen, die gewollt oder gezwungen anderen Leiden zufügen. Die Mission ist hier das Gesandtsein ins Niemandsland zwischen den Fronten. In diesem Niemandsland kann es nur ein Zeugnis der zuvorkommenden und darin bedingungslosen Liebe Gottes geben, ungeachtet der Person.

Versöhnung als prophetischer Dienst – das Entlarven von Bildern. Eine andere Form grenzüberschreitender Versöhnungsarbeit möchte ich als »prophetischen Dienst« bezeichnen. Es geht darum, Wahrheit nicht zu verschweigen, wo Bilder der Wirklichkeit gezeichnet werden, die zum Kampf gegen andere stilisiert wurden. Gemeint ist das Phänomen der »Hyper-Ethnisierung«. *Jonathan Friedman* beschreibt in seinem Buch *Cultural Identity and Global Process*[132] verschiedene »kulturelle Logiken«, mit denen lokale Kulturen versuchen, sich dem homogenisierenden Druck globaler Prozesse zu widersetzen. Oft wird die eigene Identität auf Kosten anderer dergestalt stilisiert, dass mit Verweis auf die eigenen Wertmuster einige wenige grenzziehende Symbole als Ausdruck des Eigenen ausgewählt und als Distinktionszeichen funktionalisiert werden. Dabei wird übersehen, dass die behauptete feststehende oder wiederbelebte Identität einerseits erst durch den Prozess der Infragestellung entstanden ist (und insofern ein *modernes Phänomen* darstellt), und dass andererseits in dieser Konstruktion bereits *kulturelle Hybridisierungen* eingegangen sind. *Kurz besagt: Die ins Feld geführten »uralten Identitäten«, von denen behauptet wird, es gelte sie zu schützen, sind erstens sehr modern (und eben nicht uralt) und zweitens Produkt kultureller Mischungsverhältnisse (also nicht »rein«). Es handelt sich bei ihnen letztlich um eine Fiktion.*

Die Stilisierungen lassen von alledem nichts erkennen und wirken oft konfliktverschärfend. Sie treten besonders auffällig bei *Migrantenkulturen* in Erscheinung, in *multikulturellen Kontexten*, wo Verteilungskämpfe zwischen Gruppen ausgetragen werden oder in Gesellschaften, die mit Verweis auf ihre dominante Herkunftskultur einen eigenen Homogenitätsdruck aufbauen. *Beispiele solcher Stilisierungen* finden sich in der Behauptung »Asiatischer Werte«, die Frage nach einer »Deutschen Leitkultur« ist davon auch nicht ganz frei, Beispiele finden sich ferner zum Beispiel in den geschichtlichen Stilisierungen religiös-nationaler Identität in muslimisch-christlicher Apologetik der letzten Jahrzehnte (z. B. Christen als die *wahren Ägypter*, die arabische Kultur als eine *islamische* usw.).[133]

---

132. *J. Friedman* (1994): Cultural identity and Global Process, London / New Delhi.
133. *R. Braun* (2004): Mohammed und die Christen im Islambild zeitgenössischer christlicher und muslimischer Apologeten, Erlangen. – Im Bereich Indiens hat *Clemens Six* für die

5. Mission und Versöhnung – Konflikte überwinden?

Christlicher Versöhnungsdienst in diesem Zusammenhang kann und muss bedeuten, solche Stilisierungen innerhalb und außerhalb der eigenen Gruppe aufzuzeigen und zu kritisieren. Theologisch gesehen wird das Gegründetsein der eigenen Identität zum Gegenstand der Verkündigung: Die anthropologisch-ekklesiologische Dimension der Versöhnung von verschiedenen Menschengruppen in einer Gemeinschaft wird paradigmatisch am Beispiel der Versöhnung von Heiden und Juden gezeigt (Eph 2,11 ff.).[134] Christliche Kirche kann sich darum von ihrem Grund her *als durch Gott versöhnte Gemeinschaft von unterschiedlichen Menschen verstehen,* deshalb selbst auf falsche Identitätskonstruktionen verzichten und gesellschaftlich auch andere Gruppen zum Verzicht auf Stilisierungen aufrufen. Theologisch kann mit dem Epheserbrief ebenso wie mit dem 2. Korintherbrief darauf verwiesen werden, dass es um einen »neuen Menschen« bzw. »eine neue Kreatur« geht. Die Konsequenz ist, dass fundamentalistische Ursprungsmythen (etwa *die* deutsche Kultur, *der* Buddhismus, *die* Araber) nicht in der Fluchtlinie christlicher Verkündigung liegen.[135]

5.3 Nach dem Konflikt – Versöhnende Mission als *missionarische Präsenz*

Neben dem diakonischen und prophetischen Dienst in gewaltsamen Konflikten haben christliche Kirchen weltweit in den vergangenen Jahrzehnten besonders ihre Aufgabe in der Zeit nach gesellschaftlicher Gewaltanwendung erkannt. Die Mission als Dienst zur Versöhnung wird hier im Medium mis-

---

Hindutva-Ideologie nachzuweisen versucht, wie im nationalen Kontext großer Sprachenvielfalt und gleichzeitig im Kontext großer religiöser Pluralität der Hindu-Religionen die Behauptung einer Hindu-Nationalität auf die Auswahl und Verbreitung einiger weniger Schlüsselsymbole zielt. Diese Schlüsselsymbole (etwa die Verehrung des Gottes Ram, die Heilige Kuh usw.), die in verschiedenen Richtungen der Hindu-Religionen durchaus nicht anerkannt waren, werden nun quasi als »fundamentals« zur gesellschaftlichen Definition des »Fremden« und damit als Mittel zur Exklusion herangezogen. C. Six (2001): Hindu-Nationalismus und Globalisierung. Die zwei Gesichter Indiens: Symbole der Identität und des Anderen, Frankfurt/M. – Vgl. dazu LIThM, Band 1, 106-113.
134. Vgl. Eph 2,13-14: »Jetzt aber in Christus Jesus seid ihr, die ihr einst Ferne wart, Nahe geworden durch das Blut Christi. (14) Denn er ist unser Friede, der aus beiden eines gemacht hat und den Zaun abgebrochen hat, der dazwischen war, nämlich die Feindschaft.« Aus zweien schafft er, so heißt es, einen »neuen Menschen«.
135. Es geht hier demnach um ein *theologisches Motiv* (dass Glaubende »in Christus« zu einem »neuen Menschen« werden), welches als *Korrektiv* gegenüber Stilisierungen und Ursprungsmythen wirken kann. Nochmals sei ausdrücklich hervorgehoben, dass natürlich in christlichen Kirchen, Gemeinden und Bewegungen solche Stilisierungen ebenso anzutreffen sind, wie in anderen religiösen, weltanschaulichen, ethnischen oder nationalen Sozialformationen. Christliche Mission als Versöhnungsdienst zielt daher auf Transformation in religions- und weltanschauungsübergreifender Weise.

sionarischer Präsenz gelebt. Dabei wurde sehr bald deutlich, dass die Rede von Versöhnung durchaus zweischneidig ist, da falsche Vorstellungen von Versöhnung gerade von denjenigen gefordert oder in Anspruch genommen werden, die selbst an der Gewalt beteiligt waren oder diese geduldet haben. Insbesondere drei Verständnisse von Versöhnung wurden als aus christlicher Sicht nicht akzeptabel kritisiert: Versöhnung ohne Erinnern, Versöhnung ohne Spiritualität und Versöhnung ohne Gerechtigkeit.

(1) Versöhnung ohne Erinnern. Oft wird – gerade von Tätern und Mitläufern – gefordert, die Vergangenheit ruhen zu lassen und gesellschaftlich neu anzufangen. Diese vorschnelle Versöhnung wird in der entsprechenden Rhetorik als Voraussetzung einer neuen nationalen Einheit beschworen. Dies ist jedoch aus christlicher Sicht nicht möglich, da es weder die Würde der Opfer noch die der Täter ernst nimmt. Versöhnung ohne Erinnerung *lässt die Täter triumphieren, gibt den Opfern nicht ihre Würde zurück* und führt mit den traumatisierten Erinnerungen, den *Hassgefühlen, Schuldgefühlen und dem Weiterbestehen alter Lügen zu einem kollektiven Verdrängungsprozess.* Verdrängung aber kann als eine subtile Form der Erinnerung bezeichnet werden, denn die Traumata wirken unter der Oberfläche ungehindert weiter.

(2) Versöhnung ohne Spiritualität. Ebenso inakzeptabel ist ein Versöhnungsverständnis, das quasi auf eine funktionale Bearbeitung hinausläuft. Der angerichtete Schaden wird quantifiziert und ein materieller Ausgleich wird gesucht. Ein christliches Versöhnungsverständnis hält demgegenüber jedoch fest, *dass Versöhnung nur ungeschuldet geschehen kann.* Die Täter können sich nicht selbst verzeihen, für die Getöteten kann niemand stellvertretend Vergebung aussprechen. Materieller Ausgleich kann die Tiefe der Leiden niemals wieder gutmachen und Ausgleich ohne die *Reue der Täter* und ohne die *Geschichte der Opfer* kann Versöhnung nicht herstellen. Als technisches Verständnis wird Versöhnung entwürdigt zu einem bloßen Handel und damit verfehlt.

(3) Versöhnung ohne Gerechtigkeit. Schließlich kann es keine Versöhnung geben, ohne dass die Forderung nach Gerechtigkeit wenigstens teilweise erfüllt würde. Auf einen unzureichenden, ja falschen Gebrauch der Versöhnungsterminologie im kirchlichen Kontext hat das *Kairos-Dokument* südafrikanischer Kirchen im Jahre 1985 deutlich hingewiesen. Versöhnung kann nur in der Fluchtlinie von Gerechtigkeit und Befreiung geschehen, sonst würde sie letztlich selbst zu einem Mittel der Unterdrückung, verhülfe sich doch dazu, die bestehenden Zustände aufrecht zu erhalten und zu sanktionieren.

Den Aspekten der Erinnerung, der Spiritualität und der Gerechtigkeit möchte ich im Folgenden das missionarische Wirken von Christen, Kirchen und Gemeinden zuordnen als erstens Versöhnung als *Dienst der Erinnerung,* zweitens Versöhnung als *Dienst einer heilenden Gemeinschaft* und drittens Versöhnung als *liturgischer und befreiender Dienst.*

5. Mission und Versöhnung – Konflikte überwinden? 343

Versöhnung als Dienst der Erinnerung. Versöhnung zwischen verschiedenen Konfliktparteien setzt voraus, auf eine gemeinsam anerkannte Geschichte Bezug nehmen zu können. Nach Jahren der Unterdrückung, der Folter, der Gräueltaten und der Versuche, diese durch öffentlich ausgestreute Lügen zu verschleiern, kommt nach der Beendigung einer solchen Gewaltperiode der Suche nach Wahrheit erste Priorität zu. Die südafrikanische Wahrheits- und Versöhnungskommission ist ein populäres Beispiel des Versuches, geschichtliche »Wahrheit« aufzufinden und eine gesellschaftsübergreifende Rekonstruktion der eigenen Geschichte zu ermöglichen. Die Kommission geht den Mittelweg zwischen Strafjustiz (wie bei den Nürnberger Prozessen) und Generalamnestie und verspricht *Amnestie erst nach dem Eingeständnis der eigenen Taten.* Dies ist jedoch kein Einzelfall. In den letzten drei Jahrzehnten wurden weltweit mehr als 25 solcher Kommissionen eingesetzt.

Was kann der Auftrag von Gemeinden und Kirchen in diesem Prozess sein? Zunächst ist es die Aufgabe, in *prophetischer Kritik diese Wahrheit zu fordern.* Durch das Offenlegen der Gräueltaten kann das unvorstellbar Böse in eine fassbare Geschichte überführt werden, die dann die Basis für ein mögliches sühnendes Handeln darstellt. Das Böse wird auf diese Weise identifiziert, aber auch kanalisiert und verwandelt. Dieses Offenlegen kann schon während der Unterdrückung geschehen. So setzte Kardinal *Raum Silva* nach Übernahme der Regierungsmacht in Chile durch das Pinochet-Regime im Jahre 1973 ein sogenanntes *Vikariat der Solidarität* im Erzbistum Santiago ein. Dessen Aufgabe bestand einerseits im Rechtsbeistand für Angehörige von sogenannten »Verschwundenen« und andererseits im Aufbau eines diesbezüglichen Dokumentationszentrums. Nach Ende des Regimes im Jahre 1990 wurden landesweit »Häuser der Versöhnung« eröffnet, wo die Opfer ihre Geschichte erzählen konnten.[136]

So wichtig die gemeinsame Rekonstruktion der Geschichte einer Gesellschaft ist, so hat sich doch am Beispiel der südafrikanischen Wahrheits- und Versöhnungskommission auch gezeigt, dass faktische Wahrheit (»Was ist passiert?«) noch nicht zu einem axiologischen Wahrheitsbegriff führt (»Was passierte, war falsch / böse / ungerecht / unmenschlich.«). Anders ausgedrückt: das Offenlegen von Taten führt nicht automatisch zu einem Bewusstsein von echter Reue bei den Tätern. Das Bekenntnis der Täter bedeutet demnach nicht automatisch Reue, und Versöhnung kann und darf nicht verwechselt werden mit Vergebung. Echte Reue würde neben dem Eingeständnis der eigenen Schuld auch die Bereitschaft erkennen lassen müssen, Wiedergutmachung zu leisten. Und zudem gilt: Vergebung ist etwas, das man nicht erzwingen kann.

---

136. *R. Schreiter* (1993): Wider die schweigende Anpassung, Luzern, 106 f.

Versöhnung setzt Erinnern voraus. Dass dieses Erinnern jedoch geschieht, ist keine Selbstverständlichkeit. Vielmehr ist es eine Frage der inneren Kraft. Für die Opfer bedeutet Erinnerung immer eine Gefahr, da sie mit einem oft übergroßen Schmerz konfrontiert werden, wenn sie an Wunden und Traumata der Vergangenheit rühren. Für die Täter bedeutet es umgekehrt den Umgang mit verheimlichter Scham oder aber mit unterdrückten Schuldgefühlen. Diese Phänomene machen deutlich, dass der christliche Dienst nicht nur in der Forderung nach Wahrheit und der Hilfe bestehen kann, eine gemeinsame Geschichte zu rekonstruieren. Der christliche Dienst ist vielmehr danach gefragt, welche *geistlichen Kräfte* der christlichen Botschaft für Menschen fruchtbar gemacht werden können, die durch Folter, Terror und Gewalt fast jede Sicherheit im Leben verloren haben.

Versöhnung als Dienst einer heilenden Gemeinschaft. Kirchen können im politischen Sinne Wahrheit einfordern und organisatorisch dabei helfen, dieser Wahrheit auf die Spur zu kommen. Der im eigentlichen Sinne heilende Dienst der Versöhnung jedoch geschieht in kleinen Gemeinschaften innerhalb der Kirchen. Es hat sich in den vergangenen Jahrzehnten immer wieder gezeigt, dass solche Gemeinschaften, in Ortsgemeinden, in Ordensgemeinschaften oder Basisgruppen es sind, in denen Menschen Zuflucht und einen neuen Zugang zu ihrer eigenen Geschichte finden können. Oft genug versuchen unterdrückerische Regime, den Menschen sämtliche Sicherheiten zu nehmen. Robert Schreiter bemerkt:

> »Der Zweck von Folter, Gefangenschaft und Nötigung liegt nicht darin, Geschichten zu beenden, das ließe sich effektvoller durch simples Umbringen erledigen, sondern darin, eine andere Geschichte zu vermitteln, damit die Menschen lernen, den Willen des Unterdrückers zu leben und sich ihm zu fügen.«[137]

Was aber bleibt, wenn die eigene Geschichte oder die Geschichte der eigenen Gruppe zerstört wurde? Christliche Gemeinschaften können Menschen mit hineinnehmen in die größere Geschichte Gottes mit den Menschen. Ein Beispiel ist das durch den anglikanischen Priester *Michael Lapsley* in Kapstadt begründete Zentrum für die »Heilung von Erinnerungen«, in dem er seit Jahren Workshops durchführt, um mit Menschen auf einer gemeinsamen inneren Reise Auswirkungen der Apartheidsära zu verarbeiten, indem Raum und Zeit gegeben ist, um über Themen und Gefühle nachzudenken. Er selbst wurde 1990 Opfer eines Bombenanschlages, bei dem er beide Hände verlor.

Wenn diese Versöhnung mit der eigenen Geschichte gelingt, wo Menschen durch die zuvorkommende Liebe Gottes geheilt werden, da können sie zu versöhnten Versöhnern werden. *Hier zeigt sich eine eigentümliche missionari-*

---

137. *R. Schreiter* (1993): Wider die schweigende Anpassung, o. a., 60.

5. Mission und Versöhnung – Konflikte überwinden?

sche Dynamik, da etliche Menschen die Erfahrung der eigenen inneren Heilung als Berufung erleben. Die Kraft der Botschaft, die Menschen befreit, wird zur missionarischen Kraft, insofern sie diese Menschen dazu bewegt, zu Impulsgebern für soziale Versöhnung zu werden. Individuelle Versöhnung wirkt über sich hinaus und befördert soziale Versöhnung, und zwar durch Menschen, die dadurch, dass sie zu den Opfern gehörten, mit einer *besonderen Autorität* ausgezeichnet sind. Ihre Glaubwürdigkeit ist es, die es vermag, in anderen Menschen Vertrauen zu wecken und ihre Mitarbeit zu bewirken. In *Michael Lapsleys* Erfahrungsschilderung spiegelt sich diese Dynamik wider:

»Nach dem Bombenanschlag auf mich 1990 erkannte ich, das ich immer Opfer bleiben würde, wenn ich voll Hass, Bitterkeit und Selbstmitleid bliebe. Sie hätten dann nicht den Leib getötet, aber doch meine Seele. Mein eigener Weg ist ein Weg vom Opfer zum Überlebenden zum Sieger. Durch die Gebete und die Liebe von gläubigen Menschen und Menschen guten Willens hat Gott mir ermöglicht, diesen Weg zu gehen ... Heute strebe ich danach, für andere das zu tun, was für mich getan wurde – andere zu begleiten auf einer Reise weg von der Rolle eines Opfers, hin zu einem freien Menschsein.«[138]

Dabei dürfen natürlich die Formen *individueller und sozialer Versöhnung* nicht verwechselt werden, denn sosehr es sich bei individueller Versöhnung um einen Akt des (weitgehenden) Verzichtes auf Wiedergutmachung handeln mag, so deutlich ist, dass soziale Versöhnung andere Schwerpunkte verlangt. Mit *Daan Bronkhorst* sind es vier Aspekte: (1.) Die Wahrheit des Vergangenen muss ans Licht kommen; (2.) der Prozess sozialer Versöhnung muss das Recht stärken; (3.) dieser Prozess muss demokratisch und partizipatorisch sein, das heißt möglichst viele Menschen einschließen und schließlich (4.) Wege der Wiedergutmachung ermöglichen.[139]

5.4 Mission der Versöhnung – befreiender und liturgischer Dienst

Mit der Frage der Wiedergutmachung ist das Thema Versöhnung und Gerechtigkeit berührt. Es kann keine Versöhnung ohne Gerechtigkeit geben, wenn Versöhnung nicht zur Sanktionierung von Gewalt verkommen soll. Allerdings liegt im Begriff der Gerechtigkeit ein Problem, das ich die *Aporie des forensischen Gerechtigkeitsbegriffes* nennen möchte: Wenn Erinnern als

---

138. M. *Lapsley* 2002 auf einem Jahresfest des Nordelbischen Missionszentrums (NMZ) in Breklum. Zitiert nach K. *Schäfer* (2005): »Botschafterinnen und Botschafter der Versöhnung.« Mission als Versöhnung – theologische Reflexionen und praktische Beispiele, Jahresbericht des EMW Hamburg, Hamburg, 17.
139. Bronkhorst, zit. nach R. *Schreiter* (1993): Wider die schweigende Anpassung, Luzern, 114.

Voraussetzung von Versöhnung unerlässlich ist, dieses Erinnern jedoch nur über Schuldeingeständnisse der Täter möglich wird, dann würde ein auf Strafvollzug ausgelegter Gerechtigkeitsbegriff diese Schuldeingeständnisse von vornherein verhindern. Dies ist der Grund, warum die südafrikanische Wahrheits- und Versöhnungskommission die Amnestie an die Eingeständnisse vergangener Gewalttaten geknüpft hat.

Weitere Probleme ergeben sich jedoch auch ganz allgemein aus dem Verständnis von Gerechtigkeit als Wiedergutmachung. Das Leid kann letztlich nicht wieder gut gemacht, der Verlust an Menschenleben nicht ersetzt, die Schmerzen und Traumata durch materielle Hilfe nicht geheilt werden. Der Begriff der Gerechtigkeit muss darum mehrere Dimensionen umfassen, die alle in einer Fluchtlinien zu verstehen sind: Es geht um eine tendenzielle Wiedergutmachung, die darauf zielt, den Menschen, denen Unrecht geschehen ist ebenso wie den Tätern ihre menschliche Würde zurückzugeben und gleichzeitig zu verhindern helfen, dass Terror, Unterdrückung und Gräueltaten sich wiederholen.

Gerechtigkeit würde dann zumindest drei Dimensionen umfassen:
1. *Gerechtigkeit als Ausgleich.* Zugefügter Schaden muss wenigstens tendenziell ausgeglichen werden etwa durch Renten für Witwen von »Verschwundenen«; durch freie Heilfürsorge für durch Folter und Terror Verletzte und Traumatisierte; durch Beerdigung derer, die durch Unterdrücker umgebracht wurden; durch Erinnern derer, die ihr Leben ließen und auf sozialer Ebene zum Beispiel durch Landreformen, die den Unterdrückten Partizipation an Land und damit Einkommensmöglichkeiten eröffnen.
2. *Gerechtigkeit als Bestrafung.* Die Möglichkeit der Strafverfolgung kann nicht gänzlich ausgeschlossen sein. So hat etwa König *Muhammad VI.* von Marokko im Jahre 2004/5 eine Wahrheits- und Versöhnungskommission eingesetzt, um die Verbrechen unter der Herrschaft seines Vaters aufzuklären. Obwohl die dafür verantwortlichen Sicherheitskräfte noch im Dienst sind, können Menschen, die ihre Folterer identifizieren konnten, Prozesse anstreben. Allerdings ohne staatliche Unterstützung. An diesem Beispiel sieht man den schwierigen Übergang von einem totalitären zu einem mehr oder weniger demokratischen System.
3. *Gerechtigkeit als Rechtsreform:* Versöhnung kann ohne eine Form des Rechtes nicht ermöglicht werden. Das Vertrauen in die Rechtscodices wie an das bestehende Rechtssystem muss wiederhergestellt werden. Die Schwierigkeiten liegen auf der Hand, da bei Regierungsübergängen in verschiedensten Ländern die Eliten der alten Regime oft weiterhin an Schlüsselpositionen der Macht sitzen.

Für die neue Epoche einer Gesellschaft ist der Beitrag christlicher Kirchen auch im liturgischen Sinne gefragt: Es geht um Orte heilsamer Erinnerung einer ganzen Nation. *Nationale Trauertrage* können den Opfern ihre Würde zurückgeben: Sie sind nicht vergessen. Es geht darum, dass sich die schrecklichen Ereignisse, die eine Gesellschaft traumatisiert hat, nicht wiederholen.

5. Mission und Versöhnung – Konflikte überwinden?

Wenn jedoch Gesellschaften nach wie vor tief gespalten sind, müssen aus bloß kollektiven Ereignissen der Erinnerung *konnektive (verbindende) Ereignisse* werden.[140] Ritualisierungen und Symbolisierungen sind dazu unerlässlich. Kirchen und christliche Gemeinschaften können diese in liturgischen Formen zu gestalten helfen oder auch stellvertretend in offenen Gottesdiensten, Mahnwachen oder ähnlichem für die heilungsbedürftige Gesellschaft wie für die heilungsbedürftige christliche Gemeinde – durch die hindurch oft genug die gleichen Bruchlinien verlaufen wie durch die Gesamtgesellschaft – selbst feiern.

5.5 Versöhnung als Dimension missionarischen Wirkens – ein Ausblick

Mission als Versöhnung wird aller Voraussicht nach zukünftig ein wichtiger Aspekt des Zeugendienstes der Christen/innen, Gemeinden und Kirchen sein. Daneben werden andere Aspekte der Mission ihre bleibende Gültigkeit behalten. Die Erfahrungen aus dem internationalen und interkulturellen Bereich kann man sicherlich nicht einfach auf deutsche Kontexte übertragen. Wichtig ist jedoch, dass die von dort gestellten Fragen offen gehalten werden, dass Christen/innen sich im wahrsten Sinne des Wortes inspirieren lassen für das Verständnis der Weite und Tiefe des Evangeliums und sich in die Verantwortung rufen lassen dort, wo sie glauben, etwas beitragen zu können. Aufmerksamkeit und Anteilnahme mögen ihnen dann auch dabei helfen, Strukturen zu finden, die dem missionarischen Versöhnungsdienst dienlich sind. *Mission als Versöhnung beschreibt mithin eine Qualität christlichen Lebens und Dienstes in der Welt.* Nach dem Selbstverständnis von Christen/innen handelt es sich in ihrem Versöhnungsdienst um einen Ausdruck der christlichen Sendung. Diese Selbstaussagen sind ernst zu nehmen. *Mission hat es hier mit Transformation von Beziehungen und der Heilung von Traumata zu tun, nicht in Gestalt von Missionsorganisationen, wohl aber in Form von Initiativen, Netzwerken und der Arbeit von Gemeinden.*

---

140. Nach Jan Assmann kann man von einem zweifachen Gedächtnisbegriff ausgehen, nämlich einem *kulturellen Gedächtnis* einer gegebenen Gruppe oder Gesellschaft, in dem die identitätsstiftenden Geschichten, Symbole und Traditionen vermittelt werden und einem *kommunikativen Gedächtnis*, in dem die alltäglichen Interaktionsformen gespeichert und immer wieder erneut angeeignet werden, so kann man für eine multikulturelle oder in sich gespaltene Gesellschaft ein *konnektives Gedächtnis* fordern. Ein solches konnektives Gedächtnis müsste in einer offenen Weise gemeinsam erlebte traumatische Vergangenheit erinnern und dadurch immer wieder versöhnungsstiftende Impulse freizusetzen versuchen.

6. Mission und Gender – Geschlecht und Interkulturalität?

Frauen haben in weltmissionarischen Zusammenhängen seit dem 19. Jahrhundert eine bedeutende Rolle gespielt, wie sich an der Gründung katholischer Frauenorden und protestantischer Frauenmissionsgesellschaften leicht zeigen lässt.[141] Etwa seit den 1860er Jahren bis hin die 1940er Jahre hinein lag ein besonderer Schwerpunkt der Missionsarbeit von Frauen darin, unter Frauen asiatischer Völker zu arbeiten, zu denen männliches Missionspersonal keinen Zugang hatte. Westliche Missionarinnen wirkten als Evangelistinnen, als Lehrerinnen, als Leitungspersonal in medizinischen Einrichtungen und in verschiedenen Bildungseinrichtungen. Auf diese Weise erreichten Missionarinnen in den außereuropäischen Missionsgebieten einen gesellschaftlichen Status, der ihnen in ihren Heimatländern versagt blieb. Westliche Missionarinnen als Frauen mit umfassender Bildung und in autoritativer Leitungsfunktion wurden damit einerseits zu *Ausbilderinnen und Förderinnen* von Frauen in Übersee, das heißt in diesem Falle besonders für asiatische Frauen. Sie vermittelten diesen Bildung, etwa indem sie diese als »Bibelfrauen« oder für medizinische und andere Berufe ausbildeten. Gleichzeitig wurden westliche Missionarinnen von asiatischen Frauen auch als *Vorbild* für eine gesellschaftliche Stellung wahrgenommen, die auch für sie selbst möglicherweise erreichbar sein könnte. In dieser Hinsicht eignete der frühen Frauenmissionsbewegung durchaus ein emanzipatorisches Potential.

Die Geschichte von Frauen in der Mission ist aus Sicht theologischer Frauenforschung und Feministischer Theologie in mehrfacher Hinsicht kritisch aufzuarbeiten.[142] Zunächst geht es darum, eine von Männern betriebene Missionsgeschichtsschreibung zu korrigieren und die Beiträge von Frauen, oft genug in Vergessenheit geraten oder schon in den Quellen verschwiegen, herauszuarbeiten. Zweitens jedoch ist die missionarische Tätigkeit von Frauen ebenso einer Kritik zu unterziehen, wie andere westliche Missionen auch.

---

141. Zur Einführung vgl. *D. Robert* (1996): American Women in Mission, Maryknoll / New York; *dies.* (Hg.) (2002): Gospel Bearers, Gender Barriers. Missionary Women in the Twentieth Century, Maryknoll / New York; *K. Heidemanns* (2003): Mission und Frauen, in: C. Dahling-Sander u.a. (Hg.), Leitfaden, o.a., 420-437; *C. Keim* (2005): Frauenmission und Frauenemanzipation. Eine Diskussion in der Baseler Mission im Kontext der frühen ökumenischen Bewegung (1901-1928), Münster; *S. E. Smith* (2007): Women in Mission. From the New Testament to Today, Maryknoll / New York.
142. Zu den genannten Disziplinen vgl. *H. Walz* (2012): Gegen den Strom schwimmen. Feministische Theologie und Theologische Genderforschung im samtenen Dreieck von Gesellschaft, Kirche, Wissenschaft, in: H. Wrogemann (Hg.), Theologie in Freiheit und Verbindlichkeit, Neukirchen-Vluyn, 183-211.

Hier wie dort sind Formen westlicher Dominanz zu analysieren und zu hinterfragen. Drittens geht es um einen interkulturellen feministischen Diskurs, in dem gefragt wird, welche Herausforderungen von Frauen vor Ort zu bewältigen waren und sind, wie verschiedene kulturelle Bilder von Frau-sein aussehen und wie diese im interkulturellen Austausch zu hinterfragen sind. In diesen Zusammenhängen geht es auch um die Frage, wo christliche Metaphern von Gott – seien es biblische Metaphern oder kirchengeschichtlich einflussreiche Motive – androzentrisch bestimmt sind und benutzt werden, um bestehende Machtverhältnisse zu rechtfertigen.

6.1 Geschichte der Frauenmissionen und *postcolonial studies*

Die Bedeutung von Frauen in der Mission wird in den letzten Jahrzehnten immer mehr erkannt und von verschiedenen Seiten aufgearbeitet.[143] Dabei zeigt sich, dass missionarische Prozesse der Vergangenheit nicht ohne Spannungen abliefen, denn westliche Missionarinnen blieben durchaus Kinder ihrer Zeit, was sich in mindestens drei Bereichen immer wieder deutlich zeigte. Erstens waren auch Frauen in der Mission durch *westliche Vorstellungen kultureller Überlegenheit* geprägt. Die Einstellung, den Frauen in der nicht-europäischen Welt helfen zu wollen, rechnete oft genug nicht damit, von diesen Frauen auch etwas lernen zu können. Mit dieser Haltung hängt als Problem interkultureller Hermeneutik zusammen, dass Frauen westlicher Missionen nur zu oft ihre *eigenen Vorstellungen von der gesellschaftlichen Rolle der Frau* auf ihre Arbeit mit asiatischen Frauen übertrugen. Die eigenen Vorstellungen, wie eine Familie auszusehen habe, wie man sich kleidet, wie die Rollenmuster zwischen Mann und Frau auszusehen haben, was als moralisch schicklich anzusehen ist und was nicht, das Eheverständnis oder ein kulturell-westliches Verständnis eines christlichen Hausstandes wurden nicht selten unkritisch in andere kulturelle Zusammenhänge zu übertragen versucht. Drittens wurde dementsprechend das *kulturelle Gepräge der jeweiligen Gesellschaft mit seinen spezifischen frauenrelevanten Aspekten nur selektiv wahrgenommen*, jedoch wenig daraufhin betrachtet, woran Missionarinnen hätten im Austausch mit einheimischen Frauen positiv anknüpfen können. Es stellt sich damit die Frage: Wie emanzipatorisch war die Arbeit von Frauenmissionen wirklich? Und: Was konnte in einem gegebenen kulturellen Kontext überhaupt als »emanzipatorisch« gelten? Und nicht zuletzt: Aus wessen Perspektive würde diese Wertung erfolgen?

Im Zuge der *post-colonial studies* wurden diese Fragen in den letzten zwan-

---

143. Vgl. etwa *C. Keim* (2005): Frauenmission und Frauenemanzipation, o. a., 21-28. (Lit.)

zig Jahren mehr und mehr aufgearbeitet, insofern nun Frauen aus dem Süden daran gingen, Entwicklungen der Missionsgeschichte aus ihrer eigenen Perspektive kritisch zu sichten. Hier wären etwa die Arbeiten von *Kwok Pui-Lan* zur chinesischen Missionsgeschichte des 19. und 20. Jahrhunderts zu nennen.[144] Es geht einerseits um eine Aufarbeitung einer Geschichte der Frauenmissionen im Horizont der kolonialen Situation. Westlichen Sichtweisen dieser Geschichte sind Interpretationen aus dem Süden kritisch an die Seite zu stellen, indem aus den Quellentexten (etwa Korrespondenzen) Stimmen der Einheimischen – oft erstmalig – zu Gehör gebracht werden. Es geht um die komplexen Beziehungskonstellationen zwischen den Akteuren/innen, es geht um Dominanz- und Abhängigkeitsverhältnisse, um die subtilen Strategien, Machtstrukturen zu unterlaufen oder umzupolen, die Spiegelungen von Eigen- und Fremdwahrnehmungen und in alledem die Fragen nach Identität und Entwicklung.[145] Wie also sahen westliche Missionarinnen Frauen aus anderen Kulturen an? Als hilfsbedürftige ›Objekte‹ ihrer Fürsorge? Wie sahen westliche Missionarinnen die Rolle einheimischer Frauen und in welcher Weise übertrugen sie ihnen selbständige Leitungsfunktionen? In welchem Maße wurden frauenrelevante kulturelle Muster der örtlichen Gesellschaften von westlichen Missionarinnen gewertschätzt? Welche kulturellen Muster wurden zu *exportieren* gesucht oder welche Formen interkulturellen Lernens sind umgekehrt nachweisbar? Wie haben umgekehrt einheimische Frauen reagiert? Wie haben sie verschiedene Elemente adaptiert oder assimiliert, umgewertet, Machtstrukturen genutzt oder unterlaufen? Wie genau verliefen die komplexen Interaktionen innerhalb gegenseitiger Abhängigkeitsverhältnisse?

In der missionswissenschaftlichen Frauenforschung werden demnach die spezifischen Fragen interkultureller Hermeneutik im Blick auf Interaktionen zwischen Frauen aus verschiedenen Kulturen einerseits und Geschlechterfragen andererseits behandelt.[146] Während es in der Perspektive der *Frauenforschung* zunächst um die kritische Sichtung der Missionsgeschichte von Frauen geht, die komplexen interkulturellen Interaktionen in einer zugleich kolonialen Situation vor dem Hintergrund spezifischer lokaler Kontexte, wird die Perspektive im Sinne der *Genderforschung* auf die Frage der sozial-kulturell-religiösen Formationen und ihrer wirtschaftlichen, politischen, ethnischen und allgemein gesellschaftlichen Fundierung erweitert. Die Frage lautet

---

144. *P.-L. Kwok* (2001): Unbinding Our Feet. Saving Brown Women and Feminist Religious Discourse, in: L. E. Donaldson u. a. (Hg.), Postcolonialism, Feminism and Religious Discourse, London / New York, 62-81.
145. Vgl. *Thorne* (1999): Missionary-Imperial Feminism, in: M. Huber u. a. (Hg.), Gendered Missions, Ann Arbor, 39-66.
146. *C. Lienemann-Perrin* (2000): Fremdverstehen in der ökumenischen Frauenbewegung, in: D. Becker (Hg.), Mit dem Fremden leben, Erlangen, 205-215.

6. Mission und Gender – Geschlecht und Interkulturalität?

dann: In welcher Weise sind Geschlechterverständnisse und Rollenbilder durch diese komplexen Konstellationen bestimmt? Wie werden geschlechtsspezifische Muster in Moral, Etikette und Recht von einzelnen Akteuren begründet? Welcher gesellschaftliche Wandel lässt sich feststellen? Wo werden Geschlechtermuster mit Hinweis auf mythische, kulturelle oder religiöse Traditionen zwecks Aufrechterhaltung des eigenen Machtstatus reifiziert?[147]

Anhand dieser Fragezusammenhänge kann das Verhältnis von Interkultureller Theologie einerseits und Missionstheologie andererseits gut verdeutlicht werden: *In der Perspektive Interkultureller Theologie* wird gefragt, wie sich Ereignisse der Missionsgeschichte von verschiedenen kulturellen Perspektiven aus darstellen, etwa die Arbeit westlicher Frauenmissionen in China und die chinesische Frauenmissionsbewegung. Es geht in einem Prozess interkultureller Hermeneutik darum, ebenso differenzierte wie kritische Sichtungen der Prozesse zu erstellen, Skizzen gleichsam, die sich gegenseitig herausfordern, kritisieren, korrigieren, ergänzen und zu neuen Einsichten führen. Dadurch können einerseits *ältere missionstheologische Perspektiven* in ihrer kontextuell-geschichtlichen Bedingtheit erkannt, kritisiert, aber auch gewürdigt werden, andererseits können die Einsichten für *aktuelle missionstheologische Bestimmungen* im Blick auf spezifische Fragen fruchtbar gemacht werden.[148] In diesem Wechselspiel von Interkultureller Hermeneutik, Interkultureller Theologie und Missionstheologie geht es um die Frage, worin genau in einem bestimmten Kontext zu einer bestimmten Zeit und ganz konkret eingebundenen menschlichen Akteuren das christliche *Evangelium* bestehen kann.

Zugespitzt formuliert: Wenn auch unter Christen/innen verschiedener kultureller Herkunft Einigkeit darüber bestehen mag, dass Jesus Christus als der letztgültige Heilsmittler angesehen wird, so gehen doch die Meinungen darüber, welche Rollenbilder für Männer und Frauen sich von dem Zeugnis des Neuen Testaments her nahe legen, weit auseinander. Insofern es aber um das Evangelium des Lebens in Fülle geht (Joh 10,10), ist es durchaus nicht unerheblich, welche Rechten und Pflichten, welche gesellschaftliche Stellung oder

---

147. Im Englischen wird die Unterscheidung von biologisch gegebenem Geschlecht einerseits und kulturell-gesellschaftlich definiertem Geschlecht andererseits durch die Begriffe ›sex‹ und ›gender‹ ausgedrückt. Vgl. zum Ganzen: *H. Walz* (2002): ›Reading Women into History‹. Frauen im Dialog über Mission, Postkolonialismus, Gender und Evangelisation, in: ZMiss (32), 288-305.
148. So gibt *Letty Russell* zu bedenken: ›One part of a postcolonial perspective is the work of cultural hermeneutics. Its poetics of location helps us to recognize how the theology of mission shifts in changing political, cultural, and religious contexts, and it allows us to see how these changing theologies and theories affect the everday lives of women in hybrid cultures, such as African Christian women.‹ *L. M. Russell* (2004): Cultural Hermeneutics: A Postcolonial Look at Mission, in: Journal of Feminist Studies in Religion (20), 23-40, 32.

welche moralischen Vorstellungen als für Männer wie Frauen bindend angesehen werden. Auf dieser Ebene der ›mittleren Werte‹ allerdings kommt es zu massiven Konflikten, die meines Erachtens nur geschlechter- und kulturübergreifend angegangen werden können.

6.2 Entwürfe feministischer Missionstheologien

In den letzten Jahren sind vermehrt sowohl missionstheologische Ansätze von Frauen als auch feministische Missionstheologien entwickelt worden. Als *Missionstheologien von Frauen* sind beispielsweise die Arbeiten der koreanischen Pfingst-Theologin *Julie C. Ma*[149] oder der britischen reformierten Theologin *Kirsteen Kim* zu nennen.[150] In das Feld feministischer Missionstheologien gehören etliche Aufsätze[151], deren Autorinnen nicht selten durch das Werk von *Letty Russel* inspiriert sind.[152] Es geht darum, feministische Kritik aufzugreifen und daraus Impulse für missiologische Neuformulierungen zu gewinnen.[153] Prominent sind etwa die indische Theologin *Atola Longkumer*[154], *Musa Dube*

---

149. Zusammen mit ihrem Mann Wonsuk Ma: *J. Ma; W. Ma* (2010): Mission in the Spirit. Towards a Pentecostal / Charismatic Missiology, Eugene (Oregon).
150. Kim hat zudem eine theologisch einflussreiche Position innerhalb der *Commission for World Mission and Evangelism* (CWME) des Weltkirchenrates inne und war maßgeblich an dem neuen Missionspapier des ÖRK beteiligt war. *K. Kim* (2009): Joining in with the Spirit. Connecting World Church and Local Mission, London. Vgl. bereits *dies.* (2001): Mission in Feminist Perspective, in: Dharma Deepika: A South Asian Journal of Missiological Research, XX-XX. Für den deutschsprachigen Bereich ist auf die Arbeiten der Schweizer protestantischen Missionswissenschaftlerin *Christine Lienemann-Perrin* zu verweisen sowie für den katholischen Bereich auf *Katja Heidemanns*.
151. Vgl. *M. Schaller Blaufuss* (2002): Relationships rather than Frontiers: Contributions of Women-in-Mission and of Women's Issues to the Field of Missiology, in: L. Pachuau Hg.), Ecumenical Missiology, Bangalore, 174-187; *J. Long* (2002): Miss-Iology meets Ms-Theology: Missiology and Feminist Theology. In Creative Interanction, in: Mission Studies (19), 155-173. Vgl. schon: *O. Bula* (1992): Women in Mission: Participating in Healing, in: IRM (81), 247-251; *M. Perera* (1992): Towards the Twenty-First Century: An Asian Women's Emerging Perceptions on Mission, in: IRM (81), 227-236.
152. Vgl. zur Einführung: *L. M. Russell* (1992): Affirming Cross-Cultural Diversity: A Missiological Issue in Feminist Perspective, in: IRM (81), 253-58; *dies.* (2004): Cultural Hermeneutics, o. a.; *dies.* (2004a): God, Gold, Glory and Gender: A Postcolonial View of Mission, in: IRM (93), 39-49.
153. *S. Vogel-Mfato* (1995): Im Flüstern eines zarten Windes zeigt sich Gott, Rothenburg o. d. T., bes. 175-278.
154. *A. Longkumer* (2010): Not All is Well in my Ancestors Home: An Indigenous Theology of Internal Critique, in: ER (62), 399-410; *dies.* (2011): Not without Women: Mission in the Third Millennium, in: IRM (100), 297-309. Vgl. auch: *F. L. Moyo* (2010): ›Who Is Not at the Table?‹: Women's Perspectives of Holistic Mission as Mutually Inclusive, in: D. Balia u. a. (Hg.), Edinburgh 2010, Vol. II, Oxford, 245-261.

aus Südafrika, die chinesische Theologin *Pui-Lan Kwok* oder die katholische Theologin *Susan E. Smith* aus den USA.[155]

Etliche Ansätze zeichnen sich dadurch aus, dass intensiv über den Charakter von Kirche als Gemeinschaft reflektiert wird: Angesichts vielfältiger Herausforderungen, denen Frauen in ihrer unmittelbaren Lebenswelt ausgesetzt sind, verwundert es nicht, dass theologisch die Ekklesiologie zu einem Dreh- und Angelpunkt für viele Fragen wird. Die Lehre von der Kirche umfasst auch die Frage nach dem Charakter christlicher Zeugen/innen-Gemeinschaft, was die Fragen der Inklusion betrifft, geht es doch darum, stigmatisierte Menschen – und unter ihnen besonders Frauen – in christliche Gemeinschaft aufzunehmen, etwa was Menschen mit HIV/AIDS betrifft, es geht um Fragen der gegenseitigen Hilfestellung, wenn Frauen in Ländern der Zweidrittelwelt oft nicht nur den Unterhalt der Familie erwerben müssen, sondern auch mit dem Aufziehen der Kinder weitgehend alleine stehen, für weitere Verwandte Verantwortung tragen und darüber hinaus von gesellschaftlich-kulturellen Restriktionen oder Diskriminierungen betroffen sind. Christliche Gemeinschaftlichkeit als eine solidarische, offene und integrative Gmeinschaft, als eine *caring community* und eine *healing community* kommt hier in neuer Weise in den Blick. Diese Gemeinschaftlichkeit ist – missionstheologisch gesehen – eine *Zeugen/innen-Gemeinschaft*, was einerseits besonders christologisch, andererseits besonders trinitätstheologisch und pneumatologisch gedeutet wird.

6.3 Missionstheologische Implikationen kontextueller Frauentheologien

Angesichts der Vielfalt gesellschaftlicher, kultureller, ethnischer und sozialer Kontexte drängt sich die Frage auf, ob nicht Missionstheologien allgemein durch kontextuelle Theologien »beerbt« werden. Anders ausgedrückt: Sind nicht kontextuelle Frauentheologien gerade deshalb, weil sie auf die spezifischen Kontexte ausgerichtet sind, die *eigentlichen* Missionstheologien? Ist es nicht ihre kontextuelle Relevanz, die diese Entwürfe besonders ›missiona-

---

155. *S. E. Smith* (2007):A Feminist Missiology for Contemporary Missionary Women, in: dies., Women in Mission, o.a., 198-213. Smith fragt nach einer trinitarischen Missionsbegründung, die im Blick auf die Ekklesiologie sowohl Inklusivität wie auch Gegenseitigkeit *(mutuality)* zwischen Frauen und Männern wie auch zwischen Menschen verschiedener Kulturen und Religionen begründen kann. – Als weitere Namen wären zu nennen etwa *Musimbi Kanyoro, Brigalia Bam, Pauline Webb, Sarah Chacko* oder *Madeleine Barot*. Für den deutschsprachigen Bereich vgl. als Übersicht: *K. Heidemanns* (2003): Schritte auf dem Weg zu einer feministischen Missiologie, in: H. Walz u. a. (Hg.), Als hätten sie uns neu erfunden, Luzern, 81-97.

risch‹ sein lässt, da die Fragen, Nöte und Sehnsüchte der Menschen vor Ort beachtet, ihre spezifischen Gaben, kulturellen Werte und Kräfte gewürdigt und ihre Erwartungen, Sehnsüchte und Hoffnungen aufgegriffen werden? Überzeugen diese kontextuellen Theologien nicht in besonderer Weise? Und umgekehrt: Geben diese kontextuellen Theologien nicht in ganz konkreter Gestalt dem Ausdruck, was Menschen in der Auseinandersetzung mit den biblischen Zeugnisses in ihren spezifischen Aneignungsprozessen eben *für sich* als »frohe Botschaft« *entdecken?* In diesem Sinne würde einerseits die Relevanz und andererseits die kontextuelle Angemessenheit solcher Theologien in den Blick kommen.

Anhand afrikanischer Frauentheologien etwa wurde im ersten Band dieses Lehrwerkes aufgezeigt, wie sich Frauentheologien spezifisch von Inkulturationstheologien männlicher Theologen unterscheiden lassen.[156] Als Charakteristikum von einer ganzen Reihe von Frauentheologien wurde die *prophetische Kritik an kulturellen Mustern* – etwa den Traditionen von Sprichwörtern oder mythischen Erzählungen verschiedener Ethnien – herausgestellt. Eine kontextbezogene Theologie besteht demnach nicht darin, kulturelle Muster zu affirmieren, sondern diese kritisch zu sichten und diejenigen Aspekte kultureller Traditionen zu identifizieren, zu kritisieren und zu bekämpfen, in denen ein Potential von Unterdrückung gegeben ist, seien es Rechtfertigungsmuster für patriarchale Dominanz, für ethnischen Chauvinismus oder die Diskriminierung nach sozialem Herkommen, Alter oder geschlechtlicher Ausrichtung. Andererseits werden kulturelle Muster der jeweiligen Tradition aufgegriffen, in denen ein Befreiungspotential gesehen wird.

6.4 Frauen und Missionstheologie als *empowerment, advocacy* und *reconciliation*

Die Andeutungen haben gezeigt, worin es in gendersensiblen missionstheologischen Entwürfen geht und weiterhin gehen wird: Für Fraueninitiativen weltweit ist vor allem von Bedeutung, dass Frauen vor Ort Unterstützung und darin *empowerment* erfahren. In vielen Initiativen geht es darum, Frauen etwa durch spezielle Schulungen und Bildungsprogramme, Kleinstkredite und genossenschaftliche Organisationsformen dabei zu helfen, für ihr unmittelbares Leben über das reine Überleben hinaus Gestaltungsspielräume zurückzugewinnen. Während etwa in einer durch HIV/AIDS hart betroffenen Dorfgemeinschaft das Überleben schon viel ist, wenn die mittlere Generation weitestgehend ausfällt, so müssen auch die Folgen bedacht werden, etwa die

---

156. Vgl. LIThM, Band 1, 199-205.

massive Verschuldung von Haushalten. Auch makroökonomische Zusammenhänge sind hier zu bedenken, etwa, wenn durch Preissteigerungen auf dem internationalen Getreidemarkt in Ländern der Zweidrittelwelt selbst die grundlegendsten Lebensmittel fast unbezahlbar werden.

Ein zweiter Aspekt betrifft die *advocacy*-Arbeit: Frauen brauchen sehr oft Beistand von außen, um ihre Interessen zu vertreten, etwa wenn es um ungerechte Bezahlung geht, um sexuelle Gewalt oder um Fragen der Selbstbestimmung vor dem Hintergrund von für Frauen diskriminierenden lokalen Rechtstraditionen. Nicht zuletzt geht es um *reconciliation*, um Versöhnung, gerade dort, wo Menschen – und hier besonders Frauen – an den Folgen von Unterdrückung und Ungerechtigkeit zu leiden haben oder aber durch verschiedenste Formen von Gewalt traumatisiert sind. Missionstheologisch gesehen ist dies meines Erachtens wiederum unter dem Begriff des christlichen *Zeugnisses* gegenüber der Welt zu fassen, geht es doch stärker um die Veränderung von gesellschaftlichen Zuständen in Richtung auf die Werte und Visionen des Reiches Gottes. In verschiedenen missionstheologischen Papieren, etwa des Lutherischen Weltbundes, wurde den Begriffe von *empowerment*, *advocacy* und *reconciliation* in den letzten Jahren besondere Aufmerksamkeit zuteil.[157]

6.5 Ebenen der Thematik Missionstheologie und Frauen/Genderfragen

Die bisherigen Ausführungen haben gezeigt, wie drängend die missionstheologischen Herausforderungen der Frauen- und Genderthematik sind. Es wurde deutlich, dass hier verschiedene Ebenen eine Rolle spielen: Es kann sich für die Thematik erstens um *Missionstheologien* handeln, die *von Frauen verfasst* wurden, zweitens um pointiert *feministische Missionstheologien*, drittens um *Kontextuelle Frauentheologien*, die gerade aufgrund ihrer Kontextrelevanz als *missionarisch* zu bezeichnen sind, selbst dann, wenn sie sich selbst nicht ausdrücklich mit dem Thema Mission auseinandersetzen, und viertens *Frauenbewegungen und -intitiativen*, die *in ihrer spezifischen Gestaltwerdung* quasi als *verleiblichte Missionstheologien* zu verstehen sind. Was also ist hier das *Missionarische*? Es sei an das Beispiel von *Denise Ackermann* erinnert: Für Ackermann kann es in christlichen Gemeinschaften dazu kommen, dass durch das gemeinschaftliche Erzählen und Hören von biblischen Geschichten Menschen dazu ermutigt werden, ihre eigenen Geschichten mit HIV/AIDS zu erzählen, woraus sich Veränderungsprozesse ergeben können, die die christliche Gemeinschaft zu einer einschließenden, einer offenen, einer authentischen Ge-

---

157. Vgl. I. 8.2.

meinschaft gegenseitiger Hilfeleistung und gleichzeitig prophetischer Gesellschaftskritik werden lassen kann.

Das *Missionarische* findet sich hier als ein *Transformationsgeschehen*, welches die christliche Gemeinschaft als eine bereits »christliche« Gemeinschaft erfährt. Das aber bedeutet, dass dieses Verständnis des Missionarischen quer steht zu Fragen von Kirchengründung und Mitgliederwerbung. Es geht um eine neue Qualität von Gemeinschaftlichkeit, neuen Formen des Wirkens und damit die Veränderung gemeinschaftlicher und davon ausstrahlend gesellschaftlicher Wirklichkeit. Dies aber bedeutet, verschiedene Missionsbegriffe noch einmal neu auf ihre jeweiligen Zielbestimmungen hin zu bedenken: Geht es um – in deutscher Begrifflichkeit – Bekehrung, um Umkehr oder um Transformation? Und wie wären diese Begriffe genauerhin zu fassen? Welche Bedeutung kommt dem Thema des Religions- oder Weltanschauungswechsels zu? Diese Erwägungen zeigen, dass verschiedene missionstheologische Thematiken miteinander verbunden sind und sich für die Beantwortung der einen Thematik weitreichende Konsequenzen für eine andere Thematik ergeben mögen. Damit verlassen wir das Feld der Frauen- und Genderthematik und wenden uns der Konversionsthematik in religions- und missionswissenschaftlicher Perspektive zu.

7. Mission und Konversion – Religionswechsel oder Transformation?

Missionarisches Wirken zielt ganz allgemein auf Veränderung. Das Ziel dieser Veränderung wird jedoch, wie wir gesehen haben, sehr unterschiedlich beschrieben.[158] Der englische Begriff *conversion* kann dabei je nach Verständnis für ein *persönliches Bekehrungserlebnis* stehen, er kann jedoch auch in befreiungstheologischer Diktion für die Veränderung von *Lebenseinstellungen und die Umwandlung ungerechter Strukturen* stehen, das heißt als Konversion von *struktureller Sünde*. In deutscher Begrifflichkeit würde für ersteres eher der Begriff *Bekehrung* verwendet werden, für letzteres eher der weiter gefasste Begriff *Umkehr*. Das Ziel missionarischen Wirkens ist demnach (1) *kontextuell sehr verschieden*, je nach dem, ob es um die Konversionsthematik im Zusammenhang gesellschaftlicher Ausbeutungs- und Unterdrückungsmechanismen etwa in Lateinamerika geht oder zum Beispiel um spirituelle Neuorientierungen in esoterischen Milieus westlicher »Überflussgesellschaften«. Das Ziel ist jedoch (2) auch in *interkultureller und konfessioneller Perspektive* sehr unterschiedlich, da etwa ethnische Bindungen, kulturell-soziale Abhängigkeiten oder konfessionelle Vorstellungen von »Kirche« oder »Gemeinde« bestimmte soziale oder rituelle Implikationen haben. In *ethnischen Zusammenhängen* kommt es nicht selten zu *kollektiven Konversionen* im Sinne einer religiösen Neuausrichtung, so etwa in Indien, wo immer wieder ganze Dorfgemeinschaften aus den Hindu-Traditionen heraus zu Buddhismus, Christentum oder Islam konvertieren, um den Repressalien hinduistischer Traditionen zu entgehen. Doch auch *christliche Sozialformationen* sind von Bedeutung: In manchen christlichen Gruppen und Gemeinden zählt allein das persönliche *Bekehrungserlebnis*, in anderen dagegen kommt es wesentlich auf die durch die Taufe vollzogene *rituelle Eingliederung* in die jeweilige Kirche an, je nach dem, welchen Stellenwert in der Lehre einer christlichen Sozialformation das Verständnis von »Kirche« hat.

Wiederum anders gelagert sind, um ein weiteres Beispiel zu nennen, Fragen von *Konversion* im Sinne von *Bekehrung als einer inneren persönlichen Veränderung* der religiös-weltanschaulichen Ansichten und Einstellungen

---

158. Vgl. *H. Wrogemann* (2011): Umkehr oder Intensivierung? Bemerkungen zu einem milieusensiblen Umgang mit der Konversionsthematik, in: ders., Das schöne Evangelium inmitten der Kulturen und Religionen, Erlangen, 165-173; ders. (2012c): Konvivenz, Konversion, Kirche – missionswissenschaftliche und religionswissenschaftliche Betrachtungen, in: M. Reppenhagen (Hg.), Konversion zwischen empirischer Forschung und theologischer Reflexion, Neukirchen-Vluyn, 165-184.

einerseits und *Religionswechsel* andererseits.[159] Kurz gesagt: Nicht jede Konversion führt zu einem Religionswechsel und nicht jeder Religionswechsel ist Ausdruck einer Konversion. Diese Frage wird später zu behandeln sein. Noch einmal kompliziert wird die Diskussion, wenn man den Begriff der Transformation (engl. *transformation*) aufnimmt, wie es in den letzten Jahrzehnten in internationalen ökumenischen Diskussionen der Fall gewesen ist. Im Folgenden sei daher der Konversionsthematik unter den im Deutschen gebräuchlichen Termini Konversion, Bekehrung, Umkehr und Religionswechsel nachgegangen.

7.1 Bekehrung in religionswissenschaftlicher Perspektive

Beginnen wir mit der Problematisierung der Frage: Was eigentlich ist Konversion im Sinne von Bekehrung? Gibt es einen religiösen Handlungstypus, der eindeutig als »Bekehrung« bezeichnet werden kann? Religionswissenschaftliche Forschung macht darauf aufmerksam, dass dies nicht der Fall ist, da das, was man unter *Konversion* oder *Bekehrung* versteht, von den jeweils vorausgesetzten Vorstellungen abhängig ist. Eine wichtige methodologische Fragestellung der Konversionsforschung betrifft das Verhältnis von *Konversionserzählung*[160] und *religiöser Gemeinschaft*. Der Religionswissenschaftler *Otto Bischofsberger* hat zu Recht darauf hingewiesen, dass trotz der jeweils eigenen biographischen Konstellation sich Bekehrte intuitiv stark an denjenigen Vorstellungen, Wertungen und sprachlichen Kodierungen orientieren, die in der religiösen Gemeinschaft, der sie sich zuwenden, gängig sind.[161] Es werden von Bekehrten demnach nicht nur Normen und rituelle Praktiken erlernt und verinnerlicht, sondern auch die sprachlichen Codes und inhaltlichen Deutungsmuster, um eigene Erfahrungen – gemeinschaftsgerecht – zu artikulieren.

Nehmen wir ein Beispiel: *James Beckford* zeigt deutlich, dass bei Zeugen Jehovas sich die Konversionserzählungen an der organisatorischen Struktur der Wachturmgesellschaft orientieren.[162] Eine »richtige« Konversion hat daher *ein ganz typisches Schema, dass sich sehr deutlich von gängigen christlichen*

---

159. Im Englischen wird der Begriff *conversion* oft – jedoch nicht ausschließlich – für die Beschreibung der Veränderung religiöser Zugehörigkeit verwendet.
160. Vgl. *U. Popp-Baier* (2000): Selbsttransformationen in Bekehrungserzählungen – eine narrativ-psychologische Analyse, in: C. Henning u. a. (Hg.), Religionspsychologie heute, Frankfurt a. M. u. a., 253-280; *dies.* (2003): Bekehrung als Gegenstand der Religionspsychologie, in: Chr. Henning u. a. (Hg.), Einführung in die Religionspsychologie, Paderborn, 94-117 (Lit.).
161. Vgl. *O. Bischofsberger* (1992): Bekehrungsgeschichten: ihr Stellenwert und ihre Interpretation, in: NZM (48), 117-130.
162. *J. A. Beckford* (1978): Accounting for conversion, in: BJS (29), 249-262.

Schemata unterscheidet: Konversion ereignet sich erstens niemals plötzlich, sondern als ein sehr langsamer Prozess von Klärung und Erleuchtung (es gibt *keinen Bruch*), zweitens *keineswegs emotional*, sondern rein rational, drittens unter *Verzicht auf die Unterscheidung eines Zustands vorher und eines Zustandes nachher*, viertens allein in der Relation des Konvertiten und eines Begleiters *unter völligem Ausschluss einer göttlichen Beteiligung*, fünftens *nicht als Widerfahrnis*, sondern als Errungenschaft einer rationalen Betätigung. Dieses Schema hält sich nach den Forschungen Beckfords seit mehr als einem Jahrhundert durch, da es in dem – in einem ausgesprochen reichen Schrifttum artikulierten – Selbstverständnis dieser religiösen Organisation verankert ist. Welches also sind die Strukturvorgaben?

Da die Wachtturmgesellschaft sich als Gottes sichtbare Organisation versteht, geleitet durch Gott selbst mittels eines Mediums an der Spitze der Organisation, und da die Gesellschaft sich selbst als theokratisches Gebilde versteht, *ergeben sich die genannten Charakteristika der Konversionserzählungen aus diesem setting*. Gottes Offenbarungshandeln wird als ein graduelles Geschehen verstanden. Deshalb muss die Integration in diesen Bereich ebenfalls erstens prozessual sein (keine Brüche), zweitens würde jedes emotionale Erlebnis die besondere Qualifizierung eines Mitgliedes bedeuten, da aber alles religiöse Wissen nur aus der Organisation stammen *kann*, kann es keine emotionalen, sondern nur rationale Momente geben, es geht um graduell erkannte »Wahrheit«, was drittens das Vorher-Nachher-Schema nicht erforderlich macht, viertens aber auch kein direktes Erlebnis göttlichen Eingreifens, da die Beziehung ausschließlich über die Organisation und ihrer Mitglieder zustande kommen kann (Begleiter), was fünftens zu der Errungenschaft rationaler Zur-Kenntnis-Nahme und Annahme führt. Dies wiederum schließt den Widerfahrnischarakter aus.

Fazit: Hier wird ›Umkehr‹ und ›Bekehrung‹ in ganz anderen Schemata gefasst, als dies bei protestantischen Bekehrungsvorstellungen der Fall ist. Protestantische Muster haben oft folgendes Profil: Bekehrung erfolgt relativ plötzlich, als eine besonderes emotionales Ereignis, mit einem klar erkennbaren Bruch zwischen Vorher und Nachher. *Wenn das Phänomen Konversion / Religionswechsel in anderen Religionsformationen jedoch ganz anders verstanden wird, so zeigt dies, dass die protestantische Sicht nur eine unter anderen ist. Die Konsequenz: Es lohnt sich, über Bekehrung / Umkehr / Religionswechsel noch einmal neu nachzudenken und alte Selbstverständlichkeiten zu hinterfragen.*

Was bedeutet dies für das Thema Religionswechsel und Konversion in verschiedenen Kontexten? Hermeneutisch bedeutet es zunächst, auch andere Formen von Veränderungsprozessen für möglich zu halten. Es bedarf demnach einer besonderen Sensibilität. Eine Fülle von methodologischen Fragen wäre hier zu stellen, etwa: *Wie verläuft der Prozess:* plötzlich oder graduell, seriell oder multiple? *Was verändert sich:* der Glaube, die Werte, das Verhalten, die äußerlich wahrnehmbare Zugehörigkeit oder gar die Weltsicht? *Welche Intensität* von Veränderung rechtfertigt die Verwendung des Begriffes Konversion? *Was sind die Gründe der Veränderung:* Gibt es auf dem »religiösen Markt« eine neue Bedürfnislage *(demand-side)* oder ein neues Angebot *(supply-side)*?[163] Und weiter: *Auf welcher Ebene* wird das Phänomen Konversion schwerpunktmäßig untersucht? Religions*psychologische* Ansätze konzentrieren sich stärker auf individuelle Beweggründe, religions*soziologische* dagegen auf soziale und sozialökonomische Faktoren, religions*ethnologische* wiederum auf Faktoren wie Verwandtschaftsbeziehungen, die ethnisch-soziale Matrix oder Kräfte kultureller Transformation.

Die forschungsgeschichtliche Linie beginnend mit *William James* »The Varieties of Religious Experience« aus dem Jahre 1902 über die Arbeiten von *Rodney Stark* und *John Lofland* aus den 1960er Jahren bis hin zu den Ansätzen von *Lewis Rambo*[164] und gegenwärtig besonders *Henri Gooren*[165] ist meines Erachtens mit der Schwierigkeit behaftet, dass zumeist auf Beispiele aus dem mehrheitlich christlichen Kontext Nordamerikas oder Europas zurückgegriffen wird.[166] Das Grundmodell unterscheidet eine zeitliche Abfolge von Konversions-Phasen, die dann, so die These, zu einer immer stärkeren Teilnahme an religiösen Praktiken führen und gleichzeitig zu einer immer stärkeren Integration in die betreffende Religionsformation. Sind aber die in der vor allem *religionssoziologischen Theoriebil-*

---

163. So vertreten Stark / Finke im Blick auf diesen Punkt die These, dass die *demand-side* sehr stabil bleibe, wohingegen die *supply-side* sich verändere. Das *great awakening* der amerikanischen Geschichte sei daher nicht den Veränderungen der Bedürfnislage zuzuschreiben (etwa durch Epidemien, Hungersnöte, Industrialisierung usw. ausgelöst), sondern durch neue Techniken der Vermittlung der Botschaft. Vgl. *R. Stark; R. Finke* (2002): Beyond Church and Sect: Dynamic and Stability in Religious Economies, in: T. G. Jelen (Hg.), Sacred Markets, Sacred Canopies, Lanham, 31-62, 32-33.
164. Zur Forschungsdiskussion: *W. J. van Bekkum u. a.* (Hg.) (2006): Paradigms, Poetics and Politics of Conversion, Leuven; *L. Rambo* (1993): Understanding Religious Conversion, New Haven; *S. Shimazono* (1986): Conversion Stories and their Popularization in Japan's New Religions, in: JJRS (13), 157-175; *D. A. Snow; R. Machalek* (1984): The Sociology of Conversion, in: ARS (10), 167-190, bes. 178 ff.; *D. A. Snow; C. L. Phillips* (1980): The Lofland-Stark Conversion Model: A Critical Reassessment, in: Social Problems (27), 430-447; *C. Staples; A. L. Mauss* (1987): Conversion or Commitment? A Reassessment of the Snow and Machalek Approach to the Study of Conversion, in: JSSR (26/2), 133-147.
165. Vgl. *H. Gooren* (2005): Towards a New Model of Conversion Careers (...), in: Exchange (34), 149-166, 150 ff. – Vgl. *J. Lofland; R. Stark* (1965): Becoming a world-saver: A theory of conversion to a deviant perspective, in: ASR (30), 862-875. Vgl. *R. Stark; R. Finke* (2000): Acts of Faith: Explaining the Human Side of Religion, Berkeley. Vgl. auch *H. Gooren* (2010): Conversion Narratives, in: O. L. Kalu u. a. (Hg.) (2010): Mission after Christendom, 93-112.
166. Vgl. *R. Stark; R. Finke* (2002): Beyond Church and Sect, o. a., 42 ff.

dung durchscheinenden christlichen Muster auf andere kulturell-religiöse Kontexte überhaupt anwendbar?[167] Aus Sicht einer *vergleichenden Religionswissenschaft* jedenfalls stellt sich das Themenfeld Religionswechsel und Konversion als weitaus komplexer dar.

In religionssoziologischer Perspektive versucht beispielsweise Henri Gooren einen theoretischen Neuansatz unter dem Begriff *conversion career*, »which includes all periods of higher or lower participation in one or more religious groups during a person's life history«. Er geht also von einem lebenslangen Prozess aus und benennt als Indikator einer Konversion die »changes in converts' speech and reasoning«.[168] Gooren bietet fünf Kategorien an, die er nicht chronologisch als Abfolge verstanden wissen will, sondern typologisch. Es sind dies »preaffiliation«, »affiliation«, »conversion«, »confession« und »disaffiliation«.[169] Die Aspekte können – das ist das Neue – wechselweise in verschiedenen Konstellationen aufeinander wirken. Ein prozessuales Schema wird damit aufgegeben. Auch Goorens Ansatz verbleibt jedoch noch ganz im Rahmen christlicher Muster, wenn er etwa definiert: »*Conversion* refers to a radical personal change of life and worldview, and a commitment to a new community.«[170] Kurz gesagt: Es sind die Faktoren (1) Individuum, (2) innerliches Erleben, (3) radikaler Wandel, (4) intensive neue religiöse Praxis und (5) starke Integration in eine neue religiöse Gemeinschaft, die viele dieser Konversionsmodelle auszeichnen. *Diese Muster spiegeln jedoch nur zu deutlich die gesellschaftlichen Bedingungen wider, aus denen sie stammen, nämlich die Muster westlicher Gesellschaften mit einem hohen Grad an Individualisierung und Säkularisierung. Dazu aus Sicht der vergleichende Religionswissenschaft einige kritische Rückfragen.*

7.2 Religionswechsel ohne Konversion – Konversion ohne Religionswechsel?

Die Begriffe Religionswechsel und Konversion sind nicht deckungsgleich. Im Falle von Gruppenkonversionen in Indien kommt es zwar zu einem *Religionswechsel*, der auch sozial sehr radikale und weitreichende Konsequenzen hat, etwa was Rechtsfragen angeht, soziale Konflikte mit der weiteren Verwandtschaft oder Nachbarschaft, wirtschaftliche Partizipationschancen und gesellschaftliches Ansehen. Von einem radikalen Wandel der Persönlichkeit, einem Prozess innerer Wandlung also, kann man hier jedoch nicht als selbstverständlich ausgehen. Wie der Religionswissenschaftler *Andreas Nehring* zu Recht feststellt, geht es bei Gruppenkonversionen von Dalits (Kastenlosen) zunächst einmal um das *Aushandeln von kollektiven Identitäten* und deren gesamtgesellschaftlichen Status. Konversion ist damit auch ein eminent poli-

---

167. Vgl. *R. W. Hefner* (Hg.) (1993): Conversion to Christianity, Berkeley u. a.
168. Faktoren sind Kontingenz, Personalität, institutionelle Faktoren und soziale. *Gooren* (2005): Towards, 153.
169. *Gooren* (2005): Towards, 155.
170. *Gooren* (1995): Towards, 154.

tisches Phänomen.[171] Hier wäre zunächst die Unterscheidung von Konversion erstens als sozial wahrnehmbarer Religionswechsel und zweitens als Prozess innerer Wandlung festzuhalten.

Zum Ersten: Der Topos »intensive Teilnahme am gemeinsamem Leben einer religiösen Gruppe« als Indikator für eine Konversion verrät deutlich einen christlichen Referenzrahmen, da es etwa in den Hindu-Religionen solche Formationen (etwa Gemeindezugehörigkeit) gar nicht gibt. Alle wesentliche religiöse Praxis findet hier im eigenen Hause statt. In den Tempeln gibt es keine regelmäßige *gemeinschaftliche* religiöse Praxis, außer bei besonderen Festen. Interreligiös ist das Konversionsmodell daher so einfach nicht anwendbar. In den Hindu-Traditionen hat es ein Äquivalent zum christlichen Topos *Bekehrung* bis ins 20. Jahrhundert hinein nicht gegeben, da es sich hier um eine Religionsformation handelt, in der religiöse Reinheit eine überaus große Rolle spielt und damit dem Schutz vor ritueller Verunreinigung viel Aufmerksamkeit gewidmet wird. Das bedeutet, dass man zu den Hindu-Traditionen bis ins 20. Jahrhundert hinein nicht konvertieren konnte. Nicht Grenzüberschreitung, sondern Grenzziehung ist hier maßgeblich. Neohinduistische Formationen (unter anderem als Reaktion auf christliche Missionsinitiativen entstanden) bilden zwar eine Neuerung, die jedoch das Setting der Hindu-Religionen als Ganze nicht bestimmen.[172]

Zum Zweiten: Für buddhistische religiöse Praxis zum Beispiel gilt, dass es in diesem Setting einen plötzlichen und radikalen Wandel der Persönlichkeit gar nicht geben kann, da die derzeitige karmische Existenz in einer unendlichen Abfolge weiterer karmischer Existenzen gesehen wird, zwischen denen es nur graduelle Verbesserungen geben kann. Dies ist in der Tradition des Hinayana-Buddhismus durchgehend der Fall, in Traditionen des Mahayana-Buddhismus zum größten Teil. Damit entfällt das Element des radikalen Wandels. Es geht nicht um Bekehrung, sondern es geht – in buddhistischer Terminologie – um das *Zufluchtnehmen* eines Menschen zum Buddha, als dem meditativen Lehrer, das Zufluchtnehmen zum Dharma, also der buddhistischen Lehre, und zum Sangha, verstanden als die »Mönchsgemeinde« / Gruppe der Meditierenden auf dem buddhistischen Achtfachen Pfad. Das Moment des radikalen Wandels ist nicht möglich, da ein solcher Wandel nicht Ergebnis eines willentlichen Entschlusses sein könnte, sondern bestenfalls Ergebnis eines langwährenden meditativen Trainings. Es geht nicht um

---

171. A: *Nehring* (2004): Bekehrung als Protest. Zur Konstruktion religiöser Identität der Dalits in Indien, in: ZfR (12), 3-21.
172. Hier ist die neohinduistische *shuddhi*-Bewegung zu nennen, vgl.: *H. Wrogemann* (2008): Islamische Da'wa-Bestrebungen in Indien als Antwort auf neohinduistische Missionen der *shuddhi*-Bewegung, in: ders. (Hg.), Indien – Schmelztiegel der Religionen oder Konkurrenz der Missionen?, Frankfurt a. M. / Berlin, 191-211.

7. Mission und Konversion – Religionswechsel oder Transformation?

Entscheidung, sondern um meditative Übung, wobei – dies sei wenigstens angedeutet – für die volksbuddhistischen Strömungen das rituelle Handeln ungleich bedeutsamer ist.[173]

Diese religionswissenschaftlichen Bemerkungen sind dazu gedacht, das Thema Konversion, im weiten Sinne von Religionswechsel verstanden, noch einmal mit einigem Abstand zu betrachten. *Gerade in einer religiös sich pluralisierenden Gesellschaft ist dies notwendig, um verschiedene Formen konversiver Prozesse überhaupt erkennen zu können.* Im Folgenden sei lediglich auf drei Muster hingewiesen.

(a) Religionswechsel und pragmatisches Handeln. Für den pragmatischen Religionswechsel zu den Hindu-Religionen – etwa anlässlich einer Eheschließung – bedeutet dies zum Beispiel, dass es im Wesentlichen nicht um die Verehrung einer neuen oder anderen Gottheit geht (wie man besonders aus christlicher oder muslimischer Sicht vermuten würde), es geht auch nicht um einen inneren Bruch oder ähnliches, es geht nicht um ein inneres Erleben, sondern ganz schlicht und pragmatisch um einen neuen »way of life«, zu dem es etwa konstitutiv gehört, sich fortan *rein vegetarisch zu ernähren*. Aus Sicht eines engen Konversionsbegriffs findet hier also keine Konversion statt, wohl aber ein Religionswechsel, verstanden als äußerlich wahrnehmbare *religiös-soziale Zugehörigkeitsänderung*. Weder Bruch, noch inneres Erleben, weder intensivierte religiöse Praxis noch auch verstärkte Integration in eine neue religiöse Bezugsgruppe spielen hier eine Rolle.

(b) Der esoterische Weg. Ähnlich schwierig wird die Anwendung des Konversionsbegriffes im esoterischen Bereich, da ja auch hier feste Strukturen kaum gegeben sind. Wer an welchem Seminar teilnimmt, ob buddhistisch, in Sufi-Tradition, tantrisch oder neokeltisch, bleibt jedem selbst überlassen, ebenso die Auswahl von religiösen Elementen. Auch hier also können allenfalls Teilaspekte eines engeren Konversionsbegriffes zur Anwendung kommen, wobei zu fragen ist, was etwa ein intensiveres religiöses Erleben bedeutet, wenn die betreffende Person im Blick auf die religiös-soziale Religionszugehörigkeit auf Dauer in ein und demselben Muster verbleibt, etwa konfessionslos oder als Mitglied einer Kirche.

(c) Globalisierung und transreligiöse Innovationen. Interessant ist indes die Beobachtung, dass viele Religionsformationen im 19. Jahrhundert eine Phase der Gegenakkulturation zu christlichen Missionsgesellschaften durchlaufen haben mit dem Ergebnis, dass organisatorische Formen übernommen wur-

---

173. Dass im Bereich von Buddhisten/innen deutscher Herkunft eine Bekehrungsnomenklatur nicht selten Verwendung findet, erklärt sich leicht aus dem Herkommen der Personen aus christlichen Milieus, in denen manche mit solchen Deutungsmuster aufgewachsen sind und diese nun in ihre neue religiöse Identität mit hineinnehmen bzw. diese mit den sprachlichen Mitteln ihres Herkunftskontextes interpretieren.

den, etwa ein straff-hierarchischer Aufbau, detailliert-arbeitsteilige Organisation, eine ausschließliche Zugehörigkeit von Mitgliedern, ein missionarischer Impetus. Diese Innovationen lassen sich leicht nachweisen im Bereich islamischer Revitalisierungsbewegungen, in japanischen Neureligionen oder neobuddhistischen Organisationen. Die damit angenommene Struktur und die missionarische Ausrichtung dieser Religionsformationen haben es deutlich erleichtert, in diesem Bereich den engeren Begriff der Konversion in Anwendung zu bringen, der aus dem christlichen Bereich stammt. Insofern sind durchaus auch gegenläufige Entwicklungen zu beobachten, einesteils eine Pluralisierung mit einer Diversifizierung von Zuordnungsmustern, andernteils eine institutionelle Formalisierung seitens etlicher Akteure mit einer Vereindeutigung von Zuordnungsmustern.

7.3 Religionswechsel und Reaktionen aus dem sozialen Umfeld von Konvertiten/innen

Konvertiten werden oft mit negativen Reaktionen aus ihrem Herkunftsmilieu konfrontiert. In Gesprächen lässt sich dabei oft (aber bei Weitem nicht immer) ein Verlauf von anfänglichen Ablehnung, Trennungsphase und vorsichtiger Wiederannäherung feststellen. Um ein Beispiel zu nennen: Für Muslime bzw. Muslimas bedeutet die Konversion zum Christentum mitunter reale Gefahr. Nicht selten kommt es zu verbalen Auseinandersetzungen in der Herkunftsfamilie, zur Androhung von Prügel, mitunter zu Gewalttätigkeiten oder zu Entführungen. Viele Konvertiten/innen müssen entweder aus ihrer Herkunftsregion fliehen oder aber ihren neuen Glauben verheimlichen.[174] Der rechtliche Referenzrahmen in vielen mehrheitlich muslimischen Ländern – sei es im staatlichen Recht, sei es im Recht nichtstaatlicher Schariatsgerichte oder im Gewohnheitsrecht – führt für Menschen, die aus der islamischen Religionsformation heraus konvertieren, zu erheblichen Problemen.[175] Vor den weiteren Ausführungen sei indes ausdrücklich festgehalten, dass von christlicher Seite aus aller Grund besteht, die eigene Geschichte kritisch zu erinnern, denn staatskirchliche Strukturen machten es in vielen europäischen

---

174. Natürlich ist dies nicht immer der Fall. So gibt es auch ehemalige Muslime bzw. Muslimas, die von ihren Familien nach einem Religionswechsel nicht negativ behelligt werden. Dennoch gibt es nachweislich sehr viele Fälle, in denen die Dinge anders liegen. Für den deutschen Bereich ist hier ein weites Feld empirischer Forschung m. W. noch weitgehend unbearbeitet.
175. Umgekehrt haben – etwa in Ägypten – auch koptische Christen, die zum Islam konvertieren, zu fürchten, dass ihnen etwa das Recht zu erben aberkannt wird. Tötungsdelikte kommen meines Wissens jedoch nicht vor.

7. Mission und Konversion – Religionswechsel oder Transformation?

Ländern bis ins 19. Jahrhundert hinein praktisch unmöglich, aus der Kirche auszutreten, da man ansonsten auch die Bürgerrechte verloren hätte. Zudem ist festzuhalten, dass das Recht auf Religionsfreiheit in der Diktion der Menschenrechtserklärung der Vereinten Nationen von 1948 geschichtlich betrachtet gegen den Widerstand vieler christlicher Kirchen erstritten wurde. Volle Religionsfreiheit zu erstreiten ist damit eine bleibende Aufgabe für *alle* religiös-weltanschaulichen Traditionen.

Doch nun zurück zum Thema Konversion und Religionswechsel am Beispiel der Konversion aus dem Islam heraus: Der Abfall vom Glauben (arab. *ridda*) wird in vielen mehrheitlich muslimischen Ländern mit Strafen belegt, die bis zur Todesstrafe reichen können. Selbst in Staaten, in denen die Todesstrafe für dieses Vergehen nicht (mehr) erlaubt ist, kommen Tötungsdelikte dieser Art durchaus vor, etwa als Selbstjustiz durch Verwandte.[176] Islamische Rechtsgelehrte berufen sich beim Thema Abfall vom Islam besonders auf Sure 4,88-89, wo dieses Vergehen angeblich mit der Todesstrafe belegt werde. Neben diesem Vers und anderen Passagen des Koran wird auch auf Hadith-Traditionen verwiesen. So soll der Prophet Muhammad nach einem von *Al-Buchari* mitgeteilten Hadith kurz und bündig verkündet haben: »Wer seine Religion wechselt, den tötet.«[177]

Derzeit werden in etlichen mehrheitlich muslimischen Ländern Diskussionen um die Frage geführt, ob diese Traditionen noch zeitgemäß sind oder wie eine der Gegenwart angemessene Form des Umgangs mit der Konversionsthematik aussehen könnte.[178] So hat der Großmufti von Ägypten, Scheich Dr. *Ali Goma'a*, unlängst vorgeschlagen, eine Konversion aus dem Islam heraus könne dann noch geduldet werden, wenn der Konvertit dies für sich behalte und nicht öffentlich mache. Was dann jedoch der Fortschritt gegenüber einer generellen Geheimhaltung sein soll, ist schwer einzusehen, denn faktisch kann der Konvertit seinen neuen Glauben unter der Maßgabe, ihn nicht öffentlich zu machen, gar nicht leben. Eine öffentliche Anerkennung

---

176. A. Th. Khoury (2000): »Abfall vom Glauben im Koran und im Rechtssystem«, in: ders.; P. Heine; J. Oebbecke, Handbuch Recht und Kultur des Islams in der deutschen Gesellschaft, Gütersloh, 237-241; ders. (1986): So sprach der Prophet. Worte aus der islamischen Überlieferung, Gütersloh, 294-295. Siehe auch: Y. al-Qaradawi (2001): The Lawful and the Prohibited in Islam, Kuala Lumpur (Org. 1960), 326 f.; G. Krämer (2006): Drawing Boundaries: Yusuf al-Qaradawi on Apostasy, in: dies.; S. Schmidtke (ed.), Religious Authorities in Muslim Societies, Leiden.
177. A. Th. Khoury, »Abfall vom Glauben im Koran und im Rechtssystem«, o. a. 237.
178. Reformerisch orientierte Entwürfe widmen dieser Thematik durchgehend breiten Raum. Vgl. dazu die Arbeiten von *Muhammad Shakhrur, Abdullahi an-Naim* oder *Abdolkarim Sorush*. In welchem Maße diese Ansätze in Zukunft in mehrheitlich muslimischen Ländern rezipiert werden, bleibt abzuwarten.

der Konversion aus dem Islam heraus wäre damit nicht gegeben.[179] Es gibt daher eine nicht geringe Anzahl von Menschen, die sich zwar innerlich den christlichen Glauben angenommen haben, vor einer Taufe und damit einem öffentlichen Religionswechsel zurückschrecken, um sich selbst und ihre Angehörigen nicht zu gefährden. Während sich in einem solchen Kontext die Frage von Bekehrung ohne Religionswechsel stellt, ist in anderen Kontexten – wie etwa Pfingstkirchen in Schwarzafrika – der öffentlich-soziale Bruch mit der Vergangenheit von entscheidender Bedeutung.

7.4 Konversion als *Bruch* und die Suche nach *Lebensgewinn*

Für den Bereich der Pfingstbewegung etwa in afrikanischen Kontexten wurde darauf hingewiesen, dass hier die Zweiteilung der Welt einerseits in Regionen, die von bösen Geistern und Mächten beherrscht werden und andererseits der Sphäre der göttlichen Machteinwirkung in Jesus Christus und dem Heiligen Geist dazu führt, Menschen zu einem vollständigen Bruch mit ihrer Vergangenheit und ihren alten Bindungen aufzufordern. Die Sehnsucht nach umfassendem Lebensgewinn steht hier im Vordergrund, das heißt vor allem nach Gesundheit, einem Job, der Lösung aus Suchtproblemen, aus Kontexten von Armut, Gewalt oder Marginalisierung. Während in befreiungstheologischer Diktion das Wirken des Dämonischen einerseits in ungerechten Strukturen und andererseits in der verkehrten Lebenseinstellung der Mächtigen zu sehen ist, wird in Diskursen der Pfingstbewegung das Wirken des Dämonischen viel konkreter gefasst. Hier wird von Geister und Dämonen ausgegangen, die Menschen regelrecht auflauern, die in ihre Körper hineinfahren, was sich je nach kulturellem oder ethnischem Kontext in besonderen spirituellen Körpertopographien äußert, wenn etwa bei den Zulus in Südafrika Geisterwirken zwischen den Schultern wahrgenommen wird, oder aber im Süden Pakistans mit Kopfschmerzen assoziiert wird, da nach den hier verbreiteten Vorstellungen die Geister durch die Haare in den Körper eindringen.

Böse Geister werden von Pfingstchristen/innen etwa Afrikas für das persönliche Missgeschick verantwortlich gemacht, wobei nicht selten der Ein-

---

179. Wie brisant das Thema ist (nicht nur in Ägypten), zeigt der Fall des zum koptischen Christentum übergetretenen Konvertiten *Mohammed Ahmed Hegazy*, für den im Jahre 2007 auch als moderat geltende öffentliche Personen wie der Minister für Religiöse Angelegenheiten, Mahmoud Zakzouk, die Todesstrafe forderten. Vgl. http://www.news 4press.com/1/MeldungDetail.asp?Mitteilungs_ID=277590, abgerufen am 16.08.09. – Auch vom Großmufti, Scheich Tantawi, war eine Deutung vertreten worden, nach der die Strafe für den Abfall vom Islam im Jenseits erfolge, nicht jedoch im Diesseits herbeizuführen sei.

fluss der Dämonen und des Satans nicht nur auf eigene Verfehlungen zurückgeführt werden, sondern auch den Einfluss von Hexen und bösem Zauber, angestiftet von bösen Menschen und Neidern, oder aber auf Flüche, mit denen Vorfahren belegt worden sind, und die nun durch die Kette der Verwandtschaftslinien fortwirken *(ancestral curses)*. Nicht wenige Pfingstprediger sehen zudem dämonische Kräfte nicht nur in traditionalen Religionen am Werk, sondern auch in Formationen wie dem Islam oder aber konkurrierenden christlichen Kirchen. Bekehrung wird hier demnach als ein kompletter Bruch verstanden und praktisch vollzogen, durch Exorzismen (engl. *exorcism, deliverance*), durch die Geisttaufe *(spirit baptism)* und die intensiven sozialen Netzwerke der neuen Gemeinde, durch das Einfordern einer rigiden neuen Ethik und die intensive Teilnahme an der Praxis der neuen Gemeinde. Diese radikale Neuorientierung führt nach dem Zeugnis von vielen Angehörigen der Pfingstkirchen zu einer spürbaren Verbesserung ihres Lebens, so dass diese freikommen von Süchten, Ängsten, Desorientierung, dass sie eine *upward mobility* erfahren, neue soziale Netzwerke erleben und sich ihr Leben auf diese Weise allgemein verbessert.

7.5 Ökumenische Kontroversen um den Konversionsbegriff

Fassen wir die Ergebnisse thesenartig zusammen: (1) Der Terminus Konversion kann untergliedert werden in die Begriffe Religionswechsel und Konversion als Bekehrung, beide sind nicht deckungsgleich. (2) Der Begriff der Bekehrung kann wiederum nach religiöser Referenzgruppe unterschiedlich gefasst werden. (3) Innerchristlich kann Konversion sowohl ein starkes religiöses Erlebnis des Individuums nebst radikalen sozialen Konsequenzen bedeuten (etwa pfingstchristliche Version) oder aber die rituelle Eingliederung eines Menschen in eine Kirche (etwa orthodoxe Version). Ferner kann Konversion von der *persönlichen Ebene* (protestantische Version) auf eine gesellschaftspolitische Ebene gehoben werden, so dass von der ›Bekehrung‹ von Strukturen des Unrechts ausgegangen wird (befreiungstheologische Version).[180] (4) Damit ist nicht einfach ein Phänomen ›Konversion‹ gegeben, sondern es sind verschiedene Diskurse, in denen immer wieder neu aus-

---

180. Im Entwurf der neuen Missionserklärung des ÖRK für Busan 2013 wird eine möglichst umfassende und damit verschiedenste christliche Richtungen integrierende Formulierung versucht, wenn es heißt: »Evangelism leads to repentance, faith and baptism. Hearing the truth in the face of sin and evil demands a response – positive or negative (John 4:28-29 cf. Mark 10:22). It provokes conversion, involving a change of attitudes, priorities and goals. It results in salvation of the lost, healing of the sick and the liberation of the oppressed and the whole creation.« (no. 84)

gehandelt wird, was unter Konversion zu verstehen ist. Während etwa in den Diskussionen innerhalb des ÖRK in den 1960er Jahren der Begriff Konversion eine stark strukturelle Ausrichtung erhielt, wurde seitens der Lausanner Bewegung erneut das Moment der persönlichen Bekehrung hervorgehoben.

Mit dieser Thematik hängen jedoch andere Probleme unmittelbar zusammen, etwa die Frage nach *Mission, sozialem Dienst und Befreiung*. Während befreiungstheologische Ansätze stärker an der Benennung von Unrechtsverhältnissen und dem christlich motivierten gesellschaftspolitischen Kampf gegen ›strukturelle Sünde‹ orientiert sind, zielen etliche protestantische Ansätze auf die Bekehrung des einzelnen, hier: der bisher korrupten und menschenverachtenden Politiker, Wirtschaftsmagnaten und Militärs, um als Resultat von Bekehrung auch gesellschaftliche Wirklichkeit zu verändern. Es ist die kontextuelle Angemessenheit, die hier zur Diskussion steht.

Weitere Kontroversen beziehen sich auf die Konversionsthematik im *Kontext religiöser Diskriminierung und Verfolgung*.[181] In welcher Weise kann es legitim sein, seiner ›alten‹ Religion äußerlich weiter anzugehören, innerlich aber ›Christ‹ zu sein? Wo liegt die Grenze zwischen Verleugnung und Selbstschutz? Was sind Kriterien für ›Christsein‹ in diesen Zusammenhängen? Doch auch die umgekehrte Sicht ist umstritten: Was sind angemessene Formen des christlichen Zeugnisses? Wo wird aus ›Mission‹ so etwas wie Propaganda, Proselytismus oder gar Manipulation? Welche Art missionarischer Präsenz ist angemessen? Kann es Umstände geben, unter denen das christliche Zeugnis nicht mehr ausgerichtet werden darf? Diese Fragen berühren sich wiederum mit der *Thematik ökumenischer Wahrnehmung und Zusammenarbeit:* Wie steht es mit Christen/innen etwa aus einem westlichen Land, die in einem Land Afrikas oder Asiens ihrem christlichen Sendungsdienst nachgehen wollen: Haben diese wahrgenommen, dass es christliche Kirche vor Ort bereits gibt? Haben sie sich auf die Kontexte vorbereitet und sind sie bereit, sich auf die lokalen kulturell-religiösen Muster überhaupt einzulassen?[182] Sind sie sich dessen bewusst, dass sie selbst nach ein paar Wochen oder Monaten wieder in ihr Heimatländer zurückkehren können, dass die Christen/

---

181. Zur Thematik von Verfolgung und Diskriminierung aufgrund von Religionszugehörigkeit vgl. das *International Journal of Religious Freedom* des *International Institute of Religious Freedom* (IIRF), vgl. www.iirf.eu.
182. Hier ist vor allem die Arbeit von Kurzzeitmissionare/innen gemeint (vgl. II.3.5) wie auch solche Missionen, die ein proklamatorisches Missionsverständnis haben, also nicht auf dauerhafte Beziehungen abzielen, sondern einen Verkündigungsdienst als Wanderschaft. In kulturell-religiös sensiblen Kontexten führt dies für die einheimischen Kirchen und Gemeinden immer wieder zu nicht selten sehr ernsten Problemen, etwa öffentlichen Anfeindungen, da oft von anderen Menschen nicht zwischen einheimischen und ausländischen Christen/innen unterschieden wird.

7. Mission und Konversion – Religionswechsel oder Transformation?

innen vor Ort jedoch womöglich noch sehr lange unter den Fehler zu leiden haben werden, die die ›ausländischen‹ Christen begangen haben? Ziel dieses Kapitels war es, vor Augen zu führen, wie vielfältig und komplex die Thematik Konversion und Religionswechsel ist. Vieles konnte nur angedeutet werden. Insgesamt geht es darum, Vorurteile gegenüber den Begriffen Konversion, Religionswechsel, Bekehrung oder Umkehr abzubauen, denn es geht für Menschen, wie gezeigt, nicht nur darum, ihre *Religionsfreiheit* wahrnehmen zu können, wie diese in der UN-Menschenrechts-Charta von 1948 festgelegt ist. Es geht auch um die Einsicht, dass Menschen Konversion und Religionswechsel oft als *Lebensgewinn* empfinden. Jeder Mensch hat Entscheidungen wie diese selbst zu treffen. Missions- und religionswissenschaftlich betrachtet geht es darum, diese Zusammenhänge in ihrer Vielschichtigkeit wahrzunehmen und sich vorschneller Urteile darüber, was für andere »gut« ist, zu enthalten. Im Übrigen wäre auch den konversiven Motivationen zivilgesellschaftlichen Engagements nachzugehen, denn etwa für die ökologische Neuausrichtung der Weltwirtschaft treten deren Akteure durchaus missionarisch auf mit dem Ziel, die Welt – und das heißt die Menschen – in Richtung auf ökologische Wirtschaftsformen hin zu bekehren und die (in christlicher Terminologie ausgedrückt) ›strukturelle Sünde‹ der menschlichen Ausbeutung des Planeten zu überwinden.

IV. Missionstheologische Wahrnehmung deutscher Kontexte

Verlassen wir nun den Bereich der interkulturellen Ökumene und wenden uns (1.) missionstheologischen Fragen im Raum der deutschen Landeskirchen zu. Zunächst werden wichtige *missionstheologische Debatten* der letzten Jahrzehnte zu skizzieren sein. Danach sollen (2.) das Verständnis von *Ortsgemeinde* und generell Fragen *kirchlicher Strukturen* diskutiert werden. Vor diesem Hintergrund geht es (3.) um das Thema *neuer Arbeitsformen*, wie sie besonders in Kursangeboten und Instrumenten der Milieuanalyse gegeben sind. In einem weiteren Kapitel (V.) werden anhand eines *eigenen missionstheologischen Entwurfes Fragen geistlicher Praxis* und ihrer missionarischen Ausstrahlung zu thematisieren sein. Die These lautet, dass, so bedeutend auch Strukturfragen erscheinen mögen, es wesentlich auf die Frage ankommen wird, woher Christen/innen vor Ort neue Kraft zuwächst, um Kirche auch in Zukunft gestalten zu können. Meine These lautet, dass es hilfreich sein kann, Mission als ökumenisches Gotteslob zu verstehen *(oikoumenische Doxologie)*. Was dies für die Dimension des *Gotteslobes* und die Dimension des *Ökumenischen* im Einzelnen bedeutet und was sich daraus für Impulse für deutsche Kontexte ergeben, wird abschließend anzudeuten sein.

1. Missionarisches im Raum der deutschen Landeskirchen

Die religiösen und kirchlichen Landschaften Deutschlands verändern sich spürbar.[1] Die Zahl von Kirchenkreisen wird reduziert, es werden Gemeinden fusioniert, es werden auf vielen Ebenen Kooperationen gesucht und notwendige Anpassungsprozesse in Angriff genommen. Das Thema Mission hat in diesen Zusammenhängen eine neue Bedeutung gewonnen, wobei darauf zu achten ist, dass sich auch aus eher unscheinbaren Formulierungen kirchenpolitisch weitreichende Konsequenzen begründen lassen. Es handelt sich um keine harmlosen Debatten, sondern um das Ringen um tragfähige Strukturen für morgen. Dieses Ringen manifestiert sich in einer Reihe von Sammelbänden, die zu den aktuellen Diskussionen eigene Positionierungen versuchen. Der Fokus liegt meist auf den komplexen Zusammenhängen von Volkskirche und ihren verschiedenen Ebenen, die es weiterzudenken gelte[2], anderen geht es darum – so kann man paraphrasieren – Beispiele von *good practice* bekannt zu machen[3], wieder andere brechen eine Lanze für eine bestimmte Form von Kirche als Gemeinde[4]. Das Thema *Wachstum* wird dabei von verschiedenen Seiten unter der Fragestellung beleuchtet, wie dieses möglich ist, welche Voraussetzungen gegeben sein müssten und wie man dieses Phänomen wissenschaftlich angemessen in den Blick nehmen kann.[5] Im Folgenden soll einigen dieser Diskussionen aus der Perspektive einer doxologischen Missionstheologie nachgegangen. Es ist der Versuch, eine Brücke zu schlagen zwischen Missionstheologie und Praktischer Theologie, eine Brücke, die bisher eher schmal ausfällt.[6]

Viele Debatten drehen sich um das Verständnis landeskirchlicher Wirklichkeit als Volkskirche. Der Begriff »Volkskirche« drückt einerseits eine entweder empirisch oder in der Wahrnehmung von Menschen gegebene *gesamtgesell-*

---

1. Zu vor allem religionssoziologischen Analysen und der durchaus kontroversen Diskussion der empirischen Befunde vgl. G. *Pickel*; K. *Sammet* (Hg.) (2011): Religion und Religiosität im vereinigten Deutschland. Zwanzig Jahre nach dem Umbruch, Wiesbaden.
2. Vgl. z.B. *B.-M. Haese*; *U. Pohl-Patalong* (Hg.) (2010): Volkskirche weiterdenken. Zukunftsperspektiven der Kirche in einer religiöse pluralen Gesellschaft, Stuttgart.
3. W. *Nethöfel*; K.-D. *Grunwald* (Hg.) (2005): Kirchenreform jetzt! Projekte, Analysen, Perspektiven, Schenefeld. Vgl. jüngst mit Fokus auf Ortsgemeinden in verschiedensten Kontexten: *Ph. Elhaus*; M. *Wöhrmann* (Hg.) (2012): Wie Kirchengemeinden Ausstrahlung gewinnen. Zwölf gute Beispiele und was aus ihnen zu lernen ist, Göttingen.
4. *I. Karle* (2009): Kirchenreform. Interdisziplinäre Perspektiven, Leipzig.
5. *E. Hauschildt* (2009): Wachsen gegen den Trend? Thesen zum Sinn und Unsinn einer kirchlichen Metapher, in: H. Zschoch (Hg.), Kirche – dem Evangelium Strukturen geben, Neukirchen-Vluyn, 87-93.
6. Vgl. *W. Ratzmann* (2012): Mission in der Praktischen Theologie, in: ZMiss (38), 302-318.

schaftliche Relevanz von Kirche aus, die sich entweder durch ihre Mitgliederstärke oder die ihr zugesprochene gesellschaftliche Bedeutung ergibt. Volkskirche ist zwar nicht mehr Staatskirche, jedoch immer noch in vielen Gebieten Mehrheitskirche oder aber, wenn dies nicht mehr gegeben sein sollte, in der Wahrnehmung der Bevölkerung immerhin noch die »offizielle Kirche«. Als *Selbstbeschreibung* ist *Volkskirche* verbunden mit der Anerkenntnis innerer Pluralität, die der gesellschaftlichen Pluralität entspricht und damit unterschiedliche Formen der Beteiligung einerseits und der Werteorientierung andererseits akzeptiert.

1.1 Debatten um das Thema *Gemeindeaufbau* seit den 1980er Jahren

Es gibt seit langer Zeit schon Debatten um die Frage, wie es gelingen kann, dass mehr Menschen einen Zugang zum christlichen Glauben finden, zu kirchlichem Leben allgemein und zum Leben in den Bereichen von Ortsgemeinden im Besonderen. Dabei spielt es eine große Rolle, was man unter *kirchlichem Leben* einerseits und unter *Gemeinde* andererseits versteht.[7] Kirchengeschichtlich kann man festhalten, dass es in den ersten drei Jahrhunderten christlicher Zeitrechnung im Römischen Reich weit verstreut christliche Gemeinden gab, wobei sich deren Struktur mit dem Grad der Christianisierung eines Gebietes mehr und mehr veränderte. Als das Christentum zur Staatsreligion avanciert war, wurden Wohngebiete und allgemein geographische Räume so aufgeteilt, dass die Zuordnung der dort lebenden Menschen klar erkennbar war. Es handelt sich um das Prinzip der so genannten *Parochien*.[8] Diese Struktur blieb über Jahrhunderte hinweg ziemlich konstant. Innerhalb dieses Setting fanden zwar Akzentverschiebungen statt, die jedoch am Dass der Struktur nichts änderten.[9]

---

7. Vgl. als Übersicht: *K.-F. Daiber* (1983): Einleitung (I.): Zur Sozialgestalt der Gemeinden, in: P. C. Bloth u. a. (Hg.), Handbuch der Praktischen Theologie, Bd. 3, Gemeinden, Gütersloh, 11-30.
8. Der Begriff *paroikia* meint biblisch das Wohnen von Fremden in einem Land, das heißt von Personen, die über mehr oder weniger lange Zeit keine Rechte als Bürger dieses Landes hatten. (Vgl. u. a. Apg 7,6.29; 1 Petr 2,11) Wurden die Begriffe *ecclesia* und *paroikia* zunächst seit dem 2. Jahrhundert für Einzelgemeinden verwendet, so differenzierte sich der Gebrauch in den folgenden Jahrhunderten im Abendland so aus, dass *ecclesia* vor allem für die Kirche als ganze stand, *paroikia* demgegenüber für die Einzelgemeinde verwendet wurde und der Herrschaftsbereich eines Bischofs mit *diocesis* umschrieben wurde. Vgl. *U. Pohl-Patalong* (2003): Ortsgemeinde, o. a., 66 ff.
9. Aus Parochien verstanden als *Zuordnung der christlichen Wohnbevölkerung in Amtsbezirke von Priestern bzw. Pastoren* wurden im 19. Jahrhundert Parochien verstanden *als Personenverbände in Kirchengemeinden,* wobei jedoch die Zuordnung zu geographisch definierten Gebieten beibehalten wurde:»Die Ortskirche wird als Personengruppe definiert, die ent-

Als im 19. Jahrhundert dann sowohl die staatskirchlichen Strukturen stark reduziert wurden (Stichwort: Reichsdeputationshauptschluss von 1803) und die Prägekräfte traditionaler Bindungen nachließen, wurde stärker nach dem gefragt, was Gemeinden angesichts eines entstehenden Industrieproletariates an diakonischen Aufgaben wahrzunehmen haben und wie eine *Innere Mission* aussehen könnte. Angesichts der zunehmenden Entfremdung zwischen den großen Landeskirchen und etwa der Arbeiterschaft wurde erneut gefragt, was eigentlich eine *Volks*-Kirche ausmacht. Indes muss festgestellt werden, dass trotz dieser spürbaren Entfremdung ein Kirchenaustritt von Menschen in den deutschen Gebieten bis in die letzten drei Jahrzehnte des 19. Jahrhunderts faktisch nicht möglich war, da Personen mit dem Kirchenaustritt auch ihre Staatsbürgerschaft verloren hätten.[10] Bis in die frühe Zeit der Weimarer Republik blieben die Austrittszahlen minimal.

Dass Volkskirche indes keine »völkische« Kirche meinen könne, wurde während der Nazi-Diktatur von der *Bekennenden Kirche* hervorgehoben. Gemeinden und Kirchen sind nach der *Barmer Theologischen Erklärung* von 1935 ihrem Wesen nach immer auch kontrakulturell, sie gehen nicht in den Strukturen ethnischer, nationaler oder eben »völkischer« Art auf. In der Zeit nach dem II. Weltkrieg kam es zunächst in den 1950er und frühen 1960er Jahren zu einer Art kirchlicher Restauration. Nach der Zeit der nationalsozialistischen Indoktrination wurden christlicher Werte und christliche Praxis erneut besonders wertgeschätzt. Dabei spielte sicher auch ein ganz profaner Grund eine Rolle, nämlich die Integration der Millionen von Flüchtlingen aus den ehemaligen deutschen Ostgebieten. In vielen Gemeinden bildeten diese Menschen eine wichtige Verstärkung der einheimischen Gottesdienstgemeinden. Für sie bildeten die Ortsgemeinden neue Formen der Gemeinschaftlichkeit. Man sollte daher die neue Kirchlichkeit nach dem II. Weltkrieg im zeitlichen Längsschnitt betrachtet nicht überbewerten.

sprechende Leitungsorgane demokratisch zu wählen hat«. *K.-F. Daiber* (1983): Einleitung (I.): Zur Sozialgestalt der Gemeinden, 17.
10. Bis ins späte 19. Jahrhundert konnte in deutschen Territorien nur derjenige staatsbürgerliche Rechte innehaben, der einer christlichen Kirche angehörte, d. h. der reformierten, lutherischen oder römisch-katholischen Kirche. Der Austritt aus der Kirche war damit gleichbedeutend mit dem Verlust der Staatsbürgerschaft. Nach 1847 konnte man in Preußen zwar aus einer Kirche austreten, was aber automatisch bedeutete, *einer anderen Kirche beizutreten*. Erst 1873 wurde in Preußen ein eigenes Kirchenaustrittsgesetz erlassen, was den Weg in die Konfessionslosigkeit ebnete. Andere deutsche Staaten zogen nach, so dass erst um die Wende zum 20. Jahrhundert der Kirchenaustritt flächendeckend als Möglichkeit bestand. Der Religionsunterricht für Kinder auch von Ausgetretenen war jedoch weiterhin zwingend. Vgl. *S. Haering* (2011): Kirchenzugehörigkeit und Kirchensteuer in Deutschland in ihrer geschichtlichen Entwicklung, in: E. Güthoff u. a. (Hg.), Der Kirchenaustritt im staatlichen und kirchlichen Recht, Freiburg u. a., 21-41, hier: 24-25.

1. Missionarisches im Raum der deutschen Landeskirchen 375

1.2 Akzente der 1960er und 1970er Jahre

In den 1960er Jahren wurden Entfremdungserscheinungen erneut deutlich, was sich in einer immer größeren Zahl von Kirchenaustritten äußerte. Allgemein wird für diese Prozesse der Begriff der *Säkularisierung* verwendet. Um nur zwei Beispiele zu geben: In den Niederlanden fiel die Zahl der Kirchenmitglieder von 95 % im Jahr 1960 auf unter 50 % im Jahr 2010, was einen Verlust von etwa 50 % in nur 50 Jahren bedeutet. Im Westen Deutschlands fiel der Prozentsatz der Kirchenmitglieder um 25 % auf ca. auf 75 %, im Osten um etwa 80 % auf nunmehr 20 %, was zusammen (bei Berücksichtigung der unterschiedlichen Bevölkerungszahl in Ost und West) einen Schnitt von ca. 68 % ausmacht.[11] Damit liegt Deutschland im westeuropäischen Vergleich immerhin noch bei relativ hohen Mitgliedschaftswerten.[12]

Exkurs: Das Thema *Säkularismus/Säkularisierung* wurde mehrfach gestreift. Während der *kämpferisch-ideologische* Säkularis*mus* auf der Weltmissionskonferenz von Jerusalem (1928) als Gefahr thematisiert wurde, kam es auf der Vollversammlung des ÖRK in Uppsala (1968) zu einer positiven Würdigung von Säkular*isierung* als einem gesellschaftlichen Wandlungsprozess, bei dem ein Mehr an Freiheit erwartet wurde, so dass das Phänomen sogar als Manifestation der *Missio Dei* interpretiert werden konnte. Indes ist es sinnvoll, den Begriff weiter zu differenzieren.[13] Mit *Antonius Liedhegener* kann man Säkularisierung als einen Prozess zunehmender Verselbständigung von Gesellschaft gegenüber religiösen

---

11. Für die Bundesrepublik ergibt sich für das Jahr 1966 ein Anteil von 52 % Protestanten und 45 % Katholiken, also insgesamt von 97 % Christen. Vgl. *W.-D. Hauschild* (1999): Art. »Deutschland II. (...)«, in: RGG⁴, Bd. 2, Sp. 749. Ein Blick auf die Pommersche Kirche zeigt den Trend sehr deutlich. Hatte diese Kirche 1959 noch 700.000 Mitgliedern, so im Jahr 2010 nur noch knapp 100.000, was etwa 20 % der Bevölkerung entspricht. Vgl. *M. Herbst* (⁴2010): Missionarischer Gemeindeaufbau, 521.
12. Wenn man sich die Zahlen anschaut, ist folgender Befund zu konstatieren: Die Zahl der Austritte war bis etwa 1918 sehr gering, stieg für einzelne Jahre aus verschiedenen Gründen bedeutend an (etwa in den Jahren 1920, 1939-1941 jeweils bei ca. 300.000), bleibt dann aber in den Jahren 1950-1967 und damit für eine relativ lange Zeit sehr niedrig, nämlich bei 0,05 % im Jahr. Es ist die Ära der bundesrepublikanischen Zeit, die oft mit den Schlagworten »restaurative Tendenzen« und »Wirtschaftswunder« bezeichnet wird. Die Zunahme von Austritten in den Jahren 1968 bis 1970 wurde allgemein wahrgenommen. Sie korrespondiert einerseits den gesellschaftlichen Umbrüchen dieser Zeit, andererseits ganz konkreten steuerpolitischen Maßnahmen, so 1970 der »Ergänzungsabgabe«, 1972 dem »Stabilitätszuschlag« und dann besonders 1995 dem »Solidaritätszuschlag«. Die 1991 in den neuen Bundesländern eingeführte Kirchensteuerpraxis führte zu hohen Austrittszahlen. Seit 1995 kam es wieder zu weniger Austritten, seither zwischen 100.000-170.000 pro Jahr. Vgl. *A. Feige* (2011): Institutionell organisierte Religionspraxis und religiöse Autonomieansprüche der Individuen, in: E. Güthoff u.a. (Hg.), Der Kirchenaustritt, o.a., 147-178, bes. 157 ff.
13. *K. Gabriel; C. Gärtner; D. Pollack* (Hg.) (2012): Umstrittene Säkularisierung. Soziologische und historische Analysen von Religion und Politik, Berlin.

Traditionen verstehen und die Ebenen der Gesamtgesellschaft, Kirchlicher Institutionalisierung, Kirchlich-sozialer Bedeutung und individueller Bedeutung unterscheiden. Dies betrifft erstens das Verhältnis von Staat und Religion, zweitens die Kirchenmitgliedschaft, drittens die Teilnahme an kirchlichen Angeboten wir Gottesdienste oder Kasualien und viertens die Bedeutsamkeit von Religion für das persönliche Empfinden und die eigene Lebensdeutung.[14]

Generell lassen religionssoziologische Untersuchungen erkennen, dass in fast allen europäischen Gesellschaften ein deutlicher Prozess zunehmender Säkularisierung zu konstatieren ist.[15] Missionstheologisch bedeutend ist die Frage, mit welchen religionssoziologischen Modellen Phänomene von Säkularisierung interpretiert werden. Die *klassische Säkularisierungstheorie* etwa geht davon aus, dass Phänomene der Säkularisierung die Folge von Modernisierungsprozessen sind, etwa die Industrialisierung und Urbanisierung von Gesellschaften, die zunehmende Ausdifferenzierung von Teilsystemen, so dass *Religion* nur mehr als eines unter anderen Teilsystemen zu fassen ist, religiöses Wissen für Bereiche wie Wissenschaft, Jurisdiktion oder Ökonomie bedeutungslos und die Aufrechterhaltung stabiler Mitgliedschaft zunehmend schwieriger wird. Gemessen an diesen theoretischen Grundannahmen erscheint die Abnahme religiöser Bindekräfte als geradezu zwangsläufig.

Ganz anders dagegen die *religiöse Markttheorie*, derzufolge auf einem freien religiösen Markt die religiösen Anbieter miteinander um die Klientel konkurrieren werden. Die Konkurrenzsituation schaffe, so die These, ein verbessertes Angebot, da sich religiöse Anbieter auf die verschiedenen Marktsegmente und -nischen spezialisieren werden. Eine religiös pluralistische Gesellschaft trage damit, wie am Beispiel der USA nachgewiesen, zu einer gesteigerten Vitalität von Religionen und religiösen Gruppierungen bei. Indes sind im europäischen Bereich viele Gegenbeispiele zu nennen, etwa die Niederlande. Hier hat es seit langer Zeit einen freien religiösen Markt gegeben, was nicht zu einer Belebung führte. Während die Markttheorie stark soziologisch orientiert ist, müssen für europäische Gesellschaften stärker die kulturellen Dimensionen beachtet werden. In den Niederlanden etwa fehle, so *Erik Sengers*, schlicht der Wille zu Konkurrenz auf dem Markt der religiösen Angebote.[16]

Wiederum anders argumentieren Vertreter der *Individualisierungstheorie:* Im Zuge des gesellschaftlichen Wandels verändern sich demzufolge weniger die religiösen Bedürfnislagen von Menschen als vielmehr deren strukturelle Ausprägung. Institutionalisierte Religionszugehörigkeit nehme zwar ab, Religiosität aber verlagere sich damit nur stärker in Formen einer eher »unsichtbaren« Religion *(Th. Luckmann)*. Die Tendenz zur Individualisierung führe zu einer Art von *patch-*

---

14. A. *Liedhegener* (2012): Säkularisierung als Entkirchlichung. Trends und Konjunkturen in Deutschland von der Mitte des 19. Jahrhunderts bis zur Gegenwart, in: K. Gabriel u.a.(Hg.), Umstrittene Säkularisierung, o.a., 481-531.
15. G. *Pickel;* O. *Müller* (Hg.) (2009): Church and Religion in Contemporary Europe. Results from Empirical and Comparative Research, Wiesbaden.
16. E. *Sengers* (2009): European Exceptionalism: Lazy Churches, Pluralism, Adherence and the Case of the Dutch Religious Cartel, in: Pickel / Müller (Hg.), Church and Religion, o.a., 167-182.

1. Missionarisches im Raum der deutschen Landeskirchen

work-Religiosität, was mit einer verstärkten Wahrnehmung alternativer religiöser Angebote (etwa Esoterik) einhergehe. Doch auch diese These ist durch religionssoziologische Befunde wenig gedeckt, da sich ein quantitatives Mehr an alternativer Religiosität in vielen Gesellschaften nicht in nennenswertem Umfang nachweisen lässt.

Die Diskussion zeigt meines Erachtens deutlich, dass die unterschiedliche kulturelle Prägung einer Gesellschaft, das heißt etwa der *common sense*, missionstheologisch stärker zu beachten ist. Entgegen der Logik etwa der religiösen Markttheorie sind es nicht die einfachen Parameter von Diversität religiöser Bedürfnislagen, Angebot und Nachfrage, die das religiöse Verhalten von Menschen bestimmen. Oft sind es offensichtlich stärker die gesamtgesellschaftlichen Wahrnehmungen von dem, wie ›man‹ sich religiös verhält (oder auch nicht), die quantitativ am bedeutsamsten sind. Dies bedeutet m. E. nicht, sich ausschließlich an diesen Mustern zu orientieren, sondern vielmehr zu versuchen, gleichzeitig so viele Menschen wie möglich im Umfeld von Kirche und Gemeinde zu halten (und zwar unter Berücksichtigung etwa des *kulturellen* und *sozialen Kapitals* von Kirchen), gleichzeitig jedoch neue Formen zu entwickeln, um Menschen in neuer Weise für den christlichen Glauben zu interessieren.

Wie wurde nun auf diese Entwicklungen reagiert? Grob eingeteilt kann man für die 1960er und 1970er Jahre davon sprechen, dass der Entfremdung erstens mit einem Mehr an gesellschaftlichem Engagement, zweitens einer Diversifizierung von Angeboten und drittens einem Mehr an Personal begegnet wurde.[17] Die Exodus-Theologie der 1960er Jahre, sehr gut ablesbar am ÖRK Studienprozess »Die missionarische Struktur der Gemeinde« (1961-1965), ging davon aus, dass die Kirche als Exodus-Gemeinde auf dem Weg in die Welt ist, da sie exzentrisch um der Welt willen lebt, um den *Schalom* der messianischen Zeit auszubreiten.

Statt Beharrung wurde Reform gefordert, statt Komm-Strukturen wurden Geh-Strukturen betont, statt einer Konzentration auf die Ortsgemeinde wurde das gesamtgesellschaftliche Engagement in Form von kirchlichen Funktionsdiensten gefördert.

Dass dies wiederum nicht nur theologischer Einsicht geschuldet war, sondern auch einen ganz profanen Grund hatte, sollte indes erwähnt werden. Die Kirchensteuereinnahmen entwickelten sich in diesen Jahren so positiv, dass die Kirchen einesteils personalpolitisch ihr Engagement ausweiten konnten. Andererseits jedoch konnten sie als Körperschaften des öffentlichen Rechts diese Gelder nicht horten, die Überschüsse mussten also auch ausgegeben werden. Es wurden neben Militärgeistlichen nun *Funktionspfarrämter* begründet wie der kirchliche Dienst in der Arbeitswelt, Seelsorgeeinrichtungen, evangelische und katholische Erwachsenenbildungsstätten, Eheberatungsstellen, Evangelische Akademien, es gab Funktionsstellen für Publizistik, Kirche auf dem Lande, Posaunenchorarbeit,

---

17. Vgl. Kapitel I. 4.2-4.4.

missionarischen Gemeindeaufbau, Sektenbeauftragte und vieles mehr.[18] Es handelt sich also um eine *Diversifizierung des kirchlichen Angebotes* jenseits der Ortsgemeinden.[19]

Indes führten diese Veränderungen nicht dazu, dass sich der Auszug von Kirchenmitgliedern stoppen ließ. Die Frage der *Verlangsamung* des Trends zum Austritt ist naturgemäß schwer zu beantworten, da ja nur der Austritt selbst beobachtet werden kann, nicht aber die latente Austrittsbereitschaft.

1.3 Missionarische Gemeindeaufbau als Alternative? – Die 1980er Jahre

In den 1970er Jahren fanden erste soziologische Untersuchungen in Gestalt von Mitgliederbefragungen statt.[20] Neue Akzente wurden in den 1980er Jahren gesetzt, als es zu einer umfangreichen Debatte um Fragen eines »missionarischen Gemeindeaufbaus« kam.[21] Nicht strukturelle Kirchenreform stand hier im Vordergrund, sondern die (erneute) Konzentration auf die kirchliche Ortsgemeinde als der Basiseinheit von Kirche überhaupt. Nicht die Organisation stand im Mittelpunkt des Interesses, sondern die Frage nach den geistlichen Kräften missionarischer Existenz und eines entsprechenden Engagements. Insbesondere der unter dem Titel *Theologie des Gemeindeaufbaus* gefasste Ansatz von *Fritz* und *Christian Schwarz* ist hier zu nennen.[22] In ähnliche Richtung argumentierten der Erlanger Praktische Theologe *Manfred Seitz*[23] und später der in Greifswald lehrende Praktische Theologe *Michael Herbst*[24]. Eine Plattform fanden entsprechende Initiativen in der 1985 gegründeten *Arbeitsgemeinschaft für Gemeindeaufbau* (AGGA) und in Verbindung damit der Zeitschrift *Gemeindewachstum*. Welches sind die Charakteristika des missionarischen Gemeindeaufbaus? Der Ansatz von Herbst bietet sich als Beispiel an, da er – im Anschluss an Schwarz / Schwarz und Seitz – mit

---

18. Der Prozentsatz übergemeindlicher Pfarrstellen stieg in den 1960er Jahren im Schnitt von 7% auf 12% an, regional jedoch durchaus unterschiedlich. U. *Pohl-Patalong* (2003): Ortsgemeinde, 119.
19. Auch architektonisch versuchte man dem Anliegen einer der Welt zugewandten Kirche Ausdruck zu verleihen. Kirchliche Neubauten zeigten, in ihrem *architektonischen Stil* die Signa einer modernen, weltoffenen und partizipativen Kirche.
20. Die erste Befragung fand im Jahr 1972 statt, dann in den Jahren 1982, 1992 und 2002.
21. Vgl. als Übersicht u.a. *H. Lindner* (1986): Programm – Strategien – Visionen. Eine Analyse neuerer Gemeindeaufbaukonzepte, PTh (75), 210-229.
22. *F. Schwarz; C. A. Schwarz* (1984): Theologie des Gemeindeaufbaus, Neukirchen-Vluyn 1984.
23. *M. Seitz* (1984): Missionarische Kirche. Gemeindeaufbau in den achtziger Jahren, in: EvKomm (17), 188-191.
24. *M. Herbst* ([4]2010): Missionarischer Gemeindeaufbau in der Volkskirche, Neukirchen-Vluyn. Nachfolgende Seitenangaben beziehen sich auf diesen Titel.

1. Missionarisches im Raum der deutschen Landeskirchen

prägnanten so genannten *kybernetischen Grundentscheidungen* für eine Neuausrichtung der örtlichen Gemeindearbeit wirbt. Herbst geht von *drei kybernetischen Grundentscheidungen* aus:
(1) In der *ersten kybernetischen Grundentscheidung* ist zunächst von der »geistliche(n) Erneuerung und kybernetische(n) Ausbildung des Pfarrerstandes« die Rede. (311 ff.)

> Es gehe darum, die »Pfarrerzentrierung« in der Volkskirche zu überwinden, wozu zunächst die Frage nach dem »eigenen Bewegtsein« der Pfarrer/innen zu stellen sei. Es gehe um eine persönliche Christusbeziehung, aber auch um die Einsicht, dass eine »geistliche Erneuerung« nicht einfach »machbar« sei. Unter den Begriffen »Spiritualität«, »Bruderschaft« und »Zeitökonomie« wird ausgeführt, dass es um die Pflege eines geistlichen Lebens in einer Gemeinschaft von Brüdern und Schwestern gehe und darum, sich angesichts eines vielfältigen Anforderungsprofils auf die Kernaufgaben des Pfarrers zu besinnen. Als Leitungsamt gehe es darum, mit den Gemeindegliedern zusammen Gaben zu entdecken und über deren Zurüstung und Pflege immer mehr Aufgabenbereiche der Gemeindearbeit in die Hände von Gemeindemitgliedern zu legen. Der Pfarrer fungiere dann als »Spiritual«.

(2) Die *zweite kybernetische Grundentscheidung* betrifft die so genannten Laien. Im Sinne des »Priestertums aller Gläubigen« sei ein mündiges Laientum zu fördern, was in einer geistlichen Erneuerung in »geistlichen Zellen« geschehen könne.

> Das allgemeine Priestertum könne man zwar nicht als empirisch gegeben voraussetzen, man könne es aber als Verheißung erhoffen. Im Sinne einer beständigen Tauferneuerung, durch beständige Umkehr, geistliche Praxis, Gemeinschaft der Geschwister im Glauben und Sendung in die Welt bzw. Dienst an der Welt könne dies gelebt werden. Gemeindliche Arbeit sei darum so auszurichten, dass sie möglichst viele Beteiligungsmöglichkeiten für Gemeindeglieder und ihre je besonderen Gaben biete, etwa in evangelistisch ausgerichteten Gottesdiensten. Als geistliche Basis werden *Zellgruppen* empfohlen.

(3) Die *dritte kybernetische Grundentscheidung* betrifft die »Fernstehenden«. (373 ff.) Die ersten beiden Grundentscheidungen laufen darauf hinaus, der »Erosion in der Kerngemeinde« entgegen zu wirken.[25] Dabei gehe es aber nicht, so Herbst, »um die permanente Pflege der Frommen und die fatale Fixierung auf die Kerngemeinde. Es geht vielmehr um eine fundamentale Offenheit. Pfarrer und mitarbeitende Gemeinde sollen dazu ermutigt und befähigt werden, auf die Menschen, die dem Glauben fern stehen, zuzugehen und

---

25. Meines Erachtens ist jedoch der Begriff der *Kerngemeinde* nicht unproblematisch, da eine solche Terminologie dem Missverständnis einer *eigentlichen* Gemeinde (der mehr oder weniger Verbundenen) und einer *uneigentlichen* Gemeinde allzu leicht Vorschub leisten kann.

ihnen zu dienen.« (374) Es gehe hier um »Evangelisation«, nicht verstanden als eine »bestimmte Veranstaltung«, sondern als »wesensmäßig fundamentale Verkündigung des Evangeliums an Fernstehende«. (385)

Als *erste Ebene* sei auf den einzelnen Christen als »Zeuge(n) des Evangeliums in seiner Lebenswelt« zu verweisen, dann als *zweite Ebene* auf »die evangelistisch lebende Gemeinde als Aufnahmeraum« für Fernstehende sowie als *dritte Ebene* auf »besondere evangelistische Aktionen«. (387 ff.) Diese Grundentscheidungen sind nach Herbst in einem »kybernetischen Programm« auf vielfältige Weise umsetzbar, wozu Kursangebote ebenso gehören können wie etwa Elternarbeit und Beteiligung von Eltern im Zusammenhang von Konfirmandenunterrichten, Hauskreisarbeit und anderes mehr.

In der im Jahr 2010 herausgebrachten Neuausgabe seines zuerst 1987 erschienenen Buches hat *Michael Herbst* das Werk um einen vierten Teil mit dem Titel »Es hat sich viel getan: Missionarischer Gemeindeaufbau in spätvolkskirchlicher Zeit« ergänzt. (479 ff.) Hier zieht er nach etwa 25 Jahren eine – in Auswahl und Duktus persönliche – Bilanz, indem er zunächst festhält, dass nach wie vor die drei kybernetischen Grundentscheidungen »des Pudels Kern« des missionarischen Gemeindeaufbaus ausmachen. Entgegen den Konzeptionen der 1980er Jahre, die von recht konkreten Zielvisionen ausgingen, sei nun das Aufkommen von Konzepten zu beobachten, die Aspekte aus verschiedenen Gemeindeaufbauansätzen integrieren. Zudem gebe es verschiedene kybernetische Konzepte, darunter das »spirituelle Gemeindemanagement«.

Das Defizit anderer Kybernetikkonzepte (die sich an Managementtheorien orientieren) werde hier angegangen, da es um eine »von Gottes Verheißungen gedeckte Vision« für das Bauen von Gemeinde gehe. Daraus ergebe sich als das »Proprium« des Spirituellen Gemeindemanagements: »Spirituelles Gemeindemanagement ist ein Projekt der Langzeitweiterbildung von Pfarrerinnen und Pfarrern, bei dem Spiritualität und Management für den Aufbau einer wachsenden und mündigen Gemeinde von morgen fruchtbar gemacht werden sollen.«[26] In den weiteren Ausführungen widmet sich Herbst unter anderem Themen wie der Neugründung von Gemeinden in Anlehnung an anglikanische Initiativen und Fragen von »Mission in der Region« in Anschluss an eine entsprechende EKD-Initiative, wobei er mit Ausführungen zur Bedeutung der Arbeit mit Grundkursen des Glaubens schließt, die, dies überrascht wenig, von Herbst offensichtlich nach wie vor für besonders geeignet angesehen werden, um Gemeindearbeit zu inspi-

---

26. Dieses solle vom Glaubensleben getragen sein, zielorientiertes Arbeiten ermöglichen, Offenheit gegenüber Gottes Wirken wach halten und gleichzeitig Prinzipien des Marketing berücksichtigen helfen, indem neben Analyse und Zielentwicklung auch bestimmte Strategien, Arbeits- und Organisationsformen entwickelt werden. *Herbst* ([4]2010): Missionarischer Gemeindeaufbau, 497-501.

1. Missionarisches im Raum der deutschen Landeskirchen

rieren und in Gemeinden geradezu subversiv gemeinsam eine neue, ansprechende und missionarische Gestalt und Atmosphäre zu finden.[27]

1.4 Von Gemeindeentwicklung bis Unternehmensberatung – die 1990er Jahre

Doch zurück zu den 1980er Jahren: In dieser Zeit wurde der Ansatz eines missionarischen Gemeindeaufbaus im Sinne von Schwarz und Schwarz, Seitz, Herbst und anderen einesteils aufgenommen und in verschiedenen Formen weiterentwickelt, was eine *Diversifizierung* mit sich brachte. So wurden Ansätze eines *diakonischen Gemeindeaufbaus*[28] entwickelt, einer *ökumenischen Gemeindeerneuerung*[29], eines *projektorientierten Gemeindeaufbaus*[30] oder eines *gottesdienstlichen Gemeindeaufbaus*[31], um nur einige wenige zu nennen. Doch auch innerhalb dieser mit Schlagworten markierten Richtungen gingen die Meinungen weit auseinander, wie man am Beispiel eines gottesdienstlichen Gemeindeaufbau-Konzepts sehen kann. Es ist also auch eine *Diversifizierung innerhalb der verschiedenen Richtungen* zu beobachten. So propagierte der Heidelberger Praktische Theologe *Christian Möller* den Gottesdienst als den Ort, von dem mit Jes 55,11 gelte, dass das Wort Gottes »nicht leer zurückkomme«. Möller geht dabei wesentlich von *dem einen* sonntäglichen Gemeindegottesdienst aus, den es weiter zu entwickeln gelte. Andere Vertreter optierten dagegen für eine *Auffächerung* des Gottesdienstprogramms mit einer klaren Zielgruppenorientierung und *mehreren* Gottesdienstprogrammen, wie etwa *Jörg Knoblauch* in seinem Buch *Kann Kirche Kinder kriegen?*.[32]

---

27. Auch wenn ich der positiven Einschätzung von Michael Herbst hinsichtlich der Arbeit mit Grundkursen des Glaubens grundsätzlich zustimme, hätte ich mir doch eine Weitung der Perspektive auf andere praktisch-theologische Ansätze gewünscht, etwa die *Milieutheorie* oder die *Kirchentheorie*, die Debatten um Kirchenreform und die Bedeutung von Ortsgemeinden. Das weitgehende Ausblenden solcher Zusammenhänge mag aufgrund der gebotenen Kürze des Textes verständlich sein, im Blick auf das verschiedene Positionen übergreifende Gespräch jedoch ist dies bedauerlich.
28. Vgl. etwa die homepage der *Arbeitsgemeinschaft Missionarische Dienste* (AMD): http://www.a-m-d.de/mission-und-diakonie/index.htm, abgerufen am 07.01.2012.
29. Vgl. *D. Werner* (2005): Ökumenische Gemeindeerneuerung, in: ders., Wiederentdeckung einer missionarischen Kirche, Schenefeld, 224-240. Vgl. *EMW* (Hg.) (1998): Arbeitsbuch Ökumenische Gemeindeerneuerung, Hamburg. Vgl. *Missionarische Ökumene. Eine Zwischenbilanz.* Erfahrungen und Perspektiven, Hamburg 2002.
30. *A. Seiferlein* (1996): Projektorientierter Gemeindeaufbau, Gütersloh.
31. *C. Möller* (1988): Gottesdienst als Gemeindeaufbau. Ein Werkstattbericht, Göttingen, bes. 9-15.
32. *J. Knoblauch* (1996): Kann Kirche Kinder kriegen? Der zielgruppenorientierte Gottesdienst, Wuppertal.

Auf diese Weise, durch die Diversifizierung, wurde in manchen Ansätzen das Thema Gemeindeaufbau wieder graduell von der Ortsgemeinde als der bevorzugten Bezugsgröße gelöst. Verschiedene Ansätze bestehen in immer neuen Variationen bis heute fort, wenn sie auch weit weniger Aufmerksamkeit mehr auf sich ziehen, als dies noch in den 1980er Jahren der Fall war.[33] Insgesamt kann man vielleicht sagen, dass der Charakter des Modellhaften in der Debatte um den Gemeindeaufbau zugunsten einer pragmatischeren und »kleinteiligeren« Orientierung zurückgenommen worden ist.

Andere Ansätze kritisierten, dass der Bezug auf eine Ortsgemeinde, verstanden als *Beteiligungsgemeinde* zu einer gefährlichen Verengung des Gemeindebildes führen werde. Was ist, so wurde gefragt, mit denjenigen, die bewusst Kirche nur zu bestimmten Gelegenheiten wahrnehmen wollen, etwa zu Weihnachten oder zu Kasualien wie Taufe, Konfirmation, Hochzeit und Beerdigung? Wie steht es mit Menschen, denen spirituelle Angebote nichts sagen? Werden nicht ganze Segmente der Gesamtgesellschaft ausgeblendet und weniger »fromme« Formen faktischer kirchlicher Präsenz weniger wertgeschätzt oder gar als strukturell defizitär wahrgenommen? Zu Recht wurde gefragt, was sich aus Ansätzen wie dem von Seitz, Herbst und anderen ergeben würde, wenn der erste Schwung der Begeisterung verflogen sei. Bei aller Würdigung der neuen Aufbruchsstimmung sei dies die Nagelprobe für die Kompatibilität von Gemeindeaufbau einerseits und volkskirchlicher Gemeindewirklichkeit andererseits.[34]

Als ein Alternativmodell wurde daher die *Gemeindeberatung* verstanden, der es darum geht, Kommunikationsblockaden in den bestehenden Strukturen und persönlichen Beziehungen zu überwinden und somit »das, was schon da ist« zu optimieren.[35] Hier wird von der faktisch bestehenden Gemeindewirklichkeit her gedacht, deren Potentiale als nicht ausgeschöpft angesehen werden. Weiterhin wurde bemängelt, dass der Begriff »Gemeindeaufbau« für Fragen der Weiterentwicklung von Gemeinden und Kirchen ungeeignet sei, da ja eine Gemeinde nicht quasi von Null »aufgebaut« werden müsse, sondern immer schon bestehe. Dieses Argument setzte sich mit der Zeit durch, so dass heute kirchliche Arbeitsstellen zumeist den Begriff missionarische Gemeinde*entwicklung* verwenden.[36]

---

33. *J. Zimmermann* (2005): Was wurde aus dem »missionarischen Gemeindeaufbau«? Zwischenbilanz 25 Jahre nach »Überschaubare Gemeinde«, in: M. Herbst u. a. (Hg.), Missionarische Perspektiven für eine Kirche der Zukunft, Neukirchen, 85-104 (Lit.)
34. *H. Lindner* (1986): Programm – Strategien – Visionen, 215 f.
35. Vgl. *C. Möller* (1987/90): Lehre vom Gemeindeaufbau Band 1: Konzepte – Programme – Wege; Band 2: Durchblicke – Einblicke – Ausblicke, Göttingen.
36. So etwa das *Amt für Gemeindeentwicklung und missionarische Dienste* (GMD) der *Evangelischen Kirche im Rheinland*.

In den 1990er Jahren kamen verschiedene neue Impulse zum Tragen, wozu einerseits Kongresse der charismatischen Bewegung zu zählen sind. Es wurde besonders von us-amerikanischen Protagonisten wie *John Wimber* (1934-1997) oder *Claus Peter Wagner* (geb. 1930) ein *charismatischer* und *gabenorientierter Gemeindeaufbau* propagiert, der jedoch weiterhin in der Fluchtlinie eines Gemeindeverständnisses als Beteiligungsgemeinde liegt. Hier waren auch Einflüsse des *church growth movement* zu spüren.[37] Zur gleichen Zeit wurden auch Einflüsse aus der anglikanischen Kirche aufgegriffen, in der das Modell von *Church Planting*[38] erprobt wurde, dass nämlich eine lebendige und zahlenmäßig starke Muttergemeinde eine Gruppe von Gemeindegliedern in eine benachbarte Region entsendet, um dort ihrerseits eine neue Gemeinde zu begründen. Auch hier geht es grundsätzlich um das Modell einer Beteiligungsgemeinde. Zeitlich etwas versetzt wurden des Weiteren Erkenntnisse aus der *Unternehmensberatung* auf kirchliche Wirklichkeiten anzuwenden versucht, prominent etwa im so genannten *München Programm*. Es wurde das Angebot der Beratungsfirma *McKinsey* aufgegriffen, kirchliche Prozesse aus der Perspektive ökonomischer Prinzipien zu betrachten. Begriffe wie zum Beispiel »Produktstolz« wurden übernommen, womit die selbstbewusste Identifikation mit und Werbung für die eigenen Firmenprodukte (die man verkaufen will) gemeint ist. Es wurde also das Kommunikationsverhalten von Haupt- und Ehrenamtlichen und Gemeindegliedern daraufhin befragt, wie es nach außen wirkt.

1.5 Das Thema Mission wird *en vogue* – Die Jahre 1999-2013

Neben diesen Neuansätzen liefen »ältere« Ansätze weiter, etwa die aus der Bewegung um den missionarischen Gemeindeaufbau heraus sich entwickelnde Arbeit mit so genannten *Glaubenskursen*, also Einsteigerprogrammen für Menschen, die weltanschaulich und biographisch auf der Suche sind. Im Blick auf die Kirchenmitgliedschaftszahlen waren die 1990er indes die *anni horribiles* der jüngeren deutschen Kirchengeschichte, da nach 1989 und dem Fall der Mauer seitens der Bundesregierung der so genannte Solidaritätsbeitrag, kurz »Soli« genannt, eingeführt wurde. Viele Menschen entdeckten, dass sie

---

37. G. *Maier* (1995): Gemeindeaufbau als Gemeindewachstum (...), Erlangen.
38. M. *Herbst* (Hg.) (2008): Mission bringt Gemeinde in Form, Neukirchen-Vluyn (Übersetzung von »Mission chaped church«, London 2004). *M. Bartels; M. Reppenhagen* (Hg.) (2006): Gemeindepflanzung – ein Modell für die Kirche der Zukunft?, Neukirchen-Vluyn. Vgl. *J. Finney* (2007): Wie Gemeinde über sich hinauswächst Neukirchen-Vluyn. Vgl. schon: *B. Hopkins* (1996): Gemeinde pflanzen – Church planting als missionarisches Konzept, Neukirchen-Vluyn.

diese Abgabe durch den Kirchenaustritt kompensieren konnten, was zu massiven Erhöhungen der Austrittszahlen und damit zu schweren finanziellen Engpässen bei den evangelischen Landeskirchen und der katholischen Kirche führte.[39] So sank das Finanzaufkommen z. B. der Landeskirche Hannovers in den Jahren zwischen 1990-2010 um etwa 30 Prozent. Verbunden damit war ein massiver Stellenabbau, bei dem zumeist eben jene Funktionspfarrämter wieder aufgegeben wurden, die man in den finanziell starken Jahren der 1960er und 1970er Jahre aufgebaut hatte. Gleichzeitig kam es zu einer auch kirchenleitenden Neuorientierung am vorher eher verpönten Begriff der Mission.

Auf der EKD-Synode des Jahres 1999 wurde das Thema Mission prominent in den Mittelpunkt der Diskussion gerückt. Der Begriff wurde dann im Jahre 2010 erneut auf die Tagesordnung gehoben, quasi als eine Bestandsaufnahme »10 Jahre danach«. Die Missionssynode von 1999 mit dem Einführungsreferat des Tübinger Systematikers Eberhard Jüngel wirkte wie ein Fanal.[40] Sie hatte zur Folge, dass praktisch alle evangelischen Landeskirchen Deutschlands in den nächsten Jahren ihrerseits Synoden zum Thema Mission abhielten und nicht wenige Kirchen Papiere verabschiedeten, in denen verschiedene Akzente missionarischen Handelns formuliert wurden.[41] Doch auch von der *Arbeitsgemeinschaft Christlicher Kirchen* (ACK), der *Arnoldshainer Konferenz* oder der *Gemeinschaft Evangelischer Kirchen in Europa* (GEKE) wurden Papiere zum Thema Mission erstellt.[42]

---

39. Die Zahl der Austritte aus EKD-Kirchen belief sich von 1991 bis 2005 auf insgesamt 3.327.511 Personen. Die Eintritte dagegen lagen im gleichen Zeitraum bei 903.967 Personen. *I. Karle* (2007): Das Ende der Gemütlichkeit?, 339.
40. *E. Jüngel* (^{2}2001): Referat zur Einführung in das Schwerpunktthema, in: Reden von Gott in der Welt, hg. vom Kirchenamt der EKD, Frankfurt/M., 14-35.
41. *Aufbruch zu einer missionarischen Ökumene*, Hamburg 1999; *Auf Sendung. Mission und Evangelisation in unserer Kirche,* hrsg. v. der Kirchenleitung der EKiR, Düsseldorf 2002; *Gehet hin in alle Welt. Missionarische Kirche,* hg. v. LKA der Ev. Kirche in der Pfalz, Speyer 2007; *Mehr Himmel auf Erden – Glauben weitergeben heute. Ein Lesebuch.* Hg. v. Präsidium der Nordelbischen Kirche, Hamburg 2006; *Leitlinien kirchlichen Handelns in missionarischer Situation,* hg. von der EKBO, 2. Aufl., Berlin 2008; *Reden von Gott in der Welt,* hg. vom Kirchenamt der EKD, Hannover 2000; *Vom offenen Himmel erzählen. Unterwegs zu einer missionarischen Volkskirche.* Arbeitshilfe, hg. v. der Leitung der EKiR, Düsseldorf 2006; *H. Zeddies* (Hg.): *Kirche in Hoffnung* (Leitlinien künftiger kirchlicher Arbeit in Ostdeutschland), EKD, 1998; *Zeit zur Aussaat. Missionarisch Kirche sein,* hg. v. Sekretariat der Dt. Bischofskonferenz, Bonn 2000.
42. *Unser gemeinsamer Auftrag: Mission und Evangelisation in Deutschland* Ein Wort der [...] (ACK), Frankfurt 2002; *Evangelisation und Mission.* Ein Votum des Theol. Ausschusses der Arnoldshainer Konferenz, Neukirchen-Vluyn 1999; *Evangelisch evangelisieren.* Perspektiven für Kirchen in Europa, hg. v. [...] (GEKE), Wien 2007.

2. Regionalisierung und Ortsgemeinde – Strukturen

Zu Beginn der zweiten Dekade des 21. Jahrhunderts haben sich manche Trends (Finanzreduktion, Personalabbau, Verkauf von Kirchen und Gemeindehäusern, regionale Kooperationen, Errichtung überregionaler »Kompetenzzentren«) fortgesetzt. Die Frage lautet: Wie weiter agieren?

2.1 Die Zukunft der Landeskirchen – von Strukturen und Visionen

Eine besonders heftig geführte Diskussion wurde durch das EKD-Zukunftspapier »Kirche der Freiheit« (2006) ausgelöst. Die Diskussion des Papiers in den Jahren 2006-2010 hat konstruktiv gewirkt, indem durch programmatische Überzeichnung meines Erachtens durchaus heilsame Verunsicherungen hervorgerufen wurden. Andererseits konnten in vielen Gebieten Prozesse der Selbstverständigung und Selbstvergewisserung beobachtet werden. Durch das Papier wurde noch einmal deutlich, dass es ein *Weiter-so* nicht geben könne. Zunächst zu einige Grundaussagen: In *Kirche der Freiheit* werden Herausforderungen der Landeskirchen beschrieben und Zukunftsvisionen vorgestellt.[43] Konkrete Zielbestimmungen finden sich unter dem Begriff der »12 Leuchtfeuer«. Das Papier wirft zunächst einen nüchternen Blick auf zukünftige Herausforderungen bis zum Jahr 2030, wobei einige statistische Daten die Rahmenbedingungen deutlich erkennen lassen. So werde etwa die Zahl der Kirchenmitglieder – bedingt durch die demographische Entwicklung und Kirchenaustritte von 26 Millionen im Jahr 2003 auf 17 Millionen im Jahr 2030 sinken. Die Finanzkraft der Kirchen werde entsprechend abnehmen. Zudem sei die Anzahl der in Anspruch genommenen Kasualien in den letzten Jahren rückläufig und der Gottesdienstbesuch mit durchschnittlich 4 % »nicht zufriedenstellend«.[44] Das Zukunftspapier stellt dem insgesamt 12 »Leuchtfeuer« entgegen, die einen Aufbruch in *vier Themenbereichen* signalisieren sollen, nämlich erstens in den »kirchlichen Kernangeboten«, zweitens

---

43. *Kirche der Freiheit. Perspektiven für die Evangelische Kirche im 21. Jahrhundert*, Ein Impulspapier des Rates der EKD, hg. v. Kirchenamt der EKD, Hannover 2006. *Folgende Seitenzahlen beziehen sich auf diesen Text.* – Vgl. auch: *Das Evangelium unter die Leute bringen*, EKD Texte 68, Hannover 2000; *Ermutigung zur Mission. Informationen – Anregungen – Beispiele. Ein Lesebuch zum Schwerpunktthema der EKD-Synode 1999*, Frankfurt/M. 1999.
44. *Kirche der Freiheit*, 23; zur Statistik: 21.

bei den »kirchlichen Mitarbeitenden«, drittens beim »kirchlichen Handeln in der Welt« sowie viertens bei der »kirchlichen Selbstorganisation«.[45]

In der Debatte um das Impulspapier wurde von verschiedenen Seiten der Versuch gewürdigt, der Abnahme von Ressourcen nicht einfach zuzusehen, sondern die damit verbundenen Herausforderungen aktiv anzugehen. Zudem arbeitet das Papier mit Zahlenmaterial, welches die Rahmenbedingungen ausweist, soweit diese statistisch einigermaßen abschätzbar sind.[46] Andererseits werden Perspektiven zur Diskussion gestellt, die in konkreten Zielbestimmungen verdichtet werden, so dass ein mögliches gesamtdeutsches Szenario vor Augen gestellt wird. Bei knapper werdenden Mitteln wird dadurch einerseits die Zusammenarbeit von Landeskirchen in überregionalen Einrichtungen bedacht, andererseits werden Möglichkeiten und Notwendigkeiten solidarischen Handelns hervorgehoben. Ob und in welcher Weise die einzelnen Landeskirchen den Empfehlungen jedoch folgen werden, bleibt abzuwarten.

Indes wurde neben der positiven Würdigung des Impulspapiers auch deutliche, ja heftige Kritik geübt.[47] So mag man fragen, ob im Papier nicht eine betriebswirtschaftliche Optik dominiert, die wichtige ekklesiologische Fragen aus dem Blick geraten lässt.[48] Es wurde herausgestellt, dass die interkulturell-ökumenische Dimension völlig ausgeblendet werde, dass die religionssoziologischen Grundannahmen des Papiers sehr angreifbar seien, oder, dass das Papier durch seinen fordernden Charakter die Mitarbeitenden in Kirchen und Gemeinden eher demotiviere. Ein zentraler Punkt der Kritik betraf das Gemeindeverständnis. Im Folgenden konzentrieren wir uns daher auf den Gemeindebegriff.[49] Im Impulspapier wird unterstellt, dass in Zukunft *Profil*gemeinden die attraktivere Variante gegenüber gemeindlicher Wirklichkeit in den so genannten *Orts*gemeinden sein werde. In der Zielformulierung von Leuchtfeuer 2 heißt es:

> »Eine größere Vielfalt von Gemeindeformen ist für die evangelische Kirche ein sinnvoller Weg, um ihre Vitalität und ihre Wachstumskräfte zu stärken. Dieses

---

45. Jedes Leuchtfeuer wird nach einer Ausgangsthese mit Blick auf die »Situation«, in der Entwicklung von »Perspektiven« und in der Formulierung von konkreten »Zielen« entfaltet. Kirche der Freiheit, 48.
46. Zur Diskussion vgl. *D. Becker* (2006): Die Kirche ist kein Supertanker. Das Impulspapier verordnet der Kirche die falsche Strategie, in: Zeitzeichen (12/2006), 12-14; *J. Beckmann* (2006): Eine Frage der Macht. Wer Fusionen überstürzt vorantreibt, gefährdet den Erfolg der Kirchenreform, in: Zeitzeichen (11/2006), 49-51.
47. Vgl. etwa: *G. Thomas* (2007): 10 Klippen auf dem Reformkurs der Evangelischen Kirche in Deutschland. Oder: Warum die Lösungen die Probleme vergrößern, in: EvTh (67), 361-387.
48. Vgl. *H. Wrogemann* (^{2}2012): Den Glanz widerspiegeln, Münster u.a., bes. 240-250.
49. Vgl. etwa *M. Welker* (2006): Freiheit oder Klassenkirche, in: Zeitzeichen 12/2006, 8-11.

2. Regionalisierung und Ortsgemeinde – Strukturen

Anliegen sollte durch rechtliche Regelungen und Finanzordnungen gefördert werden. Eine größere Vielfalt der Gemeindeformen ist nur möglich, wenn die Finanzverteilung an die Gemeinden nicht allein an den Status der Ortsgemeinde gebunden ist. Vielmehr kann eine Reduzierung klassischer ortsgemeindlicher Angebote sogar über das Maß des allgemeinen Finanzrückgangs dann gut begründet sein, wenn dadurch eine Stärkung von Profilgemeinden ermöglicht wird. Geht man davon aus, dass gegenwärtig etwa 80 Prozent der Gemeinden rein parochialer Struktur sind, dass es etwa 15 Prozent Profilgemeinden (z. B. City-, Jugend- oder Kulturkirchen) gibt und nur etwa 5 Prozent der Gemeinden auf netzwerkorientierten Angeboten beruhen (z. B. Akademiegemeinden, Tourismuskirchen oder Passantengemeinden), dann sollte es ein Ziel sein, diese Proportion zu einem Verhältnis von 50 Prozent zu 25 Prozent zu 25 Prozent weiterzuentwickeln.«[50]

Hier wird demnach ein massiver Abbau von Ortsgemeinden geradezu gefordert. Es kann sich dabei nur um einen Rückzug aus der Fläche handeln. Die dahinter zu vermutende Logik ist, dass ein möglichst breit gefächertes Angebot von Profilgemeinden die passende Antwort auf die gesellschaftliche Pluralisierung und Diversifizierung darstelle. Eben diese Logik wurde in der Diskussion pointiert hinterfragt.

2.2 Von Notwendigkeiten und Möglichkeiten – Zauberwort *Regionalisierung*

Seit den 1990er Jahren wurde in allen Landeskirchen ein massiver Personalabbau betrieben, wobei die Frage aufkam, wie verschiedene kirchliche Aufgaben weiterhin aufrechterhalten werden können. Kann und darf der Abbau von Stellen bedeuten, dass sich Kirche »aus der Fläche« zurückzieht? Sehr bald schon wurde die Notwendigkeit regionaler Zusammenarbeit erkannt und – mit sehr unterschiedlicher Intensität – umzusetzen versucht.[51] Hier sind verschiedene Diskurse zu beobachten, einmal die Kontroverse über das Verhältnis von Parochialgemeinden einerseits und funktionalen Diensten andererseits, dann die Frage nach der Bedeutung von größeren Einheiten kirchlicher Präsenz die zwischen den Ortsgemeinden einerseits und den Kirchenkreisen /Dekanaten andererseits angesiedelt sind, den so genannten »Regionen«. Schon Ende der 1990er Jahre wurde das Stichwort »Regionalisierung« von manchen Menschen in der Hoffnung aufgegriffen, trotz schwin-

---

50. Kirche der Freiheit, 56-57.
51. Vgl. etwa zur ostdeutschen Situation: *W. Ratzmann* (1996): ›Minderheit mit Zukunft‹ – ein Diskussionspapier und sein Echo, in: BThZ (13), 133-142; *ders.* (2000): Ekklesiologische Leitbilder in den Strukturreformen der ostdeutschen Landeskirchen, in: ders., J. Ziemer (Hg.), Kirche unter Veränderungsdruck, Leipzig, 30-47. Aus röm.-kath. Perspektive vgl. *M. Kaune* (2003): Regionalisierung: Die ungeliebte Kröte, in: PTh (92), 48-60.

dender Ressourcen durch eine Verlagerung von Angeboten in eine Region ein besseres Angebot liefern zu können.

Allerdings besteht ein Problem in der Unbestimmtheit des Begriffes »Region«. Meint dieser Begriff die *regionale Kooperation* von zwei bis drei Gemeinden, meint er die *Zusammenfassung mehrerer Gemeinden* zu einer Regionalgemeinde oder einen Pfarrverband, meint er die *Ausweisung der Grenzen eines städtischen Ballungszentrums* oder aber einer Region, die als »sozialer Brennpunkt« angesehen wird? *Wolfgang Ratzmann* sieht die Schwäche des Begriffes darin, dass weder Kriterien noch Größenordnungen auch nur annähernd zu bestimmen sind. Diese Schwäche wird auch in der sozialwissenschaftlichen Forschung gesehen. Allgemein kann definiert werden: »*Als Planungs- und Analyseeinheit ist die Region ein durch bestimmte Merkmale gekennzeichneter, zusammenhängender Teilraum mittlerer Größenordnung in einem Gesamtraum.*«[52] Worin allerdings diese Merkmale bestehen, dies wird, so zeigt die Praxis, von verschiedenen, am Prozess einer Regionalisierung beteiligten Akteure, ganz unterschiedlich eingeschätzt. Das bedeutet: Das *Definitionsinteresse* von einem anzustrebenden Raum »Region« nach Größe, Zuschnitt und struktureller Gestalt ist oft sehr verschieden.[53] Abgesehen von den unterschiedlichen Interessen wurde immer wieder das Problem benannt, dass unvermeidbare regionale Kooperationen nicht selten in der Gefahr stehen, dass das bisherige kirchliche Leben einfach fortgeschrieben wird. Dabei wird das *Innovationspotential* größerer Einheiten unterschätzt und der grundsätzlich *inhaltlichen Auseinandersetzung* ausgewichen.

Verschiedene Modelle von so genannten Regionalisierungen wurden angedacht und erprobt. Während die einen darin einen Gewinn sahen, dass kirchliche Präsenz öffentlichkeitsrelevant im Blick »über den eigenen Kirchturm hinaus« neu aufgestellt werde, warnten andere davor, den Bezug zur Wohnbevölkerung und überhaupt den lokalen Lebenswelten von Menschen zu verlieren, etwa dadurch, dass hauptamtliche Stellen nun vermehrt nicht mehr den Gemeinden, sondern den Kirchenkreisen zugeordnet wurden.[54] *Ingrid Lukatis* hat aus pastoralsoziologischer Perspektive zu Recht darauf hingewiesen, dass die Förderung regionaler Zusammenarbeit nur in einem behutsamen Aufeinanderzugehen der verschiedenen Gemeinden und Akteure geschehen kann, da erstens jede Regionalisierung »einzigartig« ist, da zweitens Kooperationen eine »Gestaltungs-Offenheit« benötigen, drittens auf »koope-

---

52. *W. Ratzmann* (2003): ›Region‹ – einem schillernden Begriff auf der Spur, in. Pastoraltheologie (92), 2-12.
53. Vertreter/innen kleinere Landgemeinden mögen Sorge um den Erhalt der eigenen Identität haben, Vertreter/innen aus dem städtischen Bereich mögen von der Sorge getrieben sein, dass zu kleinteilige Einheiten die Gesamtrepräsentation von »Kirche« in einem Stadtteil oder Großraum deutlich erschweren.
54. Vgl. *H. Wrogemann* (1998): Identität und Struktur – Beobachtungen zu missionarischer Gemeinde heute, in: EvTh (58), 424-432. Für Beispiele vgl. *ders.* (2012): Den Glanz widerspiegeln, 252-254.

rationsbereite« Menschen angewiesen sind und in alledem abhängig sind von den so wichtigen Gütern, nämlich *Motivation* und *Vertrauen*.[55] Viertens komme es darauf an, dass sich Kooperationen auch zu tragfähigen Strukturen verdichten. *Meines Erachtens geht es darum, bei Kooperationen die Nähe zu Lebenswelten der Menschen im Auge zu behalten. Andererseits geht es darum, geistliche »Räume« zu ermöglichen, in denen so etwas wie eine Ausstrahlung des Glaubens überhaupt gelebt werden kann.*[56]

2.3 Zwischen Parochie und Funktionsdiensten – die Theorie *kirchlicher Orte*

Hinsichtlich der Diskussion um das Verhältnis von Parochialgemeinden einerseits und funktionalen Diensten andererseits hat *Uta Pohl-Patalong* den Vorschlag eingebracht, anstatt von Gemeinden und Diensten besser von »kirchlichen Orten« zu sprechen.[57] Was ist damit gemeint? Pohl-Patalong stellt heraus, dass sowohl nicht-parochiale Ansätze wie parochiale Ansätze die Strukturen von Kirche als Antwort einerseits auf gesellschaftliche »Pluralisierung« verstehen, als Antwort andererseits auf die gesteigerte »Mobilität« von Menschen, als Antwort auf Tendenzen zur »Individualisierung«, zur »Subjektivität« und gesellschaftlichen »Fragmentierung«[58]. In der Analyse ge-

---

55. *I. Lukatis* (2003): Regionalisierung aus pastoralsoziologischer Sicht, in: PrTh (92), 13-24, 20 ff.
56. Wenn etwa in der Evangelischen Kirche Mitteldeutschlands in der Region des Harz *drei Kirchspiele*, die jeweils aus mehreren Kirchengemeinden bestehen, aufgrund der geringen Zahl an Jugendlichen zusammen *einen einzigen Konfirmandenunterricht* an Blockwochenenden gemeinsam vornehmen, dann ist das hochgradig sinnvoll, damit eine *angemessene Gruppengröße* erreicht wird, mit der man pädagogisch überhaupt arbeiten kann. Abgesehen davon spielt natürlich auch eine Rolle, dass in der Situation der Vereinzelung von Christen/innen vor Ort diese die christliche Gemeinschaft als einen *schützenden sozialen Raum* brauchen. Hier nun werden junge Christen/innen aus einem großen Umkreis zusammengebracht. Die Frage, wie vor Ort wieder neues geistliches Leben entstehen kann, bleibt bestehen. Der erste Schritt jedoch besteht darin, unter den gegebenen Bedingungen christliche Gemeinschaft am Leben zu erhalten und zu stärken. Im Blick auf übergemeindliche und überregionale Zusammenarbeit sind die Kontexte eben sehr unterschiedlich, je nach Region.
57. *U. Pohl-Patalong* (²2005): Von der Ortskirche zu kirchlichen Orten, Göttingen. Vgl. schon: *dies.* (2001): Kirchliche Orte mit differenziertem Angebot. Ein ›dritter Weg‹ zwischen Ortsgemeinde und übergemeindlichen Diensten, Lernort Gemeinde (19), 42-48; *dies.* (2001a): Kirche zwischen Parochialität und Nichtparochialität. Ein historischer Konflikt, in: G. Brakelmann u.a. (Hg.): Kirche mit Profil, Bochum, 31-50; *dies.* (2003): Ortsgemeinde und übergemeindliche Arbeit im Konflikt, o.a.; *dies.* (2003a): Regionalisierung – das Modell der Zukunft? (…), PTh (92), 66-80; *dies.* (2004): »Kirchliche Orte«. Jenseits von Ortsgemeinde und übergemeindlichen Arbeitsformen, in: dies. (Hg.): Kirchliche Strukturen im Plural (…), Hamburg, 133-146.
58. *U. Pohl-Patalong* (2003): Ortsgemeinde, 144-196.

sellschaftlicher Wirklichkeit ebenso wie in der Intention, der Veränderung der lebensweltlichen Kontexte gerecht zu werden, sind sich parochiale wie nichtparochiale Ansätze weitgehend einig, so Pohl-Patalong. Dennoch ergeben sich Unterschiede, etwa im Blick auf die Mobilität von Menschen, der im parochialen Modell Beheimatungsmöglichkeiten *entgegengestellt* werden, wohingegen Vertreter/innen nichtparochialer Modelle stärker der Mobilität in neuen Arbeits- und Lebensformen *folgen* wollen.[59] Das Modell der »kirchlichen Orte« soll über die Alternative von Gemeinden einerseits und Diensten andererseits hinausführen, da hier der Raumbezug erhalten bleibt. Bei knapper werdenden Ressourcen müsse man überlegen, welche kirchlichen Orte aufgegeben werden können.

> »An jedem dieser kirchlichen Orte schlage ich *sowohl* ein vereinsähnliches kirchliches Leben *als auch* inhaltlich qualifizierte Arbeitsbereiche vor, die jedoch organisatorisch voneinander getrennt gestaltet werden.«[60]

Die religiös bestimmte Gemeinschaft und Geselligkeit, die nach Pohl-Patalong »primär selbstreferentiell« ausgerichtet ist (wenn auch nicht nur, da etwa die »kleine Diakonie« in der Nachbarschaft dazu kommt), ist auf den Nahbereich ausgerichtet und soll von *Ehrenamtlichen* geleitet werden, die für diese Aufgaben und die Selbstorganisation zuzurüsten sind. *Hauptamtliche* sollen nicht einem bestimmten kirchlichen Ort zugeordnet sein, um zu verhindern, dass ihnen Aufgaben angetragen werden und damit die Orientierung an den Ehrenamtlichen geschwächt wird. Am gleichen kirchlichen Ort sollten andererseits inhaltlich akzentuierte Arbeitsbereiche angesiedelt sein, die die »öffentliche Dimension kirchlichen Lebens« zur Geltung bringen. Am besten sollte es sich um 2-3 Schwerpunkte handeln, etwa spezialisierte Seelsorge, Beratung, Kirchenmusik, Jugendprogramme oder Diakonie, wobei einerseits auf die *organisatorische Trennung* dieser funktionalen Arbeitsbereich vom vereinskirchlichen Bereich zu achten, andererseits auf die *Vernetzung* beider hinzuarbeiten ist. Grundsätzlich gilt: Die kirchlichen Orte unterscheiden sich je nach den Kontexten und den darauf abgestimmten Angeboten, so dass an verschiedenen Orten verschiedene überregional-funktionale Angebote gemacht werden. *Da es an jedem kirchlichen Ort auch gottesdienstliches Leben geben soll, kommen damit – und dies ist die Pointe – die Bereiche Gottesdienst und vereinskirchlicher Bereich sowie andererseits der Funktionsbereich in gegliederter Form zusammen.*[61]

---

59. *U. Pohl-Patalong* (2003): Ortsgemeinde, 202.
60. *U. Pohl-Patalong* (2003a): Regionalisierung – das Modell der Zukunft?, 75.
61. *U. Pohl-Patalong* (2003): Ortsgemeinde, 246: »An jedem kirchlichen Ort findet ein *gottesdienstliches Leben* statt [...] Eine wesentliche Differenz zwischen bisherigen Parochien und bisherigen nichtparochialen Arbeitsbereichen, die zu der Binarität nicht wenig beigetra-

2. Regionalisierung und Ortsgemeinde – Strukturen

Auf diese Weise versucht Pohl-Patalong die Wohnortnähe des Parochialmodells zusammen zu bringen mit der Ausdifferenzierung funktionaler Arbeitsbereiche, so dass nicht mehr jeder Ort alles leisten muss, sondern eine Differenzierung von Angeboten an jeweiligen Orten möglich wird. Die Nähe zu Regionalisierungsmodellen besteht in der Ausrichtung auf eine Region als einer über die einzelne Parochie hinausgehenden Größe, wobei – so kann man die Sicht von Pohl-Patalong paraphrasieren – im Modell der *Kirchlichen Orte* die Aufgabenzuschreibung von Ehrenamtlichen und Hauptamtlichen einen Gewinn gegenüber Modellen von Regionalisierung darstellt, da es nicht mehr nur um die möglichst gerechte Aufteilung knapper werdender Ressourcen geht, sondern eine *inhaltliche Qualifizierung* der Arbeit geleistet werde. Im Modell Kirchlicher Orte werde stärker als im Modell der Ortsgemeinde »gesamtkirchlich« gedacht, es handele sich um ein »flexibles« Modell mit einer Vielzahl von Möglichkeiten lokaler Ausgestaltung, zudem gehe es darum, den Charakter von Kirche und Gemeinde zu verändern. Damit leiste das Modell einen Beitrag zur grundsätzlichen Debatte um die Zukunft der Kirche und sei damit weniger als viele Beiträge zur Regionalisierung an der Lösung unmittelbar drängender Probleme orientiert.

In diesem Modell geht es allerdings auch um eine räumliche Entkoppelung der kirchlichen Mitgliedschaft, die greifbar wird in der Frage der »rechtliche(n) Zugehörigkeit der Kirchenmitglieder. Die Zuordnung ihrer Mitgliedschaft zu einer Parochie, die sich durch ihren Wohnort bestimmt, wird gegenstandslos. Die Mitgliedschaft müsste zentral geführt und vermutlich auf die Landeskirche, zumindest aber auf einen Sprengel, bezogen werden.«[62] Auch die Zuordnung der Kirchensteuermittel müsste neu geregelt werden. Der Öffentlichkeitsarbeit komme eine neue und zentrale Bedeutung zu. Soweit das Modell von Pohl-Patalong.

Bei allem, was daran bedenkenswert ist, mag man kritisch einwenden, dass hier eine deutliche Entkoppelung von kirchlicher Mitgliedschaft und Gemeindezugehörigkeit stattfindet. Was bedeutet das? *Es bedeutet meines Erachtens faktisch eine weitergehende Anonymisierung, denn der Bezug von Pfarrer/in zu der Wohnbevölkerung wird damit gekappt. Aufs Ganze gesehen läuft auch dieses Modell darauf hinaus, den Bezug zum Nahbereich zu schwächen. Weitere*

---

gen haben dürfte, wird damit aufgehoben. Anders als bisher im parochialen Angebot ist der agendarische Gottesdienst am Sonntagvormittag nicht mehr die Regelform. Diese gibt es weiterhin an manchen Orten, ihre Normativität wird aufgelöst zugunsten einer Vielfalt gottesdienstlicher Formen mit unterschiedlichem Charakter und zu unterschiedlichen Zeiten. Prägend für den Charakter des Gottesdienstes sind die jeweiligen Arbeitsbereiche an dem kirchlichen Ort«, etwa Jugendarbeit, Spiritualität, junge Familie Arbeit und ähnliches.

62. U. Pohl-Patalong (2003): Ortsgemeinde und übergemeindliche Arbeit im Konflikt, 249.

Fragen sind: Wie steht es mit der Qualifizierung von Mitarbeitenden? Kann man ein solches Modell erdenken und dann umsetzen? Pohl-Patalong jedenfalls macht sehr spezifische Vorgaben. Wie steht es mit den tatsächlich vorhandenen Ressourcen an Mitarbeitenden? Pohl-Patalongs Modell setzt auf eine strukturell abgestützte Aufwertung von Ehrenamtlichen, die im gottesdienstlichen Leben eine besondere Leitungsfunktion einnehmen sollen. Wäre eine solche Aufwertung von Ehrenamtlichen aber nicht auch im Modell einer Ortsgemeinde möglich? Generell gefragt: Wird nicht auch bei dem Modell der Kirchlichen Orte das Potential von Ortsgemeinden unterschätzt?

2.4 Hässliches Entlein oder schöner Schwan? – die Ortsgemeinden

Eine Lanze für die bleibende Bedeutung der *Ortsgemeinde* hat jüngst Isolde Karle, Praktische Theologin an der Universität Bochum, gebrochen. Auch *Karle* kritisiert am Impulspapier der EKD, dass hier eine betriebswirtschaftliche Perspektive vorherrsche, was zu »Selbstüberforderung« führe.[63] Die Annahme des Impulspapiers, dass Religion wieder »im Trend« liege, stimme religionssoziologisch betrachtet, hier verweist Karle auf Ergebnisse der Arbeiten von *Detlev Pollack*, ebenso wenig wie die Behauptung, dass sich neben der institutionell verfassten Religion quantitativ nennenswerte Formen von Religion ausgebildet hätten.[64] Das Impulspapier sei durch eine Tendenz zur Zentralisierung ausgezeichnet, die Bedeutung der Ortsgemeinden werde unterschätzt. So werde vorgeschlagen, deren Zahl deutlich zu reduzieren, dagegen aber ein Mehr an Profilgemeinden zu bilden. Abgesehen davon, dass solche Profile in städtischen Regionen zwar sinnvoll, diese aber eben auch nicht »machbar« sind, sondern von den *individuellen Gaben der Beteiligten* abhängen, weist Karle auf den *Charakter einer Gemeinde* hin, die im *Sinne des Priestertums aller Gläubigen nicht von Pfarrern, sondern vom Gemeinderat / Kirchenvorstand geleitet* werde. So gesehen gilt: »Eine Krankenhaus-, Tourismus-, Jugend- oder Citykirche ist zwar eine *Versammlung der Gläubigen*, aber sie ist *keine autonome, sich selbst verwaltende Gemeinde*, sondern gänzlich auf den Pfarrer hin zentriert.«[65] Die Forderung nach Funktionsgemeinden treibe,

---

63. *I. Karle* (2008): ›Wachsen gegen den Trend‹ – eine Motivation oder ein Problem? Perspektiven für die Ortsgemeinde, in: M. Herbst u. a. (Hg.), Kirche wächst, Holzgerlingen, 51- 77, 61.
64. *D. Pollack* (2003): Säkularisierung – ein moderner Mythos. Studien zum religiösen Wandel in Deutschland, Tübingen.
65. *I. Karle* (2008): ›Wachsen gegen den Trend‹ – eine Motivation oder ein Problem?, 67-68. (Herv. geändert) Es sei aus dieser Perspektive betrachtet zudem »fahrlässig« von »Internet*gemeinden*« zu sprechen.

so Karle ganz zu Recht, die »Pfarrerzentrierung der evangelischen Kirche auf die Spitze.«[66]
Demgegenüber gehe es darum, die Potentiale von Ortsgemeinden wahrzunehmen und wertzuschätzen. *Günter Thomas* spricht in diesem Zusammenhang von einem »Kapital« der Ortsgemeinden. In Anschluss an *Pierre Bourdieu* geht es um diejenigen Kräfte von Ortsgemeinden, die vielleicht nicht auf den ersten Blick sichtbar sind, etwa das kulturelle und soziale Kapital[67], und, mit Thomas, das »motivationale Kapital der Mitarbeiter, deren auf intrinsischer Motivation gegründete Einsatzbereitschaft«.[68] Meines Erachtens jedoch muss deutlich über diese Beobachtungen hinausgegangen werden, denn es gibt ein noch ganz anderes Kapital des »hässlichen Entleins« Ortsgemeinde, welches bei weitem unterschätzt wird, nämlich das *lebensweltliche Selbstverständlichkeitskapital*, das *Kapital des Unspektakulär-seins* und in alledem das *Vertrauenskapital*. Dies habe ich an anderer Stelle ausgeführt.[69] Wichtig bleibt: Kulturelles Kapital dieser Art ist in langen Zeiträumen angewachsen. Es wirkt in Menschen als eine Art Hintergrundwissen und *common sense* nach, selbst dann, wenn Menschen mit Kirche nichts mehr zu tun haben. Dieses Hintergrundwissen erleichtert bis heute Kontaktaufnahme mit diesen Menschen enorm. Daher sollte dieses Kapital nicht durch Anonymisierungstendenzen leichtfertig verspielt werden.

2.5 Gemeinden neu gründen – eine Alternative?

Wenigstens kurz sollen Initiativen erwähnt werden, die auf die Neugründung von Gemeinden zielen.[70] In westlichen Bundesländern kam es seit den 1980er Jahren zu etlichen Neugründungen von Gemeinden außerhalb der Landeskirchen. Es stellte sich jedoch heraus, dass die Gemeindeglieder dieser Neugründungen zum größten Teil aus ehemaligen Mitgliedern der Landeskichen bestanden, oft sogar Menschen, die dort ehemals engagiert mitgearbeitet hatten. Damit stellen solche Neugründungen *im Blick auf Menschen*, die innerhalb der Gesellschaft *dem christlichen Glauben nicht verbunden sind* meines Erachtens gerade *keine* missionarische Alternative dar.[71] Seitens der Landes-

---

66. *I. Karle* (2008): ›Wachsen gegen den Trend‹ – eine Motivation oder ein Problem?, 68.
67. *P. Bourdieu* (1983): Ökonomisches Kapital, kulturelles Kapital, soziales Kapital, in: R. Kreckel (Hg.), Zur Theorie sozialer Ungleichheiten, Göttingen, 183-198.
68. *G. Thomas* (2007): 10 Klippen, 363f.
69. Vgl. *H. Wrogemann* (2012): Den Glanz widerspiegeln, 259-262.
70. Vgl. etwa *J. Knoblauch u. a.* (Hg.) (1992): Gemeinde gründen in der Volkskirche, Moers.
71. Manche dieser Gemeinden, die mir bekannt sind, stagnieren sehr bald im Blick auf ihre Mitgliederzahl. Mit der *zweiten Generation* stehen diese Gemeinden dann sehr bald vor

kirchen werden solche Gemeinden indes als Zeichen zu verstehen sein, Menschen mit einem größeren Bedürfnis nach Gemeinschaftlichkeit zukünftig mehr Gestaltungsräume zu bieten. In den östlichen Bundesländern sind ebenso Neugründungen zu verzeichnen. In Gebieten, in denen es so gut wie keine christlichen Vergemeinschaftsstrukturen und Netzwerke mehr gibt ist die Förderung und Begleitung solcher Prozesse eine wichtige Herausforderung. Missionstheologisch und ekklesiologisch zeigt sich hier erneut die Polarität von volkskirchlichen Mustern einerseits (Offenheit für verschiedenste religiöse Bedürfnislagen und Ausprägungen von Frömmigkeit, niederschwellige Angebote, Präsenz mit vielfältigen Schnittflächen in Kasualien, sozialen Angeboten, Bildung, Gottesdienst und anderen Formen) und Formen intensiverer Vergemeinschaftung in überschaubaren und begrenzten sozialen Beziehungen. Im Blick auf das Gesamtszenario deutscher Kontexte ist die Frage, welche Muster am verheißungsvollsten erscheinen, meines Erachtens nur aus den jeweiligen lokalen Bedingungen zu erfassen. Jedenfalls sollten Vereinseitigungen vermieden werden, wenn die einen meinen, die Zukunft von Kirche in Deutschland liege im Aufbau neuer Gemeinden, die anderen jedoch, dass das alleinige Festhalten an Bewährtem zukunftsträchtig sei.

Neue Gemeinden können als Stimulus für andere Gemeinden wirken. *Alternative Formen christlicher Präsenz kommen ohnehin in vielfältiger Weise den Ortsgemeinden zugute,* wenn etwa Menschen über die Arbeit evangelischer Akademien das Interesse an ›Kirche‹ behalten, mit dem Leben ihrer Ortsgemeinde jedoch nicht in Kontakt kommen. Zu nennen sind hier auch Jugendorganisationen wie der CVJM oder christliche Pfadfinder, um nur zwei Beispiele zu nennen, über deren Arbeit viele junge Menschen einen Weg zu »Kirche« finden, der sich über das normale Gemeindeleben nicht eröffnet hätte. Umgekehrt sollten Vertreter/innen der Idee von Gemeindeneugründungen im Blick behalten, welches Potential volkskirchliche Strukturen haben, in denen das kulturelle Kapital von Vertrauen, Wohnortnähe oder die verbreitete Meinung, es handele sich hier um öffentliche Religion, eingelagert ist. Einladungen zu gemeindlichen Veranstaltungen etwa finden meiner Beobachtung nach in landeskirchlichen Strukturen westlicher Bundesländer nach wie vor ungleich stärkere Resonanz, als Angebote etwa von baptistischen Gemeinden oder anderen so genannten »Freikirchen«.

den gleichen Herausforderungen, wie Landeskirchen und Römisch-katholische Kirche in Deutschland, nämlich die jungen Menschen für das Gemeindeleben zu gewinnen.

3. Glaubenskurse und Milieustudien – Arbeitsformen

Kommen wir nun von dem Bereich der Strukturdebatten zur Frage neuer Arbeitsformen. Insbesondere seit den 1980er Jahren hat die Arbeit mit Grundkursen des Glaubens stetig zugenommen, andererseits wurde in den letzten Jahren mehr und mehr die Milieutheorie als Instrument gemeindlicher Arbeit entdeckt.

3.1 Was ist unter *Grundkursen des Glaubens* zu verstehen?

Seit den 1980er Jahren gehört die Arbeit mit Grundkursen zum christlichen Glauben zum Standardprogramm missionarischer Gemeindeentwicklung.[72] Als eines der frühen und am weitesten verbreiteten Kursangebote ist *Christ werden – Christ bleiben* zu nennen.

> Es handelt sich um einen auf sieben bis acht Abende angelegten Kurs, der über mehrere Wochen abgehalten wird. In einem etwa zweistündigen Programm wird nach einer Begrüßung ein mit Bildmaterial unterlegter Impulsvortrag gehalten, der danach in Kleingruppen diskutiert wird. Jeder Abend schließt mit einem weiteren kurzen Impuls, gerahmt von Möglichkeiten der Begegnung. Es handelt sich um ein kompaktes Programm, das mit dem letzten Abend in einem gemeinsamen, offen und partizipativ gestalteten Gottesdienst seinen Abschluss findet. Damit wird der Gefahr einer zeitlichen Vereinnahmung begegnet. Jedem Teilnehmenden wird das Material in Gestalt einer modern gestalteten Kursmappe mitgegeben. Erarbeitet und erprobt wurde dieser Kurs durch *Burkhard Krause*.[73] Mittlerweile läuft der Kurs auch in anderen Ländern, etwa Südafrika und Brasilien, jedoch sorgfältig abgestimmt auf die jeweiligen Kontexte. Der christliche Glaube wird durch Vorträge, die durch Bilder auf Folien oder Beamer veranschaulicht werden, in lebensweltnahen und inhaltlich dichten thematischen Einheiten vor Augen gestellt. Der im deutschen Kontext an der Sinnfrage orientierte Kurs arbeitet mit Anleihen der Logotherapie von Victor Frankl und auf Grundlage einer lutherischen Theologie mit ökumenischer Offenheit.

---

72. Als Übersicht zu verschiedenen Kursen und als inhaltliche Analyse vgl. *J. M. Sautter* (2005): Spiritualität lernen. Glaubenskurse als Einführung in die Gestalt des christlichen Glaubens, Neukirchen.
73. *B. Krause* (o. J.): Christ werden – Christ bleiben. Ein Gemeindeseminar zu Grundfragen des Glaubens. Schriftliche Fassung der Referate zu den Abenden; *ders.* (1996): Auszug aus dem Schneckenhaus. Praxis-Impulse für eine verheißungs-orientierte Gemeindeentwicklung, Neukirchen-Vluyn.

In den 1980er und 1990er Jahren wurden in ganz Deutschland Multiplikatorenschulungen vorgenommen, bei denen mehr als 500 Personen dazu befähigt wurden, ihrerseits den Kurs durchzuführen. Damit wurde ein Kursangebot breitflächig implementiert. Neben *Christ werden – Christ bleiben* als einer »Reise in das Land des Glaubens« haben sich weitere Kursangebote entwickelt, die mit klingenden Namen wie *Schatzsuche*[74], *Farbwechsel*[75] oder *Stufen des Lebens*[76] einladen. Es findet sich heute eine breite Palette solcher Angebote.[77] Im Jahr 2009 startete eine bundesweite Initiative der *Arbeitsgemeinschaft Missionarische Dienste* (AMD)[78] und der EKD zu *Kursen des Glaubens*.[79] Ziel ist es, in den verschiedenen Landeskirchen dazu anzuregen, in möglichst großer Zahl und Verbreitung Kurse zum Glauben anzubieten. Der Begriff *Kurse zum Glauben* ist bewusst offen gehalten, um deutlich zu machen, dass inhaltlich, didaktisch und im Blick auf die Zielgruppen sehr unterschiedliche Profile angeboten werden.

Außergemeindliche Veranstaltungsorte und Bildungsstandards. Es wurde wiederholt die Frage gestellt, ob Kurse dieser Art nicht wiederum eine besondere Form des Gemeindeverständnisses voraussetzen, nämlich die Beteiligungsgemeinde. Indes wurden solche Kurse bisweilen auch unter dem Dach etwa der *Evangelischen Erwachsenenbildung* (EEB) angeboten, was zu der Frage geführt hat, ob Angebote, die ausdrücklich auf den christlichen Glauben hinweisen, mit den Rahmenbedingungen einer auf die gesellschaftliche Öffentlichkeit zielenden Bildungsarbeit vereinbar sind. Kann und darf man also von einer »missionarischen Bildungsarbeit« sprechen?[80] Aus der Perspektive der EEB jedenfalls gibt *Antje Rösener* zu bedenken, dass für verschiedene Glaubenskurse eine Auseinandersetzung mit der neueren Bildungsforschung immer noch ausstehe, wobei in den Materialien oft eine »direktive Didaktik« zu konstatieren sei. Für die Glaubenskursarbeit solle daher der Bildungsbegriff so lange nicht verwendet werden, wie dieses Defizit nicht behoben sei.[81] Die Subjektorientierung von Bildung sei ernster zu nehmen, und zwar sowohl im Blick auf die verwendeten Materialien wie auch im Blick auf die Qualifizierung der Mitarbeitenden. Für Grundkurse des

---

74. A. *Ebert* (1990): Auf Schatzsuche: 12 Expeditionen ins Innere des Christentums, München.
75. W. *Kopfermann* (³1995): Farbwechsel. Ein Grundkurs des Glaubens, Emmelsbüll. Dieser Kurs steht im Zusammenhang der charismatischen Gemeindeerneuerung.
76. Vgl. www.stufendeslebens.de.
77. G. *Häuser* (2004): Einfach vom Glauben reden. Glaubenskurse als zeitgemäße Form der Glaubenslehre für Erwachsene, Neukirchen.
78. Vgl. www.a-m-d.de.
79. Vgl. www.kurse-zum-glauben.org.
80. Vgl. dazu H. *Wrogemann* (2011): Mission und Bildung zwischen Konvergenz und Differenz, in: ders., Das schöne Evangelium, o. a., 191-212.
81. A. *Rösener* (2010): Standards für eine Bildung, die den Menschen dient und der Kirche gut zu Gesicht steht!, in: J. Zimmermann (Hg.) (2010): Darf Bildung missionarisch sein?, 132-149, 141.

Glaubens sei nach überprüfbaren Standards von Bildungsarbeit zu fragen. Konkret müsse etwa diskutiert werden, »ob es den eigenen Standards entspricht, wenn [...] das letzte Kurstreffen reine religiöse Feier beinhaltet, in der die Personen, die sich zum Glauben bekehren wollen, ein solches Bekenntnis ablegen können. Auch die unhinterfragte Integration von Gebetsdiensten in den Rahmen eines Glaubenskurses, wie das bei vielen Alphakursen üblich ist, wäre zu diskutieren.«[82] Es stehen damit die methodischen Rahmenbedingungen in Frage. Im Gespräch mit *Michael Herbst* spitzt sich etwa die Forderung nach Räumen innerer Distanznahme gegenüber den Inhalten solcher Glaubenskurse dahingehend zu, dass diskutiert wird, ob es sich um »ergebnisoffene« Bildungsprozesse handeln muss (so Rösener), oder aber, ob man zurückhaltender von »ergebnisunsicheren« Bildungsangeboten sprechen sollte (so Herbst).[83]

3.2 Von der Vielgestaltigkeit der Arbeit mit *Kursen zum Glauben*

Im Blick auf die *Verschiedenartigkeit von Glaubenskursen* sind allerdings verallgemeinernde Aussagen schwierig. Sehr Populär ist etwa der aus der Arbeit der Anglikanischen Kirche stammende *Alpha-Kurs*, der mittlerweile in 160 Ländern weltweit angeboten wird und an dem bisher schätzungsweise 9 Millionen Menschen teilgenommen haben.[84] Er ist erfahrungsorientiert, betont das Wirken des Heiligen Geistes, hat einen starken Bibelbezug, er wird von den einen als sprachlich verständlich und atmosphärisch ansprechend gelobt, von anderen indes im Blick auf die Tendenz zu einer gewissen Komplexitätsreduktion kritisiert. Allerdings wird für den Bereich der Schweiz vom Praktischen Theologen *David Plüss* darauf hingewiesen, dass die Durchführung eine solchen Kurses nicht an den Materialien abgelesen werden kann, sondern zu einem sehr großen Teil von der Adaption der Materialien durch die örtlichen Veranstalter abhängt. Wie ergebnisoffen oder ergebnisunsicher ein real stattfindender Kurs ist, hängt also von den örtlichen Mitwirkenden ab.[85] Während der *Alpha-Kurs* weitgehend einem inhaltlich ausgestalteten Rahmen folgt, sind andere Kurse in ihrer Struktur offen und orientieren sich lediglich an Oberthemen, wie etwa der Schweizer Jugend-Kurs *Take-A-Way*, der nach

---

82. A. *Rösener* (2010): Standards, 144.
83. M. *Herbst* (2010): ›Erwachsen glauben‹ – Theologische Weggabelungen im Missionsland Deutschland. Mission – Bildung – Gemeindeentwicklung, in: Zimmermann (Hg.), Darf Bildung, 150-161, 160.
84. D. *Plüss; S. Degen-Ballmer* (Hg.) (2008): Kann man Glauben lernen? Eine kritische Analyse von Glaubenskursen, Zürich, 38.
85. Vgl. *D. Plüss; S. Degen-Ballmer* (Hg.) (2008): Kann man Glauben lernen?, darin: »Beschreibung und Analyse von Glaubenskursen: Alphaville«, 31 ff., *Ph. Nanz*: Alphaville. Beschreibung des Kurses aus Sicht eines Anbieters, ebd. 31-40; *D. Plüss:* Theologischer Kommentar eines Beobachters, ebd. 41-48.

einem Auftaktabend die Abende *Ich und Gott*, dann *Ich*, des weiteren *Ich und Du* und schließlich *Ich und die Welt* vorsieht.[86] In der Arbeit mit *Take-A-Way* wird jeder Kurs neu gestaltet, was allerdings eine nachträgliche Evaluation mangels Vergleichbarkeit sehr erschwert. Diese zwei Beispiele mögen genügen. Die derzeit populären Kurse zum Glauben weisen eine große Spannweite auf und reichen von erfahrungsorientiert bis kognitiv, zeitlich von einer Woche bis hin zu drei Jahren, von milieuübergreifend bis zielgruppenorientiert, von stärker konfessorisch bis eher deliberativ, von gemeindenah bis bewusst an anderen (nicht-kirchlichen) Orten stattfindend.

Bei der Diskussion um die inhaltliche wie formale Gestaltung geht es demnach didaktisch durchaus nicht nur um Nuancen. *Rüdiger Sachau* stellt mit einer gewissen Emphase fest: »Kirchliche Erwachsenenbildung ist kein Instrument der Missionierung oder der Mitgliedergewinnung. Beides ist schön, wenn es gelingt. Aber es darf nicht zum intentionalen Ziel werden, mittels Bildung die Gesinnung und Einstellung anderer Menschen zu beeinflussen.«[87] Das Problem einer solchen Feststellung liegt allerdings in ihrer Vagheit. Der Verfasser verrät zwar seine eigene Intentionalität, wenn er feststellt, es sei schön, wenn es gelinge, Menschen auch als Mitglieder von Gemeinden und Kirchen zu gewinnen. Gleichzeitig aber suggeriert er, dass es möglich sei, Bildungsprozesse zu gestalten[88] und dabei *keinen* Einfluss auf Gesinnung und Einstellung von Menschen ausüben zu wollen. Dies ist ein Widerspruch in sich selbst. *Bildung ist, so habe ich an anderer Stelle gezeigt, ein in gewissem Sinne missionarischer Prozess, wenn auch die konkreten Ergebnisse eines Bildungsprozesse nicht bestimmt werden können.*[89] Es geht als Zielperspektive um Selbstdenken, um Kritikfähigkeit, um ein Mehr an Wahrheitserkenntnis, die Verheißung eines rationaleren, gefühlvolleren, umsichtigeren, respektvolleren Umgangs mit Menschen und Umwelt. Kurz: Es gibt keine nicht-intentionale Bildung. Bildung und Mission sind sehr wohl zu unterscheiden, können andererseits jedoch in ihrer Unterschiedenheit aufeinander bezogen werden.

---

86. *D. Plüss; S. Degen-Ballmer* (Hg.) (2008): Kann man Glauben lernen?, darin: »Glaubenskurs für Jugendliche: Take – A – Way«, 79-92, bes. 81 f.
87. *R. Sachau* (2003): Der schlafende Riese. Erwachsenenbildung unter den Bedingungen der Moderne, in: U. Pohl-Patalong (Hg.), Religiöse Bildung im Plural, Schenefeld, 7-18, 15, zit. nach J. Zimmermann (2010): Gibt es missionarische Bildung?, 164.
88. Besser: Den Versuch zu unternehmen, Möglichkeitsräume für Bildungsprozesse zu schaffen.
89. *H. Wrogemann* (2011): Bildung und Mission zwischen Konvergenz und Differenz, in: ders., Das schöne Evangelium, Erlangen, 191-212.

3.3 Kurse zum Glauben als *sektorale Mission*?

Nach dieser Übersicht zur Arbeit mit Kursen zum Glauben muss zurückgefragt werden, ob diese Art des gemeindlichen, kirchlichen und allgemein christlichen Engagements in besonderer Weise als *Mission* oder aber als *missionarisch* bezeichnet werden kann. Wenn solche Kurse einen wesentlichen Teil missionarischer Arbeit ausmachen, wie steht es dann mit anderen Lebens- und Arbeitsformen von Gemeinden, Kirchen und Individuen? Anders gefragt: Kann und darf man den Begriff der Mission oder des Missionarischen für bestimmte Arbeitsfelder oder Arbeitsformen reservieren? Der Bonner Praktische Theologe *Eberhard Hauschildt* hat zu dieser Frage die hilfreiche Unterscheidung eines fundamentalen, dimensionalen und sektoralen Missionsbegriffs eingeführt.[90] Ich greife die Unterscheidung auf und formuliere aus meiner Sicht wie folgt: Kirche ist in Anknüpfung an die Theologie der *Missio Dei* ihrem Wesen nach – also fundamental – missionarisch. Sie entspricht darin dem Gott, der selbst missionarisch in die Welt hineinwirkt. Gleichzeitig wirken nicht alle Bereiche in der gleichen Weisen missionarisch, weshalb man den dimensionalen Begriff von Mission auf jedweden Bereich kirchlicher Arbeit anwenden kann, etwa die Kindergottesdienst- oder Besuchsarbeit, die sozialdiakonische Arbeit mit Drogensüchtigen, die Gottesdienstarbeit oder den kirchlichen Dienst in der Arbeitswelt: In allen diesen Bereichen, Arbeits- und Lebensformen *kann* sich eine missionarische Dimension manifestieren, muss es aber nicht. Neben diesem dimensionalen Missionsbegriff bedarf es indes auch eines sektoralen, denn es müssen – rein praktisch – auch bestimmte Formen benennbar sein, in denen intentional grenzüberschreitende und den Glauben bewusst bezeugende Arbeit unternommen wird.

Der Streit über das Thema Mission hat meines Erachtens oft etwas mit der Verortung der Thematik zu tun. Während die einen den Begriff profilieren und sektoral bestimmen wollen, lehnen die anderen den Begriff ab und verweisen darauf, dass die sektorale Zuschreibung zu einer bedenklichen Milieuverengung führen kann. Kirche solle und müsse sich an den Menschen, die faktisch in ihr, um sie herum und von ihr entfernt leben orientieren. Diese Menschen gelte es in ihren Eigenheiten, ihren Lebensorientierungen und Lebensstilen wahrzunehmen, ernst zu nehmen und wert zu schätzen. Nur so könne es gelingen, dass kirchliche Gemeinden möglichst viele Anknüpfungspunkte und Kontaktzonen zu diesen verschiedenen Milieus ausbilden, erhalten, neu aufbauen

---

90. *E. Hauschildt* (2009a): Mission und Werbung – eine Bisoziation, in: ThLZ (134), 1289-1302.

und pflegen. Aus dieser Perspektive bedarf es zunächst einer genaueren Wahrnehmung dieser Menschen mit ihren unterschiedlichen Lebensorientierungen. So wird seit Jahren mit Hilfe von Milieustudien versucht, neue Wege des christlichen Lebens und Zeugnisses zu erproben.

3.4 Milieutheoretische Ansätze

Im Ansatz der *Milieutheorie*[91] werden verschiedene sozialwissenschaftliche Studien zu Kirchenmitgliedschaft und Gesamtgesellschaft für die Analyse kirchlicher Wirklichkeit herangezogen. Es geht bei Milieus um Gruppen mit jeweils ähnlichem Lebensstil, Menschen also, die im Alltag ähnliche Vorlieben und Lebensgewohnheiten erkennen lassen. In der Arbeit von Schulz, Hauschildt und Kohler etwa werden sechs Milieus im Blick auf Kirchenmitglieder unterschieden, nämlich *die Hochkulturellen, die Bodenständigen, die Mobilen, die Kritischen, die Geselligen* und *die Zurückgezogenen*.[92] Der Milieuansatz geht davon aus, dass diese Milieus eine gesellschaftliche Realität darstellen, der seitens von Kirchen und Gemeinden Rechnung getragen werden muss, wenn nicht riskiert werden soll, einen Großteil der Menschen in der tatsächlichen Arbeit zu übersehen und in Folge dessen als Kirchenmitglieder zu verlieren. Ausgangspunkt ist die These, dass in der konkreten kirchlichen Arbeit vor Ort meist nicht wahrgenommen wird, welchen Milieus die örtliche Wohnbevölkerung angehört. Daher sind die vorhandenen Milieus zu analysieren und zu quantifizieren.

Grundgedanken des milieutheoretischen Ansatzes sind folgende: (1) Die gegebene kirchliche Wirklichkeit in der Gesellschaft ist der anzuerkennende Referenzrahmen. (2) Die darin gegebene Milieuvielfalt ist dem Wesen von Kirche angemessen: der Schatz an Pluralität wirkt »theologieproduktiv«. (3) Zur Optimierung kirchlicher Arbeit sind erstens die Milieus und damit verbundenen Lebensorientierungen der Menschen wahrzunehmen, zweitens milieuadäquate Arbeitsformen zu entwickeln und drittens möglichst vielfältige Milieuverknüpfungen zu schaffen. (4) Ziel ist es, eine kirchliche Lebens-

---

91. *P.-A. Ahrens; G. Wegner* (2008): »Hier ist nicht Jude noch Grieche, hier ist nicht Sklave noch Freier ...« Erkundungen der Affinität sozialer Milieus zu Kirche und Religion in der Ev.-luth. Landeskirche Hannovers, Hannover; *M. Ebertz; H. G. Hunstig* (Hg.) (2008): Hinaus ins Weite. Gehversuche einer milieusensiblen Kirche, Echter; *E. Hauschildt; E. Kohler; C. Schulz* (2008): Milieus praktisch. Analyse und Planungshilfen, Göttingen; *Milieuhandbuch.* Religiöse und kirchliche Organisationen in den Sinus-Milieus 2005, München o. J.
92. *E. Hauschildt; E. Kohler; C. Schulz* (2008): Milieus praktisch, Göttingen.

3. Glaubenskurse und Milieustudien – Arbeitsformen

wirklichkeit zu entwickeln, die möglichst viele Begegnungsflächen mit den Milieus und unter den Milieus schafft. (5) Dies erfordert es, je nach örtlichen Gegebenheiten bestimmte Grundentscheidungen zu treffen, etwa in der Frage, ob sich das kirchliche Engagement am quantitativ größten Milieu orientieren soll oder an einem vielleicht kleinen, aber besonders bedürftigen Milieu. (6) Trotz milieuspezifischer Spezialisierung einzelner Gemeinden im Zusammenhang regionaler Kooperation wird die Bildung von Milieugemeinden von den Autoren abgelehnt, weil dies dem Bild einer vielfältigen kirchlichen Präsenz nicht entspreche.[93]

Als Arbeitsform wird von den AutorInnen eine »milieusensible« Arbeit gewählt und von anderen Formen unterschieden, etwa dem Ansatz *Aufbauen auf Bestehendes*, der sich an den vorhandenen Ressourcen orientiere, dem Ansatz *Auf Wachstum ausgerichtet*, der auf einen Mitgliederzuwachs in der Lokalgemeinde zielt, dem *Image-orientierten* Ansatz, der von der Bedeutung der »Kirche vor Ort« ausgeht und auf öffentliche Relevanz setzt, dem *ökumenisch-vernetzungsorientierten* Ansatz, der auf ein System vernetzter Regionalgemeinden zielt, und dem *diakonisch-auftragsorientierten* Ansatz, der Kirche als »Kirche für andere« versteht.[94] Wie auch immer die Arbeit ausgerichtet wird, so die Autoren, erreicht sie doch immer nur bestimmte Milieus, so in den ersten beiden Ansätzen die Bodenständigen und die Geselligen, im dritten und vierten Ansatz besonders die Hochkulturellen und die Kritischen, im vierten darüber hinaus besonders die Mobilen. *Da wiederum jedes Bild von Kirche milieuspezifisch ist, führt dies zum unentrinnbaren Dilemma von Kirche überhaupt: Als milieuübergreifendes Phänomen wird sich innerhalb der Kirche und Gemeinde immer Kritik finden, die Menschen verschiedener Milieuzugehörigkeit an den Formen und erfahrenen Wirklichkeiten (im Gottesdienst, in Festen, Veranstaltungen usw.) üben, die ihnen »fremd« sind, unangenehm oder anstößig.* Die Autoren deuten den Schatz des Milieureichtums theologisch:

> »Wer, wenn nicht die Mobilen, bringt in unsere Kirchen einen Sinn für das Ekstatische und Rauschhafte des Glaubens? Wer, wenn nicht die Bodenständigen, zwing Pfarrerinnen und Pfarrer dazu, sich mit der Einfachheit und Traditionsverhaftetheit der Glaubenspraxis auseinanderzusetzen? Wer, wenn nicht die Hochkulturellen, begreift Kirche konsequent in ihrer Leistung für die gesamte abendländische Kultur? Wer, wenn nicht die Kritischen, übernimmt in aller Schärfe die Herrschaftskritik des Evangeliums? Wer, wenn nicht die Geselligen, beharrt auf lebenspraktischer Sozialität des Glaubens? Wer, wenn nicht die Zurückgezogenen, erinnert konsequent daran, dass Glaube nicht in Geselligkeit aufgeht?«[95]

---

93. Hier wird demnach vom Kontext deutscher Kirchlichkeit her die Bildung von Milieugemeinden nach us-amerikanischem Muster abgelehnt.
94. *Hauschildt u. a.* (2008): Milieus praktisch, 255.
95. *Hauschildt u. a.* (2008): Milieus praktisch, 258.

Die Arbeit mit Milieustudien ist ohne Zweifel ein geeignetes Mittel, um kirchliche Wirklichkeiten in ihrer Komplexität wahrzunehmen. Der Milieubegriff verfeinert dabei das Analyseinstrumentarium, denn es wird von vielen Milieus innerhalb einer Kultur ausgegangen, wie plural auch immer die Kultur gedacht wird. *Bei beiden Arbeitsformen, Kursangeboten ebenso wie der Arbeit mit Milieustudien geht es um die Ermöglichung neuer Initiativen, die neben der Verlässlichkeit kirchlicher Strukturen benötigt werden.*

3.5 Kirchliche Wirklichkeiten zwischen Faktizität und Innovation

Es wurde bereits darauf hingewiesen, dass die Frage nach der Sinnhaftigkeit von Gemeindeneugründungen nur kontextuell beantwortet werden kann. Ein Allheilmittel jedenfalls stellen solche Neugründungen sicher nicht dar. Umgekehrt wurde in diesem Abschnitt mit Kursen zum Glauben und Ansätzen der Milieuforschung die Aufmerksamkeit auf die Weiterentwicklung bestehender Gemeinden gelenkt. So wichtig, herausfordernd und inspirierend diese neuen Initiativen sind, so deutlich muss immer wieder die Frage gestellt werden, welche Segmente von *Kirche-sein* in Deutschland die *größte Breitenwirkung* erzielen. Zugespitzt formuliert: Gegen Phantasien, Kirche ließe sich in Deutschland durch Kurse zum Glauben ›retten‹, ist auf deren begrenzte Reichweite zu verweisen. Das spricht nicht gegen die Kursarbeit, die es meines Erachtens deutlich zu intensivieren gilt. Es spricht allerdings für ein gerüttelt Maß an Nüchternheit und Bereitschaft, den *ganz normalen Dienst in der Gemeinde* mitzutragen und wertzuschätzen. Die *Bindekraft* kirchlicher Wirklichkeiten in Deutschland hängt – wenigstens in den ehemals westlichen Bundesländern – noch sehr stark an den religiösen Grundvollzügen und einer gewissen Form der Volkskirchlichkeit, insbesondere auf dem Land, jedoch auch in Kleinstädten. Im großstädtischen Bereich liegen die Dinge vielerorts etwas anders. *Eberhardt Hauschildt* hat zu recht darauf hingewiesen, das in Deutschland jedes Jahr etwa 60.000 Menschen in die evangelischen Landeskirchen eintreten, dass jedoch über deren Motive kaum etwas bekannt sei.[96] Hier ist erheblicher Forschungsbedarf zu konstatieren. Meiner Erfahrung nach treten jedoch die meisten Menschen nicht aus Glaubensmotiven oder gar nach einer Konversion in die Kirche ein, sondern aus äußerst unterschiedlichen *Befindlichkeiten* oder Gründen.[97] Daher sollten Innovationen wie etwa

---

96. E. *Hauschildt* (2008): Zur Analyse wachsender Gemeinden. Selbstverständlichkeiten, Mythen und Rätsel des Wachsens gegen den Trend (Buchbericht), In Pastoraltheologie (97), 406-415.
97. H. *Wrogemann* (2012): Umkehr oder Intensivierung? Bemerkungen zu einem milieusensiblen Umgang mit der Konversionsthematik, in: ders., Das schöne Evangelium, 165-174.

die Arbeit mit Kursen zum Glauben als *sinnvolle und notwendige* Ergänzung gemeindlicher Arbeit verstanden und die *Bindekräfte von Normalgemeinde* gewertschätzt, sensibel erspürt und weiterentwickelt werden.

V. Mission als *oikoumenische Doxologie* – ein theologischer Neuansatz

Nachdem von deutschen Kontexten im Blick auf Entwicklungen, Strukturen und neue Arbeitsformen die Rede gewesen ist, soll es im Folgenden um geistliche Grundlagen christlicher Mission gehen. Meines Erachtens benötigen Christen und Christinnen in Deutschland erneut einer Vergewisserung ihrer geistlichen Grundlagen, damit das Thema *Mission* nicht als eine zusätzliche Belastung in einem bereits ohnehin überbordenden Anforderungsprofil empfunden wird, sondern in seiner befreienden Wirkung erfahren werden kann. Hier können Beobachtungen aus der interkulturellen Ökumene wichtige Impulse geben, um deutsche Wirklichkeiten noch einmal anders, und das heißt mit heilsamer Distanz wahrzunehmen.

1. Von den Kraftquellen und Ausdrucksgestalten christlicher Mission

Ich werde die These vertreten, dass christliche Mission im ökumenischen Gotteslob ihren Ursprung und ihre Kraftquelle findet, aber auch ihren Zielhorizont. Damit wird ein *doxologisches Missionsverständnis* von anderen Missionsbegründungen zu unterscheiden sein. Das Verständnis des Doxologischen ist indes genauer zu beschreiben, um zu verstehen, dass und in welcher Weise Mission als ökumenisches Gotteslob auf eine *ganzheitliche* Praxis zielt. Beginnen wir mit einem kurzen Rückblick.

1.1 Missionsbegründungen im Überblick

An dieser Stelle sei lediglich daran erinnert, wie vielfältige neutestamentliche Referenztexte allein in den letzten Jahrzehnten zur Begründung ganz unterschiedlicher Akzente christlicher Mission herangezogen wurden. Bis in die 1960er Jahre spielte zur Frage von Mission als der *Begründung von Kirchen* in mehrheitlich nichtchristlichen Gebieten der Sendungstext *Mt 28,18-20* eine herausragende Rolle. Seit den 1960er Jahren wurde der Akzent auf Mission als *comprehensive approach* verlagert: Mit Lk 4,16-20 wurde das Modell *Kirche für die Welt* vertreten. Gegenüber der Gefahr einer Verwässerung des missionarischen Auftrags wurde seitens der Lausanner Bewegung Anfang der 1970er Jahre nochmals auf Mt 28 verwiesen, nun aber mit deutlicher Betonung der Bekehrung und des *Jünger-machens*. Zur gleichen Zeit wurde von *befreiungstheologischer* Seite ein *konfliktgeschichtliches Missionsverständnis* dem eher entwicklungsgeschichtlichen Ansatz innerhalb des ÖRK entgegen gestellt. Mission bedeutet demnach Parteinahme für die Armen und Entrechteten, Teilnahme an ihrem Kampf und Kirche als Kirche für die Armen. Hier wird nochmals auf Lk 4,16-20 Bezug genommen.

Innerhalb der *Römisch-katholischen Kirche* wird seit den 1960er Jahren Kirche als *Sakrament* verstanden, innerhalb *Orthodoxer Kirchen* wird der liturgische Vollzug des Gottesdienstes und der *Eucharistie zum Urbild missionarischer Präsenz* erklärt. Damit wird jeweils ein ekklesiozentrisches Missionsverständnis leicht dynamisiert. Kirche wird in römisch-katholischer Diktion mit dem Begriff des Volkes Gottes zusammenzudenken versucht, was allerdings dem institutionellen Priestertum untergeordnet bleibt. In orthodoxer Missionstheologie geht es um eine Transformation des Kosmos in ›Kirche‹, einen mystische Vorgang von Vergöttlichung in liturgischem Voll-

1. Von den Kraftquellen und Ausdrucksgestalten christlicher Mission   407

zug. Ein wiederum deutlich anderes Verständnis ist in der weltweiten *Pfingstbewegung* zu beobachten, wo Mission vielfach als *Teilnahme am kosmischen Kampf* zwischen dem Reich Gottes und dem Reich des Satans und seiner Dämonen verstanden wird. Mit Mk 16,15-19 werden die besonderen Geistesgaben wie Heilungsdienst, Exorzismus, prophetische Rede oder Zungenrede als wirksame Mittel in diesem Kampf betrachtet. Damit kommt ein ausgesprochen antagonistisches Missionsverständnis zum Zuge, in dem es allerdings auch um Fragen der direkten Erfahrbarkeit des Geistwirkens geht, um die Kraft des Heiligen Geistes, um *power*. Einen wiederum ganz anderen Zugang betonen Christen und Christinnen, die Mission mit 2 Kor 5,19 als *Dienst der Versöhnung* umschreiben und christliche Mission auch im Sinne einer gesellschaftspolitischen *public theology* verstehen.

1.2 Verherrlichung Gottes als Grund der christlichen Sendung

Wie aber kann heute für den bundesdeutschen Kontext ein angemessener Missionsbegriff gefasst werden, der dazu auch noch ökumenisch anschlussfähig ist? Für den bundesdeutschen Bereich muss der Begriff auf die ganz normale volkskirchliche Wirklichkeit anwendbar sein, gleichzeitig jedoch Schnittflächen zur Weltchristenheit aufweisen. Einen solchen Ansatz zugleich kontextueller wie interkulturell anschlussfähiger Missionstheologie möchte ich im Folgenden unter dem Stichwort *Mission als Ökumenische Doxologie* umreißen. Es geht um die Begründung und das Ziel der Mission: *Die christliche Sendung gründet im Gotteslob, in dem die Kraft Gottes den Menschen leiblich erfahrbar wird. Die Sendung zielt darauf, dass die Geschöpfe auf den Sinn ihres Daseins hin transparent werden, als erlöste Geschöpfe Gott zu loben und zu verherrlichen.* Es geht um die Frage, welche *Kräfte* hier ausstrahlen, welche *Atmosphären* sich verbreiten und wie *menschliche Gemeinschaftsformen* zum *Resonanzboden* des Gotteslobes werden.[1] Ziel der Mission ist damit weder primär Kirchengründung noch auch sozialethisches Zeugnis, weder numerisches Wachstum noch *social gospel*, weder missionarische Präsenz noch *power encounter*. Es geht um eine *doxologische Ausstrahlung* die in *die oikumenische Weite geht, das Haus der gesamten Schöpfung – oikos – durchwirkend.* Daher

---

1. Im Folgenden spreche ich entweder von Gotteslob oder Verherrlichung, womit jeweils ein breites Spektrum von menschlichem Antwortverhalten auf Gottes Heilswirken gemeint ist. Der Begriff Gottlob mag allzu leicht als rein gottesdienstliches Geschehen missverstanden werden, der Begriff Verherrlichung mag aus Sicht theologischer Frauenforschung die Frage aufkommen lassen, ob damit nicht eine geschlechterspezifische Engführung gegeben ist. In Ermangelung einer angemesseneren Begrifflichkeit bleibe ich allerdings bei diesen Begriffen, wohl wissend, dass hier Diskussionsbedarf zu konstatieren ist.

wird statt dem Terminus ökumenisch der näher am griechischen Ursprung bleibende Begriff *oikumenisch* verwendet. Es geht um eine *oikumenische Vielfalt*, in der sich das Gotteslob in leiblichen Gestaltwerdungen ereignet. Im Folgenden kann nur angedeutet werden, was ich an anderer Stelle ausführlich begründet habe.[2]

Im Neuen Testament werden für die christliche Sendung verschiedene Bildfelder verwendet, wobei oft übersehen wird, dass es auch eine Missionsbegründung in energetischen Bildfeldern gibt: Mission als Ausdruck des *Fließens* von Kraft[3], die christliche Sendung als das *Erstrahlen* von Glanz und als das *Verströmen* von Duft: Paulus spricht von sich als »Christi Wohlgeruch« unter den Menschen (2 Kor 2,16). Fließen, Erstrahlen und Verströmen gehen über einen Zustand hinaus, gehen in die Weite, gehen über Begrenzungen und Räume hinweg, daher ist hier ein *grenzüberschreitendes und damit missionarisches* Geschehen gegeben. In diesem Bildfeld kommen verschiedene Aspekte missionarischen Seins von Christen/innen, Gemeinschaften und Gemeinden zusammen, die ein integrales und ganzheitliches Missionsverständnis zum Ausdruck bringen. Drei Texte seien im Folgenden herausgegriffen: Mission geschieht als das *Widerspiegeln des Glanzes*, der auf dem Angesicht Christi aufscheint. Im zweiten Korintherbrief heißt es: »Der Herr ist der Geist, und wo der Geist des Herrn wirkt, da ist Freiheit. Wir alle spiegeln mit enthülltem Angesicht die Herrlichkeit des Herrn wider und werden so in sein eigenes Bild verwandelt, von Herrlichkeit zu Herrlichkeit, durch den Geist des Herrn.«[4] Es geht demnach in der christlichen Existenz, in dem Sich-Aussetzen des Glanzes Gottes, um ein auch ästhetisches Geschehen: Christen/innen geben Zeugnis, indem sie sich dem Glanz aussetzen und ihn damit ihrerseits widerspiegeln.[5]

2. H. *Wrogemann* (2012): Den Glanz widerspiegeln. Über den Sinn der christlichen Mission, ihre Kraftquellen und Ausdrucksgestalten. Interkulturelle Impulse für deutsche Kontexte, 2. erweiterte Auflage, Münster.
3. Auffällig oft ist im 2. Korintherbrief vom Überfließen die Rede: Überfließen an Kraft wird ausgesagt (4,7), an Gnade (4,15), an Glaube, Erkenntnis und Liebe (8,7), nach Röm 8,2 auch an Freude.
4. 2 Kor 3,17-18. Zur Exegese: M. *Gielen* (2008): Von Herrlichkeit zu Herrlichkeit. Doxa bei Paulus zwischen den Polen protologischer und eschatologischer Gottesebenbildlichkeit am Beispiel der Korintherkorrespondenz, in: R. Kampling (Hg.), Herrlichkeit, Paderborn u. a., 79-122; zu 1 Kor 3,18 vgl. ebd. 102-111.
5. Es hat eine tiefe Bedeutung, dass im Neuen Testament Gott als »Vater der Herrlichkeit« (Eph 1,17) bezeichnet wird, der Sohn Gottes als »Abglanz der Herrlichkeit« (Hebr 1,3) und der Heilige Geist als »Geist der Herrlichkeit« (1 Petr 4,14)

1.3 Gotteslob aus dem Munde seiner erlösten Geschöpfe als Ziel der Sendung

Hier nun kommen drei Aspekte zusammen, die in ihrer Verwiesenheit von großer Bedeutung sind, die Aspekte des *Lebenszeugnisses,* der *Herrlichkeit Gottes* und der *Vervielfältigung des menschlichen Dankes.*[6] So wird in 2 Kor 3,9 vom Dienst der Christen/innen gesprochen: Der »Dienst, der zur Gerechtigkeit führt, fließt über an Herrlichkeit«. *Gott wird demnach auch im christlichen Dienst verherrlicht, der dazu führt, dass Menschen, die von diesem Dienst berührt werden, zum Lob hin geöffnet werden.* Wem aber wird dieses Lob gesungen und vor allem: wie? Das Lob kann im Namen Gottes gesungen werden, es kann als Dank für das, was Menschen erfahren haben, auch in anderer Weise zum Ausdruck kommen, und sei es als das Aufatmen von Menschen, die Hilfe erfahren haben. Der Dienst von Christen/innen an anderen Menschen und Geschöpfen ist demnach kein Selbstzweck, sondern er hat einen doxologischen Zielhorizont. Wenig später heißt es: »Alles tun wir euretwegen, damit immer mehr Menschen aufgrund der überfließend gewordenen Gnade den Dank vervielfältigen zur Ehre Gottes.« (2 Kor 4,15) Es geht also um die Vermehrung des Lobes Gottes aus dem Munde seiner Geschöpfe, die Befreiung, Erlösung oder Versöhnung *erfahren* haben. *Weil es aber eben diese Geschöpfe sind, die etwas von Heilwerden erfahren haben, kann die Verherrlichung Gottes nicht von ethischem Handeln getrennt werden.* Wie zwei Brennpunkte einer Ellipse gehören beide Aspekte zusammen.

1.4 Verbreitete Missverständnisse zum Thema Doxologie

Christliche Mission *gründet* im Gotteslob und *zielt auf die Vermehrung* des Gotteslobes aus dem Mund seiner erlösten Geschöpfe. In der christlichen Mission geht es daher nicht allein um das Jüngermachen, nicht allein um das Begründen von Gemeinden, nicht allein um die Verbesserung sozialer

---

6. Zu neueren exegetischen Diskussionen zum Thema Herrlichkeit und Verherrlichung bei den Synoptikern, Paulus und im Johannesevangelium vgl. *M. Blum* (2008): ›Gib uns, dass wir sitzen ... in deiner Herrlichkeit‹. Doxa bei den Synoptikern, in: R. Kampling (Hg.), Herrlichkeit, Paderborn u. a., 57–78; *M. Gielen* (2008): Von Herrlichkeit zu Herrlichkeit, o. a.; *J. R. Harrison* (2010): The Brothers of the ›Glory of Christ‹ (2 Cor 8:23). Paul's *Doxa* Terminology in Its Ancient Benefaction Context, in: Novum Testamentum (52), 156–188; *J. Frey* (2008): »... dass sie meine Herrlichkeit schauen« (Joh 17.24). Zu Hintergrund, Sinn und Funktion der johanneischen Rede von der doxa Jesu, in: NTS (54), 375–397; *J. T. Nielsen* (2010). The Narrative Structures of Glory and Glorification in the Fourth Gospel, in: NTS (56), 343–366.

Wirklichkeiten, weder nur um Befreiung noch auch um Vergöttlichung der Welt, sondern es ist die vieldimensionale Verherrlichung Gottes, an der christliche Mission teilhat. Allerdings ist ein solches doxologisches Missionsverständnis vor einigen Missverständnissen zu schützen. So könnte man annehmen, dass der Verweis auf die Verherrlichung Gottes eine Vernachlässigung des prophetischen Auftrages von Christen/innen bedeuten könnte und damit die *politische Dimension* unterbestimmt würde. Oder es könnte vermutet werden, bei der Verherrlichung Gottes werde an eine ganz *bestimmte Form* des Gotteslobes gedacht, was eine *Beschränkung der Vielfalt von Anbetungsformen* bedeuten würde. Daher wird hier Mission pointiert als oikoumenische Doxologie verstanden, wobei die Dimension der ganzen belebten Welt (oikoumene) einerseits und die Dimension des Gotteslobes (Doxologie) andererseits einander näher bestimmen. *Indem die Verherrlichung Gottes immer mehr Menschen umfasst und damit auf die belebte Welt hin ausstrahlt, erweist sie sich als eine grenzüberschreitendes und darin als missionarisches Geschehen. Indem die belebte Welt in das Gotteslob einbezogen wird, erweist sich die christliche Sendung als ein ganzheitliches Geschehen.*

1.5 Für eine *anschlussfähige* Missionstheologie

Die folgenden Erwägungen zu einer Theologie der Mission sind nicht als missionstheologischer Generalschlüssel gedacht, denn natürlich ist jede Missionstheologie kontextuell bestimmt. So werde ich besonders auf jene übersehenen Dimensionen christlicher Mission hinweisen, die mir für deutsche Kontexte relevant erscheinen. Gleichzeitig bin ich davon überzeugt, dass die angesprochenen Themen ökumenisch anschlussfähig sind. Das soll heißen, dass die hier angedeuteten Zusammenhänge in Afrika, Asien und Lateinamerika ebenso relevant sind, jedoch sowohl begrifflich wie praktisch anders gefüllt werden. Anschlussfähig sind die Themen, weil sie eine Schnittmenge für interkulturelle Diskussionen darstellen, gleichzeitig aber auch die Unterschiede im Verständnis missionarischer Praxis markieren. Anders gesagt handelt es sich um *Themen, die umstritten sind*, und, um die gestritten und gerungen werden muss. Um nur ein Beispiel herauszugreifen: Wie denken Christen/innen über die Kraft Gottes? Welches Verständnis wird unterlegt? Kraft Gottes als Kraft von Christen/innen, *Leiden zu ertragen?* Kraft Gottes als Kraft, *Widerstand* zu leisten, womöglich bewaffnet? Kraft Gottes als *Vergöttlichung* des Kosmos? Kraft Gottes als das *Sich-gerechtfertigt-Wissen* durch die göttliche Gnade? Oder Kraft Gottes als *physisch wirkende ›Super-Power‹* gegen Krankheiten und Dämonen?

Andere Themen werden durchzubuchstabieren sein: Was bedeutet es, *im*

Namen Jesu Christi zu beten? Wie wird christliche ›Gemeinschaft‹ und ›Kirche‹ verstanden? Wie sind dämonische Mächte zu deuten? Als durch die Gier und die Selbstsucht von Menschen verursachte *Unrechtsstrukturen* oder als personale Geister, die bestimmte geographische Orte oder Bereiche des Körpers eines Menschen besetzt halten und zu zerstören trachten? Wie ist eine christliche Deutung von Gesellschaft möglich, von Politik, der Frage von Versöhnung oder Gerechtigkeit, kulturellem Wandel und menschlicher Identität, interreligiösen Beziehungen und Dialog? *Missionstheologie kann heute nur noch kontextuell betrieben werden.* Diese Einsicht wird von vielen Missiologen geteilt. Deshalb wird in missionstheologischen Abhandlungen entweder die Themenvielfalt unter Bezeichnungen wie *Mission als sozialer Dienst, Mission als Heilung* usw. gefasst, wie dies etwa bei *David Bosch*[7] der Fall ist, oder aber es werden missionstheologische Kurzformeln bemüht, wie bei *Roger Schroeder* und *Stephen Bevans*[8], die von Mission generell als *prophetic dialogue* sprechen wollen. Das eine ist ein Auffächern kontextueller Vielfalt, das andere die Suche nach dem kleinsten gemeinsamen Nenner aktueller Missionstheologie. Als dritte Möglichkeit wird von deutschen Missionstheologen gerne auf das Skizzenhafte missionstheologischer Entwürfe verwiesen, weshalb man zurückhaltend von »Bausteinen« zur Missionstheologie spricht (Sundermeier)[9], vom »Reiz« der Mission (Brandt)[10] oder von »Gegebenheiten«, denen Missionstheologie ebenso kontextuell wie fragmentarisch Rechnung zu tragen versuche (Ahrens)[11].

Diese Vorsicht ist angesichts der Diversität kultureller und kontextueller Gegebenheiten nur allzu berechtigt. In der Linie dieser vorsichtigen Haltung spreche ich im Folgenden von Mission als *oikoumenischer Doxologie*, wobei mehr gemeint ist als ein kleinster gemeinsamer Nenner. Meines Erachtens ist Missionstheologie nach wie vor möglich, denn es gibt ›Gehalte‹, die in verschiedenen Kulturen ihre Wirkung erkennen lassen, dazu zähle ich das Gotteslob, die Anrufung des Namens Christi oder die Frage von christlicher Gemeinschaftlichkeit als dem Resonanzraum des Geistes Gottes. Diese *Kontinua* sind aber nicht anders zu haben, als in einer jeweils kontextuellen Variante. Und genau deshalb geht es um die *Anschlussfähigkeit missionstheologischer Diskurse*, da sich die Varianten miteinander auseinandersetzen sollen und müssen. Deshalb auch spreche ich pointiert von *oikoumenischer* Doxologie

---

7. *D. Bosch* (1991): Transforming Mission, Maryknoll / New York.
8. *S. Bevans; R. Schroeder* (2004): Constants in Context, Maryknoll / New York.
9. *Th. Sundermeier* (2005): Mission – Geschenk der Freiheit. Bausteine zu einer Theologie der Mission, Frankfurt/M.
10. *H. Brandt* (2003): Vom Reiz der Mission, Erlangen.
11. *Th. Ahrens* (2005): Gegebenheiten. Missionswissenschaftliche Studien, Frankfurt/M.

und werde zu zeigen versuchen, wie bestimmte Gesichtspunkte, die sich durchhalten, je kontextuell unterschiedliche Ausprägungen erfahren, die einander in ihrer Unterschiedlichkeit zur gegenseitigen Korrektur bedürfen, aber auch zur wechselseitigen Stärkung.

2. Die Dimension des Doxologischen – Mission als Verherrlichung Gottes

Die *Dimension des Doxologischen* wird im Folgenden unter den Aspekten der prophetischen Kritik, der Kraft, der Leiblichkeit und des Namens zu beschreiben sein. Mit der prophetischen Kritik geht es um die *politische Bedeutung* des Gotteslobes, in der Frage der Kraft geht es um die *anthropologische Bedeutung* des Gotteslobes, in der Frage der Leiblichkeit um die *ästhetische Bedeutung* und in der Frage des Namens um die *identitätsbildende Bedeutung* des Gotteslobes. Danach wird in einem weiteren Abschnitt die *Dimension des Oikoumenischen* zu behandeln sein. Ich werde jeweils zuerst den in Rede stehenden Aspekt skizzieren und dann abschließend kurz einerseits auf die interkulturell-ökumenische Relevanz dieses Aspektes hinweisen sowie andererseits auf dessen Relevanz für bundesdeutsche Kontexte zu sprechen kommen.

2.1 Gotteslob als prophetische Kritik – politische Bedeutung

Mission als oikoumenisches Gotteslob wäre missverstanden, wenn es nicht von seiner prophetischen Kraft her gedeutet würde. Es ist zwar richtig, dass die Verherrlichung Gottes in Richtung auf ein unpolitisches Christsein missdeutet werden kann. Zu Recht mahnte *Dietrich Bonhoeffer* im Kontext von Nazideutschland, man könne als Christ in Deutschland nicht Gregorianische Gesänge singen, wenn man nicht zugleich auch für Recht und Leben der Juden schreie. Gotteslob hat indes immer wieder neu eine erhebliche Wirkung entfaltet, indem es als Anbetung Gottes die menschlichen Herrschaftsphantasien in ihre Schranken gewiesen hat. In der *Theologie der Befreiung* ist darum von einer *Spiritualität des Widerstands* die Rede. Gehen wir diesem Gedanken anhand des Lukasevangeliums etwas nach. Im ersten Kapitel wird mit dem Lobgesang der Maria ein liturgischer Text angeführt, der in der Traditionslinie alttestamentlicher Motive Gott als den Mächtigen preist, der die Armen aufrichtet und die Mächtigen vom Thron stößt. Hoppe hält fest: »Der Mächtige *(dynatos)*, der an Maria groß gehandelt hat (V. 49), stürzt die Mächtigen *(dynastas*, V. 52a). Damit nimmt das Lied die eigentliche Macht für Gott in Anspruch und erklärt die sogenannte ›Macht der Mächtigen‹ zur Illusion.«[12] Der ›Sohn des Höchsten‹ wird in eine Welt voller sozialer und politischer Konflikte hineingeboren werden und wird von Maria vorwegneh-

---

12. *U. Berges; R. Hoppe* (2009): Arm und reich, Würzburg, 81.

mend (proleptisch) besungen: »Dieser Dankhymnus kreist um die Themen *Erniedrigung und Erhöhung, Armut und Reichtum, Macht Gottes und Sturz der Mächtigen der Welt*, um die *Herrlichkeit Gottes und sein Erbarmen.*«[13]

Das bedeutet aber, dass im Lobpreis die Herrlichkeit und Gerechtigkeit Gottes gegen die Mächte der Welt in Anspruch genommen wird. Es ist deshalb kein Zufall, dass dieses Gotteslob bei Lukas einen direkten Bezug zur Mission des Geistträgers Jesus aufweist.[14] Jesus bekennt in Lk 4,18 mit Worten aus Jes 61,1 f. den Gott, der sich den Armen, Gefangenen und Blinden zuwendet. Dies als *Reich-Gottes Wirklichkeit* in *seiner Gegenwart erfahrbar* werden zu lassen und *dadurch den Glauben an Gottes Gegenwart in ihm – Jesus Christus – zu wecken*, dies ist der *Inhalt seiner messianischen Sendung als Geistträger*. Damit erweist sich, dass die Verherrlichung dieses Gottes im Gotteslob eine Wirklichkeit nicht nur preist, sondern darin auch zeichenhaft realisiert, denn aus diesem Gotteslob erwächst als *einer prophetischen Kritik in liturgischem Gewand Orientierung gegen Verblendungszusammenhänge* von Macht in dieser Welt: Die wahren Machtverhältnisse kommen zur Darstellung, womit den Einschüchterungsversuchen der Herrschenden dieser Welt eine starke Position entgegengestellt wird. Das Gotteslob hat damit zugleich *politische Wirkungen*, werden doch die real existierenden Mächte herausgefordert. Zugleich erinnert die Verherrlichung im Gotteslob stetig daran, dass Christen/innen aufgerufen sind, in ihrem Leben diesem Anspruch Gottes zu entsprechen. Nicht umsonst versteht gerade das Lukasevangelium die Jüngerschaft als durch den Anspruch, auf Besitz zu verzichten, charakterisiert.[15]

Die Relevanz des Gotteslobes als Herrschaftskritik ist in vielen Gebieten der so genannten Zweidrittelwelt einleuchtend, wo in nicht wenigen Ländern Despoten regieren und Menschen durch Gewaltherrschaft und Korruption niederhalten. Für bundesdeutsche Kontexte ist dieser Aspekte für gesellschaftsdiakonische Aufgaben relevant in einer Gesellschaft, in die mehr und mehr soziale Kälte einzudringen droht. Christliche Gemeinschaften weltweit sind einerseits kontextuell geprägt, andererseits sind sie berufen, die befreienden Aspekte des Evangeliums auch kontrakulturell zum Ausdruck zu bringen.

---

13. *Berges / Hoppe* (2009): Arm und reich, o. a., 80.
14. »Wenn Maria vom Engel verkündet wurde, dass ihr Sohn vom Geist Gottes ins Leben gerufen wurde und sie in ihrem Danklied Gott für seine Taten an den Armen preist, weist das schon vor der Jesu Geburt auf die Nazaretpredigt in Lk 4,16-30 voraus, wo Jesus selbst vor aller Öffentlichkeit diesen Bezug herstellen wird. (…) Der Evangelist bezieht das göttliche Pneuma und die Anwaltschaft für die Armen von Anfang an unmittelbar aufeinander.« *Berges / Hoppe* (2009): Arm und reich, 82.
15. *Berges / Hoppe* (2009): Arm und reich, 92: »Das an der Zuwendung zu den Armen und Schwachen orientierte Gottesbild des Lk (1,51-53), die Sendung Jesu zu den Armen sowie die Verurteilung der Reichen in den Gleichnissen Lk 12,16-21; 16,1-8; 16,19-31 haben ihre Konsequenz für die Jüngerschaft: Wahre Jüngerschaft gibt es nur im Besitzverzicht.«

2.2 Gotteslob als Quelle der Kraft – theologisch-anthropologische Bedeutung

Das Gotteslob ermöglicht im Blick auf politische Machtverhältnisse prophetische Kritik, indem es Gott als die wahre Macht anruft, bekennt, preist und um Hilfe bittet. *Umgekehrt verhilft das Gotteslob Christen/innen* angesichts von Überforderung und Resignation ebenso wie gegenüber Anflügen von Triumphalismus *dazu, den Blick von sich selbst zu lösen,* geht es doch um die Ehre und das Wirken des Gottes, der als der Mächtige und Herr alles Menschenmögliche in seine Schranken weist. *In deutschen Kontexten geht es angesichts stetiger Kirchenaustritte von Menschen und schwindender Ressourcen darum, Anschluss an die Kraftquellen des Glaubens zu behalten.* In Ländern Afrikas und Asiens, in denen Menschen unter ungleich schwereren Bedingungen ihr Leben fristen, geht es ebenfalls um Fragen der Kraft. Hinweise finden sich wiederum bei Paulus. Im 2. Korintherbrief heißt es »*Denn Christus wurde gekreuzigt aus Schwachheit, aber lebt aus Gottes Kraft. Denn auch wir sind schwach in ihm, aber werden leben mit ihm aus Gottes Kraft, (die auch) an euch (ihre Wirksamkeit erweisen wird).*« (2 Kor 13,4)[16] Es ist interessant, dass Paulus an dieser Stelle im Blick auf die Kraft Gottes weniger auf Heilungen oder Wunder verweist, sondern ganz ausdrücklich auf die Auferweckung Jesu durch Gott. Hier sieht er Gottes Kraft wirksam, der es in seiner Schöpfermacht vermag, der Geschichte Jesus von Nazareth eine dramatische Wendung zu geben und ihn von den Toten aufzuerwecken. Damit rettet Gott auf zweifache Weise, einmal, indem er aus irdischer Schwachheit und Not heraushilft, und dadurch, dass er auch von Sünde, Vergänglichkeit und Tod zu erretten vermag.

Im Glauben kann diese Kraft Gottes erfahren werden, und zwar ganzheitlich. Zwischen irdischem und ewigem Heil kann mit Berufung auf Paulus – trotz ihrer Unterschiedenheit – keine Alternative aufgebaut werden. Ulrich Heckel bemerkt dazu: »Sonst hätte [Paulus] in Phil 1,20(-26) nicht die Hoffnung geäußert, dass Christus verherrlicht werden wird an seinem Leib, sei es durch Leben oder durch Tod, das heißt durch das Weiterleben für die Predigt des Evangeliums oder durch das Eingehen in den Lichtglanz der ewigen Herrlichkeit Gottes.«[17] Diese Kräfte werden zugänglich dadurch, dass Menschen sich auf Gott einlassen und sein Werk an ihnen immer wieder verinnerlichen in Gotteslob, Gottesdienst und Gebet. Die Kräfte werden zugänglich durch das Gotteslob, welches entlastend wirkt. Ein wichtiger Ausdruck des Gottes-

---

16. Übers. mit *U. Heckel* (1997): Schwachheit und Gnade. Trost im Leiden bei Paulus und in der Seelsorgepraxis heute, Stuttgart.
17. *U. Heckel* (1997): Schwachheit und Gnade, 61.

lobes ist das Rühmen Gottes, welches durch seine Geschöpfe geschieht. Das Verbum »rühmen« (grch. *kauchasthai*) durchzieht die Kapitel 10-13 des 2. Korintherbriefes. Hier findet sich die berühmte Aussage »Darum will ich mich am allerliebsten rühmen meiner Schwachheit, damit die Kraft Christi bei mir wohne«. (2 Kor 12,9b) Die Vollmacht als Apostel, so Paulus, besteht gerade darin, dass er sich nicht seiner Stärken, sondern seiner Schwachheit rühmt. »Wenn ich mich denn rühmen soll, will ich mich meiner Schwachheit rühmen« (11,30). Paulus meint damit nicht, die Schwachheit sei als solche ein erstrebenswertes Gut. Sie ist nicht das Ziel, sondern sie ist lediglich der Ort, an dem in besonderem Maße die Kraft Christi erfahrbar wird. Nicht die Schwachheit an sich, sondern das Eingeständnis, das er auf die Kräfte Christi angewiesen ist, macht den Apostel aus.

> Das bedeutet: Dieses Rühmen der Taten Gottes ist *nicht* primär gebunden an Erfahrungen von beschütztem Leben, leidfreier Existenz, gelingenden biographischen Abläufen, der Abwesenheit von Not, Schmerz oder anderen belastenden Faktoren und Ereignissen des menschlichen Lebens. Vielmehr übergreift das Sich-Rühmen sowohl Erfahrungen gelingenden wie auch Erfahrungen gebrochenen Lebens, da es ganz konkret um das Rühmen der Kraft Gottes in Jesus Christus geht. Diese Kraft und der Name dessen, durch den sie zugänglich ist, wird bezeugt. Das Gotteslob ereignet sich hier als das »Sich-Rühmen« eines Zeugen, der sich vor einem Dritten der Taten Gottes rühmt. *Nicht das Selbst des Zeugen steht damit im Mittelpunkt, sondern die Kraft dessen, dem er Erfahrungen von Heil und Rettung verdankt.* Das Gotteslob als das »Sich-eines-Anderen-Rühmens« hat damit eine ex-zentrische Struktur: Der Gegenstand des Rühmens liegt außerhalb des Zeugen, weist von ihm und seinen Qualitäten weg und ist in diesem Sinne »selbst-los«. Schwachheiten sind demnach nicht etwas, das für christliche Zeugen zu meiden wäre, ganz im Gegenteil: Da Jesus Christus die Schwachheit des menschlichen Seins teilte, um auf diese Weise die Kraft und Liebe Gottes in dieser Welt an sich bewähren zu lassen, sollen es die Zeugen der Kraft Christi ihrem Herren gleichtun. Die Frage des Paulus »*Wer leidet unter seiner Schwachheit, ohne dass ich mit ihm leide?*« (2 Kor 11,29[E]) bringt dies exemplarisch zum Ausdruck.

Mission in doxologischer Perspektive sieht daher die Verherrlichung Gottes gerade darin, sich einerseits der eigenen Schwachheit bewusst zu sein und sie anzunehmen, sich andererseits auch der Schwachheit anderer Menschen anzunehmen, sie zu teilen und darin die Kraft Christi bezeugen. Dieses Zeugnis geschieht im *Einstehen für Andere*, im *Dienst* an den Bedürftigen und im *Bekenntnis zur Hoffnung* auf die Kraft Gottes, die selbst aus dem Scheitern und dem Tod neues Leben entstehen lassen kann, wie sich dies im Leiden Jesu, in seinem Kreuzestod und der Auferweckung des Gekreuzigten durch Gott ein für allemal gezeigt hat. *Gegen eine Ideologie der Schwachheit* macht eine doxologische Missionstheologie darauf aufmerksam, dass Gott ein Liebhaber des Lebens ist und das Leben grundsätzlich stärken und erhalten will. Schwach-

2. Die Dimension des Doxologischen – Mission als Verherrlichung Gottes

heit ist damit kein Ziel in sich. *Gegen eine Ideologie des Erfolgs* hebt sie hervor, dass Gott gerade darin Leben schafft, dass er sich des Schwachen annimmt und ihm seine Würde gibt, also seine kraftvolle Präsenz auch gerade in den Schwachheiten und Nöten der Menschen und Kreaturen verheißt.

In Ländern des Südens sind Christen/innen vielfältigen Herausforderungen ausgesetzt, die mit den Stichworten wie Armut, Gewalt, HIV/AIDS oder Umweltzerstörung umschrieben wurden. An vielen Orten wird meiner Erfahrung nach erkennbar, dass es die Kraft des Glaubens und der Hoffnung, die Menschen trägt und deren missionarische Ausstrahlung begründet. In deutschen Kontexten ist die Frage geistlicher Kraftpotentiale, wie sie aus dem Gotteslob erwachsen, in andere Weise bedeutsam. In vielen Gemeinden und Kirchenkreisen sind nicht wenige Mitarbeitende vom *burn-out*-Syndrom betroffen, die stetige Abnahme von Ressourcen lässt mancherorts ein resignatives Klima entstehen. Manche Mitarbeitende zerreiben sich in ihrem Dienst, ohne darauf zu achten, woher ihnen neue Kräfte zuwachsen. *Wenn jedoch die Verherrlichung Gottes als Grund und Ziel der missionarischen Sendung verstanden wird, dann können Überforderungserfahrungen heilsam aufgebrochen werden: Im Gotteslob wird festgehalten, dass Gott selbst seine Gemeinde durchträgt. Diese geistliche Einsicht kann Entlastung bringen, da sie Distanz zur Vorstellung der eigenen Unersetzbarkeit schafft. Es geht dann nicht um ein Mehr an Aktion, sondern um eine Entschleunigung des eigenen Lebensrhythmus, damit aus der Gelassenheit des Glaubens und Hoffens eine neue Ausstrahlungskraft der Zeugen/innen entstehen kann.*

2.3 Gotteslob als gemeinschaftlich-leibliche Erfahrung – ästhetische Bedeutung

In der Bergpredigt wendet Jesus Christus das Bild von der *Stadt auf dem Berge* auf die Gemeinschaft von Menschen an, die ihm nachfolgen wollen.[18] Wenn Christen/innen als Stadt auf dem Berge *ihr Licht leuchten lassen sollen*, dann scheint dieses *kollektive Bild* bewusst gewählt zu sein. Nicht als eine Anzahl von Individuen, sondern *als Gemeinschaft soll die christliche Sendung geschehen*. Was dies bedeuten kann, haben Beispiele gezeigt wie etwa das orthodoxe Verständnis von Kirche als der »Ikone« Gottes oder aber die Ausführungen von *Denise Ackermann* zur Frage christlicher Zeugen/innengemeinschaft als

---

18. Mt 5,14-16: »Ihr seid das Licht der Welt. Es kann die Stadt, die auf einem Berge liegt, nicht verborgen sein. (15) Man zündet auch nicht ein Licht an und setzt es unter einen Scheffel, sondern auf einen Leuchter; so leuchtet es allen, die im Hause sind. (16) So lasst euer Licht leuchten vor den Leuten, damit sie eure guten Werke sehen und euren Vater im Himmel preisen.« (Lutherübers.)

einer offenen, integrierenden, wertschätzenden und heilenden Gemeinde. Erleuchtet durch die Herrlichkeit Christi gilt von der Gemeinde nach der Bergpredigt: »*So sollt ihr Licht für die Menschen sein. Sie sollen sehen, was ihr tut, und so zu Gott finden und euren Vater im Himmel loben*« (Mt 5,16)[19]. Es geht auch hier um das Gotteslob als Ziel der Werke Gottes, der seine Geschöpfe durch sein heilsames Wirken für dieses Gotteslob öffnen will. An dieser Sendung haben Christen/innen teil. Eine doxologische Missionstheologie korrigiert in diesem Sinne Tendenzen zur Individualisierung der christlichen Sendung: Es geht nicht nur um das »Innen«, die »Seele« und das »Jenseits«, sondern um das Gotteslob, welches das Diesseitige und das Jenseitige miteinander verschränkt: Das Gotteslob hebt in dieser Welt an, auch in Schwachheit, Gebrochenheit und Scheitern, und es setzt sich in der kommenden Welt Gottes fort.

Im Blick auf die Ausdrucksgestalten der christlichen Sendung kann nicht genug betont werden, dass Menschen oft durch *Erfahrungen der Gemeinschaft mit Christen/innen* für den christlichen Glauben gewonnen werden, nicht also zuerst durch intentionale Verkündigung, sondern auch *durch beiläufiges Alltagsgeschehen*, nicht durch verbale Aktivitäten, sondern *durch Atmosphären, die sprechen*. Im ersten Band dieses Lehrbuches wurde verschiedentlich darauf hingewiesen, dass Räume und Gesten ihre eigene Sprache haben.[20] *Missionstheologie in der Perspektive des Gotteslobes geht hier einen Schritt weiter, indem sie darauf aufmerksam macht, dass Mission mehr ist als Strategie, Organisation oder Technik, mehr als intentionales Handeln, ganzheitlicher und sinnlicher als die Konzentration auf die Wortverkündigung.*

> An dieser Stelle ist an Erfahrungen aus der Anglikanischen Kirche zu erinnern, wo nach einer »Taufe der Phantasie« gefragt wird. Auf deutsche Kontexte angewendet: Wie können Christen/innen den Mut finden, Phantasie zu neuen Gottesdienstformen zu entwickeln oder innerhalb der bewährten Formen neue Akzente zu setzen, so dass ihnen der Gottesdienst und andere Formen geistlichen Lebens Freude machen? Wie können Verkündigungsinhalte so elementarisiert (und gerade nicht trivialisiert) werden, dass sie für Menschen ohne christliche Sozialisation verständlich werden? Wie und durch wen können Einladungen zu Aktionen oder Angeboten so vermittelt werden, dass sie nicht peinlich wirken? Wie kann im gemeindlichen Leben auch zeitlich neuer Raum gewonnen werden, damit Menschen nicht mehr gehetzt ihren Aufgaben nachkommen, sondern das, was geschieht, neue Ausstrahlung gewinnen kann? Es geht demnach um Formen, um Symbolisierungen der Glaubensinhalte, um Atmosphären offener Einladung, um zeitliche Freiräume und das *Wahrnehmen der Wahrnehmungen* von Menschen, die nicht im Kontakt mit christlichen Sozialformationen oder Netzwerken stehen.

19. Eigene Übersetzung.
20. LIThM, Band 1, 141-146.

2. Die Dimension des Doxologischen – Mission als Verherrlichung Gottes

Die ökumenischen Herausforderungen liegen wiederum auf der Hand: *Welche Art von Medialität ist im Blick auf christliche Gemeinschaftlichkeit angemessen?* In deutschen Kontexten jedenfalls gilt es, Fragen der Ästhetik für die Arbeit in Gemeinden neu zu entdecken: Wie steht es mit der Erfahrbarkeit des Glaubens in einer *Erlebnisgesellschaft*. Welche Erfahrungsräume des Glaubens können eröffnet werden?[21]

> Mir sind etliche Menschen bekannt, die den Kirchen den Rücken gekehrt haben, da es dort nichts Leibliches zu erfahren gab. Ein ehemaliger Christ, heute Muslim, meinte zu mir, beim Christentum gehe es um einen Kopfglauben, im Islam dagegen um den ganzen Menschen. Eine Afrikanerin, ehemals Christin, meinte, sie habe in Deutschland keine Gemeinschaft gefunden, wie in ihrer Heimat, aber in buddhistischer Meditation finde sie einen Ausgleich. Diese Beispiele zeigen meines Erachtens, dass missionarische Ausstrahlung etwas mit Atmosphären der Zeugen/innengemeinschaft zu tun hat. Für Fragen missionarischer Gemeindeentwicklung ist daher ein doxologisches Missionsverständnis von Bedeutung, geht es doch um Fragen der sozialen und physischen Räume, um die Erfahrbarkeit des Glaubens im Medium menschlicher Gemeinschaftlichkeit. Die Frage lautet, ob es in Gemeinden überhaupt Netzwerke von Menschen gibt, die andere und fremde Menschen aufnehmen könnten? Und weiter: Gibt es Gestaltwerdungen christlicher Praxis, die offen und einladend genug sind, dass Menschen von außerhalb sich auf sie einlassen?

2.4 Gotteslob als Namenszeugnis – identitätsbildende Bedeutung

Namen sind nicht nur Bezeichnungen. In ihnen schwingt immer auch etwas von demjenigen mit, zu dem sie gehören. *Namen setzen Stimmungen frei.* Der Name eines Diktators lässt Menschen zittern, die unter ihm haben leiden müssen. Jemand der verliebt ist, wird rot, das Herz schlägt höher, wenn der Name des geliebten Menschen genannt wird. *Namen bezeichnen die Ehrwürdigkeit einer Person.* Einen guten Namen hat man nicht von vornherein, man erwirbt ihn sich erst mit der Zeit. Menschliche Namen sind soziale Gebilde, denn sie drücken Beziehungen aus, in denen Menschen stehen. Und weiter: *Namen öffnen Türen.* Die für jemand anderen ausgesprochene Empfehlung eines Menschen, der in der Gesellschaft einen guten Namen hat, weckt bei den Adressaten Vertrauen, dass man es mit dem Empfohlenen versuchen sollte. Darüber hinaus sind *Namen auch Ausdruck von Macht und Vollmacht.* Wer unter dem Schutz des Namens eines Mächtigen steht, wird nicht so leicht angegriffen. Wer mit schwierigen Gesundheitsproblemen nach Hilfe sucht, vertraut auf den Arzt, dessen Therapieerfolge sich in seinem Namen herum-

---

21. Vgl. dazu ausführlich: *H. Wrogemann* (2012): Den Glanz widerspiegeln, 78 ff.

gesprochen haben. Und nicht zuletzt: *Namen vermitteln ein Gefühl von Heimat.* Die Zugehörigkeit von Menschen zu anderen oder aber bestimmten Orten drückt sich jeweils in diesem besonderen und eben keinem anderen Namen aus.

Alle diese Aspekte spielen auch und gerade im Neuen Testament eine Rolle, denn Gott bezeugt sich hier im Namen dessen, den er gesandt hat, im Namen des Individuums Jesus von Nazareth. Der christliche Glaube, der dies für sich annimmt und gelten lässt, lebt von diesem Namen her und auf diesen Namen hin. Christen/innen finden in der durch diesen Namen zusammengefassten Geschichte ihre Identität, deren *Vergewisserung* im Kontext kulturell-religiös pluraler Gesellschaften immer wieder erforderlich ist. Gehen wir einigen dieser Aspekte etwas nach. Die *Wiedererkennung des Namens weckt das Empfinden von Freude und Geborgenheit.* Die Bedeutung des Namens drückt sich bereits darin aus, dass in den Kindheitsgeschichten des Lukasevangeliums der Maria durch den Engel Gabriel mitgeteilt wird, wie sie das Kind nennen soll: Jesus. (Lk 1,31) Der »Wiedererkennungseffekt« dessen, was hier geschieht und sich erst sehr viel später in der Geschichte Jesu Christi verdichten wird (wofür sein Name steht), wird hier vorweggenommen in der Schilderung des Johannes, noch im Mutterleibe befindlich, der beim Gruß der Maria *vor Freude hüpft.*[22] Was bedeutet dies für missionarisches Wirken von Christen/innen? Die *Ehrwürdigkeit und der Rang Jesu* werden durch die Verleihung seines Namens zum Ausdruck gebracht. Jesus war nach dem Philipperhymnus (Phil 2,5-11) in Knechtsgestalt und wurde aufgrund seines Gehorsams von Gott erhöht und mit einem Namen versehen, der *»über alle Namen«* ist. Durch die Erhöhung wird die unüberbietbare Autorität und Vollmacht in seinem Namen manifest, so dass es in der Johannesapokalypse als Machtkritik gegenüber allen menschlichen Despotismen heißen kann *»und er trägt einen Namen geschrieben auf seinem Gewand und auf seiner Hüfte: König aller Könige und Herr aller Herren«.* (Apk 19,16) Im Hebräerbrief wird von Jesus als dem »Ebenbild« des göttlichen Wesens gesagt: *»und [er hat] vollbracht die Reinigung von den Sünden und hat sich gesetzt zur Rechten der Majestät in der Höhe und ist so viel höher geworden als die Engel, wie der Name, den er ererbt hat, höher ist als ihr Name.«* (Hebr 1,3-4) Der Rang innerhalb der Welt ist damit unmissverständlich zum Ausdruck gebracht.

Die *Vollmacht*, die im Umgang mit dem Namen Jesu und denen, die sich auf ihn berufen, erfahren wird, *weckt generell Zuversicht, aber auch besondere Erwartungen und Hoffnungen*, etwa die Hoffnung, geheilt zu werden.[23] Der

---

22. Vgl. Lk 1,39-45, 41.44.
23. In der Apostelgeschichte des Lukas, die eine eigene Namenstheologie entfaltet, wird dies an Petrus deutlich, der einem Gelähmten, der ihn um Almosen bittet, zusagt: *»Silber und*

2. Die Dimension des Doxologischen – Mission als Verherrlichung Gottes

Christustitel wird hier mit dem Eigennamen der Person Jesus aus Nazareth verbunden. Damit wird die Geschichtlichkeit und Unverwechselbarkeit des Namens sichergestellt. Die Namenstheologie findet ihren Höhepunkt in der berühmten Aussage des Petrus: »*In keinem anderen ist das Heil, auch ist kein andrer Name unter dem Himmel den Menschen gegeben, durch den wir sollen selig werden.*« (Apg 4,12)[24] Dass *Namen* auch *Türen öffnen*, gilt für den Namen Jesu in ganz besonderer Weise. Nach Joh 16,24 ist der Name Jesu quasi der Schlüssel zum Herzen Gottes. An verschiedenen Stellen des Neuen Testamentes wird davon gesprochen, dass Christus den »*Zugang zum Vater*« eröffnet habe.[25] Dass Jesus einen Zugang zu Gott schafft, gilt auch für das Bitten in seinem Namen. »*Wahrlich, wahrlich ich sage euch: Wenn ihr den Vater um etwas bitten werdet in meinem Namen, wird er's euch geben. Bisher habt ihr um nichts gebeten in meinem Namen. Bittet, so werdet ihr nehmen, dass eure Freude vollkommen sei.*« Nach 1 Joh 5,13 bedeutet der Glaube an den Namen Jesu die Anteilhabe am ewigen Leben.[26] Dadurch wird der Name Gottes im Namen Jesu verherrlicht und offenbar gemacht wie umgekehrt der Name Jesu durch das Handeln Gottes verherrlicht wird.[27] Der Heilige Geist hat an dem Verherrlichungsgeschehen im Namen Jesu teil. »*Aber der Tröster, der heilige Geist, den mein Vater senden wird in meinem Namen, der wird euch alles lehren und euch an alles erinnern, was ich euch gesagt habe.*« (Joh 14,26) *Diese Verherrlichung des Namens soll sich fortsetzen in Gebet, Lebenszeugnis und guten Taten der Glaubenden.*[28]

Im Namen Jesu Christi kommen daher ganz *verschiedene Atmosphären zum Schwingen*, es werden Erinnerungen wachgerufen, es wird Vertrauen zum Ausdruck gebracht und es werden Hoffnungen geweckt, es wird eine Auto-

---

Gold habe ich nicht; was ich aber habe, das gebe ich dir: Im Namen Jesu Christi von Nazareth steh auf und geh umher!« (Apg 3,6)

24. Dass das Predigen und Wirken im Namen Jesu Christi nicht immer auf Gegenliebe stieß, wird im Text allerdings ebenso deutlich. Vom Hohen Rat heißt es, er habe den Aposteln nach Gefängnishaft vor deren Entlassung geboten »*sie sollten nicht mehr im Namen Jesu reden*«. Die Apostel aber »*gingen [...] fröhlich von dem Hohen Rat fort, weil sie würdig gewesen waren, um Seines Namens willen Schmach zu leiden, und sie hörten nicht auf, alle Tage im Tempel und hier und dort in den Häusern zu lehren und zu predigen das Evangelium von Jesus Christus.*« (Apg 5,40-42)
25. Vgl. Röm 5,1-2; Hebr 4,16 u. ö.
26. 1 Joh 5,13 »*Das habe ich euch geschrieben, damit ihr wisst, dass ihr das ewige Leben habt, die ihr glaubt an den Namen des Sohnes Gottes.*«
27. Vgl. Joh 17-5-6: »*Und nun, Vater, verherrliche du mich bei dir mit der Herrlichkeit, die ich bei dir hatte, ehe die Welt war. (6) Ich habe deinen Namen den Menschen offenbart, die du mir aus der Welt gegeben hast.*«
28. Vgl. 2 Thess 1,11-12: »*Deshalb beten wir auch allezeit für euch, dass unser Gott euch würdig mache der Berufung und vollende alles Wohlgefallen am Guten und das Werk des Glaubens in Kraft, damit in euch verherrlicht werde der Name unseres Herrn Jesus und ihr in ihm, nach der Gnade unseres Gottes und des Herrn Jesus Christus.*«

rität und Vollmacht ausgesprochen oder unausgesprochen anerkannt und ein Weiterwirken der göttlichen Krafterweise in seinem Namen erwartet. Der christliche Glaube lebt in seiner missionarischen Ausstrahlung aus und in diesen Atmosphären und Erinnerungen, in dieser Anerkenntnis und diesen Erwartungen und Hoffnungen. *Die ökumenischen Herausforderungen zeigen sich leicht, wenn in manchen westafrikanischen New Generation Churches der Name Jesu als Machtwort für Exorzismen verwendet wird, wobei zu fragen ist, ob hier der Name nicht allzu leicht im Sinne eines magischen Zauberwortes missverstanden wird. Wie also ist das Namenszeugnis zu deuten und welche Form erscheint für welchen Kontext als angemessen? In säkularen Öffentlichkeiten deutscher Kontexte wird dieser Name m. E. eher verschwiegen, da Christen/innen meinen, andere Menschen nicht mit ihrem Glauben behelligen zu dürfen. Wenn jedoch der Name als Symbol der eigenen Identität in den Hintergrund tritt, wie kann dann der christliche Glaube in einer Mediengesellschaft und einer Vielzahl konkurrierender Symbole und Bilder erkennbar bleiben?*

Wenn in einer Bahnhofsmission der christliche Kalender abgehängt wird, aus Sorge, dass man Menschen anderen Glaubens und anderer Weltanschauung damit in ungebührlicher Weise behellige, so mag man zurückfragen, ob hier nicht in paternalistischer Weise für die Menschen entschieden werde, was ihnen gut tut und was nicht. Anders ausgedrückt: Das Angebot christlicher Lebensdeutung – und sei es in einem Bibelvers auf einem Kalenderblatt – wird vorauslaufend zurückgenommen. Wenn aber der religiöse Grund, der nach neutestamentlichem Verständnis die Kraft lebensschaffender Transformation enthält, nicht zum Ausdruck gebracht wird, dann wird die religiöse Option damit auch uninteressant. In diakonischen Einrichtungen wird derzeit verstärkt darüber nachgedacht, wie die christliche Fundierung der Arbeit in einer behutsamen Weise bei Mitarbeitenden ins Bewusstsein gehoben werden und wie das Interesse an christlichen Traditionen geweckt werden kann. Der Rückbezug auf den Namen, in dem die christliche Heilsgeschichte zusammengefasst ist, ist von besonderer Bedeutung, doch wie kann eine solche Beziehung gemeinsam neu entdeckt werden? Ein doxologisches Missionsverständnis macht gegen die Tendenz zur Anonymisierung christlicher Praxis darauf aufmerksam, dass die Verherrlichung Gottes aus dem Munde seiner Geschöpfe in einem Namen geschieht. Umgekehrt jedoch hebt es auch hervor, dass es einer *Spiritualität der Namensnennung* bedarf, behutsam, sensibel und facettenreich, respektvoll und mitunter auch zärtlich.

2.5 Zusammenfassung

Vom neutestamentlichen Zeugnis her kann man Mission *als das Geschehen der Verherrlichung Gottes durch das Lebenszeugnis der von Gott versöhnten, erlösten und befreiten Kreaturen verstehen, das als Vermehrung des Gotteslobes in die Welt hinein ausstrahlt.* An vielen Beispielen missionarischer Praxis und

2. Die Dimension des Doxologischen – Mission als Verherrlichung Gottes

Präsenz innerhalb der Weltchristenheit lässt sich zeigen, dass die Frage des Gotteslobes als prophetische Kritik an ungerechten Verhältnissen, als Kraftquelle gegen Bedrängnisse, als leiblich-gemeinschaftlicher Erfahrungsraum und als Gotteslob im Namen Jesu Christi eine herausragende Rolle spielt. Die Dimensionen des Politischen, der Kraft, der leiblich-gemeinschaftlichen Erfahrung und der Wiedererkennbarkeit kommen hier zusammen. Um die konkrete Gestaltung indes wird interkulturell unter Christen/innen gerungen. Wieviel prophetische Kritik ist angemessen? Welche Art der Kraftwirkung ist gemeint? Wie eng oder weit ist christliche Gemeinschaft gedacht und worin genau besteht die Erfahrung, um die es geht? Wie ist der Name in Begegnungen einzubringen? Für Kontexte innerhalb Deutschlands ist ein doxologische Missionsverständnis von Bedeutung, da es eine im Gotteslob begründete kritische Sicht auf Gesellschaft ermöglicht angesichts *sozialer Probleme*, da es im Kontext *abnehmender Ressourcen* innerkirchliche neue Kraftquellen zu erschließen vermag, da es im Kontext einer *Erlebnisgesellschaft* den Blick auf die leiblich-gemeinschaftlichen Ausdrucksgestalten der Zeugen/innengemeinschaft lenkt und im Kontext einer *Mediengesellschaft* auf die Wiedererkennbarkeit der christlichen Botschaft insistiert, die im Namen Jesu Christi als Zusammenfassung seiner Geschichte gegeben ist. Damit ist christliche Mission grundlegend als doxologisches Geschehen umschrieben. Da Gotteslob ausstrahlt und die Verherrlichung Gottes in die Weite geht, wird es als *oikoumenisches* Gotteslob näher zu bestimmen sein.

3. Die Dimension des Oikoumenischen – Mission in ökumenischer Weite

Die *Dimension des Oikoumenischen* wird im Folgenden unter den Aspekten der Solidarität, der Kooperation, der Vielfalt und der Ökologie beschrieben werden. In der Frage der Solidarität geht es um die *ethische Bedeutung* des Gotteslobes, in der Frage der Kooperation um die *partnerschaftliche Bedeutung*, in der Frage der Vielfalt um die *kulturelle Bedeutung* und in der Frage der Ökologie schließlich um die *schöpfungstheologische Bedeutung* des Gotteslobes.

3.1 Oikoumene als Solidarität – ethische Bedeutung

Bei der Verherrlichung Gottes handelt es sich nicht um ein selbstgenügsames Geschehen und bei der oikoumenischen Ausstrahlung nicht um ein geistloses Wirken. Beides bedingt sich vielmehr wechselseitig. Deshalb auch sind zum Beispiel »materielle Dinge« wie Kollekten im Gottesdienst als Einübung in eine Haltung des *geistlichen Loslassens* zu verstehen, gegen Geiz und Eigennutz, und gleichzeitig als Ausdruck der Solidarität von Christen/innen mit Hilfebedürftigen, Ausgegrenzten und Fremden.[29] Das Kollektenwerk der Mazedonier, von dem 2 Kor 8 handelt, ist ein gutes Beispiel für das solidarische Eintreten von Christen füreinander und für andere allgemein. Nach diesem Text ist Reichtum als *Ausdruck der in der Heilszeit zugänglichen Fülle* zu verstehen, die der Fülle der vergangenen Paradieszeit entspricht. Doch welcher Reichtum ist gemeint? Es ist der Reichtum an der Gnade Gottes, der in der mazedonischen Gemeinde, von der hier die Rede ist, ein »*Übermaß ihrer Freude*« weckt und »*den Reichtum ihrer schlichten Güte*« ermöglicht. (2 Kor 8,2) Dieser Reichtum an Güte äußert sich ganz konkret, er materialisiert sich in der Kollekte, die für die in Not geratenen Glieder der Gemeinde in Jerusalem bestimmt ist. Durch die Kollekte steht die Gemeinde in Mazedonien, obwohl selbst unter Druck und als arme Gemeinde bekannt, für die Gemeinde in Jerusalem ein. An anderer Stelle wird dieser Gedanke ausgeweitet, um die Fülle der messianischen Heilszeit zu beschreiben. So heißt es in 2 Kor 9,8-9 »*Gott aber vermag euch jede Gnade(ngabe) im Überfluss zukommen zu lassen,*

---

29. Ich habe Mission als doxologisches Geschehen als eine *Theologie der Gelassenheit* und eine *Theologie des Los-lassens* zu beschreiben versucht. Vgl. H. Wrogemann (2012): Den Glanz widerspiegeln, 193-205.

3. Die Dimension des Oikoumenischen – Mission in ökumenischer Weite

damit ihr – in allem ein gutes Auskommen habend – überreich seid zu jedem guten Werk, wie geschrieben steht: ›Er hat ausgestreut (und) hat den Armen gegeben, seine Gerechtigkeit bleibt in Ewigkeit‹ (Ps 112,9).«[30] Wie in Kapitel 8,2, so ist auch hier von dem Überfließen die Rede. Die *Fülle der Gnade Gottes* ermöglicht ein *Überfließen der Freude* und weiterer Gnadengaben, die sich wiederum *ganz konkret und materiell manifestieren.* Mit dem »guten Werk«, zu dem die Christen überreich sind, sind hier die »einzelnen Liebestaten« gemeint.[31]

Man kann im Blick auf diese theologischen Zusammenhänge geradezu von einem *Kreislauf des missionarischen Kräfteflusses* sprechen: Nach dem 2. Korintherbrief sind Christen und Christinnen reich gemacht durch Gottes Gnade, die sie zum Dank befreit und zum uneigennützigen Geben und allerlei Liebeswerken: »*In allem werdet ihr reich sein zu jeder schlichten Güte, die durch uns Danksagung an Gott bewirkt. Denn der Dienst dieser Sammlung hilft nicht nur dem Mangel der Heiligen ab, sondern erweist sich auch als überreich durch viele Danksagungen an Gott.*« (2 Kor 9,11-12) Dies besagt, dass sich in dem einen, dass dem »*Mangel der Heiligen*« abgeholfen wird, das andere zugleich ereignet, dass nämlich das Lob Gottes durch den Mund der erlösten Kreatur vermehrt wird. Beide Aspekte gehören untrennbar zusammen. Die Wendung »*Dienst der Sammlung*« wird im Griechischen nicht von ungefähr mit »*Dienst der Liturgie* (grch. *leitourgia*)« wiedergegeben.[32] Erich Gräßer weist zu Recht daraufhin, dass es sich hier nicht nur um eine karitative Maßnahme handelt. Vielmehr ist die »Kollekte […] eine liturgische Handlung.«[33] Denn die Kollekte verbindet als Ausdruck des Glaubens die Schenkenden und die Beschenkten zu einer Gemeinschaft, im Dienst der Schenkenden, im Gotteslob der Beschenkten, im Einstehen füreinander, im Gebet füreinander und im Gotteslob, das zugleich Grundlage und Ziel des Ganzen ist. Dies wird noch deutlicher, wenn Vers 13 fortfährt: »*Durch die Bewährung in diesem Dienst preisen sie Gott wegen des Gehorsams, mit dem ihr euch zum Evangelium von Christus bekennt und wegen der schlichten Güte des Gemeinschaftserweises gegenüber ihnen und gegenüber allen.*«

Der Dank an Gott wirkt also weiter durch das *Rühmen der mazedonischen Gemeinde aus dem Munde derer,* denen ganz konkrete Hilfe zuteil wurde, hier also der Jerusalemer Gemeinde. Doch dieses Rühmen gilt nicht der mazedonischen Gemeinde um ihrer selbst willen, sondern um des Gehorsams dieser Gemeinde willen, ihres Gehorsams gegenüber Gottes Wirken in Jesus Chris-

---

30. Übersetzungen dieses Abschnitts nach *E. Gräßer* (2002): Der zweite Brief an die Korinther, Bd. 2, Gütersloh, 52.
31. *E. Gräßer* (2002): Der zweite Brief an die Korinther, Bd. 2, 57.
32. *E. Gräßer* (2002): Der zweite Brief an die Korinther, Bd. 2, 62-63.
33. *E. Gräßer* (2002): Der zweite Brief an die Korinther, Bd. 2, 63.

tus. Der Dank an Gott und das Rühmen seiner Taten, wie es durch den *Glaubensgehorsam* der mazedonischen Gemeinde erfahrbar wird, lässt den *Ort* des göttlichen Heilswirkens ebenso erkennen wie den *Namen*, unter dem es geschieht. Und genau dies macht die *missionarische Dynamik* des Ganzen aus: Der Dank an Gott und das Rühmen seiner Taten hat Verweischarakter.[34] Dies ist auch heute noch in der weltweiten Christenheit lebendige Wirklichkeit, da Menschen nach den Orten von heilsamen Erfahrungen fragen und das Rühmen der Geheilten ein ganz natürlicher Hinweis auf diese Orte darstellt.[35] Denn es geht immerhin um die Gemeinschaft von Heidenchristen und Judenchristen, und damit um die kulturübergreifende Einheit der christlichen Gemeinden. *Verherrlichung Gottes und solidarisches Handeln bedingen einander. Hier eröffnet sich ein ökumenisches Lernfeld, denn Missionen verschiedener Bewegungen, Organisationen, Gemeinden und Kirchen müssen sich fragen lassen, inwiefern sie die Balance zwischen beiden Aspekten halten.*

3.2 Oikoumene als Vielfalt – kulturelle Bedeutung

Das Ziel der göttlichen Mission ist das Heil für die ganze Erde. Indem er dies ermöglicht und wirkt, verherrlicht Gott sich selbst. Er verherrlicht sich durch das Lob aus dem Munde seiner erlösten Schöpfung, und dies kann erschallen ebenso aus dem Munde der kleinen Kinder (Ps 8,3) wie auch seinen Ausdruck

---

34. Dieser Zusammenhang findet sich im Neuen Testament vielfach, so fragt Jesus etwa nach der Heilung der ›Zehn Aussätzigen‹ im Blick auf den einen, der zu ihm zurückkehrt ist: »Wo sind aber die neun? Hat sich keiner sonst gefunden, der wieder umkehrte, um Gott die Ehre zu geben, als nur dieser Fremde?« (Lk 7,17-18) Heilungen werden an verschiedenen Stellen Anlass zum Gotteslob, etwa Mk 2,12; Mt 9,8; 15,31; Lk 7,16. *Karl Kertelge* weist darauf hin, dass das anfängliche *Zutrauen* von Menschen zu Jesus als einem Heiler und Exorzisten von Jesus selbst durchaus *kritisch* als *Glaube* angesprochen wird, indem er den Menschen den Glauben zuspricht: ›Dein Glaube hat dich geheilt‹, vgl. Mk 5,34 par.; Mk 10,52 par.; Lk 17,19. »Dieser Zuspruch [... meint] nicht einen psychogenen Vorgang, sondern das Bezugnehmen des Menschen auf seinen Ursprung in Gott. [...] Eben dieses Zutrauen zeigt eine Offenheit an, die Jesus positiv als Glauben interpretieren oder zum Glauben ›weiterführen‹ kann.« K. Kertelge (1985): Die Wunderheilungen Jesu im Neuen Testament, in: W. Beinert (Hg.), Hilft Glaube heilen?, Düsseldorf, 31-44, 35.
35. *E. Gräßer* (2002): Der zweite Brief an die Korinther, Bd. 2, 63 fasst treffend zusammen: »Mit dem lobpreisenden Dank gegen Gott erreicht die Kollekte ihr über die Wohltat noch hinausreichendes eigentliches Ziel. Denn Gottes Gnade ist es, die mit dem Geld zur unterstützenden Gemeinde kommt und von dort als *eucharistia* (›Danksagung‹) zu ihm zurückströmt [...]. Mehr noch: auch auf die spendende Gemeinde wirkt die Gabe segensreich zurück. Durch ihr Spenden kommt es zu einer Verbundenheit von Beschenkten und Schenkenden vor Gott und zum Gebet der Empfänger für die Geber [...] Das aber heißt: Rücksichtlich seiner Ursache und Wirkung ist das Kollektenwerk praktizierte ›Gemeinschaft am Evangelium‹ (Phil 1,5).«

3. Die Dimension des Oikoumenischen – Mission in ökumenischer Weite

finden im Klatschen der Bäume auf dem Felde (Jes 55,12), es erschallt aus der Vielfalt der Völker, wie das Bild von der Völkerwallfahrt zum Berge Zion erwartet (Jes 2,2 ff.; Mi 4,1 ff.) und übersteigt alle Grenzen von Alter, Geschlecht und Milieu (Joel 3,1-5). Dem ausstrahlenden Gotteslob eignet also eine missionarische, eine grenzüberschreitende Kraft, meint es doch auch das Übersteigen von ethnischen, kulturellen, sozialen und anderen Grenzen. Das Ziel der Werke Gottes ist die Verherrlichung Gottes im Namen Jesu Christi, da nach dem Zeugnis des Neuen Testamentes in diesem Namen die Geschichte Gottes mit den Menschen zusammengefasst ist.

Durch diese Geschichte wird das ganzheitliche Gotteslob in leiblicher Gestalt und im stimmhaften Lobpreis den Geschöpfen entlockt. Ein christlicher Lobgesang, den Paulus im Philipperbrief zitiert, bringt dies zum Ausdruck. (Phil 2,5-11) Es wird in diesem Lobgesang eine Kurzfassung der Geschichte Jesu gegeben: »*Er, der in göttlicher Gestalt war, hielt es nicht für einen Raub, Gott gleich zu sein, sondern entäußerte sich selbst und nahm Knechtsgestalt an, ward den Menschen gleich und der Erscheinung nach als Mensch erkannt*«. Aufgrund seines Gottesgehorsams, der ihn bis ans Kreuz führte, hat Gott ihm, so heißt es, einen »*Namen gegeben, der über alle Namen ist, damit im Namen Jesu sich beugen sollen aller derer Knie, die im Himmel und auf Erden und unter der Erde sind, und alle Zungen bekennen sollen, dass Jesus Christus der Herr ist, zur Ehre Gottes, des Vaters*«. (Phil 2,9-11) Damit wird das Ziel der Sendung Jesu angegeben, dass seine Rettungstat an Menschen und Kreaturen weiterwirken soll, so dass in der Vielzahl der Zungen, in oikumenischer Weite also, das ganze Haus der Schöpfung Gottes durch das stimmhafte Lob mehr und mehr erfüllt wird. Es sind die vielen Zungen, die unterschiedlichen Sprachen, Kulturen, Tänze und Lieder der Völker, die in all ihrer Kreativität das Gotteslob singen. Die Vielfalt der Schöpfung spiegelt die Schaffenskraft Gottes wider. Die gegenseitige Verherrlichung bringt die Vielfalt der *Schöpfungsgaben* ebenso zum Schwingen, wie die Vielfalt der *Gaben des Heiligen Geistes*.

Dieser Lobpreis ist grenzüberschreitend, erkennt die Vielfalt als Gabe an und greift auf das Ganze der Welt aus. Wenn es in der Offenbarung des Johannes in eschatologischer Perspektive vom himmlischen Jerusalem heißt, dass man »*die Herrlichkeit und den Reichtum der Völker*« in die Stadt bringen werde (Apk 21,26), so wird man wohl dabei auch an die vielfältigen Schöpfungsgaben dieser Völker und Kulturen denken dürfen, die nun zur Ehre Gottes in den Dienst genommen werden.[36] *Damit jedoch sind auch die Heraus-*

---

36. Der Vielfalt des Gotteslobes entspricht die schöpferische Kraft des Heiligen Geistes. Das Gotteslob soll in den Sprachen und Ausdrucksformen der verschiedensten Kulturen erklingen. Nicht umsonst werden im Bericht des Pfingstwunders verschiedene Völker ge-

forderungen benannt, denen sich Christen/innen weltweit zu stellen haben, denn die Frage lautet, ob sie bereit sind, andere und ihnen fremd erscheinende Formen des Gotteslobes erstens zur Kenntnis zu nehmen, zweitens diese verstehen zu lernen und drittens zu wertschätzen oder zumindest zu tolerieren.

Die kulturelle und konfessionelle Vielfalt der Verherrlichung Gottes ist nicht nur ein *Reichtum*, sondern unter Christen/innen immer wieder auch eine *Anfechtung*. Es wird darum gerungen, welche Formen der Verherrlichung angemessen sind. Wie steht es mit den teils aggressiven Heilungsgebeten von Pfingstchristen/innen? Wie mit dem in den Ohren konservativ protestantischer Christen/innen allzu süßlichen Klängen charismatischer Lobpreislieder? Ist das – wie manche meinen – nur *Show?* Wie steht es mit neuen und aus europäischer Sicht merkwürdigen Riten, etwa Reinigungsriten in *African Initiated Churches?* Wann ist ein Gottesdienst im vollen Sinne Gottesdienst? Ist das Sakrament der Eucharistie maßgeblich, eingesetzt durch Priester, die in der apostolischen Sukzession (römisch-katholisch) oder wenigstens der historischen Sukzession (anglikanisch) stehen? Welche Medien sind erlaubt? Muss eine Kirche leer sein, wie in reformierten Kirchen üblich? Sind Weihrauch, Gesang, Kerzen und Ikonen entbehrlich oder lenken sie gar vom »Eigentlichen« ab? Ist der Gottesdienst stets nach dem strengen liturgischen Reglement der Tradition zu halten, wie in orthodoxen Kirchen mit ihrer *Göttlichen Liturgie* üblich? Sind Geistesgaben als Verweis auf den richtigen Glauben notwendig? Welche Art der Bekehrungspredigt ist erlaubt, welche Art des politischen Engagements noch angemessen? Mission als oikoumenische Doxologie verweist auf die immense Bedeutung dieser Fragen, die auch für Kirchen in der deutschen Gesellschaft zunehmend an Brisanz gewinnen werden. Hier geht es um die gegenseitige Wertschätzung, den Versuch, zu verstehen, es geht um das Sich-aussetzen des Fremden und nicht zuletzt um christliche Gemeinschaft über die Grenzen des Vertrauten hinaus.

3.3 Oikoumene als Kooperation – partnerschaftliche Bedeutung

Mit den eben angeführten Beispielen wurde die Frage des partnerschaftlichen Miteinanders zwischen Christen verschiedener kultureller Herkunft bereits angedeutet. Immer wieder gibt es Beispiele, dass missionarische Initiativen von Christen eines Landes wie etwa Kanada in einem anderen kulturellen Kontext wie etwa Sri Lanka zu Spannungen führen, weil die fremden Missionare keinen Kontakt zu den einheimischen Christen/innen gesucht haben. Ein kulturell-religiös unangemessenes Verhalten kann jedoch die Beziehungen örtlicher Christen zu ihren andersreligiösen Nachbarn schwer beeinträch-

nannt, die alle – durch den Heiligen Geist begabt – die Rede der Apostel in ihrer Muttersprache hören und bekennen: »*Wir hören sie [die Apostel] in unseren Sprachen Gottes große Taten verkünden*«. (Apg 2,5-13^E)

tigen. Der Aspekt ökumenischer Partnerschaft ist demnach nicht nur deshalb bedeutsam, weil Christen/innen sich als fremde Geschwister gegenseitig wertschätzen sollten, da das Gotteslob nach neutestamentlichem Zeugnis ja in kultureller Vielfalt ergehen soll. Der Aspekt ökumenischer Partnerschaft ist auch nicht nur deshalb relevant, weil es nach neutestamentlichem Zeugnis um ein solidarisches Handeln geht, sondern darüber hinaus, um Schäden von anderen Menchen – welcher Religion oder Weltanschauung auch immer – abzuwenden. *Wenn es darum geht, dass das Gotteslob aus dem Munde der geheilten, befreiten oder versöhnten Kreaturen vermehrt werden soll, dann schließt dies ein, in allem der »Stadt Bestes« zu suchen. Missionarische Initiativen können – so betrachtet – nicht einfach ihre eigenen Ziele kontextlos umzusetzen versuchen, sondern sie sind aus missionstheologischen Gründen dazu aufgerufen, den Kontakt mit lokalen Christen/innen aufzunehmen.*

3.4 Oikoumene als Geschöpflichkeit – ökologische Bedeutung

Für die Frage von Mission und Geschöpflichkeit sei ein Zugang über das Alte Testament gewählt. Der Alttestamentler Claus Westermann nimmt die Unterscheidung von Schönem als *Seiendem* und Schönem als *Geschehendem* vor.[37] Schönes als Seiendes meint Kunstwerke. Das Schöne als Geschehendes meint nach Westermann jedoch etwas anderes. Es kann sich bei dieser Art des Schönen um ein gelungenes Fest handelt, um ein unverhofftes Lächeln, einen Eindruck erlebter Natur. Westermann schließt: »Das Schöne als Geschehendes hat einen elementareren Charakter als das Schöne als Seiendes; es ist allen Menschen gemeinsam und gehört zum Menschsein.«[38] Dies ist eine wichtige Feststellung, da hier das Schöne in seiner Bedeutung für alle Menschen gewürdigt wird. Schönes als Geschehendes wird von allen Menschen erfahren, gleich welcher Herkunft sie sind. Für das Alte Testament ist das Schöne als Geschehendes grundlegend. Das Schöne als Geschehendes hat »funktionalen Charakter«, es besteht nicht um seiner selbst willen, sondern es geht um das Schöne in seinem *Sein-Für* die Kreaturen. Es geht um das geschehende Schöne als Ausdruck von Segensfülle und in seinem Beziehungscharakter.[39] Der

---

37. *C. Westermann* (1984): Das Schöne im Alten Testament, o.a., 119-137, 119-120. Vgl. schon *ders.* (1950): Biblische Ästhetik, in: Zeichen der Zeit (8), 277-289.
38. *C. Westermann* (1984): Das Schöne im Alten Testament, 120.
39. »Während die Schönheit der Natur in unserem Verständnis ganz allein in der Wahrnehmung ([…] Ästhetik), Empfindung und dem Schön-Finden des Menschen beruht, ist die Schönheit der Kreatur in Gen 1 im weiteren Horizont des Ansehens Gottes begründet. [In Gen. 1,31 heißt es ja: ›Und Gott sah, dass es gut war. HW] Das funktionale Verständnis des Schönen zeigt sich auch darin, das spezifische Vokabeln für schön, Schönheit, das Schöne

Geschehenscharakter des Schönen ereignet sich als ein doxologischer Zusammenhang:

> »Die Schönheit des Geschaffenen kommt zu Wort im Lob des Schöpfers über seinen Werken. Dem ›siehe, es war sehr gut‹ entsprechen die Schöpfungspsalmen, die die Schönheit der Schöpfungswerke preisen. Wo aber dieses Lob des Schöpfers laut wird, kann das Schönsein des Geschaffenen niemals zu objektivierter Schönheit der Natur werden; das Schönsein der Schöpfung ist Geschehendes, sie ist da, wo sie im Lob des Schöpfers laut wird. Sie kann nicht aus dem Wechselgeschehen des Schöpferwirkens und der Antwort im Lob abstrahiert werden zu bloß konstatierbarem Schönem.«[40]

Das Schöne nun schließt also Menschen und Kreaturen ein, insofern betrifft es alle Schöpfung. Dies ist die *oikumenische Weite*, auf die hin das Geschehen wirkt. Alles Sein soll nach Möglichkeit in diesen Zusammenhang mit hineingenommen werden. Das Schöne als Geschehendes geschieht darüber hinaus in einem *doxologischen Zusammenhang*, der auch seinerseits die Tendenz in sich trägt, über sich hinauszugehen, überzufließen, auszustrahlen. *An dem Gotteslob soll alle Kreatur beteiligt werden, oder besser: Alle durch das göttliche Heil veränderte Kreatur soll zum Resonanzboden des Gotteslobes werden.* Westermann macht dies im Blick auf das Schöne im Kult deutlich:

> »Wenn die Instrumente das Gotteslob begleiten: ›Lobet ihn mit dem Schall der Posaunen, lobet ihn mit Psalter und Harfe!‹ (Ps 150,3), ist das so gemeint, dass die Instrumente am Vorgang des Gotteslobes beteiligt werden; das Gotteslob, das in sich die Tendenz des Sich-Ausweitens hat, geht von den Menschenstimmen hinüber in die Stimmen der Kreatur, des Holzes, des Metalls, das, zu Instrumenten gefertigt, je seine Stimme erhält. Der Jubel der Singenden, in ihrem Singen Gott Lobenden wird aufgenommen und weitergetragen im Jubel der Instrumente. Bei der den Lobpreis der im Gottesdienst Gott Lobenden begleitenden und aufnehmenden Instrumentalmusik ist eindeutig, dass das Schönsein dieser gottesdienstlichen Musik Geschehendes ist. Hier ist nicht eine kirchenmusikalische Darbietung und deren Publikum gemeint, sondern die zum Gottesdienst versammelte Gemeinde ist *ein* Chor, und zu diesem Chor gehören auch die Instrumente.«[41]

---

im AT relativ selten sind, dass aber die Bedeutung ›schön‹ in anderen Vokabeln mitschwingt, wie *tōb* = gut oder in einem bestimmten Gebrauch von *kābōd*. Das AT spricht vom *kābōd* der Wälder des Libanon, wo wir von der Schönheit der Wälder des Libanon sprechen würden; es ist darin auch die Segensfülle und ihre Bedeutung für Land und Menschen gemeint, nicht eine bloß anschaubare objektive Schönheit.« *Westermann* (1984): Das Schöne, 122. Mit Verweis auf Jes 10,18; 35,2 (»Die Herrlichkeit des Libanon ist ihr gegeben«); 60,13 (»Die Herrlichkeit des Libanon soll zu dir kommen, Zypressen, Buchsbaum und Kiefern miteinander, zu schmücken den Ort meines Heiligtums; denn ich will die Stätte meiner Füße herrlich machen«) und Ex 31,18.

40. *Westermann* (1984): Das Schöne, 123.
41. *Westermann* (1984): Das Schöne, 129-130.

3. Die Dimension des Oikoumenischen – Mission in ökumenischer Weite

Zum Schönen gehören aber auch die Gebäude, die Gewänder, die Geräte des Kultes, aber auch das schöne Wort. Dieses Schöne als Geschehendes, als der schöne Lobpreis in schönen Formen und Atmosphären ist seinerseits funktional in dem Sinne, dass der Lobpreis im menschlichen Miteinander geschieht, die Herzen erfreut und kräftigt und das Leben schön macht. Das Gotteslob richtet sich auf Gott und macht zugleich das Leben der daran beteiligten Menschen und Kreaturen in diesem biblischen Sinne »schön«.[42] Dies aber bedeutet im Blick auf ökologische Fragen, dass auch die Schöpfung in den Lobpreis soll einstimmen können, dass also auch die Kreaturen dadurch, dass ihre Lebensräume geschützt werden, die Chance bekommen, als ›erlöste‹ Kreaturen zum Ausdruck des Gotteslobes zu werden. *Was aber bedeutet dies angesichts massiver Umweltverschmutzung durch internationale Bergbaufirmen, die etwa in Ländern Lateinamerikas für einen schnellen Profit die Umwelt mit Schwermetallen belasten, so dass Menschen, Tiere und Pflanzen vergiftet werden, ein hoher Prozentsatz behinderter Kinder geboren wird und Menschen frühzeitig sterben? Was bedeutet dieses doxologisch-oikoumenische Missionsverständnis angesichts eines massiven land-grabbing etwa in Ländern Afrikas, angesichts der weitergehenden Rodung von Urwäldern und den vielen Beispielen eines unverantwortlichen Umgangs von Menschen mit ihrer Umwelt? Doxologisch betrachtet gehören diese Herausforderungen zur christlichen Sendung, nicht im Sinne einer diffusen Schöpfungsspiritualität, sondern im Sinne der Verherrlichung des Namen Gottes, wie er sich in Jesus Christus, der nach christlichem Verständnis gleichzeitig Sohn Gottes und Geschöpf war, offenbart hat.*

3.5 Zusammenfassung

Die Beispiele mögen gezeigt haben, dass Mission als Verherrlichung Gottes darauf zielt, Menschen an dem Versöhnungs-, Erlösungs- und Befreiungshandeln Gottes Anteil gewinnen zu lassen. Das Lob soll aus dem Munde von Menschen kommen, die Hilfe in ihrem Leben erfahren haben, wie auch immer sich das genau ausdrückt, als Umkehr zu Gott, als Lobpreis einer transzendenten Wirklichkeit für das Wirken von Christen/innen, als Lobpreis Gottes im Namen Jesu Christi oder einfach nur in einem Stoßseufzer der Erleichterung. Dass dieses in die Weite gehende Geschehen sich in einer Vielzahl von kulturellen Formen manifestiert, ist ein gewichtiger Punkt, da ja

---

42. *Westermann* (1984): Das Schöne, 130-131, 131: »Zu den schönsten Kunstwerken des AT gehören die Lobpsalmen, wie etwa der 148. Psalm. Als Werke der Dichtkunst und zugleich der Musik haben sie ihren Sinn allein in ihrer Funktion: im Loben Gottes, im Ruf zu solchem Lob, im Reflektieren dieses Gotteslobes: ›Schön ist es, Gott zu loben!‹ (Ps. 92,2).«

Menschen generell dazu neigen, das Eigene für das Selbstverständliche oder gar Bessere zu halten. Oikoumenisch kann das Gotteslob recht verstanden aber nur sein, wenn es mit dem Respekt vor anderen Formen der Verherrlichung Gottes in Lebenszeugnis und gottesdienstlichem Geschehen, in Tat und Wort, Lebensstil und Etikette einhergeht. Die Verherrlichung Gottes sperrt sich damit gegen Selbstgenügsamkeit und Chauvinismen verschiedener Gestalt, denn sie lebt in der Verheißung eines partnerschaftlichen Miteinanders. Die zentrifugalen Kräfte kultureller Verschiedenheit werden in Balance gehalten durch die zentripetalen Kräfte christlicher Geschwisterlichkeit und weltzugewandter Partnerschaftlichkeit. Kurz gesagt: Die Anderen und Fremden gehen Christen/innen etwas an. Dass diese Verantwortlichkeit über den Bereich des Menschlichen auch auf die Schöpfung ausstrahlt, ist in dieser Perspektive eine ganz natürlich Konsequenz. Der Begriff des Oikoumenischen umfasst damit die Aspekte der raumgreifenden Weite, der kulturellen Vielfalt, der partnerschaftlichen Verantwortlichkeit und der schöpfungsbezogenen Ganzheitlichkeit, unter denen die Verherrlichung Gottes geschehen soll.

Diese Aspekte können an dieser Stelle nicht weiter vertieft werden. Es soll im Folgenden vielmehr mit einigen Hinweisen nochmals von der Mission christlicher Kirchen im Kontext Deutschlands die Rede sein, bevor abschließend der Blick auf Herausforderungen gelenkt werden soll, denen sich künftige Missionstheologien in interkultureller Perspektive zu stellen haben.

4. Mission interkulturell? – Europa und die Welt und vice versa

Kommen wir also noch einmal auf bundesdeutsche Kontexte zurück. In den Debatten um Regionalisierung, die Strukturen kirchlich-gemeindlicher Präsenz vor Ort und die Bedeutung von Ortsgemeinden kommt die Dimension der interkulturellen Ökumene nur selten vor. Daher macht es Sinn, auf die bereits laufende Arbeit und die bereits erprobten Konzepte hinzuweisen, die durch die Missionswerke von Landeskirchen einerseits und Initiativgruppen andererseits seit Jahren gefördert werden. Die Wirkungen solcher Programme können unter die Stichworte *Inspiration, Ermutigung* und *heilsame Selbstdistanzierung* gefasst werden. Es werden darin Aspekte sichtbar, die in der Linie des hier skizzierten doxologischen Missionsverständnisses als sinnvoller Beitrag missionarischer Präsenz gewürdigt werden sollen.

4.1 Mit den Augen der Anderen

Für die Zukunft gemeindlicher und kirchlicher Arbeit wird es darauf ankommen, angesichts bleibender Herausforderungen bei allen Mitarbeitenden ein hohes Maß an Motivation zu erhalten, trotz längerer Durststrecken und mitunter auch frustrierender Ereignisse. Der interkulturellen Perspektive kommt hier eine besondere Bedeutung zu. So haben in den letzten Jahren verschiedene große Missionswerke in Deutschland dazu angeregt, aus ihren langjährigen Partnerschaftsbeziehungen zu den ehemaligen Missionskirchen heraus *interkulturell-ökumenische Visitationen* durchzuführen. Eine gemischte Gruppe aus Christen/innen aus Übersee und aus Deutschland unternimmt eine mehrwöchige Visitationsreise durch die jeweils andere Kirche. Dabei werden Begegnungen ermöglicht, Erfahrungen ausgetauscht und Wahrnehmungen jeweils aus der Sicht des anderen vermittelt. Es geht darum, sich selbst »mit den Augen der Anderen« wahrzunehmen und dabei einen Wechsel der Perspektive einzuüben. In einer wertschätzenden Atmosphäre können dann auch kritische Punkte benannt und diskutiert werden. Als ein wechselseitiges Besuchsprogramm von jeweils mehreren Wochen haben interkulturell-ökumenische Visitationen einen projekthaften Charakter. Die kirchliche Verortung und Einbindung ist dabei wesentlich, denn es handelt sich um Mitarbeitende und Vertreter/innen der jeweiligen Partnerkirchen, Partnergemeinden oder -kirchenkreise.

Doch daneben gibt es weitere Initiativen.[43] Ein breites Spektrum stellen zum Beispiel *internationale Begegnungsreisen* in andere Kirchen dar, die sich um Formen missionarischer Präsenz und neue Wege der Gestaltung gottesdienstlichen und gemeindlichen Lebens drehen.[44] Eine dritte Variante interkulturell-ökumenischer Vernetzung sind die *Freiwilligenprogramme*, die durch die meisten der deutschen Missionswerke angeboten und begleitet werden.[45] Junge Menschen gehen hier in der Zeit zwischen Schulabschluss und weiterer Ausbildung für die Zeit von sechs Monaten bis hin zu einem Jahr ins Ausland, um in Partnerkirchen in Afrika, Asien, Lateinamerika oder Ozeanien in Gemeinden, kirchlichen Projekten, Sozialeinrichtungen oder Initiativen von Netzwerken mitzuarbeiten. In Gesprächen mit vielen solcher Freiwilliger im Ausland ebenso wie nach der Rückkehr in Deutschland habe ich beobachtet, dass ein großer Teil gute Erfahrungen mit christlichen Lebenswelten gemacht hat und Inspiration für Neues erfahren hat oder auch Klärung von Lebens- und Glaubensfragen gerade dadurch, dass der Blick auf das eigene Leben in den deutschen Kontexten eine wohltuende Relativierung erfahren hat. Manche dieser jungen Menschen wurden dadurch gewonnen, in ihren Heimatkirchen am gemeindlichen Leben intensiver als bisher teilzunehmen und ihre Gaben einzubringen.

Die Wirkungen solche Aktionsformen sollten nicht unterschätzt werden. Dazu drei Hinweise. Erstens: Der *Wechsel der Perspektive* kann einerseits ein Mehr an kritischem Problembewusstsein bedeuten, andererseits jedoch auch positiv inspirierend und damit motivierend wirken. Menschen können auf Ideen kommen, neue Dinge auszuprobieren, sie können angesichts von Frustrationserfahrungen ermutigt werden. Andererseits können neue Perspektiven auch entlastend wirken, nach der Devise: »Jetzt wissen wir erst, wie gut

---

43. Zum Thema *ökumenisches* Lernen allgemein vgl. S. Asmus u. a. (Hg.) (2010): Lernen für das Leben. Perspektiven ökumenischen Lernens und ökumenischer Bildung, Frankfurt/M.
44. So wurden in den letzten Jahren vermehrt Reisen deutscher Delegationen in die anglikanische Kirche durchgeführt, um Beispiele einer *mission-shaped church* kennen zu lernen. Auch große Gemeinden, wie etwa die *Willow Creek Community Congregation* haben sowohl Einladungsprogramme in die USA durchgeführt, als auch Kongresse in anderen Ländern – auch in Deutschland – abgehalten. Hier geht es um Beispiele von *good practice* und um ganz praktische Anregungen, die in deutsche Gemeinden hin übersetzt werden können. Kopieren lassen sich solche Modelle nicht, allerdings sind Ermutigung und die Übernahme einzelner Elemente hilfreich.
45. Solche Programme werden unter anderem durch folgende Missionswerke durchgeführt: *Berliner Missionswerk*, BMW (ca. 15 Pers./Jahr); *Vereinte Evangelische Mission*, VEM (30 Freiwillige pro Jahr); *Ev.-luth. Missionswerk in Niedersachsen*, ELM (ca. 40 Freiwillige/Jahr); *Evangelisches Missionswerk in Südwestdeutschland*, EMS (ca. 30 Freiw. / Jahr, Nord-Süd: 25; Süd-Nord: 5). Allerdings werden Freiwilligenprogramme auch von einzelnen Landeskirchen direkt gefördert, etwa von der Badischen Landeskirche.

wir es haben« oder aber: »Bei anderen wird auch ›nur mit Wasser gekocht‹«. Zweitens: In Direktkontakten, gerade dann, wenn sie für längere Zeit stattfinden, kommt es nicht selten dazu, dass gerade junge Menschen eine neue Beziehung zu Glaubensfragen finden und zu einer neuen Wertschätzung von Kirche und Gemeinde gelangen. Hier kann sich das unverfügbare Geschehen einstellen, dass im interkulturellen Austausch *geistliche Kräfte* frei werden. Aus eigener Beobachtung sind mir etliche junge Menschen bekannt, die nach einem Freiwilligendienst mit einer stärkeren inneren Verbundenheit auch zur Heimatkirche in Deutschland und der Bereitschaft, sich für bestimmte kirchennahe Projekte zu engagieren, zurückkehrten. Drittens: Auch der Aspekt der *Selbstrelativierung* sollte nicht gering geschätzt werden. Aus interkultureller Perspektive mögen sich viele Probleme in Deutschland, die als bedrückend erlebt werden, in einem neuen Licht darstellen, sei es, dass sie durch die in anderen Ländern erlebte Not als »relativ« erscheinen, sei es, dass manche vorher gar nicht erkannten Probleme als solche überhaupt erst wahrgenommen werden, sei es, dass die bisherigen Prioritäten christlichen Lebens- und Glaubenszeugnisses hinterfragt werden. Diese Aspekte zeigen, dass Erfahrungen aus und Vernetzung mit Menschen und Gemeinden aus der interkulturellen Ökumene keine Nebensache sind, sondern einen wichtigen Beitrag für das christliche Lebens- und Glaubenszeugnis in Deutschland darstellen können.

4.2 Die vielen Dienste und der Pfarrberuf

Ein anderer Aspekt betrifft die verfasste Gestalt von Kirchen und Gemeinden in Deutschland. Schon heute kann man in vielen Ländern Afrikas, Asiens und Nordamerikas wahrnehmen, dass Gemeindearbeit in gegliederten Diensten geschieht. In etlichen Ländern Afrikas etwa gibt es einen gestaffelten Dienst, der zum Beispiel aus der Gliederung Älteste, Bibelfrauen, Evangelisten/innen, Katechisten/innen und Pastoren/innen besteht, jedoch eine große Zahl weiterer Dienste umfasst, etwa Sonntagsschullehrer/innen, Diakone/innen. Im Blick auf den Rückgang finanzieller und damit auch personeller Ressourcen in deutschen Landeskirchen ist daher zu fragen, ob hier nicht ein interkulturelles Lernfeld gegeben sein könnte. In vielen Reformpapieren wird die Bedeutung der Laien hervorgehoben, manchmal sogar geradezu beschworen. Hier bedarf es zukünftig der *langfristigen Entwicklung einer kirchlichen wie gemeindlichen Kultur der Selbstverständlichkeit des Dienstes von Laien*, in diesem Falle zunächst von Lektoren/innen und Prädikanten/innen. Es bedarf einer *Kultur der Ermutigung*, einer *Kultur der Wertschätzung*, einer *Kultur der Zurüstung* und einer *Kultur der öffentlichen Repräsentanz von Gemeinden durch Laien.* Dies kann durch organisatorische Maßnahmen der Landeskirchen, der Sprengel oder Kirchenkreise gestützt und gefördert werden.

Eine *Kultur der Ermutigung* beginnt einerseits mit den Bildungsangeboten (Kurse für Lektoren/innen und Prädikanten/innen), die in vielen Landeskirchen bereits Standard sind. Dieser jedoch sollte auch eine *Kultur der Wertschätzung* entsprechen, die einesteils darin bestehen müsste, im laufenden Kirchenjahr Lektoren/innen und Prädikanten/innen durch Pastoren/innen vorausschauend und stetig in die Gottesdienstpläne einzubeziehen und ihnen nicht nur diejenigen Gottesdienste zu überlassen, die sich ohnehin keiner besonderen »Beliebtheit« erfreuen, da es sich um die »Saure Gurken Zeit« des Kirchenjahres handelt. Laien sollen das Gefühl bekommen, mehr zu sein, als bloße »Lückenbüßer« für den/die geforderte(n) Pfarrer/in. Diese atmosphärische Kultur der Wertschätzung müsste flankiert werden durch eine rechtliche Zuordnung. Die Frage lautet: Warum sollte in einem Gebiet, in dem ein hauptamtlicher Pfarrer mehrere Gottesdienstgemeinden zu versorgen hat, das gottesdienstliche Leben nicht in einigen dieser Gemeinden permanent durch Lektoren/innen und/oder Prädikanten/innen gestaltet werden? Und wie wäre dann die Zuordnung zu den hauptamtlichen Pfarrern/innen zu gestalten?

Der Dienst von Pfarrer/innen wird in Deutschland auf absehbare Zeit wesentlich für kirchliches und gemeindliches Leben sein. Sowohl eine hochwertige universitäre Ausbildung als auch eine angemessene Alimentierung sind für das Ansehen von Pfarrern/innen und Kirche unabdingbar. *Auch dies ist ein hohes kulturelles und soziales »Kapital«, es ist eine vieldimensionale Inkulturation in das gesellschaftliche Gesamtsystem, die in ihrer Bedeutung gar nicht überschätzt werden kann. Allein schon die Tatsache, dass wissenschaftliche Theologie an Universitäten in Form von Theologischen Fakultäten gegeben ist, symbolisiert, dass die großen »Landeskirchen« nach wie vor selbstverständlicher Bestandteil der gesellschaftlichen Öffentlichkeit sind.* Das Ansehen von Pfarrern/Pfarrerinnen ist nach wie vor sehr hoch, was nicht zuletzt ihrer guten Ausbildung zu verdanken ist. *Kirchliche Synoden sind gut beraten, dieses System nicht anzutasten, es jedoch zu flankieren mit einem gegliederten Dienst, der das gottesdienstliche und gemeindliche Leben an verschiedenen Orten auf Laien überträgt.* Dazu bedarf es jedoch eines kirchlichen Selbstverständigungsprozesses, der in eine *Kultur der Zurüstung* münden müsste: Gemeint ist die Zurüstung von Laien einerseits und die Integration der damit verbundenen kybernetischen Fragestellungen in die theologische Ausbildung von Pfarrern/innen andererseits. *Gegenüber einem hohen Erwartungsdruck in vielen bestehenden Gemeinden, vom Pfarrer/der Pfarrerin versorgt zu werden, sollte schon während der theologischen Ausbildung sowohl in der ersten wie in der zweiten Ausbildungsphase das Pfarrerbild thematisiert werden.* Stichworte sind: Der

Pfarrer/die Pfarrerin/in (1) als jemand, *der/die in einem Team mitwirkt*, (2) als jemand, *der/die mit Menschen deren Begabungen entdeckt und diese fördert*, (3) als jemand, *der/die Menschen ermutigt, wertschätzt und begleitet*, (4) als jemand, *der / die sich für bestimmte Felder gemeindlicher Arbeit entbehrlich macht*, indem er Laien Raum eröffnet und Entfaltungsmöglichkeiten bietet. Pastoren/innen als »Befähiger«: Dieses Bewusstsein müsste in der theologischen Ausbildung mehrfach thematisiert und während des Vikariates zu einem festen Bestandteil des Curriculums erhoben werden, inklusive der Fragen praktischer Umsetzung.

4.3 Gemeindebegriff und Netzwerkorientierung

Es dürfte klar sein, dass die heutige Gestalt landeskirchlicher Gemeinden in Deutschland zeitbedingt ist.[46] Es wird immer wieder darauf hingewiesen, dass das »vereinskirchliche« Verständnis von Kirchengemeinden erst seit dem 19. Jahrhundert besteht. Dies trifft zweifellos zu. Indes gibt dieser Befund zu denken, denn bis zum Beginn des 20. Jahrhunderts konnte man in Deutschland faktisch gar nicht rechtlich aus einer der großen Kirchen austreten. Das bedeutet: Die Volkskirche als Erbin einer staatskirchlichen Tradition kann zwar noch auf gesellschaftliche Akzeptanz rechnen, ob dies jedoch dazu führt, dass Menschen weiterhin Kirchenmitglieder bleiben, ist fraglich. Aus eigener Erfahrung sind mir etliche Fälle bekannt, dass Menschen, die aus der Kirche ausgetreten waren, sich nach wie vor als »kirchenzugehörig« empfanden. Nicht wenige meinten: »Ach, Herr Pastor, es ist doch nur des Geldes wegen ...« Der Zusammenhang von Kirche als einer »Gemeinschaft der Heiligen«, die als Lebenszeugnis auch materiell für den Glauben[47] einerseits und den Nächsten[48] andererseits einsteht, war bei diesen Menschen demnach gänzlich aus dem Blick geraten.

Im Blick auf kirchliche Reformbestrebungen bewegen sich etliche Vorschläge nach wie vor im Horizont der staatskirchlichen oder auch landeskirchlichen Tradition: *Kirche soll in öffentlichen Großräumen mit adäquaten Formen präsent sein und erkennbar werden.* Für eine Stadtregion wäre das zum Beispiel die Citykirche oder für das Milieu der Gebildeten das Umfeld

---

46. *K.-F. Daiber* (1983): Einleitung (I.): Zur Sozialgestalt der Gemeinden, in: P. C. Bloth u. a. (Hg.), Handbuch der Praktischen Theologie, Bd. 3, Gemeinden, Gütersloh, 11-30.
47. Für den Glauben: Rahmenbedingungen zu schaffen und zu erhalten, dass das Evangelium gepredigt und die Sakramente verwaltet werden können, was Gebäude, Personal usw. einschließt.
48. Für den Nächsten: Dafür zu sorgen, dass ihm geistlich (Mitteilung des Evangeliums) und allgemein menschlich (Diakonie, Bildung, Seelsorge) geholfen werde.

einer Evangelischen Akademie.[49] Die Vorstellung ist, dass viele Menschen, die zur »öffentlichen« Religion »Kirche« gehören, durch solche Angebote in der Kirche gehalten werden können. Es geht um die Distanzierten, es geht um das Image von Kirche und die Vielschichtigkeit des kirchlichen Angebotes. Diese Sicht leuchtet unmittelbar ein. Es stellt sich jedoch die entscheidende Frage, wo Kirche »nachwächst«. Hier zeigen Beispiele aus der interkulturellen Ökumene, dass die »Kraftzellen« von Kirchenformationen in aller Regel die örtlichen Gemeinden sind, und, dass in Großgemeinden diese Gemeinden meist in einem *System von Zellgruppen* untergliedert sind. Abgesehen von manchen überregional ausgerichteten Zentren stellt sich damit die Frage, ob die Orientierung an Personalgemeinden, denn darum handelt es sich faktisch, oder die Orientierung an so genannten Passanten-»Gemeinden« eine zukunftsträchtige Option darstellt. *Pastoren/innen verstärkt von der Ebene der Ortsgemeinden abzuziehen bedeutet unweigerlich, die in den Ortsgemeinden gegebenen Chancen für Netzwerkbildungen zu verspielen, Netzwerkbildungen, wie sie in dieser Dichte und dieser breiten Streuung von Milieus (qua geographischer Zugehörigkeit über Gemeindezuordnung) von Milieugemeinden nicht entfernt erreicht werden können.* Kurz gesagt: *Qua faktischer Zugehörigkeit der Mitglieder* bietet die Ortsgemeinde die größtmögliche Streuung über alle Milieus hinweg, *dem entsprechen jedoch in aller Regel keine netzwerkartigen Beziehungsmuster,* in denen christliches Glaubensleben intensiven Ausdruck finden würde.

Ortsgemeinden sind in der Regel so stark oder schwach wie sie motivierte Mitarbeitende haben. Dies gilt für Aktivitäten ebenso wie für das Spendenaufkommen. Sich auf Personalgemeinden zu konzentrieren würde bedeuten, die Anonymisierung von kirchlicher Präsenz weiter voranzutreiben. Mit – voraussagbar – verheerenden Folgen. Auch, wenn dies eine unbequeme Wahrheit sein mag: Kirchliches und gemeindliches Leben wird auch in Zukunft davon leben, dass sich innerhalb der Pluralität von Lebensstilen und Wertorientierungen *konversive Prozesse* ereignen, dass Menschen sich bewusst für das Bleiben in Kirche und Gemeinde entscheiden und dafür, sich in der einen oder anderen Gestalt am kirchlichen und gemeindlichen Leben zu beteiligen. Die Ebene der örtlichen Gemeinde wird hier von zentraler Bedeutung sein. Die Frage lautet dann, wie trotz *gegebener Milieuverbundenheit* der jeweils *vorhandenen Beziehungs-Netzwerke* im gemeindlichen Umfeld *neue Vernetzungen zu verschiedenen Milieus* innerhalb der distanzierteren Mitglieder *geschaffen werden können.*[50]

49. Vgl. *W. Grünberg* (2004): Sieben Thesen zur Rolle der Citykirchen, in: ders., Die Sprache der Stadt. Skizzen zur Großstadtkirche, Leipzig, 239 ff.; ders. (2010): Die Citykirche als Ernstfall der Volkskirche, in: B.-M. Haese; U. Pohl-Patalong (Hg.), Volkskirche weiterdenken, Stuttgart, 93-107.
50. Zur Milieufrage vgl. auch: *M. N. Ebertz* (²1998): Kirche im Gegenwind. Zum Umbruch

4.4 Globalisierung und Migration

Die Beispiele mögen gezeigt haben, dass es durchaus Sinn macht, Fragen kirchlicher Wirklichkeit und allgemein christlicher Präsenz in Deutschland im Horizont interkultureller Lernerfahrungen und im interkulturellen Austausch mit Christen/innen anderer Länder und Kontinente immer wieder neu zu bedenken. Wie auch immer missionarisches Wirken von Christen/innen, Gemeinden und Kirchen zukünftig Gestalt gewinnt, wird es von der Präsenz der fremden Geschwister lernen können. Global gesehen sieht es sehr danach aus, dass Fragen interkulturellen Zusammenlebens an Dringlichkeit zunehmen werden. Bei der demographischen Lage vieler Länder Europas braucht es nicht viel Phantasie, um massive Einwanderungsbewegungen für die nächsten Jahrzehnte für wahrscheinlich zu halten. Ohne Einwanderung werden die gesellschaftlichen Strukturen vieler Staaten schwerlich aufrecht zu erhalten sein.[51] Gleichzeitig nehmen ökologische Krisen stetig zu, insbesondere in Gestalt von Trockenheit und Verkarstung. Massive Wanderungsbewegungen haben bereits eingesetzt. Von vielen noch wenig bemerkt, haben sich zum Beispiel christliche Migrantengemeinden von Schwarzafrikanern in etlichen nordafrikanischen und damit mehrheitlich muslimischen Staaten gebildet. Überhaupt nehmen Migrationsbewegungen und Mobilität stetig zu.

Damit aber kommen nicht nur die fremden Glaubensgeschwister den europäischen Christen/innen nahe, ebenso wie Menschen anderer Kultur und Religion / Weltanschauung ganz allgemein, sondern Wanderungsbewegungen gibt es auch in anderen Kontinenten in großem Ausmaß. Die Herausforderungen liegen auf der Hand. Sie aus christlicher Perspektive anzugehen bedeutet, sich die Deutekatgeorien von Wirklichkeit nicht nur anhand von wirtschaftlichen, politischen, geschichtlichen und statistischen Daten vorgeben zu lassen, sondern von den theologischen Grundlagen her dieses Weltwissen als umgriffen durch die Mission des zutiefst menschen- und lebensfreundlichen Gottes zu verstehen. Missionstheologische Deutemuster sind damit nicht ein superadditum, nicht ein Anhang auf der Liste dessen, was ohnehin noch zu leisten wäre, sondern sie gehören grundlegend zur Selbstvergewisserung christlicher Existenz angesichts von Faszination des Anderen und Fremden, angesichts der möglichen Ängste und Verunsicherungen, aber

---

der religiösen Landschaft, Freiburg, dort: Kapitel 6, Kirche als milieugebundene Assoziation.
51. *C. Währisch-Oblau* (2003): Mission und Migration(skirchen), in: Dahling-Sander u. a. (Hg.), Leitfaden, o. a., 363-383; *J. J. Hanciles* (2011): Globalisierung, Migration und religiöse Ausbreitung: Migrationsströme und die neuen missionarischen Zentren in der nichtchristlichen Welt, in: ZMiss (37), 223-240.

auch der Anfechtungen. Diese Vergewisserung findet nach christlichem Verständnis ihren Ausdruck in der Teilnahme an der Sendung des dreieinigen Gottes.

4.5 Missionstheologie in interkultureller Perspektive

Missionswissenschaftliche Forschung leistet einen wichtigen Beitrag nicht nur zur Analyse von missionarischer Theorie und Praxis in verschiedenen Gestalten der globalen christlichen Religionsformation wie auch anderer Religionen, sie verhilft mit missionstheologischen Einsichten nicht nur dazu, die Missionen der fremden Geschwister besser zu verstehen, sondern sie unterstützt auch Prozesse christlicher Selbstvergewisserung im Kontext interkultureller und interreligiöser Vielfalt. Zukünftig wird dieses Wissen an Bedeutung gewinnen, weshalb es sinnvoll erscheint, das Fach Interkulturelle Theologie / Missionswissenschaft nicht nur – wie derzeit umgesetzt – innerhalb des theologischen Studiums mit einem bis zwei Modulen zu verankern, sondern es als sechstes Fach im Kanon der theologischen Wissenschaft zu implementieren. Die globalen und lokalen Entwicklungen sprechen für sich, denn in diesen Kontexten wird sich das Theologie-treiben zu bewähren haben: Die kulturelle Diversifizierung der christlichen Religionsformation nimmt stetig zu, die interkulturelle Pluriformität vieler Gesellschaften ebenfalls, Ausbreitungsaktivitäten sind in vielen Religionsformationen zu beobachten, und dies mit steigender Breitenwirkung und Intensität. Diese Phänomene gilt es aufzuarbeiten, es gilt, Deutungshilfen zu geben und Christen/innen, Gemeinden, Kirchen und Zivilgesellschaft in der Bearbeitung der damit gegebenen Herausforderungen zu unterstützen.

Literatur

Aagaard, A. M. (1974): Missio Dei in katholischer Sicht. Missionstheologische Tendenzen, in: EvTh (34), 420-433.
Aagaard, J. (1966): Einige Haupttendenzen im modernen römisch-katholischen Missionsverständnis, in: F. W. Kantzenbach u. a. (Hg.), Wir sind gefragt. Antworten evangelischer Konzilsbeobachter, Göttingen, 116-144.
Aagaard, J. (1973): Trends in Missiological Thinking During the Sixties, in: IRM (62), 8-25.
Achenbach, R. (2003): Mission in biblischer Perspektive, in: C. Dahling-Sander u. a. (Hg.), Leitfaden Ökumenische Missionstheologie, Gütersloh, 32-50.
Ackermann, D. M. (2005): Tamars Schrei: Relecture eines alten Textes in den Zeiten der Pandemie, in: Heidemanns / Moerschbacher (Hg.), Gott vertrauen?, 134-163.
Adeboye, E. A. (1989): How to Turn your Austerity to Prosperity, Lagos.
Adeboye, E. (2002): ›God of Double Portion‹, sermon preached at the HGS, Redemption Camp, 1 March 2002, www.rccg.org/Holy_Ghost_Service/Monthly_Holy-Ghost%20Service/march2002.htm.
Adeboye, O. (2007): ›Arrowhead‹ of Nigerian Pentecostalism: The Redeemed Christian Church of God, 1952-2005, in: Pneuma (29), 24-58.
Adogame, A. (2007): HIV/AIDS Support and African Pentecostalism. The Case of the Redeemed Christian Church of God (RCCG), in: Journal of Health Pychology (12), 475-484.
Ahrens, N. (2002): Ein Schiffbruch mit vielen Überlebenden. Von der ›Theologie der Befreiung‹ spricht heute niemand mehr – aber sie hat in Lateinamerika tiefe Spuren hinterlassen, in: K. Gabbert (Hg.), Jahrbuch Lateinamerika, Band 26, 104-118.
Ahrens, P.-A.; Wegner, G. (2008): ›Hier ist nicht Jude noch Grieche, hier ist nicht Sklave noch Freier …‹. Erkundungen der Affinität sozialer Milieus zu Kirche und Religion in der Ev.-luth. Landeskirche Hannovers, Hannover.
Ahrens, Th. (1989): Auf dem Wege zu erneuerten Gemeinschaften in der Mission. Bericht zu Sektion IV, in: Wietzke (Hg.), Dein Wille geschehe, 107-125.
Ahrens, Th. (2000): Forschungsüberblick »Missionswissenschaft«, in: ThR (65), Teil I »Missionswissenschaft«, 38-77, Teil II »Regionalstudien«, 180-205.
Ahrens, Th. (2002): Mission nachdenken. Studien, Frankfurt/M.
Ahrens, Th. (2005): Gegebenheiten. Missionswissenschaftliche Studien, Frankfurt/M.
AIDS und die Kirchen: eine Studie des Ökumenischen Rates der Kirchen, mit einem Vorwort von R. Koppe und einer Einführung von C. Benn, Frankfurt/M., 1997.
Akintunde, D. O. (2003): The Attitude of Jesus to the ›Anointing Prostitute‹: A Model for Contemporary Churches in the Face of HIV / AIDS in Africa, in: I. Phiri et al., African Women, 94-112.
Aland, K. (1961): Über den Glaubenswechsel in der Geschichte des Christentums, Berlin.
Alefjev, H. (2003): »Die Vergöttlichung«, in: ders., Geheimnis des Glaubens. Einführung in die orthodoxe dogmatische Theologie, Freiburg/Ch, 222-236.
Allen, R. (1960): The Ministry of the Spirit, Grand Rapids.
Alves, R. A. (1973): Mission in einem apokalyptischen Zeitalter, in: Ph. Potter (Hg.), Das Heil der Welt heute, 241-264.
Amstutz, J. (1965): Überlegungen zur Theologie der Mission auf Grund der dogmatischen Konstitution ›Über die Kirche‹, in: NZM (21), 161-171.
Andersen, W. (1961): Die Konferenzen der Weltmission, in: G. Brennecke (Hg.), Weltmission, 214-232.

Anderson, A. (1999): African Pentecostals in Mission, in: Svensk Missionstidskrift (87), 389-404.
Anderson, A. (2001): What is the Church's Healing Ministry? Biblical and Global Perspectives, in: IRM (90), Nr. 356/357, 46-54.
Anderson, A. (2002): Pentecostal Approaches to Faith and Healing, in: IRM (91), No. 363, 523-534.
Anderson, A. (2002): The Newer Pentecostal and Charismatic Churches: The Shape of Future Christianity in Africa?, in: Pneuma (24), 167-184.
Anderson, A. (2005): The Holy Spirit, Healing and Reconciliation: Pentecostal/Charismatic Issues at Athens 2005, in: IRM (94), No. 374, 332-342.
Anderson, A. (2005): Towards a Pentecostal Missiology for the Majority World, Asian Journal of Pentecostal Studies (8), 29-47.
Anderson, A.; Tang, E. (Hg.) (2005): Asian and the Pentecostal: The Charismatic Face of Christianity in Asia, London / Baguio City.
Anderson, A.; Bergunder, M. u.a. (Hg.) (2010): Studying Global Pentecostalism. Theories and Methods, Berkeley u.a.
Anderson, Ch. B. (2003): Lessons on Healing from Naaman (2 Kings 5: 1-27): An Africanamerican Perspective, in: Phiri et al., African Women, 23-43.
Anthony, A. (2001): What is the Church's Healing Ministry? Biblical and Global Perspectives, in: IRM (90), Nr. 356/357, 46-54.
Apostola, N. (Hg.) (1998): An Exploration of the Role of the Laity in the Church Today, Geneva, WCC Publications.
Arnold, F. L. (2006): A Peek in the Baggage of Brazil's Pioneer Missionaries, Missiology (34), 125-134.
Arnold, W. (1989): Umkehr zum lebendigen Gott, in: J. Wietzke (Hg.), Dein Wille geschehe, 76-86.
Asad, T. (1996): Comments on Conversion, in: P. van der Veer (Hg.), Conversion to Modernities. The Globalization of Christianity, New York / London, 263-273.
Asamoah-Gyadu, J. K. (1998): Fireballs in Our Midst: West Africa's Burgeoning Charismatic Churches and the Pastoral Role of Women, in: Mission Studies (15), 15-31.
Asamoah-Gyadu, J. K. (2005): Listening with African Ears. Reflections on the 2005 World Mission Conference in Athens, in: IRM (94), No. 374, 343-353.
Asmus, S. u.a. (Hg.) (2010): Lernen für das Leben. Perspektiven ökumenischen Lernens und ökumenischer Bildung, Frankfurt/M.
Auf Sendung. Mission und Evangelisation in unserer Kirche, hg. v. der Kirchenleitung der Ev. Kirche im Rheinland, Düsseldorf 2002.
Aufbruch zu einer missionarischen Ökumene. Ein Verständigungsprozess über die gemeinsame Aufgabe der Mission und Evangelisation in Deutschland, Hamburg 1999.
Auftrag zu heilen. Eine Tagung in Tübingen 1964, hg. vom ÖRK, Genf 1966.
Avemarie, F. (2003): Warum treibt Paulus einen Dämonen aus, der die Wahrheit sagt? Geschichte und Bedeutung des Exorzismus zu Philippi (Act 16, 16-18), in: A. Lange u.a. (Hg.), Dämonen, Tübingen, 550-576.
Ayuk, A. (2002): The pentecostal transformation of Nigerian church life, in: Asian Journal of Pentecostal Studies (5), 189-204.
Azevedo, M. de C. (1996): Kirchliche Basisgemeinden, in: I. Ellacuría u.a. (Hg.), Mysterium Liberationis, Bd. 2, 879-900.
Baagil, H. M. (1984): Christian Muslim Dialogue, Riyadh.
Bade, K. J. (Hg.) (1982): Imperialismus und Kolonialmission, Wiesbaden.
Balz, H. (1994): Theologie der Mission in Afrika 1984-1991, in: ZMiss (20), 247-251.
Balz, H. (2004): Beiträge zur Missionstheologie, in: VuF (49), 23-37.

Balz, H. (2010): Der Anfang des Glaubens: Theologie der Mission und der jungen Kirchen, Erlangen.
Bartels, M., Reppenhagen, M. (Hg.) (2006): Gemeindepflanzung – ein Modell für die Kirche der Zukunft?, Neukirchen-Vluyn.
Bauerochse, L. (1996): Miteinander leben lernen. Zwischenkirchliche Partnerschaften als ökumenische Lerngemeinschaften, Erlangen.
Bauerochse, L. (2003): Mission und Partnerschaft, in: C. Dahling-Sander u. a. (Hg.), Leitfaden Ökumenische Missionstheologie, Gütersloh, 334-344.
Beaver, R. P. (1961): Der Anteil Nordamerikas, in: G. Brennecke (Hg.), Weltmission in ökumenischer Zeit, Stuttgart, 200-213.
Becken, H.-J. (1972): Theologie der Heilung. Das Heilen in den Afrikanischen Unabhängigen Kirchen in Südafrika, Hermannsburg.
Becker, D. (2000): Mit dem Fremden leben. Perspektiven einer Theologie der Konvivenz. Theo Sundermeier zum 65. Geburtstag, 2 Bände, Erlangen.
Becker, D. (2005): Listener's Report, in: IRM (94), No. 374, 354-365.
Becker, D. (2006): Die Kirche ist kein Supertanker. Das Impulspapier verordnet der Kirche die falsche Strategie, in: Zeitzeichen (12/2006), 12-14.
Becker, D.; Feldtkeller; A. (1997): Es begann in Halle ... Missionswissenschaft von Gustav Warneck bis heute, Erlangen.
Beckford, J. A. (1978): Accounting for conversion, in: British Journal of Sociology (29), 249-262.
Beckmann, J. (2006): Eine Frage der Macht. Wer Fusionen überstürzt vorantreibt, gefährdet den Erfolg der Kirchenreform, in: Zeitzeichen (11/2006), 49-51.
Begrich, T.; Gundlach, T. (2007): Impulse, nicht Beschlüsse. Antwort an die Kritiker der ›Perspektiven für die evangelische Kirche im 21. Jahrhundert‹, in: Zeitzeichen (1/2007), 14-16.
Bekkum, W. J. van; Bremmer, J. N.; Molendijk, A. (Hg.) (2006): Paradigms, Poetics and Politics of Conversion, Leuven: Peters.
Benn, C. (2001): Gesundheit, Heil und Heilung in der ökumenischen Diskussion, in: Heilung in Mission und Ökumene, Impulse zum interkulturellen Dialog über Heilung und ihre kirchliche Praxis, hg. v. Ev. Missionswerk in Deutschland (EMW), Hamburg, 33-51.
Benn, Ch.; Senturias, E. (2001): Health, Healing and Wholeness in the Ecumenical Discussion, in: IRM (90), Nr. 356/357, 7-25.
Bent, A. v. d. (1992): The Concept of Conversion in the Ecumenical Movement. A Historical and Documentary Survey, in: Ecumenical Review (44), 380-390.
Bergunder, M. (1998): Die südindische Pfingstbewegung im 20. Jahrhundert, Frankfurt/M. u. a.
Bergunder, M. (Hg.) (2000): Pfingstbewegung und Basisgemeinden in Lateinamerika. Die Rezeption befreiungstheologischer Konzepte durch die pfingstliche Theologie, (Weltmission heute 39), EMW, Hamburg.
Bergunder, M. (2000a): »Zur Einführung – Pfingstbewegung in Lateinamerika: Soziologische Theorien und theologische Debatten, in: ders. (Hg.), Pfingstbewegung, 7-42.
Bergunder, M. (2003): Mission und Pfingstbewegung, in: C. Dahling-Sander u. a. (Hg.), Leitfaden, 200-219.
Bergunder, M.; Haustein, J. (Hg.) (2006): Migration und Identität – Pfingstlich-charismatische Migrationsgemeinden in Deutschland, Frankfurt/M.
Bericht aus Uppsala 1968, Offizieller Bericht über die vierte Vollversammlung des Ökumenischen Rates der Kirchen, Uppsala 4.-20. Juli 1968, hg. von N. Goodall, Genf.
Berneburg, E. (1997): Das Verhältnis von Verkündigung und sozialer Aktion in der evan-

gelikalen Missionstheorie unter besonderer Berücksichtigung der Lausanner Bewegung für Weltevangelisation (1974-1989), Wuppertal.
Bertsch, L. (SJ) (1986): Liturgische Erneuerung – Testfall der Inkulturation, in: M. Klöckner; W. Glade (Hg.), Die Feier der Sakramente in der Gemeinde, Kevelaer, 346-358.
Bertsch, L. (SJ) (1993): Entstehung und Entwicklung liturgischer Riten und kirchliches Lehramt, in: Der neue Messritus im Zaire. Ein Beispiel kontextueller Liturgie, Freiburg u. a., 209-256.
Besier, G.; Lübbe, H. (Hg.) (2005): Politische Religion und Religionspolitik, Zwischen Totalitarismus und Bürgerfreiheit, München.
Beutel, M. (1995): Über Mauern springen. Gemeinden für Kirchendistanzierte bauen, Wuppertal.
Beutel, M. (1998): Wie verändere ich meine Gemeinde ohne sie zu ruinieren? Lernen von Willow Creek, Wuppertal.
Bevans, S. B.; Schroeder, R. P. (2004): Constants in Context. A Theology of Mission for Today, Maryknoll / New York.
Beyerhaus, P. (u. a.) (Hg.) (1974): Alle Welt soll sein Wort hören. Lausanne Dokumente, 2 Bände, Neuhausen-Stuttgart.
Beyerhaus, P. (1996): Er sandte sein Wort. Band 1, Die Bibel in der Mission, Bad Liebenzell.
Bischofsberger, O. (1992): Bekehrungsgeschichten: ihr Stellenwert und ihre Interpretation, in: NZM (48), 117-130.
Blaser, K. (1991): Neuere Missionstheologien, 1975-1990, in: VuF (37), 1-21.
Blauw, J. (1961): Gottes Werk in dieser Welt. Grundzüge einer biblischen Theologie der Mission, München.
Blum, M. (2008): ›Gib uns, dass wir sitzen ... in deiner Herrlichkeit‹. Doxa bei den Synoptikern, in: R. Kampling (Hg.), Herrlichkeit. Zur Deutung einer theologischen Kategorie, Paderborn u. a., 57-78.
Bochinger, C. (1997): Mission als Thema vergleichender religionswissenschaftlicher Forschung, in: H.-J. Klimkeit (Hg.), Vergleichen und Verstehen in der Religionswissenschaft, Wiesbaden, 171-184.
Boff, L. (²1980): Neuentdeckung der Kirche – Basisgemeinden in Lateinamerika, Mainz.
Boff, L. (1991): Gott kommt früher als der Missionar, Düsseldorf.
Bogner, A. u. a. (Hg.) (2004): Weltmission und religiöse Organisationen. Protestantische Missionsgesellschaften im 19. und 20. Jahrhundert, Würzburg.
Bonk, J. J. (1993): Mission and the Problem of Affluence, in: J. M. Philips; R. T. Coote (Hg.), Toward the Twenty-first Century in Christian Mission: Essays in Honor of Gerald H. Anderson, Grand Rapids, 295-309.
Bosch, D. (1991): Transforming Mission. Paradigm Shifts in Theology of Mission, Maryknoll / New York.
Bourdieu, P. (1983): Ökonomisches Kapital, kulturelles Kapital, soziales Kapital, in: R. Kreckel (Hg.), Zur Theorie sozialer Ungleichheiten, Göttingen, 183-198.
Brandl, B. (2003): Mission in evangelikaler Perspektive, in: C. Dahling-Sander u. a. (Hg.), Leitfaden, 178-199.
Brandt, H. (2003): Vom Reiz der Mission. Thesen und Aufsätze, Neuendettelsau.
Breaking New Ground, Church House Publishing, London, 1994.
Brennecke, G. (Hg.) (1961): Weltmission in ökumenischer Zeit, Stuttgart.
Bria, I. (Hg.) (1980): Martyria – Mission. The Witness of the Orthodox Churches Today, Geneva, WCC Publications.
Bria, I. (1986): Go forth in Peace: Orthodox Perspectives on Mission Today, Geneva, WCC Publications.
Bria, I. (1996): The Liturgy after the Liturgy, Geneva, WCC Publications.

Bria, I. (2000): Orthodoxy and Mission, in: IRM (89), 49-59.
Brocker, M. (2005): Europäische Missverständnisse über die öffentliche Präsenz von Religion in den USA, in: G. Besier; H. Lübbe (Hg.), Politische Religion, 145-166.
Bruce, P. F. (2003): ›The Mother's Cow‹: A Study of Old Testament References to Virginity in the Context of HIV/AIDS in South Africa, in: Phiri et al., African Women, 44-70.
Buck, M. (2007): Die russisch-orthodoxe Mission heute, in: Vision Mission (26), 15-27.
Bünker, A. (2004): Missionarisch Kirche sein? Eine missionswissenschaftliche Analyse von Konzepten zur Sendung der Kirche in Deutschland, Münster.
Bula, O. (1992): Women in Mission: Participating in Healing, in: IRM (81), 247-251.
Burchhard, Ch. (1987): Jesus von Nazareth, in: J. Becker u. a. (Hg.), Die Anfänge des Christentums, Stuttgart, 12-58.
Burdick, J. (2002): Das Erbe der Befreiung: Fortschrittlicher Katholizismus in Brasilien, in: K. Gabbert (Hg.), Jahrbuch Lateinamerika, Band 26, Münster, 13-35.
Burgess, S. M.; van der Maas, E. M. (Hg.) (2002): The New International Dictionary of Pentecostal and Charismatic Movements, Grand Rapids (MI).
Burgess, R. (2008): Nigeria's Christian Revolution. The Civil War Revival and its Pentecostal Progeny (1967-2006), Carlisle (UK).
Castro, E. (1968): Evangelism and Social Justice, in: The Ecumenical Review (20), 146-150.
Chinnappan, P. L. (1999): Interreligiöse Basisgemeinden im indischen Kontext, Bonn.
Cho, Y.; Taylor, D. (2011): Making Disciples of Every People in Our Generation: The Vision, Purpose and Objectives of Tokyo 2010, in. Snodderly / Moreau (Hg.), Evangelical and Frontier Mission, 201-206.
Choueiri, Y. M. (1990): Islamic Fundamentalism, Boston, Massachusetts.
Christian Witness in a Multi-Religious World. Recommendations for Conduct, http://www.oikoumene.org/fileadmin/files/wcc-main/2011pdfs/ChristianWitness_recommendations.pdf (abgerufen am 01.12.2011)
Cochrane, J. R. (2006): Religion, Public Health and A Church for the 21st Century, in: IRM (95), 59-72.
Collet, G. (1984): Das Missionsverständnis der Kirche in der gegenwärtigen Situation, Mainz.
Collet, G. (2002): Art. Medellin, in: RGG[4], Bd. 5, Sp. 953-954.
Collet, G. (2003): Zum Missionsverständnis der römisch-katholischen Kirche, in: C. Dahling-Sander u. a. (Hg.), Leitfaden, 130-143.
Cook, G. (Hg.) (1994): New Face of the Church in Latin America: Between Tradition and Change, Maryknoll / New York.
Corrie, J. (Hg.) (2007): Dictionary of Mission Theology: Evangelical Foundations, Nottingham (UK), Downer Grove (IL).
Corten, A.; Marshall-Fratani, R. (Hg.) (2001): Between Babel and Pentecost: Transnational Pentecostalism in Africa and Latin America, Bloomington.
Costas, O. (1984): The Missiological Thought of Emilio Castro, in: IRM (73), 86-105.
Costas, O. (1989): Liberating news. A contextual theology of evangelization, Grand Rapids.
Crove, S. (2006): Gemeindepflanzung in der Angelikanischen Kirche. Von ›Breaking New Ground‹ (1994) zu ›Mission-shaped Church‹ (2004), in: M. Bartels; M. Reppenhagen (Hg.), Gemeindepflanzung, 86-95.
Currat, L. J. (2006): The Global Health Situation in the 21st Century: Aspects from the Global Health Forum on Health Research and the World Health Organization in Geneva, in: IRM (95), Nr. 376/377, 7-19.
Dahling-Sander, C. (2003): Missionstheologische Entwicklungen in Lateinamerika, in: ders. u. a. (Hg.), Leitfaden 500-518.

Dahling-Sander, C.; Schultze, A.; Werner, D.; Wrogemann, H. (Hg.) (2003): Leitfaden Ökumenische Missionstheologie, Gütersloh.
Daiber, K.-F. (1983): Einleitung (I.): Zur Sozialgestalt der Gemeinden, in: P. C. Bloth u. a. (Hg.), Handbuch der Praktischen Theologie, Bd. 3, Gemeinden, Gütersloh, 11-30.
Das christliche Verständnis von Gesundheit, Heilung und Ganzheit. – Studie der Christlich-Medizinischen Kommission Genf, vorgelegt zur Sitzung des Zentralausschusses des Weltrates der Kirchen, Sommer 1989 in Moskau (verkürzte Fassung), hg. vom Deutschen Institut für ärztliche Mission, Tübingen.
Das Evangelium unter die Leute bringen. Zum missionarischen Dienst der Kirche in unserem Land, EKD Texte 68, hrsg. v. Kirchenamt der EKD, Hannover 2000.
Davis, D. H. (2005): Die Vielschichtigkeit von Religion und Staat in den Vereinigten Staaten von Amerika: Trennung, Integration, Akkomodation, in: Besier / Lübbe (Hg.), 167-184.
Deelen, G. (1980): Kirche auf dem Weg zum Volke: Soziologische Betrachtungen über kirchliche Basisgemeinden in Brasilien, Mettingen.
Dehn, U. (2012): Neue Wege der Missionstheologie?, in: VuF (57), 94-106.
Dempster, M.; Klaus, B. D.; Petersen, D. (Hg.) (1991): Called and Empowered: Global Missions in Pentecostal Perspective, Peabody (MA): Hendrickson Publishers.
Dias, Z. (1996): Brazilian Churches in Mission: Editorial, in: IRM (85), 347-353.
Die Göttliche Liturgie der Orthodoxen Kirche. Deutsch-griechisch-kirchenslawisch, hg. u. erläutert von Anastasios Kallis, 6. Auflage 2005, Münster.
Die Kirche für andere und die Kirche im Ringen um Strukturen missionarischer Gemeinde. Schlussberichte der Westeuropäischen und Nordamerikanischen AG des Referates für Verkündigung. ÖRK, Genf 1967.
Dilger, H. (2005): Leben mit AIDS. Krankheit, Tod und soziale Beziehungen in Afrika, Frankfurt/M. / New York.
Domianus, H. (2006): Die charismatische Bewegung in der Äthiopischen Mekane-Yesus Kirche, in: Vision Mission (25), 3-16.
Droogers, A. (2001): Globalisation and Pentecostal Success, in: A. Corten u. a. (Hg.), Between Babel and Pentecost, 41-61.
Dube, Musa W. (2003): HIV / AIDS and the Curriculum. Methods of Integrating HIV / AIDS in Theological Programmes, Geneva: WCC-Publications.
Dube, Musa W. (2003a): Taltha Cum! Calling the Girl-Child and Women to Life in the HIV / AIDS and Globalization Era, in: Phiri u. a., African Women, 71-93.
Ebach, J. (1980): Arme und Armut im Alten Testament. Zum Umgang mit alttestamentlichen Aussagen, in: ZMiss (16), 143-153.
Ebach, J. (1995): Biblisch-ethische Überlegungen zu Armut und Reichtum, in: epd-Dokumentation (6-7/95), 69-86.
Ebert, A. (1990): Auf Schatzsuche: 12 Expeditionen ins Innere des Christentums, München.
Ebertz, M. N. ([2]1998): Kirche im Gegenwind. Zum Umbruch der religiösen Landschaft, Freiburg, dort nur: Kapitel 6, Kirche als milieugebundene Assoziation.
Ebertz, M.; Hunstig, H. G. (Hg.) (2008): Hinaus ins Weite. Gehversuche einer milieusensiblen Kirche, Echter.
Eck, D. L. (1999): Interreligiöser Dialog – was ist damit gemeint? Ein Überblick über die verschiedenen Formen des interreligiösen Dialogs, in: US (43), 189-200.
Eggers, U. (Hg.) (2005), Kirche neu verstehen. Erfahrungen mit Willow Creek, Holzgerlingen.
Eine Antwort auf Lausanne – von Lausanne, in: Evangelische Mission, Jahrbuch 1975, 132-135.
Elhaus, Ph.; Hennecke, C. (Hg.) (2011): Gottes Sehnsucht in der Stadt. Auf der Suche nach Gemeinden für Morgen, Würzburg.

Elhaus, Ph. (2011): Ich bin ganz viele. Eine evangelische Perspektive zur Zukunft der Gemeinde, in: ders.; C. Henneckc (Hg.), Gottes Sehnsucht, 103-119.
Elhaus, Ph.; Wöhrmann, M. (Hg.) (2012): Wie Kirchengemeinden Ausstrahlung gewinnen. Zwölf gute Beispiele und was aus ihnen zu lernen ist, Göttingen.
Ellacuría, I. (1975): Freedom made Flesh. The Mission of Christ and His Church, Maryknoll / New York.
Engel, J. F.; Dyrness, W. A. (2000): Changing The Mind Of Missions. Where Have We Gone Wrong?, Downers Grove.
Ermutigung zur Mission. Informationen – Anregungen – Beispiele. Ein Lesebuch zum Schwerpunktthema der EKD-Synode 1999, Frankfurt 1999.
Escobar, S. (1974): Evangelisation und die Suche des Menschen nach Freiheit, Gerechtigkeit und Erfüllung, in: P. Beyerhaus (Hg.), Alle Welt, Bd. 1, 385-426.
Escobar, S. (1993): Latin America, in: Philips / Coote (Hg.), Toward the Twenty-first Century, 125-138.
Escobar, S. (1998): Missions from the Margins to the Margins: Two Case Studies from Latin America, Missiology (26), 87-95.
Escobar, S. (2002): Changing Tides: Latin America and World Mission Today, Maryknoll.
Escobar, S. (2003): The New Global Mission: The Gospel from Everywhere to Everyone, Downers Grove (IL).
Evangelisation und Mission. Ein Votum des Theologischen Ausschusses der Arnoldshainer Konferenz, Neukirchen-Vluyn 1999.
Evangelisch evangelisieren. Perspektiven für Kirchen in Europa, hg. v. Gemeinschaft Evangelischer Kirchen in Europa (GEKE), Wien 2007.
Evangelisches Missionswerk (Hg.) (1998): Arbeitsbuch Ökumenische Gemeindeerneuerung. Bausteine zur Gemeindeentwicklung in ökumenischer Weite (Weltmission heute 34), Hamburg.
Evangelisches Missionswerk (Hg.) (2003): Missio Dei heute. Zur Aktualität eines missionstheologischen Schlüsselbegriffs, Hamburg.
Evangelisches Missionswerk in Deutschland (Hg.) (2004): Nordamerika. Kirche und Mission, Jahrbuch Mission 2004, Hamburg.
Fechtner, K. (2010): Späte Zeit der Volkskirche. Praktisch-theologische Erkundungen, Stuttgart.
Fedorov, V. (2000): Orthodox Understanding of Mission in Today's Russia and the Task of Orthodox Theological Education, in: NZM (56), 212-229.
Feige, A. (2011): Institutionell organisierte Religionspraxis und religiöse Autonomieansprüche der Individuen. Über soziokulturelle Bestimmungsgründe für Kirchenmitgliedschaft und Kirchenaustritt. Eine soziologische Analyse, in: E. Güthoff u. a. (Hg.), Der Kirchenaustritt im staatlichen und kirchlichen Recht, Freiburg u. a., 147-178.
Feldtkeller, A. (2001): Mission in der Perspektive der Religionswissenschaft, in: ZMR (85), 99-115.
Finney, J. (2007): Wie Gemeinde über sich hinauswächst. Zukunftsfähig evangelisieren im 21. Jahrhundert, Neukirchen-Vluyn.
Fischer, B. (1964): Liturgiereform, in: ders. (Hg.), Die Frucht des Konzils, Freiburg, 21-25.
Fischer, B. (1981): Liturgie oder Liturgien?, in: Trierer Theologische Zeitschrift (90), 265-275.
Fishburn, J. F. (2000): The Social Gospel as Mission Ideology, in: W. Shenk (Hg.), North American Foreign Missions, 1810-1914, Grand Rapids (MI) / Cambridge (UK), 218-242.
Flett, J. (2010): The Witness of God. The Trinity, Missio Dei, Karl Barth and the Nature of Christian Community, Grand Rapids / Cambridge.

Forman, Ch. W. (1993): Christian Dialogues with Other Faiths, in: Philips / Coote (Hg.), Toward the Twenty-first Century, Grand Rapids, 338-347.
Fourchard, L.; Mary, A.; Otayek, R. (Hg.) (2005): Entreprises religieuses transnationales en Afrique de l'Ouest, Paris / Ibadan.
Fox, F. F. (2007): Why do They do it? Lessons on Missionary Mobilization and Motivation from Indian Missionaries, in: IRM (96), 114-27.
Frankfurter Erklärung zur Grundlagenkrise der Mission, in: Evangelische Mission, Jahrbuch 1971, 121-127.
Frend, W. C. (1974): Der Verlauf der Mission in der Alten Kirche bis zum 7. Jahrhundert, in: H. Frohnes; U. W. Knorr (Hg.), Kirchengeschichte als Missionsgeschichte, Bd. 1, München, 32-50.
Freston, P. (2001): The Transnationalism of Brazilian Pentecostalism: The Universal Church of the Kingdom of God, in: A. Corten u. a. (Hg.), Between Babel and Pentecost, 196-215.
Freston, P. (2004): The International Missionary Impulse of Brazilian Evangelicalism, in: S. Fath (Hg.), Le Protestantisme evangelique: un christianisme de conversion, Turnhout: Brepols, Bibliotheque de Sciences Religieuses (Sorbonne).
Freston, P. (2005): The Universal Church of the Kingdom of God: A Brazilian Church Finds Success in Southern Africa, in: Journal of Religion in Africa (35), no. 1, 33-65.
Frey, J. (2008): ›... dass sie meine Herrlichkeit schauen‹ (Joh 17.24) Zu Hintergrund, Sinn und Funktion der johanneischen Rede von der doxa Jesu. New Testament Studies (54), 375-397.
Freytag, W. (1953): Karl Hartenstein zum Gedenken, in: EMZ (10), 2.
Freytag, W. (1961): Reden und Aufsätze, 2 Bände, München.
Freytag, W. (1961a): Mission im Blick aufs Ende, in: ders., Reden, 2. Bd., 186-198.
Freytag, W. (1961b): Sendung und Verheißung, in: ders., Reden, 2. Bd., 217-223.
Freytag, W. (1961c): Vom Sinn der Weltmission, in: ders., Reden, 2. Bd., 207-217.
Freytag, W. (1961d): Die Landeskirche als Teil der Weltmission, in: ders., Reden, Bd. 2, 160-174.
Freytag, W. (1961e): Strukturwandel der westlichen Missionen, in: ders., Reden, Bd. 1, 111-120.
Freytag, W. (1961f): Weltmissionskonferenzen, in: ders., Reden, Bd. 2, 101 f.
Freytag, W. (1961g): Whitby (1947), in: ders., Reden, Bd. 2, 81-96.
Friedman, J. (1994): Cultural identity and Global Process, London u. a.
Frieling, R. (2006): Im Glauben eins – in Kirchen getrennt? Visionen einer realistischen Ökumene, Göttingen.
Frohnes, H.; Knorr, U. W. (Hg.) (1974): Kirchengeschichte als Missionsgeschichte, Bd. 1, Die Alte Kirche, München.
Funkschmidt, K. (2000): ›Earthing the Vision‹. Strukturreformen in der Mission untersucht am Beispiel con CEVAA (Paris), CWM (London) und UEM (Wuppertal), Frankfurt/M.
Funkschmidt, K. (2003): Zur Integration von Kirche und Mission im landeskirchlichen Protestantismus, in: C. Dahling-Sander u. a. (Hg.), Leitfaden, 144-162.
Gabriel, K.; Gärtner, C.; Pollack, D. (Hg.) (2012): Umstrittene Säkularisierung. Soziologische und historische Analysen von Religion und Politik, Berlin.
Geertz, C. (1983): Common sense als kulturelles System, in: ders., Dichte Beschreibung, Frankfurt/M., 261-288.
Gehet hin in alle Welt. Missionarische Kirche, hg. v. Landeskirchenamt der Evangelischen Kirche in der Pfalz, Speyer 2007.
Gensichen, H.-W. (1961): Glaube für die Welt. Theologische Aspekte der Mission, Gütersloh.
George, M. (2002): Art. Orthodoxe Mission, in: RGG⁴, Bd. 5, Sp. 1286-1288.

Gestrich, C. (1986): Gemeindeaufbau in Geschichte und Gegenwart. Theologische Untersuchung und Neubestimmung eines Programmwortes, PTh (75), 2-15.
Gielen, M. (2008): Von Herrlichkeit zu Herrlichkeit. Doxa bei Paulus zwischen den Polen protologischer und eschatologischer Gottesebenbildlichkeit am Beispiel der Korintherkorrespondenz, in: R. Kampling (Hg.), Herrlichkeit, Paderborn u. a., 79-122.
Glazik, J. (1965): Die missionarische Aussage der Konzilskomstitution ›Über die Kirche‹, in: ZMR (49), 65-84
Glazik, J. (1966): Das Konzilsdekret Ad Gentes. Bericht, in: ZMR (50), 66-71.
Glazik, J. (1966): Die Mission im II. Vatikanischen Konzil, in: ZMR (50), 3-10.
Gogarten, F. (1953): Verhängnis und Hoffnung der Neuzeit. Die Säkularisierung als theologisches Problem, München / Hamburg.
Gooren, H. (1999): Rich among the Poor: Church, Firm, and Household among Small-scale Entrepreneurs in Guatemala City, Amsterdam.
Gooren, H. (2005): Towards A New Model of Conversion Careers: The Impact of Social and Institutional Factors, in: W. van Bekkum u. a. (Hg.), Conversion in Modern Times, Louvain, 25-39.
Gooren, H. (2005a): Towards a New Model of Conversion Careers: The Impact of Personality and Situational actors, in: Exchange (34), 149-166.
Gooren, H. (2006): The Religious Market Model and Conversion: Towards a New Approach, in: Exchange (35), 39-60.
Gooren, H. (2006a): Towards a New Model auf Conversion Careers: The Impact of Social and Institutional Factors, in: Paradigms, Poetics and Politics ofn Conversion, ed. Wout J. van Bekkum; Jan N. Bremmer, and Arie Molendijk, Leuven: Peters, 25-40.
Gooren, H. (2010): Conversion Narratives, in: O. Kalu u. a. (Hg.), Mission After Christendom, 93-112.
Gording, L. R.; Metz, B. (1991): An Expression of Cultural Change: Invisible Converts to Protestantism among Highland Guatemala Mayas, in: Ethnology (30), 325-338.
Govinden, D. B. (2005): ›Das ist mein Leib, gebrochen für euch‹ – liturgische Hilfen zum HIV / AIDS-Problem, in: Heidemanns / Moerschbacher, 251-277.
Grünberg, W. (2004): Sieben Thesen zur Rolle der Citykirchen, in: ders., Die Sprache der Stadt. Skizzen zur Großstadtkirche, Leipzig, 239 ff.
Grünberg, W. (2010): Die Citykirche als Ernstfall der Volkskirche, in: B.-M. Haese; U. Pohl-Patalong (Hg.), Volkskirche weiterdenken, Stuttgart, 93-107.
Gründer, H. (2004): Conquista und Mission, in: ders., Christliche Heilsbotschaft und weltliche Macht, Gesammelte Aufsätze, hg. von F.-J. Post u. a., Münster, 23-46.
Grundmann, C. (1992): Gesandt zu heilen! Aufkommen und Entwicklung der ärztlichen Mission im neunzehnten Jahrhundert, Gütersloh.
Grundmann, C. (1997): Leibhaftigkeit des Heils. Ein missionstheologischer Diskurs über das Heilen in den zionistischen Kirchen im südlichen Afrika, Hamburg.
Grundmann, C. (2001): ›Heilung und Heil‹ – theologisch befragt, in: Heilung in Mission und Ökumene, hg. vom EMW, Hamburg, 8-16.
Grundmann, C. (2001): Healing – A Challenge to Church and Theology, in: IRM (90), 26-40.
Grunwald, K.-D. (2005): Re-Visionen von Gemeinde im Pluralismus: theologische, rechtliche und strukturelle Herausforderungen, in: Nethöfel / Grunwald (Hg.), Kirchenreform jetzt!, 83-104.
Guder, D. (1999): Art. Christlicher Studentenweltbund, in: RGG[4], Bd. 2, 262-263
Guder, D. (2000): The Continuing Conversion of the Church, Grand Rapids.
Guder, D. (Hg.) (1998): Missional Church: A Vision for the Sending of the Church in North America, Grand Rapids.

Guder, D. L. (2010): ›Missional Church‹. Forschungsbericht über eine missiologische Debatte in den USA, in: Theologische Zeitschrift (66), 185-198.
Günther, W. (1970): Von Edinburgh nach Mexico City. Die ekklesiologischen Bemühungen der Weltmissionskonferenzen (1910-1963), Stuttgart.
Günther, W. (2010): Begeisterung, Charisma und Kairos! War Edinburgh einmalig?, in: ZMiss (36), 32-43.
Haering, S. (2011): Kirchenzugehörigkeit und Kirchensteuer in Deutschland in ihrer geschichtlichen Entwicklung, in: E. Güthoff u. a. (Hg.), Der Kirchenaustritt im staatlichen und kirchlichen Recht, Freiburg u. a., 21-41.
Haese, B.-M.; Pohl-Patalong, U. (Hg.) (2010): Volkskirche weiterdenken. Zukunftsperspektiven der Kirche in einer religiöse pluralen Gesellschaft, Stuttgart.
Hanciles, J. J. (2011): Globalisierung, Migration und religiöse Ausbreitung: Migrationsströme und die neuen missionarischen Zentren in der nichtchristlichen Welt, in: ZMiss (37), 223-240.
Hannick, C. (1978): Die byzantinischen Missionen, in: K. Schäferdiek (Hg.), Kirchengeschichte als Missionsgeschichte, Bd. II.1, München, 279-359.
Härle, W. u. a. (2008): Wachsen gegen den Trend, Analysen von Gemeinden, mit denen es aufwärts geht, Leipzig.
Harnack, A. v. (^{4}1924): Die Mission und Ausbreitung des Christentums in den ersten drei Jahrhunderten, Leipzig.
Harrison, J. R. (2010): The Brothers of the ›Glory of Christ‹ (2 Cor 8:23). Paul's Doxa Terminology in Its Ancient Benefaction Context, in: Novum Testamentum (52), 156-188.
Hartenstein, K. (1933): Die Mission als theologisches Problem. Beiträge zum grundsätzlichen Verständnis der Mission, Berlin.
Hartenstein, K. (1936): Das letzte Zeichen und das letzte Ziel. Zwei Missionspredigten von Karl Hartenstein und Erich Schick, Stuttgart / Basel.
Hartenstein, K. (1939): Was haben wir von Tambaram zu lernen?, in: M. Schlunk (Hg.), Das Wunder der Kirche unter den Völkern der Erde. Bericht über die Weltmissions-Konferenz in Tambaram (Südindien) 1938, Stuttgart / Basel.
Hauenstein, Ph. (1999): Fremdheit als Charisma. Die Existenz als Missionar in Vergangenheit und Gegenwart am Beispiel des Dienstes in Papua-Neuguinea, Erlangen.
Hauschild, W.-D. (1999): Art. »Deutschland II. Kirchengeschichtlich und konfessionskundlich«, in: RGG^4, Bd. 2, Sp. 749.
Hauschildt, E. (2008): Zur Analyse wachsender Gemeinden. Selbstverständlichkeiten, Mythen und Rätsel des Wachsens gegen den Trend (Buchbericht), In Pastoraltheologie (97), 406-415.
Hauschildt, E.; Kohler, E.; Schulz, C. (2008): Milieus praktisch. Analyse und Planungshilfen, Göttingen.
Hauschildt, E. (2009): Wachsen gegen den Trend? Thesen zum Sinn und Unsinn einer kirchlichen Metapher, in: H. Zschoch (Hg.), Kirche – dem Evangelium Strukturen geben, Neukirchen-Vluyn, 87-93.
Hauschildt, E. (2009a): Mission und Werbung – eine Bisoziation, in: ThLZ (134), 1289-1302.
Häuser, G. (2004): Einfach vom Glauben reden. Glaubenskurse als zeitgemäße Form der Glaubenslehre für Erwachsene, Neukirchen.
Haustein, J. (2011): Embodying the Spirit(s): Pentecostal Demonology and Deliverance Discourse in Ethiopia, in: Ethnos (76), 534-552.
Haustein, J. (2011a): Charismatic Renewal, Denominational Tradition and the Transformation of Ethiopian Society, in: Encounter Beyond Routine: Cultural Roots, Cultural Tran-

sition, Understanding of Faith and Cooperation in Development, (EMW Dokumentation 5), Hamburg, 45-52.
Health, Faith and Healing, Themenheft, in: IRM (90), 2001, Nr. 356/357.
Hefner, R. W. (Hg.) (1993): Conversion to Christianity. Historical and Anthropological Perspectives on a Great Transformation, Berkeley u. a.
Heidemanns, K. (2003): Schritte auf dem Weg zu einer feministischen Missiologie, in: H. Walz; C. Lienemann-Perrin; D. Strahm (Hg.), Als hätten sie uns neu erfunden. Beobachtungen zu Fremdheit und Geschlecht, Luzern, 81-97.
Heidemanns, K. (2003a): Mission und Frauen, in: Dahling-Sander u. a. (Hg.), Leitfaden, 420-437.
Heidemanns, K. (2004): Missiology of Risk?: Explorations in Mission Theology from a German Feminist Perspective, in: IRM (95), 105-118.
Heidemanns, K.; Moerschbacher, M. (Hg.) (2005): Gott vertrauen? AIDS und Theologie im südlichen Afrika, Freiburg u. a.
Heikes, L. (2003): Una Perspectiva Diferente: Latin Americans and the Global Missions Movement, Missiology (31), 69-85.
Heilung in Mission und Ökumene, Impulse zum interkulturellen Dialog über Heilung und ihre kirchliche Praxis, hg. v. EMW, Hamburg 2001.
Helfenstein, P. F. (1998): Grundlagen des interreligiösen Dialogs. Theologische Rechtfertigungsversuche in der ökumenischen Bewegung und die Verbindung des trinitarischen Denkens mit dem pluralistischen Ansatz, Frankfurt/M.
Hempelmann, H.; Herbst, M.; Weimer, M. (Hg.) (2011): Gemeinde 2.0. Frische Formen für die Kirche von heute, Neukirchen.
Herbst, M. (^{3}1993): Missionarischer Gemeindeaufbau in der Volkskirche, Stuttgart.
Herbst, M. (Hg.) (2004): Mission bringt Gemeinde in Form, Neukirchen-Vluyn.
Herbst, M. u. a. (Hg.) (2005): Missionarische Perspektiven für eine Kirche der Zukunft, Neukirchen-Vluyn.
Herbst, M. (Hg.) (^{2}2006): Emmaus. Auf dem Weg des Glaubens. Ein Kursangebot für beziehungsorientierten Gemeindeaufbau, Handbuch, Neukirchen-Vluyn.
Herbst, M. (2006): Eine Perspektive der Gemeindeentwicklung in nach-volkskirchlicher Zeit, in: M. Bartels u. a. (Hg.), Gemeindepflanzung, 36-67.
Herbst, M. (2010): ›Erwachsen glauben‹ – Theologische Weggabelungen im Missionsland Deutschland. Mission – Bildung – Gemeindeentwicklung, in: J. Zimmermann (Hg.), Darf Bildung missionarisch sein?, 150-161.
Herbst, M. (2011): Dem ›Englischen Patienten‹ geht es besser. Was können wir von der Anglikanischen Kirche lernen?, in: Ph. Elhaus u. a. (Hg.), Gottes Sehnsucht, 39-74.
Hering, W. (1980): Das Missionsverständnis in der ökumenisch-evangelikalen Auseinandersetzung – ein innerprotestantisches Problem, St. Augustin.
Hermelink, Jan; Latzel, Thorsten (2008): Kirche empirisch. Ein Werkbuch, Gütersloh.
Hielscher, S. (1992): Heiler in Mali. Ein Beitrag zur postkolonialen Afrikanischen Medizin, Münster / Hamburg.
Hodges, M. (1978): The Indigenous Church and the Missionary, South Pasadena.
Hoekendijk, J. Chr. (1955): Die Kirche im Missionsdenken, in: EMZ (9),1-13.
Hoekendijk, J. Chr. (1965): Bemerkungen zur Bedeutung von (Mission)arisch, in: H. J. Margull (Hg.), Mission als Strukturprinzip, Genf, 30-38.
Hoekendijk, J. Chr. (1965): Die Welt als Horizont, in: EvTh (25), 467-484.
Hoekendijk, J. Chr. (^{2}1965): Die Zukunft der Kirche und die Kirche der Zukunft, Stuttgart u. a.
Hoekendijk, J. Chr. (1967): Kirche und Volk in der deutschen Missionswissenschaft, München.

Hoffmann, G. (1980): Von Bangkok nach Melbourne, in: Lehmann-Habeck (Hg.), Dein Reich komme, 22 ff.
Hogg, W. R. (1954): Mission und Ökumene. Geschichte des Internationalen Missionsrats und seiner Vorläufer im 19. Jahrhundert, Stuttgart.
Holl, K. (1974): Die Missionsmethode der alten und die der mittelalterlichen Kirche, in: Frohnes / Knorr, 3-17.
Hollenweger, W. (1979): Erfahrung der Leiblichkeit, München.
Hollenweger, W. J. (1997): Charismatisch-pfingstliches Christentum, Göttingen.
Hopkins, B. (1992): Gemeindegründung in der angelikanischen Kirche, in: J. Knoblauch u. a. (Hg), Gemeinde gründen in der Volkskirche, Moers, 67 ff.
Hopkins, B. (1996): Gemeinde pflanzen. Church Planting als missionarisches Konzept, Neukirchen-Vluyn.
Hopkins, B. (^{2}1992): Church Planting. Models for Mission in the Church of England, Nottingham.
Hopkins, B.; White, R. (1999): Praxisbuch Gemeinde pflanzen, Neukirchen-Vluyn;
Hopkins, B. (1996): Gemeinde pflanzen – Church planting als missionarisches Konzept, Neukirchen-Vluyn.
Huber, F. (2006): Neue Ansätze einer Missionstheologie, in: ThLZ (131), 347-358.
Huber, W. u. a. (Hg.) (2006): Die vierte EKD-Erhebung über Kirchenmitgliedschaft. Kirche in der Vielfalt der Lebensbezüge, Gütersloh.
Hunsberger, G. (1998): Bearing the Witness of the Spirit. Lesslie Newbigin's Theology of Cultural Plurality, Grand Rapids.
Hunsberger, G.; Van Gelder, C. (Hg.) (1996): The Church Between Gospel and Culture: The Emerging Mission in North America, Grand Rapids.
Hunsberger, G. (1996): The Newbigin Gauntlet, in: G. H. Hunsberger; C. Van Gelder (Hg.), The Church Between Gospel and Culture, Grand Rapids, 24 ff.
Hutchison, W. R. (1987): Errand to the World: American Protestant Thought and Foreign Missions, Chicago: University of Chicago.
Hybels, B.; Hybels, L. (2006): Gemeinde neu entdeckt. Die Geschichte von Willow Creek, Asslar.
Ionita, V. (2004): Ökumene und Mission aus orthodoxer Sicht, in: L. Kabaek u. a. (Hg.), Gemeinschaft der Kirchen und gesellschaftliche Verantwortung, Münster, 51-62.
Jaffarian, M. (2004): Are There More Non-western Missionaries than Western Missionaries?, in: IBMR (28), 131-32.
Jakob, B. (2003): Heilung und Mission, in: Dahling-Sander u. a. (Hg.), Leitfaden, 438-457.
Jacob, B. (2005): Kirche als heilende Gemeinschaft. Die christliche Gemeinde und ihr Heilungsauftrag heute, in: ÖR (54), 174-194.
Johnstone, P. (2003): Gebet für die Welt, Holzgerlingen.
Jorgensen, D. (2005): Third Wave Evangelism and the Politics of the Global in Papua New Guinea: Spiritual Warfare and the Recreation of Place in Telefolmin, in: Oceania (75), 444-461.
Jüngel, E. (^{2}2001): Referat zur Einführung in das Schwerpunktthema, in: Reden von Gott in der Welt. Der missionarische Auftrag der Kirche an der Schwelle zum 3. Jahrtausend, hg. vom Kirchenamt der EKD, Frankfurt/M., 14-35.
Jung, L. H. (2005): Healing and reconciliation as the basis for the sustainability of life. An ecological plea for a ›deep‹ healing and reconciliation, in: IRM (94), 84-102.
Kärkkäinen, V.-M. (1999): Pentecostal Missiology in Ecumenical Perspective, in: IRM (88), 207-225.
Kärkkäinen, V.-M. (2000): ›Truth and Fire‹: Pentecostal Theology of Mission and the Challenges of a New Millenium, in: AJPS (3), 33-60.

Kärkkäinen, V.-M.; Yong, A. (Hg.) (2002): Toward a Pneumatological Theology: Pentecostal and Ecumenical Perspectives on Ecclesiology, Soteriology, and Theology of Mission, University Press of America.
Kärkkäinen, V. M. (2003): Art. Missiology: Pentecostal and Charismatic, in: S. M. Burgess u. a. (Hg.), The New International Dictionary of Pentecostal and Charismatic Movements, Grand Rapids, 877-885.
Kärkkäinen, V.-M. (2004): Pentecostal Theology of Mission in the Making, in: Journal of Beliefs and Values (25), 167-176.
Kahl, W. (2007): Prosperity Preaching in West-Africa: An Evaluation of Contemporary Ideology from a New Testament Perspectice, in: Ghana Bulletin of Theology (2), 21-42.
Kalu, O. L. (2000): Estranged Bedfellows? The Demonisation of Aladura in African Pentecostal Rhetoric, in: Missionalia (28), 121-142.
Kalu, O. L. (2008): ›Gendered Charisma: Charisma and Women in African Pentecostalism, in: ders., African Pentecostalism, 147-165.
Kalu, O. L. (2008): African Pentecostalism. An Introduction, New York / Oxford.
Kalu, O. L.; Vethanayagamony, P.; Kee-Fook Chia, E. (Hg.) (2010): Mission After Christendom: Emergent Themes in Contemporary Mission, Westminster Press.
Karle, I. (2007): Das Ende der Gemütlichkeit? Eine Auseinandersetzung mit den Reformbestrebungen der EKD, in: EvTh (67), 332-349.
Karle, I. (2008): ›Wachsen gegen den Trend‹ – eine Motivation oder ein Problem? Perspektiven für die Ortsgemeinde, in: M. Herbst u. a. (Hg.), Kirche wächst, Holzgerlingen, 51-77.
Karle, I. (2009): Kirchenreform und ihre Paradoxien, in: I. Karle (Hg.), Kirchenreform, Leipzig, 7-24.
Karle, I. (2010): Kirche im Reformstress, Gütersloh.
Karle, I. (2010a): Kirchenreform im Spannungsfeld von normativer Ekklesiologie und Empirie, in: Praktische Theologie (45), 105-115.
Kang, N. (2005): Towards Healing and Reconciliation of ›Regardless‹: Radicalizing Christian Mission for Today, in: IRM (94), No. 374, 373-386.
Kasdorf, H. (1990): Gustav Warnecks missiologisches Erbe. Eine biographisch-historische Untersuchung, Gießen / Basel.
Kaune, M. (2003): Regionalisierung: Die ungeliebte Kröte, in: PTh (92), 48-60.
Keim, C. (2005): Frauenmission und Frauenemanzipation. Eine Diskussion in der Baseler Mission im Kontext der frühen ökumenischen Bewegung (1901-1928), Münster.
Keim, C. (2010): Aufbruch der Frauen bei der Weltmissionskonferenz in Edinburgh 1910, in: ZMiss (36), 53-71.
Kertelge, K. (1985): Die Wunderheilungen Jesu im Neuen Testament, in: W. Beinert (Hg.), Hilft Glaube heilen?, Düsseldorf, 31-44.
Keshishian, A. (1992): Orthodox Perspectives on Mission, Oxford: Regnum Lynx.
Khoury, A. Th. (1980): Toleranz im Islam, München / Mainz.
Kim, K. (2012): Joining in with the Spirit: Connecting World Church and Local Mission, London.
Kings, G. (2000): Mission and the Meeting of Faiths: The Theologies of Max Warren and John V. Taylor, in: K. Ward; B. Stanley (Hg.), The Church Mission Society and World Christianity, 1799-1999, Grand Raipds (MI) / Cambridge (UK), 285-318.
Kippenberg, H. (2003): Zivilreligion: Die USA als Heilsprojekt, in: ders.; K. von Stuckrad, Einführung in die Religionswissenschaft, München, 94-103.
Kirche der Freiheit. Perspektiven für die Evangelische Kirche im 21. Jahrhundert, Ein Impulspapier des Rates der EKD, hg. v. Kirchenamt der EKD, Hannover 2006.

Kirchenamt der EKD (Hg.) (2000): Das Evangelium unter die Leute bringen. Zum missionarischen Dienst der Kirche in unserem Land, Hannover, 30-33.
Kirchenamt der EKD (Hg.) (2009): Schön, dass sie (wieder) da sind! Eintritt und Wiedereintritt in die evangelische Kirche (EKD-Texte 107), Hannover.
Klaus, B. D. (2005): The Holy Spirit and Mission in Eschatological Perspective: A Pentecostal Viewpoint, in: Pneuma (27), 322-342.
Knoblauch, J.; Eickhoff, K.; Aschoff, F. (Hg.) (1992): Gemeinde gründen in der Volkskirche: Modelle der Hoffnung, Moers.
Knoblauch, J. (1996): Kann Kirche Kinder kriegen? Der zielgruppenorientierte Gottesdienst, Wuppertal.
Knöppler, Th. (2003): Paulus als Verkünder fremder daimonia. Religionsgeschichtlicher Hintergrund und theologische Aussage von Act 17, 17, in: A. Lange u. a. (Hg.), Dämonen, Tübingen, 577-584.
Kopfermann, W. (^{3}1995): Farbwechsel. Ein Grundkurs des Glaubens, Emmelsbüll.
Krämer, H. (1940): Die christliche Botschaft in einer nichtchristlichen Welt, Zürich.
Kramm, Th. (1979): Analyse und Bewährung theologischer Modelle zur begründung der Mission. Entscheidungskriterien in der aktuellen Auseinandersetzung zwischen einem heilsgeschichtlich-ekklesiologischen und einem geschichtlich-eschatologischen Missionsverständnis, Aachen.
Krause, B. (^{2}1998): Auszug aus dem Schneckenhaus. Praxis-Impulse für eine verheißungsorientierte Gemeindeentwicklung, Neukirchen-Vluyn.
Krech, V. (2008): Zwischen hohem Engagement und Religion bei Gelegenheit: Die evangelischen Landeskirchen, in: M. Hero u. a. (Hg.), Religiöse Vielfalt in Nordrhein-Westfalen. Empirische Befunde und Perspektiven der Globalisierung vor Ort, Paderborn u. a., 67-83.
Kretschmar, G. (1974): Das christliche Leben und die Mission in der frühen Kirche, in: Frohnes / Knorr, 94-128.
Kretzschmar, G. (2010): Eintritt und Wiedereintritt in die Kirche. Neuere empirische Einsichten, in: Praktische Theologie (45), 225-231.
Krusche, W. (1971): Schritte und Markierungen. Aufsätze und Vorträge zum Weg der Kirche, Göttingen.
Kusmierz, K.; Cochrane, J. R. (2006): Öffentliche Kirche und öffentliche Theologie in Südafrikas politischer Transformation, in: C. Lienemann-Perrin; W. Lienemann (Hg.), Kirche und Öffentlichkeit in Transformationsgesellschaften, Stuttgart, 195-226.
Kuzmic, P. (1993): Europe, in: Philips / Coote (Hg.), Toward, 148-163.
Kwok, P.-L. (2001): Unbinding Our Feet. Saving Brown Women and Feminist Religious Discourse, in: L. E. Donaldson; P.-L. Kwok (Hg.), Postcolonialism, Feminism and Religious Discourse, London / New York, 62-81.
Laing, M. (2006): The Changing Face of Mission: Implications for the Southern Shift in Christianity, Missiology (34), 165-77.
Lamb, C.; Bryant, M. D. (Hg.) (1999): Religious Conversion: Contemporary Practices and Controversies, London: Caßell.
Lamparter, F. H. (Hg.) (1995): Karl Hartenstein. Leben in weltweitem Horizont. Beiträge zu seinem 100. Geburtstag, Bonn.
Lange, E. (1981): Kirche für die Welt. Aufsätze zur Theorie kirchlichen Handelns, München /Gelnhausen.
Lehmann, A. (1961): »Der deutsche Beitrag«, in: G. Brennecke (Hg.), Weltmission in ökumenischer Zeit, 153-165.
Lehmann-Habeck, M. (Hg.) (1980): Dein Reich komme. Weltmissionskonferenz Melbourne 1980, Frankfurt/M.

Leitlinien kirchlichen Handelns in missionarischer Situation, hg. von der EKBO, 2. A. Berlin 2008.
Lemopoulos, G. (Hg.) (1989): Your Will Be Done. Orthodoxy in Mission, Katerini (Greece): Tertios.
Lengeling, E. (1964): Die Konstitution des Zweiten Vatikanischen Konzils über die heilige Liturgie, Reihe Lebendiger Gottesdienst (5/6), Münster.
Liedhegener, A. (2012): Säkularisierung als Entkirchlichung. Trends und Konjunkturen in Deutschland von der Mitte des 19. Jahrhunderts bis zur Gegenwart, in: K. Gabriel u. a. (Hg.), Umstrittene Säkularisierung, o. a., 481-531.
Lienemann-Perrin, C. (1999): Mission und Interreligiöser Dialog, Göttingen.
Lienemann-Perrin, C. (2004): The biblical Foundations for a Feminist Participatory Theology of Mission, in: IRM (93), no. 368, 17-34.
Lienemann-Perrin, C.; Lienemann, W. (Hg.) (2006): Kirche und Öffentlichkeit in Transformationsgesellschaften, Stuttgart.
Lienemann-Perrin, C. (2006a): Neue sozialethische Konzeptionen Öffentlicher Theologie in Transformationsprozessen in Asien, Afrika und Lateinamerika, in: dies.; W. Lienemann (Hg.), Kirche und Öffentlichkeit in Transformationsgesellschaften, Stuttgart, 433-470.
Lindner, H. (1986): Programm – Strategien – Visionen. Eine Analyse neuerer Gemeindeaufbaukonzepte, PTh (75), 210-229.
Linn, G. (1973): Ungleichzeitige Zeitgenossen. Reflektionen eines Reflektors über die Rolle der Reflektoren, in: Ph. Potter (Hg.), Das Heil der Welt heute, 235-239.
Linz, M. (1964): Anwalt der Welt. Zur Theologie der Mission, München.
Lippy, C. H. (2005): Die sich wandelnde Gestalt des religiösen Pluralismus in Amerika, in: G. Besier; H. Lübbe (Hg.), 359-376.
Löwner, G. (2008): Neobuddhistische Mission in Indien und ihre gesellschaftliche Relevanz, in: H. Wrogemann (Hg.), Indien – Schmelztiegel der Religionen der Konkurrenz der Mission?, Berlin, 147-162.
Lofland, J.; Stark, R. (1965): Becoming a world-saver: A theory of conversion to a deviant perspective, in: American Sociological Review (30), 862-875.
Long, J. (2002): Miss-Iology meets Ms-Theology: Missiology and Feminist Theology. In Creative Interanction, in: Mission Studies (19), 155-173.
Longkumer, A. (2011): Not without Women: Mission in the Third Millennium, in: IRM (100), 297-309.
Lorance, C. C. (2011): The Third Lausanne Congress: Assessing Cape Town 2010's Contribution to the Cause of Christ, in: Snoderly / Moreau (Hg.), Evangelical and Frontier Mission, 234-264.
Ludwig, F.; Asamoah-Gyadu, K. (Hg.) (2011): African Christian Presence in the West. New Immigrant Congregations and Transnational Networks in Northern America and Europa, Trenton.
Lukatis, I. (2003): Regionalisierung aus pastoralsoziologischer Sicht, in: PrTh (92), 13-24.
Ma, J. C.; Ma, W. (2010): Mission in the Spirit. Towards a Pentecostal / Charismatic Missiology, Eugene / Oregon.
Maier, G. (1995): Gemeindeaufbau als Gemeindewachstum. Zur Geschichte, Theologie und Praxis der ›church growth‹ – Bewegung, Erlangen.
Mäkelä, M. (1999): Mission according to John R. W. Scott. A Study with spezial reference to the Ecumenicals and Evangelicals, Åbo.
Maluleke, T. S. (1997): Truth, national unity and reconciliation in South Africa. Aspects of the emerging theological agenda, in: Missionalia (25), 59-86.
Maluleke, T. S. (1999): The South African truth and reconciliation discourse, in: L. Magesa; Z. Nthamburi (Hg.), Democracy and reconciliation, Nairobi, 215-241.

Maluleke, T. S. (2005): Die Herausforderung von HIV / AIDS für die theologische Ausbildung in Afrika – Auf dem Weg zu einem Curriculum, das HIV / AIDS verantwortlich behandelt, in: Heidemanns / Moerschbacher, 110-133.
Maluleke, T. S. (2007): Of Lions and Rabbits: the role of the church in reconciliation in South Africa, in: IRM (96), No. 380/381, 41-55.
Manecke, D. (1972): Mission als Zeugendienst. Karl Barths theologische Begründung der Mission im Gegenüber zu den Entwürfen von Walter Holsten, Walter Freytag und Johann Christian Hoekendijk, Wuppertal.
Margull, H. J. (1959): Theologie der missionarischen Verkündung. Evangelisation als oekumenisches Problem, Stuttgart.
Margull, H. J. (Hg.) (1963): Zur Sendung der Kirche. Material der ökumenischen Bewegung, München.
Margull, H. J. (Hg.) (1965): Mission als Strukturprinzip. Ein Arbeitsbuch zur Frager missionarischer Gemeinden, ÖRK, Genf.
Margull, H. J. (1992): Zeugnis und Dialog. Ausgewählte Schriften mit Einführungen von Th. Ahrens u. a., Lottbek.
Marty, M. E.; Appleby, R. S. (1991): Fundamentalisms observed. A Study conducted by The American Academy of Arts and Sciences, Chicago / London.
Matthey, J. (2002): Missiology in the World Council of Churches, in: L. Pachuau (ed.), Ecumenical Missiology, Bangalore, 72-98.
McGavran, D. (1970): Understanding Church Growth, Grand Rapids/Michigan.
McGavran, D. (1972): Eye of the Storm: The Great Debate in Mission, Waco (Texas).
McGavran, D. (1974): Die Dimensionen der Weltevangelisation, in: P. Beyerhaus (Hg.), Alle Welt, Bd. 1, 109-145.
McGavran, D. (1986): My Pilgrimage in Mission, in: IBMR (10), 53–57.
McGavran, D. (1990): Gemeindewachstum verstehen. Eine grundlegende Einführung in die Theologie des Gemeindeaufbaus, Lörrach.
McGee, G. B. (1993): Pentecostal and Charismatic Missions, in: Philips / Coote (Hg.), Toward the Twenty-first Century, 41-55.
McGee, G. B. (1994): Pentecostal Missiology, in: Pneuma (16), 275-281.
McGee, G. B. (1997): The Radical Strategy in Modern Missions: The Linkeage of Paranormal Phenomena with Evangelism, in: C. D. McDonnell (Hg.), The Holy Spirit and Mission Dynamics, Pasadena, 69-95.
McIntosh, G. L. (Hg.) (2004): Evaluating the Church Growth Movement. Five Views, Grand Rapids (MI).
Meeting in Faith. Twenty Years of Christian-Muslim Conversations Sponsored by the World Council of Churches, WCC-Publications, Geneva 1989.
Mehr Himmel auf Erden – Glauben weitergeben heute. Ein Lesebuch. Hg. v. Präsidium der Nordelbischen Kirche, Hamburg 2006.
Melanchthon, M. J. (2005): What does a Reconciled and Healed Community look like? Questions and Reflections arising from the CWME, Athens, in: IRM (94), 394-405.
Melanchthon, M. J. (2005): Reconciliation: Feminist shadings, in: IRM (94), 117-132.
Meyer, B. (1998): ›Make a Complete Break with the Past‹: Memory and Post-colonial Modernity in Ghanaian Pentecostalist Discourse, in: JRA (27), 316-349.
Meyer, B. (2007): Pentecostalism and neo-liberal Capitalism: Faith, Prosperity and Vision in African Pentecostal-Charismatic Churches, in: Journal for the Study of Religion (20), 5-28.
Mihoc, V. (2005): Report on the Conference on World Mission and Evangelism, Athens, in: IRM (94), 406-413.

Milieuhandbuch »Religiöse und kirchliche Organisationen in den Sinus-Milieus 2005, München o. J.
mission 21 – protestant mission basel; United Evangelical Mission; The Lutheran World Federation (2005): God breaks the Silence. Preaching in Times of Aids, Basel.
Mission bringt Gemeinde in Form. Deutsche Übersetzung von: ›Mission-shaped Church‹. (2004), hg. von M. Herbst (…), 2. Aufl 2007, Neukirchen-Vluyn.
Mission in Context: Transformation, Reconciliation, Empowerment. An LWF Contribution to the Understanding of Practice of Mission, Lutheran World Federation (LWF), Geneva 2004.
Mission-shaped Church, Church House Publishing, London 2004.
Missionarische Ökumene. Eine Zwischenbilanz. Erfahrungen und Perspektiven, Hamburg 2002.
Mittmann-Richert, U. (2003): Die Dämonen und der Tod des Gottesohns im Markusevangelium, in: A. Lange u. a. (Hg.), Dämonen, Tübingen,
Möller, C. (1988): Einführung in das Thema: ›Gottesdienst als Gemeindeaufbau‹, in: ders., Gottesdienst als Gemeindeaufbau, Göttingen, 9-15.
Möller, Christian (1987/90): Lehre vom Gemeindeaufbau, 2 Bd.e, Göttingen.
Moreau, A. S. (2011): A Current Snapshot of North American Protestant Missions, in: IBMR (35), 12-16.
Moreau, A. S.; O'Rear, M. (2011): Follow-up Resources for Lausanne Cape Town 2010, in: Evangelical Missions Quarterly 47 (1): 110-14.
Moreno, J. R. (1996): Evangelisierung, in: I. Ellacuría; J. Sobrino (Hg.), Mysterium Liberationis, Bd. 2, Luzern, 789-808.
Moyo, F. L. (2010): ›Who Is Not at the Table?‹: Women's Perspectives of Holistic Mission as Mutually Inclusive, in: Daryl Balia; Kirsteen Kim (Hg.), Edinburgh 2010: Witnessing to Christ Today, Vol. II, Oxford, 245-261.
Murray, J. (2000): The Role of Women in the Church Missionary Society, 1799-1917, in: K. Ward; B. Stanley (Hg.), The Church Mission Society and World Christianity, 1799-1999, Grand Raipds (MI) / Cambridge (UK), 66-90.
Müller, K.; Sundermeier, Th. (Hg.) (1987): Lexikon Missionstheologischer Grundbegriffe, Berlin.
Müller-Krüger, Th. (Hg.) (1964): In sechs Kontinenten. Dokumente der Weltmissionskonferenz Mexiko 1963, Stuttgart.
Müller-Römheld, W. (1980): Dein Reich komme. Weltmissionskonferenz für Mission und Evangelisation in Melbourne 1980, in: ÖR (29), 342 ff.
Myklebust, O. G. (1955/75): The Study of Missions in theological Education, Vol. I & II, Oslo.
Myung, S. -H.; Hong, Y.-G. (Hg.) (2003): Charis and Charisma. David Yonggi Cho and the Growth of Yoido Full Gospel Church, Oxford.
Ncube, Vitus Sipho (2005): Verantwortliche Inkulturation: Heilen im Kontext der Zulu, in: Heidemanns / Moerschbacher, 164-191.
Nehring, A. (2004): Bekehrung als Protest. Zur Konstruktion religiöser Identität der Dalits in Indien, in: ZfR (12), 3-21.
Neill, S. (21990): Geschichte der christlichen Missionen, Erlangen (engl.Org. 1964).
Nethöfel, W.; Grunwald, K.-D. (Hg.) (2005): Kirchenreform jetzt! Projekte, Analysen, Perspektiven, Schenefeld.
Newbigin, L. (1983): The Other Side of 1984: Questions for the Church, Geneva.
Newbigin, L. (1986): Foolishness to the Greeks, Grand Rapids.
Newbigin, L. (1989): The Gospel in a Pluralist Society, Grand Rapids.

Nielsen, J. T. (2010). The Narrative Structures of Glory and Glorification in the Fourth Gospel. NTS (56), 343-366.
Nissen, J. (²1999): New Testament and Mission. Historical and Hermeneutical Perspectives, Frankfurt/M. u. a.
Nissiotis, N. (1968): Die ekklesiologische Grundlage der Mission, in: ders., Die Theologie der Ostkirche im ökumenischen Dialog, Stuttgart, 186-216.
Noack, A. (2010): Die evangelische Kirche in Deutschland ist missionarischer geworden. Ein Rückblick auf eine mehr als zehnjährige Entwicklung, in: PrTh (45), 232-239.
Noll, M. A. (2000): Das Christentum in Nordamerika, Leipzig.
Nyemutu Roberts, F. O.; Benjamin, S. A. (2005): Denominationalism and the Dynamics in Nigeria, in: L. Fourchard et. al. (Hg.), Entreprises religieuses, 315-330.
Ojo, M. A. (1993): Deeper Life Bible Church of Nigeria, in:P. Gifford (Hg.), New Dimensions in African Christianity, Ibadan, 161-181.
Ojo, M. A. (1997): The Dynamics of Indigenous Charismatic Missionary Enterprise in West Africa, in: Missionalia (25), 537-561.
Ojo, M. A. (2006): The End-Time Army. Charismatic Movements in Modern Nigeria, Trenton (NJ) / Asmara (Eritrea).
Olayinka, B. O. (2000): Female Leaders of New Generation Churches as Change Agents in Yorubaland, PhD Thesis, Obafemi Awolowo University 2000.
Orchard, R. K. (1961): Großbritannien, in: Brennecke (Hg.), Weltmission, 188-199.
Padberg, L. E. v. (1995): Mission und Christianisierung. Formen und Folgen bei Angelsachsen und Franken im 7. und 8. Jahrhundert, Stuttgart.
Padberg, L. E. v. (1998): Die Christianisierung Europas im Mittelalter, Stuttgart.
Padilla, R. (1974): Evangelisation und die Welt, in: Beyerhaus (Hg.), Alle Welt, Bd. 1, 146-194.
Padilla, R.; Sudgen, C. (Hg.) (1985): Texts on Evangelical Social Ethics 1974-1983 (I), Nottingham
Papapetrou, K. (1966): Kirche und Mission. Zum Missionsverständnis der orthodox-katholischen Kirche, in: Kyrios (1966), 105-116.
Park, T. K. (2011): History and Growth of the Korean Missions Movement, in: B. Snodderly; S. Moreau (Hg.), Evangelical and Frontier Mission, Eugene (Oregon), 126-135.
Pate, L. D. (1991): Pentecostal Missions from the Two-Thirds World, in: Dempster u. a. (Hg.), Called and Empowered, 242-258.
Perera, M. (1992): Towards the Twenty-First Century: An Asian Women's Emerging Perceptions on Mission, in: IRM (81), 227-236.
Peter, A. (1998): Christliche Präsenz als missionarisches Konzept, in: NZM (54), 241-258.
Philips, J. M.; Coote, R. T. (Hg.) (1993): Toward the Twenty-first Century in Christian Mission: Essays in Honor of Gerald H. Anderson, Grand Rapids.
Phiri, I. A. (2000): African Women in Mission: Two Cases from Malawi, in: Missionalia (28), 267-293.
Phiri, I. A.; Nadar, S. (Hg.) (2002): Her Stories: Hidden Histories of Women of Faith in Africa, Pietermaritzburg.
Phiri, I. A.; Haddad, B.; Masenya, M. (2003): African Women, HIV / AIDS and Faith Communities, Pietermaritzburg: Cluster Publications.
Pickel, G.; Müller, O. (Hg.) (2009): Church and Religion in Contemporary Europe. Results from Empirical and Comparative Research, Wiesbaden.
Pickel, G.; Sammet, K. (Hg.) (2011): Religion und Religiosität im vereinigten Deutschland. Zwanzig Jahre nach dem Umbruch, Wiesbaden.
Pieris, A. (1988): An Asian Theology of Liberation, Maryknoll / New York.
Pieris, A. (1994): Interreligiöser Dialog und Theologie der Religionen. Ein asiatisches Para-

digma, in: ders., Feuer und Wasser. Frau, Gesellschaft, Spiritualität in Buddhismus und Christentum, Freiburg u. a., 115-125.
Peiris, A. (2002): Faith-Communities and Communal Violence: The Role of Religion and Ideology, in: Dialogue (29), 111-131.
Plüss, D.; Degen-Ballmer, S. (Hg.) (2008): Kann man Glauben lernen? Eine kritische Analyse von Glaubenskursen, Zürich.
Pohl-Patalong, U. (2001): Kirchliche Orte mit differenziertem Angebot. Ein ›dritter Weg‹ zwischen Ortsgemeinde und übergemeindlichen Diensten, Lernort Gemeinde (19), 42-48.
Pohl-Patalong, U. (2001a): Kirche zwischen Parochialität und Nichtparochialität. Ein historischer Konflikt, in: G. Brakelmann u. a. (Hg.): Kirche mit Profil. Impulse für die notwendigen Reformen, Bochum, 31-50.
Pohl-Patalong, U. (2003): Ortsgemeinde und übergemeindliche Arbeit im Konflikt. Eine Analyse der Argumentationen und ein alternatives Modell, Göttingen.
Pohl-Patalong, U. (2003): Regionalisierung – das Modell der Zukunft? Plädoyer für eine ebenso grundlegende wie kreative Debatte, PTh (92), 66-80.
Pohl-Patalong, U. (2004): ›Kirchliche Orte‹. Jenseits von Ortsgemeinde und übergemeindlichen Arbeitsformen, in: dies. (Hg.): Kirchliche Strukturen im Plural. Visionen und Modelle, Hamburg, 133-146.
Pohl-Patalong, Uta (2004): Kirchliche Strukturen im Plural. Analysen, Visionen und Modelle aus der Praxis, Schenefeld.
Pohl-Patalong, Uta (^{2}2005): Von der Ortskirche zu kirchlichen Orten. Ein Zukunftsmodell, Göttingen.
Pollack, D. (2003): Säkularisierung – ein moderner Mythos. Studien zum religiösen Wandel in Deutschland, Tübingen.
Pomerville, P. A. (1985): The Third Force in Missions: A Pentecostal Contribution to Contemporary Mission Theology, Peabody (MA): Hendrickson Publishers.
Popp-Baier, U. (2000): Selbsttransformationen in Bekehrungserzählungen – eine narrativ-psychologische Analyse, in: C. Henning; E. Nestler (Hg.), Religionspsychologie heute, Frankfurt a. M. u. a., 253-280.
Popp-Baier, U. (2003): Bekehrung als Gegenstand der Religionspsychologie, in: Chr. Henning; S. Murken; F. Nestler (Hg.), Einführung in die Religionspsychologie, Paderborn, 94-117.
Potter, Ph. (Hg.) (1973): Das Heil der Welt heute. Ende oder Beginn der Weltmission?, Dokumente der Weltmissionskonferenz Bangkok 1973, dt. Ausgabe besorgt von Th Wieser, Stuttgart / Berlin.
Potter, Ph. (2001): The Challenge of Cell Church, Oxford.
Potter, Ph. (2006): Zell-Gruppen. Bausteine für eine lebendige Gemeindearbeit, Neukirchen-Vluyn.
Prado, O. (2005): A New Way of Sending Missionaries: Lessons from Brazil, Missiology (33), 48-60.
Priest, R. J. (2010): Short Term Missions as a New Paradigm, in: O. L. Kalu u. a. (Hg.), Mission After Christendom, 84-99.
Prill, T. (2008): Global Mission on our Doorstep. Forced Migration and the Future of the Church, Münster.
Puzicha, M. (1988): ›Ich war fremd, und ihr habt mich aufgenommen.‹ Zur Aufnahme der Fremden in der Alten Kirche, in: O. Fuchs (Hg.), Die Fremden, Düsseldorf, 167-182.
Quaas, A. D. (2011): Transnationale Pfingstkirchen. Christ Apostolic Church und Redeemed Christian Church of God, Frankfurt/M.
Rambo, L. (1993): Understanding Religious Conversion, New Haven.

Rambo, L. R. (1999): Understanding and Interpreting Religious Change, in: Social Compaß (46/3), 259-271.
Ratzmann, W. (1980): Missionarische Gemeinde. Ökumenische Impulse für Strukturreformen, Berlin.
Ratzmann, W. (1996): ›Minderheit mit Zukunft‹ – ein Diskussionspapier und sein Echo, in: BThZ (13), 133-142.
Ratzmann, W. (2000): Ekklesiologische Leitbilder in den Strukturreformen der ostdeutschen Landeskirchen, in: ders., J. Ziemer (Hg.), Kirche unter Veränderungsdruck, Leipzig, 30-47.
Ratzmann, W. (2003): ›Region‹ – einem schillernden Begriff auf der Spur, in: PTh (92), 2-12.
Ratzmann, W. (2012): Mission in der Praktischen Theologie, in: ZMiss (38), 302-318.
Raupp, W. (1990): Mission in Quellentexten, Geschichte der Deutschen Evangelischen Mission von der Reformation bis zur Weltmissionskonferenz in Edinburgh 1910, Erlangen/ Bad Liebenzell.
Reden von Gott in der Welt. Der missionarische Auftrag der Kirche an der Schwelle zum 3. Jahrtausend, hg. vom Kirchenamt der EKD, Hannover 2000.
Reimer, J. (2009): Evangelikale für soziale Gerechtigkeit und die Suche nach der gesellschaftlichen Relevanz in den Kirchen des Westens, in: ZMiss (35), 359-375.
Reinbold, W. (2000): Propaganda und Mission im Ältesten Christentum, Göttingen.
Reinkowski, M. (2010): Konversion zum Islam, in: EvTh (70, 48-62.
Reiss, W. (1998): Erneuerung in der Koptisch-orthodoxen Kirchen, Münster.
Reppenhagen, M. (2011): Auf dem Weg zu einer missionalen Kirche: Die Diskussion um eine ›missional church‹ in den USA, Neukirchen-Vluyn.
Reppenhagen, M. (Hg.) (2012): Konversion zwischen empirischer Forschung und theologischer Reflexion, Neukirchen-Vluyn.
Rese, M. (2003): Jesus und die Dämonen im Matthäusevangelium, in: A. Lange u. a. (Hg.), Dämonen, Tübingen, 463-475.
Richter, U. (1999): Die Gottesdienste der Konferenz: Gedanken einer Pfarrerin, in: K. Schäfer (Hg.), Zu einer Hoffnung berufen, 26-37.
Riesebrodt, M. (1990): Fundamentalismus als patriarchalische Protestbewegung, Tübingen.
Religionen, Religiosität und christlicher Glaube, hg. von der VELKD und der Arnoldshainer Konferenz, Gütersloh 1991.
Robert, D. (1996): American Women in Mission. A Social History of Their Thought and Practice: The Modern Era 1792-1992, Maryknoll / New York.
Robert, D. (Hg.) (2002): Gospel Bearers, Gender Barriers. Missionary Women in the Twentieth Century, Maryknoll / New York.
Rösener, A. (2010): Standards für eine Bildung, die den Menschen dient und der Kirche gut zu Gesicht steht!, in: J. Zimmermann (Hg.) (2010): Darf Bildung missionarisch sein?, 132-149.
Roschke, V. (2006): Erfahrungen mit Gemeindepflanzen in Deutschland, Chancen und Grenzen, in: M. Bartels u. a. (Hg.), Gemeindepflanzung, 104-114.
Roser, M. (2000): Hexerei und Lebensriten, Erlangen.
Roser, M. (2003): Afrikanische Missionstheologie, in: Dahling-Sander u. a. (Hg.), Leitfaden, 457-475.
Roser, M. (2005): Die Leistung afrikanischer Missionare zur Ekklesiogenese im Spannungsfeld primärer und sekundärer Religionserfahrung – biographische Beispiele aus der Zentralafrikanischen Republik, in: B. Simon; H. Wrogemann (Hg.), Konviviale Theologie, 108-128.

Rütti, L. (1972): Theologie der Mission. Kritische Analysen und neue Orientierungen, München.
Russell, L. M. (1992): Affirming Cross-Cultural Diversity: A Missiological Issue in Feminist Perspective, in: IRM (81), 253-258.
Russell, L. M. (2004): Cultural Hermeneutics: A Postcolonial Look at Mission, in: Journal of Feminist Studies in Religion (20), 23-40.
Russell, L. M. (2004a): God, gold, glory and gender: a postcolonial view of mission, in: IRM (93), 39-49.
Rzepkowski, H. (1992): Lexikon der Mission, Geschichte – Theologie – Ethnologie. Wien / Graz / Köln.
Rzepkowski, H. (1996): Gustav Warneck und die Anfänge der protestantischen Missionswissenschaft, in: Verbum SVD (4/37), 391-399.
Sachau, R. (2003): Der schlafende Riese. Erwachsenenbildung unter den Bedingungen der Moderne, in: U. Pohl-Patalong (Hg.), Religiöse Bildung im Plural, Schenefeld, 7-18.
Samuel, V.; Sudgen, C. (Hg.) (1983): Der ganze Christus für eine geteilte Welt, Erlangen.
Sandner, P. (1989): Historische und theologische Einordnung der Konferenz. Von Melbourne nach San Antonio, in: J. Wietzke (Hg.), Dein Wille geschehe, 48-60.
Sanneh, L. (1993): Africa, Philips / Coote (Hg.), Toward, 84-97.
Saracco, N. (2000): Mission and Missiology from Latin America, in: W. D. Taylor (Hg.), Global Missiology, 357-366.
Sautter, G. (1985): Heilsgeschichte und Mission. Zum Verständnis der Heilsgeschichte in der Missionstheologie, Gießen/Basel.
Sautter, J. M. (2005): Spiritualität lernen. Glaubenskurse als Einführung in die Gestalt des christlichen Glaubens, Neukirchen.
Schäfer, K. (1997): Das Evangelium in verschiedenen Kulturen. Zum Ertrag der 11. Weltmissionskonferenz in Salvador da Bahia, November/Dezember 1996, in: Th. Ahrens (Hg.), Zwischen Regionalität und Globalisierung, Hamburg, 159-180.
Schäfer, K. (Hg.) (1999): Zu einer Hoffnung berufen. Das Evangelium in verschiedenen Kulturen. Elfte Konferenz für Weltmission und Evangelisation in Salvador da Bahia 1996, Frankfurt/Main.
Schäfer, K. (2003): Anstoß Mission. Impulse aus der Missionstheologie, Frankfurt/M.
Schaller Blaufuss, M. (2002): Relationships rather than Frontiers: Contributions of Women-in-Mission and of Women's Issues to the Field of Missiology, in: L. Pachau Hg.), Ecumenical Missiology, Bangalore, 174-187.
Scherer, J. A. (1987): Gospel, Church and Kingdom. Comparative Studies in World Mission Theology, Eugene (Oregon).
Scherer, J. A. (1993): Mission Theology, in: Philips / Coote (Hg.), Toward, 193-202.
Scheunemann, K. (1994): Kirche für Kirchendistanzierte. Eine Einführung, Mainz.
Schlunk, M. (Hg.) (1928): Von den Höhen des Ölberges. Bericht der deutschen Abordnung über die Missionstage in Jerusalem, Stuttgart / Berlin.
Schmidt, J. C. (2006): Wohlstand, Gesundheit und Glück im Reich Gottes. Eine Studie zur Deutung der brasilianischen neupfingstlerischen Kirche Igreja Universal do Reino de Deus, Münster u. a.
Schoenborn, P. G. (1989): Kirche der Armen. Basisgemeinden und Befreiung, Wuppertal.
Schreiter, R. (1992): Reconciliation. Mission and ministry in a changing social order, Maryknoll / New York.
Schreiter, R. (1993): Wider die schweigende Anpassung. Versöhnungsarbeit als Auftrag und Dienst der Kirche im gesellschaftlichen Umbruch, Luzern.
Schreiter, R. (1996): Reconciliation as a model of mission, in: NZM (52), 243-250.

Schreiter, R. (1998): The Ministry of Reconciliation. Spirituality and Strategies, Maryknoll / New York.
Schreiter, R. (2005): Reconciliation and Healing as a Paradigm for Mission, in: IRM (94), 74-83.
Schulz, C.; Hauschildt, E.; Kohler, E. (²2009): Milieus praktisch. Analyse- und Planungshilfen für Kirche und Gemeinde, Göttingen.
Schulze, R. (2002): Geschichte der Islamischen Welt im 20. Jahrhundert, München.
Schüssler Fiorenza, E. (²1993): Zu ihrem Gedächtnis ... Eine feministisch-theologische Rekonstruktion der christlichen Ursprünge, Gütersloh (amerik. Org. 1983).
Schütte, J. (Hg.) (1967): Mission nach dem Konzil, Mainz.
Schwarz, F.; Schwarz, C. A. (1984): Theologie des Gemeindeaufbaus, Neukirchen-Vluyn.
Schwarz, G. (1980): Mission, Gemeinde und Ökumene in der Theologie Karl Hartensteins, Stuttgart.
Seiferlein, A. (1996): Projektorientierter Gemeindeaufbau, Gütersloh.
Seitz, M. (1984): Missionarische Kirche. Gemeindeaufbau in den achtziger Jahren, in: EvKomm (17), 188-191.
Sellmann, M. (Hg.) (2004): Deutschland – Missionsland. Zur Überwindung eines pastoralen Tabus, Freiburg / Basel / Wien.
Sengers, E. (2009): European Exceptionalism: Lazy Churches, Pluralism, Adherence and the Case of the Dutch Religious Cartel, in: Pickel / Müller (Hg.), Church and Religion, o. a., 167-182.
Shimazono, S. (1986): Conversion Stories and their Popularization in Japan's New Religions, in: Japanese Journal of Religious Studies (13), 157-175.
Short, F. (1968): Nationale Christenräte, in: H. E. Fey (Hg.), Geschichte der ökumenischen Bewegung 1948-1968, Göttingen, 131-154.
Sievernich, M. u. a. (Hg.), (1992): Conquista und Evangelisation, Mainz.
Simon, B.; Wrogemann, H. (Hg.) (2005): Konviviale Theologie. Festgabe für Theo Sundermeier zum 70. Geburtstag, Frankfurt/M.
Sinner, R. v. (2006): Der Beitrag der Kirchen zum demokratischen Übergang in Brasilien, in: C. Lienemann-Perrin; W. Lienemann (Hg.), Kirche und Öffentlichkeit in Transformationsgesellschaften, Stuttgart, 267-300.
Sittler, J. (1962): Zur Einheit berufen, in: Neu Delhi Dokumente. Berichte und Reden auf der Weltkirchenkonferenz 1961, hg. von F. Lüpsen, Frankfurt/M., 300-311.
Six, C. (2001): Hindu-Nationalismus und Globalisierung. Die zwei Gesichter Indiens: Symbole der Identität und des Anderen, Frankfurt/M.
Skreslet, S. (2012): Comprehending Mission: The Questions, Methods, Themes, Problems, and Prospects of Missiology, Maryknoll / New York.
Smith, S. E. (2007): Women in Mission: from the New Testament to Today. Maryknoll / New York.
Snodderly, B.; Moreau, A. S. (Hg.) (2011): Evangelical and Frontier Mission. Perspectives on the Global Progress of the Gospel, Eugene (Oregon).
Snow, D. A.; Machalek, R. (1984): The Sociology of Conversion, in: Annual Review of Sociology (10), 167-190.
Snow, D. A.; Phillips, C. L. (1980): The Lofland-Stark Conversion Model: A Critical Reassessment, in: Social Problems (27), 430-447.
Sobrino, J. (1984): Evangelization as mission of the church, in: The true church and the poor, Maryknoll, New York, 253-301.
Sobrino, J. (1996): Die zentrale Stellung des Reiches Gottes in der Theologie der Befreiung, in: ders.; I. Ellacuría (Hg.), Mysterium, Bd. 1, 461-504.

Sobrino, J. (1996): Systematische Christologie: Jesus Christus, der absolute Mittler des Reiches Gottes, in: ders.; I. Ellacuría (Hg.), Mysterium, Bd. 1, 567-592.
Söding, Th. (2003): ›Wenn ich mit dem Finger Gottes die Dämonen austreibe ...‹ (Lk 11,20). Die Exorzismen im Rahmen der Basileia-Verkündigung Jesu, in: A. Lange u. a. (Hg.), Die Dämonen, Tübingen, 518-549.
Soothill, J. E. (2007): Gender, Social Change and Spiritual Power: Charismatic Christianity in Ghana, Leiden.
Spohn, E. (2000): Karl Hartensteins Verständnis der Eschatologie und dessen Auswirkungen auf die Mission, Lahr.
Stamoolis, J. J. (1986): Eastern Orthodox Mission Theology Today, Maryknoll /New York.
Staniloae, D. (1990): Orthodoxe Dogmatik II, Gütersloh.
Staples, C. L.; Mauß, A. L. (1987): Conversion or Commitment? A Reassessment of the Snow and Machalek Approach to the Study of Conversion, in: Journal for the Scientific Study of Religion (26/2), 133-147.
Stark, R.; Finke, R. (2000): Acts of Faith: Explaining the Human Side of Religion, Berkeley: University of California Press.
Stark, R. (2001): Efforts to Christianize Europe, 400-2000, in: Journal of Contemporary Religion (16), 105-123.
Stark, R.; Finke, R. (2002): Beyond Church and Sect: Dynamic and Stability in Religious Economies, in: T. G. Jelen (Hg.), Sacred Markets, Sacred Canopies, Lanham, 31-62.
Steigenga, T. J.; Cleary, E. L. (Hg.) (2007): Conversion of a Continent. Contemporary Religious Change in Latin America, New Brunswick, NJ / London: Rutgers University Press.
Stenschke, C. (2003): Mission in the New Testament: New Trends in Research. A review article, in: Missionalia (31), 355-383.
Stott, J. (1976): Gesandt wie Christus. Grundfragen christlicher Mission und Evangelisation, Wuppertal.
Ströbele-Gregor, J. (2002): Politik im Namen Gottes. Protestantische Evangelikale und Fundamentalisten in Lateinamerika, in: K. Gabbert u. a. (Hg.), Jahrbuch Lateinamerika (26), 36-56.
Ströbele-Gregor, J. (2004): Evangelikaler Fundamentalismus, Missionierung und Politik in Lateinamerika, in: B. Hausberger (Hg.), Geschichte der Missionierung, Wien, 179-215.
Suess, P. (2001): Medellin (1968). Gültiger Horizont und unvollendeten Projekt, in: ders., Weltweit artikuliert, kontextuell verwurzelt, Frankfurt/M. / London, 101-122.
Sundermeier, Th. (1986): Konvivenz als Grundstruktur ökumenischer Existenz heute, in: W. Huber u. a. (Hg.): Ökumenische Existenz heute 1, München 49-100.
Sundermeier, Th. (^{2}1990): Nur gemeinsam können wir leben. Das Menschenbild schwarzafrikanischer Religionen, Gütersloh.
Sundermeier, Th. (1995): Konvivenz und Differenz: Studien zu einer verstehenden Missionswissenschaft, Erlangen.
Sundermeier, Th. (1996): Den Fremden verstehen. Eine praktische Hermeneutik, Göttingen.
Sundermeier, Th. (2005): Mission – Geschenk der Freiheit. Bausteine für eine Theologie der Mission, Frankfurt/M.
Sundermeier, Th. (2009): Der Heilige Geist und der Pluralismus der Kirchen. Ein Stück pfingstlerische Anamnese, in: EvTh (69): 300-311.
Taylor, W. D. (2000): Global Missiology for the 21st Century. The Iguassu Dialogue, Grand Rapids (MI).
Tetzlaff, R.; Jakobeit, C. (2005): Das nachkoloniale Afrika. Politik – Wirtschaft – Gesellschaft, Wiesbaden.
Teuffel, J. (2009): Mission als Namenszeugnis. Eine Ideologiekritik in Sachen Religion, Tübingen.

The Healing Mission of the Church, in: WCC, ›You are the Light of the World‹, Geneva, 127-162.
The Manila Manifesto, http://www.lausanne.org/en/documents/manila-manifesto.html, 20.10.2012.
The Tokyo 2010 Declaration: Making Disciples of Every People in Our Generation, in: Snodderly / Moreau (Hg.), Evangelical and Frontier Mission, 207-211.
Thomas, G. (2007): 10 Klippen auf dem Reformkurs der Evangelischen Kirche in Deutschland. Oder: Warum die Lösungen die Probleme vergrößern, in: EvTh (67), 361-387.
Thomas, M. M. (1964): »Die Welt, in der wir Christus predigen«, in: Müller-Krüger (Hg.), In sechs Kontinenten, 28-29.
Thomas, N. (Hg.) (1995): Classic texts in mission and world Christianity, Maryknoll / New York.
Tienou, T. (1993): Forming Indigenous Theologies, Philips / Coote (Hg.), Toward, 245-252.
Towns, E. (2004): Effective Evangelism View: Church Growth effectively confronts and penetrates cultures, in: Engle / McIntosh (Hg.), Evaluating, 31-53.
Triebel, J. (1976): Bekehrung als Ziel der missionarischen Verkündigung. Die Theologie Walter Freytags und das ökumenische Gespräch, Erlangen.
Troitski, A. N. (2002): Art. Russische Klöster, in: RGG[4], Bd. 5, Sp. 682-683.
Tucker, R. A.; Liefeld, W. L. (1987): Female Mission Stretegies: A Historical and Contemporary Perspective, in: Missiology (15), 73-89.
Tucker, R. A. (1993): Women in Mission, in: Philips / Coote (Hg.), Toward, 284-294.
Überraschend missionarisch. Alte und neue Erfahrungen an den kirchlichen Grenzen, Praktische Theologie (45, H.4) 2010, Themenheft.
Ukah, A. F.-K. (2005): ›Those Who Trade With God Never Lose‹. The Economics of Pentecostal Activism in Nigeria, in: T. Falola (Hg.), Christianity and Social Change in Africa. Essays ind Honor of J. D. Y. Peel, Durham (NC), 253-274.
Unser gemeinsamer Auftrag: Mission und Evangelisation in Deutschland Ein Wort der Arbeitsgemeinschaft Christlicher Kirchen in Deutschland (ACK), Frankfurt 2002.
Van Dijk, R. (1997): From Camp to Encompassment: Discourses of Transsubjectivity in the Ghanaian Pentecostal Diaspora, in: JRA (27), 135-160.
Van Dijk, R. (2001): Time and Transcultural Technologies of the Self in the Ghanaian Pentecostal Diaspora, in: A. Corten u.a. (Hg.), Between Babel and Pentecost, 216-243.
Van Engen, C. (2004): Gospel and Culture View: A Centrist Response, in: Engle; McIntosh (Hg.), Evaluating, 103-106.
Van Gelder, C. (Hg.) (1999): Confident Witness – Changing World: Rediscovering the Gospel in North America, Grand Rapids.
Van Gelder, C. (2004): Gospel and Our Culture View, in: Engle / McIntosh (Hg.), Evaluating, 75-102.
Van der Veer, P. (Hg.) (1996): Conversion to Modernities. The Globalization of Christianity, New York / London.
Veronis, L. A. (1982): Orthodox Concepts of Evangelism and Mission, in: GOTR (27), 44-57.
Veronis, L. A. (1995): Anastasios Yannoulatos: Modern-Day Apostle, in: IBMR (19/3), 122-128.
Vicedom, G. (1958): Missio Dei. Einführung in eine Theologie der Mission, München.
Vogel-Mfato, E. S. (1995): Im Flüstern eines zarten Wehens zeigt sich Gott. Missionarische Kirche zwischen Absolutheitsanspruch und Gemeinschaftsfähigkeit, Rothenburg o.d.T.
Vom offenen Himmel erzählen. Unterwegs zu einer missionarischen Volkskirche. Arbeitshilfe, hg. v. der Leitung der Ev. Kirche im Rheinland, Düsseldorf 2006.
Voulgarakis, E. (1980): The Church of Greece, in: I. Bria (ed.), Martyria – Mission, 115-121.

Voulgarakis, E. (1987): ›Orthodoxe Mission‹, in: K. Müller; Th. Sundermeier (Hg.), Lexikon, 355-360.
Währisch-Oblau, C. (2003): Mission und Migration(skirchen), in: Dahling-Sander u.a. (Hg.), Leitfaden, 363-383.
Walz, H. (2002): ›Reading Women into History‹. Frauen im Dialog über Mission, Postkolonialismus, Gender und Evangelisation, in: ZMiss (32), 288-305.
Walz, H. (2012): Gegen den Strom schwimmen. Feministische Theologie und Theologische Genderforschung im samtenen Dreieck von Gesellschaft, Kirche, Wissenschaft, in: H. Wrogemann (Hg.), Theologie in Freiheit und Verbindlichkeit. Profile der Theologischen Hochschule Wuppertal / Bethel, Neukirchen-Vluyn, 183-211.
Wan, E.; Pocock, M. (Hg.) (2009): Missions form the Majority World: Progress, Challenges, and Case Studies, Pasadena.
Wan, E. (2011): Celebration, Consultation and Congress: From Edinburgh 1910 to Tokyo 2010 and Cape Town 2010, in: Snodderly / Moreau (Hg.), Evangelical, 222-233.
Warneck, G. (1892-1903): Evangelische Missionslehre, 3 Bände, Gotha.
Warneck, G. (1897): Das Bürgerrecht der Mission im Organismus der theologischen Wissenschaft. Antrittsvorlesung an der Universität Halle-Wittenberg, Berlin.
Warren, R. (1995): The Purpose Driven Church. Growth without Compromising. Your Message and Mission, Grand Rapids.
Weber, F. (1998): Frischer Wind aus dem Süden. Impulse aus den Basisgemeinden, Innsbruck / Wien.
Weber, F. (2005): Das Braunschweiger Modell ›Kirche im Quartier‹ im Kontext der Reformbemühungen kirchlicher Arbeit in der Stadt, in: Nethöfel / Grunwald (Hg.), Kirchenreform, 151-172.
Weinreich, S.; Benn, Ch. (^{3}2005): AIDS. Eine Krankheit verändert die Welt. Daten – Fakten – Hintergründe, Frankfurt/M.
Welker, M. (2006): Freiheit oder Klassenkirche, in: Zeitzeichen 12/2006, 8-11.
Werner, D. (1993): Mission für das Leben – Mission im Kontext. Ökumenische Perspektiven missionarischer Präsenz in der Diskussion des ÖRK 1961-1991, Rothenburg.
Werner, D. (2005): Ökumenische Gemeindeerneuerung. Geschichte – Ziele – Schritte, in: ders., Wiederentdeckung einer missionarischen Kirche, Schenefeld, 224-240.
Werner, D. (2005): Wiederentdeckung einer missionarischen Kirche. Breklumer Beiträge zur ökumenischen Erneuerung, Breklum.
Wiedenmann, L. (1965): Mission und Eschatologie. Eine Analyse der neueren deutschen evangelischen Missionstheologie, Paderborn.
Wieser, Th. (1973): Einleitung, in: Ph. Potter (Hg.), Das Heil der Welt heute, 11-13.
Wietzke, J. (Hg.) (1989): Dein Wille geschehe: Mission in der Nachfolge Jesu Christi. Darstellung und Dokumentation der X. Weltmissionskonferenz in San Antonio 1989, Frankfurt/M.
Wilcox, W. C. (1992): God's warriors: the Christian Right in Twentieth-Century America, Baltimore, Maryland.
Willems, J. (2008): Die Russische Orthodoxe Kirche und die Menschenrechte, in: Religionsfreiheit. Jahrbuch Menschenrechte 2008, hg. von H. Bielefeldt et al., Wien u.a., 152-165.
Willems, J. (2009): Pluralität statt Pluralismus. Der Blick der Kirchenleitung der Russischen Orthodoxen Kirche auf andere Religionsgemeinschaften, in: ZMR, Heft 1-2/2009, 37-47.
Williams, P. (2000): ›Not Transplanting‹: Henry Venn's Strategic Vision, in: K. Ward; B. Stanley (Hg.), The Church Mission Society and World Christianity, 1799-1999, Grand Raipds (MI) / Cambridge (UK), 147-172.
Wohlrab-Sahr, M. (2002): Paradigmen soziologischer Konversionsforschung, in: C. Henning; E. Nestler (Hg), Konversion, Frankfurt/M., 75-93.

Wohlrab-Sahr, M.; Krech, V.; Knoblauch, H. (1998): (Hg.), Religiöse Konversion. Systematische und fallorientierte Studien in soziologischer Perspektive, Konstanz.
World Council of Churches (1998): The CMC Story 1968–1998, Contact No. 161/162, Geneva.
World Council of Churches (1995): The Vision and the future – 25 Years of Christian Medical Council (CMC), Geneva.
World Council of Churches (2001): Faith and Healing, Themenheft, in: Contact (170), Geneva.
World Council of Churches (2005): ›You are the Light of the World‹: Statements on Mission by the World Council of Churches 1980-2005, Geneva: WCC Publications.
Wrogemann, H. (1997): Überlegungen zu Notwendigkeit und Problematik einer trinitarischen Begründung der Mission, in: ZMiss (23), 151-165.
Wrogemann, H. (1998): Identität und Struktur – Beobachtungen zu missionarischer Gemeinde heute, in: EvTh (58), 424-432.
Wrogemann, H. (2003): Wahrnehmung und Begleitung ›konversiver Prozesse‹. Missionarische Herausforderung kirchlicher Praxis im Kontext des Pluralismus, in: Theologische Kommission des EMW (Hg.), Umkehr zum lebendigen Gott. Beiträge zu Mission und Bekehrung (Weltmission heute 53), Hamburg, 61-79.
Wrogemann, H. (2007): Missionarische Islam und gesellschaftlicher Dialog. Der Aufruf zum Islam im internationalen sunnitischen Diskurs, Frankfurt/M.
Wrogemann, H. (2008): Islamische Da'wa-Bestrebungen in Indien als Antwort auf neohinduistische Missionen der *shuddhi*-Bewegung, in: ders. (Hg.), Indien – Schmelztiegel der Religionen oder Konkurrenz der Missionen?, Frankfurt a. M. / Berlin, 191-211.
Wrogemann, H. (2010): Religionswechsel als Thema Interreligiöser Seelsorge, in: H. Weiß u. a. (Hg.), Handbuch Interreligiöse Seelsorge, Neukirchen-Vluyn, 213-226.
Wrogemann, H. (2010): Zur Situation – Konversionen zwischen Christentum und Islam in Mitteleuropa in der Gegenwart, in: Evangelische Theologie (70), 63-73.
Wrogemann, H. (2011): Das schöne Evangelium inmitten der Kulturen und Religionen. Streifzüge durch das Gebiet der Missions- und Religionswissenschaft, Erlangen.
Wrogemann, H. (2011): Lutherische Missionen im Spannungsfeld von Kirche und Staat. Beobachtungen zur Situation in Deutschland und Europa vom 19. Jahrhundert bis zur Gegenwart, in: ders., Das schöne Evangelium, 213-231.
Wrogemann, H. (2012): Interkulturelle Theologie und Hermeneutik. Grundfragen, aktuelle Beispiele, theoretische Perspektiven. Lehrbuch Interkulturelle Theologie / Missionswissenschaft Band 1, Gütersloh.
Wrogemann, H. (^{2}2012): Den Glanz widerspiegeln. Vom Sinn der christlichen Mission, ihren Kraftquellen und Ausdrucksgestalten. Interkulturelle Impulse für deutsche Kontexte, 2. erweiterte Auflage, Münster u. a.
Wrogemann, H. (2012): Der Aufruf zum Islam in Deutschland – eine kleine Phänomenlogie, in: Interkulturelle Theologie. Zeitschrift für Missionswissenschaft (38), 232-249.
Wrogemann, H. (2012): Konvivenz, Konversion, Kirche – missionswissenschaftliche und religionswissenschaftliche Betrachtungen, in: M. Reppenhagen (Hg.), Konversion zwischen empirischer Forschung und theologischer Reflexion, Neukirchen-Vluyn, 165-184.
Wulfhorst, I. (Hg.) (2005): Ancestors, Spirits and Healing in Africa and Asia: A Challenge to the Church, Geneva (LWF Studies, No. 1/2005).
Wulfhorst, I. (Hg.) (2006): Spirits, Ancestors and Healing: Global Challenges to the Church, Geneva (LWF Studies, 2006).
Yannoulatos, A. (1980): Discovering the Orthodox Missionary Ethos, in: I. Bria (ed.), Martyria, 20-30.
Yannoulatos, A. (1999): ›THEMA‹, in: Evmenios von Levka; A. Basdekis; N. Thon (Hg.),

Die Orthodoxe Kirche. Eine Standortbestimmung an der Jahrtausendwende. FS für Anastasios Kallis, Frankfurt/M., 93-121.
Yannoulatos, A. (2003): Orthodoxe Mission, in: Dahling-Sander u. a. (Hg.), Leitfaden, 113-129.
Yong, A. (2010): Many Tongues, Many Practises. Pentecost and Theology of Mission 2010, in: O. L. Kalu u. a. (Hg.), Mission After Christendom, 43-58.
Yong, A.; T. Richie (2010): Missiology and the Interreligious Encounter, in: A. Anderson u. a. (Hg.), Studying Global Pentecostalism, 245-267.
Zaugg-Ott K. (2003): Entwicklung oder Befreiung? Die Entwicklungsdiskussion im Ökumenischen Rat der Kirchen 1968 bis 1991, Frankfurt/M.
Zeddies, H. (Hg.) (19989: Kirche in Hoffnung (Leitlinien künftiger kirchlicher Arbeit in Ostdeutschland), EKD, Hannover.
Zehner, J. (1992): Der notwendige Dialog, Gütersloh.
Zeit zur Aussaat. Missionarisch Kirche sein, Die deutschen Bischöfe 68, hg. vom Sekretariat der Deutschen Bischofskonferenz, Bonn 2000.
Zimmermann, J.; Schröder, A.-K. (Hg.) (2010): Wie finden Erwachsene zum Glauben? Einführung und Ergebnisse der Greifswalder Studie, Neukirchen-Vluyn.
Zimmermann, J. (2005): Was wurde aus dem ›missionarischen Gemeindeaufbau‹? Zwischenbilanz 25 Jahre nach ›Überschaubare Gemeinde‹, in: M. Herbst u. a. (Hg.), Missionarische Perspektiven für eine Kirche der Zukunft, Neukirchen, 85-104.
Zimmermann, J. (2006): Gemeinde zwischen Sozialität und Individualität. Herausforderungen für den Gemeindeaufbau in Deutschland, Neukirchen-Vluyn.
Zimmermann, J. (Hg.) (2008): Kirchenmitgliedschaft. Zugehörigkeit(en) zur Kirche im Wandel, Neukirchen-Vluyn.
Zimmermann, J. (Hg.) (2010): Darf Bildung missionarisch sein?, Neukirchen-Vluyn.
Zock, H. (2005): Paradigms of Conversion in Psychological Research, in: W. van Bekkum u. a. (Hg.), Conversion in Modern Times, 41-58.
Zöllner, M. (2005): Religion als Wettbewerb. Zur religiösen Kultur der USA, in: G. Besier; H. Lübbe (Hg.), 132-142.
Zoh, B.-H. (2004): Art. Studentische Missionsbewegung, in: RGG[4], Bd. 7, 1793-1794.

Bibelstellenregister

Gen
1	429
1,31	429
1,28	235
1-11	89
49,10	86

Ex
3	316
6,11	300
8,15	262
22,24	300
23,3	300
23,23	300
31,18	430

Dtn
5,20	324
28,11	296

2 Sam
13	313

2 Kön
5, 1-27	319

Esra 316

Neh
1-13	316

Ps
8,3	426
35,10	300
82,2-4	301
82,5	301
85,11 f.	89
92,2	431
148	431
150,3	430

Prov
10,4	300

Jes
2,2 ff.	427
9,6	89
10,18	430
35,2	430
52,7	89
55,11	381
55,12	427
60,13	430
61,1-2	301

Jer
30,2	89

Joel
3,1-5	427

Am
2,6-8	301

Mi
4,1 ff.	427
5,4	89

Sach
9,10	89

Dan
7,13 f.	86

Mt
4,1-11	263
5-7	307
5,13-14	220
5,14-16	417
5,16	418
7,22-23	263
8-9	307
8,16	263
9,8	426
9,32	263
10	307
10,1	307
10,7-8	307
10,14	218

11,4-5	263	12,21	302
12,43-45	263	14,18 f.	302
15,31	263	16,1-8	414
16,23	263	16,14	302
17,5	263	16,19-31	302, 414
24,14	64, 85, 198	17,19	426
28	86, 197, 208, 229, 406	19,1-10	302
28,18-20	53, 86, 205, 216, 406		
28,20	139	**Joh**	
		1,10	200
Mk		1,14	20, 232
1,12-13	263	3,5	202
1,25	263	3,16	89
1,34	263	4,28-29	367
2,12	426	8	235
3,12	263	10,10	168, 301, 314, 351
3,22-27	263	14,26	421
4,14	263	14,27	89
5,1-20	263	15	235
5,34	426	16,24	421
9,14-29	263	17,5-6	421
9,17-18	263	17,24	409
10,22	367		
10,52	426	**Apg**	
12,30-31	324	1,8	235
14,36	282	2,5-13	428
13,10	61, 64	3,6	421
16	307	4,12	421
16,15	205	5,40-42	421
16,15-18	307	6	223
16,15-19	407	7,6	373
16,16	216	7,29	373
		8	223
Lk		9	235
1,31	420	10	223, 235
1,39-45	420	10,36	89
1,51-53	414	11	223
4	208	13	235
4,1-13	263	15	223
4,16-20	406	16	223
4,16-30	414		
4,18	414	**Röm**	
4,18-19	122, 302	5,1-2	421
4,18-20	278	8,2	408
7,16	426	15,19	87
7,17-18	426		
10,25-37	305	**1 Kor**	
11,20	262	3,18	408
12,16-21	302, 414	9,19 ff.	236

9,19-23	88	1,20-26	415
12,26	314	2	236
15,28	205	2,5-11	147, 420, 427
15,35-49	233	2,9-11	427

2 Kor   **Kol**

2,16	408	1,15-20	147
3,9	409	1,24	87
3,17-18	408		
4,7	408	**2 Thess**	
4,15	408, 409	1,11-12	421
5,17	220	2,6-7	64
5,19	407		
5,20	89, 339	**1 Petr**	
6,1 f.	89	2,3	199
8,2	424, 425	2,11	373
8,7	408	4,14	408
9,8-9	424		
9,11-12	425	**1 Joh**	
10-13	416	2,6	196
11,29	416	5,13	421
11,30	416		
12,9	416	**3 Joh**	
13,4	415	1,2	296

Gal   **Hebr**

3	235	1,3	408
3,27-28	169	1,3-4	420
3,28	234	4,16	421
		10,12	198
Eph		13,12	147
1,9 f.	89		
1,10	200	**Jak**	
1,17	408	3,15	262
2,11 ff.	341		
2,13-14	341	**Apk**	
4,14-15	324	19,16	420
		21,26	427

Phil

1,5	426

Namenregister

Aagaard, A. M. 94, 179
Aagaard, J. 174, 181
Achenbach, R. 31
Ackermann, D. M. 10, 313-316, 320, 336, 355, 417
Adeboye, E. A. 276, 291, 295-299
Adeboye, O. 241
Adogame, A. 319
Ahrens, N. 286
Ahrens, P.-A. 400
Ahrens, Th. 23, 24, 25, 94, 152, 155, 411
Akintunde, D. O. 319
Aland, K. 31
Alefjev, H. 196
Allen, R. 258
Alves, R. A. 119, 120, 121
Amstutz, J. 174, 179
Andersen, W. 42, 44, 74, 75
Anderson, A. 160, 161, 162, 239, 241, 249, 258, 265, 307
Anderson, Ch. B. 319
Anderson, R. 51, 237
Angelelli, A. 188
Anthony, A. 178
Apostola, N. 193
Appleby, R. S. 144
Arn, W. 214
Arnold, F. L. 267
Arnold, W. 150
Asamoah-Gyadu, K. 162, 256, 265
Asmus, S. 15, 434
Avemarie, F. 262
Ayuk, A. 241
Azevedo, M. de C. 277

Baagil, H. M. 329
Bade, K. J. 35
Balz, H. 23, 25, 269
Banzer, H. 188
Bartels, M. 230, 383
Bartleman, F. 243
Barth, K. 60, 62
Bauerochse, L. 77
Beaver, R. P. 37
Becken, H.-J. 307

Becker, D. 48, 162, 332, 350, 386
Beckford, J. A. 358, 359
Beckmann, J. 386
Bekkum, W. J. van 360
Benedikt XV., Papst 178
Benedikt XVI., Papst 191
Benjamin, S. A. 269
Benn, Ch. 308, 310, 312
Bent, A. v. d. 124
Bergunder, M. 239, 240, 242, 243, 245
Berneburg, E. 132, 138, 139, 140
Bertsch, L. 82
Besier, G. 212, 213
Bevans, S. B. 23, 24, 38, 177, 178, 204, 275, 411
Beyerhaus, P. 25, 128, 129, 136
Bischofsberger, O. 358
Blaser, K. 23
Blauw, J. 101
Blum, M. 409
Bochinger, C. 26, 27, 28
Bockmühl, K. 129
Boff, L. 188, 277, 286
Bogner, A. 37
Bonhoeffer, D. 88, 413
Bosch, D. 23, 24, 31, 150, 411
Bourdieu, P. 393
Brandl, B. 128, 129, 132
Brandt, H. 24, 411
Brennecke, G. 37, 40, 42
Bria, I. 8, 193, 196-203, 204, 208
Brocker, M. 212, 213
Bruce, P. F. 319
Buck, M. 193, 205, 207, 208
Bula, O. 352
Bünker, A. 174, 179, 189, 190
Burdick, J. 286
Burgess, S. M. 239, 241, 242, 250

Canas, V. 188
Carey, G. 231
Carey, W. 36
Carter, J. 144
Casalis, G. 95
Castro, E. 141, 146

Chevalier, J. 177
Chinnappan, P. L. 277
Cho, D. Y. 219, 241, 296
Choueiri, Y. M. 144
Chrysostomos, Heiliger 198, 203
Cleary, E. L. 258
Cochrane, J. R. 305, 316
Collet, G. 94, 178, 179, 187
Congar, Y. 185
Cook, G. 267
Coote, R. T. 38, 257, 267, 268
Corrie, J. 265
Corten, A. 239, 241, 248, 257, 258
Costas, O. 132, 137,141, 219, 277
Cox, H. G. 95
Crove, S. 230
Currat, L. J. 305

Dahling-Sander, C. 187
Daiber, K.-F. 373, 374, 437
Darwin, Ch. 59
Davis, D. H. 212
Deelen, G. 277
Degen-Ballmer, S. 397, 398
Dehn, U. 23
Dempster, M. 258
Dilger, H. 312
Domianus, H. 240
Doremus, S. (Missionarin) 38
Droogers, A. 257
Dube, M. W. 319, 352
Dyrness, W. A. 132

Ebach, J. 300, 301
Ebert, A. 396
Ebertz, M. N. 400, 438
Eck, D. L. 326
Edwards, J. 35
Elhaus, Ph. 372
Ellacuría, I. 277, 278
Engel, J. F. 132
Escobar, S. 132, 136, 137, 140, 219, 265, 267
Espinal, L. 188

Fedorov, V. 193, 205
Feige, A. 375
Feldtkeller, A. 26, 48
Finke, R. 360

Finney, J. 243, 383
Fischer, B. 182, 183
Flett, J. 15, 62, 78
Fourchard, L. 268, 269
Fox, F. F. 272
Frankl, V. 395
Franz von Assisi 26
Frend, W. C. 31
Freston, P. 241, 267, 268
Frey, J. 409
Freytag, W. 5, 6, 45, 59-69, 75, 81, 85, 86, 92, 105, 135
Friedman, J. 340
Frieling, R. 184, 185, 186
Frohnes, H. 31, 32
Fuller, Ch. E. 214
Funkschmidt, K. 105

Gabriel, K. 375, 376
Gärtner, C. 375
Gallego, H. 188
Gensichen, H.-W. 23
George, M. 194
Gielen, M. 408, 409
Gitari, D. 137
Glazik, J. 174, 179
Gogarten, F. 96
Goodall, N. 61, 116
Gooren, H. 360, 361
Gorbatschow, M. 153
Graham, B. 129, 136, 139
Graul, K. 48, 55
Gregor XVI., Papst 177, 178
Greinacher, A. 92
Grünberg, W. 438
Gründer, H. 33
Grundmann, C. 304
Grunwald, K.-D. 372
Guarani, M. 188
Guder, D. 41, 222
Günther, W. 44, 71, 75, 78

Habermas, J. 170
Haering, S. 374
Haese, B.-M. 372, 438
Hanciles, J. J. 439
Hannick, C. 194
Harnack, A. v. 31
Harrison, J. R. 409

Hartenstein, K. 5, 6, 25, 60, 62-66, 69, 74, 75, 79, 81, 85, 86, 92, 135
Hauenstein, Ph. 337
Hauschild, W.-D. 375
Hauschildt, E. 372, 399, 400-402
Häuser, G. 396
Haustein, J. 240
Hayward, E. 218
Hefner, R. W. 361
Heidemanns, K. 312, 313, 319, 336, 348, 352, 353
Heikes, L. 267
Heim, K. 62
Helfenstein, P. F. 322, 324
Herbst, M. 230, 231, 232, 375, 378-382, 392, 397
Hering, W. 127
Hielscher, S. 306
Hill, M. 233
Hodges, M. 258
Hoekendijk, J. Chr. 6, 40, 81, 83, 84-101, 102, 103
Hoffmann, G. 145
Hogg, W. R. 39
Holl, K. 32
Hollenweger, W. 92, 94, 95, 239
Holsten, W. 60
Hong, Y.-G. 241
Hopkins, B. 230, 234, 383
Huber, F. 23
Huber, W. 332
Hunsberger, G. 222, 223
Hunstig, H. G. 400
Hunter, K. 215
Hussein, S. 143
Hutchison, W. R. 211
Hutin, Magdeleine 26
Hybels, B. 225

Idahosa, B. 252, 253
Ignatius von Loyola 26
Ihmels, C. 76
Ionita, V. 205

Jaffarian, M. 266
Jakob, B. 308
Jakobeit, C. 275, 296
Javouhey, A.-M. 177
Johannes Paul II., Papst 144, 325

Johnston, A. P. 139
Johnstone, P. 29, 204
Jorgensen, D. 258
Jung, L. H. 160
Jüngel, E. 384

Kähler, M. 65
Kahl, W. 296
Kalu, O. L. 228, 240, 242, 252, 253, 256, 258, 360
Kang, N. 162, 163
Kärkkäinen, V.-M. 160, 241, 257
Kanyoro, M. R. A. 157, 353
Karle, I. 372, 384, 392-393
Kasdorf, H. 48, 129
Kaune, M. 387
Keim, C. 44, 348, 349
Kertelge, K. 426
Keshishian, A. 193
Khomenei, Ayatollah 143
Khoury, A. Th. 365
Kim, K. 24, 167, 352
Kippenberg, H. 213
Kirk, A. 24
Klaus, B. D. 257, 258
Klerk, F. W. de 154
Knoblauch, J. 381, 393
Knöppler, Th. 261
Knorr, U. W. 31, 32
Kobia, S. 162
Kohler, E. 400
Kopfermann, W. 396
Krämer, H. 60, 74, 75
Kramm, Th. 85
Krause, B. 395
Krusche, W. 98
Kusmierz, K. 316
Kwok, P.-L. 350, 353
Kyrill von Smolensk, Metropolit 157

Laing, M. 267
Lamparter, F. H. 62
Lange, E. 94, 95
Lapsley, M. 344-345
Latourette, K. 34, 59
Lavigerie, Ch. 177
Lehmann, A. 39, 40
Lehmann-Habeck, M. 145, 146, 148
Lemopoulos, G. 193

Namenregister

Lengeling, E. 182
Leo XIII., Papst 177
Liedhegener, A. 375, 376
Liefeld, W. L. 38
Lienemann, W. 316
Lienemann-Perrin, C. 316, 322, 336, 350, 352
Lindner, H. 378, 382
Linn, G. 121
Linz, M. 94
Lippy, C. H. 213
Lofland, J. 360
Logan, B. 215
Long, J. 352
Longkumer, A. 352
Lorance, C. C. 166
Löwner, G. 18
Lubac, H. de 185
Luckmann, Th. 376
Lübbe, H. 212, 213
Ludwig, F. 265
Lukatis, I. 388-389
Lunkenbein, R. 188
Luther, M. 66
Lyon, M. (Missionarin) 38

Ma, J. C. 24, 242, 258, 352
Ma, W. 24, 242, 258, 352
Maas, E. M. van der 239
Machalek, R. 360
Maier, G. 214, 219, 383
Mäkelä, M. 130
Mallika, S. 294
Maluleke, T. S. 316, 319, 337
Mandela, N. 154
Manecke, D. 60, 67, 84, 91
Margull, H. J. 44, 72, 74, 75, 78, 80, 81, 82, 83, 84, 89, 92, 94, 95
Marshall-Fratani, R. 239, 258
Marshman, J. 37
Marty, M. E. 144
Mary, A. 268
Matthey, J. 155
Mazenod, Ch. de 177
McGavran, D. 139, 215-218, 219, 223
McGee, G. B. 257
McIntosh, G. L. 214, 215, 216, 219, 222, 223
Melanchthon, M. J. 160, 163

Metz, J. B. 94
Meyer, B. 250
Mihoc, V. 161
Mittmann-Richert, U. 261
Möller, Ch. 381, 382
Moerschbacher, M. 313, 319
Moltmann, J. 94
Montefiore, H. 222
Moon, Ch. (Missionarin) 38
Moreau, A. S. 15, 165, 166, 226, 272
Moreno, J. R. 277
Mott, J. 41, 44, 46, 74, 105
Moyo, F. L. 352
Müller, K. 23, 193
Müller, O. 376
Müller-Krüger, Th. 112, 113, 114, 115
Müller-Römheld, W. 116, 145, 323
Muhammad VI., König 346
Muhammad, Prophet 365
Murray, J. 38
Myklebust, O. G. 48
Myung, S.-H. 241

Nadar, S. 256
Naim, M. an- 365
Nehring, A. 361, 362
Neill, S. 35
Nethöfel, W. 372
Newbigin, L. 222, 223
Nielsen, J. T. 409
Niles, D. T. 98
Nissen, J. 31
Nissiotis, N. 193
Nyemutu Roberts, F. O. 269

Ojo, M. A. 242, 269, 270, 271, 311, 312
Olayinka, B. O. 256
Olayinka, D. 256
Onyinah, O. 15, 160, 253, 255
Orchard, R. K. 40
Otabil, M. 249
Ozman, A. 243

Padberg, L. E. v. 32, 33
Padilla, R. 136, 137, 140, 219
Papapetrou, K. 193, 201
Parham, Ch. 243
Park, T. K. 272
Pate, L. D. 258

Perera, M. 352
Peretti, F. E. 254
Peter, A. 26, 337
Petersen, D. 258
Philips, J. M. 38, 257, 267, 268
Phillips, C. L. 360
Phiri, I. A. 256, 312, 319, 320
Pickel, G. 372, 376
Pieris, A. 229, 291-295, 299-300
Pinochet, General 154, 188, 343
Pius IX., Papst 174, 177
Pius X., Papst 177
Pius XI., Papst 185
Pius XII., Papst 185
Plüss, D. 397, 398
Pocock, M. 265
Pohl-Patalong, U. 372, 373, 378, 389-392, 398, 438
Pollack, D. 375, 392
Pomerville, P. A. 258
Popp-Baier, U. 358
Potter, Ph. 41, 119, 120, 121, 122, 123, 125, 126, 127
Prado, O. 267, 268
Prätorius, H. 62
Price, Th. F. 178
Priest, R. J. 228
Prill, T. 265
Puzicha, M. 31

Quaas, A. D. 241

Rahner, K. 185
Rambo, L. 360
Ratzmann, W. 95, 372, 387, 388
Raupp, W. 36
Reagan, R. 142
Reimer, J. 138, 140
Reinbold, W. 31
Reiss, W. 209, 334
Reppenhagen, M. 223, 230, 357, 383
Rese, M. 262
Reza Pahlevi, Schah 143
Richie, T. 258
Richter, J. 65, 91
Richter, U. 157, 158
Riesebrodt, M. 144
Robert, D. 38, 348
Robertson, P. 254

Rogers, M. J. 178
Romero, O. 188
Roschke, V. 230
Rösener, A. 396, 397
Rosenkranz, G. 60
Roser, M. 42, 269
Russell, L. M. 94, 351, 352
Rütti, L. 94
Rzepkowski, H. 23, 40, 41, 49, 84, 175, 176, 177, 178, 204

Sachau, R. 396
Sammet, K. 372
Samuel, V. 137, 140
Sandner, P. 149
Sanneh, L. 268
Saracco, N. 267
Sautter, G. 136
Sautter, J. M. 395
Schäfer, K. 24, 155, 156, 157, 159, 345
Schaller Blaufuss, M. 352
Schlatter, A. 62
Schlunk, M. 66, 72, 74
Schmidlin, J. 48
Schmidt, J. C. 268
Schoenborn, P. G. 277
Schreiter, R. 156, 160, 337, 343, 344, 345
Schroeder, R. P. 24, 38, 177, 178, 204, 275, 411
Schulz, C. 400
Schulze, R. 143
Schüssler Fiorenza, E. 31
Schütte, J. 174, 179
Schwarz, C. A. 378, 381
Schwarz, F. 378, 381
Schwarz, G. 62, 63, 76
Seiferlein, A. 381
Seitz, M. 378, 381, 382
Semmelroth, O. 185
Sengers, E. 376
Senturias, E. 310
Seymour, W. J. 243
Shafiq, M. 329
Shakhrur, M. 329
Shimazono, S. 360
Short, F. 105, 106
Sider, R. J. 132, 137, 140
Sievernich, M. 33
Silva, L. de 323

Namenregister

Silva, R. 343
Simon, B. 42, 332
Simpfendörfer, W. 95
Sinner, R. v. 336
Sittler, J. 147
Six, C. 340, 341
Skreslet, S. 265
Smith, S. E. 29, 31, 348, 353
Snodderly, B. 165, 166, 272
Snow, D. A. 360
Sobrino, J. 187, 229, 277-286, 293
Söding, Th. 262, 263
Soothill, J. E. 256
Sorush, A. 365
Spengler, O. 64
Spohn, E. 62
Stamoolis, J. J. 193
Staniloae, D. 200, 201
Staples, C. L. 360
Stark, R. 360
Steigenga, T. J. 258
Stenschke, C. 31
Stott, J. 129, 130, 136, 140
Ströbele-Gregor, J. 287
Sudgen, C. 137, 140
Suess, P. 187, 188
Sundermeier, Th. 10, 23, 25, 193, 204, 242, 317-318, 332-333, 337, 411

Tang, E. 239, 258, 265
Taylor, D. 139, 165
Taylor, H. (Missionar) 39
Taylor, J. V. 139
Taylor, W. D. 153, 265, 267
Tetzlaff, R. 275, 296
Thatcher, M. 142
Thomas, G. 386, 393
Thomas, M. M. 114, 121, 323
Thomas, N. 24
Towns, E. 215, 223
Triebel, J. 60, 67
Troeltsch, E. 59, 61
Troitski, A. N. 196
Tucker, R. A. 38

Ukah, A. F.-K. 296, 297, 298, 299

Van Dijk, R. 248, 252
Van Engen, C. 224

Van Gelder, C. 215, 222, 223, 224
Vassiliadis, P. 162
Venn, H. 51, 237
Veronis, L. A. 193
Vicedom, G. 6, 91, 101-103
Videla 188
Vinay, S. 137, 140
VissertHooft, W. 117
Vogel-Mfato, E. S. 94, 352
Voulgarakis, E. 204

Währisch-Oblau, C. 439
Wallis, J. 132, 140
Walsh, J. A. 178
Walz, H. 348, 351, 353
Wan, E. 166, 265
Wangare, M. 256
Wanjiru, M. 256
Ward, W. 37
Warneck, G. 5, 48-58, 63, 79, 80, 91, 217
Warren, M. 65
Warren, R. 215, 225
Weber, F. 277
Weber, G. W. 95
Wegner, G. 400
Weinreich, S. 312
Welker, M. 386
Werner, D. 23, 71, 78, 94, 96, 119, 143, 381
Wesley, Ch. 35
Wesley, J. 35, 243
White, R. 230
Wiedenmann, L. 45, 60
Wieser, Th. 41, 119, 121
Wiesner, Th. 95
Wietzke, J. 149, 150, 151, 152
Wilcox, W. C. 144
Willems, J. 209
Williams, C. 95
Wimber, J. 245, 383
Winter, R. 224
Wladimir von Kiew, Fürst 195, 208, 209
Wöhrmann, M. 372
Wrogemann, H. 20, 23, 59, 102, 107, 322, 357, 362, 386, 393, 398, 402, 405-440
Wulfhorst, I. 304

Yami, M. 256
Yannoulatos, A. 193, 194, 195, 196, 202, 204

Yong, A. 257, 258

Zaugg-Ott K. 144, 155
Zeddies, H. 384
Zehner, J. 322

Zimmermann, J. 382, 396, 397, 398
Zinzendorf, N. v. 55-56
Zoh, B.-H. 41
Zöllner, M. 212

Sachregister

Abendmahl / Eucharistie 56, 88, 196, 198-199, 202-203, 208, 237, 316, 406, 428
African Initiated/Instituted Churches 152, 240, 307, 331, 428
AIDS / HIV 153, 163, 171, 190, 239, 312, 313-319, 320, 353, 354, 355, 417
Anglikanische Kirche, anglikanisch 22, 38, 39, 51, 65, 172, 173, 230-238, 240, 248, 344, 380, 383, 397, 418, 428, 434
Armut 26, 36, 142, 145, 147, 149, 150, 170, 171, 187, 188, 190, 221, 246, 247, 250, 254, 275, 276, 277, 285, 290, 291-302, 310, 314, 315, 318, 366, 414, 417
Aufklärung 177, 250, 259, 280, 305, 317, 319

Basisgemeinden/ -gemeinschaften 9, 26, 152, 187, 191, 240, 242, 254, 277, 286-287, 293-295, 299, 333
Befreiungstheologie 24, 126, 170, 187, 234, 255, 277-290, 293, 316
Bekehrung, Umkehr s. Konversion
Buddhismus, buddhistisch 13, 14, 63, 72, 132, 184, 291, 292, 293, 294, 323, 325, 329, 341, 357, 362, 363, 364, 419

Charismatische Bewegung, charismatisch 129, 160, 185, 226, 230, 239, 240, 245, 248, 304, 307, 311, 312, 383, 396, 428
Christologie, christologisch 67, 72, 86, 125, 127, 147, 164, 238, 250, 278, 282, 283, 284, 353
Church-growth 23, 137, 138, 139, 211, 214-221, 223, 224, 225, 230, 233, 234, 238, 245, 283, 327, 383
Church planting 8, 230-239, 383

Dalit-Theologie, Dalits 18, 19-20, 157, 326, 361, 362
Dämon, dämonisch 120, 130, 145, 146, 148, 162, 163, 169, 201, 202, 241, 242, 246, 247, 249, 250, 251-263, 278-280, 297, 307, 320, 331, 366, 367, 407, 410, 411
Deliverance 165, 168, 240, 247, 248-261, 297, 304, 307, 311-312, 319, 320, 367

Diakonia, diakonisches Handeln 89, 90-91, 98, 199, 203, 207, 238, 305, 307, 320, 339, 341, 374, 381, 390, 399, 401, 414, 422, 437
Dialog, dialogisch 14, 21, 22, 28, 30, 73, 84, 92, 94, 97, 113, 115, 125, 133-134, 141, 151, 153, 162, 164, 167, 169, 170, 180, 184, 191, 193, 201, 210, 216, 275, 276, 291-295, 322-335, 351, 411
Diskriminierung, diskriminiert 18, 56, 132, 138, 171, 278, 353, 354, 355, 368
Doxologie, doxologisch 22, 197, 198, 199, 201, 210, 371, 372, 405-432, 433
Drei-Selbst-Formel 51, 109, 237

Ecumenical Association of Third World Theologists (EATWOT) 145
Ekklesiologie, ekklesiologisch 44, 56, 68, 74, 75, 77, 81, 86, 99, 103, 105, 116, 145, 152, 160, 185-187, 193, 221, 228, 234, 281, 283, 316, 318, 341, 353, 386, 394
Eschatologie, eschatologisch 45, 55, 56, 60, 61-69, 71, 86, 95, 134, 135, 139, 162, 241, 244, 250, 257, 258, 262, 408, 427
Ethik, ethisch 14, 27, 31, 36, 47, 52, 53, 59, 61, 63, 80, 99, 114, 130, 131, 169, 190, 196, 202, 241, 246, 250, 298, 300, 391, 316, 330, 333, 334, 367, 407, 409, 424
Ethnie/ethnisch 20, 27, 32, 55, 78, 156, 157, 182, 183, 189, 212, 220, 221, 225, 234, 241, 248, 271, 317, 326, 332, 337, 339-341, 350, 353, 354, 357, 360, 366, 374, 427
Ethnologie, ethnologisch 23, 52, 54, 217, 360
Evangelikale, evangelikal 25, 118, 119-141, 150, 53, 165, 169, 219, 257, 271, 287
Exorzismus, exorzistisch 161, 162, 163, 240, 241, 242, 245, 247, 250, 256, 262-264, 297, 298, 331, 367, 407, 422, 426

Feminismus/feministisch (s. Gender) 31, 94, 348-349, 352-353, 355
Frau/en 18-19, 31, 38, 42, 44, 97, 156, 175, 177, 178, 196, 203, 228, 238, 239, 241, 256, 260, 275, 288, 291, 292, 313-319, 321, 330, 348-356, 407, 435

Sachregister

Frieden 17, 68, 89, 116, 136, 149, 151, 154, 278, 280, 314, 333, 338-339
Fundamentalismus 92, 93, 144, 156, 287

Gemeindebegriff (Auswahl) 62-66, 94-103, 214-218, 232-237, 313-321, 385-394, 417-419, 435-439
Gender 30, 94, 164, 170, 221, 240, 256, 261, 275, 286, 348-356
Gerechtigkeit 14, 27, 30, 54, 89, 90, 114, 116, 120-123, 130, 133, 140, 145-149, 151, 167, 184, 187, 188, 202, 275, 278-282, 292, 300, 301, 314, 326, 333, 336, 341-355, 409, 411, 414, 425
Gesundheit, Gesundheitsbegriff 110, 152, 268, 291, 296, 297, 298, 306, 308-310, 311, 319, 320, 366, 419
Gewalt 15, 86, 104, 120, 136, 145, 146, 148, 152, 164, 170, 171, 246, 247, 248, 251, 255, 263, 279, 294, 314, 315, 316, 318, 335, 337, 340-346, 355, 364, 366, 414, 417
Glaubensmissionen 38, 39, 40, 128, 244
Globalisierung 142, 148, 153, 155, 156, 170, 247, 252, 341, 363, 439

Heiliger Geist, Geist Gottes 24, 79, 80, 122, 130, 135, 151, 164, 167, 180, 198, 223, 232, 236, 241, 242, 243, 246, 247, 249, 254, 260, 282, 299, 307, 311, 315, 333, 366, 397, 407, 414, 427, 428
Heilung, Heilungsbegriff 14, 22, 159, 161-165, 168, 169, 172, 221, 239, 240, 241-248, 249, 254, 255, 256, 261, 263, 275, 276, 291, 298, 304-321, 331, 344, 345, 347, 407, 414, 415, 426, 428
Hinduismus, hinduistisch 14, 18, 184, 292, 357, 362
Hybridisierung 261, 340, 351

Inkarnation 118, 198, 234, 236, 278
Inkulturation 21, 157, 170, 182, 183, 189, 190, 191, 207, 208, 232-233, 236, 354, 436
Interkulturell 13, 14, 15, 20, 22, 23, 26, 28, 100, 109, 111, 157, 170, 210, 221, 228, 261, 264, 276, 300, 320, 331, 332, 347, 349, 350, 351, 357, 371, 386, 405, 407, 408, 410, 413, 423, 432, 433-440.
Islam, islamisch 13, 14, 63, 72, 97, 143, 144, 162, 177, 184, 208, 292, 306, 317, 322, 323, 329, 333, 334, 338, 340, 357, 362, 364, 365, 366, 367, 419

Jesuiten 26, 33, 175, 176, 177, 293

Kanonische Territorien 205-206, 207, 210
Kenosis, kenotische Mission 147, 229, 238
Kirchenbegriff (Auswahl) 49-56, 78-82, 144-149, 178-182, 199-203, 278-282, 313-319, 332-333, 400-404, 407 ff.
Kolonialismus, kolonial 34, 35, 42, 44, 45, 48, 60, 70, 72-74, 76, 78, 79, 85, 105, 121, 142, 162, 163, 170, 171, 188, 268, 275, 296, 306, 322, 325, 350, 351
Kontextuelle Theologie 170, 272, 336, 353, 354
Konversion 28, 36, 54-56, 60, 61, 67, 100, 102, 123, 124-125, 127, 129, 146, 147, 149, 150, 168, 189, 216, 217, 218, 225, 228, 236, 246, 250, 251, 256, 257, 275, 278, 280, 281, 284, 285, 287, 289, 295, 305, 312, 320, 327, 328-330, 331, 337, 356, 357-370, 402, 406, 426, 428, 431, 438
Kosmos, kosmologisch 68, 163, 199, 200, 202, 208, 210, 228, 406, 410
Krankheit, Krankheitsbegriff 158, 246, 251, 255, 259, 261, 263, 275, 276, 304, 309, 311-312, 319, 410
Kreuzestheologie, Kreuz 31, 95, 117, 122, 147, 164, 198, 219, 236-238, 415, 416, 427
Krieg 34, 46, 47 59, 60, 62, 64, 66, 67, 70, 71, 72, 75, 76, 78, 79, 100, 104, 105, 12, 121, 142, 143, 154, 164, 171, 174, 177, 190, 194, 336, 374, 381
Kulturprotestantismus, kulturprotestantisch 40, 59, 60, 61, 64, 220
Kurzzeitmissionare, shorttermmissionaries 227, 228, 368

Lausanner Bewegung 21, 119, 128-138, 140, 149, 152, 153, 165, 166, 173, 219, 265, 275, 322, 327, 368, 406
Lutherisch 37, 40, 51, 55, 73, 88, 98, 107, 108, 114, 157, 186, 213, 240, 319, 332, 374, 395
Lutherischer Weltbund 98, 164-165, 169, 275, 304, 308, 310, 335

Sachregister

Martyrium, Märtyrer 22, 188, 209, 255, 277, 279, 281-282, 286, 294
Medizin, medizinisch 14, 17, 138, 168, 269, 270, 272, 289, 299, 304, 305-308, 310, 311, 312, 317, 348
Menschenrechte 114, 121, 136, 209, 213, 365, 369
Militärdiktaturen 120, 154, 336
Missionskonferenz 38, 39, 40, 41, 42, 43, 44-46, 49, 63, 66, 71-171, 267, 29, 304, 310, 375
Missionsrat, nationaler / internationaler 39, 40, 41, 46, 61, 71, 72, 73, 74, 78, 82, 83, 84, 94, 105-107, 112, 128
Missionswissenschaft, missionswissenschaftlich 13, 14, 15, 20, 22, 23, 26 28, 48, 49, 52, 62, 66, 67, 85, 129, 139, 152, 162, 174, 204, 257, 261, 265, 266, 268, 270, 271, 272, 275, 316, 331, 333, 334, 350, 352, 356, 357, 411, 440
Mönch/Mönchtum 19, 33, 194, 195, 293, 362
Multikulturalität, multikulturell 181, 207, 221, 238, 326, 340, 347

Nation, Nationalismus 34, 41, 53, 63, 72-73, 74, 76, 78-79, 81, 105-106, 113, 125, 146, 154, 166, 207, 212-213, 225, 254, 295, 305, 339-340, 341, 346, 374

Ökologie, ökologisch, Umwelt 12, 30, 68, 120, 144, 160, 163, 168, 171, 202, 210, 229, 292, 309, 311, 333, 369, 424, 429-431
Ökumenischer Rat der Kirchen (ÖRK) 71, 78, 83, 84, 94-96, 98, 15, 106, 107, 112, 114-118, 119, 124, 127, 129, 139, 141, 143, 144, 147, 149, 150, 152, 156, 158, 160, 161-164, 166, 169, 173, 184, 193, 196, 197, 218, 219, 275, 279, 288, 308-310, 318, 322-324, 352, 367, 368, 375, 377, 406
Orden, Missionsorden 26, 33, 34, 41, 174, 175-176, 177, 178, 188, 190, 191, 288, 291, 293, 344, 348
Orthodoxe Kirchen, orthodox 22, 50, 51, 57, 112, 115, 149, 158, 160, 161, 162, 164, 172, 173, 186, 192, 193-210, 324, 339, 367, 406, 417, 428

Papst/ Papsttum 88, 144, 174, 175, 176, 177, 178, 181, 185, 189, 190, 191, 324, 325
Partnerschaft 30, 75-78, 108-112, 130, 170, 268, 302, 312, 320, 332, 424, 428-429, 432, 433
Pfingstbewegung, pfingstlerisch 17, 22, 24, 28, 57, 152, 160, 161, 162, 164, 168, 169, 173, 226, 239-264, 307, 310-312, 319, 328, 331, 352, 366, 367, 407, 427, 428
Pneumatologie, Pneumatologisch 152, 159, 164, 167, 169, 257, 259, 260, 353
Politisch 15, 17, 21, 23, 28, 32, 35, 63, 66, 72, 78, 90, 104, 106, 110, 113, 119-121, 123-125, 126, 131, 134, 135, 136, 137, 139, 140, 141-143, 150, 154, 155, 170, 176, 194, 202, 209, 210, 212, 213, 212, 222, 224, 246, 248, 249, 253-254, 269, 280, 301, 309, 316, 325, 326, 329, 336, 350, 367, 368, 372, 375, 377, 381, 407, 410, 413-415, 423, 428, 439
Postcolonial Studies, postcolonial 94, 349, 350, 351, 352
Power, empowerment 22, 163, 164, 166, 167, 168, 200, 202, 245, 248, 256, 258, 289, 290, 304, 307, 312, 318-321, 354-355, 407, 410
Prophetie, prophetisch 27, 84, 85, 135, 164, 168, 171, 209, 210, 221, 223, 229, 236, 239, 242, 244, 245, 252, 255, 256, 260, 262, 275, 278, 280-281, 282, 284, 300, 306, 313-316, 339, 340, 341, 343, 354, 356, 365, 407, 410, 411, 413-414, 415, 423
Proselytismus 50, 57, 157, 158, 168, 171, 205, 368
Prosperity-Gospel, prosperity 171, 248, 250, 252, 253, 254, 296, 297, 311
Public Theology 316, 407

Rationalität 96, 259-261, 330, 332
Reich Gottes 66, 67-68, 87, 102, 113, 122, 135, 145, 148, 179, 199, 224, 233, 235, 263, 268, 277-283, 294, 407, 414
Reichtum 89, 117, 146, 148, 275, 279, 298, 299, 300, 302, 414, 424, 427, 428
Religionswissenschaft, religionswissenschaftlich 25, 26-28, 213, 240, 266, 268, 332, 357, 358, 361, 363, 369

Riten, rituell 14, 19, 156, 173, 182, 209, 248, 250, 251, 273, 298, 317, 329, 336, 357, 358, 362, 363, 367, 428

Säkularismus / Säkularisierung 13, 72, 73, 85, 96, 113-116, 119, 120, 127, 144, 150, 165, 361, 375-376, 392
Sakrament 65, 88, 103, 178-180, 182, 185, 186, 191, 198-199, 202, 406, 428, 437
Schöpfung 60, 68, 89, 96, 117, 141, 149, 150, 196, 200, 201, 210, 234, 315, 407, 424, 426, 430-432
Sexualität, sexuell 152, 163, 355
Soziales Handeln und Mission 30, 38, 91, 131-133, 137, 138-141, 153, 191, 209, 222, 248, 269, 270, 289, 305, 317, 329, 368, 407, 411, 417, 435
Spiritual Warfare 28, 168, 215, 226, 254, 258, 308
Sünde, Sündenbegriff 28, 54, 65, 99, 100, 124, 130, 133, 140, 187, 200, 210, 255, 262, 279, 293, 315, 328, 357, 368, 369, 415, 420
Synkretismus 27, 133, 295, 323

Taufe 42, 50, 55, 57, 195, 198, 219, 220, 236, 243, 246, 305, 312, 357, 366, 367, 379, 382, 418
Theology of reconstruction 316, 336, 343

Transformation 106, 132, 164, 165, 168, 240, 241, 287, 289, 316, 336, 341, 347, 356, 357-360, 406, 422

Vatikanisches Konzil, II. 174, 179-186, 187, 190, 191, 324, 327
Versöhnung 14, 30, 54, 61, 67, 99, 117, 123, 128, 131, 141, 155, 159, 161-164, 165, 169, 221, 237, 275, 276, 320, 335, 355, 407, 409, 411, 431
Verwandtschaft, verwandtschaftlich 53, 109, 217, 220, 251, 252, 255, 263, 360, 361, 367

Weltgesundheitsorganisation (WHO) 110, 305, 308-310
Weltmissionskonferenzen 21, 42, 43, 44-46, 63, 66, 71-171, 304, 310, 375
World Evangelical Alliance 265, 275, 322

Zellgruppen 115, 215, 233, 237, 247, 379, 438
Zivilisation 45, 47, 53, 54, 59-60, 80
Zivilgesellschaft 13, 14, 15, 261, 333-335, 369, 440
Zivilreligion, zivilreligiös 211, 212, 213, 335
Zungenrede 242, 243, 244, 245, 407